Peter Jöckel

Wirtschaftspolitik in der sozialen Marktwirtschaft

Sozialwissenschaftliche
STUDIEN
FÜR DIE SEKUNDARSTUFE II

Schroedel

SOZIALWISSENSCHAFTLICHE
STUDIEN SII

Wirtschaftspolitik in der sozialen Marktwirtschaft

bearbeitet von
Peter Jöckel

mit Beiträgen von
Helmut Schorlemmer

© 2006 Bildungshaus Schulbuchverlage
Westermann Schroedel Diesterweg
Schöningh Winklers GmbH, Braunschweig
www.schroedel.de

Druck A [1] / Jahr 2006

Alle Drucke der Serie A sind im Unterricht parallel verwendbar.

Redaktion: Dr. Matthias Wiards
Herstellung: Sabine Schmidt, Hannover
Umschlag und Lay-out: Janssen & Kahlert, Hannover
Grafik: Janssen & Kahlert, Hannover
Satz: UMP Utesch Media Processing GmbH, Hamburg
Druck und Bindung: Appl, Wemding

ISBN 978-3-507-10814-1
    alt: 3-507-10814-3

Wirtschaftspolitik in der Sozialen Marktwirtschaft ist weiterhin ein bedeutsames Thema für die gymnasiale Oberstufe. Auch wenn die Handlungsfähigkeit des Staates durch die Effekte der Globalisierung immer stärker begrenzt erscheint, tauchen immer neue Probleme auf, die ein Nachdenken über die Möglichkeiten wirtschaftspolitischen Handelns herausfordern. Beispielhaft seien dafür genannt:

—Wie ist soziale Sicherung weiterhin möglich und finanzierbar?
—Wie kann das wirtschaftliche Hauptproblem der Zeit, die Arbeitslosigkeit, wirksam bekämpft werden?
—Wie ist eine Lenkung des Globalisierungsprozesses zu erreichen?

Auch wenn es mitunter so scheint, als gelte in der Wirtschaftspolitik das Tina-Prinzip (There is no alternative), tun sich doch immer wieder Alternativen auf. Längst beendet geglaubte Gegensätze und Kontroversen erscheinen in neuen Zusammenhängen, neue Problem verlangen nach wirtschaftspolitischer Phantasie, neue Träger der Wirtschaftspolitik suchen nach geeigneten Artikulationsmöglichkeiten. Wirtschaftspolitik bleibt dadurch interessant, abwechslungsreich und kontrovers.

Der vorliegende Band setzt die Tradition der Sozialwissenschaftlichen Studien fort. Er ist die völlig überarbeitete Fassung des Bandes zur Wirtschaftspolitik in der Sozialen Marktwirtschaft von 1999. Die Struktur des Vorgängerbandes bleibt dabei weitgehend erhalten. Alle Teile sind aktualisiert, erweitert bzw. neu gefasst. Hinzugekommen ist ein Einleitungskapitel, das Grundprinzipien der Marktwirtschaft wiederholend darstellt.

Erhalten bleibt der modulare Aufbau, der es erlaubt, die einzelnen Teile nach den Bedürfnissen und der Aktualität zu gruppieren. Erhalten bleibt insbesondere

die Anregung zum methodenbewussten Arbeiten. Alle Kapitel leiten zum Lernen fachspezifischer Methoden und zum methodischen fachwissenschaftlichen Lernen an. Es wird ein großes Repertoire an handlungsorientierten Arbeitsformen angeboten. Jedes Kapitel enthält einen besonderen methodischen Schwerpunkt, der auch im Inhaltsverzeichnis ausgewiesen ist. Methoden werden eng mit den Inhalten verknüpft, weil methodisches Handeln am besten an konkreten Inhalten gelernt werden kann.

Zum methodenbewussten Arbeiten mit dem Schulbuch gehört auch die Erkenntnis, dass tagesaktuelle Probleme und Fragestellungen kaum enthalten sein können. Das vorliegende Buch geht mit dieser Einschränkung des Lernens mit dem Schulbuch ganz bewusst um und fordert dazu auf, eigene Recherchen anzustellen. Als Anregung dazu dient eine Informationsseite am Ende eines jeden Kapitels. Die Möglichkeiten des Internets werden dabei gezielt einbezogen. Damit sollen Grundlagen für eine größere Selbstständigkeit des Lernens gelegt werden. Diesem Ziel dienen auch die Fragen zur Wiederholung und Vertiefung des Stoffes jedes Kapitels. Stichwortverzeichnis, Literaturverzeichnis und Glossar erleichtern die Arbeit mit dem Schulbuch und die selbstständige Erarbeitung neuer Lerninhalte.

Für Anregungen und Kritik sind Autoren und Verlag dankbar. Bitte richten Sie diese an:

Bildungshaus Schulbuchverlage
Westermann Schroedel Diesterweg
Schöningh Winklers GmbH, Braunschweig
Redaktion Gesellschaftswissenschaften
mathias.wiards@schroedel.de
Georg-Westermann-Allee 66
38104 Braunschweig

Bei jedem Preis unterhalb des Gleichgewichtspreises kommt
dagegen zu einem Nachfrageüberhang, infolge dessen der Pr
anzieht. Die Konsumenten werden sich gegenseitig überbiete
so den Preis nach oben treiben. Während dies die Nachfrage
dämpft, wird das Angebot angeregt.

1.1 Wiederholungskurs: Grundlagen der Marktwirtschaft

Wirtschaftspolitik wird in Deutschland – wie inzwischen in nahezu allen anderen Staaten der Welt – unter marktwirtschaftlichen Bedingungen betrieben. Wirtschaftspolitische Maßnahmen müssen deshalb unverständlich bleiben, wenn die grundlegenden Prinzipien der Marktwirtschaft nicht geklärt sind. Nur aus deren Analyse heraus sind die Notwendigkeit der in den folgenden Kapiteln dargestellten wirtschaftspolitischen Aktivitäten und die Begrenztheit ihrer Möglichkeiten zu verstehen. Dieser Wiederholungskurs ist ein Angebot für alle, die sich über diese in der Sekundarstufe I behandelten Grundlagen noch einmal Klarheit verschaffen wollen.

AUFGABEN

1. Erstellen Sie zu den vier Themen dieses Kapitels jeweils eine Kurzpräsentation zur Wiederholung. Dazu können Sie auch Powerpoint benutzen. Fassen Sie dabei die wichtigsten Zusammenhänge in Merksätze.
2. Untersuchen Sie beispielhaft Reden von Politikerinnen und Politikern darauf hin, inwiefern die in den Merksätzen erfassten Zusammenhänge als Grundlage der jeweiligen Argumentation dienen.

1.1.1 Wirtschaftskreislauf

M 1   Der Wirtschaftskreislauf in der Marktwirtschaft

■ Wesentliches Element ökonomischer Prozesse sind die Produktion und der Verbrauch von Gütern. Nur wenn das Verbrauchte durch die Produktion mindestens ersetzt wird, kann das betrachtete ökonomische
5 System (z. B. ein Gemeinwesen) dauerhaft bestehen.

Dieser Grundsatz ist in Form von Kreislaufmodellen zu illustrieren. Bezogen auf Marktwirtschaften unterscheidet ein sehr einfaches Kreislaufmodell lediglich den Sektor der privaten Haushalte und den Sektor der
10 Unternehmen. In diesem Kreislaufmodell ergeben sich ein Geldkreislauf und ein Güterkreislauf.

Es fließen Arbeitsleistungen von den privaten Haushalten zu den Unternehmen. In der Gegenrichtung fließt ein Geldstrom in Form von Einkommen von den Unternehmen in die Haushalte. Dieses Einkommen wird von 15
den Haushalten wieder für Güter und Dienstleistungen ausgegeben, die von den Unternehmen angeboten werden. Das heißt, es fließt ein Geldstrom zurück zu den Unternehmen und ein Güterstrom zu den Haushalten.

Genau betrachtet ist das einfache Kreislaufmodell je- 20
doch zu ungenau: Der Staat als wirtschaftlicher Akteur ist nicht enthalten. Es gibt hier zudem keine ökonomi-

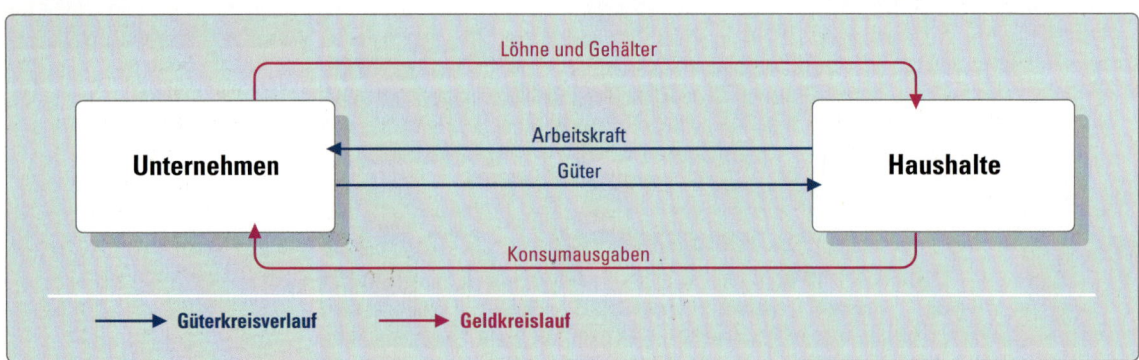

8.1   Einfacher Wirtschaftskreislauf

schen Beziehungen zum Ausland, es wird also eine geschlossene Wirtschaft betrachtet. Des Weiteren blei-
25 ben Austauschprozesse zwischen den Unternehmen unbeachtet. Auch innerhalb der Haushalte müsste eine genauere Betrachtung differenzieren: Einige der privaten Haushalte besitzen Unternehmensanteile, beispielsweise in Form von Aktien oder Anleihen. Viel-

leicht stellen sie Unternehmen auch Gebäude sowie 30 Grund und Boden zur Verfügung. Dafür erwarten sie dann den Rückfluss von Geldmitteln in Form von Dividenden, Zinsen oder Mieten.

Autorentext

M 2   **Erweiterter Wirtschaftskreislauf**

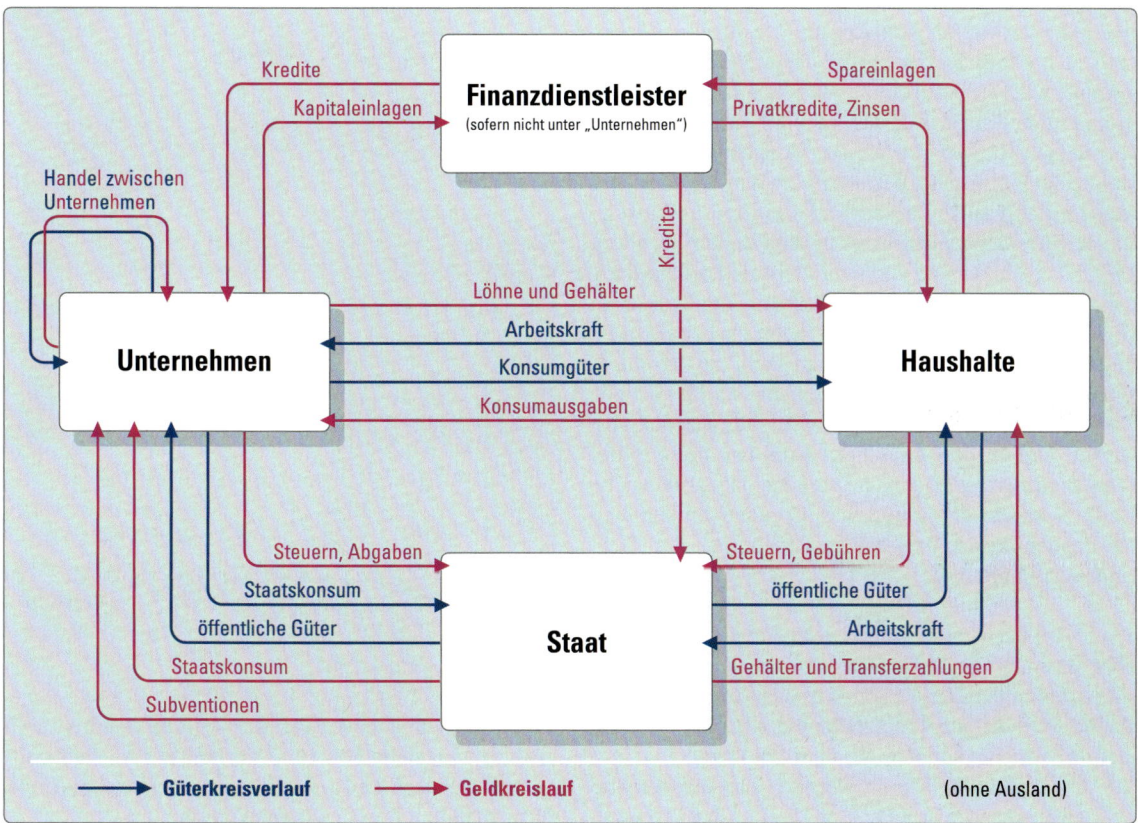

9.1   Erweiterter Wirtschaftskreislauf

■ Im erweiterten Wirtschaftskreislauf werden neben privaten Haushalten und Unternehmen auch der Staat, Finanzunternehmen und das Ausland berücksichtigt. Die äußerst vielfältigen Ströme einer modernen offe-
5 nen Volkswirtschaft mit staatlicher Aktivität können ebenfalls in einem Kreislaufschema dargestellt werden. Zu den Verflechtungen des Finanzsektors mit den anderen Sektoren zählt beispielsweise die Geldanlage privater Haushalte bei Banken und Sparkassen, wofür die
10 Haushalte Zinsen erhalten. Unternehmen nehmen Kredite auf, um eine neue Maschine zu finanzieren. Der Staat erhält Zwangsabgaben in Form von Steuern. Er bietet den privaten Haushalten Transferleistungen, et-

wa im Rahmen der Sozialhilfe. Der Sektor Ausland erbringt Dienstleistungen, möglicherweise in Form tou- 15 ristischer Serviceleistungen. Private Haushalte kaufen im Ausland Güter, etwa Autos und Souvenirs. Auch Unternehmen erwerben im Ausland Güter, z. B. Rohstoffe. Kreditinstitute vergeben etwa Kredite an Unternehmen im Ausland oder an Staaten, sie erhalten dafür Zinsen. 20 Der Staat importiert Waren, z. B. für die Armee. Der Sektor Ausland besteht dabei aus der Zusammenfassung aller ausländischen Wirtschaftssubjekte.

Aus: Bundeszentrale für politische Bildung (Hg.), Wirtschaft heute. Bonn 2000, S. 42

1.1.2 Markt und Preis

M 3   Angebot und Nachfrage – die mikroökonomische Perspektive

● Angebot und Nachfrage regeln den Preis. Dieser Satz bildet die wohl kürzeste Beschreibung einer freien Marktwirtschaft (und er lässt sich gut merken!). Bevor wir darauf näher eingehen, sind jedoch zwei ent-
5 scheidende Fragen zu klären: Was genau ist ein Markt? Und wovon hängen Angebot und Nachfrage ab?

Auf Märkten treffen Anbieter und Nachfrager zusammen. […] Je niedriger der Preis, desto mehr wird nachgefragt, weil die Kaufkraft (das Realeinkommen) zu-
10 nimmt und gleichzeitig das im Preis gesunkene Gut sozusagen attraktiver wird. Das Umgekehrte gilt für steigende Preise. Die Beziehung zwischen Preis und Menge, die so genannte Nachfragefunktion, verläuft also von links oben nach rechts unten (siehe Abb. 10.1).
15 Wenn das Einkommen zunimmt, wird sich die Nachfragekurve insgesamt nach rechts verschieben. Es wird also bei gegebenem Preis mehr nachgefragt bzw. man ist bereit, für eine gegebene Menge mehr zu bezahlen. Dasselbe ergibt sich, wenn jemand eine starke Vorliebe
20 („Präferenz") für ein bestimmtes Kleidungsstück entwickelt und die ökonomischen Mittel hat, diese Präferenz zu realisieren. Denn oberstes Ziel jedes Haushalts ist die Nutzenmaximierung. Bei sinkendem Einkommen oder abnehmender Begierde verschiebt sich die Nach-
25 fragekurve nach links.

Triebfeder allen unternehmerischen Handelns ist die Gewinnmaximierung. Jeder Unternehmer wird bzw. muss sich so verhalten. Denn wenn er es nicht tut, wird er von seinen Konkurrenten (die aufgrund höherer Gewinne
30 mehr investieren können) aus dem Markt gedrängt. […] Mit steigendem Marktpreis werden sich entsprechend die Gewinnchancen erhöhen, sodass ein Anreiz besteht, mehr von dem betreffenden Gut zu produzieren bzw. anzubieten (und umgekehrt). Die Angebotsfunktion ei-

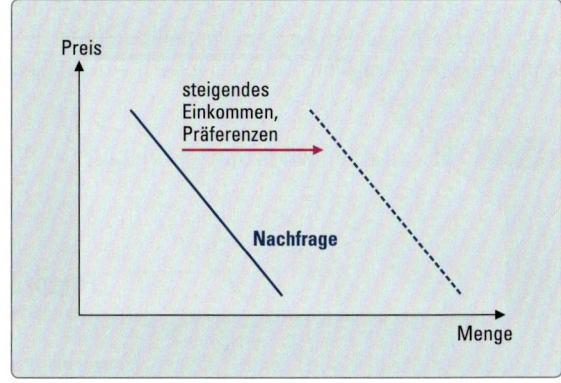

10.1   Nachfragefunktion

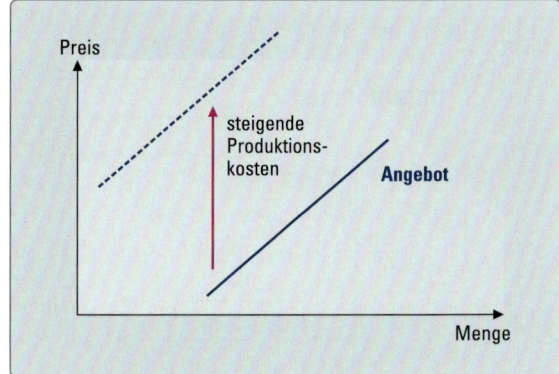

10.2   Angebotsfunktion

nes Unternehmens verläuft also von links unten nach 35
rechts oben (siehe Abb 10.2). Entlang der Angebotskurve befindet sich die Unternehmung demnach definitionsgemäß in ihrem Gewinnmaximum.

Nach: Herbert Sperber, Wirtschaft, Hannover 2002, S. 50–52

M 4   Das Marktgleichgewicht

● Nimmt man die Nachfrage aller Haushalte nach einem bestimmten Gut und das Angebot aller Unternehmen an diesem Gut, so ergibt sich die Gesamtnachfrage- bzw. die Gesamtangebotskurve. Der Schnittpunkt
5 beider Kurven markiert den Preis, der sich auf dem Markt bildet. Dieser Preis heißt Gleichgewichtspreis (siehe Abb. 11.1). Die zu diesem Preis gehandelte Menge stellt die Gleichgewichtsmenge dar. Im Marktgleichgewicht stimmen Angebot und Nachfrage überein. […]

Bei jedem Preis unterhalb des Gleichgewichtspreises 10
kommt es dagegen zu einem Nachfrageüberhang, infolge dessen der Preis anzieht. Die Konsumenten werden sich gegenseitig überbieten und so den Preis nach oben treiben. Während dies die Nachfrage dämpft, wird das Angebot angeregt. Sobald nämlich der Marktpreis 15
für ein Gut die durchschnittlichen Produktionskosten pro Stück übersteigt, entstehen Gewinne, die eine Ausdehnung der Produktion lukrativ erscheinen lassen und

neue Anbieter anlocken. [...] Eine Konsequenz daraus
ist, dass sich der Marktpreis langfristig auf einem Niveau einpendeln wird, das in etwa der Höhe der durchschnittlichen Stückkosten des letzten zum Zuge kommenden Anbieters entspricht. Dieser Anbieter heißt
auch „Grenzanbieter". Bei einem sich verschärfenden Wettbewerb (Angebotskurve verschiebt sich nach
rechts) wird er als Erster aus dem Markt ausscheiden.
Bei jedem Preis oberhalb des Gleichgewichtspreises
entsteht ein Angebotsüberhang. Der damit verbunde-
ne Konkurrenzdruck führt zu Preisabschlägen. Dies
regt die Nachfrage an, wohingegen das Angebot zurückgeht. In beiden geschilderten Fällen hält die Bewegung
des Preises so lange an, bis sich Angebots- und Nach-
fragemenge entsprechen. [...]. In unserem Modell kann
der einzelne Anbieter seinen Gewinn aus eigenem An-
trieb nur steigern, wenn er noch kostengünstiger und
effizienter produziert. [...]

Aus: Herbert Sperber, Wirtschaft, Hannover 2002, S. 53 f.

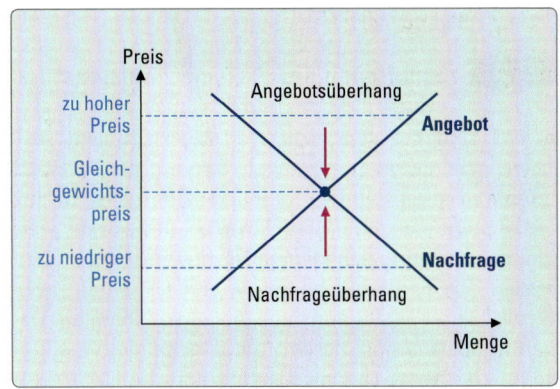

11.1   Das einfache Marktschema

M 5   Marktmechanismus, Preismechanismus

■ [Der Markt- bzw. Preismechanismus] ist in der Volkswirtschaftslehre der Prozess der automatischen Preisbildung durch das Zusammenspiel von Angebot und
Nachfrage auf Märkten mit einer Vielzahl von Anbietern und Nachfragern in der Marktform der vollständigen Konkurrenz bzw. des Polypols. Die drei Marktfaktoren Angebot, Nachfrage und Preis stehen dabei in
einem engen wechselseitigen Zusammenhang, sodass
Änderungen von einem dieser Faktoren jeweils Veränderungen der beiden anderen Faktoren zur Folge haben.
Eine besondere Rolle in diesem Zusammenspiel der
Marktfaktoren hat der Preis, da er Angebot und Nachfrage am Markt zum Ausgleich bringt und damit einen
Gleichgewichtszustand herbeiführt.

Ist die nachgefragte und die angebotene Menge eines
Gutes vom Preis abhängig, wird der Anbieter normalerweise umso mehr (weniger) verkaufen, je höher (niedriger) der Preis des Gutes ist. Umgekehrt wird der Nachfrager üblicherweise umso mehr (weniger) kaufen,
je niedriger (höher) der Preis ist. Der Gleichgewichtspreis, der Angebot und Nachfrage zum Ausgleich bringt,
bildet sich nun genau in der Höhe, bei der die von den
Verkäufern angebotene Menge an Gütern auch von den
Nachfragern tatsächlich gekauft wird (Gleichgewichtsmenge). Der Markt ist dann geräumt; es besteht also
weder ein Angebotsüberhang noch ein Nachfrageüberhang. Die Wirtschaft befindet sich jedoch laufend in Bewegung und sowohl die angebotenen Gütermengen als
auch die nachgefragten Gütermengen verändern sich

ständig. Das Gleichgewicht von Angebot und Nachfrage
auf dem Markt ist deshalb kein dauerhafter Zustand.
Mit der ständigen Veränderung von Angebot und Nachfrage verändert sich dementsprechend auch der Gleichgewichtspreis laufend. Unter der Bedingung, dass eine
Vielzahl von Marktpartnern auf beiden Seiten untereinander in Wettbewerb treten, stellt sich dadurch jeweils (wie von einer unsichtbaren Hand gesteuert) ein
neues Gleichgewicht von Preis und Menge auf dem
Markt ein.

Steigt z. B. das Einkommen der Haushalte durch Lohnerhöhungen an, werden sie eine größere Gütermenge am
Markt nachfragen. Steigt die Nachfrage nach bestimmten Gütern jedoch über das Angebot dieser Güter, das
gleichzeitig vorhanden ist, wird der Marktpreis für diese
Güter steigen (es bildet sich dann ein neuer, höherer
Gleichgewichtspreis). Steigende Preise für bestimmte
Güter führen jedoch normalerweise zu steigendem Angebot, da die Hersteller die Möglichkeit sehen, höhere
Gewinne zu erwirtschaften und deshalb mehr produzieren. Durch die erhöhte Produktion steigt das Angebot und ein neuer, niedrigerer Gleichgewichtspreis bildet sich, bei dem allerdings eine größere Gütermenge
umgesetzt wird.

*Aus: Achim Pollert u. a., Das Lexikon der Wirtschaft: grundlegendes Wissen
von A bis Z, Bonn 2004, S. 77 f.*

1.1.3 Wettbewerb und Wettbewerbssicherung

M 6 Funktionen des Preismechanismus

■ Wir sind bei den bisherigen Überlegungen stillschweigend davon ausgegangen, dass auf dem betrachteten Markt vollständige Konkurrenz herrscht. Darunter versteht man eine Marktform, bei der erstens viele
5 kleine Anbieter vielen kleinen Nachfragern gegenüberstehen. Die Fachbezeichnung dafür ist Polypol. Zweitens ist unser Markt annahmegemäß vollkommen. Das heißt, dass die auf diesem Markt gehandelten Güter völlig gleichartig (homogen) sind und die Nachfrager
10 bzw. die Anbieter auch sonst keinen Grund haben, einen Marktteilnehmer zu bevorzugen. Außerdem sind beide Seiten vollständig über alle Marktgegebenheiten informiert, es besteht also völlige Transparenz. Auf einem solchen Markt gilt das „Gesetz der Unterschieds-
15 losigkeit der Preise", nach dem es letztlich nur einen einheitlichen Preis für diese Güter geben kann, an den sich jedes Unternehmen anpassen muss. […]

Aufgrund der geschilderten optimalen Eigenschaften gilt die vollständige Konkurrenz vielfach als Leitbild
20 einer freien Marktwirtschaft. Kein Marktteilnehmer kann hier eine spürbare wirtschaftliche Macht ausüben. Allerdings sind die hierfür notwendigen Bedingungen (viele Anbieter und Nachfrager, Homogenität und Transparenz) in der Realität selten gegeben. Zu den
25 wenigen Beispielen für einen vollkommenen Markt mit einer Vielzahl von Anbietern und Nachfragern gehören zweifellos der Devisenhandel und der Wertpapierhandel an der Börse. Die meisten anderen Märkte sind indes unvollkommen bzw. dadurch geprägt, dass einige
30 Anbieter oder Nachfrager eine dominante Rolle spielen. […]

In Abb. 12.1 sind die Märkte nach der quantitativen Besetzung der Angebots- und Nachfrageseite eingeteilt. Zum Beispiel gibt es in der Marktform des zweiseitigen (bilateralen) Polypols sehr viele kleine Anbieter 35 und sehr viele kleine Nachfrager. Diesen Fall haben wir bereits kennen gelernt, wobei wir noch unterstellt haben, dass der Markt „vollkommen" ist. Das einzelne Unternehmen muss hier den Marktpreis als gegeben hinnehmen und kann nur versuchen, genau die Menge 40 zu produzieren, bei der sein Gewinn maximal ist. Würde das Unternehmen einen nur geringfügig höheren Preis verlangen als vom Markt vorgegeben, dann würde es all seine Kunden an die zahlreiche Konkurrenz verlieren. Sobald es umgekehrt zu einem niedrigeren Preis an- 45 bieten würde, sähe es sich einer riesigen Gesamtnachfrage gegenüber, die es aufgrund seiner geringen Größe niemals befriedigen könnte. Das ist die Theorie.

In der Realität haben die Unternehmen auch in der Marktform des Polypols oft einen gewissen Preis- 50 setzungsspielraum. Das liegt daran, dass die angebotenen Produkte oder Dienstleistungen fast nie völlig identisch sind bzw. es andere Argumente gibt, die für oder gegen bestimmte Anbieter sprechen. So wird ein Haushalt vermutlich auch einem etwas teureren Handwer- 55 ker den Auftrag erteilen, wenn er mit ihm schon gute Erfahrungen gemacht hat, oder er wird bereit sein, im um die Ecke gelegenen Geschäft etwas mehr zu bezahlen, als er im Supermarkt außerhalb der Stadt zahlen müsste. Man nennt diese in der Praxis sehr häufig anzu- 60 treffende Situation des Polypols auf dem unvollkommenen Markt auch „unvollständige" bzw. monopolistische Konkurrenz.

Aus: Herbert Sperber, Wirtschaft, Hannover 2002, S. 55–57

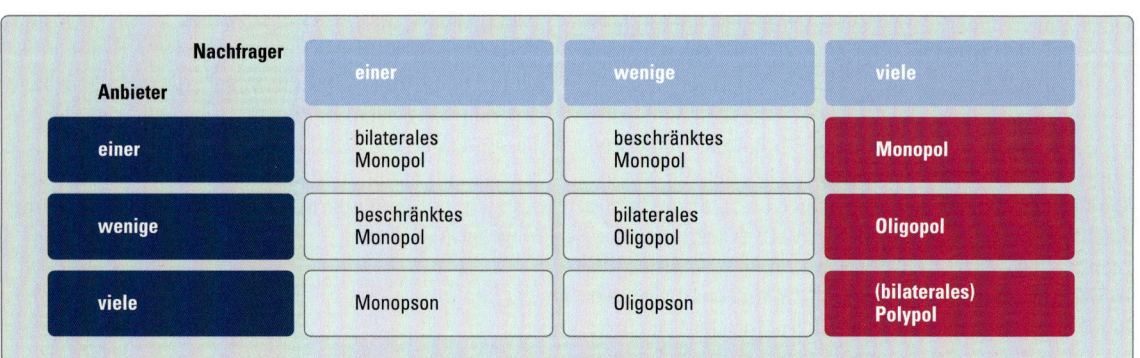

Nachfrager Anbieter	einer	wenige	viele
einer	bilaterales Monopol	beschränktes Monopol	**Monopol**
wenige	beschränktes Monopol	bilaterales Oligopol	**Oligopol**
viele	Monopson	Oligopson	**(bilaterales) Polypol**

12.1   Marktformen

1.1.4 Soziale Marktwirtschaft

M 7 Prinzipien der Sozialen Marktwirtschaft

■ Die der Sozialen Marktwirtschaft zugrundeliegende ordnungspolitische Konzeption lässt sich durch konstituierende [und] regulierende [...] Prinzipien beschreiben. Unter konstituierenden Prinzipien sind grundlegende Prinzipien der Wettbewerbsordnung zu verstehen, die regulierenden Prinzipien beziehen sich auf die Beseitigung auftretender Koordinationsmängel [...].

Konstituierende Prinzipien

_Privateigentum und Vertragsfreiheit: Anders als das Kollektiveigentum, welches die Verfügungsmacht über Produktionsfaktoren und Güter einer wodurch auch immer legitimierten zentralen Planungsinstanz zuweist, bedeutet Privateigentum, dass die Wirtschaftssubjekte unter Einhaltung generell akzeptierter Regeln frei über die Verwendung von Produktionsfaktoren und Gütern entscheiden können. Durch die Freiheit, Verträge nach Maßgabe wechselseitiger Vorteilhaftigkeit abschließen zu können, ergeben sich für die Wirtschaftssubjekte Anreize zur Suche nach neuen produktiveren Problemlösungen. Einschränkungen von Vertragsfreiheit und Verfügungsrechten sind dann geboten, wenn diese nicht wettbewerbskonform eingesetzt werden.

_Offenhaltung von Märkten: Die Offenhaltung von Märkten verkürzt die Dauer der Marktbeherrschung. Zwar erlangen innovative Unternehmen durch Produkt- oder Verfahrensinnovationen sich in Pioniergewinnen ausdrückende Marktmacht, aber diese wird nur vorübergehend sein, wenn die Immitation im Markt befindlicher oder der Markteintritt neuer Unternehmen für einen schnellen Abbau der Zusatzgewinne sorgen. Bei offenen Märkten sind Monopolstellungen nur vorübergehend möglich. [...]

_Konstanz der Wirtschaftspolitik: Für die wirtschaftliche Entwicklung und Stabilität kommt den Investitionsentscheidungen der Unternehmen besondere Bedeutung zu. Investitionsentscheidungen sind Entscheidungen mit langen Zeithorizonten. Die Amortisation der investierten Mittel erfolgt erst über die mit ihnen verbundenen zukünftigen Einnahmen und Ausgaben, über der Investor subjektive Wahrscheinlichkeiten bildet. Staatliche Wirtschaftspolitik wirkt nun direkt auf diese Einnahmen- und Ausgabeströme ein (Steuer-, Arbeitsmarkt-, Subventions-, Sozialpolitik u. a.). Je weniger verlässlich und voraussehbar diese Politik ist, umso höher ist das Risiko von Investitionsentscheidungen [...].

_Preisniveaustabilität: Preisniveaustabilität gilt als zentrale Grundlage der wirtschaftlichen und gesellschaftlichen Entwicklung. Inflation bedeutet nicht nur Umverteilung zwischen sozialen Gruppen, sondern auf mittlere Sicht auch Einbußen an Wachstum und Beschäftigung. [...]

Regulierende Prinzipien

Selbst wenn diese konstituierenden Prinzipien in das Regelwerk einer Wirtschaftsordnung einfließen und streng befolgt werden, kann diese Marktordnung unerwünschte Ergebnisse hervorbringen, die durch die regulierenden Prinzipien zu beheben sind. [...]

_Eindämmung von Marktmacht: Marktmacht bedeutet, dass keine Anreize zu Kosten- und Preissenkungen und zur Suche nach Produkt- und Verfahrensinnovationen wirken. Deshalb soll das Entstehen von Marktmacht (beispielsweise durch Kartellbildung und Fusionen) transparent gemacht und gegebenenfalls durch von der Tagespolitik unabhängige Behörden (Bundeskartellamt) unterbunden werden. Kann aufgrund spezifischer Kostenverläufe das gesamtwirtschaftlich kostengünstigste Angebot durch nur einen Anbieter erstellt werden (natürliches Monopol), so ist dessen Angebot unter staatliche Kontrolle zu stellen, soweit durch institutionelle Reformen (Deregulierung und Liberalisierung) Wettbewerb nicht hergestellt werden kann.

_Internalisierung externer Effekte: Da sich nicht alle Auswirkungen wirtschaftlicher Transaktionen vorhersehen lassen, ist die Entstehung externer Effekte als Folge neuer Knappheiten unvermeidlich. Exemplarisch sei hier auf das Entstehen von Umweltknappheiten im Verlauf der wirtschaftlichen Entwicklung hingewiesen. Solche Externalitäten (Abwälzungen und Handlungsfolgen) müssen internalisiert, d. h. ihren wirtschaftlichen Verursachern zugerechnet werden. [...]

Aus: Gerd-Jan Krol / Alfons Schmid, Volkswirtschaftslehre. Eine problemorientierte Einführung, Tübingen 2002, S. 28 ff.

WEITERFÜHRENDE INFORMATIONEN

INTERNETADRESSEN

Bibliothek für Wirtschaftswissenschaften . . . . www.econdoc.de
Projekt, in dem mehr als 1,6 Millionen Zeitschriftenartikel als Referenzen für
Wirtschaftswissenschaft und -praxis erschlossen wurden.

Bundesagentur für Arbeit . . . . www.arbeitsamt.de
Umfangreiches Informationsangebot der Bundesagentur für Arbeit.

Bundesregierung . . . . www.bundesregierung.de
Darstellung politischer Schwerpunkte und verfassungsrechtlicher Grundlagen,
Links zu wichtigen Bundesorganen und -behörden.

Bundeszentrale für politische Bildung . . . . www.bpb.de
Online-Lexika und Bestellmöglichkeit von über 300 Publikationen.

Deutsche Bundesbank . . . . www.bundesbank.de
Informationsdienst über alle wichtigen statistischen Grundlagen
zur aktuellen und vergangenen Wirtschaftslage sowie der Konjunkturindikatoren.

Deutscher Gewerkschaftsbund . . . . www.dgb.de
Seite des DGB mit vielen Materialien zu wirtschaftspolitischen Themen.

Europäische Union . . . . europa.eu.int
Zentraler Zugang zu den Seiten der Europäischen Union.

Europäische Zentralbank . . . . www.ecb.int
Daten zur Wirtschafts- und Geldpolitik der Euroländer.

Deutscher Industrie- und Handelskammertag . . . . www.ihk.de
Verzeichnis aller IHKen und Links zu deren Informationsangeboten.

Institut der deutschen Wirtschaft . . . . www.iwkoeln.de
Schildert die politische und wirtschaftliche Situation aus Arbeitgebersicht.

Schul/Bank . . . . www.schulbank.de
Informationsdienst des Bundesverbandes deutscher Banken für Schule und Lehrer.

Statistisches Bundesamt . . . . www.destatis.de
Jahresergebnisse aus nahezu allen Bereichen der allgemeinen Statistik.

WISO . . . . www.zdf.de/ZDFde/
inhalt/25/01872,
1001625,00.html

Wirtschaftsmagazin des ZDF. Auf der Homepage findet man ausführliche
Informationen zu den Themen der einzelnen Sendungen.

FRAGEN ZUR WIEDERHOLUNG

1. Welche Wirtschaftssubjekte spielen im einfachen, welche im erweiterten Wirtschaftskreislauf eine Rolle?
2. Welche Geldströme im erweiterten Wirtschaftskreislauf sind nicht mit gegenläufigen
   Warenströmen gekoppelt?
3. Charakterisieren Sie das Verhältnis von Preis und Kosten eines Produkts.
4. Beschreiben sie den Mechanismus in der Beziehung von Angebot und Nachfrage, der bei
   einer Nachfragesteigerung unter sonst gleich bleibenden Bedingungen abläuft.
5. Benennen Sie die Funktionen des Preismechanismus.
6. Kennzeichnen Sie die Funktionen des Wettbewerbs in der Marktwirtschaft.
7. Stellen Sie an Beispielen dar, warum der Wettbewerb in der Marktwirtschaft gesichert
   werden muss.
8. Erläutern Sie die Prinzipien der Sozialen Marktwirtschaft.

WIE KANN WIRTSCHAFTSPOLITIK IN DER SOZIALEN MARKTWIRTSCHAFT BEGRÜNDET WERDEN?

2.0

Gibt man daher alle Systeme der Begünstigung und Beschrän...
auf, so stellt sich ganz von selbst das einsichtige und einfache S...
der natürlichen Freiheit her. Solange der Einzelne nicht die G...
verletzt, lässt man ihm völlige Freiheit, damit er das eigene Int...
auf seine Weise verfolgen kann und seinen Erwerbsfleiß und...

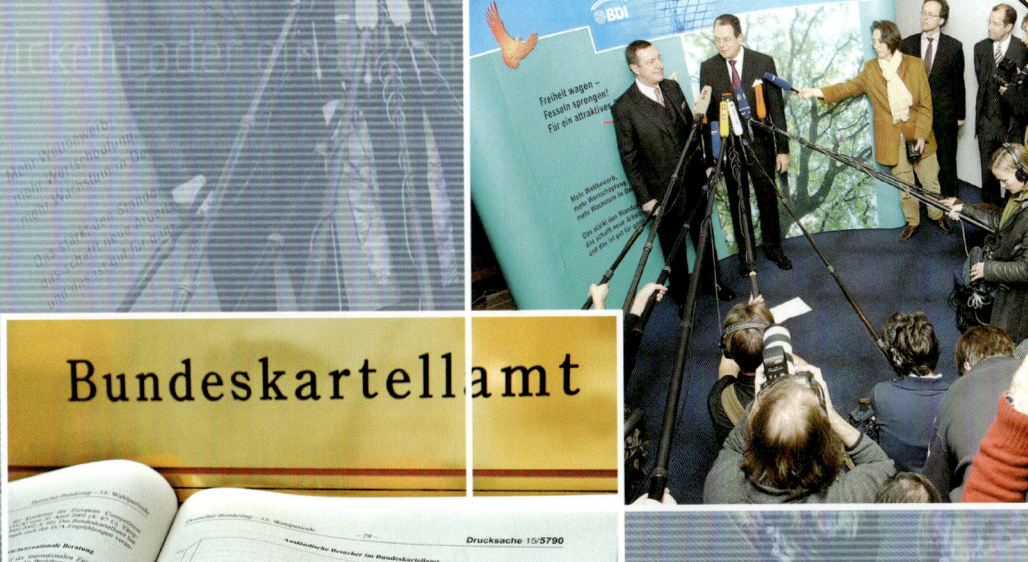

2.1 Wer greift in die Wirtschaft ein?

M 1   EU-Rat: Europaweiter Emissionshandel ab 2005

■ *Der Startschuss für den europaweiten Handel mit Treibhausgas-Emission zwischen Unternehmen ist gefallen. Die deutsche Industrie könnte nach einer Studie dabei zu den großen Gewinnern zählen.*

Brüssel (dpa) – Im Kampf gegen den weltweiten Klimawandel haben sich die EU-Umweltminister am Montag in Brüssel einstimmig auf Regeln für den Kauf und Verkauf von „Verschmutzungsrechten" zwischen Tausenden Betrieben aus energieintensiven Branchen geeinigt.

Aus: www.vistaverde.de/news/Wirtschaft/ 0212/09_emissionshandel.htm, 2003

M 2

M 3 Kartellamt stoppt Verlagsfusion erneut

● Das Bundeskartellamt hat die Übernahme des Berliner Verlages durch die Holtzbrinck-Gruppe erneut gestoppt. Nach dem bisherigen Stand der Prüfung sei dies kartellrechtlich nicht genehmigungsfähig, sagte Kartellamtspräsident Ulf Böge am Freitag in Bonn. Deshalb habe die Behörde dem Vorhaben eine Abmahnung erteilt, die aber noch keine endgültige Entscheidung darstelle.

Die Behörde sei der Auffassung, dass der Holtzbrinck-Verlag (Stuttgart) auch nach dem Verkauf des „Tagesspiegel" an den ehemaligen Konzernmanager Pierre Gerckens eine beherrschende Stellung auf dem Berliner Markt für regionale Abonnement-Tageszeitungen habe.

Aus: www.dw-world.de/dw/article/0,,1064683,00.html, 2004

M 4 Die Stunde der Sparer

● *Nach der Trennung von Mitarbeitern und Beteiligungen geht es bei vielen Banken wieder bergauf.*

Die deutschen Kreditinstitute sind aus dem Gröbsten heraus, bescheinigt ihnen der Chef der Allfinanzaufsicht Jochen Sanio. Nach Jahren häufig vergeblicher Bemühungen um Übernahmen, Fusionen und Kooperationen wird nun im eigenen Haus aufgeräumt. Über 40 000 Arbeitsplätze hat dies in eineinhalb Jahren bereits gekostet. Auf der Tagesordnung steht die Trennung von Beteiligungen. Die Deutsche Bank versilberte zuletzt Anteile an MG Technologies, Buderus und der Allianz.

Die HypoVereinsbank verkaufte die Norisbank, die niederländische FGH Bank und brachte Teile der Bank Austria an die Börse. [...] Die Börse honoriert diese Rückbesinnung auf eigene Stärken. Seit dem Tiefststand Mitte März haben sich die Kurse der Großbanken kräftig erholt. Das war dringend nötig, wurden einige Geldhäuser doch unter ihrem Buchwert gehandelt. Die Aktienhändler mögen ihrer Zeit voraus sein, die Rating-Agenturen kennen kein Erbarmen. Sie stufen die Noten sofort herunter, wenn das Management versagt. [...]

Aus: SZ, 7.8.2003, Autorin: Helga Einecke

M 5 Warum braucht Deutschland die agenda 2010?

● Die Ausgangslage: Deutschland muss sich in einem immer schärferen internationalen Wettbewerb behaupten. Die Wirtschaft muss wieder in Fahrt kommen. Arbeitslose sollen wieder Beschäftigung finden und ihren Lebensunterhalt selbst verdienen können. Der Arbeitsmarkt muss flexibler, Beschäftigungshindernisse müssen abgebaut werden. Die sozialen Sicherungssysteme müssen bei einem steigenden Anteil älterer Menschen in unserem Land funktionsfähig und finanzierbar bleiben: Die nächste Generation darf nicht überfordert werden. Lohnnebenkosten müssen für Wirtschaft und Arbeitnehmer tragbar bleiben.

Die Bundesregierung handelt: Sie hat mit der agenda 2010 – in Teilen gemeinsam mit der Union, so bei der Gesundheitsreform – 2003 das Fundament gelegt, damit unsere sozialen Sicherungssysteme leistungsfähig bleiben, die Wirtschaft wieder an Schwung gewinnt und die Arbeitslosigkeit zurückgehen kann.

Ziel ist es, dass Deutschland auf allen Zukunftsfeldern mittelfristig, das heißt bis zum Jahre 2010, seine Position verbessert: deshalb agenda 2010. [...]

Aus: agenda 2010 – Deutschland bewegt sich, Informationsbroschüre der Bundesregierung, Aktualisierte Neuauflage 2004

M 6 Verfassungsgericht prüft Ökosteuer [Update]

● **Karlsruhe (dpa)** – Ein Vorurteil besagt, dass Juristen nicht rechnen können – doch in der Anhörung zur Ökosteuer muteten sich die Karlsruher Richter am Dienstag ein regelrechtes Feuerwerk an Zahlen zu. Gestiegene Energiekosten und schwindende Auftragseingänge, abnehmende Renditen und eine zunehmende Zahl von Pleiten sollten den Ersten Senat des Bundesverfassungs-

gerichts davon überzeugen, dass das rot-grüne Renommierprojekt aus dem Jahr 1999 letztlich nur Unheil angerichtet habe – zumindest für die Branchen der Spediteure und der Kühlhäuser.

Aus: www.verivox.de/News/ArticleDetails.asp?aid=5860

2.2 Wer macht Wirtschaftspolitik?

AUFGABEN

1. Ermitteln Sie, welche Träger von Wirtschaftspolitik sich in M 1 bis M 9 vorstellen bzw. vorgestellt werden.
2. Zeigen Sie, welche Interessen jeweils vertreten werden. Konkretisieren Sie Ihre Aufstellungen mithilfe der Homepage der genannten Organisationen/ Institutionen und des Wirtschaftsteils einer überregionalen Tageszeitung.
3. Welche allgemeinen Ziele haben die jeweiligen Träger von Wirtschaftspolitik?
4. Welche Mittel können diese Organisationen jeweils einsetzen, um ihre Interessen durchzusetzen? Wie beurteilen sie den Einsatz dieser Mittel?

M 1   Unternehmerverbände

● Die Unternehmerverbände in Deutschland bilden drei Säulen: die Wirtschaftsverbände, die Arbeitgeberverbände und die Kammern.

Unter den Wirtschaftsverbänden ragt als größter der
5 Bundesverband der Deutschen Industrie (BDI) heraus. Daneben gibt es Spitzenverbände der Banken oder des Handels. [...] Der BDI ist der größte, bekannteste und wohl auch mächtigste Wirtschaftsverband in Deutschland.

10 Die gesellschafts- und sozialpolitischen Interessen der Unternehmer werden von den Arbeitgeberverbänden gegenüber Staat, Öffentlichkeit und Gewerkschaften wahrgenommen. Insbesondere sind sie aber der Tarifpartner der Gewerkschaften. Alle Tarifverhandlungen –
15 mit Ausnahme des öffentlichen Dienstes – werden von diesen beiden Tarifparteien geführt.

Die Bundesvereinigung der Deutschen Arbeitgeberverbände (BDA) in Köln ist der Dachverband eines weit verzweigten Geästs von Einzel- und Unterverbänden. [...] Entsprechend kompliziert ist die Willensbildung in
20 Präsidium, Vorstand, Geschäftsführung, Ausschüssen, Instituten, Stiftungen und Kuratorien. In diesen Gremien sind mehrere hundert leitende Persönlichkeiten der Wirtschaft vertreten.

Aus: Günter Triesch/Wolfgang Ockenfels, Interessenverbände in Deutschland, München 1995, S. 158–161; vgl. http://www.bda-online.de

M 2   Konsumentenverbände

● Gegenüber der Anzahl, Vielfalt und Stärke sonstiger wirtschaftlicher Interessengruppen nehmen sich die allgemeinen Verbraucherverbände recht klein und unbedeutend aus. Der Dachverband Arbeitsgemeinschaft
5 der Verbraucherverbände[1] trägt die Verbraucherzentralen in den Ländern sowie die Stiftung Warentest. Der Arbeitsgemeinschaft gehören 32 sozial- und gesellschaftspolitisch engagierte Verbände an, die meistens wiederum Dachverbände sind, beispielsweise der DGB.
10 Die gesamte Arbeit ist durch diese Konstruktion schwerfällig und stark von staatlichen Zuwendungen abhängig, die circa 80 Prozent der Mittel umfassen.

Es gibt allerdings einige spezielle Verbraucherverbände für Teilinteressen, die sich aktiv für ihre Mitglieder einsetzen können und recht erfolgreich sind. Dazu gehört
15 der Deutsche Mieterbund mit einer Million Mitgliedern, aber auch der kleine, sehr öffentlichkeitswirksame Bund der Steuerzahler (370 000 Mitglieder) und schließlich der große ADAC (13 Millionen Mitglieder).

1 Heißt mittlerweile Verbraucherzentrale Bundesverband (vzbv).

Aus: Günter Triesch/Wolfgang Ockenfels; Interessenverbände in Deutschland, München 1995, S. 163; vgl. http://www.vzbv.de, http://www.stiftung-warentest. de, http://www.mieterbund.de, http://www.steuerzahler.de, http://www.adac.de

M3 DGB

● Der Deutsche Gewerkschaftsbund streitet für eine solidarische Gesellschaft. Er ist die Stimme der Gewerkschaften gegenüber politischen Entscheidungsträgern und Verbänden in Bund, Ländern und Gemeinden und koordiniert die gewerkschaftlichen Aktivitäten. Seit seiner Gründung 1949 ist er dem Prinzip der Einheitsgewerkschaft verpflichtet: pluralistisch und politisch unabhängig, keineswegs jedoch neutral.

Aus: www.dgb.de/dgb/dgb.htm, 2004

M4 Die Aufgabe der Europäischen Zentralbank

● Die Europäische Zentralbank und die nationalen Zentralbanken bilden zusammen das Eurosystem, das Zentralbankensystem des Euro-Währungsgebiets. Das vorrangige Ziel des Eurosystems ist die Gewährleistung der Preisstabilität, d.h., den Wert des Euro zu sichern.

Wir bei der Europäischen Zentralbank haben uns verpflichtet, alle uns übertragenen Zentralbankaufgaben wirkungsvoll zu erfüllen. Dabei streben wir höchste Integrität, Kompetenz, Effizienz und Transparenz an.

Aus: www.ecb.int/ecb/html/mission.de.html

M5 Bundesministerium für Wirtschaft und Technologie

● Zentrales Anliegen der Politik des Bundesministeriums für Wirtschaft und Technologie (BMWi) ist es, das Fundament für wirtschaftlichen Wohlstand in Deutschland mit breiter Teilhabe aller Bürger sowie für ein modernes System der Wirtschaftsbeziehungen zu legen. Hiervon leiten sich diverse Zielsetzungen als Richtschnur für konkretes politisches Handeln ab, z.B.
—dauerhafte Wachstums- und Wettbewerbschancen für den Standort Deutschland,
—ein hoher Beschäftigungsstand,
—die Stärkung der kleinen und mittelständischen Betriebe

—die Förderung von neuen Technologien und Innovationen zur Erhaltung der Wettbewerbsfähigkeit der Wirtschaft,
—die Verbindung ökonomischer und ökologischer Ziele,
—die Vertiefung der weltweiten Arbeitsteilung und eines freien Welthandels,
—aktive Gestaltung des Wandels von der Industrie- zur wissensbasierten Informationsgesellschaft,
—eine gesicherte Energieversorgung zu angemessenen Preisen.

Aus: http://www.bmwi.de/BMWi/Navigation/ministerium.html; Zugriff 03/2006

M6 Die OECD

● Die OECD ist 1961 aus der Organisation für europäische wirtschaftliche Zusammenarbeit (OEEC) hervorgegangen. […]

Da vor allem durch Errichtung der Europäischen Wirtschaftsgemeinschaft (EWG) die Zusammenarbeit und Integration in Europa noch wirksamer vorangetrieben werden konnte, wurde im Jahr 1961 auf Initiative der USA die OEEC durch ein im Prinzip weltweites Kooperationsgremium der industrialisierten Staaten abgelöst. Schon der Name der neuen Organisation brachte zum Ausdruck, dass auch die Zusammenarbeit in Entwicklungshilfefragen künftig eine wesentliche Rolle spielen sollte. Die der OEEC assoziierten Länder USA und Kanada wurden als erste außereuropäische Staaten Vollmitglieder der OECD. Die OECD hat sich folgende Ziele gesetzt:

—Sie will in ihren Mitgliedstaaten zu optimaler Wirtschaftsentwicklung und Beschäftigung sowie steigendem Lebensstandard und Wahrung der finanziellen Stabilität beitragen,
—den Dienstleistungs- und Kapitalverkehr der Mitgliedstaaten weitgehend von Beschränkungen befreien,
—das Wirtschaftswachstum der Entwicklungsländer fördern und
—auf eine Ausweitung des Welthandels hinarbeiten.

Aus: Deutsche Bundesbank, Weltweite Organisationen und Gremien im Bereich von Währung und Wirtschaft, Frankfurt a. M. 2003, S. 184 f.

M 7   Der Internationale Währungsfonds

● Der IWF [ist eine internationale Organisation mit 184 Mitgliedsstaaten. Er] wurde geschaffen, um die internationale Zusammenarbeit auf dem Gebiet der Währungspolitik zu fördern; die Ausweitung und ein aus-
5 gewogenes Wachstum des Welthandels zu erleichtern; die Stabilität der Wechselkurse zu fördern; bei der Errichtung eines multilateralen Zahlungssystems mitzuwirken; den Mitgliedsländern in Zahlungsbilanzschwie-
rigkeiten die allgemeinen Fondsmittel zeitweilig und unter angemessenen Sicherungen zur Verfügung zu 10 stellen und die Dauer und das Ausmaß der Ungleichgewichte der internationalen Zahlungsbilanzen der Mitgliedsländer zu verringern.

Aus: www.imf.org/external/np/ex/up/exv/facts/den/glanced.htm

M 8   WTO (World Trade Organization, Welthandelsorganisation)

● Das Hauptmotiv für die Schaffung einer Welthandelsorganisation war laut Präambel des WTO-Übereinkommens der Wunsch, „ein integriertes, funktionsfähigeres und dauerhafteres multilaterales Handelssystem
5 zu entwickeln". Die Aufgabe der WTO besteht daher in der Umsetzung der globalen Regeln für den Welthandel mit Waren und Dienstleistungen. Angestrebt wird, in den Mitgliedstaaten den Lebensstandard und die Realeinkommen zu erhöhen, Vollbeschäftigung zu erreichen und zu sichern und zu diesem Zweck den Handel 10 auszuweiten. Darüber hinaus ist die WTO verpflichtet, zu stetigem Fortschritt der Entwicklungsländer beizutragen und ihre Politik nach den Erfordernissen des Umweltschutzes auszurichten.

Aus: Deutsche Bundesbank, Weltweite Organisationen und Gremien im Bereich von Währung und Wirtschaft, Frankfurt a. M. 2003, S. 156

M 9   Gruppe der Sieben/Acht (G7/8)

● Seit 1975 treffen sich die Staats- und Regierungschefs der sieben führenden westlichen Industriestaaten einmal jährlich zum Wirtschaftsgipfel. Vorbereitet werden [diese] unter anderem von Treffen der Finanz- und
5 Außenminister. Die Idee zum Wirtschaftsgipfel der führenden Industriestaaten geht auf den damaligen französischen Präsidenten Valérie Giscard d'Estaing und den damaligen Bundeskanzler Helmut Schmidt zurück.

Zur Gruppe der Sieben (G 7), an deren Beratungen seit
10 1978 auch der Präsident der EU-Kommission teilnehmen kann, gehören die USA, Japan, Kanada, Deutschland, Frankreich, Großbritannien und Italien. Nachdem Russland schon seit 1994 ständiger Gast der Wirtschaftsgipfel war, wurde die Gruppe der Sieben 1998
15 offiziell für die weltpolitischen Beratungen auf die Gruppe der Acht (G 8) erweitert. An den finanz- und wirtschaftspolitischen Beratungen der G 7 nimmt Russland eingeschränkt teil. Das BMF unterstützt den mit der Vorbereitung der G 8 Wirtschaftsgipfel betrauten
20 persönlichen Beauftragten des Bundeskanzlers („Sherpa") in allen Fragen der Währungspolitik und internationalen Finanzbeziehungen.
Ein weiterer Strang der G 7-Kooperation besteht in der Zusammenarbeit auf der Ebene der Finanzminister
30 und Zentralbankgouverneure. Die G 7-Zusammenarbeit
gründet sich auf die Erkenntnis, dass wirtschafts-, geld- oder handelspolitische Maßnahmen großer Länder angesichts der engen weltwirtschaftlichen Verflechtungen Auswirkungen auf die Partnerländer haben. Daher kann nur eine frühzeitige Abstimmung unter den welt- 35 wirtschaftlich bedeutenden Ländern zu erfolgreicher nationaler und globaler Wirtschafts- und Währungspolitik führen. Die Finanzminister der G 7-Länder treffen sich in der Regel zusammen mit den Zentralbankgouverneuren dreimal jährlich zur Erörterung wirtschafts- 40 und währungspolitischer Themen. Ergänzt werden die politischen G 7-Treffen durch regelmäßige und vertrauliche Treffen auf der Stellvertrete rebene der G 7-Finanzminister (G 7-Deputies = Staatssekretäre). Dabei werden von Fall zu Fall auch die Zentralbanken der beteiligten 45 Länder mit einbezogen.

Aus: www.bundesfinanzministerium.de/cln_04/nn_3792/DE/ Internationale__Beziehungen/Informelle__Gremien__der__Zusammenarbeit/ G7__G8/1782.html

2.3 Inwieweit soll oder muss der Staat in die Wirtschaft eingreifen?

Das Wirtschaftssystem der Bundesrepublik Deutschland ist die Soziale Marktwirtschaft. Im Gegensatz zur Zentralverwaltungswirtschaft werden dem Modell zufolge die Aktivitäten der Wirtschaftssubjekte über den Marktmechanismus koordiniert. Es soll also nicht eine zentrale Stelle planen, wie sich die Wirtschaft entwickelt, sondern die Beteiligten am Wirtschaftsgeschehen planen selbst und der Fortgang der Entwicklung ergibt sich durch den (ungeplanten) Wettbewerb.

Jedoch müssen zwischen Modell und Realität Unterschiede festgestellt werden; die reine Geltung marktwirtschaftlicher Mechanismen führte in der Vergangenheit zu unerwünschten Effekten. Bei der Etablierung des heutigen Wirtschaftssystems nach dem Zweiten Weltkrieg in Westdeutschland wurde deshalb eine Wirtschaftsordnung, die Soziale Marktwirtschaft, geschaffen, in der einer zentralen Stelle, dem Staat, durchaus eine Funktion zukommt. In welchem Maße aber der Staat eingreifen soll, ohne die Vorzüge des Wirtschaftssystems infrage zu stellen, das ist umstritten.

AUFGABEN

1. Ermitteln Sie aus M 1 bis M 4, welcher Inhalt der staatlichen Wirtschaftspolitik geweils gegeben wird: Wie wird staatliche Wirtschaftspolitik begründet? Welche Aufgaben werden der Wirtschaftspolitik zugewiesen?
2. Diskutieren Sie, inwieweit die „Kräfte des Marktes" also Angebot und Nachfrage, uneingeschränkt wirken sollen und schon von selbst für das Gemeinwohl sorgen können.
3. Erörtern Sie, inwieweit ethische und moralische Aspekte im Wirtschaftsleben eine Rolle spielen können bzw. sollen.

M 1   Das System der natürlichen Freiheit

■ Gibt man daher alle Systeme der Begünstigung und Beschränkung [der wirtschaftlich Handelnden durch den Staat, d. Verf.] auf, so stellt sich ganz von selbst das einsichtige und einfache System der natürlichen Frei-
5 heit her. Solange der Einzelne nicht die Gesetze verletzt, lässt man ihm völlige Freiheit, damit er das eigene Interesse auf seine Weise verfolgen kann und seinen Erwerbsfleiß und sein Kapital im Wettbewerb mit jedem anderen oder einem anderen Stand entwickeln oder ein-
10 setzen kann. Der Herrscher wird dadurch vollständig von einer Pflicht entbunden, bei deren Ausübung er stets unzähligen Täuschungen ausgesetzt sein muss und zu deren Erfüllung keine menschliche Weisheit oder Kenntnis jemals ausreichen könnte, nämlich der Pflicht
15 oder Aufgabe, den Erwerb privater Leute zu überwachen und ihn in Wirtschaftszweige zu lenken, die für das Land am nützlichsten sind. Im System der natürlichen Freiheit hat der Souverän lediglich drei Aufgaben zu erfüllen […]: Erstens die Pflicht, das Land gegen Gewalt-
20 tätigkeit und Angriff anderer unabhängiger Staaten zu

21.1 *Adam Smith (5. 6. 1723–17. 7. 1790),*
englischer Ökonom und Moralphilosoph

schützen, zweitens die Aufgabe, jedes Mitglied der Gesellschaft so weit wie möglich vor Ungerechtigkeit oder Unterdrückung durch einen Mitbürger in Schutz zu nehmen oder ein zuverlässiges Justizwesen einzurichten,
25 und drittens die Pflicht, bestimmte öffentliche Anstalten und Einrichtungen zu gründen und zu unterhalten, die ein Einzelner oder eine kleine Gruppe aus eigenem Interesse nicht betreiben kann, weil der Gewinn ihre Kosten niemals decken könnte, obwohl der häufig höher
30 sein mag als die Kosten für das ganze Gemeinwesen. […]

> ### Ordnung ist die ganze Zukunft
>
> Das beklemmende Gefühl der Unausweichlichkeit ökonomischer Missstände ist eine Folge von Ordnungsdefiziten / Der Bürger braucht mehr Handlungsspielraum
>
> *Aus: FAZ, 6. 9.1997*

Aus: Adam Smith, Der Wohlstand der Nationen (engl. Original 1776), übersetzt von Horst Claus Recktenwald, München 1978, S. 582

M 2   Erhaltung des freien Wettbewerbs

■ Die Gefahr einer Beeinträchtigung des Wettbewerbs droht sozusagen ständig und von den verschiedensten Seiten her. Es ist darum eine der wichtigsten Aufgaben des auf einer freiheitlichen Gesellschaftsordnung beru-
5 henden Staates, die Erhaltung des freien Wettbewerbs sicherzustellen. Es bedeutet wirklich keine Übertreibung, wenn ich behaupte, dass ein auf Verbot gegründetes Kartellgesetz als das unentbehrliche „wirtschaftliche Grundgesetz" zu gelten hat. Versagt der Staat auf
10 diesem Felde, dann ist es auch bald um die „Soziale Marktwirtschaft" geschehen. Dieses hier verkündete Prinzip zwingt dazu, keinem Staatsbürger die Macht einzuräumen, die individuelle Freiheit unterdrücken oder sie namens einer falsch verstandenen Freiheit ein-
15 schränken zu dürfen. „Wohlstand für alle" und „Wohlstand durch Wettbewerb" gehören untrennbar zusammen; das erste Postulat kennzeichnet das Ziel, das zweite den Weg, der zu diesem Ziel führt. […]

Auf dem Wege über den Wettbewerb wird – im besten Sinne des Wortes – eine Sozialisierung des Fortschritts 20 und des Gewinns bewirkt und dazu noch das persönliche Leistungsstreben wach gehalten. Immanenter Bestandteil der Überzeugung, auf solche Art den Wohlstand am besten mehren zu können, ist das Verlangen, allen arbeitenden Menschen nach Maßgabe der fort- 25 schreitenden Produktivität auch einen ständig wachsenden Lohn zukommen zu lassen. […] Wir dürfen über dem sich ausweitenden Konsum die Mehrung der Produktivität der Wirtschaft nicht vergessen.

Aus: Ludwig Erhard, Wohlstand für alle, Düsseldorf 1957, aktualisierte Neuausgabe 1990, 4. Auflage, S. 7 ff.

M 3   Prinzipien einer gesteuerten Marktwirtschaft

■ Die Marktwirtschaft ist weder eine weltanschauliche Position, noch bedeutet sie zustimmende Hinnahme der wirtschaftlichen Einkommens- und Besitzverhältnisse. Die Marktwirtschaft hat im Kern ein in die
5 verschiedensten Datenkonstellationen einfügbares, formalwirtschaftliches Verfahren. Sie trägt durchaus instrumentalen Charakter, das heißt, sie setzt nicht wirtschaftliche Ziele, sondern stellt eine bestimmte Art, diese in Verbindung zu bringen, dar. […]

10 Der instrumentale Charakter der Marktwirtschaft weist bereits klar auf ihre Ergänzungsbedürftigkeit durch ein Rahmengefüge einer marktgerechten Wirtschaftspolitik hin. […] Wir können als marktgerecht alle jene wirtschaftspolitischen Maßnahmen bezeichnen, die die
15 Funktion einer variabel gehandhabten Wirtschaftsrechnung nicht gefährden. Hierbei kann es sich einmal um

Vorkehrungen handeln, welche die Marktfunktion erst ermöglichen oder eine Sicherung des Marktgleichgewichts erstreben, also um diejenigen wettbewerbspolitischen Maßnahmen, welche die volkswirtschaftlichen 20 Leistungen der Konkurrenz zu erhalten und zu stabilisieren streben. Marktgerecht können aber auch Eingriffe sein, durch die wesentliche wirtschaftliche Daten grundlegend geändert werden, ohne dass die Auswertung dieser Fakten anders als marktwirtschaftlich erfolgt. […] 25 Eine hohe Besteuerung zugunsten eines sozial- und staatswirtschaftlichen Konsums ist bei Wahl richtiger Steuerformen eine marktwirtschaftlich durchaus neutrale Tatsache, welche die Nachfragedaten zwar entscheidend verändert, deren Berücksichtigung aber die markt- 30 wirtschaftlichen Spielregeln nicht verletzt. […]

Aus: Alfred Müller-Armack, Wirtschaftslenkung und Marktwirtschaft, Hamburg 1948, S. 90 ff.

M 4 Globalisierung der Wirtschaft – Globalisierung der Politik

■ Der Markt besteht – in einer volkswirtschaftlichen Theorievorstellung – vereinfacht dargestellt aus unzähligen einzelnen Akteuren, die untereinander konkurrieren. Jeder von ihnen ist so klein und unbedeutend, dass er keinen Einfluss auf das gesamte Geschehen nehmen kann. Jeder der Akteure produziert dabei möglichst effizient und kostengünstig und trägt dadurch zur Effizienz des Ganzen bei.

Abgesehen davon, ob dieser Zustand anstrebenswert wäre (was bedeutet eigentlich eine effiziente Gesellschaft?), reicht schon ein kurzer Blick in den Wirtschaftsteil einer Tageszeitung, um zu sehen, dass wir von dieser Modellvorstellung weit entfernt sind. In den Schlagzeilen dominieren große Konzerne, deren wirkliche Größe durch gegenseitige Beteiligungen, Tochterfirmen etc. noch im Dunklen bleibt.

In den letzten Jahren sind die großen Konzerne durch Fusionen und gegenseitige – mehr oder wenige freundliche – Übernahmen so weit angewachsen, dass der Umsatz einiger transnationaler Konzerne (wie General Motors) mittlerweile die wirtschaftliche Leistung (das BIP) von Staaten wie Dänemark, Südafrika oder Polen übersteigt. Konzerne haben Hunderttausende von Beschäftigten, einen Umsatz von mehreren Milliarden US-\$ und eine Produktion, die über die ganze Welt verstreut ist – das Wort vom Konzernkapitalismus scheint nicht fehl am Platz.

Was bedeutet unter diesen Umständen das Primat, d.h. die Vorherrschaft der Wirtschaft? Während sich die Konzerne internationalisiert haben, bleibt die Politik im Wesentlichen auf die nationalstaatlichen Aktionsräume beschränkt. Da es den Konzernen – durch politische Maßnahmen! – vereinfacht wurde, ihren Sitz und ihre Produktionsstätten in andere Länder zu verlagern, scheinen diese von ihren ehemaligen Standorten gänzlich unabhängig zu sein. Demgegenüber sind die Nationalstaaten politisch oft auf die Unternehmen angewiesen, nicht zuletzt, wenn es um die Schaffung von Arbeitsplätzen, die Einnahmen von Steuern zur Finanzierung nationalstaatlicher Aufgaben (z.B. Bildung) sowie der Aufrechterhaltung sozialer Sicherungssysteme geht.

Vor dem Hintergrund, dass die Unternehmen ihre Produktionsstandorte scheinbar völlig frei wählen können, entsteht für die Nationalstaaten eine Situation, in der sie mit den anderen Nationalstaaten konkurrieren, ein für die Unternehmen interessanter, sprich billiger Standort zu sein. Dieses Phänomen umschreibt man mit dem Begriff der Standortkonkurrenz – Nationalstaaten verstehen sich nicht mehr primär als Gesellschaften, sondern als Ansiedlungsorte für Unternehmen, deren Bürger als möglichst effiziente Humanressourcen fungieren.

In dieser Konkurrenzsituation der Nationalstaaten beginnt in allen Bereichen ein Wettlauf: um die niedrigsten Unternehmenssteuersätze, die geringsten Sozialabgaben, die höchsten Subventionen und die wenigsten Regulierungen. Und ein Ende dieses Wettlaufs nach unten scheint nicht abzusehen – jede Steuersenkung wird durch die Steuersenkung eines anderen Landes wieder zunichte gemacht. Das Gleiche gilt für die anderen Bereiche. […]

Eine unabhängige Wirtschaftspolitik ist in einer Welt, in der die Wirtschaft bereits in großen Teilen globalisiert ist, schwer vorstellbar. Der Globalisierung der Wirtschaft kann nur eine entschiedene Globalisierung der Politik entgegentreten.

Dies beinhaltet nicht notwendigerweise die Forderung nach einer Weltregierung – auch wenn dies von vielen als Endpunkt dieser Entwicklung gesehen wird. Es bedeutet aber im ersten Schritt eine Zusammenarbeit zwischen bzw. einen Zusammenschluss von Ländern in verschiedenen Teilen der Welt. Ein Beispiel dafür ist die Europäische Union. […]

Die Forderung nach einem Primat der Politik ist nicht gleichzusetzen mit der Forderung, den Markt durch den Staat zu ersetzen. Denn der Staat ist kein neutraler Akteur, er ist beeinflussbar, unterschiedliche gesellschaftliche Interessen treffen sich in ihm, versuchen, sich durchzusetzen und schließen Kompromisse – abhängig von ihrer (auch wieder vor allem wirtschaftlich begründeten) Macht.

Die Forderung nach einem Primat der Politik richtet sich auf eine Stärkung des Staates, aber eines Staates, der als Ausdruck seiner Bevölkerung auch deren Wünsche und Bedürfnisse repräsentiert. Dabei muss selbstverständlich beachtet und thematisiert werden, welche Interessen der Staat in welchem Maße berücksichtigt.

Aus: Anne Karrass/Michael Ney, Politik oder Wirtschaft – unter welchem Primat wollen wir leben?, in: Christine Buchholz u.a., Unsere Welt ist keine Ware. Handbuch für Globalisierungskritiker, Köln 2002, S. 252 ff.

2.4 Wie ist Wirtschaftspolitik verfassungsrechtlich legitimiert?

Die Grundlagen für das Handeln des deutschen Staates sind in der Verfassung niedergelegt. Offensichtlich hat der Staat nach Auffassung vieler Autoren das Recht und die Pflicht, in die Wirtschaft unterstützend, korrigierend oder lenkend einzugreifen. Die staatliche Wirtschaftspolitik ist dabei an die Normen der Verfassung gebunden.

Welche Vorgaben macht die bundesdeutsche Verfassung für eine staatliche Wirtschaftspolitik? Sind aus dem Grundgesetz Umrisse eines wirtschaftlichen Ordnungssystems ableitbar, die einen Rahmen für staatliche Wirtschaftspolitik bilden könnten?

AUFGABEN

1. Untersuchen Sie die vorliegenden Auszüge aus dem Grundgesetz, dem EG-Vertrag sowie aus dem Vertrag über die Wirtschafts- und Währungsunion (S. 24–25, S. 27–28):
   – Welche Vorgaben werden für eine Ordnung der Wirtschaft gemacht?
   – Wie wird das Individuum gesehen, das als Wirtschaftssubjekt tätig wird? Stellen Sie grundlegende Rechte und Pflichten zusammen.
2. Definieren Sie (evtl. unter Zuhilfenahme von Nachschlagewerken) die für die Wirtschaftspolitik wichtigen Begriffe der Verfassung.
3. Stellen Sie anschließend eine Präsentation zusammen. Präsentieren Sie im Kurs die Vorgaben, die in Bezug auf die Wirtschaftsordnung gemacht werden. Diskutieren Sie anschließend verschiedene Präsentationen.
4. Vergleichen Sie die Vorgaben nach M 1 und M 2 mit denen des EU-Rechts (M 3).

M 1 Grundgesetz für die Bundesrepublik Deutschland

● **Artikel 2 (Persönliche Freiheitsrechte)**
(1) Jeder hat das Recht auf die freie Entfaltung seiner Persönlichkeit, soweit er nicht die Rechte anderer verletzt und nicht gegen die verfassungsmäßige Ordnung oder das Sittengesetz verstößt.
[…]

Artikel 9 (Vereinigungs- und Koalitionsfreiheit)
(1) Alle Deutschen haben das Recht, Vereine und Gesellschaften zu bilden.
[…]
(3) Das Recht, zur Wahrung und Förderung der Arbeits- und Wirtschaftsbedingungen Vereinigungen zu bilden, ist für jedermann und für alle Berufe gewährleistet. Abreden, die dieses Recht einschränken oder zu behindern suchen, sind nichtig, hierauf gerichtete Maßnahmen sind rechtswidrig. Maßnahmen nach den Artikeln 12a, 35 Abs. 2 und 3, Artikel 87a Abs. 4 und Artikel 91 dürfen sich nicht gegen Arbeitskämpfe richten, die zur Wahrung und Förderung der Arbeits- und Wirtschaftsbedingungen von Vereinigungen im Sinne des Satzes 1 geführt werden.

Artikel 11 (Freizügigkeit)
(1) Alle Deutschen genießen Freizügigkeit im ganzen Bundesgebiet.
[…]

Artikel 12 (Berufsfreiheit)
(1) Alle Deutschen haben das Recht, Beruf, Arbeitsplatz und Ausbildungsstätte frei zu wählen. Die Berufsausübung kann durch Gesetz oder auf Grund eines Gesetzes geregelt werden.
(2) Niemand darf zu einer bestimmten Arbeit gezwungen werden, außer im Rahmen einer herkömmlichen allgemeinen, für alle gleichen öffentlichen Dienstleistungspflicht.
[…]

Artikel 14 (Eigentum – Erbrecht – Enteignung)
(1) Das Eigentum und das Erbrecht werden gewährleistet. Inhalt und Schranken werden durch die Gesetze bestimmt.
(2) Eigentum verpflichtet. Sein Gebrauch soll zugleich dem Wohle der Allgemeinheit dienen.

(3) Eine Enteignung ist nur zum Wohle der Allgemeinheit zulässig. Sie darf nur durch Gesetz oder auf Grund eines Gesetzes erfolgen, das Art und Ausmaß der Ent-
45 schädigung regelt. Die Entschädigung ist unter gerechter Abwägung der Interessen der Allgemeinheit und der Beteiligten zu bestimmen. Wegen der Höhe der Entschädigung steht im Streitfalle der Rechtsweg vor den ordentlichen Gerichten offen.

50 **Artikel 15 (Vergesellschaftung)**
Grund und Boden, Naturschätze und Produktionsmittel können zum Zwecke der Vergesellschaftung durch ein Gesetz, das Art und Ausmaß der Entschädigung regelt, in Gemeineigentum oder in andere Formen der Gemein-
55 wirtschaft überführt werden. Für die Entschädigung gilt Artikel 14 Abs. 3 Satz 3 und 4 entsprechend.

Artikel 20
(Verfassungsgrundsätze – Widerstandsrecht)
(1) Die Bundesrepublik Deutschland ist ein demokra-
60 tischer und sozialer Bundesstaat.
(2) Alle Staatsgewalt geht vom Volke aus. Sie wird vom Volke in Wahlen und Abstimmungen und durch besondere Organe der Gesetzgebung, der vollziehenden Gewalt und der Rechtsprechung ausgeübt.
65 (3) Die Gesetzgebung ist an die verfassungsmäßige Ordnung, die vollziehende Gewalt und die Rechtsprechung sind an Gesetz und Recht gebunden.
(4) Gegen jeden, der es unternimmt, diese Ordnung zu beseitigen, haben alle Deutschen das Recht zum Wider-
70 stand, wenn andere Abhilfe nicht möglich ist.

Artikel 20a
(Schutz der natürlichen Lebensgrundlagen)
Der Staat schützt auch in Verantwortung für die künftigen Generationen die natürlichen Lebensgrundlagen und die Tiere im Rahmen der verfassungsmäßigen Ord-
75 nung durch die Gesetzgebung und nach Maßgabe von Gesetz und Recht durch die vollziehende Gewalt und die Rechtsprechung.

Artikel 28
(Landesverfassungen – Selbstverwaltung
80 **der Gemeinden)**
(1) Die verfassungsmäßige Ordnung in den Ländern muss den Grundsätzen des republikanischen, demokratischen und sozialen Rechtsstaates im Sinne dieses Grundgesetzes entsprechen. In den Ländern, Kreisen
85 und Gemeinden muss das Volk eine Vertretung haben, die aus allgemeinen, unmittelbaren, freien, gleichen und geheimen Wahlen hervorgegangen ist. Bei Wahlen in Kreisen und Gemeinden sind auch Personen, die die Staatsangehörigkeit eines Mitgliedstaates der Europäi-
90 schen Gemeinschaft besitzen, nach Maßgabe von Recht der Europäischen Gemeinschaft wahlberechtigt und wählbar. In Gemeinden kann an die Stelle einer gewählten Körperschaft die Gemeindeversammlung treten. […]

M 2   **Vertrag über die Wirtschafts- und Währungsunion zwischen der Bundesrepublik Deutschland und der DDR von 1990, Artikel 1 Abs. 3**

● Grundlage der Wirtschaftsunion ist die Soziale Marktwirtschaft als gemeinsame Wirtschaftsordnung beider Vertragsparteien. Sie wird insbesondere bestimmt durch Privateigentum, Leistungswettbewerb,
5 freie Preisbildung und grundsätzlich volle Freizügigkeit von Arbeit, Kapital, Gütern und Dienstleistungen; hierdurch wird die gesetzliche Zulassung besonderer Eigentumsformen für die Beteiligung der öffentlichen Hand oder anderer Rechtsträger am Wirtschaftsverkehr nicht ausgeschlossen, soweit private Rechtsträger
10 dadurch nicht diskriminiert werden. Sie trägt den Erfordernissen des Umweltschutzes Rechnung.

Präsentieren

Nach einer Gruppenarbeit, nach der Lektüre von Texten und zu verschiedenen anderen Gelegenheiten müssen wir Ergebnisse präsentieren, also einem – mehr oder weniger interessierten – Publikum darbieten. In einer Präsentation werden vorbereitete Inhalte einem bestimmten Publikum vorgestellt.

Jede Präsentation muss vorbereitet werden.
Die Vorbereitung bezieht sich auf
—das Thema,
—das Ziel,
—die Zielgruppe,
—den Inhalt,
—den Ablauf und
—die Organisation der Präsentation.

Das Thema der Präsentation sollte man sich natürlich immer genau überlegen. Das Ziel der Präsentation kann darin bestehen, die Zielgruppe zu informieren, aber z. B. auch darin, die Zielgruppe von erarbeiteten Positionen zu überzeugen. Die Inhalte der Präsentation werden danach ausgesucht, ob sie wirklich diesem Ziel dienen: Was z. B. im ersten Fall dem Ziel des Informierens nicht dient, nicht informativ ist, wird weggelassen. Was im zweiten Fall nicht dazu dient, die Zuhörerschaft zu überzeugen, sie nur verwirrt oder ein Argument für die Gegenseite ist, hat in einer Präsentation mit dieser Zielsetzung nichts zu suchen.

Die Zielgruppe der Präsentation ist in der Schule in der Regel der Kurs oder die Klasse. Diese Zielgruppe wird in der Regel erwarten, dass sie über einen neuen Aspekt des Themas informiert wird, aber auch ein wenig unterhalten wird. Darauf sollte man sich einstellen.

Die inhaltliche Vorbereitung der Präsentation besteht darin, den Stoff zu sammeln, ihn auf das Wesentliche zu reduzieren und sich Darstellungsformen für die Präsentation zu überlegen. Dabei sollte man sich fragen:
—Was ist für die Klasse oder den Kurs wirklich aussagekräftig? (Was andere nicht verstehen können, das sagt ihnen auch nichts!)
—Was ist wirklich wichtig? (In Nebensächlichkeiten sollte man sich nicht verlieren, das kostet nur Zeit und verwirrt!)

Der Ablauf der Präsentation sollte immer in einem Dreischritt bestehen, so kurz die Präsentation auch sein mag: Eröffnung, Hauptteil und Schluss. In der Eröffnung werden Thema und Ziel genannt sowie der „Fahrplan" der Präsentation. Die Eröffnung dient dazu, Aufmerksamkeit und Interesse für das Thema zu erzeugen. Deshalb halten viele die Eröffnung für das Wichtigste an der Präsentation. Dazu einige Tipps:
—Man sollte Fragen stellen, weil diese die Zuhörerschaft direkt ansprechen.
—Man sollte, wenn möglich, zeigen, was das Thema mit den Zuhörerinnen und Zuhörern zu tun hat bzw. welchen Nutzen es für sie haben kann, sich dem Thema zu widmen. (Hilfreich sind aktuelle Bezüge z. B. aus dem Politik- oder Wirtschaftsteil der Tageszeitung.)
—Man kann (scheinbar) gewagte, paradoxe oder kuriose Thesen an den Anfang stellen, die sich dann im Weiteren auflösen.

Im Hauptteil werden die eigentlichen Informationen übergebracht. Man sollte den Hauptteil gliedern. In der Regel empfiehlt es sich, zu steigern und das Wichtigste für das Ende des Hauptteils aufzusparen, damit die Aufmerksamkeit erhalten bleibt. Zu demselben Ziel sollte man Mittel der Visualisierung einsetzen. Einige Tipps zum Hauptteil:
—Immer frei sprechen, nicht ablesen. Die Unterstützung durch einen „Spickzettel" ist erlaubt.
—Kurze und verständliche Sätze bilden.
—Filzstifte, Kreide usw. sind nicht zum Spielen, sondern zum Arbeiten da.
—Auf die vorbereitete Visualisierung eingehen: zeigen usw.
—Immer die Aufmerksamkeit der Zuhörer zu erringen oder wiederzugewinnen suchen.

Der Schluss muss das Ziel der Präsentation noch einmal auf den Punkt bringen. Bei einer rein informativen Präsentation kann das eine Zusammenfassung der wichtigsten Ergebnisse sein. Ist das Ziel Überzeugung, so muss am Schluss ein deutlicher Appell stehen, was die Zuhörerschaft nun tun soll.

Europäische Gemeinschaften (EG)

- Zollunion und Binnenmarkt
- Agrarpolitik*
- Strukturpolitik
- Handelspolitik
- Wirtschafts- und Währungsunion
- Unionsbürgerschaft
- Bildung, Jugend, Kultur
- Verkehrspolitik
- Verbraucherschutz
- Gesundheitswesen
- Forschung und Umwelt
- Sozialpolitik
- Asylpolitik*
- Außengrenzen*
- Einwanderungspolitik*

* keine Mitentscheidung des EP, nur Anhörung

Gemeinsame Außen- und Sicherheitspolitik (GASP)

- Friedenserhaltung
- Menschenrechte
- Hilfe für Drittstaaten
- langfristig: europäische Sicherheitsordnung

Zusammenarbeit in der Innen- und Rechtspolitik

- Kampf gegen Drogenabhängigkeit
- Bekämpfung des organisierten Verbrechens
- Zusammenarbeit der Justiz in Zivil- und Strafsachen
- polizeiliche Zusammenarbeit

Entscheidungsebene

- Zusammenarbeit der Regierungen (Einstimmigkeit)
- Anhörung des Europäischen Parlaments (EP)
- Zustimmung der nationalen Parlamente

- Entscheidung durch Ministerrat und Europäisches Parlament
- überwiegend Mehrheitsentscheidung im Rat

- Zusammenarbeit der Regierungen (Einstimmigkeit)
- Anhörung des EP
- Zustimmung der nationalen Parlamente

Die Europäische Union

27.1 Die drei Säulen der EU

M 3 EG-Vertrag

ERSTER TEIL: GRUNDSÄTZE

Artikel 2

Aufgabe der Gemeinschaft ist es, durch die Errichtung eines Gemeinsamen Marktes und einer Wirtschafts- und
5 Währungsunion sowie durch die Durchführung der in den Artikeln 3 und 3 a genannten gemeinsamen Politiken oder Maßnahmen eine harmonische und ausgewogene Entwicklung des Wirtschaftslebens innerhalb der Gemeinschaft, ein beständiges, nichtinflationäres und
10 umweltverträgliches Wachstum, einen hohen Grad an Konvergenz der Wirtschaftsleistungen, ein hohes Beschäftigungsniveau, ein hohes Maß an sozialem Schutz, die Hebung der Lebenshaltung und der Lebensqualität, den wirtschaftlichen und sozialen Zusammenhalt und die Solidarität zwischen den Mitgliedstaaten zu fördern. 15

Artikel 3

Die Tätigkeit der Gemeinschaft im Sinne des Artikels 2 umfaßt nach Maßgabe dieses Vertrags und der darin vorgesehenen Zeitfolge:
a) die Abschaffung der Zölle und mengenmäßigen Be- 20
schränkungen bei der Ein- und Ausfuhr von Waren [...];
b) eine gemeinsame Handelspolitik;
c) einen Binnenmarkt, der durch die Beseitigung der Hindernisse für den freien Waren-, Personen-, Dienstleistungs- und Kapitalverkehr zwischen den 25
Mitgliedstaaten gekennzeichnet ist;

d) Maßnahmen hinsichtlich der Einreise in den Binnenmarkt und des Personenverkehrs im Binnenmarkt gemäß Artikel 100 c;

e) eine gemeinsame Politik auf dem Gebiet der Landwirtschaft und der Fischerei;

f) eine gemeinsame Politik auf dem Gebiet des Verkehrs;

g) ein System, das den Wettbewerb innerhalb des Binnenmarkts vor Verfälschungen schützt;

h) die Angleichung der innerstaatlichen Rechtsvorschriften, soweit dies für das Funktionieren des Gemeinsamen Marktes erforderlich ist;

i) eine Sozialpolitik mit einem Europäischen Sozialfonds;

j) die Stärkung des wirtschaftlichen und sozialen Zusammenhalts;

k) eine Politik auf dem Gebiet der Umwelt;

l) die Stärkung der Wettbewerbsfähigkeit der Industrie der Gemeinschaft;

m) die Förderung der Forschung und technologischen Entwicklung;

n) die Förderung des Auf- und Ausbaus transeuropäischer Netze;

o) einen Beitrag zur Erreichung eines hohen Gesundheitsschutzniveaus;

p) einen Beitrag zu einer qualitativ hochstehenden allgemeinen und beruflichen Bildung sowie zur Entfaltung des Kulturlebens in den Mitgliedstaaten;

q) eine Politik auf dem Gebiet der Entwicklungszusammenarbeit; [...]

s) einen Beitrag zur Verbesserung des Verbraucherschutzes;

t) Maßnahmen in den Bereichen Energie, Katastrophenschutz und Fremdenverkehr.

Artikel 3 a

(1) Die Tätigkeit der Mitgliedstaaten und der Gemeinschaft im Sinne des Artikels 2 umfasst [...] die Einführung einer Wirtschaftspolitik, die auf einer engen Koordinierung der Wirtschaftspolitik der Mitgliedstaaten, dem Binnenmarkt und der Festlegung gemeinsamer Ziele beruht und dem Grundsatz einer offenen Marktwirtschaft mit freiem Wettbewerb verpflichtet ist.

(2) Parallel dazu umfasst diese Tätigkeit nach Maßgabe dieses Vertrags und der darin vorgesehenen Zeitfolge und Verfahren die unwiderrufliche Festlegung der Wechselkurse im Hinblick auf die Einführung einer einheitlichen Währung, der ECU, sowie die Festlegung und Durchführung einer einheitlichen Geld- sowie Wechselkurspolitik, die beide vorrangig das Ziel der Preisstabilität verfolgen und unbeschadet dieses Zieles die allgemeine Wirtschaftspolitik in der Gemeinschaft unter Beachtung des Grundsatzes einer offenen Marktwirtschaft mit freiem Wettbewerb unterstützen sollen.

(3) Diese Tätigkeit der Mitgliedstaaten und der Gemeinschaft setzt die Einhaltung der folgenden richtungweisenden Grundsätze voraus: stabile Preise, gesunde öffentliche Finanzen und monetäre Rahmenbedingungen sowie eine dauerhaft finanzierbare Zahlungsbilanz.

DRITTER TEIL: DIE POLITIKEN DER GEMEINSCHAFT

Artikel 130 a

Die Gemeinschaft entwickelt und verfolgt weiterhin ihre Politik zur Stärkung ihres wirtschaftlichen und sozialen Zusammenhalts, um eine harmonische Entwicklung der Gemeinschaft als Ganzes zu fördern.

Die Gemeinschaft setzt sich insbesondere zum Ziel, die Unterschiede im Entwicklungsstand der verschiedenen Regionen und den Rückstand der am stärksten benachteiligten Gebiete, einschließlich der ländlichen Gebiete, zu verringern.

2.5 Wie legitimiert sich staatliches wirtschaftspolitisches Handeln?

M 1   Grundlagen für den Wirtschaftsprozess

■ Die moderne Systemanalyse interpretiert ein Wirtschaftssystem als die Gesamtheit der Beziehungen, die zwischen produzierenden und konsumierenden Wirtschaftseinheiten bestehen. Auf dieser Basis konstitu-
5 ieren solche Beziehungen ein Interaktionsgefüge, das durch abhängig aufeinander bezogene Verhaltensweisen wie Entscheidungen und Handlungen der am ökonomischen Willensbildungsprozess beteiligten Einheiten geprägt ist. Fügt man die zeitliche Komponente
10 hinzu, so resultiert hieraus der Wirtschaftsprozess, der Produktion, Distribution und Konsumtion von Gütern und Dienstleistungen in einer Volkswirtschaft regelt. Die Differenzierung von Wirtschaftssystemen und Wirtschaftsprozessen erfolgt durch die unterschiedli-
15 che Koordination der Verhaltensweisen der relevanten Wirtschaftseinheiten. Dies ist von folgenden Komponenten abhängig, die in ihrer Gesamtheit das Informations- und Entscheidungssystem determinieren:
—Informationsgewinnung,
20 —Informationsverarbeitung,
—Informationsweitergabe,
—Entscheidungsfindung,
—Planaufstellung,
—Koordinierung und Durchsetzbarkeit.

25 Ergänzt wird dieses Beziehungsgeflecht durch das individuelle Verhalten der Wirtschaftseinheiten; das heißt, inwieweit wirken sich dort stimulierende oder kontrollierende Aspekte auf den Wirtschaftsprozess aus (Motivations- und Kontrollsystem)? […]

Die Wirtschaftsordnung ist auch als politische und kul- 30 turelle Ordnung determiniert. Die Wirtschaftsordnung umfasst dabei
1. Planungs- und Koordinierungsformen, also zentrale oder dezentrale Organisationsformen,
2. Eigentumsformen wie zum Beispiel Privat-, 35 Gesellschafts- und Staatseigentum,
3. sonstige Ordnungskriterien wie Tausch-, Markt-, Preisbildungs-, Unternehmens- und Geldformen.

Die politische und kulturelle Ordnung wird geprägt durch 40
1. die relevanten Staats- und Regierungsformen von Monarchie über parlamentarische Demokratie bis hin zur Diktatur,
2. Lebensformen, Sitten und Gebräuche in der Bandbreite von den Werte- bis zu den Wirtschafts- 45 strukturen,
3. geschaffene Ressourcen wie zum Beispiel Arbeit, Boden und Kapital.

Das Wirtschaftssystem mit seinen Informations-, Entscheidungs-, Motivations- und Kontrollmechanismen 50 ist wiederum Grundlage für den Wirtschaftsprozess, der als dynamisches Element Produktion, Distribution und Konsumtion von Gütern und Dienstleistung optimal lenken bzw. steuern soll.

Aus: Bernd Henning, Das gesamtwirtschaftliche Zielsystem im Rahmen der Sozialen Marktwirtschaft, in: Bundeszentrale für politische Bildung (Hg.), Grundfragen der Ökonomie, Bonn 1989, S. 12–14

M 2 Was, wie, für wen? – die Grundfragen der Ökonomie

● In jeder Volkswirtschaft sind infolge der nur begrenzt verfügbaren Produktionsmöglichkeiten drei Grundfragen zu beantworten:

— Was soll produziert werden? (Welche Arten von Gü-
5 tern sollen in welchen Mengen hergestellt werden?)

— Wie soll produziert werden? (Welche Produktionsmittel, das heißt Maschinen, Arbeitskräfte etc. sollen
in welchem Umfang eingesetzt werden? Wo, an
welchen Standorten soll produziert werden?)

10 — Für wen soll produziert werden? (Wer erhält wie
viel des Produktionsergebnisses? Welcher Teil der
Produktion soll sofort konsumiert, welcher Teil soll
investiert werden und so dazu dienen, die Produktionsmöglichkeiten in der Zukunft zu erhöhen?)

15 Die auf die Lösung dieser drei Kernprobleme gerichteten Entscheidungen können von einer zentralen Pla-
nungsbehörde (oder auch von mehreren Behörden) getroffen werden. Das ist eine Möglichkeit. Gewöhnlich
setzt sie voraus, dass auch die Produktionsmittel – das
20 „Kapital" – dieser Behörde unterstellt, also vergesell-
schaftet sind oder dem Staat gehören. Man spricht dann
von sozialistischer Zentralverwaltungswirtschaft […].
In der Regel werden in einem solchen Wirtschaftssystem auch die Preise für die produzierten Güter sowie
25 die Löhne etc. staatlich festgelegt. […]

> ### Deutsche Bank wehrt sich im Kapitalismusstreit
>
> Deutsche-Bank-Chef Josef Ackermann hat sich vehement gegen die Angriffe auf ihn in der laufenden Kapitalismusdebatte zur Wehr gesetzt. Zugleich bekräftigt der Schweizer, zum Abbau von 6 400 Stellen gebe es keine Alternative.
>
> *FAZ, 18. 5. 2005*

Auf der anderen Seite steht die kapitalistische Marktwirtschaft, in der Millionen von Privathaushalten und
Unternehmen eigenverantwortlich (dezentral) darüber
entscheiden, was, wie und für wen produziert wird. Die
Produktionsmittel befinden sich hier in privater Hand, 30
und die Lenkung der Güterherstellung in die „richtigen", das heißt, von den Käufern gewünschten Verwen-
dungsbereiche, geschieht über die erzielbaren Preise
und Gewinne.

Aus: Herbert Sperber, Wirtschaft, Hannover 2002, S. 14 f.

M 3 Wirtschaftsordnung

● Wirtschaftsordnung (auch: Wirtschaftsverfassung) bezeichnet die grundlegende Rechts- und Organisati-
onsform, innerhalb der Wirtschaftssubjekte tätig wer-
den und Wirtschaftsprozesse ablaufen. Da moderne
5 Volkswirtschaften hochgradig arbeitsteilig produzieren,
muss zunächst grundsätzlich festgelegt werden, wie die
Abstimmung zwischen Produzenten (Anbietern) und
Verbrauchern (Nachfragern) verlaufen soll. Es gibt prinzipiell zwei Möglichkeiten, wie dies erfolgen kann:

10 1. In Form einer planwirtschaftlichen (besser: zentral-
verwaltungswirtschaftlichen) W., die eine zentrale
staatliche Instanz voraussetzt, die alle Wirtschaftsab-
läufe lenkt.

2. Erfolgt die Abstimmung dezentral über Angebot und
15 Nachfrage, liegt eine marktwirtschaftliche W. vor.

Eng mit diesen beiden Ordnungsmodellen ist die Frage
nach den Eigentumsrechten verbunden: In sozialistischen W. sind die Produktionsmittel verstaatlicht oder
gesellschaftliches Eigentum, in kapitalistischen W. be-
20 finden sie sich in Privateigentum. Reale W. können je-

weils nur Annäherungen an diese beiden Grundformen
sein. Durch die Auflösung der wichtigsten zentralver-
waltungswirtschaftlichen Wirtschaftssysteme beziehen sich die heutigen Auseinandersetzungen vor allem
auf die Rolle des Staates in liberalen W. Dabei stehen 25
sich das marktwirtschaftliche Modell und das Modell
der sozialen Marktwirtschaft gegenüber.

Aus: Klaus Schubert/Martina Klein, Das Politiklexikon, Bundeszentrale für politische Bildung, www.bpb.de/wissen/H75VXG,,0,Politische_Begriffe_nachschlagen.html

2.6 Schlanker Staat und Wirtschaftspolitik – wie verträgt sich das?

Wirtschaftspolitische Maßnahmen sind letztlich staatliche Regelungen, die den Bestand an Gesetzen und Verordnungen erhöhen. Vielfach wird die Kritik laut, dass es eine zu hohe Regelungsdichte in der Bundesrepublik gebe
und dass ein Abbau von Gesetzen und Verordnungen nötig sei. So wurde etwa diskutiert, warum derartig viele
und komplizierte Bauvorschriften in Deutschland nötig seien, die u. a. dazu führten, dass ein vergleichbares Haus
etwa doppelt so teuer wie in den benachbarten Niederlanden sei. Die Bundesregierung unter Bundeskanzler
Helmut Kohl setzte sich eine „Deregulierung" zum Ziel und etablierte 1995 einen Sachverständigenrat „Schlanker
Staat", der 1997 mit Vorschlägen zur Reduzierung staatlicher Regelungen an die Öffentlichkeit trat. Doch auch
10 Jahre später sind entsprechende Forderungen nicht leiser geworden.

AUFGABEN

1. Formulieren Sie nach der Lektüre von M 1 Bedingungen, die erfüllt sein müssen,
damit von einem „schlanken Staat" die Rede sein kann.
2. Zeigen Sie anhand aktueller Pressemeldungen, welche Maßnahmen zu einer
„Verschlankung" des Staates getroffen werden können.
3. Diskutieren Sie, inwieweit ein „schlanker Staat" im Sinne der Bürgerinnen
und Bürger ist (M 2 und M 3).

M 1   Der Staat auf dem Rückzug?

■ Das Wort von der Privatisierung meint den Rückzug
des Staates aus eigener Wirtschaftstätigkeit. Die Über-
gänge zur Deregulierung sind fließend. Denn eine
staatswirtschaftliche Betätigung lässt sich auch als eine
5 vergleichsweise intensive Ausprägung von Regulierung
begreifen. Bei einer materiellen Privatisierung zieht
sich der Staat aus Bereitstellung wie Produktion eines
Gutes zurück. Ein Beispiel ist die Veräußerung eines
Staatsunternehmens. Bei einer formellen Privatisierung
10 bleibt die betreffende Tätigkeit als Staatsaufgabe defi-

niert. Die öffentliche Hand bedient sich nur der Instrumente des privaten Rechts, meist um mehr Flexibilität
zu erzielen. Eine dritte Privatisierungsform ist das
„Contracting out": die Überantwortung einer öffentlichen Aufgabe an selbstständige Private. [...]   15

Die Zwecke einer Privatisierung bleiben verknüpft mit
jenen Werturteilen, welche die Aufgabenverteilung
zwischen privater Gesellschaft und hoheitlich handeln-
dem Staat in seinen verschiedenen Ausprägungen in einer marktwirtschaftlichen Wirtschaftsordnung steuern.   20
Eine marktwirtschaftliche Ordnung wird geschätzt,
weil sie ein Höchstmaß an individuellen Handlungsfrei-
heiten ermöglicht. Diese umfassen auch den Bereich
des Wirtschaftlichen. Bei einer Staatsausgabenquote
von beinahe 50 Prozent und einer Staatsabgabenquote   25
von etwa 46 Prozent wird die Metapher vom Staat als
Leviathan[1] realistisch. [...]

Staatliche Betriebe arbeiten unwirtschaftlicher als Pri-
vatbetriebe. Der wichtigste Grund liegt darin, dass es
am Anreiz- und Sanktionssystem fehlt, das mit Privat-   30
eigentum verbunden ist. Entschlossene Privatisierung
würde überdies eine nachhaltige Reduzierung der öf-

Privatisierung

Bund will weitere Aktien bei der KfW parken

Der Bund will noch in diesem Jahr weitere Aktien-
pakete aus seinem Bestand verkaufen. Vor allem
Anteile der Deutschen Telekom und der Deutschen
Post sollen bei der staatseigenen Kreditanstalt für
Wiederaufbau (KfW) „geparkt" werden. Ein weiteres
Parken von Aktien der Bundesunternehmen in diesem
Jahr wäre „keine Überraschung", sagte Eberhardt
Rolle, der Leiter der Abteilung Privatisierungs- und
Beteiligungspolitik im Bundesfinanzministerium, der
Frankfurter Allgemeinen Zeitung.

FAZ, 14. 7. 2003

1 Leviathan (hebr.: als „gewundenes Tier" gedeutet): das Krokodil
nach Hiob 40, 25 ff.: Titel des 1651 erschienenen Hauptwerkes von
Thomas Hobbes.

fentlichen Verschuldung erlauben. Dies könnte die Schuldenlastquote des Staates dauerhaft verringern. Ef-
35 fizienz hemmend sind ferner Wettbewerbsverzerrun-
gen, wie sie mit staatswirtschaftlicher Tätigkeit häufig
verbunden sind (z. B. Steuerbefreiungen für die Müll-
abfuhr als angeblich hoheitliche Aufgabe). [...] Verwal-
tungskunst findet immer Wege, wenn es Konkurrenten
40 abzuschrecken gilt („verzögern, zu Tode prüfen"). Insgesamt ist Privatisierung neben Deregulierung und Ent-
bürokratisierung ein zentrales Element, um die Investi-
tions- und damit die Arbeitsbedingungen in Deutschland
zu verbessern. Eine marktwirtschaftliche Ordnung wird
45 geschätzt, weil die Überantwortung wirtschaftlicher
Austauschprozesse in den Bereich der Gesellschaft einen wesentlichen Beitrag zu einer horizontalen Gewaltenteilung in einem Gemeinwesen leistet, damit nicht
die eine Seite zum Knecht der jeweils anderen wird.
50 Staatliche Wirtschaftätigkeit führt dagegen zu einer
Akkumulation von politischer und von wirtschaftlicher
Macht.
Ausdruck dieser Verbindung ist das verbreitete Phänomen des Filzes zwischen politischen Entscheidungs-
55 trägern und öffentlichen Unternehmen im weitesten
Sinne. Man sollte die Langzeitrisiken dieses Phänomens nicht unterschätzen. „Mangelnder Gemeinsinn"
und „Staatsverdrossenheit" könnten darin eine Wurzel
haben. [...]

60 Man schätzt eine marktwirtschaftliche Ordnung auch
deshalb, weil sie ein System abstrakt-genereller Regeln
und entsprechende dezentrale Konfliktlösungsmecha-
nismen ermöglicht. Privateigentum und individuelle
Vertragsfreiheit sind die wichtigsten Beispiele dafür.
65 Nicht politisch-diskretionäre Entscheidungen, sondern
Entscheidungen nach allgemeinen Rechtsregeln geben
das Leitbild. Jene intransparente Gemengelage von Interessen, wie sie bei staatlicher Wirtschaftätigkeit
häufig auftritt, entfernt sich auch davon. Im schlimms-
70 ten Falle sitzen Spieler, Schiedsrichter und Regelauf-
steller in einem Boot.

Auf die wichtigsten Argumente von Privatisierungsgeg-
nern sei geantwortet: Zu den originären Staatsaufgaben
gehört die Bereitstellung – nicht die Herstellung – von
75 öffentlichen Gütern. Nach einer Formulierung der De-
regulierungskommission sind dies solche [Güter], „für
die entweder die doppelte Bedingung erfüllt ist, dass
der Gebrauch durch den einen nicht mit dem Gebrauch

durch einen anderen rivalisiert und – deshalb – niemand vom Gebrauch ausgeschlossen werden soll (was 80
sich nicht von selbst versteht), [und die] Bedingung,
dass aus tatsächlichen Gründen ein Ausschluss vom Gebrauch unmöglich oder jedenfalls unwirtschaftlich ist.
Dies führt dazu, dass solche Güter auf Märkten nicht
oder nur in unzureichendem Maße angeboten und nach- 85
gefragt werden." [...]

Bei den „meritorischen"[2] Gütern (klassisches Beispiel
ist die verbilligte Abgabe von Schulmilch, womit der
Staat die Gesundheit der Schulkinder fördern will) genügt eine staatliche Unterstützung privater Bereitstel- 90
lung. Eines unmittelbaren staatlichen Angebots bedarf
es nicht. Besonders wenig wert ist eine Rechtfertigung
staatlicher Wirtschaftätigkeit mit der Begründung,
öffentliche Unternehmen sollten eine Preispolitik nach
sozialen Gesichtspunkten betreiben. Wie der Kronber- 95
ger Kreis schreibt, „nimmt ihnen (dies) die Möglichkeit
zu marktwirtschaftlicher Rationalität und die (meist)
damit begründete Abschirmung gegen Wettbewerb
dann auch noch den Zwang dazu. Keine Sozialpolitik ist
teurer als die mit Ineffizienz bezahlte." 100
Auch das Ziel der Einkommenserzielung ist schwach
fundiert. Aufgrund der regelmäßig höheren Effizienz
von Privatunternehmen lässt sich für den Fiskus mit
einer adäquaten Besteuerung mehr erreichen. Eine ver-
fassungspolitische Erwägung tritt hinzu: Staatsfinan- 105
zierung über Steuern gewährleistet am ehesten eine
parlamentarische und zugleich eine öffentliche Kontrolle über den Umfang der Staatstätigkeit. [...]

2 meritorisch (lat.): (veraltet) verdienstlich.

Aus: FAZ, 30. 5. 1998, S. 15, Autor: Wernhard Möschel

2.6 Schlanker Staat und Wirtschaftspolitik – wie verträgt sich das?

33

M 2 **Gegen die „Verbetriebswirtschaftlichung" des Staates**

● Nach der neoliberalen Doktrin von der Entfesselung
der Marktkräfte wird mit dem Umbau der öffentlichen
Ausgaben und deren Finanzierung das Ziel verbunden,
einen wirtschaftlichen Wachstums- und Beschäftigungs-
5 schub auszulösen. […] Der Kardinalfehler dieser faktisch sich selbst verstärkenden Politik ökonomischen
Schrumpfens folgt aus der Leugnung des Staates im gesamtwirtschaftlichen Prozess. Durch die „Verbetriebswirtschaftlichung" des Staates werden seine Möglich-
10 keiten, auf die gesamtwirtschaftliche Produktion und
Beschäftigung positiv Einfluss nehmen zu können, verdrängt. Die gesamtwirtschaftlich wie beschäftigungs-
bezogen schädliche Strategie eines auf die Stärkung
der einzelwirtschaftlichen Angebotsbedingungen aus-
15 gerichteten Staates lassen sich an den Rückwirkungen
der Politik im Dienste des Abbaus der öffentlichen Neuverschuldung deutlich machen. Vorgegeben wird zur
Konsolidierung der öffentlichen Budgets das eiserne
Ziel, durch Einsparungen bei den Staatsausgaben den
20 Zuwachs der öffentlichen Verschuldung zu reduzieren,
um dadurch den Spielraum für Investoren zu erweitern.
Die Reduktion staatlicher Ausgaben führt jedoch unmittelbar bei der Wirtschaft zu Einnahmeausfällen. Die
Folge sind Produktionseinschränkungen und schließ-
25 lich Entlassungen von Beschäftigten, also Einkommens-
ausfälle bei den privaten Haushalten. Durch zurückgehende Bestellungen bei den Zulieferfirmen treten dort
zusätzliche Schrumpfeffekte ein. Die ursprüngliche
Einsparung bei den öffentlichen Budgets multipliziert
30 sich um ein Vielfaches in der Wirtschaft. Am Ende
schlägt sich der Rückgang wirtschaftlicher Aktivitäten
des Staates im Verlust an öffentlichen Einnahmen aus
Abgaben nieder.

Aus: Arbeitsgruppe Alternative Wirtschaftspolitik, Memorandum '97.
Beschäftigungspolitik und gerechte Einkommensverteilung gegen soziale
Zerstörung, Köln 1998, S. 129–131

Zeichnung: Hans Traxler

M 3 **Die Rolle des Staates in einer sich verändernden Welt**

● Weit reichende Entwicklungen in der Weltwirtschaft
lassen wieder grundlegende Fragen über den Staat aufkommen: Was seine Rolle sein sollte, was er tun kann
und was nicht und wie er es am besten macht. […]

5 Die erste Aufgabe des Staates: Die fundamentalen Dinge in Ordnung bringen. Fünf fundamentale Aufgaben
bilden den Kernbereich jeder Regierungsaktivität, ohne
die eine tragfähige, ausgewogene und die Armut redu-
zierende Entwicklung unmöglich ist:
10 —die Errichtung eines Rechtsfundaments;

—die Aufrechterhaltung eines verzerrungsfreien
 politischen Umfelds, einschließlich gesamtwirtschaftlicher Stabilität;
—Investieren in grundlegende soziale Leistungen
 und in die Infrastruktur;
15
—der Schutz der Schwachen;
—der Schutz der Umwelt.

Obwohl die Bedeutung dieser fundamentalen Aufgaben
seit langer Zeit weitgehend anerkannt ist, haben sich
doch neue Einsichten ergeben, und zwar bezüglich der 20

Funktionen des Staates			
	BEKÄMPFUNG VON MARKTVERSAGEN		VERBESSERUNG DER GLEICHHEIT
MINIMAL-FUNKTIONEN	*Bereitstellung rein öffentlicher Güter:* Verteidigung Recht und Ordnung Eigentumsrechte Gesamtwirtschaftliche Politik Öffentliche Gesundheit		*Schutz der Armen:* Programme gegen die Armut Katastrophenhilfe
MITTLERE FUNKTIONEN	*Beschäftigung mit externen Faktoren:* Grundlegende Ausbildung Umweltschutz	*Regulierung der Monopole:* Regulierung der Versorgungsunternehmen Kartellpolitik	*Überwindung unvollkommener Informationen:* Versicherung (Gesundheit, Leben, Pensionen) Finanzielle Regulierungen Verbraucherschutz	*Bereitstellung einer Sozialversicherung:* Umverteilung durch Pensionen, Familienbeihilfen, Arbeitslosenversicherung
AKTIVE FUNKTIONEN	*Koordinierung privater Aktivitäten:* Förderung der Märkte Gruppeninitiativen		*Umverteilung:* Vermögensumverteilung

angemessenen Mischung von marktwirtschaftlichen und staatlichen Aktivitäten, um diese Aufgaben zu erfüllen. Am wichtigsten ist, dass man jetzt die Märkte und die Regierungen als komplementär ansieht: Der
25 Staat ist unentbehrlich, wenn es darum geht, die geeigneten institutionellen Grundlagen für die Märkte in Kraft zu setzen. Und die Glaubwürdigkeit der Regierung – die Vorhersehbarkeit ihrer Regelungen und politischen Maßnahmen sowie die Folgerichtigkeit, mit der
30 sie angewendet werden – kann für die Attraktivität privater Investitionen ebenso wichtig sein wie der Inhalt dieser Regelungen und Maßnahmen.

Vielen Ländern fehlen die wichtigsten institutionellen Grundlagen für die Entwicklung der Märkte. [...] Schwa-
35 che und willkürlich handelnde staatliche Institutionen vervielfältigen die Probleme oft durch ein unvorhersehbares, inkonsistentes Verhalten. Weit davon entfernt, das Wachstum der Märkte zu unterstützen, verschleudern solche Handlungen die Glaubwürdigkeit des Staa-
40 tes und schädigen die Marktentwicklung.

Um die Entwicklung stabil und nachhaltig zu gestalten, muss der Staat sein Augenmerk auf die sozialen Grundlagen richten. [...] Allzu oft nehmen die Maßnahmen und Programme denjenigen Menschen die Mittel und
45 Leistungen weg, die sie am meisten benötigen. [...] In vielen Regionen sind Armut und Ungleichheit oft zu Lasten von ethnischen Minderheiten, von Frauen oder von benachteiligten geographischen Gebieten verzerrt.

[...] Die staatlichen Maßnahmen und Programme müs-
50 sen darauf abzielen, nicht nur Wachstum zu fördern, sondern auch sicherzustellen, dass die Vorteile eines marktgestützten Wachstums ausgeglichen verteilt werden, insbesondere durch Investitionen in die Grundausbildung und die Gesundheitsfürsorge. Sie müssen auch
55 sicherstellen, dass die Menschen gegen materielle und persönliche Unsicherheit geschützt werden. [...]

Staatliche Regulierung ist auch nicht die einzige Antwort auf die Umweltverschmutzung. Es steht jetzt ein größeres Bündel an innovativen und flexiblen Anreizen
60 zur Verfügung, um Umweltverschmutzer zu veranlassen, ihren angerichteten Schaden zu beseitigen. Obwohl es für sinnvolle regulative Rahmenbedingungen und Informationen über die Umwelt keinen Ersatz gibt, können diese neuen Methoden, die zur Verbesserung der
65 Umwelterfolge auf Überzeugungskraft, sozialen Druck und die Marktkräfte setzen, oft dort Erfolge aufweisen, wo es die Regulierung nicht vermag. [...]

Die Rolle des Staates kann sich in vielen [...] Bereichen verändern, wie die folgenden Beispiele zeigen.

70 Der Staat muss nicht der alleinige Anbieter sein: Es wird zunehmend erkannt, dass in vielen Ländern die monopolistischen öffentlichen Anbieter von Infrastruktur, Sozialleistungen und anderen Gütern und Dienstleistungen ihre Arbeit wahrscheinlich nicht gut machen.
75 Gleichzeitig schufen technische und organisatorische

Neuerungen für wettbewerbsfähige private Anbieter neue Chancen auf Betätigungsfeldern, die bislang dem öffentlichen Sektor vorbehalten waren. Um diese neuen Möglichkeiten nutzen zu können – und um von den
80 knappen öffentlichen Fähigkeiten besser Gebrauch zu machen – beginnen die Regierungen, die Finanzierung der Infrastruktur und der Dienstleistungen von deren Bereitstellung zu trennen und die wettbewerbsfähigen Bereiche der Versorgungsmärkte aus den monopolisti-
85 schen Bereichen herauszulösen. […]

Die Unsicherheit der Haushalte handhaben: Es ist jetzt klar erwiesen, dass der Staat den privaten Haushalten helfen kann, bestimmte Risiken ihrer wirtschaftlichen Sicherheit in den Griff zu bekommen: Er kann gegen die
90 Not im Alter durch eine Rentenversicherung schützen, gegen schlimme Krankheiten durch eine Krankenversicherung und gegen Arbeitslosigkeit durch eine Arbeitslosenversicherung. Die Vorstellung aller-
95 dings, dass der Staat allein diese Last zu tragen habe, ändert sich. […] Innovative Lösungen sind erforderlich, sie müssen die Unternehmen, die Arbeitskräfte, die Haushalte und öffentliche Gruppierungen
100 einbeziehen, damit eine größere Sicherheit bei niedrigeren Kosten erreicht werden kann. […]

Effektive Regulierungen: Gut geplante Regulierungssysteme können dem Staat
105 helfen, die Marktergebnisse für öffentliche Zwecke zu beeinflussen. Die Regulierung kann dazu beitragen, die Verbraucher, die Arbeitnehmer und die Umwelt zu schützen. Sie kann den Wettbewerb und die Innovation fördern und zugleich
110 den Missbrauch monopolistischer Macht in Grenzen halten. […] Oft wird es auch von einem guten Regulierungsrahmen abhängen, ob von den neuen Möglichkeiten, die sich für die private Bereitstellung der Infrastruktur und der sozialen Leistungen ergeben, der
115 bestmögliche Gebrauch gemacht wird.

Industriepolitik: Wenn die Märkte unterentwickelt sind, kann der Staat manchmal Koordinierungsprobleme und Informationslücken verringern und die Marktentwicklung fördern. […] Die Erfahrung hat gezeigt, dass
120 die Art und Weise, wie die Privatisierung gehandhabt wird, für das Endergebnis außergewöhnlich wichtig ist. Die Schlüsselfaktoren lauten: den Privatisierungsprozess transparent machen, die Zustimmung der Belegschaft gewinnen, für einen breit gestreuten Besitz sorgen und die geeigneten Regulierungsreformen ein-
125 führen. […]

Die Grenzen des Staates kennen: Der Schlüssel zu einer vorhersehbaren und konsistenten Durchsetzung der Politik liegt in einer guten Übereinstimmung zwischen

„Es hat Jahrzehnte gedauert, bis wir darauf gekommen sind …"

der institutionellen Leistungsfähigkeit des Staates und
130 seinen Aktivitäten. In entwickelten Staaten ist die Leistungsfähigkeit der Verwaltung normalerweise groß und die institutionalisierte Machtkontrolle und Machtbalance [in Rahmen der parlamentarischen Demokratie, d. Verf.] hält willkürliches Handeln in Grenzen. […]
135

Aus: Weltbank (Hg.), Weltentwicklungsbericht 1997.
Der Staat in einer sich ändernden Welt, Bonn 1997, S. 4 ff.

WEITERFÜHRENDE INFORMATIONEN

Informationen über Wirtschaftspolitik von Staat, Parteien und Verbänden

Aktuelle Informationen über die Wirtschaftspolitik können auf vielfältigen Wegen eingeholt werden. Die Parteien, die Verbände, die Bundesregierung und andere veröffentlichen ihre Vorstellungen in Broschüren und in der Presse. Natürlich können Sie mit ihnen auch direkten Kontakt aufnehmen und um Informationen bitten.

INTERNETADRESSEN

Bundesregierung (Presse- und Informationsamt) . . . . www.bundesregierung.de
Dorotheenstr. 84, 10117 Berlin, Tel. 01888/272-0, Fax 01888/272-1365.

Bundeskanzleramt . . . . www.bundeskanzler.de
Willy-Brandt-Str. 1, 10557 Berlin, Tel. 01888/400-0, Fax 01888/4000-2357.

Bundesministerium für Wirtschaft und Arbeit (BMWA) . . . . www.bmwa.bund.de
Scharnhorststr. 34-37, 10115 Berlin, Tel. 01888/6150. Fax 01888/615-7010.

Christlich Demokratische Union Deutschlands (CDU) . . . . www.cdu.de
Konrad-Adenauer-Haus, Klingelhöferstr. 8, 10785 Berlin, Tel. 030/220700,
Fax 030/22070111.

Christlich-Soziale Union in Bayern (CSU) . . . . www.csu.de
Nymphenburger Str. 64, 80335 München, Tel. 089/12430, Fax 089/1243299.

Sozialdemokratische Partei Deutschlands (SPD) . . . . www.spd.de
Willy-Brand-Haus, Wilhelmstr. 141, 10963 Berlin, Tel. 030/25999-0,
Fax 030/25999-507.

Bündnis 90/Die Grünen . . . . www.gruene.de
Platz vor dem Neuen Tor, 10115 Berlin, Tel. 030/284420, Fax 030/28442210.

Freie Demokratische Partei (FDP) . . . . www.fdp.de
Thomas-Dehler-Haus, Reinhardtstr. 14, 10117 Berlin, Tel. 030/2849580,
Fax 030/28495822.

Partei des Demokratischen Sozialismus (PDS) . . . . http://sozialisten.de
Karl-Liebknecht-Haus, Kleine Alexanderstr. 28, Tel. 030/240090,
Fax 030/2411046.

Deutscher Gewerkschaftsbund . . . . www.dgb.de
Henriette-Herz-Platz 2, 10178 Berlin, Tel. 030/240600, Fax 030/4301324.

Bundesvereinigung der Deutschen Arbeitgeberverbände . . . . www.bda-online.de
Gustav-Heinemann-Ufer 71, 50968 Köln, Tel. 0221/3795-0, Fax 0221/3795-235.

Deutscher Industrie- und Handelskammertag (DIHK) . . . . www.dihk.de
Breite Strasse 29, 10178 Berlin, Tel. 030/20308-0, Fax 030/20308-1000.

FRAGEN ZUR WIEDERHOLUNG

1. Was versteht man unter Wirtschaftspolitik?
2. Welche Träger hat Wirtschaftspolitik und welche Interessen verfolgen sie jeweils?
3. Wie wird wirtschaftspolitisches Handeln aus der Wirtschaftsordnung heraus legitimiert?
4. Was kann unter der Forderung nach einem „schlanken Staat" verstanden werden?
5. Beurteilen Sie die Forderung nach einem „schlanken Staat"! Formulieren Sie ein Statement zu einer Pressekonferenz aus der Sicht einer von Ihnen ausgewählte Trägers der Wirtschaftspolitik, in dem Sie zur Forderung nach einem „schlanken Staat" Stellung beziehen.

WELCHE ZIELE SOLL WIRTSCHAFTSPOLITIK VERFOLGEN, WELCHE MÖGLICHKEITEN BIETEN SICH IHR?

3.0

Die Benennung von Zielen ist in demokratischen und pluralis
Gesellschaften nicht eindeutig. Die Ziele unterscheiden sich
Wertorientierung und Interessen der einzelnen Wirtschafts
und Gruppen. Diese Heterogenität ist für alle Bereiche der Wirts
politik, also auch für die Stabilitätspolitik kennzeichnend. Sie

3.1 Wirtschaftspolitik im Zeitraffer – Wie war das Verhältnis von Staat und Wirtschaft in der Vergangenheit?

Von verschiedenen Seiten her wird die Notwendigkeit, von staatlicher Seite auf die Wirtschaft einzuwirken, betont. Die einen weisen darauf hin, dass die Wirtschaft aus ihrer Eigendynamik heraus Entwicklungen erzeuge, die für die Menschheit und ihre Umwelt schädliche Auswirkungen haben, andere betonen, dass die freie Marktwirtschaft um einen ethischen Faktor korrigiert werden müsse. Obwohl eine bestimmte Wirtschaftsordnung im Grundgesetz nicht vorgeschrieben ist, eröffnen sich Spielräume für eine staatliche Wirtschaftspolitik. In diesem Kapitel soll es um die Ziele gehen, die staatliche Wirtschaftspolitik verfolgen soll.

AUFGABEN

1. Benennen Sie anhand der Darstellung der geschichtlichen Entwicklung der Wirtschaft und der Wirtschaftspolitik der Bundesrepublik (M 1) die zentralen Eingriffe des Staates in das Wirtschaftsgeschehen. Bereiten Sie zu einem der Schlüsseljahre ein Referat vor.
2. Bestimmen Sie die Motive und Ziele dieser Eingriffe, soweit sie erkennbar sind.
3. Stellen Sie die Wirkungen dieser Eingriffe, soweit erkennbar, zusammen.

M 1   50 Jahre Soziale Marktwirtschaft in der Bundesrepublik Deutschland

● In der Zeit der Besatzung nach dem Zweiten Weltkrieg sorgten die westlichen Alliierten, besonders die USA, dafür, dass das Wirtschaftsleben in den Westzonen ein marktwirtschaftliches Gepräge bekam. Der
5 Marshall-Plan, der den wirtschaftlichen Wiederaufbau unterstützte, war Teil einer Eindämmungsstrategie gegenüber dem Machtzuwachs der damaligen Sowjetunion. Die USA versuchten damit, „die Menschheit unter der Ägide von Adam Smith zu einen" (Charles P.
10 Kindleberger).

Das Grundgesetz (1949) legte ein Bekenntnis zu den „klassischen" individuellen Grund- und Freiheitsrechten, der Garantie von Eigentum und Erbrecht, der freien Berufswahl und der Koalitionsfreiheit ab. Es bildete da-
15 mit die wirtschaftsverfassungsrechtliche Grundlage der marktwirtschaftlichen Ordnung. Mit dem Sozialstaatsgrundsatz von Art. 20 Abs. 1 GG fand auch die soziale Komponente ausdrückliche Berücksichtigung. Der Begriff der Sozialen Marktwirtschaft wurde von neolibe-
20 ralen Wirtschaftswissenschaftlern (Alfred Müller-Armack, Walter Eucken) geprägt und in der realen Wirtschaftspolitik der jungen Bundesrepublik Deutschland umgesetzt, vor allem durch den langjährigen Wirtschaftsminister Ludwig Erhard. 1948 bewirkten die
25 Währungsreform und die Freigabe der Preise in den Westzonen zwar einen starken Ausbau der Produktion, allerdings blieb eine hohe Arbeitslosigkeit erhalten, so-

dass ein Beschäftigungsprogramm aufgelegt wurde. Es kam zu alarmierenden Preissteigerungen, denen durch ein Gesetz gegen Preistreiberei begegnet werden musste. 30

Ab Mitte der Fünfzigerjahre kam es dann zum „Wirtschaftswunder", einem Anstieg der Wirtschaftskraft, eingeleitet durch eine enorm gesteigerte Nachfrage auf dem Weltmarkt im Zusammenhang mit dem Koreakrieg (1952), die eine explosionsartige Steigerung des 35 westdeutschen Exports bewirkte. Wichtige internationale Konkurrenten bauten v. a. die Rüstungsindustrie auf, die Deutschland verwehrt war – und eröffneten Deutschland im zivilen Bereich ökonomische Spielräume. 40

Die Fundamente der Sozialen Marktwirtschaft wurden ausgebaut; parallel dazu schritt der (west-)europäische Integrationsprozess voran: Das „Gesetz gegen Wettbewerbsbeschränkungen" (Kartellgesetz), das Gesetz über die Deutsche Bundesbank und das Gesetz über den Ge- 45 meinsamen Markt wurden 1957 erlassen. Die Mieten wurden 1960 freigegeben, unter Fortfall des gesetzlichen Mieterschutzes. 1961 wurde der Rechtsanspruch auf Sozialhilfe etabliert; gesetzliche Maßnahmen erweiterten die Möglichkeiten der Vermögensbildung für 50 Arbeitnehmer. In Programmen zur Strukturförderung wurden u. a. der Bergbau und die Landwirtschaft durch Subventionen unterstützt.

Nach zehn Jahren ungebremsten Wachstums tauchten Anfang der Sechzigerjahre die ersten Probleme auf. Es herrschte Arbeitskräftemangel. Infolgedessen stiegen die Löhne kräftig an. Diese Erhöhung der Nachfrage ermöglichte den Unternehmen Preissteigerungen durchzusetzen, was die Inflationsgefahr verstärkte. Der offener gewordene Wirtschaftsraum geriet in Strukturkrisen (Kohlenbergbau). Der Bundeshaushalt geriet außer Kontrolle. Die Bundesbank versuchte dem durch eine geldverknappende Politik gegen die Geldentwertung gegenzusteuern. Am Ende kam es zur ersten Wirtschaftskrise.

1963 wurde das „Gesetz über die Bildung eines Sachverständigenrates zur Begutachtung der gesamtwirtschaftlichen Entwicklung" (SVR), 1967 das Gesetz zur „Förderung der wirtschaftlichen Stabilität" (Stabilitätsgesetz) verabschiedet. In der Großen Koalition von CDU/CSU und SPD (1966–69) vertrat Bundeswirtschaftsminister Karl Schiller die Politik der Globalsteuerung, eine Wirtschaftspolitik und Wirtschaftssteuerung unter Einbeziehung der großen und einflussreichen Interessenverbände. Steuernde Eingriffe in die Wirtschaft sollten allerdings nicht dirigistisch erfolgen, sondern allenfalls antizyklisch im Sinne des Theoretikers J. M. Keynes. Mit dem Stabilitätsgesetz war der Staat zur Prozesssteuerung gesetzlich verpflichtet worden. In der Krise 1966/67, der ersten großen Wirtschaftskrise der Bundesrepublik, gelang eine rasche Wiederbelebung der Konjunktur. Die Schwierigkeiten begannen mit der 1968 einsetzenden Hochkonjunktur und „inflationärer Überhitzung". Politisch ließ sich das notwendige Gegenstück zur „Ankurbelung" der Wirtschaft durch den Staat, nämlich die Zurücknahme der staatlichen Aktivitäten, nicht durchsetzen.

In der ökonomischen Entwicklung mit der Ölkrise 1973 und der Weltwirtschaftskrise 1974/75 sowie Anfang der Achtzigerjahre scheiterte die Politik antizyklischer staatlicher Finanz- und Haushaltspolitik. Die Regierung von Helmut Schmidt (SPD) konnte weder die Inflations- noch die Stagnationserscheinungen verhindern. Die Wachstumsraten sanken, die Arbeitslosigkeit nahm weiter zu. Die sozialliberale Koalition verpflichtete sich auf ein Programm der Reformen, das sich auch in wirtschaftlicher Hinsicht auswirkte. Es lief auf eine staatliche Ausgabenpolitik hinaus, die die Regierung in einen Dauerkonflikt mit der Deutschen Bundesbank brachte, die gemäß ihrem gesetzlichen Auftrag eine Politik der Preisniveaustabilisierung betrieb.

In den Siebzigerjahren verwandelte sich die Soziale Marktwirtschaft endgültig in ein wohlfahrtsstaatliches System. Die sozialen Sicherungsbereiche wurden immer weiter ausdifferenziert und erfassten alle Bevölkerungsteile. Ganz neue Politik- und Problemfelder wie Ausbildungsförderung, Umweltschutz, Neue soziale Frage wurden zu politischen Themen und öffentlichen Aufgaben. Die Staatsquote (staatliche Ausgaben in Relation zum Wert aller erzeugten Güter und Dienstleistungen) stieg von rd. 40 % 1970 auf über 50 % 1993.

Nach dem Regierungsantritt Helmut Kohls (CDU) 1982 wurde die Politik der Globalsteuerung beendet. Die neue Regierung wollte die Abkehr von einer antizyklischen Wirtschaftspolitik und die Hinwendung zu einer „angebotsorientierten" Wirtschaftspolitik. Dieses Modell vertraut nicht auf die Ordnungskraft des „starken Staates", sondern setzt auf eine konsequente Liberalisierung aller marktwirtschaftlichen Prozesse. Konsequenterweise sollte die Wirtschaft „dereguliert" werden, der Staat sich möglichst aus dem Wirtschaftsgeschehen zurückziehen. Dazu sollten staatliche Betriebe privatisiert, die Subventionen zurückgeschraubt werden. Allerdings wurden diese Grundsätze nur im Ansatz verwirklicht, zumal der Staat nach der deutschen Einheit 1990 in Gestalt der Treuhandanstalt den Strukturwandel in Ostdeutschland zu lenken und soziale Härten durch hohe Transferleistungen abzufedern suchte. Weder vor noch nach der Wiedervereinigung gelang es, die Arbeitslosigkeit und die Staatsverschuldung abzubauen.

Der nach dem Regierungswechsel zur rot-grünen Koalition Gerhard Schröders erwartete Wechsel zu einer nachfrageorientierten, die Arbeitslosigkeit bekämpfenden Wirtschaftspolitik blieb in kurzfristigen Ansätzen stecken und erfolglos. Relativ früh wechselte die Regierung zu einem Reformkurs über, der den Sozialstaat durch Abbau von Leistungen zu sichern und die Bedingungen für Lohnarbeit durch Einschränkung der Rechte der Arbeitnehmer zu verbessern suchte.

Nach der Wiederwahl der Regierung Schröder im Jahr 2002 wurden tiefgreifende Reformen auf den Weg gebracht. 2003 trat Bundeskanzler Schröder mit der Agenda 2010 an die Öffentlichkeit, der Reformen in der Steuer-, Arbeitsmarkt-, Gesundheits- und Rentenpolitik beinhaltete und zur Stärkung von Wachstum und Konjunktur beitragen sollte. Ziel sollte es sein, das Sozialsystem Deutschlands bis zum Jahr 2010 so umzugestalten, dass das Land deutlich wettbewerbsfähiger würde. Erfolge waren der zweiten Regierung Schröder vor allem im Bezug auf die Arbeitslosenzahlen jedoch nicht beschieden. Nach dem Regierungswechsel zur Großen Koalition 2005 behielt das Kabinett Merkel den Reformkurs bei.

Autorentext

Systemanalyse

1. Abgrenzung des Problems

Probleme sind in der Realität zwar vorhanden, aber je nach Standpunkt des Betrachters kann eine andere Umschreibung der Problemsituation erfolgen. Der jeweilige Standpunkt wird durch Erfahrungen, Erwartungen, Werthaltungen usw. bestimmt. In einem ersten Schritt müssen deshalb mögliche bzw. relevante Sichtweisen eines Problems bewusst gemacht werden. Hierfür ist die Problemsituation aus verschiedenen Perspektiven zu beschreiben, wobei nicht vorschnell eine Sichtweise akzeptiert oder ausgeschlossen werden sollte. Grundsätzlich sind verschiedene Dimensionen (z. B. technologisch, ökonomisch, sozial, politisch, ethisch, ökologisch) und unterschiedliche Institutionen der Individuen (z. B. Staat, Konkurrenten, Konsumenten, Lieferanten, Kapitalgeber, Mitarbeiter, Manager, Politiker, Verbände) zu unterscheiden. Bei der Abgrenzung des Problems muss die eigene Zielvorstellung klar entwickelt werden, d. h. welche Ziele mit der Problemlösung erreicht werden sollen. Je nach Art der Zielsetzung werden andere Einflussgrößen relevant.

2. Ermittlung der Vernetzung

Die vorliegenden Einflussfaktoren sind jetzt miteinander zu verknüpfen. Die Einflussfaktoren müssen als Elemente eines Systems weiter ausdifferenziert und ihre Beziehungen geklärt werden.

In einem ersten Schritt ist das Bild eines Wirkungsgefüges oder eines vernetzten Ganzen herzustellen. Es ist ein Netzwerk zu entwickeln, d. h. die aus Elementen und ihren Beziehungen bestehende Struktur des Systems, das der Problemstellung zugrunde liegt, abzubilden:

—Zunächst sind die Elemente hinsichtlich ihrer Eigenschaften und ihrer Anzahl zu bestimmen, um einen entsprechenden Realitätsausschnitt analysieren zu können.

—Für die Ermittlung der Vernetzung ist der Grundkreislauf zu bestimmen, auf dem schrittweise weitere Vernetzungsschritte aufbauen.

—Die Beziehungsart der Einflussgrößen ist zu analysieren; sie kann gleichgerichtet (+) sein und sich gegenseitig verstärken oder entgegengerichtete (−) Wirkung haben und sich gegenseitig abschwächen.

—Schließlich sind die Wechselwirkungen zu analysieren. Ein positiver Kreislauf mit z. B. zwei positiven oder zwei negativen Wirkungsverläufen schaukelt sich auf, ein negativer Kreislauf mit z. B. einer positiven und einer negativen Wirkung wirkt

ausgleichend bzw. stabilisierend. Das Ergebnis ist ein erstes, noch statisches Modell der Problemsituation.

3. Erfassen der Dynamik

Systeme sind in Wirklichkeit nicht statisch, sondern verhalten sich dynamisch, d. h. es müssen der Zeitfaktor und die Intensität der gegenwärtigen Einflussnahme der beteiligten Elemente innerhalb der Problemkonstellation berücksichtigt werden. Die Wirkungsverläufe sind näher zu untersuchen und zu interpretieren, um Fehleinschätzungen der zeitlichen Interdependenzen vorzubeugen:

—Das Zeitverhalten der Elemente im Netzwerk kann hinsichtlich kurzfristiger, mittelfristiger und langfristiger Wirkungen unterschieden werden.

—Die Intensität der Beziehungen kann hinsichtlich keiner (0), geringer (1), mittlerer (2) und stärkerer Wirkung (3) bestimmt werden.

—Bei der Interpretation der Beziehungsmuster können aktive Größen (sie haben einen starken Einfluss auf andere Elemente, unterliegen aber geringem Einfluss von anderen Elementen), passive Größen (ihr Einfluss auf andere Elemente ist gering, sie unterliegen aber starkem Einfluss von anderen Elementen), kritische Größen (der Einfluss auf andere Elemente ist stark, sie sind starkem Einfluss von anderen Elementen ausgesetzt) und träge Größen (ihr Einfluss auf andere Elemente ist gering, ferner sind sie auch geringem Einfluss von anderen Elementen ausgesetzt) ermittelt werden. Wird beispielsweise bei Eingriffen in ein System eine aktive Größe verändert, werden damit zahlreiche Änderungen im ganzen Netzwerk hervorgerufen, während darüber hinaus bei kritischen Größen auch mit starken Rückwirkungen auf das Element selbst zu rechnen ist.

4. Interpretation der Verhaltensmöglichkeiten

Problemsituationen verändern sich im Zeitverlauf; für eine langfristig tragfähige Problemlösung sind Einblicke in mögliche zukünftige Entwicklungspfade notwendig. Günstige Entwicklungen können genutzt werden und es sind Vorkehrungen zu treffen, um möglichen Gefahren rechtzeitig begegnen zu können. Hierfür sind Szenarien zu erstellen, die erfassen, was möglicherweise passieren kann. Neben einem wahrscheinlichen ist auch ein optimistisches und ein pessimistisches Zukunftsbild zu erstellen, um die Spannweite möglicher Entwicklungen erfassen zu können. Das pessimistische Szenario kann als Auslöser zur Gefahrenabwehr genutzt werden. Wichtige Einflussfaktoren für die Bildung von Szenarien im Rahmen der Unternehmensführung sind: Umwelt (z. B. Markt/Kunden, Demographie, Wirtschaft, Kultur/Gesellschaft, Technik, Staat, Ökologie), Unternehmen (z. B. Produkte,

Finanzen, Mitarbeiter, Führung) und Konkurrenz (z. B. Wettbewerbsposition, Entwicklung, Innovation).

Aus: Franz-Josef Kaiser/Hans Kaminski, Methodik des Ökonomie-Unterrichts. Grundlagen eines handlungsorientierten Lernkonzepts mit Beispielen, Bad Heilbrunn 1994, S. 192–194.

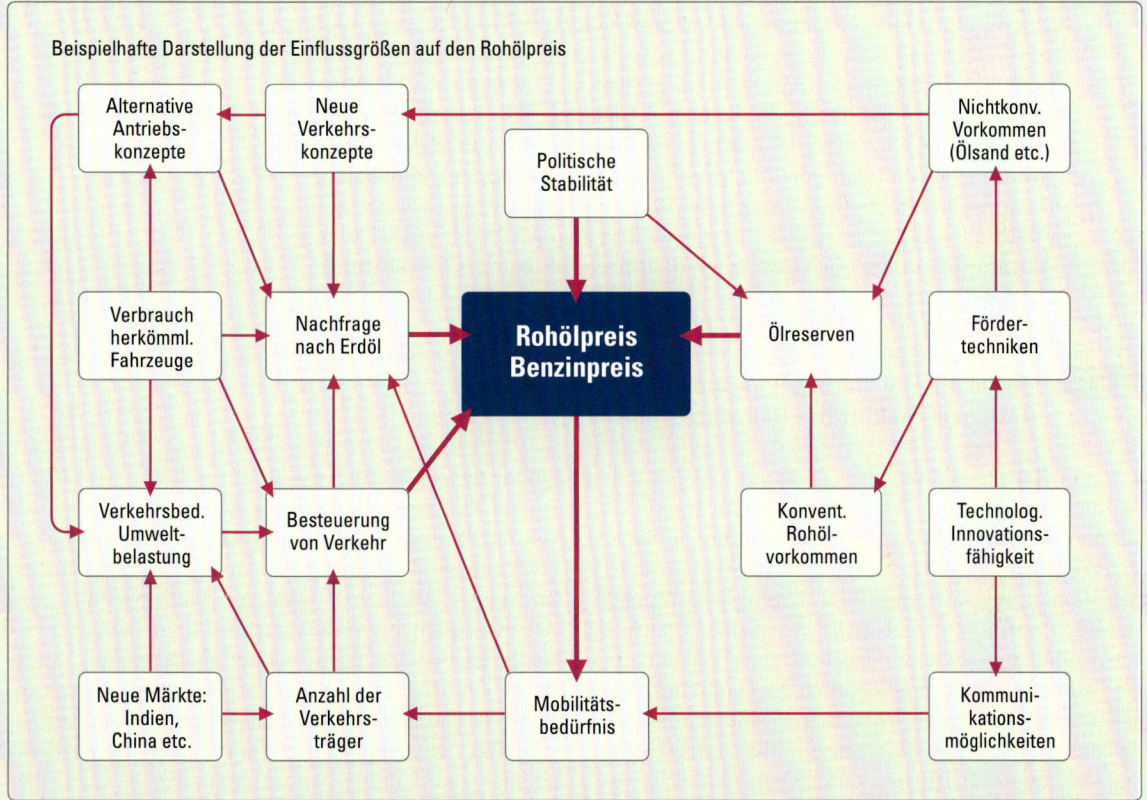

Beispielhafte Darstellung der Einflussgrößen auf den Rohölpreis

Methodenreflexion

Methoden sind Hilfsmittel, um die Wirklichkeit zu erfassen. Dazu nehmen sie immer bestimmte Aspekte heraus und versuchen durch Reduzierung von Komplexität Aussagen über die Wirklichkeit zu erlauben.

Angesichts dieser (notwendigen) Reduzierung sollten Methoden immer kritisch befragt werden. Dies gilt insbesondere dann, wenn ihre Anwendung im Kontext interessegeleiteter gesellschaftlicher Konflikte geschieht und bestimmten politische Lösungen zur Durchsetzung verhelfen soll.

Zu fragen ist u. a.:
— Was soll mit der Methode gezeigt werden?
— Welcher Mittel bedient sich die Methode? (z. B. Art der Datenerhebung bzw. -verarbeitung)
— Welche Aspekte der Wirklichkeit greift sie heraus?
— Werden wichtige Aspekte vernachlässigt?
— In wessen Interesse wird die Methode (im betrachteten Fall) eingesetzt?
— Wie weit reicht die Methode (z. B. bezogen auf Prognosefähigkeit oder Repräsentativität)?
— Wird die Methode ihrem Anspruch gerecht?

3.2 Welche Ziele soll sich staatliche Wirtschaftspolitik setzen?

In dem kurzen Abriss der wirtschaftsgeschichtlichen Entwicklung in (West-)Deutschland zeichnet sich schon ab, dass die staatliche Wirtschaftspolitik vielfachen Anforderungen unterliegt und diesen nicht immer gerecht werden kann. Klare Ziele wurden für die staatliche Wirtschaftspolitik häufig nicht benannt. Zielvorstellungen sind nicht immer unumstritten gewesen. Vielfach kommt es auch zu Zielkonflikten.

AUFGABEN

1. Machen Sie sich mit der Methode der Systemanalyse vertraut (S. 40 f.). Fertigen Sie einen Plan an, mit dem Sie die folgenden Texte untersuchen wollen.
2. Führen Sie anschließend auf der Grundlage von M 1 bis M 8 eine Systemanalyse der bundesdeutschen Bedingungen für Wirtschaftspolitik durch. Fertigen Sie als Ergebnis auf einem DIN-A3-Blatt ein umfassendes Schaubild der wirtschaftspolitischen Zielvorstellungen und Möglichkeiten in der Bundesrepublik an.
3. Diskutieren Sie: Existiert im Bereich der Wirtschaftspolitik so etwas wie eine „Systemrationalität" oder ist die Frage, welche Zukunftsbilder positiv bzw. negativ sind, grundsätzlich eine Frage der Interessenlage des Betrachters?

M 1   **Das magische Viereck – gesamtwirtschaftliche Ziele nach dem Stabilitäts- und Wachstumsgesetz**

■ Rationale Wirtschaftspolitik muss auf klar definierten Zielen basieren. In Deutschland sind im Stabilitätsgesetz von 1967 vier Ziele benannt worden, an denen sich die Träger der Wirtschaftspolitik zu orientieren haben: hoher Beschäftigungsstand (Vollbeschäftigung), stabiles Preisniveau, außenwirtschaftliches Gleichgewicht und stetiges und angemessenes Wirtschaftswachstum, die in ihrer Gesamtheit als magisches Viereck bezeichnet werden. „Magisch" bedeutet, dass die einzelnen Ziele durch die wechselseitige Abhängigkeit der gesamtwirtschaftlichen Variablen nicht gleichzeitig und vollständig zu erreichen sind.

Hoher Beschäftigungsstand
Dieses Ziel meint keineswegs eine Arbeitslosenquote von null Prozent. Ein Mindestmaß an Arbeitslosigkeit etwa aufgrund saisonaler Effekte (der Eisverkäufer ist im Winter arbeitslos) oder von Suchprozessen (ein Arbeitnehmer vergleicht verschiedene Arbeitgeber) ist weder vermeidbar noch negativ zu beurteilen. Angesichts der heutigen hohen strukturellen Arbeitslosigkeit verbunden mit der Langzeitarbeitslosigkeit bestimmter Gruppen (z. B. Ungelernte oder ältere Arbeitnehmer) wird dieses wirtschaftspolitische Ziel aber eindeutig verfehlt.

42.1   Das „magische Viereck"

Stabiles Preisniveau

Preisänderungen für Güter und Dienstleistungen sind in einer funktionierenden Marktwirtschaft unabdingbar, um Angebot und Nachfrage bei sich ändernden Bedingungen ins Gleichgewicht zu bringen. Das Ziel Preisniveaustabilität bezieht sich daher nicht auf die Preise einzelner Güter, sondern auf das allgemeine Preisniveau, wie es anhand von Preisindizes für die private Lebenshaltung gemessen wird. Das Preisniveau kann fallen (Deflation) oder steigen (Inflation). In beiden Fällen ist die Zielsetzung des Stabilitätsgesetzes verletzt. Allerdings ist umstritten, ob tatsächlich nur eine Inflationsrate von null eine Zielerreichung darstellt. Mit Verweis u. a. auf statistische Messprobleme wird im Allgemeinen eine Inflationsrate unter zwei Prozent bereits als Zielerfüllung gewertet.

Außenwirtschaftliches Gleichgewicht

Dieses Ziel dürfte dasjenige sein, das am schwierigsten konkret zu definieren ist. Die Forderung etwa nach einem Ausgleich der Leistungsbilanz (gleicher Umfang von Exporten und Importen einschließlich Geldkapitaltransfers) ist nicht generell sinnvoll. Eine Wirtschaft mit einem Leistungsbilanzüberschuss exportiert Kapital in die Welt. Es ist unter globalen Gesichtspunkten wünschenswert, dass hoch entwickelte Industrieländer über Leistungsbilanzüberschüsse Kapital exportieren und dieses Kapital z. B. in Entwicklungsländer fließt, die dann spiegelbildlich Leistungsbilanzdefizite aufweisen. Wichtig ist aber, dass ein Leistungsbilanzdefizit finanzierbar bleibt. Außenwirtschaftliches Gleichgewicht lässt sich daher mit dem Erreichen einer langfristig tragbaren Leistungs- und Kapitalbilanzsituation umschreiben.

Stetiges und angemessenes Wirtschaftswachstum

Es ist unrealistisch, auch unter den günstigsten Voraussetzungen für Deutschland so hohe Wachstumsraten wie in den 50er- und 60er-Jahre zu erwarten. Gleichwohl versucht die Wirtschaftspolitik, durch Maßnahmen der Wachstumspolitik die Grundlagen für zukünftiges Wachstum zu verbessern und durch Maßnahmen der Konjunkturpolitik Schwankungen des Wirtschaftswachstums zu begrenzen.

Autorentext

M 2   Das „magische Vieleck"

■ Weitere, über die vier in M 1 hinaus genannte Ziele sind eine gleichmäßigere Einkommens- und Vermögensverteilung sowie der Umweltschutz. Je nachdem, wie viele dieser Ziele wirtschaftspolitisch angestrebt werden, spricht man vom magischen Viereck, Fünfeck oder allgemein vom magischen Vieleck.

Autorentext

M 3   Zielhierarchie im Wandel der Zeit

■ Die Benennung von Zielen ist in demokratischen und pluralistischen Gesellschaften nicht eindeutig. Die Ziele unterscheiden sich je nach Wertorientierung und Interessen der einzelnen Wirtschaftssubjekte und Gruppen. Diese Heterogenität ist für alle Bereiche der Wirtschaftspolitik, also auch für die Stabilitätspolitik kennzeichnend. Sie bedingt eine nur raum-zeitbezogene Gültigkeit der Stabilitätsdefinition. So können z. B. in den USA und in der Bundesrepublik unterschiedliche Stabilitätsziele oder eine unterschiedliche Gewichtung der einzelnen Ziele vorherrschen. Änderungen können sich aber auch im Zeitablauf ergeben. So war die Zielhierarchie in der Bundesrepublik in den sechziger Jahren teilweise anders als in den neunziger Jahren.

Ein wesentlicher Grund für die begrenzte Gültigkeit der Ziele liegt darin, dass die ökonomische Stabilität instrumentellen Charakter hinsichtlich übergeordneter gesellschaftlicher Ziele hat, also ein „Modalziel" zur Erreichung von „Finalzielen" darstellt. Da Demokratien u. a. durch einen Wertepluralismus gekennzeichnet sind, gibt es unterschiedliche Finalziele und eine unterschiedliche Priorität dieser „obersten" Werte. Unterschiedliche Werte auf der gesellschaftlichen Ebene können zu unterschiedlichen stabilitätspolitischen Zielen führen.

Ein weiterer Grund für die Heterogenität der Ziele liegt in der Vielzahl der Akteure, die am Entscheidungsprozess der anzustrebenden Ziele beteiligt sind, sowie an

deren unterschiedlichen Handlungsmöglichkeiten. Die Ausnutzung von Handlungsmacht durch die einzelnen
30 Akteure ist wesentlich für den Zielbestimmungsprozess:

„Akteur kann nur sein, wer über Macht verfügt, d.h. Mittel gleich welcher Art [...] einzusetzen vermag, um das eigene Zielsystem auch gegen den Willen anderer durchzusetzen. Die Grundlagen der Macht können ver-
35 schieden sein. Während die offiziellen Träger der Wirtschaftspolitik sich vornehmlich auf die durch Verfassung und Gesetz übertragene Macht stützen, überwiegt bei den anderen Akteuren (politische Parteien und Interessengruppen) die durch ihre Organisation geschaf-
40 fene Macht." (SCHNEIDER 1967, 39 f.)

Da sich die Machtmöglichkeiten dieser Akteure im Zeitablauf ändern und räumlich unterscheiden, differieren die Beziehungen zwischen ökonomischer Stabilität und gesellschaftlichen Zielen räumlich und zeitlich.

45 Welche Finalziele sollen durch das Zwischenziel „ökonomische Stabilität" erreicht werden? In der Theorie

---

Die deutsche Ausfuhr legt 2003 deutlich zu

Exportüberschuss auf historisch hohem Niveau / Import steigt ebenfalls / Außenhandelsverband für 2004 optimistisch

FAZ, 31.12. 2003

---

der Wirtschaftspolitik sind zur Beantwortung dieser Frage ganze Zielkataloge entwickelt worden. Häufig werden Freiheit, Sicherheit, Gerechtigkeit und Wohlstand als Grund- oder Finalziele genannt. Diese Final- 50 ziele sind aber weitgehend inhaltsleer. Was heißt z.B. Gerechtigkeit? Individuen, Verbände und Parteien interpretieren das Gerechtigkeitsziel je nach Wert- und Interessenposition unterschiedlich. Neben dem Leerformelcharakter besteht ein weiteres Problem in der 55 Festlegung einer Gleichrangigkeit oder Hierarchie dieser „letzten" Ziele. Auch hierbei wird keine einheitliche Auffassung anzutreffen sein.

Gerd-Jan Kroll/Alfons Schmid, Volkswirtschaftslehre. Eine problemorientierte Einführung, 21. Auflage, Tübingen 2002, S. 180 f.

M 4   Der Einfluss von Interessenverbänden

● Im Grundgesetz werden die Vereinigungen des Arbeits- und Wirtschaftsbereiches besonders hervorgehoben. Denn neben Artikel 9 Absatz 1 des Grundgesetzes, der das für alle Bereiche wichtige Grundrecht auf Bil-
5 dung von Vereinen und Gesellschaften sichert, wird in Absatz 3 speziell garantiert: „Das Recht zur Wahrung und Förderung der Arbeits- und Wirtschaftsbeziehungen, Vereinigungen zu bilden, ist für jedermann und für alle Berufe gewährleistet". Das Recht, im Bereich der
10 Arbeitsbeziehungen Vereinigungen zu bilden, nennt man das Koalitionsrecht. Es ist insbesondere die Grundlage für die Arbeit der Gewerkschaften, deren freie Entfaltung in allen autoritären Staaten behindert wird. Die Koalitionsfreiheit ist in der Bundesrepublik somit
15 grundgesetzlich klar verbürgt. Die Arbeitgeberverbände (für das Kapital) und die Gewerkschaften (für die Arbeit) handeln frei und unabhängig vom Staat die Tarife für die Arbeitnehmer aus. Diese werden in zeitlich befristeten Tarifverträgen festgelegt.

20 Aber nicht nur Gewerkschaften und Arbeitgeber bilden Verbände im Bereich von Wirtschaft und Arbeit. Das Feld ist noch viel weiter und umfasst mindestens die folgenden sechs verschiedenen Typen von Interessengruppen: Wirtschafts- und Unternehmerverbände, Arbeitge-
25 berverbände, der Sonderfall der Kammern, Arbeitnehmer- und Berufsverbände sowie Verbraucherverbände.

Im Wirtschaftsbereich gibt es eine Besonderheit. Während die Arbeitnehmer in erster Linie durch die Gewerkschaften vertreten werden, bilden die Unternehmerverbände in Deutschland drei Säulen: die Wirtschaftsver- 30 bände, die Arbeitgeberverbände und die Kammern.

Unter den Wirtschaftsverbänden ragt als größter der Bundesverband der Deutschen Industrie (BDI) heraus. Daneben gibt es Spitzenverbände der Banken oder des Handels. 35

Altersvorsorge

BDI fürchtet Kündigungswelle bei Betriebsrenten

Der Präsident des Bundesverbandes der Deutschen Industrie [...] rechnet mit weiteren Kündigungen von Betriebsrentenvereinbarungen durch Unternehmen. „Das wird kein Einzelfall bleiben", sagte er am Freitag [...] „So lange die Personalnebenkosten so hoch sind wie sie sind, wird das auch weitergehen." Rogowski forderte die Bundesregierung auf, die gesetzlichen Vorgaben zur Betriebsrente abzuschaffen.

FAZ, 9.1. 2004

Die Bundesvereinigung der Arbeitgeberverbände (BDA) in Köln ist der Dachverband eines weit verzweigten Geäsᵗs von Einzel- und Unterverbänden. Neben der in der Öffentlichkeit oft spektakulären Rolle der Arbeitgeber-
40 verbände in Tarifauseinandersetzungen nimmt die BDA – wie die Gewerkschaften auch – wichtige, aber nicht so öffentlichkeitswirksame Aufgaben als Vertretung der Arbeitgeber in staatlichen und sozialpolitischen Organen wahr, so beispielsweise bei der Bundesanstalt für
50 Arbeit, bei den Arbeits- und Sozialgerichten, bei den Krankenkassen und den Rentenversicherungen.

Die dritte Säule der Unternehmerverbände ist der Deutsche Industrie- und Handelstag e. V. (DIHT)[1] als Spit-
55 zenorganisation der entsprechenden Kammern. Neben Industrie und Handel haben auch die Landwirte, das Handwerk und einige freie Berufszweige (Ärzte, Anwälte, Architekten) eigene Kammerorganisationen oder Innungen, denen sie sich anschließen müssen.

Die Gewerkschaften bilden den interessenpolitischen Gegenpart zu den Unternehmerverbänden. Allerdings
60 ist die Sichtweise von den beiden gleichstarken „Sozialpartnern" verkürzt, da die Kapitalseite in der Marktwirtschaft durch ihre Investitionsmacht immer die aktive und stärkere Macht ist als die Arbeitnehmerverbände, die darauf nur reagieren können. Auch verfügen die Ge-
65 werkschaften bei weitem nicht über eine solche Fülle von Fachverbänden und Fachpersonal wie die Unternehmerverbände.

Die Arbeitnehmerverbände in der Bundesrepublik teilen sich in den Deutschen Gewerkschaftsbund (DGB)

70 mit seinen Einzelgewerkschaften einerseits und eine Reihe von kleineren Verbänden andererseits.

Gegenüber der Anzahl, Vielfalt und Stärke sonstiger wirtschaftlicher Interessengruppen nehmen sich die allgemeinen Verbraucherverbände recht klein und un-
75 bedeutend aus. […] Es gibt allerdings einige spezielle Verbraucherverbände für Teilinteressen, die sich aktiv für ihre Mitglieder einsetzen können und recht erfolgreich sind. Dazu gehört der Deutsche Mieterbund mit einer Million Mitgliedern, aber auch der kleine,
80 sehr öffentlichkeitswirksame Bund der Steuerzahler (370 000 Mitglieder) und schließlich der große ADAC (13 Millionen Mitglieder).

1 2001 umbenannt in „Deutscher Industrie- und Handelskammertag" (DIHK)

Ulrich von Alemann, Handlungsfelder der Interessenverbände, in: Günter Triesch / Wolfgang Ockenfels, Interessenverbände in Deutschland, München 1995, S. 158–168, gekürzt

M 5 Wirtschaftspolitik und Gemeinwohl – Die Public-Choice-Theorie

● Die Public-Choice-Theorie beschäftigt sich mit der Erklärung von wirtschaftspolitischen Entscheidungen in einer Demokratie. Der Ausdruck Public Choice („öffentliche Wahl") bildet begrifflich den Gegensatz zu
5 den Wahlhandlungen, die von Haushalten und Unternehmen im Hinblick auf private Güter auf dezentralen Märkten vorgenommen werden („Private Choice").

Ablehnung eines naiven Politikbildes
Die Vordenker dieses politökonomischen Denkansatzes
10 wie etwa der amerikanische Wirtschafts-Nobelpreisträger James M. Buchanan lehnen die traditionelle Sicht der Wirtschaftspolitik ab, wonach die wirtschaftspolitischen Akteure in erster Linie das Allgemeinwohl vor Augen haben. Sie halten einen solchen idealistischen
15 Ansatz für naiv. So finden die wirtschaftspolitischen Ratschläge von Experten nur selten Gehör, und es ge-

lingt z. B. kaum, die gemeinwohlschädliche Subventionierung gut organisierter Lobbys abzubauen. Regelmäßig kommt es auch zum Missbrauch fiskal- und geldpolitischer Instrumente, um einen kurzzeitigen
20 Konjunkturboom vor einer Wahl (politischer Konjunkturzyklus) zu erzeugen. All das dürfte es bei nur dem Gemeinwohl verpflichteten Regierungen nicht geben.

Neben ihrem Erklärungsmangel für reale wirtschaftspolitische Phänomene beruht die naive Sichtweise zudem
25 auf einer grundlegenden methodischen Widersprüchlichkeit. Seit Adam Smith (1723–1790) geht die ökonomische Theorie bei der Analyse des Verhaltens privater Haushalte und Unternehmen davon aus, dass diese im Rahmen der gegebenen Einschränkungen ihren Nutzen
30 bzw. Gewinn maximieren. Diese Annahme stellt den Grundansatz des ökonomischen Denkens dar. Vor die-

sem Hintergrund ist die idealistische Sichtweise der Wirtschaftspolitik ein unverständlicher methodischer Bruch. Warum sollte ausgerechnet der Politiker auf die Maximierung seines Eigeninteresses verzichten, während dies doch die weithin akzeptierte Verhaltensannahme für Haushalte und Unternehmen darstellt?

Folgerichtig beseitigt die Public-Choice-Theorie diese Widersprüchlichkeit und wendet das ökonomische Kalkül der Nutzenmaximierung unter Nebenbedingungen auch auf das politische System an. Politiker (ebenso wie Beamte und Lobbyisten) werden dem gemäß in Analogie zu üblichen Wirtschaftsakteuren als rational und eigennutzmaximierend modelliert.

Im Streben des Politikers spielt die Wiederwahl eine überragende Rolle: Sie allein sichert den Machterhalt und damit Privilegien wie Einkommen und Prestige. Mit diesem Ansatz werden nun viele wirtschaftspolitische Realitäten besser verständlich. Für den an seiner Wiederwahl interessierten Politiker zählt nicht, was der Experte zur langfristigen Problemlösung empfiehlt, wenn dies Stimmenverluste bei der nächsten Wahl erwarten lässt. Gemeinwohlschädliche Subventionen zugunsten von Interessengruppen etwa können die Wiederwahlchancen einer Regierung positiv beeinflussen. Dies gilt dann, wenn eine Interessengruppe (z.B. die Landwirte oder die Steinkohlekumpels) sehr gut organisiert ist und medienwirksam gegen Kürzungen protestieren kann.

Diesen durchsetzungsfähigen Interessengruppen gegenüber sind die Gruppen, die am Ende für die Subventionen aufzukommen haben, weniger gut organisiert: Steuerzahler und Verbraucher haben keine effektive Interessenvertretung. Für den einzelnen Steuerzahler ist die Mehrbelastung zugunsten der Steinkohle relativ gering und bietet ihm kaum Anlass, sich dagegen zu wehren (Trittbrettfahrerproblem). Der Steinkohlekumpel hingegen hat einen massiven Anreiz öffentlich zu demonstrieren.

Die Empfehlungen der Public-Choice-Theorie richten sich folglich v. a. auf institutionelle und verfassungsmäßige Reformen mit der Zielsetzung, die Eigennutzorientierung der Politik in Übereinstimmung mit dem Allgemeinwohl zu bringen. Auf dem Gebiet der Geldpolitik etwa lautet die klare Empfehlung, die Zentralbank unabhängig vom Einfluss der Regierung zu machen – eine Empfehlung, die inzwischen in vielen Industrieländern nach leidvollen Erfahrungen mit hohen Inflationsraten z.B. mit der Europäischen Zentralbank umgesetzt ist. Eine weitere Schlussfolgerung betrifft die Beurteilung staatlicher Interventionen bei Marktversagen: Liegt Marktversagen vor, dann verbessern Interventionen des Staats nicht unbedingt die Lage, weil die Gefahr des Politikversagens besteht.

Aus: Bundeszentrale für politische Bildung, Wirtschaft heute, 4. Auflage, Bonn 2003, S. 126, gekürzt

M 6   Die Bedeutung der öffentlichen Haushalte

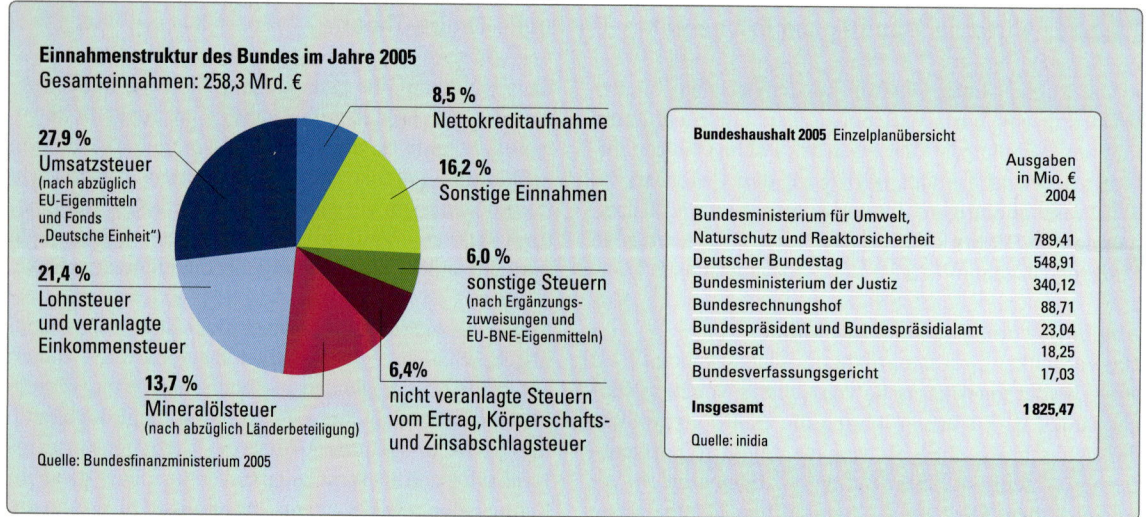

46.1   *Bundeshaushalt und Steuereinnahmen 2004/2005*

M 7 Instrumente des Stabilitätsgesetzes

■ Zur Erreichung der in § 1 festgelegten Ziele [vgl. S. 42, d. Verf.] sieht das Stabilitätsgesetz einen umfangreichen Katalog von wirtschaftspolitischen Mitteln vor. Wir beginnen mit den „bremsend" wirkenden, den kon-
5 traktiven Maßnahmen.

1. Steuern: Die durchgreifendste Maßnahme ist die Heraufsetzung der Einkommen- und Körperschaftsteuern um höchstens 10 % (nicht der Einkommen- und Körperschaftsteuersätze!) für längstens ein Jahr. Hierdurch
10 kann die (private) effektive Nachfrage mittelbar verringert werden.

2. Abschreibungen: Für die Beschränkung der Investitionsgüternachfrage ist die zeitweise Aussetzung der degressiven Abschreibung (d. h. Abschreibung mit fal-
15 lenden Jahresraten) sowie der teilweise oder vollständige Wegfall von Sonderabschreibungen vorgesehen. Bei Anwendung dieser Maßnahmen steigt in den ersten Jahren ceteris paribus[1] der zu versteuernde Gewinn, sodass in diesen Jahren höhere Steuern an das Finanzamt
20 abzuführen sind.

3. Steuervorauszahlungen: Außerdem können die Steuervorauszahlungen bei der Einkommensteuer, Körperschaftsteuer und Gewerbesteuer nach oben angepasst werden. Dadurch verringert sich der Vorteil der Steuer-
25 schuldner, die zur Einkommen- und Körperschaftsteuer veranlagt werden (zeitnähere Besteuerung).

4. Staatsausgaben: Der Bundesfinanzminister kann nach einem entsprechenden Beschluss der Bundesregierung ermächtigt werden, den Vollzug öffentlicher Maßnah-
30 men zu verzögern oder ihren Beginn aufzuschieben. Eventuell frei werdende Gelder müssen zur Schuldentilgung oder Stilllegung bei der Deutschen Bundesbank verwendet werden. Durch diese Vorschrift hat der Staat die Möglichkeit, die effektive Gesamtnachfrage unmit-
35 telbar zu verringern.

Wirtschaftsführer zum Ideen-Gipfel geladen

Vor allem auf den Rat von Wirtschaftsführern setzt Kanzler Schröder bei der Umsetzung seiner Innovationsoffensive. Zu dem geplanten Ideen-Gipfel am 15. Januar im Kanzleramt hat er u. a. Siemens-Chef Heinrich von Pierer, den Vorstandsvorsitzenden der Deutschen Telekom, Kai-Uwe Ricke, Lufthansa-Chef Wolfgang Mayrhuber und den Vorstandsvorsitzenden des Pharmakonzerns Schering, Hubertus Erlen, eingeladen. Das bestätigte ein Regierungssprecher am Donnerstag.

Berliner Zeitung, 9.1. 2004

CDU-Klausurtagung

Das Projekt Wachstum

Der CDU-Vorstand trifft sich heute in Hamburg zu einer zweitägigen Klausurtagung. [...]
Nach dem Willen der Parteivorsitzenden Angela Merkel soll besonders das Thema Wachstum in den Mittelpunkt gerückt werden. Denn nur aus Wachstum entstehe Wohlstand und Sicherheit.
Als Diskussionspartner zum Thema Steuerpolitik hat der CDU-Bundesvorstand den Präsidenten des Münchner Ifo-Instituts für Wirtschaftsforschung, Hans-Werner Sinn, eingeladen. Weiteres Thema werden die unterschiedlichen Konzepte von CDU und CSU zur Vereinfachung des Steuersystems sein.

SZ, 9.1. 2004

5. Konjunkturausgleichsrücklage (KAR): Zur Abwehr einer die volkswirtschaftliche Leistungsfähigkeit übersteigenden Nachfrageausweitung sollen Mittel zur zusätzlichen Tilgung von Schulden bei der Deutschen
40 Bundesbank oder zur Zuführung an eine KAR veranschlagt werden (freiwillige Maßnahme). Daneben kann die Bundesregierung durch Rechtsverordnung mit Zustimmung des Bundesrates anordnen, dass Bund und Länder ihren KAR Mittel zuführen. Werden die Ein-
45 kommensteuer und die Körperschaftsteuer erhöht, so müssen die Mehreinnahmen der KAR zugeführt werden (obligatorische KAR). Von dieser Maßnahme werden zwei Effekte erwartet:

—Gelder, die stillgelegt oder zur Schuldentilgung ver-
50 wendet wurden, können vom Staat selbst nicht mehr nachfragewirksam ausgegeben werden (Nachfrageeffekt). Das ist dann wichtig, wenn die Steuereinnahmen des Staates in der Hochkonjunktur – nicht zuletzt wegen der beschriebenen automatischen Stabilisie-
55 rungswirkung – stark steigen.

—Daneben erhofft man sich von der Stilllegung der Gelder auf die Nachfrage einen indirekt dämpfend wirkenden Effekt (Geldmengeneffekt). Da die Schuldentilgung bei der Bundesbank vorgesehen ist, wie auch die KAR
60 unverzinslich auf Konten bei der Bundesbank zu halten sind, wird von den Kreditinstituten – wenn auch in ge-

ringem Maße – die Basis für zukünftige Kreditgewährung verkleinert. Die Mittel sind praktisch eingefroren.

6. Beschränkung der Kreditaufnahmemöglichkeiten: [...] Für längstens ein Jahr kann die Bundesregierung durch Rechtsverordnung mit Zustimmung des Bundesrates festlegen, dass die betroffenen staatlichen Körperschaften Kredite nur bis zu einem Höchstbetrag aufnehmen dürfen, der mindestens 80 % der Summe ausmacht („Schuldendeckel"), die sie im Durchschnitt der letzten fünf statistisch erfassten Haushaltsjahre vor Erlass der Rechtsverordnung als Haushaltskredite in Anspruch genommen haben. [...]

Die meisten der expansiv wirkenden Mittel entsprechen den kontraktiven mit umgekehrten Vorzeichen:

1. Steuern: Die Einkommen- und Körperschaftsteuern können um bis zu 10 % für längstens ein Jahr ermäßigt werden.

2. Investitionsbonus: Nicht symmetrisch läuft die Beeinflussung der Investitionsgüternachfrage. Hier kann allen Unternehmen ein Investitionsbonus (Investitionsprämie) in Höhe von bis zu 7,5 % der Anschaffungs- oder Herstellungskosten gewährt werden. Steuertechnisch wird dies durch einen Abzug von der Einkommen- bzw. Körperschaftsteuerschuld erreicht, sodass sich die Investitionskosten erheblich verringern. Beispiel: Eine Aktiengesellschaft kauft eine neue Maschine für 250 000 Euro. Von der Körperschaftsteuerschuld in Höhe von z. B. 100 000 Euro könnten dann als Investitionsbonus 19 750 Euro (7,5 % von 250 000 Euro) abgezogen werden, sodass an das Finanzamt nur 81 250 Euro zu zahlen wären. Mit dieser Vorschrift sind allerdings nur die Unternehmen begünstigt, die auch tatsächlich Steuern zahlen. Möglicherweise werden durch den Investitionsbonus die ohnehin marktstarken Unternehmen noch mehr gefördert.

3. Steuervorauszahlungen: Die Anpassung der Steuervorauszahlungen (Einkommensteuer, Körperschaftsteuer, Gewerbesteuer) ist nachträglich nach unten möglich.

4. Staatsausgaben: Wenn sich eine Abschwächung der allgemeinen Wirtschaftslage abzeichnet, die die Ziele des § 1 des Stabilitätsgesetzes gefährden könnte, kann die Bundesregierung zusätzliche Ausgaben tätigen. Finanziert werden können solche Ausgaben durch Entnahmen aus der – wenn vorhanden – Konjunkturausgleichsrücklage oder durch zusätzliche Kredite, zu deren Aufnahme in Höhe von 2,5 Mrd. Euro der Finanzminister über die im Haushaltsgesetz erteilten Ermächtigungen hinaus berechtigt ist. Solche zusätzlichen Ausgaben dürfen aber nur für Zwecke eingesetzt werden, die in der mittelfristigen Finanzplanung[2] bereits enthalten sind.

1 ceteris paribus (lat.): unter gleichen Umständen.
2 Mittelfristige Finanzplanung: fünfjährige Finanzplanung von Bund, Ländern und Gemeinden über Umfang und Zusammensetzung der voraussichtlichen Ausgaben und ihre Finanzierung.

Aus: Ulrich Baßeler/Jürgen Heinrich/Walter Koch, Grundlagen und Probleme der Volkswirtschaft, Köln 1988, S. 442–444

M 8 Negative Folgen wirtschaftspolitischer Eingriffe

● Zahlreiche Ökonomen sind davon überzeugt, dass ein wirtschaftspolitischer Eingriff in das Marktgeschehen eine Fülle von Folgeeingriffen nach sich zieht. Sie bezeichnen das als eine Interventionsspirale. Das Problem: Wenn sich die einzelnen Maßnahmen häufen, können sie sich gegenseitig behindern. Ihre Wirkungen sind überdies kaum noch vorhersehbar. Mangelhafte Effizienz der Wirtschaftspolitik ist dann die Folge.

1. Mitnahmeeffekte

Eines der häufigsten prozesspolitischen Instrumente sind staatliche Transferzahlungen. Subventionen sollen einer Unternehmung den Anreiz bieten:
— in einem bestimmten Bereich (z. B. Forschung und Entwicklung),
— zu einem bestimmten Zeitpunkt (z. B. in einem konjunkturellen Abschwung) oder
— in einem bestimmten Wirtschaftsraum (z. B. in einer strukturschwachen Region) zu investieren.
Das Problem: Die staatlichen Träger der Wirtschaftspolitik können nicht abschätzen, wie sich die Empfänger ohne die Subventionszahlungen verhalten hätten. Möglicherweise wäre eine Unternehmung auch ohne den staatlichen Eingriff zu einer Investition bereit gewesen. Gewähren die wirtschaftspolitischen Akteure dennoch Transfers, können die Empfänger eigene Mittel durch öffentliche Mittel substituieren (Mitnahmeeffekt). [...]

2. Rent-Seeking

Bei einem Mitnahmeeffekt wird implizit davon ausgegangen, dass die Transferempfänger lediglich auf ein bestehendes Angebot des Staates reagieren. Sie versuchen allerdings nicht, die Träger der Wirtschaftspolitik in ihrem Sinne zu beeinflussen. Doch [...] Marktteilnehmer bemühen sich vielfach auch aktiv darum, in den Genuss von staatlichen Begünstigungen zu gelangen. Jede Aktivität, die darauf abzielt, die eigene ökonomische Lage durch staatliche Privilegien zu sichern oder zu verbessern, bezeichnet man als Rent-Seeking. Dabei sind nicht nur Transferzahlungen von Interesse. Auch andere prozesspolitische Instrumente wie Steuererleichterungen, Regulierungen oder Mindestpreise […] kommen in Betracht. Begünstigt der öffentliche Sektor einige Akteure, so werden andere ebenfalls versuchen, in den Genuss der staatlichen Privilegien zu gelangen. […] Anstatt sich unternehmerisch zu betätigen, binden die Akteure knappe Ressourcen für den Kampf um staatliche Privilegien. Anstatt in neue Produkte oder Herstellungsverfahren zu investieren, bezahlen sie Lobbyisten und umwerben Politiker. Das Rent-Seeking löst das Profit-Seeking ab. Allerdings ist mit diesem Wandel kein volkswirtschaftlicher Nutzen verbunden; Produktionsfaktoren werden vergeudet. […]

3. Staatliche Informationsdefizite

Die staatlichen Entscheidungsträger können nur dann eine wirkungsvolle Wirtschaftspolitik entfalten, wenn sie über ausreichende Informationen verfügen. Unter Information versteht man in diesem Zusammenhang das zweckorientierte Wissen eines Akteurs in einer bestimmten Entscheidungssituation.

Das setzt zweierlei voraus: Sie müssen den gegenwärtigen Zustand der Wirtschaft genau kennen (Diagnose). Sie müssen verlässliche Vorstellungen von der zukünftigen Entwicklung haben (Prognose). Beides ist problematisch: Diagnosen müssen auch kurzfristige Veränderungen am Markt sofort erfassen. Die verfügbaren statistischen Daten sind allerdings meist unvollständig und schnell überholt. Mögliche Fehler in der Diagnose schlagen sich dann auch in der Prognose nieder. Mehr noch: Auf ökonomische Sachverhalte wirken derart viele systematische wie zufällige Einflüsse ein, dass die zukünftige Entwicklung nur schwerlich vorhersehbar ist. […] Denken Sie an die staatliche Förderung so genannter Schlüssel- oder Zukunftstechnologien. Dabei begünstigt der öffentliche Sektor ausgewählte Unternehmungen oder Sektoren, weil mit deren ökonomischer Aktivität Wachstumseffekte entfaltet werden sollen. Einige ausgewählte Unternehmungen zu fördern, bedeutet allerdings zugleich, andere Marktteilnehmer zu belasten. Denn die Subventionen auf der einen Seite können nur durch Steuern auf der anderen Seite finanziert werden. […] Doch woher sollen die staatlichen Entscheidungsträger wissen, welche Produkte, welche Unternehmen oder welche Branchen sich zukünftig am Markt behaupten werden? Wieso sollten sie bessere Informationen besitzen als die dezentral agierenden Marktteilnehmer?

Aus: Olaf Tidelski, Lernprogramm Wirtschaftspolitik, Tübingen 1997, CD-ROM

3.3 Welche Ziele setzt sich die Wirtschaftspolitik der Europäischen Union?

1988 prognostizierte eine im Auftrag der EG-Kommission vorgelegte Studie über die „Kosten der Nichtverwirklichung Europas" (Cecchini-Bericht) ein beachtliches Wirtschaftswachstum und immense Kostenvorteile nach der Aufhebung der innereuropäischen Hindernisse wie Grenzkontrollen, technischer Handelshemmnisse, Steuerschranken usw. Mittelfristig sei mit einem um 4,5 % höheren Wirtschaftswachstum zu rechnen. Bei einer besser abgestimmten Wirtschaftspolitik könnte das zusätzliche Wachstum sogar 7 % erreichen. Außerdem könnten die Inflationskräfte gebändigt und über 6 Mio. neue Arbeitsplätze geschaffen werden. Tatsächlich wuchs die Wirtschaft in der Europäischen Union in den ersten zehn Jahren nach der Errichtung des Einheitlichen Binnenmarktes insgesamt mit jährlich gut 2 % (reales Wachstum des BIP). Der Anteil der Arbeitslosen konnte zwar reduziert werden, betrug aber immer noch mehr als 9 % der Beschäftigten (2004). Die Geldentwertung wurde von mehr als 3 % auf knapp über 2 % pro Jahr vermindert (2003–2005).

AUFGABEN

1. Charakterisieren Sie die Grundzüge der europäischen Wirtschafts- und Währungsunion (M 1 bis M 6).
2. Stellen Sie die Möglichkeiten und Grenzen einer europäischen Wirtschaftspolitik zusammen (Seiten 53–57). Vergleichen Sie diese mit Ihrer Systemanalyse der deutschen Wirtschaftspolitik (Unterkapitel 3.2).
3. Entwerfen Sie Ziele, die eine europäische Wirtschaftspolitik verfolgen sollte. Vergleichen Sie sie mit den Zielen, die internationale Organisationen der Wirtschaft verfolgen (S. 19–20).

M 1   Die vier Freiheiten im Binnenmarkt

Keine Grenzen für Menschen
keine Grenzkontrollen, Aufenthalts- und Niederlassungsfreiheit, freie Arbeitsplatzwahl, gegenseitige Anerkennung von Diplomen und Prüfungszeugnissen

Keine Grenzen für Waren
keine Grenzkontrollen, Harmonisierung der (technischen) Normen, Harmonisierung der Mehrwert- und Verbrauchsteuern

Keine Grenzen für Dienstleistungen
Unternehmen dürfen ihre Dienstleistungen überall anbieten, keine Grenzen für den Verkehr (etwa Güterkraftverkehr), freier Markt für Banken und Versicherungen

Keine Grenzen für Kapital
Geld kann überall investiert und angelegt werden

M 2   Der europäische Binnenmarkt

■ Das Programm zur Vollendung des Binnenmarktes sollte bis zum 31. Dezember 1992 ausgeführt worden sein. Durch annähernd 300 Einzelmaßnahmen für den Abbau von materiellen, technischen und steuerlichen
5 Hemmnissen gegen einen freien Wirtschaftsaustausch im Gemeinsamen Markt würden Kaufen, Verkaufen, Investieren, Reisen und Arbeiten in der Gemeinschaft ohne Kontrollen an den Binnengrenzen möglich gemacht werden. [...]

Konstitutives Merkmal dieses Binnenmarktes – wie schon des Gemeinsamen Marktes gemäß des EWG- Vertrages vom 25. März 1957 – ist das Recht auf freie wirtschaftliche Betätigung über die Staatsgrenzen hinweg. Dieses Recht umfasst die Waren-, Dienstleistungs- und Kapitalverkehrsfreiheit sowie die Niederlassungsfreiheit und die Freizügigkeit von abhängig Beschäftigten. Allerdings stießen Wirtschaftsbürger auch nach Vollendung des Gemeinsamen Marktes im Jahr 1972 bei der Ausübung ihrer Rechte beim Grenzübergang auf (materielle, technische und steuerliche) Hindernisse. Diese waren mit nationalen Rechtsnormen und Standards begründet, die zum überwiegenden Teil nicht vertragskonform waren. Im Warenverkehr beispielsweise sind nur solche Hindernisse vertragskonform, die gemäß Artikel 30 EG-Vertrag aus Gründen „[...] der öffentlichen Sittlichkeit, Ordnung und Sicherheit, zum Schutz der Gesundheit und des Lebens von Menschen, Tieren oder Pflanzen, des nationalen Kulturguts von künstlerischem, geschichtlichem oder archäologischem Wert oder des gewerblichen und kommerziellen Eigentums gerechtfertigt sind". Grenzhindernisse im freien Warenverkehr aufgrund nationaler Rechtsnormen dürfen nach Artikel 30 „[...] weder ein Mittel zur willkürlichen Diskriminierung noch eine Beschränkung des Handels zwischen den Mitgliedsstaaten darstellen". [...]

Die Ziele der Binnenmarktpolitik sind heute nicht mehr die gleichen wie im Jahr 1985, als die Kommission ihr Weißbuch zur Vollendung des Binnenmarktes vorlegte.

Das ursprünglich einzige Ziel, ungerechtfertigte Hindernisse von Mitgliedstaaten gegen einen freien Verkehr von Waren, Dienstleistungen, Kapital und Arbeit zu beseitigen, ist noch nicht ganz erreicht. Es wird weiter verfolgt, hat jedoch seine Alleinstellung eingebüßt. Ziele, durch Maßnahmen der Gemeinschaft die Lebensqualität der Unionsbürger zu steigern, die Rahmenbedingungen für die Wirtschaft zu verbessern oder die Errungenschaften des Binnenmarktes in einer Welt des Wandels zu nutzen, sind heute integraler Teil der Binnenmarktpolitik der Kommission geworden, weil es der Europäische Rat so will. [...] Hinsichtlich der zwei Mittel zur Vollendung des Binnenmarktes – Harmonisierung durch Absprache im Rat oder Harmonisierung durch Wettbewerb nach vorangegangener gegenseitigen Anerkennung von Vorschriften und Normen – wird die Wahl wohl noch häufiger als bisher zugunsten der Absprache ausgehen. Die politische Erfolgsbilanz der Binnenmarktpolitik kann sich sehen lassen: Die weit gehende Beseitigung der Kontrollschranken an den Binnengrenzen der Mitgliedstaaten ist ein klares Signal, dass die Regierungen in einem großen Teil Europas gewillt sind, das Zusammenwachsen der Nationen nicht mehr zu behindern.

Aus: Hugo Dicke, Der Europäische Binnenmarkt, in: Werner Weidenfeld (Hg.), Europa-Handbuch, Bonn 2002, S. 439 f., 450

M3 **Die Gemeinsame Agrarpolitik der Europäischen Gemeinschaft**

● Der Artikel 38 EGV [Art. 32 EGV neu] stellt ausdrücklich fest, dass der Gemeinsame Markt auch die Landwirtschaft und den Handel mit landwirtschaftlichen Erzeugnissen umfasst. Art. 39 EGV [Art. 33 EGV neu] präzisiert die Ziele der Gemeinsamen Agrarpolitik, wobei insbesondere genannt werden: (a) Steigerung der Produktivität durch technischen Fortschritt sowie den bestmöglichen Einsatz der Produktionsfaktoren und dadurch (b) Erhöhung des Pro-Kopf-Einkommens für die in der Landwirtschaft tätigen Personen und Gewährleistung einer angemessenen Lebenshaltung, (c) Stabilisierung der Märkte, (d) Sicherung der Versorgung, (e) Belieferung der Verbraucher zu angemessenen Preisen. Art. 40 EGV [Art. 34 EGV neu] schreibt die schrittweise Entwicklung einer gemeinsamen Agrarpolitik vor und nennt für die Organisation der Agrarmärkte mehrere Optionen, von denen sich nur die Einführung gemeinsamer Marktordnungen als praktikabel erwies. Dadurch nahmen in der EG die Agrarpolitik und der Agrarmarkt eine Sonderstellung ein, die auch durch den Vertrag über die Europäische Union unverändert weiter besteht. Infolge der hohen Regelungsdichte betrifft in der gemeinschaftlichen Rechtsetzung die Mehrzahl der Vorschriften den Agrarmarkt. Der Versuch, die Gewährleistung einer angemessenen Lebenshaltung der Landwirte primär durch Stützung der Preise zu erreichen, brachte der Gemeinschaft den Vorwurf des Protektionismus ein und führte zu zunehmenden Überschüssen. Trotz steigender öffentlicher Ausgaben wurde das Ziel der Einkommenssicherung der Landwirte verfehlt. Hohe Kosten und unterschiedliche nationale Interessen haben die Gemeinsame Agrarpolitik immer wieder zu einem Krisenherd der Gemeinschaft werden lassen.

Aus: W. von Urff, Agrarmarkt und Struktur des ländlichen Raumes in Europa, in: Werner Weidenfeld (Hg.), Europa-Handbuch, Bonn 2002, S. 445 f.

M 4   Finanzen und Strukturpolitik der Europäischen Union

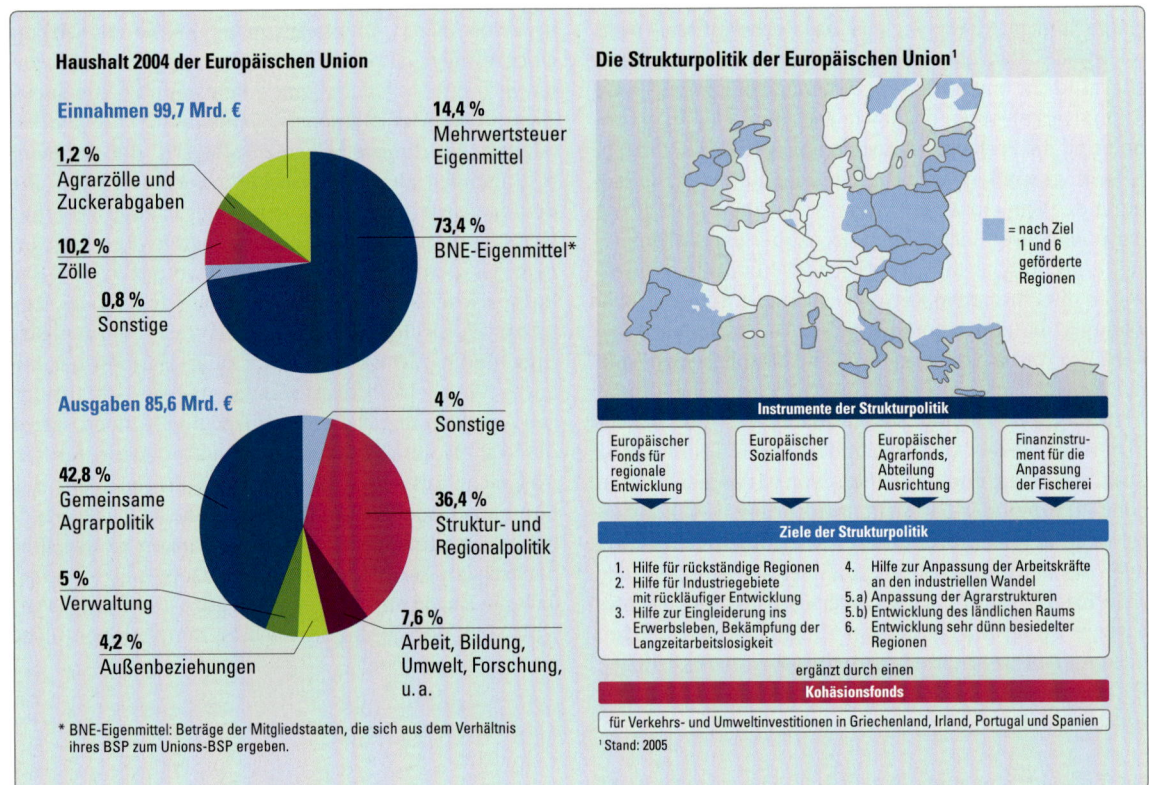

Haushalt 2004 der Europäischen Union

Einnahmen 99,7 Mrd. €

- 14,4 % Mehrwertsteuer Eigenmittel
- 1,2 % Agrarzölle und Zuckerabgaben
- 73,4 % BNE-Eigenmittel*
- 10,2 % Zölle
- 0,8 % Sonstige

Ausgaben 85,6 Mrd. €

- 4 % Sonstige
- 42,8 % Gemeinsame Agrarpolitik
- 36,4 % Struktur- und Regionalpolitik
- 5 % Verwaltung
- 7,6 % Arbeit, Bildung, Umwelt, Forschung, u. a.
- 4,2 % Außenbeziehungen

* BNE-Eigenmittel: Beträge der Mitgliedstaaten, die sich aus dem Verhältnis ihres BSP zum Unions-BSP ergeben.

Die Strukturpolitik der Europäischen Union[1]

= nach Ziel 1 und 6 geförderte Regionen

Instrumente der Strukturpolitik

Europäischer Fonds für regionale Entwicklung | Europäischer Sozialfonds | Europäischer Agrarfonds, Abteilung Ausrichtung | Finanzinstrument für die Anpassung der Fischerei

Ziele der Strukturpolitik

1. Hilfe für rückständige Regionen
2. Hilfe für Industriegebiete mit rückläufiger Entwicklung
3. Hilfe zur Eingliederung ins Erwerbsleben, Bekämpfung der Langzeitarbeitslosigkeit
4. Hilfe zur Anpassung der Arbeitskräfte an den industriellen Wandel
5. a) Anpassung der Agrarstrukturen
5. b) Entwicklung des ländlichen Raums
6. Entwicklung sehr dünn besiedelter Regionen

ergänzt durch einen

Kohäsionsfonds

für Verkehrs- und Umweltinvestitionen in Griechenland, Irland, Portugal und Spanien

[1] Stand: 2005

M 5   EU – Einwohner und Wirtschaftskraft

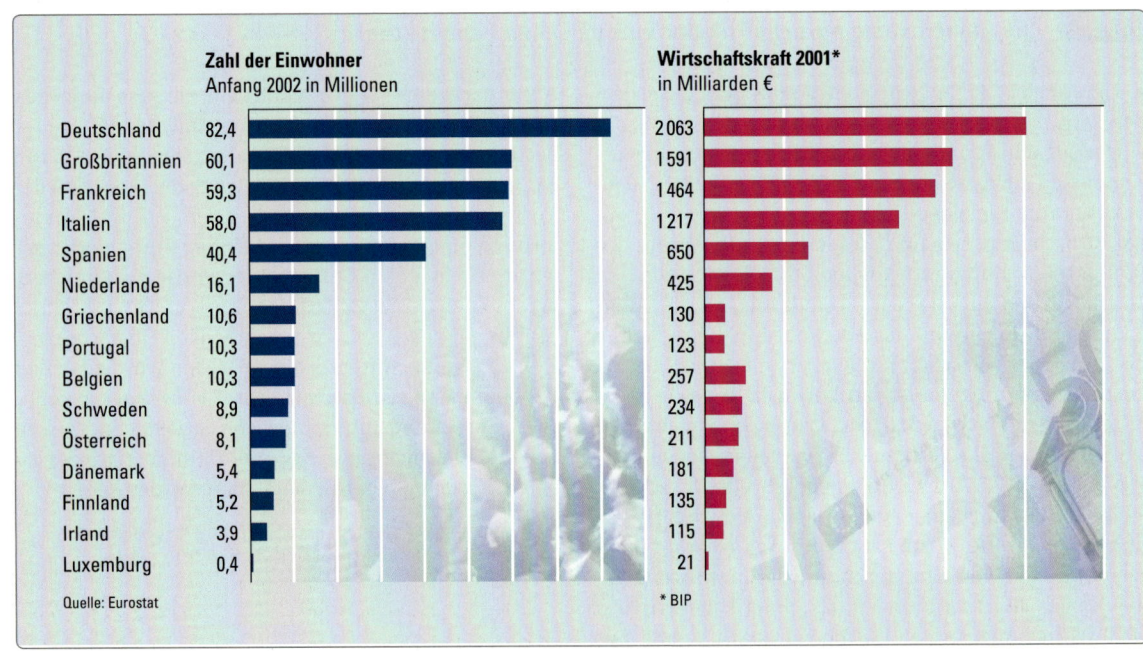

	Zahl der Einwohner Anfang 2002 in Millionen	**Wirtschaftskraft 2001*** in Milliarden €
Deutschland	82,4	2 063
Großbritannien	60,1	1 591
Frankreich	59,3	1 464
Italien	58,0	1 217
Spanien	40,4	650
Niederlande	16,1	425
Griechenland	10,6	130
Portugal	10,3	123
Belgien	10,3	257
Schweden	8,9	234
Österreich	8,1	211
Dänemark	5,4	181
Finnland	5,2	135
Irland	3,9	115
Luxemburg	0,4	21

Quelle: Eurostat   * BIP

M6 Wirtschafts- und Währungsunion

▪ Seit der Gründung der Europäischen Gemeinschaften (EG) hat sich die wirtschafts- und währungspolitische Integration ihrer Mitgliedstaaten deutlich vertieft, wobei die ursprünglichen Integrationsziele im Laufe
5 der Zeit erweitert wurden. So wurde der Gemeinsame Markt zu einem europäischen Binnenmarkt ausgebaut und die Europäische Wirtschafts- und Währungsunion (WWU) in einem Stufenprozess verwirklicht. [...]

Mit Eintritt in die 3. Stufe der Europäischen Wirt-
10 schafts- und Währungsunion am 1. Januar 1999 haben die Mitgliedstaaten des Euro-Währungsgebiets den Euro als gemeinsame Währung eingeführt. Die EZB verfolgt auf diesem Gebiet eine einheitliche, überstaatliche Geldpolitik, mit dem vorrangigen Ziel der Preis-
15 stabilität.

Demgegenüber ist die Verantwortung für wichtige andere Politikbereiche weitgehend bei den EU-Mitgliedstaaten auf nationaler Ebene verblieben. Dies führt zu einer Asymmetrie der politischen Verantwortlichkeit,
20 die nicht zuletzt mit Blick auf die Finanzpolitik ein Spannungsverhältnis in sich birgt. Denn durch das finanzpolitische Fehlverhalten eines Mitgliedstaates in einer Währungsunion kann die Aufgabe der Geldpolitik, für Preisstabilität zu sorgen, erschwert werden. Die
25 hiermit verbundenen negativen Konsequenzen tragen in einer Währungsunion dann alle Mitgliedstaaten. Auch Fehlentwicklungen in anderen Bereichen der Wirtschaftspolitik eines Mitgliedstaates können auf Grund der engen Verflechtung der Volkswirtschaften in
30 einer Währungsunion negative externe Effekte auf die Partnerländer haben. Daher ist in einer Währungsunion die gegenseitige Information, die Abstimmung gemeinsamer Grundlinien und die Zusammenarbeit der Regierungen auf den Gebieten der Wirtschaftspolitik von besonderer Bedeutung. Von der Notwendigkeit einer 35 stärkeren wirtschaftspolitischen Koordinierung in der WWU waren auch die Väter des Vertrags von Maastricht überzeugt. Im EG-Vertrag und daraus abgeleitetem Sekundärrecht sind daher wichtige Vorgaben zur Koordinierung und Überwachung der Wirtschafts- und Finanz- 40 politik in den Mitgliedstaaten und der Gemeinschaft enthalten, die sowohl die Rolle der Koordinierungsgremien als auch die Verfahren im Einzelnen betreffen. Wichtigste Rechtsgrundlage bildet Art. 99 EG, nach dem die Mitgliedstaaten ihre Wirtschaftspolitik als 45 eine Angelegenheit von gemeinsamem Interesse zu betrachten haben. Vor diesem Hintergrund werden die Wirtschaftspolitiken im Rahmen der „Grundzüge der Wirtschaftspolitik der Mitgliedstaaten und der Gemeinschaft" (Grundzüge der Wirtschaftspolitik) koor- 50 diniert. Die Umsetzung der Grundzüge der Wirtschaftspolitik wird vom Rat in der Zusammensetzung der Wirtschafts- und Finanzminister überwacht. Daneben gibt es für besonders wichtige Bereiche der Wirtschaftspolitik, wie die Finanzpolitik, die Beschäftigungs- und 55 Strukturpolitik spezielle Koordinierungsverfahren, deren Rechtsgrundlagen sich ebenfalls aus dem EG-Vertrag und daraus abgeleitetem Sekundärrecht ergeben. Ziel der gesamten wirtschaftspolitischen Koordinierung ist es gemäß Art. 2 des EG-Vertrags, unter Beachtung des 60 Grundsatzes einer offenen Marktwirtschaft mit freiem Wettbewerb zu Preisstabilität, Wachstum und Beschäftigung beizutragen, den Lebensstandard zu heben und die Solidarität zwischen den Mitgliedstaaten zu fördern.

Aus: Deutsche Bundesbank, Die Europäische Wirtschafts- und Währungsunion, Frankfurt a. M. 2002, S. 10, 31 f.

M7 Die „Grundzüge der Wirtschaftspolitik" als zentrales Element der wirtschaftspolitischen Koordinierung

▪ Die „Grundzüge der Wirtschaftspolitik der Mitgliedstaaten und der Gemeinschaft" wurden mit dem Vertrag von Maastricht als neues Koordinierungsinstrument in der Gemeinschaft eingeführt. Mit diesem Instrument
5 sollte die Wirksamkeit der Koordinierung der Wirtschaftspolitik im Vorfeld und insbesondere in der dritten Stufe der WWU verbessert werden. Die Grundzüge der Wirtschaftspolitik, deren Rechtsgrundlage Art. 99 i. V. m. Art. 98 EG bildet, stehen im Zentrum des jähr-
10 lichen Koordinierungszyklus der EU. Sie sind richtungsweisend für die allgemeine Durchführung der Wirtschaftspolitik und enthalten gezielte Empfehlungen für die einzelnen Mitgliedstaaten und die Gemeinschaft.

Inhaltlich bestehen sie aus zwei Teilen: Einem allgemeinen Teil, in dem aus der Beurteilung der Wirtschafts- 15 lage und -aussichten in der EU allgemeine Empfehlungen für die Wirtschaftspolitik in der Gemeinschaft abgeleitet werden und einem länderspezifischen Teil, der konkrete – auf die Situation in den Mitgliedstaaten abgestellte – wirtschaftspolitische Empfehlungen bein- 20 haltet. Die Schlüsselrolle der Grundzüge der Wirt-

schaftspolitik im Rahmen der wirtschaftspolitischen Koordinierung kommt darin zum Ausdruck, dass sie grundlegende Orientierungen für die spezielleren Ko-
25 ordinierungs- und Konsultationsprozesse der Finanzpolitik, Beschäftigungspolitik und Strukturpolitik enthalten. Die Annahme der Grundzüge der Wirtschaftspolitik erfolgt zur Jahresmitte durch den Ecofin-Rat unter Berücksichtigung der vom ER hierzu formulierten Schluss-
30 folgerungen.

Wegen ihrer herausgehobenen Stellung wurden die Grundzüge der Wirtschaftspolitik insbesondere seit Beginn der dritten Stufe der WWU weiter ausgebaut und verbessert. Auf Wunsch des ER werden sie seit 1999
35 beispielsweise konkreter und länderspezifischer formuliert. Sie arbeiten die Bedeutung von Strukturreformen für Beschäftigung und Wachstum für die betroffenen Länder deutlich heraus.

Außerdem wird der tatsächlichen Umsetzung der in den
40 Grundzügen der Wirtschaftspolitik verankerten Leitlinien erhöhte Aufmerksamkeit zugemessen. Vor diesem Hintergrund erfolgte auch die Ende 2002 beschlossene und ab 2003 zu praktizierende stärkere mittelfristige Ausrichtung der Grundzüge der Wirtschaftspolitik, wo-
45 nach die Grundzüge nur alle drei Jahre grundlegend überarbeitet werden.

In den dazwischen liegenden Jahren liegt der Schwerpunkt auf der Umsetzung der in den Grundzügen beschlossenen Maßnahmen. Umfangreichere Anpassungen werden in dieser Zwischenzeit nur bei wesentlich 50 veränderten Rahmenbedingungen vorgenommen. […]

Die Grundzüge der Wirtschaftspolitik zählen zu den Instrumenten der „weichen" Koordinierung. Das heißt, der Ecofin-Rat verfügt über keine echten Sanktionen, um die zur Umsetzung der in den Grundzügen der Wirt- 55 schaftspolitik verabschiedeten Empfehlungen erzwingen zu können. Allerdings kommt ihnen auf Grund ihrer Billigung durch den ER ein erhebliches politisches Gewicht zu. Darüber hinaus tragen die jährliche Überprüfung der Umsetzung der Grundzüge der Wirt- 60 schaftspolitik durch den Ecofin-Rat entscheidend zur Wirksamkeit dieses Koordinierungsinstruments bei. Und schließlich kann auch der Meinungsdruck, den andere EU-Mitgliedstaaten auf die Regierungen einzelner Länder ausüben können, die Umsetzung der erforder- 65 lichen Korrekturmaßnahmen bewirken.

Aus: Deutsche Bundesbank, Die Europäische Wirtschafts- und Währungsunion, Frankfurt a. M. 2002, S. 35 f.

M 8   So funktioniert die EU

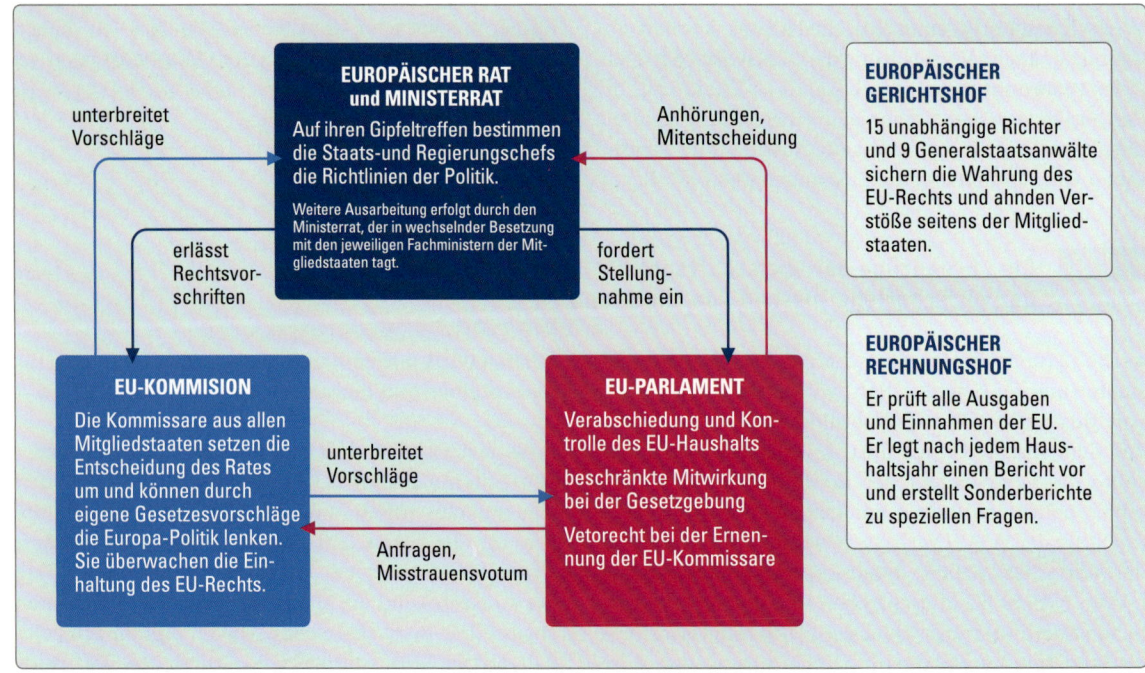

M9 Stabilitätspakt in Euroland

■ Gesunde Staatsfinanzen sind für die Beibehaltung stabiler wirtschaftlicher Bedingungen in den Mitgliedstaaten und in der Gemeinschaft entscheidend. Sie entlasten die Währungspolitik und tragen zu niedrigen und stabilen Inflationserwartungen bei, sodass mit niedrigen Zinssätzen gerechnet werden kann. Sie sind eine wesentliche Voraussetzung für ein nachhaltiges nichtinflationäres Wachstum und ein hohes Beschäftigungsniveau. Mitgliedstaaten, die dem Euro-Währungsgebiet angehören, sind verpflichtet, Stabilitätsprogramme vorzulegen, in denen sie ihre mittelfristigen Haushaltsziele ausweisen und die voraussichtliche Entwicklung der Staatsschuldquote angeben. Die einzelnen Mitgliedstaaten verpflichten sich, mittelfristig einen nahezu ausgeglichenen oder einen Überschuss aufweisenden Haushaltssaldo anzustreben.

Übersteigt die jährliche Neuverschuldung 3 % des Bruttoinlandsprodukts und nehmen die Regierungen trotzdem mehr Schulden auf, müssen sie dafür Strafgelder zahlen. Kann das betreffende Land allerdings schlüssig darlegen, dass es die Schulden aufgenommen hat, um einer Rezession zu begegnen, kann von einer Strafe abgesehen werden. Erst von einem Konjunkturrückgang um 0,75 % des BIP an ist eine Ausnahme möglich. Von diesem Wert bis zu einem Rückgang um 2 % muss der Ministerrat entscheiden, ob die Ausnahme anerkannt werden kann. Erkennt er jedoch die angegebenen Gründe nicht an, muss der betroffene Staat innerhalb von vier Monaten Maßnahmen ergreifen, um seinen Haushalt wieder ins Lot zu bringen. Gelingt dies nicht, wird eine Strafzahlung festgelegt, die zuerst zinslos bei der Europäischen Zentralbank hinterlegt werden muss. Wenn das Defizit nach zwei Jahren immer noch über 3 % des BIP liegt, wird die Einlage in eine Buße umgewandelt und fließt in die Kassen der EU.

Nach Bulletin der EU, Nr. 12/1996, Anlage 1, und einer Anzeige in DIE WOCHE vom 24.4.1998, Beilage, S. III

M10 Hans im Glück

■ *[…D]ie 25 Finanzminister der Union […] konnten sich […] nach einer Marathonsitzung doch noch auf eine Reform des Europäischen Stabilitäts- und Wachstumspaktes verständigen. Vor allem Deutschland konnte seine Maximalforderungen durchsetzen.*

[…] Danach ist die größte Hürde für Berlin genommen. Die deutsche Regierung, unterstützt von fast allen der notorisch klammen großen Mitgliedsländer, wollte vor allem das Drei-Prozent-Kriterium kippen. Demnach darf ein Land nur Neuschulden in Höhe von drei Prozent des Brutto-Inlandsproduktes machen. Wurde diese Grenze überschritten, eröffnete die Kommission bis jetzt fast zwangsläufig ein Defizitverfahren gegen das betroffene Land.

Ausnahmen zugelassen
Das wird nun erschwert. Zwar bleibt die Drei-Prozent-Grenze als Tribut an die Verfechter des bisherigen Paktes in Kraft, allerdings wird sie künftig anders berechnet. Dann werden nämlich Ausgaben in bestimmten Politikbereichen bei der Berechnung der Neuverschuldung einfach ausgeklammert. Für Deutschland heißt das etwa: Ausgaben im Rahmen des Aufbau Osts oder die Beitragszahlungen an die EU werden künftig nicht mehr in die Defizitberechnung mit einbezogen.

Im neuen Pakt ist das durch die etwas unkonkrete Formulierung, die Kosten der „Vereinigung Europas" würden stärker berücksichtigt, festgehalten. Die Drei-Prozent-Grenze ist davon allerdings nicht berührt. Deswegen freute sich im Anschluss auch ein Pakt-Verfechter wie Karl-Heinz Grasser über die Reform. Auch Luxemburgs Premier und EU-Ratschef Jean-Claude Juncker war positiv gestimmt: „Uns ist es gelungen, uns auf einen Pakt zu einigen, dessen Grundregeln wir nicht verändert haben."
Solche Einwände waren Hans Eichel egal. „Sie sehen heute einen glücklichen deutschen Finanzminister", jubelte er nach der Sitzung. So lange, wie er in irgendeiner Form wirtschaftliche Schwierigkeiten nachweisen kann, wird er künftig die Drei-Prozent-Grenze außer Acht lassen können. Im Gegenzug ist er zum Sparen verpflichtet, sollte es wirtschaftlich irgendwann mal wieder aufwärts gehen. Konkret ist das freilich nirgendwo festgehalten.

Aus: http://www.europa-digital.de/aktuell/dossier/stabilitaet/stabireform.shtml, 2005

M 11   Halbzeitbilanz der Lissabon-Strategie der Europäischen Union

● *Aus einem Hintergrundpapier des DGB-Bundesvorstandes (2005)*

[...] Im Rahmen der Lissabon-Strategie hat sich die Union zum Ziel gesetzt, Europa zum wettbewerbfähigsten und dynamischsten wissensbasierten Wirtschaftsraum der Welt zu machen – einem Wirtschaftsraum, der fä-
5 hig ist, ein dauerhaftes Wirtschaftswachstum mit mehr und besseren Arbeitsplätzen und einem größeren sozialen Zusammenhalt zu erzielen. Insgesamt umfast die Strategie vier Ziele: Erhöhte Wettbewerbsfähigkeit, mehr und bessere Arbeitsplätze, größeren sozialen Zu-
10 sammenhalt sowie eine Politik der Nachhaltigkeit.
Fünf Jahre nach der Verabschiedung der Lissabon-Strategie durch die europäischen Staats- und Regierungschefs fällt die Halbzeitbilanz ernüchternd aus: Die in Lissabon vereinbarten Ziele werden bis 2010 nicht er-
15 reicht werden, wenn die Strategie nicht ins Gleichgewicht gebracht wird. Die Wachstumsraten liegen deutlich hinter den angestrebten 3 % jährlichen BIP-Wachstum zurück. Die Beschäftigungsraten stagnieren und die Zwischenziele werden nicht erreicht. Die Quali-
20 tät der Arbeitsplätze hat sich im Durchschnitt nicht verbessert. Die sozialen Differenzen in Europa haben zugenommen, nicht abgenommen – sowohl durch die Erweiterung der EU als auch innerhalb der Mitgliedstaaten. [...]

25 Die Lissabon-Strategie muss wieder ins Gleichgewicht gebracht werden und darf nicht auf eine eng verstandene Wettbewerbsfähigkeit reduziert werden. Der DGB fordert daher eine Ausrichtung auf qualitatives Wachstum und sozial gerechte Strukturreformen. Qualitati-
30 ves Wachstum bedeutet wirtschaftlich, ökologisch und sozial nachhaltiges Wachstum. Es bedeutet mehr und bessere Arbeitsplätze. Es bedeutet mehr Lebensqualität, die sozial abgesichert ist. [...]

Zum Erreichen der Lissabonziele und für Wachstum und Beschäftigung benötigt Europa eine Neuausrich-
35 tung der economic governance. Wachstum, sozialer Zusammenhalt und Nachhaltigkeit müssen im Gleichklang in das Zentrum aller Bemühungen gestellt werden. Sie sind gleichberechtigte Elemente des makroökonomischen Kontextes, aus dem Politikempfehlungen abzulei-
40 ten sind. Die wirtschaftliche Entwicklung Europas krankt aktuell an der Schwäche der Binnennachfrage, insbesondere der Konsumnachfrage. Der DGB erachtet dies als das Ergebnis einer systematisch und einseitig auf Stabilität ausgerichteten wirtschaftspolitischen
45 Konzeption. Eine angebotsorientierte Politik der Strukturreformen führt nur dann zu mehr Wachstum und Beschäftigung, wenn sie in einem ausgewogenen Verhältnis zu qualitativen Maßnahmen steht, die das Vertrauen und die Nachfrageseite stärken. Nicht die Wachs-
50 tumsfähigkeit schafft mehr Beschäftigung, sondern das tatsächlich realisierte Wachstum. Europas wirtschaftspolitischer Konzeption mangelt es an der Ausschöpfung der Politikpotenziale, insbesondere in Phasen des wirtschaftlichen Abschwungs und der Stagnation [...].
55

Aus: http://www.labournet.de/diskussion/eu/wipo/addgbliss.pdf, S. 2, 4, 12

M 12   Aus der Verfassung der Europäischen Union

● *Die Verfassung wurde am 29. 10. 2004 von den EU-Staats- und Regierungschefs unterzeichnet. Sie tritt allerdings erst in Kraft, wenn sie von allen Mitgliedstaaten ratifiziert worden ist; wann und ob dieser Prozess abgeschlossen werden kann, ist unklar.*

TITEL I: DEFINITION UND ZIELE DER UNION

Artikel I–3: Die Ziele der Union
(1) Ziel der Union ist es, den Frieden, ihre Werte und das Wohlergehen ihrer Völker zu fördern.
5 (2) Die Union bietet ihren Bürgern einen Raum der Freiheit, der Sicherheit und des Rechts ohne Binnengrenzen und einen Binnenmarkt mit freiem und unverfälschtem Wettbewerb.

(3) Die Union wirkt auf die nachhaltige Entwicklung Europas auf der Grundlage eines ausgewogenen Wirt-
10 schaftswachstums und von Preisstabilität, eine in hohem Maße wettbewerbsfähige soziale Marktwirtschaft, die auf Vollbeschäftigung und sozialen Fortschritt abzielt, sowie ein hohes Maß an Umweltschutz und Verbesserung der Umweltqualität hin. [...]
15 Sie bekämpft soziale Ausgrenzung und Diskriminierungen und fördert soziale Gerechtigkeit und sozialen Schutz, die Gleichstellung von Frauen und Männern, die Solidarität zwischen den Generationen und den Schutz der Rechte des Kindes.
20 Sie fördert den wirtschaftlichen, sozialen und territorialen Zusammenhalt und die Solidarität zwischen den Mitgliedstaaten. [...]

(5) Die Union verfolgt ihre Ziele mit geeigneten Mitteln entsprechend den Zuständigkeiten, die ihr in der Verfassung übertragen sind.

TITEL III: DIE ZUSTÄNDIGKEITEN DER UNION

Artikel I–11: Grundsätze

(1) Für die Abgrenzung der Zuständigkeiten der Union gilt der Grundsatz der begrenzten Einzelermächtigung. Für die Ausübung der Zuständigkeiten der Union gelten die Grundsätze der Subsidiarität und der Verhältnismäßigkeit.

(2) Nach dem Grundsatz der begrenzten Einzelermächtigung wird die Union innerhalb der Grenzen der Zuständigkeiten tätig, die die Mitgliedstaaten ihr in der Verfassung zur Verwirklichung der darin niedergelegten Ziele übertragen haben. Alle der Union nicht in der Verfassung übertragenen Zuständigkeiten verbleiben bei den Mitgliedstaaten.

(3) Nach dem Subsidiaritätsprinzip wird die Union in den Bereichen, die nicht in ihre ausschließliche Zuständigkeit fallen, nur tätig, sofern und soweit die Ziele der in Betracht gezogenen Maßnahmen von den Mitgliedstaaten weder auf zentraler noch auf regionaler oder lokaler Ebene ausreichend verwirklicht werden können, sondern vielmehr wegen ihres Umfangs oder ihrer Wirkungen auf Unionsebene besser zu verwirklichen sind. [...]

Artikel I–13:
Bereiche mit ausschließlicher Zuständigkeit

(1) Die Union hat ausschließliche Zuständigkeit in folgenden Bereichen:
a) Zollunion,
b) Festlegung der für das Funktionieren des Binnenmarkts erforderlichen Wettbewerbsregeln,
c) Währungspolitik für die Mitgliedstaaten, deren Währung der Euro ist,
d) Erhaltung der biologischen Meeresschätze im Rahmen der gemeinsamen Fischereipolitik,
e) gemeinsame Handelspolitik. [...]

Artikel I–14: Bereiche mit geteilter Zuständigkeit

(1) Die Union teilt ihre Zuständigkeit mit den Mitgliedstaaten, wenn ihr die Verfassung außerhalb der in den Artikeln I–13 und I–17 genannten Bereiche eine Zuständigkeit überträgt.

(2) Die geteilte Zuständigkeit erstreckt sich auf die folgenden Hauptbereiche:
a) Binnenmarkt,
b) Sozialpolitik hinsichtlich der in Teil III genannten Aspekte,
c) wirtschaftlicher, sozialer und territorialer Zusammenhalt,
d) Landwirtschaft und Fischerei, ausgenommen die Erhaltung der biologischen Meeresschätze,
e) Umwelt,
f) Verbraucherschutz,
g) Verkehr,
h) transeuropäische Netze,
i) Energie,
j) Raum der Freiheit, der Sicherheit und des Rechts,
k) gemeinsame Sicherheitsanliegen im Bereich der öffentlichen Gesundheit hinsichtlich der in Teil III genannten Aspekte.

Aus: www.europarl.de (Website des Europäischen Parlaments)

Zeichnung: Beck

WEITERFÜHRENDE INFORMATIONEN

Informationen über Ziele und Handlungsmöglichkeiten der Wirtschaftspolitik

Ziele der Wirtschaftspolitik sind politische Vereinbarungen. Sie werden z. B. in und zwischen Parteien in und zwischen Verbänden, nationalen Organisationen usw. getroffen. Neben den in Parteiprogrammen, Vertragstexten und Verlautbarungen geäußerten Zielen sind implizierte Zielformulierungen, z. B. in Verlautbarungen zu politischen Sachdebatten, von großer Bedeutung.

INTERNETADRESSEN

Bund der Steuerzahler . . . . www.steuerzahler.de
Französische Str. 9–12, 10117 Berlin, Tel. 030/25 93 96-0, Fax 030/25 93 96-25.
Der Paritätische Wohlfahrtsverband . . . . www.paritaet.org
Oranienburger Str. 1314, 10178 Berlin, Tel. 030/24636-0, Fax 030/24636-110.
Deutsche Bundesbank . . . . www.bundesbank.de
Wilhelm-Epstein-Str. 14, 60431 Frankfurt a. M., Tel. 069/9566-1, Fax 069/9566-3077.
Deutscher Caritasverband e. V. . . . . www.caritas.de
Karlstr. 40, 79104 Freiburg, Tel. 0761/200-0, Fax 0761/200-572.
Diakonisches Werk der Evangelischen Kirche Deutschlands . . . . www.diakonie.de
Stafflenbergstraße 76, 70184 Stuttgart, Tel. 0711/2159-0, Fax 0711/2159-288.
Europäische Kommission . . . . www.europa.eu.int/
comm/index_de.htm
Europäische Zentralbank . . . . www.ecb.int
Kaiserstraße 29, 60311 Frankfurt a. M., Tel. 069/13 44-0, Fax 069/13 44-6000.
Europäisches Parlament . . . . www.europarl.de
Informationsbüro für Deutschland, Unter den Linden 78, 10117 Berlin,
Tel. 030/2280-1000, Fax 030/2280-1111.
IG Metall . . . . www.igmetall.de
Wilhelm-Leuschner-Straße 79, 60329 Frankfurt a. M., Tel. 069/6693-0, Fax: 069/6693-2843.
Verbraucherzentrale Bundesverband . . . . www.vzbv.de/go/
Markgrafenstraße 66, Besuchereingang: Kochstraße 22, 10969 Berlin, Tel. 030/25 800-0.
Vereinigte Dienstleistungsgewerkschaft (ver.di) . . . . www.verdi.de/
Paula-Thiede-Ufer 10, 10179 Berlin, Tel. 030/6956-0, Fax 030/6956-3956.
weitere Adressen . . . . siehe Seite 36

FRAGEN ZUR WIEDERHOLUNG

1. Skizzieren Sie die Entwicklung der Sozialen Marktwirtschaft in Deutschland unter besonderer Berücksichtigung der Wirtschaftsentwicklung und der Entwicklung des Beschäftigungsstands.
2. Beurteilen Sie die Notwendigkeit, das „Magische Viereck" um weitere Komponenten zu ergänzen.
3. Stellen Sie die wichtigsten Instrumente staatlicher Wirtschaftspolitik nach dem Stabilitätsgesetz dar.
4. Stellen Sie die Ziele der Wirtschaftspolitik der Europäischen Union dar.
5. Vergleichen Sie die wirtschaftspolitischen Ziele und Instrumente des Stabilitätsgesetzes mit denen der EU.
6. Beurteilen Sie vor dem Hintergrund der Osterweiterung der EU das wirtschaftspolitische Ziel der Angleichung der Regionen innerhalb der EU.
7. Nehmen Sie Stellung zum Vorschlag, das wirtschaftspolitische Ziel der Bekämpfung der Arbeitslosigkeit als vorrangig gegenüber den anderen Zielen des „Magischen Vierecks" zu betrachten.

Ein Preisindex wird auf der Grundlage eines bestimmten Basis,
anhand eines Warenkorbes konstruiert. In einem solchen Ware
sind die Güter und Dienstleistungen je nach ihrer Bedeutung
Nachfragestruktur eines repräsentativen Konsumenten oder
Produzenten unterschied lich gewi
Preisindex wird den ge lungen

4.1 Wie helfen Indikatoren messen?

Damit Wirtschaftspolitik betrieben werden kann, müssen Fakten bekannt sein, die ein sinnvolles Bild des Wirtschaftsgeschehens ergeben. Die Bedeutung solcher Fakten ist umso größer, je mehr auf das Wirtschaftsgeschehen Einfluss genommen werden soll oder muss.

„Arbeitslosenquote", „Kaufkraftverlust", „Sinken der internationalen Wettbewerbsfähigkeit", „Exportanteil", „Staatsquote", „Lohnkosten" sind Begriffe, die täglich in der Öffentlichkeit in wirtschaftspolitischen Meinungsäußerungen herangezogen werden. Diese Begriffe sind innerhalb der Wirtschaftswissenschaften genau definiert und haben einen bestimmten Aussagewert. Ihr Inhalt ist gleichwohl nicht immer unumstritten; das zeigen z. B. immer wieder die Auseinandersetzungen um die richtige Größenordnung von Arbeitslosenzahlen (vgl. Kap.11.2)

Begriffe beruhen auf Konvention. Aufgrund sicherlich meist treffender Argumente wurde innerhalb der wissenschaftlichen oder auch politischen Diskussion irgendwann festgelegt, was unter einem Begriff genau zu verstehen ist. Auf dieser Grundlage ist eine weiter gehende Auseinandersetzung über wirtschaftspolitische Maßnahmen und vor allen Dingen auch eine Überprüfung von Ergebnissen möglich.

Wichtig ist es, sich über die relative Willkür solcher Festlegungen Klarheit zu verschaffen und die bei jeder Definition notwendige Ausgrenzung von nicht Dazugehörigem mit zu bedenken. Begriffe müssen neu bestimmt werden, wenn sie sich in der aktuellen Diskussion als den Erfordernissen nicht mehr angemessen erweisen.

AUFGABEN

1. Fassen Sie M 1 bis M 6 arbeitsteilig zusammen und präsentieren Sie Ihre Ergebnisse.
2. Arbeiten Sie aus M 1 bis M 7 heraus, was in den Wirtschaftswissenschaften unter einem Indikator verstanden wird. Stellen Sie dazu die Anforderungen zusammen, die an einen Indikator gestellt werden.
3. Stellen Sie heraus, welche Funktionen Indikatoren in Bezug auf die Wirtschaftspolitik erfüllen. Beziehen Sie dabei die Karikatur mit ein.
4. Zeigen Sie an Beispielen, inwiefern Indikatoren bewusst nur einen Teil der wirtschaftlichen Erscheinungen herausgreifen, um Entwicklungen sichtbar zu machen, ohne die Gesamtheit der Erscheinungen vollständig zu erfassen. Nutzen Sie in diesem Zusammenhang den Wirtschaftsteil Ihrer Tageszeitung.
5. Welche der folgenden „Tätigkeiten" von A gehen in das Bruttosozialprodukt (M 1) ein bzw. beeinflussen dieses, welche nicht?
   a) A führt ein Telefongespräch.
   b) A fährt mit dem Fahrrad zur Arbeitsstelle.
   c) A verursacht mit dem Fahrrad einen Verkehrsunfall.
   d) A beschäftigt „unter der Hand" einen Gärtner.
   e) A erzieht die Kinder und führt den Haushalt.
   f) A kauft Rauschgift von einem Dealer.
   g) A vermietet seine/ihre Wohnung.
   h) A sucht per Zeitungsinserat einen Partner/eine Partnerin.
      Überlegen Sie weitere Beispiele.
6. Diskutieren Sie die Rolle von Indikatoren für die öffentliche Diskussion über das wirtschaftliche Geschehen.

MAYK.

M 1   Das Sozialprodukt

● Das Ziel eines angemessenen Wirtschaftswachstums bezieht sich auf die Zuwachsrate der Gesamtproduktion eines Landes während eines Jahres. Man spricht dabei von der Zuwachsrate des realen Bruttosozialprodukts.
5 Wir müssen zunächst klären, was unter Bruttosozialprodukt verstanden wird und was das Wort real dabei bedeutet.

Wir wollen das Stichwort reales Bruttosozialprodukt mit Hilfe einiger Beispiele verdeutlichen. In einem
10 Land, wie z. B. der Bundesrepublik Deutschland, werden jährlich etliche Waren hergestellt und unzählige Dienstleistungen bereitgestellt. Das alles, was wir zusammen als Gesamtproduktion eines Jahres in einem Land bezeichnen könnten, entspricht sehr grob dem So-
15 zialprodukt. Nur müssen wir einiges berücksichtigen, bevor wir vom Bruttosozialprodukt sprechen können. Nehmen wir z. B. an, dass im vergangenen Jahr in der Bundesrepublik insgesamt eine Million Schuhe hergestellt worden sind. Diese Zahl allein zu nennen ist
20 höchst unbefriedigend: Man würde etwa nach der Qualität fragen wollen, danach, ob es sich um einfache oder Luxusschuhe gehandelt hat, und dergleichen mehr. Leider können wir das nicht mit einer einzigen Angabe erfassen, so dass uns nichts anderes übrig bleibt, als die
25 Schuhproduktion mit Hilfe der jeweiligen Marktpreise zu bewerten. Wir sagen dann: Es wurden Schuhe im Werte von fünfzig Millionen Euro hergestellt. Dasselbe können wir mit dem Brot, mit der Margarine und mit dem Spielzeug machen sowie mit den Reparaturen und
30 Haarschnitten: Alles wird mit dem jeweiligen realisierbaren Preis multipliziert. So erhalten wir ein Bild über die Gesamtproduktion des Landes. Es handelt sich aber dabei noch nicht um das Bruttosozialprodukt; um es zu ermitteln, müssen wir noch einige Kleinigkeiten be-
35 rücksichtigen. So z. B. bei der Schuhproduktion: Um Schuhe herzustellen, brauchen wir beispielsweise Leder, Stoff, Garn, vielleicht Holzabsätze und Schnürsenkel. Das heißt aber, dass der Schuhproduktion die Produktion all dieser Vorprodukte vorangegangen ist.
40 Wollen wir die Gesamtproduktion eines Landes in einem Jahr erfassen, d. h. wollen wir das Sozialprodukt ermitteln, so dürfen wir keine Doppelzählung vornehmen. Und genau das geschähe, wenn wir zunächst z. B. das Schuhleder zu einem bestimmten Preis bewerteten
45 und erfassten, die Holzabsätze, den Stoff und die Schnürsenkel; und wenn wir anschließend die fertigen Schuhe, in denen das Leder, die Holzabsätze und die Schnürsenkel enthalten sind, ebenfalls zu ihrem Preis bewerteten, mit erfassten. Deshalb muss man die Vorleis-
50 tungen abziehen, bevor man die bewertete Produktion

als Teil des Sozialproduktes zählt: Bei den Schuhen im Werte von 60 Euro z. B. das Leder für 8 Euro, die Absätze für 0,75 Euro usw. Übrig bleibt der Wert, der in der Schuhproduktion entstanden ist. Natürlich werden wir bei der Lederproduktion den Wert des Leders, bei der 55 Stoffproduktion den Wert des Stoffes und so fort zuvor erfasst haben. Diese mit Preisen bewertete Produktion ohne Doppelzählungen (d. h. unter Abzug der jeweiligen Vorleistungen) nennen wir Bruttoinlandsprodukt zu Marktpreisen, genauer: zu laufenden oder jeweiligen 60 Marktpreisen.

Bruttoinlandsprodukt ist also der in Preisen ausgedrückte Wert aller Güter und Dienstleistungen, die in einem bestimmten Land während eines Jahres hergestellt oder bereitgestellt worden sind. Zählt man die 65 Erwerbs- und Vermögenseinkommen hinzu, die Inländer aus dem Ausland beziehen, und zieht man die entsprechenden Beträge der Ausländer ab, die im Inland erzielt wurden, so erhält man das Bruttoinländerprodukt, bekannter als Bruttosozialprodukt. Inländer und Aus- 70 länder meint hier: wohnhaft bzw. angesiedelt im Inland bzw. im Ausland.

Es ist nun zu beachten, dass die laufenden Preise die Bewertung erschweren, weil sie sich ständig verändern (Inflation) und weil es Güter und Dienstleistungen gibt, 75 die keinen Marktpreis haben (kostenlose Leistungen des Staates beispielsweise). Schaltet man bei der Berechnung nun die Preisänderung aus, so spricht man vom realen Bruttosozialprodukt, weil – scheinbare – Änderungen dabei ausgeschlossen bleiben, die nicht auf 80 ein Mehr an Gütern und Dienstleistungen, sondern lediglich auf eine Aufblähung infolge von Preiserhöhungen zurückzuführen sind. Eine letzte Bemerkung: Vom Bruttosozialprodukt sprechen wir, weil die Abschreibungen, d. h. die Absetzung für die Abnutzung von An- 85 lagen, Maschinen und Werkzeugen noch darin enthalten sind. Werden sie abgezogen, so erhalten wir das Nettosozialprodukt.

Nach: Gilberto Granados / Erik Gurgsdies, Ökonomie. Lern- und Arbeitsbuch, Bonn 1999, S. 5–7

M 2   Preisindizes

■ Ein Preisindex wird auf der Grundlage eines bestimmten Basisjahres anhand eines Warenkorbes konstruiert. In einem solchen Warenkorb sind die Güter und Dienstleistungen je nach ihrer Bedeutung in der Nachfragestruktur eines repräsentativen Konsumenten oder Produzenten unterschiedlich gewichtet. Die Veränderung eines Preisindex wird gemessen, indem die Entwicklung der Preise der einzelnen Güter, die im Warenkorb erfasst sind, zu einem bestimmten Zeitpunkt festgestellt und auf das Basisjahr bezogen werden. Aus der Aggregation der gewichteten Einzelpreisveränderungen der im Warenkorb erfassten Produkte ergibt sich die Entwicklung des gesamten Preisniveaus. Wir beschränken uns im folgenden auf den Preisindex für die Lebenshaltung eines Vier-Personen-Haushalts, der wegen seiner Bedeutung häufig zur Messung der Preisniveauentwicklung herangezogen wird. [...]

„Harmonisierte Verbraucherpreisindizes (HVPI) dienen bei internationalen Vergleichen zur Messung von Veränderungen der Konsumentenpreise. Die HVPI sind das Ergebnis der Zusammenarbeit von Eurostat und den Nationalen Statistischen Ämtern [...] der Mitgliedstaaten. Im Zuge der Harmonisierung verbesserte sich die Qualität der Indizes. Die HVPI sollen kein Ersatz für nationale Verbraucherpreisindizes [...] sein." (http://www.europa.eu.int).

Der Preisindex als Maßzahl für die Entwicklung des Preisniveaus unterliegt hinsichtlich seiner Genauigkeit einigen Beschränkungen, die vor allem in statistischen Messschwierigkeiten liegen. Da sich die Verbrauchsgewohnheiten im Zeitablauf ändern, entspricht der Warenkorb des Basisjahres umso weniger der tatsächlichen Verbrauchsstruktur, je weiter er zurückliegt. Obwohl das Statistische Bundesamt bemüht ist, den Warenkorb und das Basisjahr möglichst aktuell zu halten, können die veränderten Mengenstrukturen doch nicht ganz exakt wiedergegeben werden.

Aus: Gerd-Jan Krol / Alfons Schmid, Volkswirtschaftslehre. Eine problemorientierte Einführung, Tübingen 2002, S. 194 ff.

M 3   Die Arbeitslosenquote

■ Gängiger Indikator dafür, ob Vollbeschäftigung erreicht wird oder nicht, ist die Arbeitslosenquote (AQ), definiert als Anteil der Arbeitslosen (Al) an den Erwerbspersonen (EWP). Diese umfassen die Summe aus den Erwerbstätigen plus den Arbeitslosen.
Es gibt nicht *die* Arbeitslosenquote, sondern verschiedene Arbeitslosenquoten, die raum-zeitlich variieren. Der Grund dafür liegt darin, dass die Definitionen sowohl für die Arbeitslosigkeit und als auch für die Erwerbstätigkeit unterschiedlich sein können und auch sind. Vor allem zwei Verfahren werden verwandt. Die beiden Varianten unterscheiden sich auch bei der Erfassungsmethode: Während in der Bundesrepublik das Meldeverfahren praktiziert wird, basiert die EU-Methode auf einer Haushaltsbefragung durch eine repräsentative Stichprobe.

Die Definition der Arbeitslosigkeit der EU basiert auf dem Konzept der Internationalen Arbeitsorganisation. Arbeitslose sind danach Personen ab 15 Jahre, die keine Beschäftigung, auch nicht geringfügig, ausüben, sich während der letzten vier Wochen aktiv um eine Arbeit bemüht haben und eine Arbeit innerhalb der nächsten zwei Wochen aufnehmen könnten. Zu den Arbeitslosen in der Statistik der Bundesanstalt für Arbeit zählen alle Personen, die das 15., aber noch nicht das 65. Lebensjahr vollendet haben, die beschäftigungslos sind oder nur eine kurzzeitige Beschäftigung (gegenwärtig unter 15 Stunden pro Woche) ausüben und ein versicherungspflichtiges, mindestens 15 Stunden wöchentlich umfassendes Beschäftigungsverhältnis von mehr als 7 Kalendertagen suchen. Sie müssen sich persönlich beim zuständigen Arbeitsamt gemeldet haben, der Arbeitsvermittlung zur Verfügung stehen und dürfen nicht arbeitsunfähig erkrankt sein.

Auch die Definition der Erwerbstätigkeit unterliegt Schwierigkeiten. In der Bundesrepublik umfasste diese lange Zeit die abhängigen Erwerbspersonen. Vor allem durch die europäische Integration und durch den verstärkten internationalen Vergleich der Arbeitslosigkeit wurden die Erwerbspersonen weiter gefasst: Zusätzlich zu den abhängigen Erwerbstätigen wurden zum einen die Selbständigen einbezogen, zum andern erfolgte eine Erweiterung der abhängigen Erwerbstätigkeit dadurch, dass die geringfügige Beschäftigung berücksichtigt wurde. Beide Erweiterungen erhöhen den Nenner, entsprechend wird die Arbeitslosenquote niedriger ausgewiesen.

Die Arbeitslosenquote nach der EU-Definition von Arbeitslosigkeit liegt unter der bundesrepublikanischen Quote. So betrug die AQ nach bundesdeutscher Definition im Jahr 2000 9,6 %, nach EU-Definition 7,5 %.

Aus: Gerd-Jan Krol/Alfons Schmid, Volkswirtschaftslehre. Eine problemorientierte Einführung, Tübingen 2002, S. 189 ff.

M 4 Auslastungsgrad des Produktionspotentials

■ Das reale Bruttosozial- bzw. -inlandsprodukt als Indikator gibt zwar einen Einblick in den zyklischen Charakter der gesamtwirtschaftlichen Aktivität, bleibt aber insofern in seiner Aussagefähigkeit beschränkt, als es den Kapazitätseffekt von Investitionen nicht berücksichtigt. Der Kapazitätseffekt wird beim Indikator „Auslastungsgrad des Produktionspotenzials" (k) berücksichtigt. Dieser Indikator ist als Quotient aus dem tatsächlichen realen BIP (BIP^T) einer bestimmten Periode t und dem Produktionspotential (BIP^P) definiert:

$$k_t = \frac{BIP^T_t}{BIP^P_t}$$

Das Produktionspotenzial gibt an, wie viel an Gütern und Dienstleistungen produziert werden könnte, wenn die vorhandenen Produktionsfaktoren voll ausgelastet wären. Das Produktionspotential ist eine Schätzgröße, kann also nicht genau berechnet werden. Konjunktur- bzw. Wachstumsschwankungen sind nach diesem Indikator wiederkehrende und regelmäßige Schwankungen im Auslastungsgrad des Produktionspotentials.

Aus: Gerd-Jan Krol/Alfons Schmid, Volkswirtschaftslehre. Eine problemorientierte Einführung, Tübingen 2002, S. 186 f.

M 5 Grundzüge der Volkswirtschaftlichen Gesamtrechnung (VGR)

■ In der Volkswirtschaftlichen Gesamtrechnung unterscheidet man vier Sektoren: private Haushalte, Unternehmen, Staat und Ausland. Zwischen diesen Sektoren bestehen vielfältige ökonomische Beziehungen, die eine Folge der Arbeitsteilung in den heutigen Volkswirtschaften sind.

Wir beschreiben kurz den Wirtschaftskreislauf zwischen privaten Haushalten und Unternehmen und vernachlässigen die Beziehungen zu den Sektoren Staat und Ausland. Einfachheitshalber nehmen wir an, dass alle Güter in den Unternehmen produziert und vollständig von den Haushalten konsumiert werden. Die Haushalte als Besitzer der Produktionsfaktoren Arbeit und Kapital stellen den Unternehmen Faktorleistungen zur Verfügung. Diese umfassen die Arbeitsleistungen der Selbstständigen und der unselbstständig Beschäftigten, die Nutzung von Sachvermögen (Boden, Maschinen, Gebäude) und Geldvermögen. Die Haushalte erhalten von den Unternehmen als Gegenleistung Konsumgüter. Diese sind die in der Übersicht [aus Seite 8] dargestellten realen Ströme zwischen den beiden Sektoren. In einer Geldwirtschaft stehen den realen Strömen monetäre Größen gegenüber. Für die Faktorleistungen erzielen die Haushalte Einkommen. Die Unternehmen erhalten die Konsumausgaben aus den Verkäufen der Konsumgüter. Die Kreislaufbeziehungen zwischen den beiden Sektoren können also in zweifacher Art dargestellt werden, als reale und als monetäre Ströme (siehe Grafik [Seite 8]).

Die Haushalte werden in der Regel nicht ihr gesamtes Einkommen konsumieren, sondern einen Teil sparen. Der Ersparnis entspricht in den Unternehmen eine Produktion, die nicht konsumtiv verwandt wird, sondern zu Bestandsänderungen führt. Diese Bestandsänderung wird als Investition bezeichnet. Die Investitionen umfassen Maschinen und Anlagen, aber auch Veränderungen der Lagerbestände. Kreislaufmäßig wird ein imaginärer Vermögensänderungspol eingeführt, der die beiden Komponenten Sparen und Investitionen erfasst. [...] Die Vorleistungen [also die in die Produktion eingegangenen Produkte, d. Verf.] stellen den größten Teil des Produktionswertes dar; sie sind wegen der damit verbundenen Doppelzählungen herauszurechnen, um die in einer Volkswirtschaft zur Verfügung stehenden Güter und Dienstleistungen zu erfassen.

Aus der Aggregation aller Produktionssektoren ergibt sich das nationale Produktionskonto. Dieses Konto erfasst die Entstehung von Gütern und Dienstleistungen. Die Verwendungsrechnung der Volkswirtschaftlichen Gesamtrechnung ist eine zweite Berechnungsmöglichkeit, sie erfasst die Ausgaben der mit der Produktion erzielten Einkommen. Die Verteilungsrechnung als dritte Möglichkeit der VGR zeigt, wie sich die Einkommen aufteilen.

Aus: Gerd-Jan Krol/Alfons Schmid, Volkswirtschaftslehre. Eine problemorientierte Einführung, Tübingen 2002, S. 267 ff.

M 6   Berechnungsarten der Volkswirtschaftlichen Gesamtrechnung

● 1999 wurden die Volkswirtschaftlichen Gesamtrechnungen für Deutschland auf das Europäische System Volkswirtschaftlicher Gesamtrechnungen (ESVG) umgestellt. Hauptgrund war die Vereinheitlichung der Berechnung in der EU und die Herstellung der Vergleichbarkeit zwischen den Mitgliedsländern hinsichtlich ihrer wirtschaftlichen Leistung. Die folgende Übersicht zeigt die wichtigsten Größen bei den drei Berechungsarten der ESVG.

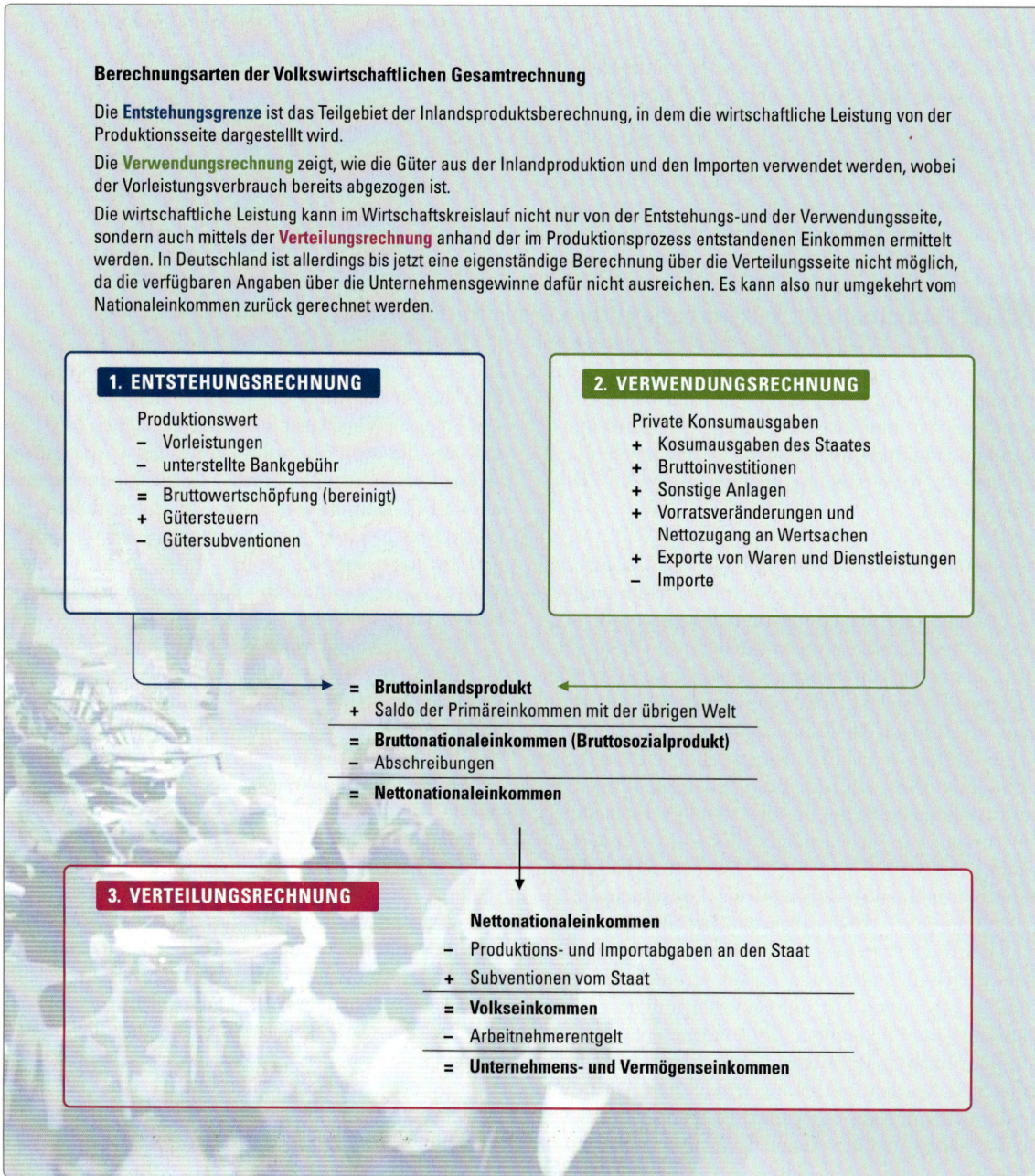

Berechnungsarten der Volkswirtschaftlichen Gesamtrechnung

Die **Entstehungsgrenze** ist das Teilgebiet der Inlandsproduktsberechnung, in dem die wirtschaftliche Leistung von der Produktionsseite dargestelllt wird.

Die **Verwendungsrechnung** zeigt, wie die Güter aus der Inlandproduktion und den Importen verwendet werden, wobei der Vorleistungsverbrauch bereits abgezogen ist.

Die wirtschaftliche Leistung kann im Wirtschaftskreislauf nicht nur von der Entstehungs-und der Verwendungsseite, sondern auch mittels der **Verteilungsrechnung** anhand der im Produktionsprozess entstandenen Einkommen ermittelt werden. In Deutschland ist allerdings bis jetzt eine eigenständige Berechnung über die Verteilungsseite nicht möglich, da die verfügbaren Angaben über die Unternehmensgewinne dafür nicht ausreichen. Es kann also nur umgekehrt vom Nationaleinkommen zurück gerechnet werden.

1. ENTSTEHUNGSRECHNUNG

```
  Produktionswert
–   Vorleistungen
–   unterstellte Bankgebühr
─────────────────────────────
=   Bruttowertschöpfung (bereinigt)
+   Gütersteuern
–   Gütersubventionen
```

2. VERWENDUNGSRECHNUNG

```
  Private Konsumausgaben
+   Kosumausgaben des Staates
+   Bruttoinvestitionen
+   Sonstige Anlagen
+   Vorratsveränderungen und
    Nettozugang an Wertsachen
+   Exporte von Waren und Dienstleistungen
–   Importe
```

```
=   Bruttoinlandsprodukt
+   Saldo der Primäreinkommen mit der übrigen Welt
─────────────────────────────
=   Bruttonationaleinkommen (Bruttosozialprodukt)
–   Abschreibungen
─────────────────────────────
=   Nettonationaleinkommen
```

3. VERTEILUNGSRECHNUNG

```
  Nettonationaleinkommen
–   Produktions- und Importabgaben an den Staat
+   Subventionen vom Staat
─────────────────────────────
=   Volkseinkommen
–   Arbeitnehmerentgelt
─────────────────────────────
=   Unternehmens- und Vermögenseinkommen
```

Aus: Gerd-Jan Krol / Alfons Schmid, Volkswirtschaftslehre. Eine problemorientierte Einführung, Tübingen 2002, S. 269 f.

M 7   Indikatoren

- Konjunkturelle und soziale Indikatoren dienen der Erklärung einer ökonomischen oder wirtschaftlichen Situation: der Konjunkturlage bzw. der Wohlfahrt oder Lebensqualität. Beide kommen in der Sozialproduktsta-
5 tistik nur unvollkommen zum Ausdruck. Die Sozialproduktstatistik lässt keine Ungleichgewichte erkennen, die für die Konjunkturdiagnose von besonderer Bedeutung sind. Die Sozialproduktstatistik erfasst zwar einen großen Teil der Güter und Dienstleistungen, die der
10 Versorgung der Bevölkerung dienen, doch fehlen besonders diejenigen Bestandteile der Lebensqualität, die in den Bereich der Umwelt gehören, während soziale Indikatoren, aus dem Bereich des Gesundheitswesens und der Wohnraumqualität, hoch mit dem Pro-Kopf-
15 Einkommen korrelieren und damit in der herkömmlichen Sozialproduktstatistik weitgehend zum Ausdruck kommen.

Konjunkturelle und soziale Indikatoren geben auch die Entfernung von Zielvariablen an bzw. können selbst
20 Zielgröße sein: bei den konjunkturellen Indikatoren die volle Kapazitätsauslastung ohne Überbeschäftigung, bei sozialen Indikatoren die Erhöhung der Lebensqualität. In beiden Fällen ist eine Wertung erforderlich, die bei den sozialen Indikatoren besonders problematisch
25 ist: So wird die Zahl der Ehescheidungen einmal positiv als Maß für die Fortschrittlichkeit einer Gesellschaft, zum anderen negativ als Maß für soziale Konflikte gewertet. Ob zwischen der Erhöhung der Lebensqualität und der Erhöhung des Sozialprodukts Konflikt oder
30 Harmonie besteht, kann nur durch empirische Forschung geklärt werden. [...]

Konjunkturelle Indikatoren geben das Signal für den Einsatz kurzfristiger konjunkturpolitischer Maßnahmen. Wenn soziale Indikatoren als Zielindikatoren ver-
35 wendet werden und Theorien über ihre unabhängigen Variablen bestehen, kann die Abweichung der sozialen Indikatoren von den Zielvorstellungen Anlass

für gesellschaftspolitische Maßnahmen sein. Wie bei den konjunkturellen Indikatoren spricht man hier von einem Frühwarnsystem. Sowohl bei den konjunkturel- 40 len als auch bei den sozialen Indikatoren sucht man die konjunkturelle bzw. soziale Lage durch die Aggregation von einzelnen Indikatoren zu einem Gesamtindikator auf einen Blick zu erfassen. Bei beiden Gesamtindikatoren besteht das Problem der Gewichtung der Einzelindi- 45 katoren, wobei die Bildung von sozialen Indikatoren durch die hierfür erforderlichen Werturteile zusätzlich erschwert wird.

OECD-Prognose: Die Welt steht vor einem globalen Wirtschaftswunder

DIE WELT, 8. 9. 1997

Im Gegensatz zu den konjunkturellen und den sozialen Indikatoren dienen monetäre Indikatoren weniger der 50 Diagnose einer Situation, sondern mehr der Wirkungsanalyse. Monetäre Indikatoren sollen zeigen, ob die Notenbankpolitik expansiv oder kontraktiv wirkt. Sie messen die Stärke der Impulse, die von der Notenbank ausgehen. Monetäre Indikatoren können mit den Zwi- 55 schenzielen der Geldpolitik identisch sein, bei denen es sich um Variable handelt, die kurzfristig von der Notenbank gesteuert werden können und in enger Beziehung zu den übergeordneten Zielen der Notenbankpolitik stehen (z. B. Preisniveaustabilität). [...] 60

Aus: Handwörterbuch der Wirtschaftswissenschaft, Stuttgart 1988, S. 108 f.,
Autor: Ernst Dürr.

4.2   Kann man Wirtschaft überhaupt messen?

AUFGABEN

1. Fassen Sie die Kritik Brodbecks (M 1) an der traditionellen Wirtschaftswissenschaft in Thesenform zusammen.
2. Diskutieren Sie die grundsätzlichen Bedenken, die hier angeführt werden mithilfe selbst gewählter Beispiele bzw. am Beispiel aktueller Konjunkturprognosen aus dem Wirtschaftsteils Ihrer Tageszeitung bzw. dem Internet (www.bmwa.bund.de).

M 1   Kritik der traditionellen Wirtschaftswissenschaft

● Die zeitgenössische Wirtschaftswissenschaft beruht auf dem Rationalprinzip. Der Grundgedanke ist folgender: Eine Wirtschaft besteht aus einer Menge isolierter Wirtschaftssubjekte, die rationale Entscheidungen treffen. „Rational" heißt, sie maximieren eine Zielfunktion (den Nutzen oder Gewinn) unter vorausgesetzten Nebenbedingungen. In einen Austausch treten diese Wirtschaftssubjekte nur über den Markt. Dort stehen sie

zueinander in Wettbewerb, konkurrieren um knappe Ressourcen. Der Gegensatz der konkurrierenden Individuen hebt sich auf in einem Gleichgewicht, bei dem sich Angebots- und Nachfragemengen ausgleichen und durch diesen Ausgleich die Marktpreise bestimmen. Änderungen bei Angebot und Nachfrage führen zu Reaktionen der Preise – solange, bis wieder ein Gleichgewicht erreicht ist. [...]

Die Wirtschaftssubjekte treten als Person gar nicht in Erscheinung. Menschen werden modelliert durch – wie Robert Lucas sagt – „Roboterimitationen". Befremdlich daran ist, daß darin Menschen mit leblosen Körpern gleichgesetzt werden. Menschen sollen sich so verhalten, wie ein bewegter Massepunkt in der Physik. [...]

Diese metaphysische Form der zeitgenössischen Ökonomie, ihre mechanische Form, ist der Grund dafür, dass die Ökonomie als empirische Wissenschaft versagt. Menschen sind keine isolierten Individuen-Atome, die erst durch Marktprozesse zueinander in Beziehung treten. Sie sind vielfältig durch Sprache, Tradition, Familie, Kultur, Religion usw. verflochten. Die Marktprozesse sind nur eine besondere Form innerhalb anderer Arten gesellschaftlicher Prozesse. Menschen sind zudem nicht nur durch das Modell des *homo oeconomicus* zu beschreiben. Der *homo oeconomicus* ist ein maximierender Rechenautomat; man kann ihn durch ein paar Gleichungen ersetzen – was in der zeitgenössischen Wirtschaftslehre tatsächlich geschieht. Nun handeln Menschen zwar oftmals „berechenbar": immer dann, wenn sie aus Gewohnheit handeln. Menschen sind aber nicht in ihrem Wesen auf unbewusste Gewohnheitsmuster zu reduzieren. Sie entscheiden frei, entwerfen oder befürchten ihre eigene Zukunft und sind kreativ.

Aus: Karl-Heinz Brodbeck, Beiträge zu Ethik und Wirtschaft, dritte, ergänzte Auflage, Gröbenzell 2002, S. 65 f.

4.3 Was messen die herkömmlichen Indikatoren nicht?

Die in der Wirtschaftswissenschaft gängigen Indikatoren, besonders die Konjunkturindikatoren, unterliegen immer stärker der Kritik. Es sei zu einseitig, wie gemessen werde. Die Bemessungsgrundlagen und die impliziten Werturteile werden von vielen Diskutanten bezweifelt und Alternativen bzw. Ergänzungen gefordert.

AUFGABEN

1. Stellen Sie aus M 1 und M 2 die Kritik an den herkömmlichen Indikatoren für die wirtschaftliche Entwicklung zusammen.
2. Ermitteln Sie jeweils die Position, von der aus die Kritik vorgetragen wird.
3. Überprüfen Sie, inwiefern sich die Anforderungen an Wirtschaftsindikatoren durch die Kritik verschieben, indem Sie die Ansatzpunkte der Texte mit den herkömmlichen Begründungen zur Wahl von Indikatoren (S. 61–65) vergleichen.

M 1   Das Sozialprodukt als geeignetes Wohlstandsmaß?

● Oft wird kritisiert, dass viele in der Volkswirtschaft erbrachten Leistungen nicht gemessen werden. Dies sind vor allem Arbeiten innerhalb der privaten Haushalte sowie alle anderen Leistungen, die der Schattenwirt-
5 schaft zugerechnet werden müssen. Dazu zählen beispielsweise die Selbstversorgung aus dem Garten, die Nachbarschaftshilfe beim Bau eines Hauses, aber auch Schwarzarbeit. Die Kritik an der Aussagekraft des Sozialprodukts als Wohlstandsindikator bezieht sich
10 auch auf einen zweiten Aspekt. So können bestimmte qualitative Eigenschaften der wirtschaftlichen Entwick- lung ebenfalls nicht berücksichtigt werden, etwa die Verringerung der Ungleichheit der personellen Einkom- mensverteilung oder auch eine möglichst geringe Um- weltbeeinträchtigung. Diese und ähnliche Kritik am 15 Sozialprodukt als Wohlstandsindikator haben zur Ent- wicklung alternativer Konzepte beigetragen (z.B. ver- schiedene Sozialindikatoren), die allerdings auch er- hebliche Defizite aufweisen.

Aus: Bundeszentrale für politische Bildung (Hg.), Wirtschaft heute, Bonn 2000. S. 48

M 2   Bruttosozialprodukt: der falsche Kompass

● Wir leben im Zeitalter einer globalen Umweltkrise. […] Die Zeichen sich bedrohlich zuspitzender Umwelt- probleme sind unübersehbar: Treibhauseffekt, Ozon- loch, die Verschmutzung der Ozeane und der globalen
5 Meere, das Waldsterben im industrialisierten Norden. Unter diesen Bedingungen leben, arbeiten und denken wir heute. In dieser Welt haben wir jedoch immer noch ein System der Volkswirtschaftlichen Gesamtrechnung (VGR), in dem der Verbrauch natürlicher Ressourcen
10 und die Degradierung der Umwelt durch die Einleitung von Schadstoffen in die Umweltmedien als Einkom- menswachstum verbucht werden. […]

Wenn ein Unternehmen ohne Rücksicht auf seine sich erschöpfenden Kapitalgrundlagen wirtschaften würde,
15 könnte es sich vielleicht einige Jahre im Lichte wach- sender Gewinne sonnen. Spätestens dann, wenn die Ver- mögensbasis des Unternehmens aufgebraucht wäre, kä- me das schreckliche Erwachen. Dann nämlich wäre der Konkurs fällig. Kein weitsichtiges Unternehmen wird sich daher leisten, Vermögensverzehr als echtes Ein- 20 kommen auszuweisen. Das wäre das Ende einer soli- den, zukunftsorientierten Buchführung. Unsere Wirt- schaftspolitik – im reichen Norden ebenso wie im armen Süden – orientiert sich weiter am falschen Kompass. Das, was das BSP heute misst und was als wirtschaftli- 25 ches Wachstum ausgewiesen wird, ist nicht nur echte Neuproduktion, ist nicht echtes Nettowachstum von Produktion und Einkommen. Es ist in weitem Umfang nur scheinbares Wachstum, erkauft durch einen Kapi- talabbau, durch den Abbau und die Zerstörung von Tei- 30 len des Naturvermögens, im Grunde eine große Wachs- tumsillusion.

Aus: Christian Leipert, Auf dem Weg zum Ökosozialprodukt?, in: Jahrbuch Arbeit und Technik 1996, Bonn 1996, S. 328 f.

4.4   Welche anderen Indikatoren könnten Leitlinie der Politik sein?

Die herkömmlichen Indikatoren der Volkswirtschaftlichen Gesamtrechnung sind nur begrenzt aussagefähig in den gesellschaftlichen Tatbeständen, die nicht unmittelbar in Preisgrößen auszudrücken sind. Um auch solche Bereiche zu erfassen, schlagen verschiedene Kreise alternative Indikatoren vor. Diese neuen Vorschläge müssen auf ihre impliziten Voraussetzungen und enthaltenen Werturteile untersucht werden.

AUFGABEN

1. Entnehmen Sie aus M 1 bzw. M 2 bis 4 jeweils die Zielrichtung des vorgeschlagenen Indikatorensystems, die Voraussetzungen und den Inhalt der Indikatoren sowie den Umfang des zu messenden Gesamtsystems.
2. Überprüfen Sie, inwiefern die vorgeschlagenen Indikatoren geeignet sind, die herkömmlichen zu ersetzen und zu verbessern, indem Sie
   – die Messgenauigkeit beurteilen,
   – die Konsensfähigkeit der gemachten Voraussetzungen diskutieren,
   – die Aussagekraft der Indikatoren für politisches Handeln beurteilen.

M 1   **Das Konzept des Club of Rome[1]: Indikatoren für eine nachhaltige Entwicklung**

● Auf der Umweltkonferenz 1992 in Rio de Janeiro (UNESCO) wurde eine neue Definition von Fortschritt vorgeschlagen. Das Ergebnis war ein dringlicher Aufruf (in der Agenda 21), so genannte Indikatoren für eine
5 nachhaltige Entwicklung (Sustainable Development Indicators – SDIs) zu entwickeln. […] Der Unterschied zwischen deskriptiven Fortschrittsindikatoren und Indikatoren für Nachhaltige Entwicklung liegt hauptsächlich in der Einführung von wirtschaftlichen, sozialen und
10 umweltgerechten Nachhaltigkeitsstandards. Die SDIs ermöglichen es, die Distanz einzuschätzen, die uns noch von der Nachhaltigkeit trennt. Die Standards dienen daher als Bezugspunkt, aufgrund dessen wir die gegenwärtige Situation beurteilen können. […] Die Entwick-
15 lung von SDIs setzt die Entwicklung eines integrierten Rahmenwerks voraus, das deskriptive Statistiken und auf dem Konzept der Nachhaltigkeit basierende Standards enthält.

Diese Standards werden auf einer gleichberechtigten
20 Verteilung der Ansprüche an die weltweit vorhandenen Gemeinschaftsgüter (Gleichberechtigung innerhalb einer Generation) beruhen, die ebenso den Bedürfnissen zukünftiger Generationen (Gleichberechtigung zwischen den Generationen) Rechnung trägt. […]

1 Club of Rome: 1968 gegründete Organisation, die v. a. den Zusammenhang von Ökologie und Ökonomie thematisiert.

Aus: Wouter van Dieren (Hg.), Mit der Natur rechnen. Der neue Club-of-Rome-Bericht: Vom Bruttosozialprodukt zum Ökosozialprodukt, Basel/Boston/Berlin 1995, S. 190 und 278 f.

Indikatoren für die Zukunftsfähigkeit eines Landes (Beispiele)

Neuformuliertes BSP, um Irrtümer auszugleichen und mehr Informationen zu erlangen:

Kaufkraftparität (PPP): gleicht Währungsschwankungen aus.
Einkommensverteilung: Erweitert sich die Armutsschere oder schließt sie sich?
Informelle Produktion im Haushaltssektor: erfasst alle Arbeitsstunden (bezahlte und unbezahlte).
Berücksichtigung der nichterneuerbaren Ressourcen: analog zur Abschreibung der Kapitalinvestitionen.
Verhältnis von Energieverbrauch und BIP: bemisst Energieeffizienz und Recycling.

Ergänzende Indikatoren für den Fortschritt gesellschaftlicher Ziele:

Bevölkerung: Geburtenrate, Altersverteilung.
Bildung: Lesevermögen, Schulabschlüsse und Wiederholungsrate.
Gesundheit: Kindersterblichkeit, Frühgeburten etc.
Ernährung: z. B. Kalorien pro Tag, Verhältnis von Eiweiß und Kohlenhydraten etc.
Grundleistungen: z. B. Zugang zu sauberem Wasser etc.
Unterkunft: Obdachlosigkeit etc.
Öffentliche Sicherheit: Verbrechensstatistik.
Politische Beteiligung und demokratische Prozesse: z. B. Berichte von Amnesty International.
Status von Minderheiten, ethnischen Gruppierungen und Frauen
Luft- und Wasserqualität, Grad der Umweltverschmutzung: städtische Luftverschmutzung.
Erschöpfung der Umweltressourcen: Hektar des jährlich verlorenen Landes und der Wälder.
Artenvielfalt und aussterbende Arten
Kultur und Freizeitressourcen

M 2 Das Konzept der UNO: Human Development Index (HDI)

● Menschliche Entwicklung ist so tief greifend und reichhaltig, dass sie weder durch einen zusammengesetzten Index noch durch eine Reihe detaillierter statistischer Indikatoren vollständig erfasst werden kann.
5 Dennoch ist ein solcher Index für die Vereinfachung einer komplizierten Realität nützlich, und genau dies soll mit dem HDI erreicht werden. Er ist ein zusammengesetzter Index der Erfolge bei der Verbesserung der menschlichen Fähigkeiten in drei grundlegenden Berei-
10 chen: langes und gesundes Leben, Wissen und angemessener Lebensstandard. Zur Darstellung dieser Bereiche wurden drei Variable ausgewählt: Lebenserwartung, Bildungsstand und Einkommen.

Aus dem HDI-Wert eines bestimmten Landes geht hervor,
15 wie weit es noch von der Erreichung bestimmter vorgegebener Ziele entfernt ist: durchschnittliche Lebensdauer von 85 Jahren, Zugang zu Bildung für alle und angemessener Lebensstandard. Der HDI bringt die drei Basis-Indikatoren auf einen gemeinsamen Maß-
20 stab, indem er die Leistung bei jedem Indikator als relative Entfernung von einem gewünschten Ziel misst. Die Höchst- und Mindestwerte für jede Variable werden auf eine Skala zwischen 0 und 1 reduziert und jedes Land besetzt einen bestimmten Punkt auf dieser Skala.

25 Der HDI wird berechnet durch die Feststellung relativer Leistungen, die ein Land in jeder der drei Basis-Variablen erbringt, und der anschließenden Berechnung des einfachen Durchschnitts der drei Indikatoren [vgl. M 4]. Der HDI zeigt, wie weit ein Land noch von der Er-
30 reichung des möglichen Höchstwertes von 1 entfernt ist; er ermöglicht auch Vergleiche zwischen einzelnen Ländern. Der Unterschied zwischen dem möglichen HDI-Höchstwert und dem tatsächlich erreichten Wert zeigt das HDI-Defizit eines Landes an. Jedes Land sieht
35 sich vor die Herausforderung gestellt, Mittel und Wege zur Verringerung dieses Defizits zu finden.

Die Einstufung von Ländern nach ihrem HDI-Wert führt zu folgenden Beobachtungen, mit denen sich die wichtigsten Punkte der diesjährigen HDI-Aufstellung
40 zusammenfassen lassen:

—Von den 174 Ländern, für die der HDI berechnet wurde, entfallen 57 auf die Kategorie hoher menschlicher Entwicklung, 69 auf die mittlere Kategorie und 48 auf die niedrige (1993).

45 —Kanada, die Vereinigten Staaten und Japan liegen auf der HDI-Skala an vorderster Stelle. Bei den Entwick-

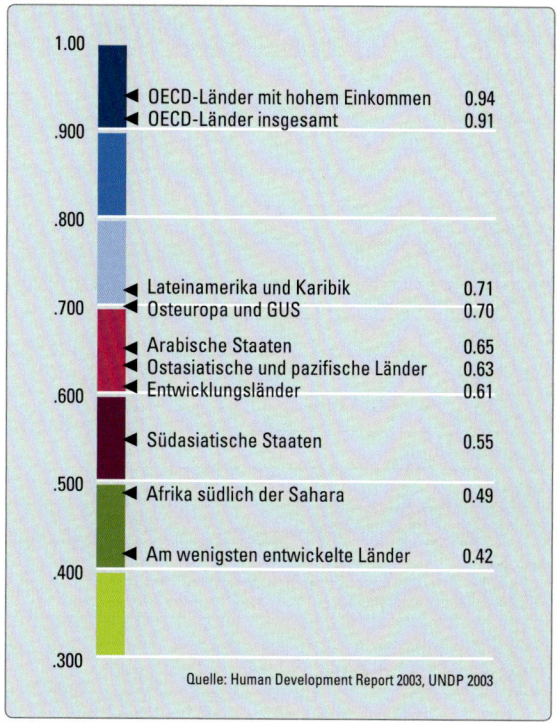

69.1   Index für menschliche Entwicklung 2003

lungsländern und -regionen führen Hongkong, Zypern und Barbados.

—Die Einstufung der Länder nach ihrem HDI unterscheidet sich erheblich von ihrer Einstufung nach dem
50 realen Pro-Kopf-BIP [...]. Bei 21 Ländern liegt der BIP-Rang um mindestens 20 Plätze über ihrem HDI-Rang. [...] Verschiedene Länder können also ein ähnliches Einkommen, aber unterschiedliche Erfolge bei der menschlichen Entwicklung haben – oder ähnliche HDIs, aber
55 ein sehr unterschiedliches Einkommen.

Ein Nachteil der nationalen HDIs liegt darin, dass es sich um Durchschnittswerte handelt, sie können also ein irreführendes Bild vermitteln, wenn das Niveau der menschlichen Entwicklung zwischen Männern und
60 Frauen, zwischen verschiedenen Rassen und ethnischen Gruppen oder zwischen einzelnen Regionen sehr unterschiedlich ist. Dieses Problem lässt sich durch die Berechnung von HDIs lösen, die nach Region, Rasse oder ethnischer Gruppe aufgeschlüsselt sind.
65

Aus: Deutsche Gesellschaft für die Vereinten Nationen (Hg.), Bericht über die menschliche Entwicklung 1996, Bonn 1996, S. 33 f.

M 3 HDI-Wert und Bruttoinlandsprodukt ausgewählter Länder 2001

Land	HDI-Wert	Rang HDI-Wert	BIP pro Kopf in US-$	Rang BIP
Norwegen	0.944	1	29 620	5
Schweden	0.941	3	24 180	18
Niederlande	0.938	5	27 190	8
USA	0.937	7	34 320	2
Kanada	0.937	8	27 130	9
Schweiz	0.932	10	28 100	7
Vereinigtes Königreich	0.930	13	24 160	19
Luxemburg	0.930	15	53 780	1
Frankreich	0.925	17	23 990	20
Deutschland	0.921	18	25 350	13
Hong Kong (China)	0.889	26	24 850	15
Polen	0.841	35	9 450	52
Vereinigte Arabische Emirate	0.816	48	20 530	23
Kuba	0.806	52	5 259	90
Dominikanische Republik	0.737	94	7 020	68
Türkei	0.734	96	5 890	80
Südafrika	0.684	111	11 290	47
Kongo	0.502	140	970	162
Uganda	0.489	147	1 490	148
Sierra Leone	0.275	175	470	175

Berechnet nach: Human Development Report 2003, UNDP 2003, Tabelle 1

M 4 Zur Berechnung des HDI (Index für menschliche Entwicklung)

● Der HDI setzt sich aus drei Einzelindikatoren zusammen: Lebensdauer (gemessen an der durchschnittlichen Lebenserwartung bei der Geburt), Bildungsgrad – ermittelt anhand einer gewichteten Kombination aus Al-
5 phabetisierung von Erwachsenen (2/3) sowie der Gesamteinschulungsquote auf Primar-, Sekundar- und tertiärer Bildungsstufe (1/3) – und dem Lebensstandard (gemessen am realen BIP pro Kopf und ausgedrückt in US-$ auf Kaufkraftparitätsbasis = PPP$). Um den Ge-
10 samtindex zu konstruieren, sind für jeden der hier aufgeführten Indikatoren feste Ober- und Untergrenzen ermittelt worden:
＿Lebenserwartung bei der Geburt:
　25 Jahre und 85 Jahre
15 ＿Alphabetisierungsrate von Erwachsenen:
　0 % und 100 %
＿Gesamteinschulungsquote: 0 % und 100 %
＿Reales BIP pro Kopf (PPP$): 100 PPP$
　und 40 000 PPP$

Für jede einzelne Komponente des HDI lassen sich nun 20 individuelle Einzelwerte gemäß folgender Formel errechnen:

$$\text{Index} = \frac{\text{Aktueller } x_i\text{-Wert} - \text{Minimum } x_i\text{-Wert}}{\text{Maximum } x_i\text{-Wert} - \text{Minimum } x_i\text{-Wert}}$$

Beträgt in einem Land bspw. die Lebenserwartung bei 25 der Geburt 65 Jahre, würde der dazugehörige Index wie folgt ermittelt:

$$\text{Lebenserwartung} = \frac{65-25}{85-25} = \frac{40}{60} = 0{,}667$$

Am Beispiel eines Industrie- und eines Entwicklungslandes soll nun exemplarisch an zwei von drei Indikato- 30 ren die konkrete Berechnung des jeweiligen Gesamt-HDI-Wertes vorgeführt werden:

Land	Lebenserwartung (Jahre)	Alphabetisierung Erwachsener (%)	Kombinierte Einschulungsquote (%)	Reales BIP pro Kopf (PPP$)
Griechenland	77.7	93.8	78	8,950
Gabun	53.7	60.3	47	3,861

—Lebenserwartungsindex:

$$\text{Griechenland} = \frac{77,7-25}{85-25} = \frac{52,7}{60} = 0,878$$

$$\text{Gabun} = \frac{53,7-25}{85-25} = \frac{28,7}{60} = 0,478$$

—Alphabetisierungsindex Erwachsener:

$$\text{Griechenland} = \frac{93,8-0}{100-0} = \frac{93,8}{60} = 0,938$$

$$\text{Gabun} = \frac{63,0-0}{100-0} = \frac{63,0}{100} = 0,603$$

—Kombinierter Einschulungsindex für Primar-, Sekundar- und tertiäre Bildungsstufe:

$$\text{Griechenland} = \frac{78-0}{100-0} = 0,780$$

$$\text{Gabun} = \frac{47-0}{100-0} = 0,470$$

—Bildungsindex:

$$\text{Griechenland} = [2(0,938) + 1(0,780)] : 3 = 0,885$$

$$\text{Gabun} = [2(0,603) + 1(0,470)] : 3 = 0,558$$

Der Index der menschlichen Entwicklung

Der HDI ist der gewogene Durchschnitt der separat errechneten Einzelindikatoren eines jeden Landes
—für die Lebenserwartung,
—den Bildungsstand
—und das bereinigte reale BIP pro Kopf zu PPP$.
Er ergibt sich als Division der Gesamtsumme aller drei Werte durch den Divisor 3 und beträgt im konkreten Fall von Griechenland bzw. Gabun:

„Schließlich sitzen wir alle im selben Boot"

Land	Lebenserwartungsindex	Bildungsindex	Index des bereinigten BIP pro Kopf (PPP$)	Σ	HDI
Griechenland	0.878	0.885	0.964	2.727	0.909
Gabun	0.478	0.558	0.633	1.669	0.557

Aus: Deutsche Gesellschaft für die Vereinten Nationen (Hg.), Bericht über die menschliche Entwicklung 1996, Bonn 1996, S. 133

WEITERFÜHRENDE INFORMATIONEN

Informationen über Indikatoren und aktuelle Wirtschaftsdaten

Mithilfe von Wirtschaftspresse, Wirtschaftsteil der Tageszeitung, Wirtschaftsmagazinen in Rundfunk und Fernsehen (vgl. S. 93 ff.), und – besonders rasch – auf elektronischem Wege können Sie an Informationen zu Indikatoren und aktuellen Wirtschaftsdaten gelangen. Wir empfehlen Ihnen folgende Adressen:

INTERNETADRESSEN

Bundesagentur für Arbeit . . . . www.arbeitsagentur.de
Regensburger Straße 104, 90478 Nürnberg, Tel. 0911/179-0, Fax 0911/179-2123.
Bundesministerium für Wirtschaft und Arbeit . . . . siehe Seite 36
Bundesregierung (Presse- und Informationsamt) . . . . siehe Seite 36
Europäisches Parlament . . . . siehe Seite 58
Ifo-Institut für Wirtschaftsforschung e. V. . . . . www.ifo.de
Poschingerstr. 5, 81679 München, Tel. 089/9224-0, Fax 089/985369
Institut für Weltwirtschaft . . . . www.uni-kiel.de/ifw
Düsternbrooker Weg 120, 24105 Kiel, Tel. 0431/8814-1, Fax 0431/85853.
Sachverständigenrat zur Begutachtung
der gesamtwirtschaftlichen Entwicklung . . . . www.sachverstaendigenrat-
wirtschaft.de
Statistisches Bundesamt . . . . www.destatis.de
Gustav-Stresemann-Ring 11, 65180 Wiesbaden, Tel. 0611/752390, Fax 0611/752538.

Zeitungen und Zeitschriften bieten offline und online Informationen über die wirtschaftliche Entwicklung, z. T. auch sehr ausführliche Konjunkturberichte. 14-tägige Probeabonnements deutscher Zeitungen/Zeitschriften sind häufig kostenlos bzw. preisgünstig! Wir empfehlen Ihnen in diesem Zusammenhang aber auch einen Blick über die Grenzen:
Financial Times Deutschland . . . . www.ft.de
Frankfurter Allgemeine Zeitung . . . . www.faz.net
Handelsblatt . . . . www.handelsblatt.com
Neue Zürcher Zeitung . . . . www.nzz.ch
Singapore Business Times http://business-times.asia1.com.sg
Süddeutsche Zeitung . . . . http://www.sueddeutsche.de
Wirtschaftswoche . . . . www.wiwo.de

FRAGEN ZUR WIEDERHOLUNG

1. Stellen Sie die Rolle von Indikatoren für die Wirtschaftspolitik dar.
2. Zeigen Sie, wie das Wirtschaftswachstum in Deutschland gemessen wird.
3. Erläutern Sie Sinn und Vorgehensweise der Volkswirtschaftlichen Gesamtrechnung.
4. Zeigen Sie, wie Arbeitslosigkeit in Deutschland gemessen wird.
5. Erläutern Sie, welche Kritik gegenüber dem Wachstumsindikator angeführt wird.
6. Beurteilen Sie mögliche Alternativen zur Wohlstandsbestimmung durch das Bruttoinlands- bzw. Bruttosozialprodukt.
7. Beurteilen Sie die Aussagekraft des Indikators Arbeitslosenquote für die Beschäftigung in Deutschland.
8. Formulieren Sie aus der Sicht eines Unternehmerverbands einen Brief an die Bundesregierung, in dem Konsequenzen aus den jüngsten Arbeitslosigkeitszahlen für Deutschland gefordert werden.
9. Entwerfen Sie eine Website von Globalisierungskritikern, die den Übergang vom Wachstumsindikator BIP zur Messung durch den HDI fordert.

Erweitert man dieses Modell um zinsreagible Investitionen und
Geldmarkt, auf dem sich der Zins als Gleichgewichtspreis bild
erhält man differenziertere Aussagen. Auch hier kann im Norr
die Fiskalpolitik durch eine schu
ausgaben die gesamtwirtschaft
wird der Gesamteffekt einsch

Wirtschaftsentwicklung in der Bundesrepublik Deutschland

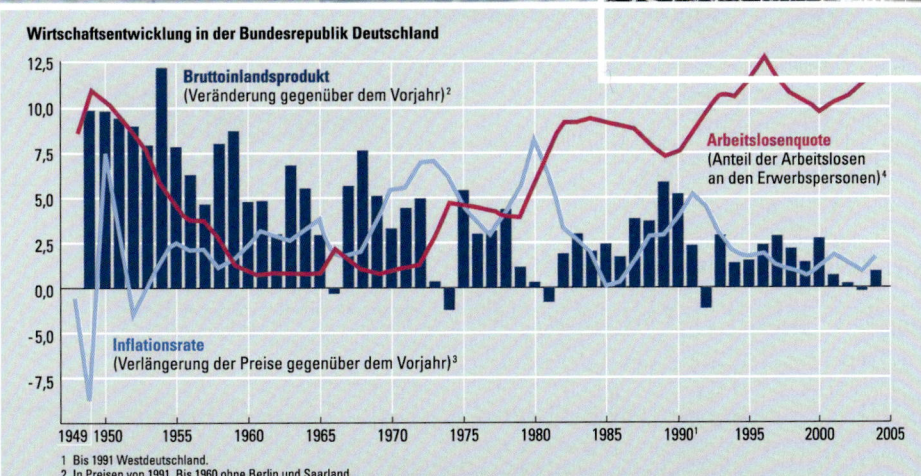

Bruttoinlandsprodukt
(Veränderung gegenüber dem Vorjahr)[2]

Arbeitslosenquote
(Anteil der Arbeitslosen
an den Erwerbspersonen)[4]

Inflationsrate
(Verlängerung der Preise gegenüber dem Vorjahr)[3]

1 Bis 1991 Westdeutschland.
2 In Preisen von 1991. Bis 1960 ohne Berlin und Saarland.
3 Preisindex für die Lebenshaltung. Bis 1962 Vier-Personen-Haushalte von Arbeitern und Angestellten mit mittlerem Einkommen.
  Von 1963 an alle privaten Haushalte. Wert von 1949, Durchschnitt der Monate Juni bis Dezember.
4 Bis 1958 ohne Saarland. Anteil der Arbeitslosen an den abhängigen zivilen Erwerbspersonen.
Quellen: Statistisches Bundesamt; Bundesanstalt für Arbeit; Herbstgutachten der Institute DIW, HWWA, Ifo, IfW, IWH und RWI; F.A.Z.-Archiv

5.1 Konjunkturzyklen in der wirtschaftlichen Entwicklung

Die wirtschaftliche Entwicklung der Bundesrepublik Deutschland (und auch anderer Staaten) hat wirtschaftspolitischen Eingriffen immer wieder einen Strich durch die Rechnung gemacht. Betrachtet man den Verlauf der wirtschaftlichen Entwicklung z.B. hinsichtlich der Indikatoren Wirtschaftswachstum, Arbeitslosenquote und Inflationsrate, so fällt gleichwohl auf, dass die Wirtschaftsentwicklung nicht chaotisch verlief, sondern bestimmte Entwicklungsmuster erkennbar sind. Insbesondere beim Wirtschaftswachstum ist eine wellenartige Entwicklung zu erkennen. Wie ist ein solches Muster zu erklären?

AUFGABEN

1. Beschreiben Sie die wirtschaftliche Entwicklung der Bundesrepublik Deutschland (Grafik S. 73).
2. Kennzeichnen Sie in M 2 die Konjunkturphasen mit den Pfeilsymbolen. Erarbeiten Sie die Zusammenhänge zwischen den gesamtwirtschaftlichen Größen.
3. Ermitteln Sie anhand aktueller Zeitungsberichte die gegenwärtige konjunkturelle Situation in Deutschland.
4. Erläutern Sie den Zusammenhang von Wirtschaftswachstum und Arbeitslosigkeit.
5. Ordnen Sie die Begriffe des Konjunkturzyklusses (M 1) der realen Entwicklung in Deutschland zu.

M 1   Konjunkturbewegungen in der Marktwirtschaft im Modell

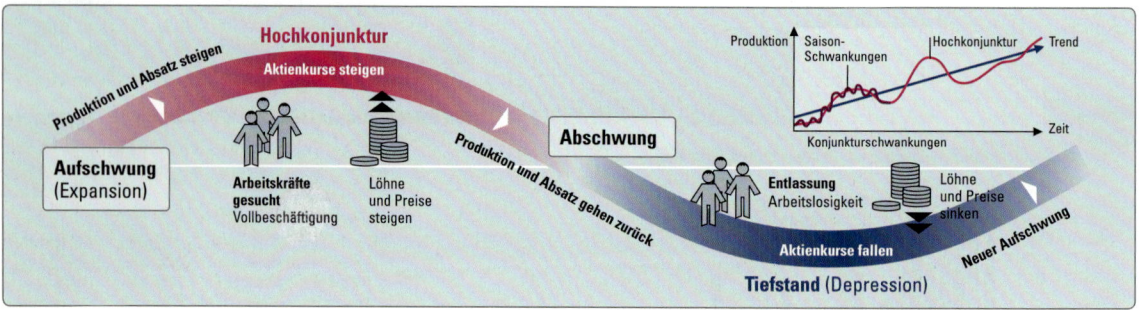

M 2   Die vier Phasen des Konjunkturzyklus

Gesamtwirtschaftliche Größe	Depression	Aufschwung	Hochkonjunktur	Abschwung
Kapazitätsauslastung				
Produktion				
Gewinne				
Investitionen				
Nachfrage				
Preise				
Beschäftigung				
Löhne				
Zinsen				

↑ hoch

↓ niedrig

↗ steigend

↙ sinkend

5.2 Was leisten Konjunkturindikatoren?

Wenn die Konjunktur in nachvollziehbaren zyklischen Bewegungen verläuft, müsste sie auch vorhersehbar sein. Besonders interessant sind dabei die „Umschlagpunkte", an denen sich ein neuer Abschwung, ein neuer Aufschwung usw. ankündigt. Von den meisten Wirtschaftswissenschaflern wird angenommen, dass die Entwicklung der Wirtschaft mithilfe von Konjunkturindikatoren vorhergesagt werden kann, sodass die Möglichkeit besteht, dass die wirtschaftlich Handelnden sich darauf einstellen bzw. dass die Wirtschaftspolitik unerwünschten Entwicklungen gegensteuern kann. Dabei bleibt allerdings das Problem, dass Frühzeitigkeit und Genauigkeit der Vorhersagen in einem Spannungsverhältnis stehen.

Welche Konjunkturindikatoren die verlässlichsten sind und welche Indikatoren welche Aussagekraft haben, das wird kontrovers diskutiert. Am Beispiel des ifo-Geschäfsklima-Indexes sollen Implikationen und die Leistungen von Konjunkturindikatoren geprüft werden.

AUFGABEN

1. Beurteilen Sie anhand der Grafik, inwieweit der ifo-Geschäftsklima-Index (vgl. S. 76) der im Text M 1 genannten Funktion von Frühindikatoren entspricht.
2. Recherchieren Sie, welche Faktoren in den ifo-Geschäftsklima-Index Eingang finden. Vergleichen Sie mit anderen Indikatorgruppen (M 2).
3. Diskutieren Sie die Bedeutung der Konjunkturprognosen für die aktuelle Diskussion wirtschaftspolitischer Themen.

M 1   Frühindikatoren für die Konjunktur

● Frühindikatoren spielen bei der Konjunkturbeobachtung eine wichtige Rolle. Besondere Bedeutung kommt ihnen bei dem rechtzeitigen Erkennen konjektureller Wendepunkte zu. In Zeiten erhöhter konjektureller
5 Unsicherheiten bzw. Schwankungen gewinnen Frühindikatoren daher noch an Aufmerksamkeit. Für Deutschland gibt es solche Indikatoren von Wirtschaftsforschungsinstituten, wie dem ifo-Institut oder dem ZEW und seit kurzem auch vom HWWA, von internationalen
10 Organisationen, wie von der OECD oder der EU-Kommission, von Banken und selbst von Zeitungen, wie vom Handelsblatt. […]

[…] Eine exakte Definition, was unter einem Frühindikator zu verstehen ist, gibt es nicht; demzufolge gibt es
15 auch kein allgemein gültiges Konstruktionsprinzip für solche Indikatoren. […]
Eine wichtige Form von Frühindikatoren sind Klima- bzw. Vertrauensindikatoren, die auf Umfragen bei Verbrauchern, Produzenten oder bestimmten Experten wie
20 Finanzmarktanalysten beruhen. […]

[…] Da wirtschaftliches Handeln sich in vielfältiger Weise in die Zukunft richtet, sei es bei den Investitionsentscheidungen der Unternehmen, bei Anlageentscheidungen der Kapitalanleger oder Entscheidungen der Verbraucher für größere Anschaffungen, spiegeln sich 25 in derartigen Umfrageergebnissen vielfach über die Erwartungen hinausgehende Planungen und damit oftmals künftige Kaufentscheidungen wider. Der in Deutschland am meisten beachtete Indikator dieser Art ist der ifo-Geschäftsklima-Index […]. 30
Manche statistische Daten haben für nachfolgende Wirtschaftsaktivitäten aufgrund des kausalen Zusammenhangs Vorlaufcharakter, etwa die Baugenehmigungen für die Bautätigkeit oder die Auftragseingänge für die Produktion. Darüber hinaus gibt es aktuelle Daten, 35 die die Rahmenbedingungen für wirtschaftliche, vielfach in die Zukunft gerichtete Entscheidungen bestimmen, etwa Zinsen oder Zinsdifferenzen. […]

Zusammengesetzte Indikatoren kombinieren verschiedene Einzelindikatoren miteinander, zumeist Umfra- 40 geergebnisse mit vorlaufenden statistischen Daten. Solche Indikatoren gibt es von der OECD und der EU-Kommission, auch der Early Bird und der Handelsblatt-Indikator sind hier zu nennen. […]

▸▸

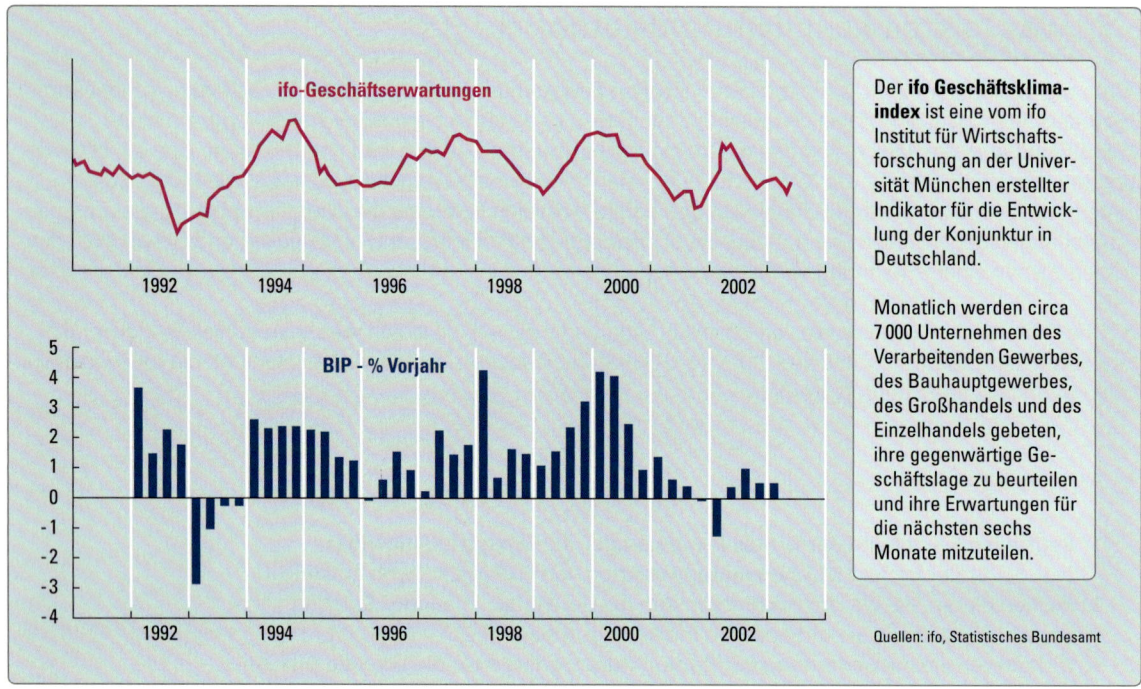

Der **ifo Geschäftsklima-index** ist eine vom ifo Institut für Wirtschaftsforschung an der Universität München erstellter Indikator für die Entwicklung der Konjunktur in Deutschland.

Monatlich werden circa 7 000 Unternehmen des Verarbeitenden Gewerbes, des Bauhauptgewerbes, des Großhandels und des Einzelhandels gebeten, ihre gegenwärtige Geschäftslage zu beurteilen und ihre Erwartungen für die nächsten sechs Monate mitzuteilen.

Quellen: ifo, Statistisches Bundesamt

76.1 Entwicklung des ifo-Geschäftsklima-Indexes 1990–2004 im Vergleich zum BIP in Deutschland

Aus: Jörg Hinze, Prognoseleistung von Frühindikatoren. Die Bedeutung von Frühindikatoren für Konjunkturprognosen – Eine Analyse für Deutschland, Hamburg 2003, S. 1 f., 5 f., 10

M 2   Indikatorgruppen

■ Grundsätzlich unterscheidet man drei Indikator-Gruppen: Frühindikatoren, Präsenzindikatoren und Spätindikatoren (vorauslaufende, gleichlaufende und nachlaufende Indikatoren).

5 (1) Frühindikatoren zeigen bereits im Voraus Veränderungen an, die sich mit einer gewissen Verzögerung beim Sozialprodukt oder bei der Kapazitätsauslastung ergeben werden. Typische Frühindikatoren sind die Auftragseingänge und -bestände und die Lagerverän-
10 derungen der Industrie. Eine allgemeine Verringerung der Auftragseingänge lässt auf einen Nachfragerückgang schließen, der zu einer Abschwächung der Konjunktur führen kann. Ein Abbau von Lagerbeständen kann ebenfalls auf einen Abschwung hinweisen, weil
15 abschmelzende Vorräte mangels Nachfrage nicht wieder aufgefüllt werden. Andererseits kann im Aufschwung die Nachfrage möglicherweise nicht aus der laufenden Produktion bedient werden, sodass ein Rückgriff auf Lagerbestände erforderlich wird. Dies verdeut-
20 licht, dass ein einzelner Indikator für sich genommen nicht immer eindeutig zu interpretieren ist, sondern nur im Zusammenhang mit anderen. Für die Zwecke der Konjunkturprognose wird dabei auch auf die –

höchst subjektiven – Einschätzungen und Erwartungen der Wirtschaft und der Verbraucher zurückgegriffen. 25

(2) Als Präsenzindikatoren bezeichnet man solche, die sich ohne Zeitverschiebung parallel zur Konjunktur entwickeln, wie z. B. die Produktionsleistung (output), die Arbeitslosenzahlen und – gegenläufig – die Zahl der offenen Stellen. 30

(3) Spätindikatoren hingegen reagieren erst mit einer gewissen Verzögerung auf Konjunkturveränderungen. Zu dieser Gruppe zählen u. a. Preisveränderungen und Tariflohnvereinbarungen, wobei letztere gelegentlich auch – im Sinne von Kostendruck-Überlegungen – zu 35 den Frühindikatoren gerechnet werden, und insgesamt die Beschäftigungssituation.
Je nach Wahl einzelner Konjunkturindikatoren ergeben sich zeitlich unterschiedliche Konjunkturwellen. Beispielsweise folgt die Veränderung der Auslastung der 40 Kapazitäten oder des Produktionspotenzials auf die Veränderung des Bruttosozialprodukts.

Aus: Jörn Altmann, Wirtschaftspolitik. Eine praxisorientierte Einführung, Stuttgart/ Jena 1995, 6. Auflage, S. 69 f.

5.3 Lässt sich die Konjunkturentwicklung erklären?

Wenn der Konjunkturlauf messbar und vielleicht – in Grenzen – auch vorhersagbar ist, dann muss er auch generell erklärbar sein. Es streiten sich allerdings verschiedene Theorieansätze über die Erklärung der Konjunktur. Dies hat nicht zuletzt damit zu tun, dass mit der Erklärung der Konjunktur auch ökonomische Interessen berührt sind.

AUFGABEN

1. Erarbeiten Sie die verschiedenen Erklärungsansätze mithilfe einer Verlaufsskizze.
2. Ermitteln Sie – ausgehend vom Grundschema des Wirtschaftskreislaufs (S. 8) –, inwieweit die Theorie der Multiplikator- und Akzeleratoreffekte (M 3 – M 5) zu den einzelnen Erklärungen passt und inwiefern sie geeignet ist, die Diskussion über den Konjunkturverlauf zu einem Ergebnis zu führen.
3. Machen Sie sich mit dem Ansatz von Keynes (M 3 – M 5) vertraut. Worin liegt nach Keynes die wesentliche Ursache dafür, dass Wachstum und Beschäftigung zurückgehen?
4. Zeigen Sie, inwiefern ökonomische Interessen gesellschaftlicher Gruppen Auswirkungen darauf haben könnten, welches Modell zur Konjunkturerklärung jeweils bevorzugt wird.

M 1   Vorkeynesianische Konjunkturtheorien

1. Rein monetäre Konjunkturtheorie

Diese sieht in der Instabilität des Geldumlaufs den Bestimmungsgrund des Konjunkturverlaufs. Veränderungen im „Geldstrom" sind die alleinige Ursache für das konjunkturelle Auf und Ab. Sinkende Zinsen als Folge vermehrten Kreditangebotes regen beim Handel zum billiger werdenden Lageraufbau an. Sie beleben die Nachfrage. Dagegen veranlassen steigende Zinsen aufgrund knapperen Geldes einen Lagerabbau: Zusätzliches Angebot aus den aufgelösten Lägern drängt auf die Märkte und konkurriert mit den Waren aus der laufenden Produktion. Die Händler reagieren schon auf geringe Zinsänderungen, denn sie können sie nicht innerhalb ihrer schmalen Gewinnspanne auffangen.

Verstärkt wird der monetäre Anstoß sowohl im Aufschwung als auch im Abschwung durch das produktionsabhängige Einkommen, das den Impuls auf den Konsum überträgt. Preissteigerungserwartungen im Zuge des Aufschwungs regen die Händler zu größerer Vorratshaltung an und beschleunigen damit den Expansionsprozess. Ebenso hält nach der konjunkturellen Wende die Erwartung sinkender Preise zum Lagerabbau an und lässt die Fahrt in die Rezession schneller werden. Einzig wirksames Heilmittel ist entsprechend die Stabilisierung des Geldumlaufs.

2. Monetäre Überinvestitionstheorie

Danach geht der expansive Impuls von einer Differenz zwischen dem Geldzins (Zinsfuß für Leihkapital aus Ersparnis und Geldschöpfung) und dem natürlichen Zins aus (Ertragsrate der Investition), die zusätzliche Investitionen anregt.

Im Zuge dieses Expansionsprozesses steigt die Nachfrage nach Leihkapital schneller, als sich das Kreditangebot ausdehnen lässt. Sie folgt den Preisen bzw. den Gewinnen, deren Anstieg noch durch das Nachhinken der Löhne beschleunigt wird. Der Geldzins steigt dadurch über den natürlichen Zins hinaus an und leitet den Abschwung ein. Passt sich neben dem Lohn auch der Geldzins den veränderten Marktbedingungen trägheitsbedingt mit Verzögerung an, dann werden Auf- und Abschwung dadurch verlängert. [...]

3. Nicht monetäre Überinvestitionstheorie

Danach geht der expansive Impuls vom technischen Fortschritt aus. Außerdem werden sinkende Löhne und Rohstoffpreise als anregendes Moment genannt. Neuentwickelte Güter versprechen steigenden Absatz, verbesserte Produktionstechniken kostengünstigere Herstellung. Bahn brechende Unternehmer setzen sie durch. Die Nachahmer folgen. Im Laufe des Expansionsprozesses erschöpft sich mit der Zeit aber das Innova-

tionspotenzial. Die Wende zum Abschwung setzt ein, wenn weitere Gewinn versprechende Erfindungen nicht rechtzeitig nachfolgen. Die erstellten Kapazitäten, überwiegend im Investitionsgütersektor, der den techni-
55 schen Fortschritt realisierte, können nicht länger ausge-
lastet werden. Die monetären Faktoren sind hier nicht die treibenden Kräfte des konjunkturellen Bewegungs-
ablaufs. Sie bleiben passiv, sie begleiten ihn lediglich. Kumulative Faktoren, das Beschleunigungsprinzip (der
60 Akzelerator), das die Reaktion der Investitionen auf die anfängliche Nachfragesteigerung beschreibt, und der Multiplikator sowie psychologische Faktoren (Optimismus im Zuge des Aufschwungs, Pessimismus während des Abschwungs) verstärken den expansiven Impuls
65 [vgl. M 3, d. Verf.].
Die nicht monetäre Überinvestitionstheorie führt den zyklischen Wachstumsprozess auf innovatorische Impulse zurück. Diese sind nicht steuerbar. Beeinflusst werden können aber die schubweise nachfolgenden Imi-
70 tationen, die letztlich die kräftige Nachfrageauswei-
tung bringen. Als Mittel bietet sich die Geldpolitik an. Sie könnte versuchen, die auf die Innovation folgenden Nachahmungen zeitlich zu strecken.

4. Unterkonsumtionstheorie

Diese sieht die Konjunkturkrise als Folge einer unzurei- 75
chenden Konsumnachfrage. Während des Expansions-
prozesses werden zwar die Konsumgüterkapazitäten ausgedehnt, monopolistisches Verhalten der Unternehmen hält aber die Löhne zurück, die den Konsum finan-
zieren. Die erstellten Kapazitäten können nicht ausge- 80
lastet werden. Arbeitslosigkeit droht. Als geeignete Therapie werden entsprechend rechtzeitige Kaufkraft-
steigerungen empfohlen. Diese durchzusetzen ist Sache der Gewerkschaften.

Daneben gilt die übermäßige Ersparnis als verantwort- 85
lich für die Lücke in der Nachfrage nach Konsumgütern. Deren Ursache wird in einer ungleichen Einkommensverteilung gesehen. Die wohlhabenden (Unternehmer-)
Haushalte mit ihrer hohen Sparquote bewirken die Nachfragelücke. Durch eine gleichmäßigere Besteue- 90
rung, die konsumfreudige Niedrigverdiener begünstigt, soll sie ausgeglichen werden.

Aus: Ulrich Teichmann: Grundriss der Konjunkturpolitik, München 1988, 4. Auflage, S. 4–9, gekürzt

M 2   Marxistische Krisentheorie

■ Marx versuchte nachzuweisen, dass Krisen der kapi-
talistischen Produktionsweise selbst entspringen und ein krisenfreier Kapitalismus unmöglich ist. [...]

[Die] grundlegende Tendenz kapitalistischer Entwick-
5 lung hatte Marx bereits im ersten Band des „Kapital"
[...] aufgezeigt: die Senkung des Werts der Arbeitskraft durch Entwicklung der Produktivkraft der Arbeit. Und die wichtigste Methode zur Entwicklung der Produktivkraft ist die Einführung immer weiter verbesserter Ma-
10 schinerie [...]. Dieser Kosten sparende Einsatz von Ma-
schinerie ist aber in der Regel mit einer Ausweitung des Produktionsumfangs verbunden. Die Produktivkraft-
steigerung geht daher mit einer Vergrößerung der pro-
duzierten Gütermenge einher, die durch die Zwänge
15 der Konkurrenz [...] noch verstärkt wird. Dieser tenden-
ziell [...] unbegrenzten Ausdehnung der Produktion steht aber [...] eine mehrfach begrenzte Konsumtions-
kraft der Gesellschaft gegenüber. [...]

Der Konsum der Arbeiterklasse wird durch die Logik
20 der Kapitalverwertung beschränkt: Die Kapitalisten versuchen, die Löhne wie auch die Zahl der beschäftigten Arbeitskräfte möglichst niedrig zu halten, da für den einzelnen Kapitalisten der Lohn lediglich ein Kostenfaktor ist. [...]

[Als entscheidende Variable kommt zum Konsum der 25
Arbeiterklasse die Investitionsnachfrage hinzu:] Von ihr hängt direkt die Nachfrage des Kapitals nach zusätz-
lichen Produktionsmitteln ab und indirekt die weitere Entwicklung des Konsums der Arbeiterklasse, insofern nämlich zusätzliche Arbeitskräfte eingestellt werden 30
oder nicht. Ob die Investitionen in Produktionsmittel und Maschinen aber hoch oder niedrig sind, hängt ei-
nerseits von den Profiterwartungen ab [...], andererseits von dem Vergleich zwischen (erwarteter) Profitrate und Zinssatz: [...] Je höher der Zinssatz oder je stärker 35
die Erwartung steigender Börsenkurse, desto mehr wird in fiktives Kapital statt in produktives investiert.

Kapitalistische Produktion und kapitalistische Konsum-
tion sind also nicht nur ganz unterschiedlich bestimmt, ihre Bestimmungsmomente verhalten sich geradezu ge- 40
gensätzlich: Einer tendenziell unbegrenzten Produk-
tion steht eine (nicht durch die Bedürfnisse, sondern durch die Logik der Verwertung) begrenzte Konsumtion gegenüber. Die Konsequenz ist die Tendenz zur Überproduktion von Waren (Überproduktion gemes- 45
sen an der zahlungsfähigen Nachfrage) und zur Überak-
kumulation von Kapital (akkumuliertes Kapital, das sich nicht oder nur noch schlecht verwertet), was schließlich zu Krise führen muss: Die Reproduktion ge-

rät ins Stocken, investiertes Kapital wird […] vernichtet [...], die am wenigsten profitablen Einzelkapitale gehen bankrott, Arbeitskräfte werden entlassen und mit steigender Arbeitslosigkeit nehmen auch die Löhne ab. […] Gesellschaftlicher Reichtum wird vernichtet und die Lebensverhältnisse einer großen Zahl von Menschen verschlechtern sich erheblich.

Allerdings sind es gerade die destruktiven Momente, die auf gewaltsamem Wege das Missverhältnis von Produktion und gesellschaftlicher Konsumtion beseitigen. Krisen haben nicht nur eine zerstörerische Seite, für das kapitalistische System als Ganzes sind sie durchaus „produktiv". Die Vernichtung der unprofitablen Kapitale vermindert die Produktion, die Entwertung des noch fungierenden Kapitals und die niedrigen Löhne steigern die Profitrate der verbleibenden Kapitale. Schließlich sinken die Zinsen auch wieder, da die Nachfrage nach Leihkapital zurückgeht. […] Ein neuer Aufschwung beginnt, der schließlich wieder in die nächste Krise mündet.

Aus: Michael Heinrich, Kritik der politischen Ökonomie, Stuttgart 2004, S. 170–174

M 3 Die Theorie des John Maynard Keynes – Zusammenfassung

● Bis zur großen Depression Anfang der 30er Jahre in den USA war die herrschende (klassische) Wirtschaftstheorie von den Selbstheilungskräften des Marktes überzeugt. Abweichungen des tatsächlichen Bruttoinlandsprodukts (BIP) vom Produktionspotenzial (der bei Vollauslastung aller Kapazitäten maximal mögliche Ausstoß oder Output) konnten demnach bestenfalls von kurzer Dauer sein. Die analytische Sicht war langfristig ausgerichtet.
Folglich bot die Wirtschaftstheorie keine Erklärung für die lange und hohe Arbeitslosigkeit der großen Depression. Mit der keynesianischen Revolution (nach J. M. Keynes) [zu Keynes siehe auch S. 81, d. Verf.] verlagerte sich das Analyseinteresse […], und es wurde die Bedeutung der gesamtwirtschaftlichen Nachfrage hervorgehoben. Im Gegensatz zur Neoklassik geht die keynesianische Theorie von einem Unterbeschäftigungsgleichgewicht aus, d.h. es besteht unfreiwillige Arbeitslosigkeit bei nicht voll ausgelasteten Kapazitäten. […] Konjunkturelle Schwankungen resultieren aus veränderten Erwartungen über die Grenzleistungsfähigkeit des Kapitals, d.h. aus veränderten Einschätzungen der künftigen Entwicklung der Rendite einer Investition. Da nach keynesianischer Sicht die Geldpolitik wirkungslos ist, muss die gesamtwirtschaftliche Nachfrage durch expansive staatliche Aktivitäten angeregt werden, die über einen sich selbst verstärkenden Anpassungsprozess (Multiplikator-Akzelerator) die Wirtschaft dann wieder zur Vollbeschäftigung bringt.

Aus: Bundeszentrale für politische Bildung (Hg.), Wirtschaft heute, Bonn 2003, 4. Auflage, S. 88

M 4 Ursachen eines Wachstums- und Beschäftigungsrückgangs aus keynesianischer Sicht

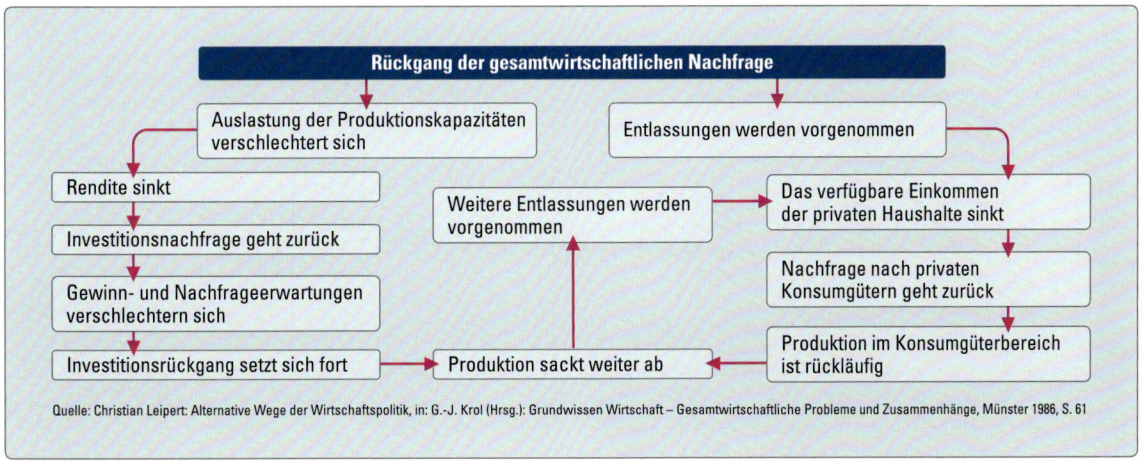

Quelle: Christian Leipert: Alternative Wege der Wirtschaftspolitik, in: G.-J. Krol (Hrsg.): Grundwissen Wirtschaft – Gesamtwirtschaftliche Probleme und Zusammenhänge, Münster 1986, S. 61

M 5   Das erweiterte keynesianistische Modell

● Der Staat beeinflusst über Steuern und öffentliche Abgaben in vielfältiger Weise die gesamtwirtschaftliche Entwicklung. Unter Fiskalpolitik wird in einem ganz allgemeinen Sinne die Nutzung dieser fiskalischen
5 Einflusskanäle zur Realisierung wirtschaftlicher Ziele verstanden. […] Im engeren Sinne zielt die Fiskalpolitik darauf ab, die gesamtwirtschaftliche Nachfrage durch entsprechende – möglicherweise defizitfinanzierte – Staatsausgaben (Deficit-Spending) auf einem Niveau zu
10 steuern, das einen hohen Beschäftigungsstand ermöglicht. […]

Staatsausgaben-Multiplikator und IS-LM-Modell

Wenn ein gesamtwirtschaftlicher Nachfragemangel Ursache eines zu geringen Wirtschaftswachstums ist, dann
15 kann eine Erhöhung der Staatsausgaben möglicherweise hilfreich sein. Die Gesamtnachfrage steigt im einfachsten keynesianischen Modell nicht nur um die Höhe der zusätzlichen, defizitfinanzierten Staatsausgaben, sondern um ein Vielfaches davon (Staatsausgaben-Mul-
20 tiplikator). Die Wirkung des Multiplikators ist eine Art Kettenreaktion: Die zusätzlichen Staatsausgaben erhöhen das Sozialprodukt, was die Konsumnachfrage steigert, die ihrerseits die Einkommen vermehrt. Die Einkommenserhöhung steigert schließlich wiederum die
25 Konsumnachfrage. Im einfachen Einnahme-Ausgaben-Modell gibt es keine Zinsen und die Investitionen sind fest vorgegeben (exogen).
Erweitert man dieses Modell um zinsreagible Investitionen und einen Geldmarkt, auf dem sich der Zins als
30 Gleichgewichtspreis bildet, erhält man differenziertere

Aussagen. Auch hier kann im Normalfall die Fiskalpolitik durch eine schuldenfinanzierte Erhöhung der Staatsausgaben die gesamtwirtschaftliche Nachfrage steigern. Allerdings wird der Gesamteffekt abgeschwächt, weil die schuldenfinanzierten Staatsausgaben den Zins in 35 die Höhe treiben. Der erhöhte Zins mindert die private Investitionstätigkeit, sodass die Staatsausgaben zum Teil private Investitionen verdrängen (Crowding-out). Dieses erweiterte keynesianische Modell heißt IS-LM-Modell. […] IS steht für die Gleichgewichtsbedingung 40 auf dem Gütermarkt (Investment = Saving) und LM für die Gleichgewichtsbedingung auf dem Geldmarkt (Geldangebot, Money = Nachfrage nach Liquidität).

Fall (a) [siehe Abb. 80.1, d. Verf.] zeigt, dass es trotz des Crowding outs zu einer Einkommenssteigerung kommt. 45 Eine Ausweitung der Staatsausgaben führt zu einer Rechtsverschiebung der IS-Kurve. Zwar hat dies auch einen Zinsanstieg und infolgedessen eine Minderung des positiven Effekts zur Folge. Per saldo verbleibt jedoch eine Einkommenssteigerung. Im Fall (b) [siehe 50 ebenfalls Abb. 80.1, d. Verf.] ist die Fiskalpolitik unwirksam, es kommt zum vollständigen Crowding out. Hintergrund dafür ist die Geldnachfrage, die nicht auf eine Zinserhöhung reagiert („klassischer Fall"). In dieser Situation ist die Fiskalpolitik völlig unwirksam, die 55 Geldpolitik aber wirksam. Durch eine Ausweitung der Geldmenge und eine Verschiebung der LM-Kurve nach rechts kann das Einkommen gesteigert werden.

*Bundeszentrale für politische Bildung (Hg.), Wirtschaft heute,
Bonn 2003, 4. Auflage, S. 134 f.*

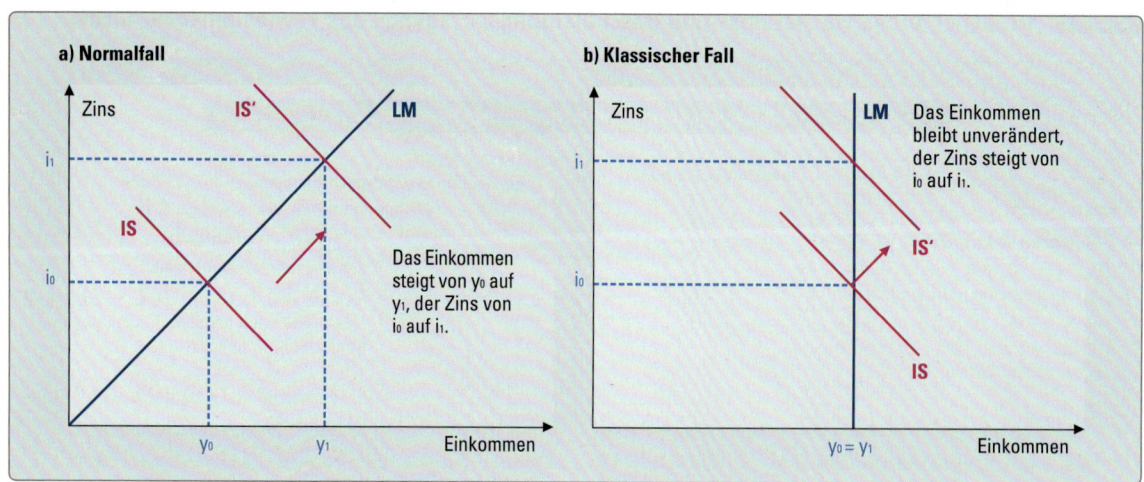

80.1   IS-LM-Modell, normaler und klassischer Fall

5.4 Welche Grundkonzepte der Konjunkturpolitik existieren?

Die konjunkturellen Schwankungen werden von verschiedenen Ansatzpunkten her erklärt. Wie der Staat bzw. die Wirtschaftspolitik sich ihnen gegenüber verhalten soll, das ist ebenfalls Gegenstand von Kontroversen. Vor allem zwei grundlegend verschiedene Sichtweisen von Wirtschaftspolitik, der Keynesianismus und der Monetarismus, stehen sich in den Debatten in verschiedenen Ausprägungen immer wieder gegenüber.

AUFGABEN

Erarbeiten Sie arbeitsteilig an Hand der Texte M 1, M 2, M 6 und M 7 bzw. M 1, M 3, M 4, M 5 und M 7 die beiden Grundkonzepte der Konjunkturpolitik.
Stellen Sie anschließend die jeweilige Seite aus der Perspektive der anderen Seite dar und kritisieren Sie sie.

M 1   Grundpositionen

● Die ersten Überlegungen zur Steuerung bzw. besser: Beeinflussung von Marktprozessen gehen wohl auf Adam Smith (1723–1790), David Ricardo (1772–1823) und John Stuart Mill (1806–1873) zurück. Sie sind aber
5 vor dem Hintergrund der industriellen Revolution Englands in einem völlig anderen gesellschaftspolitischen Kontext zu sehen als heute. Grundprinzip dieser – als Klassik bezeichneten – Wirtschaftsphilosophie ist der freie marktwirtschaftliche Wettbewerb auf den Güter-
10 und Faktormärkten mit dem Marktpreis als Regelmechanismus („unsichtbare Hand"). Nach klassischer Auffassung tendieren marktwirtschaftlich strukturierte Märkte bei Störung wieder zum Gleichgewicht. Nach dem klassischen Konzept kann es dauerhaft weder Un-
15 terbeschäftigung auf dem Arbeitsmarkt noch zu viel oder zu wenig Investitionen oder Konsum noch sonstige Wirtschaftskrisen geben. Tatsächlich auftretende Störungen seien auf Unvollkommenheiten des Marktes zurückzuführen. Wenn diese beseitigt werden, wird sich ein neuer (stabiler) Gleichgewichtszustand herausbil- 20 den. Die Aktivitäten des Staates können sich daher auf Schaffung und Erhaltung von Rahmenbedingungen beschränken, innerhalb derer die Wirtschaftssubjekte völlig autonom entscheiden und handeln können (laissez-faire-Wirtschaft, von Ferdinand Lasalle als „Nacht- 25 wächterstaat" verspottet). Privates Eigentum, auch an Produktionsmitteln, wird garantiert. Dieses wirtschaftspolitische Konzept bezeichnet man als klassischen Liberalismus.

Aus: Jörn Altmann: Wirtschaftspolitik. Eine praxisorientierte Einführung, Stuttgart/Jena 1995, 6. Auflage, S. 234

M 2   John Maynard Keynes: Agenda des Staates

● Wir wollen nunmehr gründlich mit den metaphysischen und allgemeinen Prinzipien aufräumen, auf die man von Zeit zu Zeit das Laissez-faire immer wieder aufbaut. Es ist *nicht* wahr, dass jedes Individuum eine
5 vorgeschriebene „natürliche Freiheit" seiner wirtschaftlichen Tätigkeit besitzt. Es gibt keinen „Vertrag", der denen, die schon besitzen oder die noch erwerben, ewige Rechte überträgt. Die Welt wird von oben her *nicht* so regiert, dass private und allgemeine Interessen im-
10 mer zusammenfallen. Sie wird von unten her *nicht* so verwaltet, dass diese beiden Interessen in der Praxis zusammenfallen. Aus den Prinzipien der Nationalökonomie folgt *nicht*, dass der aufgeklärte Egoismus immer zum allgemeinen Besten wirkt. […] Die Erfahrung lehrt nicht, dass Individuen, die sich zu einer gesellschaftli- 15 chen Gruppe zusammenschließen, immer weniger klarsichtig sind, als wenn sie einzeln handeln. […]

Die wichtigsten Agenden des Staates betreffen nicht die Tätigkeiten, die bereits von Privatpersonen geleistet werden, sondern jene Funktionen, die über den Wir- 20 kungskreis des Individuums hinausgehen, jene Entscheidungen, die niemand trifft, wenn der Staat sie nicht trifft. Nicht das ist wichtig für den Staat, dass er die gleichen Dinge etwas besser oder etwas schlechter ausführt, sondern dass er die Dinge tut, die heute über- 25 haupt nicht getan werden. […]

»

Viele der größten wirtschaftlichen Übel unserer Zeit entstehen aus Risiko, Unsicherheit und Unwissenheit. Teils dadurch, dass manche durch Glück oder Naturanlagen besonders begünstigte Individuen in der Lage
35 sind, aus der Unsicherheit und Unwissenheit der anderen Kapital zu schlagen, teils weil das Geschäft schon aus diesem Grunde häufig ein Lotteriespiel ist, entstehen die großen Ungleichheiten im Besitz; die gleichen Faktoren verschulden auch die Arbeitslosigkeit, die Ent-
40 täuschung gerechtfertigter geschäftlicher Erwartungen und den Niedergang von Arbeitskraft und Produktion. Das Heilmittel liegt aber außerhalb des individuellen Tätigkeitsbereiches. […]

Ich glaube, dass das Heilmittel zum Teil in der wohl-
45 überlegten Kontrolle der Währungs- und Kreditfragen liegt, einschließlich der vollen Publizität aller wissenswerten geschäftlichen Tatsachen, die, wenn nötig, gesetzlich erzwungen werden müsste. Durch diese Maßnahmen wäre die Gesellschaft in der Lage, durch
50 entsprechende Organe die geistige Führung bei inneren Komplikationen der Privatwirtschaft zu übernehmen, doch ohne dass private Initiative und privater Unternehmungsgeist durch sie angetastet würden. […]
Mein zweiter Vorschlag betrifft die Ersparnisse und die
55 Kapitalanlagen. Ich glaube, dass wir zu einer gemeinsamen vernünftigen Entscheidung kommen müssen über den Umfang, in dem das Sparen innerhalb einer Gemeinschaft gewünscht ist, und über den Umfang, in dem diese Ersparnisse im Ausland angelegt werden sol-
60 len; ferner darüber, ob die heutige Organisation des Anlagemarktes die Ersparnisse in der für die Nation produktivsten Art verteilt. Ich glaube, man sollte diese Dinge nicht ganz und gar dem Zufall der privaten Entscheidung und des privaten Gewinns überlassen, wie es
65 heutzutage der Fall ist.
Mein dritter Vorschlag betrifft die Bevölkerung. Die Zeit ist heute schon gekommen, wo jedes Land nationale Überlegungen darüber anstellen muss, ob seine Bevölkerungszahl kleiner oder größer werden oder statio-
70 när bleiben soll. […]

Während die Ausdehnung der Aufgaben der Regierung, welche die Ausgleichung des Hanges zum Verbrauch und der Veranlassung zur Investition mit sich bringt, einem Publizisten des 19. Jahrhunderts oder einem zeitgenössischen amerikanischen Finanzmann als ein 75 schrecklicher Eingriff in seine persönliche Freiheit erscheinen würde, verteidige ich sie im Gegenteil, sowohl als das einzige durchführbare Mittel, die Zerstörung der bestehenden wirtschaftlichen Formen in ihrer Gesamtheit zu vermeiden, als auch als die Bedingung für 80 die erfolgreiche Ausübung der Initiative des Einzelnen. Denn wenn die wirksame Nachfrage unzulänglich ist, ist nicht nur der öffentliche Skandal unbenutzter Hilfsquellen unerträglich, sondern auch der einzelne Unternehmer, der versucht, diese Hilfsquellen in Tätigkeit zu 85 setzen, mit zu vielen Punkten gegen sich. Das Zufallsspiel, das er spielt, ist mit vielen Nullen versehen, sodass die Spieler in ihrer Gesamtheit verlieren werden, wenn sie die Energie und die Hoffnung haben, alle Karten zu geben. Bis jetzt ist der Zuwachs des Reichtums 90 der Welt hinter der Gesamtheit der positiven einzelnen Ersparnisse zurückgeblieben; und die Differenz ist von den Verlusten jener wettgemacht worden, deren Mut und Initiative nicht durch ausnahmsweise Geschicklichkeit oder ungewöhnlich gutes Glück ergänzt worden ist. 95 Wenn aber die wirksame Nachfrage angemessen ist, werden die durchschnittliche Geschicklichkeit und das durchschnittliche gute Glück ausreichen.

Die autoritären Staatssysteme von heute [1936, d. Verf.] scheinen das Problem der Arbeitslosigkeit auf Kosten 100 der Leistungsfähigkeit und der Freiheit zu lösen. Es ist sicher, dass die Welt die Arbeitslosigkeit, die, von kurzen Zeiträumen der Belebung abgesehen, mit dem heutigen kapitalistischen Individualismus verbunden ist, nicht viel länger dulden wird. 105

Zitiert nach: Harald Mattfeldt, Keynes. Kommentierte Werkauswahl, Hamburg
1985, S. 110, S. 113 f. und John Maynard Keynes, Allgemeine Theorie
der Beschäftigung, des Zinses und des Geldes, Berlin 1955
(engl. Original 1936), S. 321

M 3   Milton Friedman: Die Kontrolle über das Geld

● In den vergangenen Jahrzehnten sind die Begriffe „Vollbeschäftigung" und „Wirtschaftswachstum" für die Regierung zu erstklassigen Entschuldigungen geworden, sich immer mehr in wirtschaftliche Angelegen-
5 heiten einzumischen. Eine Wirtschaft des freien Unternehmertums, so sagt man, sei von Natur aus instabil. Sich selbst überlassen, schaffe sie abwechselnde Zyklen von Boom und Bankrott. Die Regierung müsse also ein-

schreiten, um einen sicheren Kurs zu steuern. Diese Argumente galten besonders während und nach der gro-
10 ßen Depression der Dreißigerjahre. Sie spielten eine große Rolle bei der Entstehung des New Deal[1] in den USA wie auch bei vergleichbaren Regierungsinterventionen in anderen Ländern. […] Die Regierung muss, so argumentiert man, aufpassen, dass die Wirtschaft 15 wächst, damit alles für den Kalten Krieg da sei und da-

mit den Völkern der Welt gezeigt werden kann, dass eine Demokratie schneller zu Wohlstand kommt als ein kommunistischer Staat. Die große Depression – wie die

20 meisten Perioden starker Arbeitslosigkeit – wurde mehr durch ein falsches Vorgehen der Regierung als durch eine der freien Marktwirtschaft innewohnende Labilität hervorgehoben. [...]

Diese Argumente sind absolut irreführend. Tatsache ist:

25 [...] Zölle und andere Restriktionen im internationalen Handel, hohe Steuerlasten und eine komplexe und ungerechte Steuerstruktur, Überwachungskommissionen, von der Regierung festgelegte Löhne und Preise und eine Unmenge anderer Maßnahmen bringen den Einzel-

30 nen dazu, seine Gelder falsch anzulegen und neu Erspartes falsch zu investieren.

Was wir dringend für eine stabile und wachsende Wirtschaft brauchen, ist eine reduzierte, nicht eine vermehrte Einmischung der Regierung. Eine solche Reduzie-

35 rung würde der Regierung immer noch eine bedeutende Rolle auf diesem Gebiet überlassen. Es ist vor allem wünschenswert, dass die Regierung einen festen Geld- und Finanzrahmen für die freie Wirtschaft liefert – als einen Teil ihrer Funktion, einen festen gesetzlichen

40 Rahmen zu schaffen. Wir sollten von der Regierung einen legalen und ökonomischen Rahmen verlangen, der die einzelnen Menschen befähigt, wirtschaftliches Wachstum zu produzieren. Die Hauptgebiete der Regierungspolitik in Bezug auf wirtschaftliche Stabilität

45 sind Geldpolitik und Finanzpolitik. [...]

Ein Liberaler fürchtet grundsätzlich jede Machtkonzentration. Er möchte jedem einzelnen Menschen ein Höchstmaß an Freiheit sichern, solange es nicht die Freiheit anderer Menschen beeinträchtigt. Seiner Ansicht nach muss zu diesem Zweck die Macht aufgeteilt 50 werden. Er wird argwöhnisch, wenn der Regierung Funktionen zugeteilt werden, die der Markt ausführen könnte. Denn das setzt Zwang an die Stelle von Kooperation und bedroht dadurch, dass die Regierung eine größere Rolle erhält, die Freiheit auch auf anderen Ge- 55 bieten. Eine Machtverteilung wird auf dem Gebiet des Geldwesens zu einem besonders schwierigen Problem. Man ist sich weitgehend einig, dass die Regierung in monetären Angelegenheiten gewisse Verantwortung haben muss. Ebenso erkennt man weitgehend an, dass 60 die Kontrolle über das Geldwesen ein mächtiges Werkzeug zur Kontrolle und Gestaltung der Wirtschaft sein kann. [...] Das Problem liegt darin, institutionelle Vorkehrungen zu treffen, die die Regierung befähigen, für das Geldwesen die Verantwortung zu tragen, die jedoch 65 gleichzeitig die der Regierung damit zugewachsene Macht in Grenzen zu halten und die verhindern, dass sie genutzt wird, um die freie Gesellschaft zu schwächen, anstatt sie zu stärken. [...] Man muss Regeln für die Führung der Geldpolitik gesetzlich festlegen, die die Öf- 70 fentlichkeit in die Lage versetzen, durch ihren politischen Sachverstand die Geldpolitik zu kontrollieren, und Regeln, die gleichzeitig verhindern, dass die Geldpolitik den täglichen Launen politischer Autoritäten unterworfen ist. 75

1 New Deal: Bezeichnung für die (umstrittene) Politik von US-Präsident Roosevelt zur Bekämpfung der Wirtschaftskrise und zur Durchführung sozialer und wirtschaftlicher Reformen in den USA. Konjunkturpolitisch war der New Deal mit seinen vielfältigen staatlich initiierten Infrastrukturmaßnahmen nur begrenzt erfolgreich, aber er brachte bleibende strukturelle Änderungen des amerikanischen Gesellschaftsgefüges, besonders zugunsten sozial benachteiligter Gruppen.

Aus: Milton Friedman, Kapitalismus und Freiheit, Frankfurt a. M. / Berlin / Wien 1984 (amerik. Original 1962), S. 62–64 und 78

M4 Angebotsorientierte Wirtschaftspolitik

■ Obwohl es keine einheitliche Begriffsbestimmung für eine angebotsorientierte Stabilitäts- und Wirtschaftspolitik gibt, gelten für sie doch folgende ordnungspolitische Elemente als charakteristisch:

5 —Marktwirtschaftliche Lenkung der individuellen Wirtschaftspläne;
—Verbesserung der Funktionsfähigkeit der Marktwirtschaft durch Abbau administrativer Hemmnisse;
—Mobilisierung der Wachstumskräfte;

10 —Verringerung des Staatsanteils.

Theoretische Grundlage dieser „Mehr-Markt-Weniger-Staat"-Strategie bildet die Neoklassik. [...]

„Angebotsorientierte Wirtschaftspolitik beruht im wesentlichen auf dem Gedanken, dass die effiziente Nutzung der Ressourcen einer Volkswirtschaft am besten dadurch erreicht werden kann, dass private Anbieter die Felder erschließen, auf denen sie jetzt und vor allem in Zukunft mit Nachfrage rechnen können; damit werden zugleich die Voraussetzungen dafür geschaffen, dass Menschen Beschäftigung finden, Einkommen er- 15 zielen und Wohlstand gewinnen können." (Jahresgutachten des Sachverständigenrates 1997, Tz 293)

Die Forderungen des Sachverständigenrates (SVR) richten sich primär auf zwei Bereiche, die Finanz- und die Lohnpolitik. Staat und Gewerkschaften sind aufgeru- 20 fen, sich so zu verhalten, dass die privaten Investitionen nicht behindert und die Bedingungen für eine forcierte Investitionstätigkeit geschaffen werden.

25 Die Staatsausgaben sollen sich mittelfristig entsprechend dem Produktionspotential entwickeln. [...] Eine Rückführung der Staatsquote hält der SVR für erforderlich, um den Spielraum für privatwirtschaftliche Aktivitäten zu erhalten. Durch eine Verbesserung der Angebotsbedingungen lässt sich, so der SVR, auch der Strukturwandel leichter bewältigen.

Zusammengefasst soll der Staat bei einer angebotsorientierten Wirtschaftspolitik

— unnötige Hemmnisse wirtschaftlicher Aktivitäten wegräumen [...],

— Reserven an privater Risikobereitschaft mobilisieren helfen, insbesondere die Neigung zur Eigenkapitalanlage sowie die Gewinnbeteiligung von Arbeitnehmern fördern,

— sich im Steuersystem verstärkt an Unternehmensrisiken beteiligen,

— seine eigenen Ausgaben in engeren Grenzen halten, die kreditfinanzierten Ausgaben senken, aber auch die Abgabequote nicht weiter erhöhen,

— die Mobilität der Arbeitskräfte und deren Bereitschaft, sich fortzubilden, unterstützen, [...]

— die wirtschaftliche Dynamik von unten stärken, insbesondere die Chance zur Gründung einer selbständigen Existenz sowie die Entwicklungsmöglichkeiten kleiner und mittlerer Unternehmen verbessern,

— dem Wettbewerb, namentlich den Wettbewerb mit dem Ausland, scharf halten, Subventionen und Schutzmaßnahmen, die den Strukturwandel hemmen, abbauen. (Jahresgutachten 1981, Tz 300)

Eine wichtige Rolle weist der SVR den Löhnen bzw. der 55 Lohnpolitik zu. So fordert(e) er eine (relative) Lohnsenkung, ein Zurückbleiben der Reallöhne hinter dem Anstieg der Arbeitsproduktivität, um durch eine Lohnkostensenkung eine Rentabilitätssteigerung der Investitionen zu erreichen. Sinkende Lohnkosten führen bei 60 gleichbleibender Nachfrage zu steigenden Gewinnen und diese zu mehr Investitionen und Beschäftigung. Nach einer eingehenden Analyse kommt der SVR zu dem Schluss, dass aufgrund der gegebenen Bedingungen in der Bundesrepublik bei einer zurückhaltenden 65 Lohnpolitik kein Rückgang der gesamtwirtschaftlichen Nachfrage zu erwarten ist, sondern dass „der reale Kaufkrafteffekt der Lohnsenkung über seinen Anfangswert hinaus noch kräftig zunimmt" (ebenda, Tz 300). [...]

Auf struktureller Ebene wird eine stärkere Differenzie- 70 rung der Lohnstruktur gefordert. Diese Lohndifferenzierung soll vor allem durch eine Senkung der Löhne für einfache Arbeit, also die unteren Lohngruppen erreicht werden. Außerdem fordert der SVR eine verstärkte Flexibilisierung des Arbeitsmarktes. Die „For- 75 men erhöhter Beweglichkeit" betreffen „sowohl die flexiblere Gestaltung der Arbeitszeit wie auch die Fähigkeit und Bereitschaft der Arbeitnehmer, neue Tätigkeiten zu übernehmen, höhere oder breitere Qualifikationen zu erwerben, den Arbeitsort zu wechseln, sich 80 selbständig zu machen" (Jahresgutachten 1987, Tz 386).

Aus: Gerd-Jan Krol/Alfons Schmid, Volkswirtschaftslehre. Eine problemorientierte Einführung, Tübingen 2002, S. 294 ff.

M 5   **Beschäftigungs- und Wachstumsförderung nach neoklassisch-liberalem Konzept**

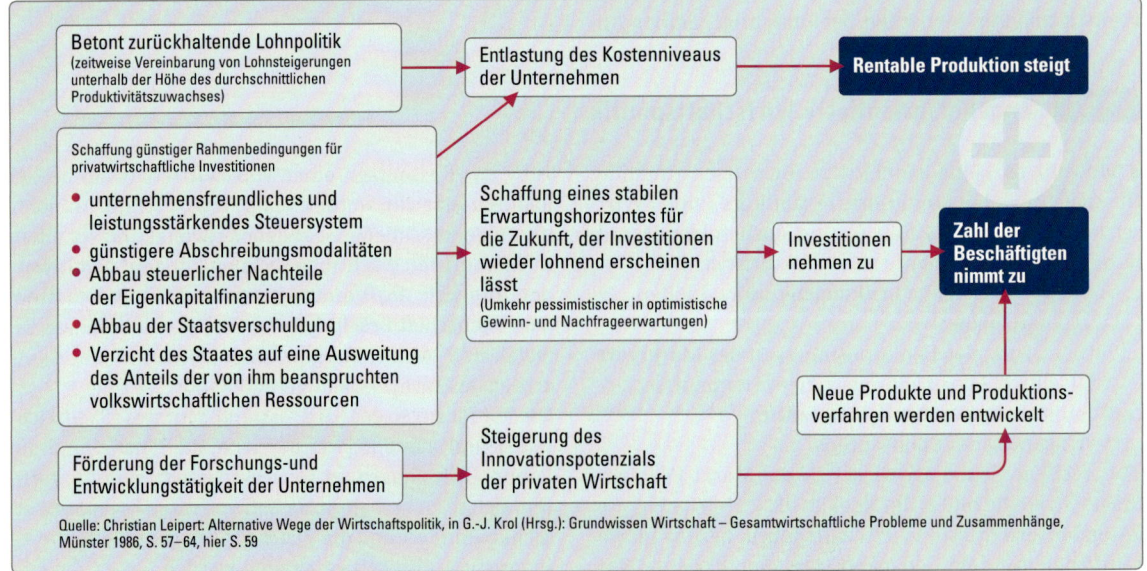

Quelle: Christian Leipert: Alternative Wege der Wirtschaftspolitik, in G.-J. Krol (Hrsg.): Grundwissen Wirtschaft – Gesamtwirtschaftliche Probleme und Zusammenhänge, Münster 1986, S. 57–64, hier S. 59

M6   Alternative Wirtschaftspolitik

● Seit 1975 veröffentlicht eine Gruppe von Ökonomen jährlich erscheinende Memoranden. Ziel dieser Gruppe ist die Entwicklung eines Alternativkonzepts zum SVR, in dem nicht eine Stärkung des Marktmechanismus propagiert wird, sondern kurzfristig eine nachfrageorientierte Vollbeschäftigungspolitik und langfristig eine demokratische „Neuordnung der Wirtschaft" gefordert werden. Wir beschränken uns auf die Darstellung der kurzfristigen Strategie, […].

Nach Auffassung der Memorandengruppe ist die Krisenentwicklung markt- und profitgesteuerten Wirtschaftssystemen immanent. Diese Krisenhaftigkeit wird auf ein strukturelles Nachfragedefizit zurückgeführt, das aus dem Auseinanderfallen von Produktionskapazitäten und Gesamtnachfrage folgt. Das Kernproblem der Krise wird „als zyklischer und überzyklischer Widerspruch zwischen Kapitalakkumulation und Endnachfrageentwicklung interpretiert" (Memorandum 1981, 87). Der konjunkturelle Zyklus verläuft nach folgendem […] Grundmuster:

Im Aufschwung ist regelmäßig ein Vorlauf der Investitionen vor dem Konsum zu beobachten, weil Infolge von Multiplikator- und Akzeleratorprozessen die investive Nachfrage stark steigt, denn die neuen (oder modernisierten) Kapazitäten werden erst allmählich produktionsreif. Der obere Wendepunkt der Konjunktur tritt ein, wenn die neuen Kapazitäten voll produktionswirksam sind – es sei denn, zusätzliche Nachfrageschübe kommen vom Staat oder der ausländischen Nachfrage. Aber schon eine Verlangsamung des Endnachfragewachstums bewirkt einen Rückgang der Investitionstätigkeit, so dass über kurz oder lang eine konjunkturelle Abwärtsbewegung eintritt, die erst dann zum Stillstand kommt, wenn neue Investitionen wegen der Notwendigkeit von Ersatzinvestitionen, wegen des Abbaus von Überkapazitäten infolge des Ausscheidens einer größeren Zahl von Unternehmen oder wegen relativer Preisverschiebungen rentabel werden." (ebenda, 89; vgl. auch HICKEL 1987, 68 ff.) […]

Aus der Diagnose folgt die Therapie: Der die Überakkumulation und die Arbeitslosigkeit bewirkende Nachfragemangel ist durch eine expansive Nachfragepolitik zu überwinden. Eine Förderung privater Investitionen scheidet aus, um die bestehende Disproportion zwischen Angebot und Nachfrage nicht zu verstärken. Als Wirtschaftspolitik soll der Staat eine expansive Nachfragepolitik betreiben, die sich auf die Produktion solcher Güter richtet, die der Markt nicht oder nur zu unverhältnismäßig hohen Preisen bereitstellt.

In den einzelnen Memoranden wurde immer wieder ein staatliches Beschäftigungsprogramm zur Bekämpfung der Arbeitslosigkeit gefordert, was dem Muster traditioneller keynesianischer Globalsteuerung entspricht. Um der Kritik am Keynesianismus Rechnung zu tragen, wird eine Bindung der staatlichen Ausgaben an beschäftigungspolitischen Auflagen und Kontrollen gefordert. Dadurch sollen die beschäftigungspolitische Wirksamkeit der Nachfragesteuerung erhöht und machtbedingte Handlungsmöglichkeiten sowie Ausweichstrategien der Unternehmen beschränkt werden.

Aus: Gerd-Jan Krol/Alfons Schmid, Volkswirtschaftslehre. Eine problemorientierte Einführung. Tübingen 2002, S. 299, 301.

M7   Annäherung der Positionen

● Sowohl die konzeptionellen Schwächen als auch die empirischen Begrenzungen der Wirksamkeit haben zu Annäherungen zwischen den nachfrage- und angebotsorientierten Konzeptionen geführt. Diese Annäherungen betreffen vor allem die Rolle des Staates. So sollen die Fiskal- und Geldpolitik nicht mehr primär kurzfristig antizyklisch sondern mittelfristig verstetigt werden. […] Hinsichtlich der Lohnpolitik bestehen zwischen beiden Richtungen weiterhin erhebliche Unterschiede. Für die Neue Klassische Makroökonomie spielen die Löhne keine Rolle, da sie als flexibel betrachtet werden. Im neoklassischen Konzept richten sich die lohnpolitischen Vorschläge auf eine Deregulierung des Arbeitsmarktes, um die Lohnflexibilität zu erhöhen. Dagegen steht bei den (Post-)Keynesianern die Begründung starrer Löhne aus ökonomischen Rationalitätsüberlegungen im Mittelpunkt. In diesem Fall bleiben nach unten flexible Löhne unwirksam und erhöhen die Beschäftigung nicht. Keine expansive Lohnpolitik, sondern eine Orientierung der Löhne an der Produktivität und den „unvermeidlichen" Preissteigerungen fordern aber auch keynesianische Autoren.

Die konstatierte Annäherung zwischen neoklassischen und keynesianischen Positionen betrifft also primär die staatliche Wirtschaftspolitik. Die unterschiedlichen Auffassungen über die Stabilität oder Instabilität des privaten Sektors setzen Grenzen für eine Annäherung.

Aus: Gerd-Jan Krol/Alfons Schmid, Volkswirtschaftslehre. Eine problemorientierte Einführung, Tübingen 2002, S. 304 f.

5.5 Krisenverhinderung durch Wirtschaftspolitik? Erfahrungen aus der bundesdeutschen Geschichte

AUFGABEN

1. Skizzieren Sie den in M 1 bis M 3 beschriebenen Konjunkturverlauf.
2. Stellen Sie heraus, mit welchen Indikatoren die Autoren von M 1 bis M 3 die Konjunktur betrachten.
3. Bestimmen Sie die Einflüsse, die der staatlichen Konjunkturpolitik zugeschrieben werden.
4. Diskutieren Sie die Ergebnisse der jeweiligen staatlichen Konjunkturpolitik.

M 1   Stabilität der Konjunktur 1945 bis 1973 – ein Rückblick

■ Erste autonome Nachfrageanreize gingen von dem Wiederaufbau nach dem Kriege aus. Sie wirkten besonders stark in Europa und Japan, waren aber auch in den Vereinigten Staaten spürbar. Der autonome Charakter
5 dieser Nachfrageanreize schwand Anfang der Fünfzigerjahre allmählich, denn nun war die Investitionsnachfrage nicht mehr eine Funktion des Wiederaufbaus, sondern der laufenden Nachfrage nach Gütern und Dienstleistungen. [...]

10 Die Kapitalbildung entwickelte sich in bestimmten Wirtschaftszweigen gleichartig: In den Bereichen Steinkohlenbergbau, Eisen- und Stahlindustrie, Schiffsbau und Holzproduktion zeigten sich in Westeuropa Ende der Fünfzigerjahre erstmals Überkapazitäten. Seitdem
15 trugen die Kapitalinvestitionen in diesen Sektoren nicht mehr substantiell zum allgemeinen Wirtschaftswachstum bei, sondern sie hingen immer stärker von den laufenden Absatz- und Gewinnmöglichkeiten ab. Damit wirkten sie eher destabilisierend auf den Konjunktur-
20 verlauf ein. Eine ganze Reihe von Industrie- und Dienstleistungssektoren wies dagegen stets eine große autonome Nachfrage nach Kapitalgütern auf, und zwar solche Sektoren, die hauptsächlich für die Bedürfnisse der neuen Konsumgesellschaft produzierten. Sie trugen
25 wesentlich zu Wirtschaftswachstum und konjunktureller Stabilität bei, indem sie sogar während des Konjunkturabschwungs Investitionen anzogen. Auch psychische Nachfragefaktoren festigten das Wachstum in den Fünfziger- und Sechzigerjahren. [...]
30 Da die Unternehmer ein fortdauerndes Wachstum erwarteten, hielten sie oft auch dann ihr Investitionsniveau, wenn zeitweilig Konjunkturstörungen in bestimmten Nachfragekomponenten (z. B. der Exportnachfrage) auftraten. Ungebrochene Wachstumserwartungen lie-

ßen auch die Verbraucher ihren Wohlstandskonsum 35 selbst bei kurzfristiger Einkommensverminderung normal fortsetzen.

Der anhaltende Nachfragesog nach dem Krieg ist maßgeblich mit institutionellen Errungenschaften zu erklären. Die einzelnen westlichen Staaten knüpften ein 40 Netz sozialer und wirtschaftlicher Institutionen mit dem Ziel, eine größere konjunkturelle Stabilität sicherzustellen. In diesem neuen institutionellen Rahmen sollten rückläufige Ausgaben in einem Bereich nicht auf andere Bereiche übergreifen. So konnte das Niveau der 45 Gesamtnachfrage erhalten bleiben. International gesehen betrafen die staatlichen Regelungen vor allem die Zusammenarbeit zur Förderung des Welthandels. Tatsächlich nahm der Außenhandel im Westen nach dem Zweiten Weltkrieg kräftig und ziem- 50 lich ungestört zu. National gesehen bezogen sich die staatlichen Maßnahmen vor allem auf den Ausbau des modernen Sozialstaates. Sehr wichtig waren in diesem Zusammenhang die automatischen Stabilisatoren, die in die Systeme der 55 sozialen Sicherheit und der progressiven Besteuerung eingebaut waren. Sie förderten eine Stabilisierung der Einkommen, sodass der Konsum bei rückläufiger Konjunktur weitgehend gefestigt blieb. Äußerst wichtig war auch, dass der Anteil der öffentlichen Ausgaben an den 60 nationalen Gesamtausgaben stark stieg. Damit erfolgten ziemlich viele Konsumausgaben und Investitionen nicht mehr nach Marktprinzipien, die normalerweise zu schwankenden Ausgaben im privaten Sektor führen. Indem die steigenden öffentlichen Ausgaben in Form von 65 Subventionen oder Investitionen in die Infrastruktur den Ausbau der Konsumgesellschaft förderten, leistete diese wachstumsfreundliche Regierungspolitik der konjunkturellen Stabilität erheblichen Vorschub. Besonders deutlich lässt sich dies an den fortgesetzten Bemühungen des Staates zeigen, eine andauernde Vollbeschäftigung zu erreichen. So betrug die durchschnittliche Arbeitslosenquote in Westeuropa in den Fünfzigerjahren nur 2,9 Prozent und fiel während der Sechzigerjahre weiter auf 1,5 Prozent. Diese Zahlen unterscheiden sich deutlich von denen aus der Zeit vor 1940 und lassen erkennen, wie wichtig die staatliche Beschäftigungspolitik nach dem Krieg für die größere konjunkturelle Stabilität während der Fünfziger- und Sechzigerjahre war.

Das antizyklische Eingreifen des Staates, vorwiegend von Keynesschen Prinzipien inspiriert, war der dritte und letzte institutionelle Faktor, der stabilisierend auf den Konjunkturverlauf wirkte. Regelmäßig dämpfte der Staat durch Restriktionen eine überhitzte Nachfrage, die auf dem Arbeitsmarkt oder in der Zahlungsbilanz einen Engpass verursachte. Wenn nötig, stimulierte er andererseits auch die Nachfrage. [...]

Aus: Hermann van der Wee, Der gebremste Wohlstand. Wiederaufbau, Wachstum, Strukturwandel 1945–1980 (Geschichte der Weltwirtschaft im 20. Jahrhundert), München 1984, S. 74–78

M2 Keynesianismus konkret

● Der „Keynesianismus", den die SPD gegen Ende der Sechzigerjahre programmatisch verkörpert, beinhaltet ein Programm sozialer Reformen (zusammen mit einer neuen Außenpolitik), das auf dem Boden kapitalistischer Produktionsverhältnisse die soziale Aufgabe des Staates stärker in den Mittelpunkt rückt und mit einer forcierten Umverteilung der am Markt entstandenen und verteilten Primäreinkommen soziale Ungerechtigkeiten sowie die entstandenen Ansprüche und Bedürfnisse abmildert bzw. befriedigt. Wirtschaftspolitisch wird die intervenierende Funktion des Staates betont: Nicht mehr der bloß wettbewerbs- und geldpolitisch beeinflusste Rahmen der privaten Kapitalakkumulation stellt den Ansatzpunkt wirtschaftlicher Eingriffe des Staates dar, sondern die Verantwortung der im „Stabilitätsgesetz" formulierten gesamtwirtschaftlichen Ziele bildet nunmehr einen genuin staatlichen Aufgabenbereich. Praktisch bedeutete dies den Versuch, über eine antizyklische Wirtschafts- und Finanzpolitik korrigierend in den Verlauf der kapitalistischen Akkumulation einzugreifen.

Im fünften ökonomischen Nachkriegszyklus – 1968 bis 1971 – wurde erstmals versucht, über die sog. Globalsteuerung den Aufschwung abzubremsen, und zwar mittels eines rückzahlbaren Konjunkturzuschlages auf die Steuern. Dies brachte 1970 rund 0,6 Mrd. Euro an zusätzlichen Mitteln ein, 1971 1,5 Mrd. Euro. Weitere Stabilisierungsmaßnahmen folgten, da das Jahr des zyklischen Periodenwechsels, 1971 auf 1972, einen ausgesprochen milden zyklischen Abschwung ergab, der vielerorts gar nicht als Umschlag in einen neuen Konjunkturzyklus wahrgenommen wurde. Im Jahre 1973 wird die Drosselung der ökonomischen Entwicklung noch verstärkt, da starke inflationäre Effekte sichtbar werden, andererseits ein erneuter Rückgang der industriellen Produktion sich bereits abzeichnet. Der obere Wendepunkt des sechsten industriellen Nachkriegszyk-

lus wird Ende 1973 durchschritten und mündet in den beiden Folgejahren in eine bis dato unbekannte zyklische Depression ein, in deren Gefolge die Arbeitslosigkeit drastisch ansteigt. Die Reaktion der öffentlichen Hände auf diese Krise ist die Auflage eines über mehrere Jahre reichenden Konjunkturprogramms in der Größenordnung von 8 Mrd. Euro. [...] Es ist die Weltwirtschaftskrise 1974/75, die [...] die Auffassungen von der steuernden Funktion des Staates mehr und mehr infrage stellt. Seit 1975 fällt die Arbeitslosigkeit nicht mehr unter die Marke von 850 000 Personen, das Vollbeschäftigungsziel wird systematisch verfehlt und die Wachstumsraten des Bruttosozialprodukts bleiben weit hinter den Erwartungen zurück. Die Konsequenzen sind erhebliche Restriktionen für eine staatliche Wirtschaftspolitik.

Die antizyklische Konjunkturpolitik konnte daher in dem Maße nicht mehr funktionieren, wie ihre Notwendigkeit offenbar wurde; das Gleiche gilt für die Sozialpolitik. Die niedrigen Wachstumsraten der industriellen Produktion lassen die Bildung von Rücklagen nicht mehr zu, da gleichzeitig die Ausgabenseite der öffentlichen Budgets zunehmend unter Druck gerät. Der nächstliegende Ausweg aus dieser Situation war – keynesianisch gesehen durchaus folgerichtig – eine Politik des deficit spending, die jedoch darauf beruht, dass irgendwann einmal der wirtschaftliche Aufschwung aus sich heraus wieder kommen muss.

Der stagnative Charakter des Wirtschaftsprozesses verwandelte die antizyklische Konjunktursteuerung in kontinuierliche Subventionspolitik. Ohne strategisches Ziel erfolgt vonseiten der sozialdemokratisch geführten Bundesregierung im siebten Nachkriegszyklus eine Stop-and-Go-Politik von Konjunkturprogrammen, Steuererhöhungen, Abbau von Sozialleistungen und Subventionsausdehnung. Genauso unkoordiniert, wie sei-

nerzeit der Ausbau der öffentlichen Dienste erfolgte,
75 ohne Bewusstsein über die Abhängigkeit des öffentlichen Sektors von der kapitalistischen Wertproduktion und immer darauf bedacht, bestimmte Gruppeninteressen zu befriedigen, erfolgt nunmehr eine Wirtschafts- und Sozialpolitik, die zunehmend nur noch von der
80 bloßen Hoffnung auf einen baldigen Wirtschaftsaufschwung gekennzeichnet ist. Durch diese Politik des bloßen Reagierens auf die ablaufende ökonomische Entwicklung werden jedoch die finanziellen Spielräume immer enger. Schließlich kapituliert die sozialliberale Regierung vollends vor der Eigengesetzlichkeit der
85

Überakkumulation von Kapital und schwenkt auf einen Austeritätskurs ein. Nur im Vergleich zu der harten monetaristischen und/oder Angebotspolitik der konservativen Regierungen in Großbritannien und den USA kann im weiteren Verlauf der Siebzigerjahren bzw. 90 Anfang der Achtzigerjahre überhaupt noch von einer Akzentuierung der Nachfrageseite durch die bundesrepublikanische Politik gesprochen werden.

Aus: Stephan Krüger u. a., Keynes contra Marx? Darstellung und Kritik der „General Theory", Hamburg 1986, S. 301 und 303

M3 Theorie und Realität: Praktizierte Wirtschaftspolitik

● 1986/87 erfolgte eine gewisse Kurskorrektur in der Wirtschaftspolitik. So hat die Bundesbank […] eine stärkere Zunahme des Geldmengenwachstums toleriert, als ursprünglich vorgegeben wurde. Die Fiskalpolitik hat
5 ihren Konsolidierungskurs aufgegeben und eine stärkere Zunahme der Staatsverschuldung hingenommen. Außerdem wurden im Rahmen der „Maßnahmen zur Stärkung des Wachstums" 1987 zinsgünstige Investitionsdarlehen vergeben. […]
10 Eine bewusste Fiskalpolitik zur Senkung der weiterhin bestehenden hohen Arbeitslosigkeit wurde nicht betrieben […]. Für einige Problemgruppen des Arbeitsmarktes, z.B. Langzeitarbeitslose, wurden Sonderprogramme aufgelegt.

15 Seit der Vereinigung mit der ehemaligen DDR steht die Geld- und Fiskalpolitik vor neuen Herausforderungen. Die hohen Kosten der Vereinigung und die zu Beginn überwiegende Finanzierung durch staatliche Verschuldung haben wie ein keynesianisches Konjunkturpro-
20 gramm gewirkt und ein hohes Wachstum in den alten Bundesländern (mit)bewirkt. Mit dieser Entwicklung war aber eine Zunahme der Inflationsrate verbunden, die die Bundesbank mit einer sehr restriktiven Geldpolitik bekämpfte. Außerdem stieg die Staatsverschuldung
25 aufgrund der Defizitpolitik stark an. Es traten also die bereits bekannten Wirkungen der traditionellen keynesianischen Globalsteuerung ein: Positive kurzfristige Nachfrage- und Produktionseffekte, wenn auch nicht dort, wo sich beabsichtigt waren, nämlich in den neuen
30 Bundesländern. Mittelfristig ergaben sich die bekannten Probleme der Stagflation und der Staatsverschuldung. Die Bundesregierung schaltete wieder auf ein Konsolidierungskonzept der Staatsfinanzen um, obwohl die Nachfrageschwäche in der Rezession 1993 gerade
35 eine expansive Ausgabenpolitik erfordert hätte. […]

Mit dem Wechsel der Regierung 1998 zu „Rot-Grün" gab es zu Beginn einen kurzen Strategiewechsel zu einer etwas stärkeren Betonung der Nachfrageseite: Die ersten Steuersenkungsprogramme zielten vor allem auf eine Entlastung der unteren Einkommensbezieher im Sinn 40 einer Stärkung der Kaufkraft. Neben der Umverteilungszielsetzung von „oben nach unten" wurde dies auch konjunkturpolitisch begründet. Mit dem Ausscheiden des ersten Finanzministers setzte sich wieder die Angebotspolitik durch. Sie reichte von einer Forcierung 45 der finanzpolitischen Konsolidierungspolitik durch eine Rückführung der Neuverschuldung – u.a. auch europapolitisch bedingt und begründet – bis zu Steuersenkungsmaßnahmen in mehreren Stufen. Diese Senkungen betreffen zum einen die Konsumenten, sie betreffen 50 zum andern teilweise die Unternehmen. Außerdem erfolgten „Reformen" in der Sozial- und Krankenversicherung mit dem stabilitätspolitischen Ziel, die Lohnnebenkosten zu senken. Man erhofft sich dadurch einen Abbau der Arbeitslosigkeit. 55

Aus: Gerd-Jan Krol/Alfons Schmid, Volkswirtschaftslehre. Eine problemorientierte Einführung, Tübingen 2002, S. 314 ff.

5.6 Konjunkturpolitik in der Europäischen Union

AUFGABEN

1. Auf welchen wirtschaftstheoretischen Grundlagen kann eine Konjunkturpolitik der EU begründet werden (vgl. S. 27–28)?
2. Welche konkreten Handlungsmöglichkeiten bestehen derzeit für eine europäische Konjunkturpolitik? Beziehen Sie die wirtschaftliche Lage und die rechtlichen Bedingungen in Ihre Überlegungen ein. Vgl. auch S. 55 ff.
3. Recherchieren Sie zu der Frage, inwieweit europäische Konjunkturprogramme bisher wirksam waren.

M 1 **Die wirtschaftliche Entwicklung der EU-Staaten**

	BIP-Zuwächse			Inflationsrate			Arbeitslosenquote		
	1998	2002	2004	1998	2002	2004	1998	2002	2004
Belgien	2,9	0,9	2,9	0,8	1,6	1,9	9,5	7,3	7,8
Dänemark	2,7	0,5	2,4	1,6	2,4	0,9	5,1	4,6	5,4
Deutschland	2,8	0,1	1,6	0,7	1,3	1,8	9,4	8,2	9,5
Estland		7,2	7,8		3,6	3,0		9,5	9,2
Finnland	3,0	2,2	3,6	3,2	2,0	0,1	11,8	9,1	8,8
Frankreich	3,2	1,2	2,3	1,3	1,9	2,3	11,7	8,9	9,7
Griechenland	2,5	3,8	4,2	4,8	3,9	3,0	10,0	10,3	10,5
Großbritannien	2,3	2,0	3,2	2,0	1,3	1,3	6,3	5,1	4,7
Irland	11,9	6,1	4,5	2,7	4,7	2,3	7,8	4,3	4,5
Italien	1,4	0,4	1,2	1,7	2,6	2,3	12,2	8,6	8,0
Lettland		6,4	8,5		2,0	6,2		12,6	9,8
Litauen		6,8	6,7		0,4	1,1		13,5	10,8
Luxemburg	5,7	2,5	4,5	1,1	2,1	3,2	2,8	2,8	4,8
Malta		1,0	1,0		2,6	2,7		7,7	7,3
Niederlande	3,7	0,1	1,7	2,1	3,9	1,4	4,0	2,8	4,6
Österreich	3,3	1,0	2,4	1,0	1,7	2,0	4,7	4,2	4,8
Polen		1,4	5,3		1,9	3,6		19,8	18,8
Portugal	4,0	0,4	1,0	2,7	3,7	2,5	5,1	5,0	6,7
Schweden	2,9	2,0	3,6	1,2	2,0	1,0	8,3	4,9	6,3
Slowakei		4,6	5,5		3,5	7,4		18,7	18,0
Slowenien		3,3	4,6		7,5	3,6		6,1	6,0
Spanien	3,8	2,7	3,1	2,6	3,6	3,1	18,8	11,5	11,0
Tschechische Republik		1,5	4,4		1,4	2,6		7,3	8,3
Ungarn		3,5	4,2		5,2	6,8		5,6	5,9
Zypern		2,1	3,8		2,8	1,9		3,9	5,0

M 2   Beschäftigungspolitik der EU

■ Eine nationale Stabilitätspolitik der Bundesrepublik unterliegt wegen des europäischen Integrationsprozesses zunehmend anderen Rahmenbedingungen. Dies betrifft zum einen die veränderten stabilitätspolitischen Handlungsmöglichkeiten der einzelnen EU-Länder aufgrund der Verwirklichung des Europäischen Binnenmarkts und der Europäischen Währungsunion. Dies betrifft zum andern die Rolle der EU als eigenständigen Akteur in der Stabilitätspolitik.

Die EU beeinflusst die Beschäftigungsentwicklung in den Mitgliedsländern in vielfältiger Weise. Vor allem durch die Strukturfonds und dabei vor allem durch den Sozialfonds wirkt die EU auf die Beschäftigung in den einzelnen Staaten. Allerdings steuert sie damit nicht direkt, sondern indirekt die Beschäftigung, weil diese Mittel unter nationaler Regie eingesetzt werden.

U. a. aufgrund der anhaltend hohen Arbeitslosigkeit in den meisten EU-Ländern hat die EU eine „Europäische Beschäftigungsstrategie" konzipiert. Diese Strategie hat zur Verabschiedung von „Beschäftigungspolitischen Leitlinien" und einem „Europäischen Beschäftigungspakt" geführt.
Ausgangspunkt der Leitlinien war das „Weißbuch zu Wachstum, Wettbewerbsfähigkeit und Beschäftigung" der EU-Kommission 1993. […] In der Vertragsreform von Amsterdam 1997 wurden das Beschäftigungsziel als gemeinsames Ziel der EU und die „Entwicklung einer koordinierten Beschäftigungsstrategie" in den neuen EU-Vertrag aufgenommen. Auf dem Beschäftigungsgipfel von 1997 in Luxemburg wurden die beschäftigungspolitischen Leitlinien sowie die Umsetzung in nationale Aktionspläne (NAP) und ihre Überwachung konkretisiert.

Die Kommission benennt sechs Querschnittsziele:

a) Erhöhung der Erwerbsquote in allen Mitgliedsländern;
b) Erhöhung der Qualität der Arbeitsplätze;
c) Entwicklung kohärenter Strategien für lebenslanges Lernen;
d) Aufbau einer umfassenden Partnerschaft mit den Sozialpartnern;
e) „ganzheitliche" Orientierung bei der Umsetzung der Leitlinien;
f) Entwicklung gemeinsamer Indikatoren zur Bewertung. […]

Die Umsetzung dieser Querschnittsziele, Leitlinien und konkreten Vorschläge erfolgt in nationalen Aktionsplänen (NAP). Diese nationalen Aktionspläne werden von der Europäischen Kommission überprüft und in einem Beschäftigungsbericht erfolgen auf der Grundlage dieser Beurteilung Handlungsvorschläge seitens der EU an die einzelnen Mitgliedsländer. […]

Der bisher letzte Schritt einer europäischen Beschäftigungsstrategie bildet der auf dem Kölner EU-Gipfel von 1999 verabschiedete „Europäische Beschäftigungspakt". Dieser bekräftigt zum einen die beschäftigungspolitischen Ziele der Leitlinien. Das Neue dieses Paktes ist der „Makroökonomische Dialog", Dieser findet halbjährlich zwischen den Vertretern der Sozialpartner, der EZB und den nationalen Regierungen statt und soll zur „Europäisierung" der Beschäftigungspolitik beitragen. Lohn-, Geld-, Finanz- und Einkommenspolitik sollen durch einen systematischen Informationsaustausch die beschäftigungspolitischen Dimensionen ihrer „Politiken" deutlich machen und im günstigsten Fall aufeinander abstimmen.

Aus: Gerd-Jan Krol / Alfons Schmid, Volkswirtschaftslehre. Eine problemorientierte Einführung, Tübingen 2002, S. 307 ff.

M3   Dezentrale Wirtschaftspolitik

● Die Mitgliedstaaten der Europäischen Union sind gemäß Art. 4 EGV zu einer Wirtschaftspolitik verpflichtet, die auf einer engen Koordinierung der Mitgliedstaaten, dem Binnenmarkt und der Festlegung gemeinsamer Ziele beruht. Sie betrachten die Wirtschaftspolitik als eine Angelegenheit von gemeinsamem Interesse und koordinieren sie im Europäische Rat, um die vertraglichen Ziele zu erreichen. [...]

Mit dem Beginn der WWU am 1. 1. 1999 haben sich die wirtschaftspolitischen Rahmenbedingungen in der EU entscheidend verändert. Ein grundlegendes Spannungsverhalten resultiert daraus, dass die EU im Bereich der Wirtschaftsunion anders verfasst ist als im Bereich der Währungsunion. Als Wirtschaftsunion baut die Europäische Gemeinschaft mit dem Binnenmarkt auf der dezentralen Grundstruktur der Gemeinschaft auf. Demgemäß und dem Subsidiaritätsprinzip folgend liegt die Wirtschaftspolitik nach wie vor primär in der Verantwortung der Mitgliedstaaten. Der EG sind abgesehen von der Außenhandels-, der Agrar- und der Regional-, Struktur- und Kohäsionspolitik im Vertrag keine Kompetenzen zur Gestaltung einer zentralen Wirtschaftspolitik übertragen worden. [...]

Das Verfahren gemäß Art. 99 EGV sieht vor, dass der Rat die wirtschaftliche Entwicklung in jedem Mitgliedstaat und in der Gemeinschaft sowie deren Vereinbarkeit mit dem vom Rat verabschiedeten „Grundzügen der Wirtschaftspolitik" in der Gemeinschaft laufend überwacht. Dazu haben die WWU-Mitgliedstaaten dem Rat und der Kommission so genannte „Stabilitätsprogramme" zu unterbreiten. Sie sind so zu gestalten, dass sie eine wesentliche Grundlage für Preisstabilität und für ein starkes, arbeitsplatzschaffendes Wachstum bilden.

Aus: Werner Weidenfeld/Wolfgang Wessels (Hg.), Europa von A bis Z. Taschenbuch zur europäischen Integration, Bonn 2002, S. 169 ff.

Wirtschaftsordnung der EU bleibt hinter den Erwartungen zurück

[...] Wenn die Staats- und Regierungschefs der Europäischen Union (EU) am Freitag zu ihrem „Verfassungsgipfel" in Brüssel zusammenkommen, liegt ihnen auch eine neue Wirtschaftsverfassung vor. Der Versuch, die bisherige Wirtschaftsordnung in Teilen zu reformieren, stand von Anfang an nicht im Vordergrund der Diskussionen.

Wichtiger waren die politischen Elemente der künftigen Verfassung wie die Größe der EU-Kommission und die Machtverteilung zwischen großen und kleinen EU-Staaten im Ministerrat. Dennoch hat sowohl der Konvent als auch die nun zu Ende gehende Regierungskonferenz, von der breiten Öffentlichkeit oft unbemerkt, eine Reihe von Änderungen vorgeschlagen, die zum Teil auf heftige Kritik gestoßen sind. [...]

Konjunkturprogramm

Die von der italienischen EU-Präsidentschaft angestoßene Wachstumsinitiative zur Ankurbelung der Konjunktur nimmt zwar langsam Gestalt an. Mit konkreten Beschlüssen des Gipfels ist aber noch nicht zu rechnen. Im Mittelpunkt der Beratungen stehen Milliardeninvestitionen in den Ausbau der „Transeuropäischen Netze" (TEN), um die Lücken in den europäischen Verkehrsverbindungen zu schließen. Nach den von der Europäischen Kommission Anfang Oktober vorgelegten Vorschlägen sollen dafür bis 2020 rund 220 Milliarden Euro investiert werden. Finanziert werden sollen die TEN zu 80 Prozent aus den öffentlichen Haushalten und Krediten der Europäischen Investitionsbank; für die übrigen 20 Prozent hofft man auf private Geldgeber.

Rechtzeitig zum EU-Gipfel haben sich die Verkehrsminister Ende voriger Woche auf eine Liste von dreißig vorrangig zu fördernden Vorhaben verständigt. Geklärt sind inzwischen auch einige finanztechnische Fragen. Ein Grundsatzbeschluss der Finanzminister sieht vor, dass die EU-Zuschüsse für besonders wichtige grenzüberschreitende Teilstücke der Verkehrsprojekte auf bis zu 20 Prozent der Investitionskosten verdoppelt werden. Der gleiche Höchstsatz gilt für den Ausbau grenzüberschreitender Strom- und Gasnetze sowie für Projekte im Zusammenhang mit der Entwicklung des europäischen Satellitensystems Galileo. Wie von den Staats- und Regierungschefs im Oktober gefordert, hat die Kommission für das Treffen an diesem Wochenende eine Liste vorrangiger Vorhaben vorbereitet, mit denen die Wachstumsinitiative in den kommenden Jahren anlaufen soll. Dieses „Schnellstartprogramm" umfasst 56 Projekte mit einem Gesamtvolumen von knapp 60 Milliarden Euro bis 2010. Die Vorhaben sind so gewählt, dass sie praktisch unverzüglich beginnen könnten.

FAZ, 11. 12. 2003

WEITERFÜHRENDE INFORMATIONEN

Informationen über die konjunkturelle Entwicklung

Wegen des allgemeinen Interesses kann man sich über wichtige Konjunkturindikatoren inzwischen täglich in den Medien informieren. Der Stand der wichtigsten Aktienindizes z.B. wird regelmäßig in den Nachrichtensendungen oder in Sonderberichterstattungen nach Börsenschluss verbreitet. Hier können deshalb nur ausgewählte Beispiele genannt werden, wie man sich über den Konjunkturverlauf informieren kann:

— Zeitungen und Zeitschriften (teilweise mit ausführlichem Internet-Service): Handelsblatt,
 Frankfurter Allgemeine Zeitung, Frankfurter Rundschau, Süddeutsche Zeitung, DIE WELT, DIE ZEIT,
 DIE WOCHE, Wirtschaftswoche, Capital.
— Radio und Fernsehen: Beinahe alle gängigen Nachrichtenprogramme bringen den Stand des DAX,
 des Dow Jones und Börsenmeldungen.
— Statistiken: Statistisches Bundesamt, Gustav-Stresemann-Ring 11, 65189 Wiesbaden,
 Internet: http://www.destatis.de (In regelmäßigen Abständen erscheint der Datenreport,
 der das Datengerüst der Statistischen Jahrbücher übersichtlich zusammenfasst.)

INTERNETADRESSEN

Eurostat . . . . http://epp.eurostat.cec.eu.int
Statistisches Amt der Europäischen Gemeinschaften.
Deutsche Bundesbank/Europäische Zentralbank . . . . www.bundesbank.de
                                                          und http://www.ecb.int

Die Deutsche Bundesbank und die Europäische Zentralbank kommentieren
die konjunkturelle Entwicklung u. a. in ihren Monatsberichten.
Paperball . . . . www.paperball.de
Paperball vermittelt zu tagesaktuellen Meldungen vieler Zeitungen.
Yahoo! Finanzen . . . . http://de.finance.yahoo.com/
Suchmaschine für Wirtschaftsinfos.
finanzen.net . . . . www.finanzen.net/
Aktienkurse und Börsennachrichten.
Gruppe Deutsche Börse . . . . http://deutsche-boerse.com
Die Site bietet u. a. den aktuellsten Stand der 30 DAX-Werte.

FRAGEN ZUR WIEDERHOLUNG

1. Stellen Sie die Phasen des Konjunkturverlaufs dar und erläutern Sie vor diesem Hintergrund
 die Entwicklung der letzten Jahre.
2. Stellen Sie die Theorie der langen Wellen der Konjunktur vor.
3. Stellen Sie Erklärungsansätze für die Konjunkturentwicklung vor und zeigen Sie, inwiefern sie geeignet sind,
 die Entwicklung der Konjunktur in den letzten Jahren zu erklären.
4. Erläutern Sie, inwiefern die deutsche Einigung die konjunkturelle Entwicklung in Deutschland beeinflusst hat.
5. Zeigen Sie, welche Indikatoren geeignet sind, einen kommenden Wirtschaftsaufschwung anzuzeigen.
6. Zeigen Sie, welche konjunkturtheoretischen Auffassungen den konjunkturpolitischen Ansichten
 der im Bundestag vertretenen Parteien zugrunde liegen.
7. Formulieren Sie eine Beschreibung der aktuellen konjunkturellen Situation aus der Sicht einer
 Regierungspartei/Oppositionspartei.
8. Beurteilen Sie, inwiefern die konjunkturelle Entwicklung Deutschlands von der Weltkonjunktur abhängig ist.

INFORMATIONEN ÜBER DIE WIRTSCHAFT

6.0

Nachrichten werden freilich nicht nur gesammelt. Ein wesent
Teil der journalistischen Arbeit besteht vielmehr darin, aus e
Initiative neue und für den Leser interessante Fakten zu erm
Vieles wird allein dadurch zur Nachricht, dass es in der Zeitu
veröffentlicht wird. Das können überraschende Tatsachen se
sich aus einer Statistik ergeben. In

BÖRSE UND FINANZEN

In- und ausländische Aktien an deutschen Börsen

● Dax 30

6.1 Informationen über die Wirtschaft sammeln und auswerten

Informationen über die Wirtschaft werden auf vielen Wegen verbreitet. Am Ende jedes Kapitels dieses Buches werden jeweils Informationsangebote genannt. In diesem Kapitel soll nun etwas systematischer untersucht werden, wer Informationen über die Wirtschaft verbreitet und mit welchem Interesse dies geschieht. Außerdem werden wichtige Informationsmöglichkeiten systematisch vorgestellt.

6.1.1 Wirtschaftsinformationen in Zeitungen

AUFGABEN

1. Stellen Sie aus M 1 und M 2 die verschiedenen Bereiche eines typischen Wirtschaftsteils zusammen. Vergleichen Sie Ihre Aufstellung mit dem Wirtschaftsteil Ihrer Lokalzeitung und einer anderen überregionalen Zeitung.
2. Suchen Sie Beispiele für darstellende Wirtschaftsartikel, in denen die Trennung von Meinung und Nachricht (M 2) nicht streng durchgehalten wird. Gibt es Gründe für die Vermengung?
3. Stellen Sie in einem Schaubild die Quellen und die Wege dar, wie Nachrichten zu den Redaktionen der Zeitungen gelangen (M 3).
4. Erläutern Sie, worin genau die Tätigkeit von Wirtschaftsjournalisten besteht.

M 1   **Die erste Seite des Wirtschaftsteils der F A Z**

❶ Aufmacher

❷ Kurzkommentare (Glossen)

❸ Leitartikel

❹ Wirtschaft heute:
Übersicht
über die wichtigsten
Börsen- und Finanzdaten
und die wichtigsten
Unternehmensmeldungen

❺ Inhaltsübersicht

M 2   Der Wirtschaftsteil der Tageszeitung: Ordnungsprinzipien

■ Als erstes Ordnungsprinzip gilt der auch sonst in der Frankfurter Allgemeinen Zeitung vertretene Grundsatz, Meinung und Nachricht zu trennen. Auf der ersten Seite finden sich daher in den beiden linken Spalten die
5 Glossen, das sind Kurzkommentare, und der Leitartikel. In diesen beiden Spalten sagt die Redaktion ihre Meinung. Hier wird gelobt oder kritisiert, was an anderer Stelle ohne Wertung mitgeteilt wird. [...]

Das zweite Ordnungsprinzip lautet: vom Allgemeinen
10 zum Speziellen. Das heißt, die wichtigsten Nachrichten, die vermutlich auf das breiteste Interesse stoßen, finden sich auf der ersten Seite. Die erste Seite ist das „Schaufenster" des Wirtschaftsteils. Ein Inhaltskasten „Auf einen Blick" enthält die wichtigsten Finanzmarkt-
15 daten und gibt Hinweise auf den Inhalt der folgenden Seiten. Auf der zweiten und dritten Seite des Wirtschaftsteils werden dann weitere allgemeine Nachrichten und Berichte zur Wirtschaftspolitik und zur Wirtschaftslage im In- und Ausland veröffentlicht. Dazu
20 kommen Darstellungen unter dem Stichwort „Hintergrund". Sie werden immer wichtiger in einer Welt, die immer komplizierter wird. Ein „Hintergrund" soll Nachrichten vertiefen und erläutern, Zusammenhänge sichtbar machen; denn eine Nachricht, die nichts als eine
25 Nachricht bleibt, ist häufig keine, weil sie ohne Erläuterung nicht zu verstehen und einzuordnen ist. Eine solche ergänzende Erläuterung ist nicht zu verwechseln mit Kommentierung. Ebenso werden auf diesen Seiten einzelne Wirtschaftszweige unter dem Stichwort „Bran-
30 chenanalyse" durchleuchtet. [...]

Von der vierten Seite an beginnt die Unternehmensberichterstattung. [...] Hier geht es um Unternehmen, um ihre Strategien, ihre Bilanzen, ihre Investitionen, ihre Produkte. Auf diesen Seiten erscheinen Berichte über

Aufsichtsratsitzungen und Hauptversammlungen, über 35 Fusionen und Kooperationen, über die Gründung und den Untergang von Unternehmen. Aber nicht nur die Lichtseiten unternehmerischen Tuns werden hier geschildert, auch die Schattenseiten, die sich in Wirtschaftsprozessen offenbaren. Die Breite der Bericht- 40 erstattung soll zeigen, dass die deutsche Wirtschaft nicht nur aus wenigen börsennotierten Großkonzernen besteht, sondern von einer Vielzahl kleiner und mittelgroßer Unternehmen geprägt wird, deren Produkte oft weltbekannt sind. 45
Da Unternehmen keine anonymen Gebilde sind, sondern wirtschaftliche Veranstaltungen, hinter denen Menschen stehen, spielen auch Personalien auf diesen Seiten eine große Rolle. Jeden Montag erscheint im Unternehmensteil das „Unternehmergespräch", in dem 50 Manager und Unternehmer ihre Ansichten zu aktuellen oder interessierenden Fragen im Gespräch äußern. Dazu kommen Nachrichten über Personalveränderungen, Würdigungen und Porträts führender Männer und Frauen der Wirtschaft, der Wirtschaftspolitik und der 55 Wirtschaftswissenschaft.

Danach folgt die Berichterstattung über die Finanzmärkte, die in den letzten Jahren mit den wachsenden Vermögen in Deutschland an Gewicht gewonnen hat. Hier geht es nicht allein um die aktuelle Berichterstat- 60 tung von Börsen und Märkten, sondern auch um zusammenfassende Darstellungen etwa von den Auslandsbörsen oder von einzelnen Märkten, von Hintergründen des Börsenwesens und an jedem Samstag um das Fazit der „Börsenwoche". [...] Ein umfangreicher Kursteil [...] 65 rundet den Wirtschaftsteil ab.

Aus: Jürgen Jeske/Hans D. Barbier, So nutzt man den Wirtschaftsteil einer Tageszeitung, Frankfurt a. M. 1997, 3. Auflage, S. 34 f.

M 3   Wie kommen Zeitungen an ihre Wirtschaftsnachrichten?

■ Die Massenmedien beziehen ihr Material im Wesentlichen aus folgenden Quellen:

—durch eigene Redakteure und Korrespondenten, die wiederum weitergeben, was sie gesehen, gehört, gelesen
5 oder erfragt haben. Es ist der Stolz jeder größeren Zeitung, ihren Lesern statt konfektionierter Nachrichtenware eine individuelle Berichterstattung zu bieten. [...]

—über die Nachrichtenagenturen. Nachrichtenagenturen sind Unternehmen, die durch ihre Journalisten

Nachrichten sammeln, sichten und festen Beziehern 10 weiterliefern. In der Bundesrepublik sind im Wesentlichen tätig: die Deutsche Presse-Agentur (dpa), die im Eigentum der Zeitungsverleger ist und mit den wichtigsten ausländischen Nachrichtenagenturen Austauschabkommen hat; die Vereinigten Wirtschaftsdienste (vwd), 15 die als größte Wirtschaftsnachrichtenagentur des Kontinents gelten; die amerikanische Nachrichtenagentur Associated Press (AP), die französische Agentur Agence France Presse (AFP), die britische Agentur Reuters (rtr) und der Deutsche Depeschendienst (ddp); 20

_von so genannten Korrespondenzbüros und Informationsdiensten, von denen es in der Bundesrepublik etwa 1000 gibt.

Die Masse der kleinen und mittleren Tageszeitungen ist in starkem Maße auf die Agenturen und Korrespondenzbüros angewiesen. Nur die großen Zeitungen und die Rundfunk- und Fernsehanstalten verfügen über Korrespondentennetze im In- und Ausland. Bei den meisten deutschen Tageszeitungen kommen etwa vier Fünftel der Inlands- und der Auslandsmeldungen von Agenturen, bei vielen Zeitungen sogar mehr als neunzig Prozent.

Das Sammeln und Verarbeiten von Nachrichten ist zu einem großen Teil Routine, geduldige Kleinarbeit, die weit entfernt ist von dem Klischee der Sensationsreporter. Unter den täglich eingehenden Informationen ist die „heiße Ware" selten, wie etwa Hinweise von Eingeweihten auf eine bevorstehende Fusion oder drohende finanzielle Schwierigkeiten eines Unternehmens […] oder auf bevorstehende Maßnahmen von Regierungen oder Notenbanken. Der weitaus größere Teil des Materials […] sind Berge von Papier, die geduldig durchgesehen werden müssen – freilich mit journalistischem Spürsinn und einer Nase für Entdeckungen.

Die Pressekonferenz

Zur Alltagsroutine der Redakteure gehören die zahlreichen Pressekonferenzen, wie sie Ministerien, Behörden, Unternehmen, Verbände und andere Institutionen veranstalten. […] Vor diesem Forum interpretieren Regierungsstellen heute ihre Politik. Unternehmen erläutern vor einem weiten Kreis von Journalisten die geschäftliche Lage ihrer Gesellschaft, begründen Investitionspläne oder geplante Fusionen. Verbände berichten auf solchen Treffen über die Situation ihrer Branchen oder nehmen zu wirtschaftspolitischen Fragen Stellung. Die Veranstalter stellen die Fakten aus ihrer eigenen Sicht dar. Die Journalisten müssen daher auf solchen Treffen wach und mit der Materie wohl vertraut sein. Gelegentlich werden Pressekonferenzen zu spannenden Kreuzverhören, wenn Journalisten in dem Bemühen um objektive und umfassende Information die Finger auf wunde Punkte legen oder versuchen, die wahren Hintergründe zu erforschen. […]

Die Redaktion als Filter

Nachrichten werden freilich nicht nur gesammelt. Ein wesentlicher Teil der journalistischen Arbeit besteht vielmehr darin, aus eigener Initiative neue und für den Leser interessante Fakten zu ermitteln. Vieles wird allein dadurch zur Nachricht, dass es in der Zeitung veröffentlicht wird. Das können überraschende Tatsachen

sein, die sich aus einer Statistik ergeben, über die amtliche Stellen bisher geschwiegen hatten. Es können eigene Untersuchungen zu bestimmten Themen sein. Es können Interviews sein, in denen der Gesprächspartner durch gezielte Fragen überraschende Aussagen macht.

Aus dem Wust von Nachrichten, die über Fernschreiber, Telefon oder mit der Post die Redaktionen erreichen, diejenigen herauszufischen, die für die Leser am nächsten Tag mutmaßlich am interessantesten und wichtigsten sein werden, das gehört zum Geschäft der Nachrichtenredakteure, die täglich „das Blatt machen", wie es im journalistischen Jargon heißt. Das erfordert nicht nur Jägerinstinkt, Urteilskraft und ein Gefühl dafür, welches Gewicht und welche möglichen Folgen eine Nachricht hat, sondern vor allem auch ein breites Allgemeinwissen, ohne dass heute im Wirtschaftsteil einer Tageszeitung nicht mehr auszukommen ist. Der Wirtschaftsredakteur muss das Gewicht eines Gerichtsurteils ebenso sicher einschätzen können wie die Bedeutung einer währungspolitischen Entscheidung; er muss statistische Daten ebenso beurteilen können wie verklausulierte Äußerungen eines Politikers.

Eine Redaktion spielt die Rolle eines großen Filters. Die Wirtschaftsberichterstattung drängt also nicht, wie oft angenommen, wie eine Sammellinse alle Ereignisse des Tages zusammen, sondern sie nimmt eine bewusste Auswahl vor. Es gilt […] der Wahlspruch der New York Times: All the news that fit to print.

Was ist eine Nachricht?

Nach der Ansicht amerikanischer Publizistikwissenschaftler sollte eine Nachricht möglichst viele der folgenden Merkmale aufweisen, um beim Leser anzukommen:

_Das Ereignis muss unmittelbar geschehen.

_Der Schauplatz muss möglichst nahe zum Empfänger liegen, ein Gesichtspunkt, der durch die weltweite Verflechtung an Bedeutung eingebüßt hat. Er ist allerdings sehr wichtig für Regional- und Lokalblätter.

_Das Ereignis muss möglichst viele Bürger berühren.

_Bekannte Personen machen eine Nachricht attraktiver.

_Interesse oder Spannung; ein Zugunglück interessiert leider mehr als die Nachricht, wie viele Züge regelmäßig unfallfrei verkehren.

_Was spricht die Gefühle an?

Jede Nachricht soll in einer klaren, genauen und gemeinverständlichen Sprache darüber informieren, wer was wann wo wie und warum getan oder angekündigt hat. Dabei muss dem Leser schon in der Überschrift in möglichst packender, aber zugleich zutreffender Weise das Wichtigste mitgeteilt werden. Denn: Nicht alle Le-

ser haben immer Zeit, eine kurze oder eine lange Meldung ganz zu lesen. Auch der Aufbau jeder Nachricht
folgt bestimmten handwerklichen Regeln. Bei jeder
Meldung muss in der Zeitung erkennbar sein, von wem
sie stammt, von einem Redakteur oder Mitarbeiter der
Zeitung (in diesem Fall ist ein Autorenzeichen angege-
ben) oder von einer Nachrichtenagentur (die mit ihrer

Kurzbezeichnung genannt wird). In der Meldung selbst
steht das Wichtigste ganz am Anfang, damit der Leser
möglichst schnell über den eigentlichen Kern der Meldung informiert wird.

*Aus: Jürgen Jeske / Hans D. Barbier, So nutzt man den Wirtschaftsteil
einer Tageszeitung, Frankfurt a. M. 1997, 3. Auflage, S. 41–43*

6.1.2 Wirtschaftsinformationen in Wirtschaftsmagazinen und Zeitschriften

Eine Fülle von Zeitschriften informiert inzwischen ebenfalls über wirtschaftliche Tatbestände. Politische Wochen-
zeitungen wie etwa DIE ZEIT, aber auch politische Zeitschriften wie DER SPIEGEL oder FOCUS berichten
über wirtschaftliche Tatsachen, Hintergründe und Entwicklungen. Daneben existiert eine Reihe von speziellen
Wirtschaftszeitschriften mit meist wöchentlicher Erscheinungsweise wie z. B. die WIRTSCHAFTSWOCHE,
CAPITAL und andere; werktags erscheint das HANDELSBLATT.

Diese Zeitschriften versuchen Trends aufzuzeigen und Hintergrundinformationen zu geben. Die Tagesaktualität
kann nicht ihr Geschäft sein, deshalb findet man in ihnen z. B. nicht die tagesaktuellen Kurse von Aktien und
Wertpapieren, sondern Trendberichte und Analysen.
Solche Hinweise können besonders für den privaten Anleger oft viel wertvoller sein als die Kursausschläge eines
einzelnen Tages. Allerdings helfen sie nicht, wenn schnell reagiert und kurzfristige Möglichkeiten ausgeschöpft
werden sollen.

6.1.3 Wirtschaftsinformationen in Hörfunk und Fernsehen

Hörfunk und Fernsehen bieten regelmäßig Information über die Wirtschaft. Hierzu sind sie durch die Rundfunkge-
setze der Länder verpflichtet. Die Art der Aufbereitung dieser Information allerdings ist recht unterschiedlich.

Zu nennen wären zunächst Nachrichtensendungen, die alle Sender ausstrahlen. Wirtschaftliche Zusammenhänge
werden hier meist nur in geraffter Form gebracht. Beliebt ist im Medium Fernsehen neben der Bildsequenz die
Darstellung von Grafiken, die auf einen Blick die Meldungen deutlich werden lassen sollen. Solche Formen eignen
sich selbstverständlich wenig für eine genaue und differenzierte Aufarbeitung der Themen.

Eine weitere Art der Präsentation wirtschaftlicher Informationen sind z. B. Reportagen, Interviews, Features usw.
als Teil von Magazinsendungen. Diese Formen ermöglichen häufig schnelle, aktuelle, kurzweilige Information,
meist nicht länger als drei Minuten, unterbrochen durch Musik. Solche Sendungen sind zum Nebenbei-Hören bzw.
-Sehen gedacht und werden deshalb auch allenfalls kurzfristig vorher angekündigt. Hintergründe und Zusammenhänge können dabei meist nur schlaglichtartig aufgezeigt werden.

Die ausführlichste Form ist die Magazinsendung mit Wirtschaftsthemen (einen aktuellen Überblick bietet die Wirtschaftspresse, z. B. die WIRTSCHAFTSWOCHE). Hier können auch mehrere Hintergrundberichte ein Thema
ausführlicher darstellen. Wichtig ist, sich über die Tendenz der Sendung klar zu werden. Hervorzuheben ist auch
die Live-Berichterstattung vom Börsenparkett (z. B. in den Nachrichtensendern NTV und CNN oder im Nachrich-
tenradio MDR info), in die immer auch Hintergrundberichte eingestreut werden.

6.1.4 Veröffentlichung von Parteien, Verbänden, Unternehmen

Parteien, Verbände und Unternehmen haben häufig ein Interesse, ihre Informationen und Meinungen zu verbreiten. Sie machen in aller Regel auch gezielte Presse- und Öffentlichkeitsarbeit zur Verbesserung ihres Images. Natürlich spiegeln sich darin die Ansichten der jeweiligen Institution, allerdings können solche Angebote viel Nützliches enthalten.

Große Unternehmen, die meist Aktiengesellschaften sind, sind bereit, ihre Geschäftsberichte und Unternehmensbroschüren auch an Interessentinnen und Interessenten zu verschicken, die keine Aktionäre sind. Vielfach sind solche Berichte auch in elektronischer Form (CD-ROM/Internet; vgl. auch: http://www.handelsblatt.de/gberichte) zugänglich. Firmen, bei denen Sie Geschäftsberichte (oft) gratis erhalten, sind:

DaimlerChrysler AG (Stuttgart),   Bayer AG (Leverkusen),
Volkswagen AG (Wolfsburg),   Deutsche Bank AG (Frankfurt a. M.),
BASF (Ludwigshafen),   Siemens AG (München).

Parteien nehmen zu aktuellen Fragen des Wirtschaftsgeschehens und der Wirtschaftspolitik Stellung. Sie tun dies häufig auch in zusammenfassender Form durch Broschüren, in Wahlprogrammen und in ihren Grundsatzprogrammen, die kostenlos abgegeben werden. Man kann die örtlichen Parteibüros aufsuchen oder sich an die Bundeszentralen der Parteien wenden (Adressen siehe S. 36).

Ebenso verbreiten Verbände ihre Meinung, um in der Wirtschaftspolitik mitzureden. Aktuelle Pressemitteilungen, aber auch Hintergrundinformationen findet man im Internet (z. B. unter http://www.dgb.de); der Weg zur Industrie- und Handelskammer (IHK) oder zur Bezirksleitung der IG-Metall kann zu einer Fülle von Informationsmaterial führen.

6.1.5 Wirtschaftsinformationen aus dem Internet

Das Internet wird von Firmen und Organisationen als Medium der Presse- und Öffentlichkeitsarbeit, für Werbung und Public Relations stark genutzt. Nicht alle Informationen sind allerdings frei zugänglich. Spezielle Wirtschaftsdatenbanken sind nach wie vor kostenpflichtig, wie z. B. die GENIOS, GBI und Dialog DataStar. Die frei zugänglichen Informationen müssen nicht nur aufgefunden, sie müssen auch kritisch bewertet werden.
Wer würde schon einen Werbespot im Fernsehen für rein informativ halten? Jeder und jedem ist klar, dass diese Informationen „einseitig", interessenorientiert und gefärbt gegeben werden. Nicht anders verhält es sich im Internet. Eher muss man noch vermuten, dass die gegebenen Informationen um einiges weniger verlässlich sind, da ihre Veröffentlichung im Gegensatz zu Werbeanzeigen und Spots nur ein Minimum an Geld kosten und der Urheber viel weniger leicht zu ermitteln ist.
Deshalb muss besonders im Internet jede Informationen kritisch aufgenommen und auf Hintergründe und Interessenlage befragt werden. Es ist überhaupt kein Zufall, dass Informationen aus dem Internet als wesentlich weniger glaubwürdig eingeschätzt werden als solche etwa aus der ARD-Nachrichtensendung Tagesschau.

Welche verlässlichen Quellen für Wirtschaftsinformationen gibt es? Hier können nur Anregungen gegeben werden. Allerdings haben die genannten Adressen ihre Seriosität in den 90er Jahren des letzten Jahrhunderts und den ersten des neuen unter Beweis gestellt.

1. Verweise in Suchmaschinen
Viele Suchmaschinen erlauben eine Suche gezielt nach Seiten zur Wirtschaft, etwa
Google: http://directory.google.com/Top/World/Deutsch/Wirtschaft
DINO-Online: www.dino-online.de/wirtschaft/index.htm
Yahoo: http://de.dir.yahoo.com/Finanzen_und_Wirtschaft
Altavista: http://de.altavista.com/dir/default

2. Wissenschaftliche Wirtschaftsinstitutionen

Wirtschaftswissenschaftliche Institute gibt es an fast allen Universitäten. Manche haben sehr informative Internetauftritte. Wirtschaftswissenschaftliche Institute werden häufig aber auch von Interessensverbänden bzw. von politischen Institutionen eingerichtet. Der große Vorteil für den Nutzer ist, dass solche Institute ihren wissenschaftlichen Ruf zu verlieren haben und sich deshalb eine verfälschende Einseitigkeit nicht erlauben können. Andererseits sollte bei der Verwendung der Informationen schon kritisch bedacht werden, wer das entsprechende Institut eingerichtet hat und die Verbreitung dieser Informationen bezahlt. Z. B.:

Deutsches Institut für Wirtschaftsforschung (DIW): www.diw-berlin.de
ifo Institut für Wirtschaftsforschung e. V.: www.ifo.de
Institut der deutschen Wirtschaft Köln: www.iwkoeln.de/
Institut für Weltwirtschaft an der Universität Kiel: www.uni-kiel.de/IfW
Wirtschafts- und sozialwissenschaftliches
Institut (WSI) der Hans-Böckler-Stiftung: www.wsi.de
Zentrum für europäische Wirtschaftsforschung (ZEW): www.zew.de

3. Statistische Daten

Auch statistische Daten sind Informationen. Der Umgang mit ihnen muss deshalb nicht weniger sorgfältig erfolgen, obwohl sie die Gestalt der scheinbar unumstößlich feststehenden Zahlenwerte haben. Statistiken liefern beinah alle der bereits genannten Institutionen. Manche haben sich besonders darauf spezialisiert, Daten zu veröffentlichen, z. B.:

Statistisches Bundesamt: www.destatis.de
Statistisches Amt der
Europäischen Union (Eurostat): http://europa.eu.int/comm/eurostat

4. Webseiten anderer Medien

Es gehört inzwischen zum guten Ton, dass andere Medien ihre Webseiten haben, auf denen sie zusätzliche Informationen, zum Teil Texte, Hilfen und Links veröffentlichen. Einige sind nur reine Image- und Ankündigungsseiten, andere bieten eine eigenständige Informationssammlung und sind auch ohne das Ursprungsmedium äußerst nützlich. Zu den Letzteren gehören z. B.:

WISO: Website der WISO-Redaktion mit einer Fülle aller möglichen
Informationen und einem umfangreichen Archiv: www.wiso.de
[plusminus: Das Pendant der ARD (des WDR): www.plusminus.de
Handelsblatt: Tagesaktuelle Wirtschaftsnachrichten mit dem
Schwerpunkt auf Unternehmen: www.handelsblatt.com
WirtschaftsWoche: Wöchentliche Wirtschaftsnachrichten mit
Hintergrundinformationen: www.wiwo.de
WISU: Informationen für Studenten der Wirtschaftswissenschaften: www.wisu.de

FRAGEN ZUR WIEDERHOLUNG

1. Nennen Sie mindestens drei Informationsmöglichkeiten zur aktuellen wirtschaftlichen Entwicklung.
2. Benennen Sie Kriterien zur Beurteilung der Seriosität wirtschaftspolitischer Informationen aus dem Internet.
3. Zeigen Sie am Beispiel der Banken, welche Interessen wirtschaftliche Interessengruppen mit einer Informationspolitik durch eigene Publikationen zum Wirtschaftsleben verfolgen können.
4. In welcher Weise können wirtschaftliche Interessengruppen durch Informationspolitik Einfluss auf wirtschaftspolitische Entscheidungen nehmen?
5. Entwerfen Sie eine Strategie zur Beeinflussung wirtschafts- und verkehrspolitischer Entscheidungen (Straßenbau, Umweltpolitik) etc. aus der Sicht des ADAC für das nächste Jahr.

Auswertung von Karikaturen

Im Politikteil Ihrer Tageszeitung (bei überregionalen Tageszeitungen auch im Wirtschaftsteil) finden Sie täglich Karikaturen zu tagesaktuellen Themen. Auch in der Wirtschaftspresse werden Karikaturen als zugespitzte Kommentare zu bestimmten Ereignissen eingesetzt. Insofern lohnt sich ein Vergleich zweier oder mehrerer Karikaturen zum gleichen Thema.

Die Karikatur ist durch bestimmte darstellerische Merkmale gekennzeichnet; man könnte diese insgesamt die Sprache der Karikaturisten nennen, deren Kenntnis zum Verstehen von Karikaturen notwendig ist. Karikaturisten reduzieren Personen und Sachverhalte auf wenige Merkmale; sie heben diese durch Übertreibung hervor und lösen Heiterkeit beim Betrachter aus, die auf dem Wiedererkennungseffekt gründet und meist innere Zustimmung zu der pointierten Bewertung des Zeichners einschließt. Viele Karikaturen sind eng auf die aktuelle Berichterstattung bezogen und schon vom Layout her in sie eingebunden. Ihre Verständlichkeit kann mit der Tagesaktualität verloren gehen. Andere Karikaturen transportieren tiefe Einsichten und lösen auch nach Jahrzehnten noch Nachdenklichkeit aus. Die Besonderheiten des Mediums Karikatur erfordern ein entsprechendes Vorgehen bei seiner Auswertung. Dazu gehören folgende Phasen, die je nach Voraussetzungen der Betrachter unterschiedlich ausfallen können.

Spontanes Erfassen der Pointe

Formulieren Sie Ihre erste Reaktion auf die Karikatur. Beachten Sie dabei ggf. auch den Untertitel.

Beschreibung

Welche Personen und Sachverhalte werden dargestellt? Wie verhalten sich diese zueinander? Was fällt Ihnen besonders auf?

Symboldeutung

Welche zeichnerischen Mittel hat der Karikaturist angewandt? Welche Typisierungen werden verwendet?

Einordnung in den politischen Zusammenhang und Formulierung der Aussageabsicht

Auf welchen politischen Zusammenhang bezieht sich die Karikatur? Was kritisiert bzw. was lobt der Karikaturist? Worin besteht die „Botschaft" der Karikatur? Was will der Karikaturist erreichen? Sind unterschiedliche Interpretationen möglich? Beachten Sie in diesem Zusammenhang die Berichterstattung und Kommentierung in der jeweiligen Publikation.

Medienkritische Reflexion

Formulieren Sie Ihren persönlichen Standpunkt zur „Botschaft" der Karikatur. Geht der Karikaturist von zutreffenden Sachverhalten aus? Wem nützt, wem schadet die Aussage der Karikatur?

Hinweis: Am Ende der Auswertung der Karikatur kann die Entscheidung stehen, diese mit einer eigenen Zeichnung zu kommentieren.

Wirtschaftliches Wachstum ist kein Selbstzweck oder gar nur
Prozentzahl, die Statistiker und Politiker je nach ihrer Höhe gl
oder traurig macht. Im Gegenteil: Wachstum hat ganz handfe
Vorteile. Eine Zunahme des Bruttoinlandsprodukts ist erford
um die Bürger mit mehr War
Wächst die Wirtschaft, dann

7.1   Welche Rolle spielt das Wachstum als Ziel der Wirtschaftspolitik?

AUFGABEN

1. Stellen Sie kurz dar, was unter Wirtschaftswachstum verstanden und in welchen Größen es gemessen wird.
2. Stellen Sie anhand von M 1 zusammen, welche Erfahrungen sich mit dem Wachstum der Wirtschaft in der Geschichte der Bundesrepublik verbunden haben.
3. Vergleichen Sie an Hand der Grafik M 2 das Verhältnis von BIP- und Beschäftigungsveränderung.
4. Wie ist ein solcher Zusammenhang zu erklären? Welche Schlussfolgerungen für die Politik werden hier nahe gelegt? Beachten Sie, dass es divergierende Erklärungsansätze geben kann.
5. Fassen Sie die Sichtweise von Wachstum für die Materialien 3 bis 7 zusammen.
6. Bestimmen Sie die Perspektive, unter der Wachstum jeweils gesehen und bewertet wird.

M 1   Wachstum als Ziel der Wirtschaftspolitik

● Im Stabilitätsgesetz ist neben Vollbeschäftigung, Preisniveaustabilität, außenwirtschaftlichem Gleichgewicht auch Wachstum als Ziel staatlicher Wirtschaftspolitik genannt. Die ersten drei Ziele sollen gleichzeitig „… bei
5 stetigem und angemessenen Wirtschaftswachstum …" (§ 1 des Stabilitätsgesetzes) erreicht werden.

Der Stellenwert und die Ausprägung des Wachstumsziels unterlagen in der Bundesrepublik im Zeitablauf einem erheblichen Wandel. In der Nachkriegszeit stand
10 bis Ende der fünfziger Jahre die Erreichung der Vollbeschäftigung im Vordergrund. Die Förderung der gesamtwirtschaftlichen Nachfrage, vor allem der Investitionen, hatte Priorität in der Wirtschaftspolitik. Eine explizite Wachstumszielsetzung existierte nicht; impli-
15 zit bewirkte diese Förderung ein hohes Wirtschaftswachstum mit. Seinen Ausdruck fand dieses Wachstum in den hohen Zuwachsraten des realen Bruttosozialprodukts und des Pro-Kopf-Einkommens der Bevölkerung.

Anfang der sechziger Jahre war das Arbeitskräfteange-
20 bot weitgehend ausgeschöpft, die bis dahin reichlich vorhandene Infrastruktur ausgelastet, Vollauslastung der Kapazitäten erreicht, Verteilungskämpfe zwischen Gewerkschaften und Arbeitgebern um die Einkommenszuwächse nahmen zu. Eine Folge dieser veränderten
25 Rahmenbedingungen war ein Rückgang in den Zuwachsraten des realen BSP. Die Wirtschaftspolitik reagierte darauf, indem sie das Wirtschaftswachstum nicht mehr nur als Marktergebnis betrachtete, sondern es in den offiziellen Zielkatalog des „Gesetzes über die Bildung

30 eines Sachverständigenrats zur Begutachtung der gesamtwirtschaftlichen Entwicklung" sowie des Stabilitätsgesetzes aufnahm. Damit war Wachstumspolitik ein Teil der staatlichen Wirtschaftspolitik.

35 Seit Anfang der siebziger Jahre ist eine ausgeprägte Wachstumsabflachung des Wachstums in der Bundesrepublik nicht nur im zeitlichen, sondern auch im internationalen Vergleich zu konstatieren. Als Erklärung dafür wird auf angebotsseitige Verschlechterungen für unternehmerische Investitionen verwiesen: sinkende
40 Kapitalrentabilität durch zu hohe Kosten, Verschlechterung der internationalen Wettbewerbsfähigkeit durch zu hohe Löhne und Steuern. […]
Hinsichtlich der Wachstumspolitik beinhaltet diese Erklärung einen „Paradigmenwechsel" von einer expliziten zu einer „impliziten" Wachstumspolitik; nicht mehr
45 eine direkte Erhöhung des Wirtschaftswachstums durch staatliche Maßnahmen wurde angestrebt, sondern durch eine Verbesserung der Rahmenbedingungen unternehmerischen Handels sollte ein höheres Wachstum als Marktergebnis erreicht werden: Durch eine Steigerung
50 der Attraktivität des „Wirtschaftsstandortes Deutschland" nehme, so die These, die Innovationsfähigkeit der Unternehmen und dadurch das wirtschaftliche Wachstum (wieder) zu. Dieser Ansatz dominiert bis heute wachstumspolitische Zielsetzungen.
55 Zu Beginn der siebziger Jahre setzte auch eine zweite Diskussionsrichtung im Kontext des Wachstums ein, die nicht die Verlangsamung, sondern die negativen Folgeerscheinungen wirtschaftlichen Wachstums themati-

60 sierte. Vor allem die Auswirkungen auf die natürliche Umwelt standen im Mittelpunkt. Diese Folgen haben eine bis heute andauernde Diskussion über das Für und Wider des Wirtschaftswachstums in Gang gesetzt. Die wachstumskritischen Positionen betonen, dass in den
65 industrialisierten Ländern eine Sättigung der Bedürfnisse erreicht sei, die natürlichen Grundlagen zerstört würden und soziale Grenzen des Wachstums bestünden. Notwendig sei daher eine Begrenzung des quantitativen Wachstums oder die Durchsetzung eines quali-
70 tativen Wachstums.

Wachstumsbefürworter sehen diese Grenzen nicht, sie betonen die Bedeutung des Wachstums für Vollbeschäftigung und für eine Erhöhung des Wohlstands der Menschen. Hinsichtlich der Umweltproblematik wird von diesen Vertretern u. a. die Notwendigkeit des Wachs- 75 tums betont, um die Kosten des Umweltschutzes bezahlen zu können; außerdem wird eine Stärkung des Marktes gefordert, indem Umweltnutzungen in die Allokation durch den Markt eingehen.

Aus: Gerd-Jan Krol/Alfons Schmid, Volkswirtschaftslehre. Eine problemorientierte Einführung, Tübingen 2002, S. 326 ff.

M 2 **Wirtschaftswachstum und Erwerbstätigkeit im Euro-Raum**

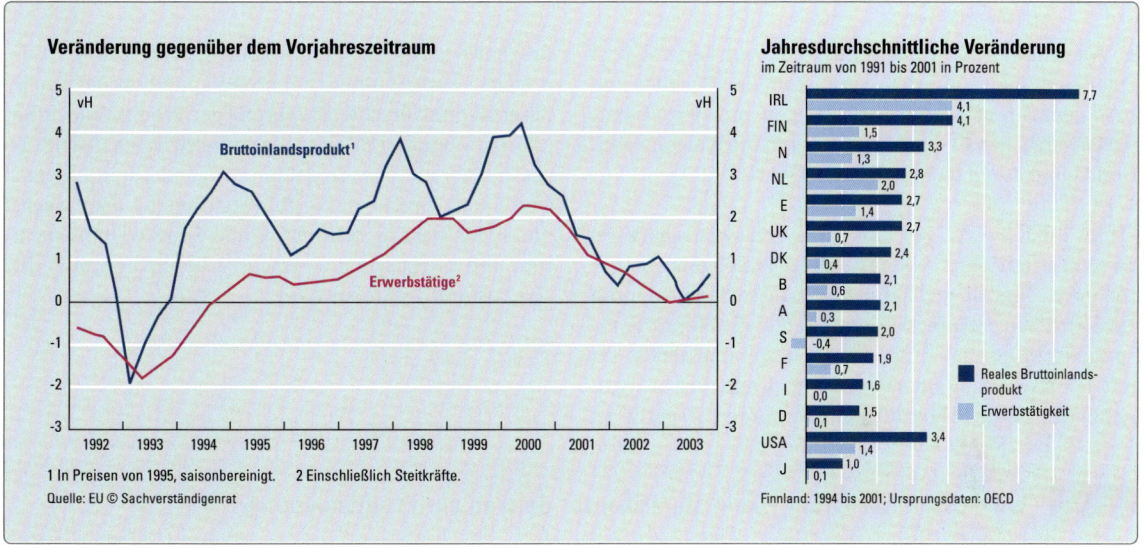

M 3 **Ohne Wachstum geht es nicht**

● Wirtschaftliches Wachstum ist kein Selbstzweck oder gar nur eine Prozentzahl, die Statistiker und Politiker je nach ihrer Höhe glücklich oder traurig macht. Im Gegenteil: Wachstum hat ganz handfeste Vorteile. Eine
5 Zunahme des Bruttoinlandsprodukts ist erforderlich, um die Bürger mit mehr Waren und Dienstleistungen zu versorgen. Wächst die Wirtschaft, dann füllt sich auch der Staatssäckel mit mehr Steuern, so dass die öffentliche Hand es sich leisten kann, zum Beispiel
10 mehr in Schulen, in den Straßenbau oder die Kultur zu investieren. Unser soziales Netz wäre ohne Wirtschaftswachstum sogar kaum noch tragfähig. Denn die Deutschen werden immer älter, und zugleich bleibt der Nachwuchs aus. Daher müssen immer weniger Arbeit-
15 nehmer die Renten von immer mehr Senioren finanzie-

ren. Um die schwerere Last der Sozialbeiträge überhaupt noch schultern zu können, müssen die Beschäftigten insgesamt höhere Einkommen beziehen. Doch nur dann, wenn die Wirtschaft wächst, können Löhne und Gehälter steigen. 20

Wenn die Konjunktur boomt, dürfen aber nicht nur diejenigen auf mehr Geld in der Lohntüte hoffen, die schon einen Job haben. Vielmehr kommen dann auch diejenigen am Arbeitsmarkt eher zum Zuge, die in schlechten Zeiten vergeblich nach einer Stelle gesucht haben. Dies 25 zeigen nicht zuletzt die Erfahrungen der neunziger Jahre, als die Wachstumssonne beispielsweise die USA und Irland kräftig verwöhnte – und dort gleichzeitig jede Menge neuer Arbeitsplätze aus dem Boden sprießen

30 ließ. In Deutschland oder Japan blieb das wirtschaftliche Klima dagegen trüb – so dass auch die Beschäftigung dort über Jahre hinweg nicht recht gedeihen konnte.

Zwar kann eine auf Hochtouren laufende Volkswirtschaft nicht allein den Job-Motor antreiben – in der 35 Bundesrepublik sorgt schon die übermäßige Regulierung des Arbeitsmarktes dafür, dass viele Stellen gar nicht erst geschaffen werden –, ohne Wachstum geht es aber erst recht nicht.

Nicht zuletzt trägt die Zunahme der gesamtwirtschaftli-40 chen Leistung dazu bei, soziale Spannungen abzubauen. Denn die Früchte des Wachstums – höhere Einkommen und mehr Arbeitsplätze – sind das beste Mittel gegen Armut. Und je weniger Menschen am finanziellen Tropf des Staates hängen, desto weniger Platz gibt es für soziale Neidgefühle – die schlimmstenfalls kriminelle Ener- 45 gien wecken. Die USA haben die Wirkungen des Wachstums als Anti-Armutsprogramm in beeindruckender Weise vorgeführt: Jenseits des großen Teiches sorgte der Boom der neunziger Jahre zusammen mit einer Reihe von Sozialreformen dafür, dass der Anteil der als arm 50 geltenden Amerikaner von gut 15 Prozent im Jahr 1993 auf nur noch rund 11 Prozent in 2000 gesunken ist.

Aus: Institut der deutschen Wirtschaft (Hg.), Wachstum und Verteilung: Wie viel Soziales verträgt die Marktwirtschaft? Köln 2002, S. 4

M 4   Faktoren des Wachstums

● Wachstum wird aus dem Zusammenwirken von drei Quellen gespeist: aus dem Wachstum der Bevölkerung bzw. dem Zuwachs an Erwerbstätigen, aus der gesamtwirtschaftlichen Ersparnis bzw. durch die Nettoinvesti-5 tionen und durch technischen Fortschritt.

Da im Modell einer geschlossenen Volkswirtschaft (eine Wirtschaft ohne Außenhandel) Gleichgewicht gelten muss, dass die geplanten Ersparnisse den geplanten Investitionen entsprechen, entscheidet die Höhe der Er-10 sparnisse über den Zuwachs des Kapitalbestands. Da mit höherem Kapitalbestand mehr produziert werden kann, führt eine Erhöhung der Sparquote (Ersparnis in Prozent des BIP) zu einem höheren Wachstum. Andererseits geht mit einem höheren Kapitalbestand ein höherer Kapitalverschleiß während der Produktion einer 15 (Abschreibungen). Reicht die gesamtwirtschaftliche Ersparnis gerade aus, den Kapitalverschleiß zu ersetzen (nur Ersatz- und keine Nettoinvestitionen), dann wächst die Wirtschaft nicht mehr. Ohne Bevölkerungswachstum und technischem Fortschritt bezeichnet man die- 20 sen Zustand als Steadystate.

Aus: Bundeszentrale für politische Bildung (Hg.), Wirtschaft heute, 4. Auflage, Bonn 2003, S. 108

M 5   Wirtschaftswachstum – kein signifikanter Beitrag zur Problemlösung?

● Die wirtschaftlichen und sozialen Entwicklungen in den Industrieländern geben wenig Anlass zu Optimismus. Maßgeblich hierfür ist die anhaltende und sich tendenziell verschärfende Massenarbeitslosigkeit, die 5 mit einer sozialen Polarisierung der Gesellschaft einhergeht. Die zunehmenden Finanzierungsprobleme der sozialen Sicherungssysteme, die steigende Staatsverschuldung und stagnierende oder sogar sinkende Masseneinkommen spiegeln diese Entwicklung auf der 10 Verteilungsseite wider. In der Vergangenheit war wirtschaftliches Wachstum ein probates Mittel, das immer wieder entscheidend zur Überwindung wirtschaftlicher und gesellschaftlicher Krisen beigetragen hat. Die Zeichen mehren sich jedoch, dass in Zukunft realistischer-15 weise vom Wirtschaftswachstum herkömmlichen Typs kein signifikanter Beitrag zur Problemlösung mehr erwartet werden kann. Hierfür lassen sich im Wesentlichen vier Argumente anführen:

1. Eine Analyse der historisch einmaligen Ursachen der hohen Wachstumsraten des Sozialprodukts in der Nach- 20 kriegszeit und ihrer nachfolgend kontinuierlichen Abschwächung zeigt, dass es unrealistisch ist, auf zurückkehrende hohe Wachstumsraten zu hoffen, die einen merklichen Beitrag zur Lösung der Probleme auf dem Arbeitsmarkt leisten könnten. 25

2. Unterstützt wird dieses Ergebnis durch eine genauere Analyse des langfristigen Verlaufs des bundesdeutschen Sozialprodukts. Es lässt sich rückblickend feststellen, dass die Entwicklung des realen Sozialprodukts entgegen allen Voraussagen keinem exponentiellen, 30 sondern „nur" einem linearen Verlauf gefolgt ist. Lineares Wachstum bedeutet im Gegensatz zum exponentiellen Wachstum, dass jährlich kein steigender, sondern ein real konstanter Zuwachs erfolgt. […] Geht man von einer Fortsetzung dieses Trends aus, werden die gegen- 35 wärtigen Wachstumsraten von um 2 vH langfristig wei-

ter unterschritten werden, da das Verhältnis von weitgehend konstantem jährlichen Zuwachs zu wachsendem Sozialprodukt notwendigerweise kleiner wird. Vor diesem Hintergrund stellen die abnehmenden Wachstumsraten des Sozialprodukts alles andere als einen Trendbruch dar, sondern sind lediglich normaler Ausdruck einer nun seit bereits über 45 Jahren anhaltenden Bewegung.

3. Wirtschaftliches Wachstum verstärkt grundsätzlich ökologische Probleme, die die Gattung Mensch zunehmend kollektiv bedrohen. Um eine globale „Ökokatastrophe" zu verhindern, gleichzeitig aber Niedrigsteinkommensländern Entwicklungschancen zu lassen, müsste […] in den Ländern, die bereits einen hohen Lebensstandard erreicht haben, auf weiteres umweltbelastendes Wachstum verzichtet werden.

4. Seit über zwanzig Jahren ist eine Abkopplung der Wohlstands- bzw. Wohlbefindensentwicklung vom Wachstum des Sozialprodukts zu beobachten. Sinkende Lebensqualität in den Industrieländern bei steigendem Sozialprodukt stellt die Sinnhaftigkeit weiterer Wirtschaftswachstums grundsätzlich in Frage.

Vor diesem Hintergrund schwindet das Vertrauen in die alte Industriegesellschaft, die immer auch Wachstumsgesellschaft war. Hierzu trägt wesentlich bei, dass selbst größere Bereitschaft zur individuellen Leistung kein Garant mehr für gesellschaftlichen Aufstieg, in Zeiten der Massenarbeitslosigkeit nicht einmal mehr Garant für ein menschenwürdiges Ein- und Auskommen ist. Zunehmend fühlt sich der Einzelne anonymen Kräften ausgeliefert, die er selbst nicht beeinflussen kann. Verunsichernd kommt in dieser Situation hinzu, dass vor dem Hintergrund der Diskussion über die Globalisierung einst nationaler Wirtschaftsaktivitäten scheinbar Veränderungen erzwungen werden, die nicht mehr nach Maßgabe gesellschaftlicher oder gar individueller Bedürfnisse politisch gesteuert werden können. […]

Aus: Arbeitsgruppe Alternative Wirtschaftspolitik, 97, Beschäftigungspolitik und gerechte Einkommensverteilung gegen soziale Zerstörung, Köln 1997, S. 183–185

M 6 Wachstum ohne Arbeit?

■ Das Gespenst vom beschäftigungslosen Wachstum geht um. Seit dem Ende des Vereinigungsbooms 1992 ist die Zahl der Beschäftigten in Deutschland um weit über eineinhalb Millionen gesunken, obwohl die Produktion seither um gut sieben Prozent gewachsen ist. Damit fehlen gegenwärtig weit mehr als vier Millionen Arbeitsplätze, so viele wie noch nie in den letzten 50 Jahren. Sind die reifen Volkswirtschaften nunmehr in die Fänge der globalen Märkte geraten? Droht die unerbittliche Erosion des sozialen Fundaments? […]

Gewaltige Fortschritte in den Informations- und Kommunikationstechnologien und ein Wechsel des wirtschaftspolitischen Paradigmas in vielen Entwicklungsländern haben eine neue Wirtschaftswelt entstehen lassen. Im globalen Dorf sind Kapital, Wissen und Technologie in einem Maße mobil wie nie zuvor. Immer mehr aufstrebende Schwellenländer haben ihre Chancen erkannt und heißen diese Produktionsfaktoren willkommen. Unweigerlich gehen im Zuge des Wandels Arbeitsplätze in den alten Industrieländern verloren. Es bieten sich aber auch neue Chancen insbesondere für ein Land wie Deutschland, das komparative Vorteile bei der Herstellung von Investitionsgütern und höherwertigen Konsumgütern hat. Das Beschäftigungsproblem lässt sich jedoch im Bereich der traditionellen Hardwareproduktion nur zu einem geringen Teil lösen. Die Zukunft der Arbeit liegt vielmehr im Dienstleistungssektor. Denn neben der Globalisierung steht der Megatrend der Tertiarisierung. Hier geht es um Informationen, um Wissen, Lehre und Bildung, um Planung und Organisation, Wartung und Konstruktion, um Finanzierung und Versicherung, Vertrieb und Werbung, um Kultur und Unterhaltung, Betreuung und Pflege. […]

Das Verdikt steht fest: Deutschland hinkt auf dem Weg in die Dienstleistungsgesellschaft hinterher. Die Ursachen liegen allerdings tiefer als lediglich in der immer wieder gescholtenen, wenig ausgeprägten Dienstleistungsmentalität. Denn mit starren Regulierungen und zum Teil auch Angstneurosen verbauen wir uns die Chancen auf den Zukunftsmärkten. […] Wenn sich Wirtschaftsstrukturen und Arbeitsanforderungen ändern, müssen auch Aus- und Weiterbildung mitziehen. […] Hohe tarifliche Mindestlöhne haben in Deutschland viele einfache Arbeitsplätze unter die Rentabilitätsschwelle fallen lassen. So zeigt eine IW-Studie, dass in Deutschland verglichen mit den USA mindestlohnbedingt bis zu 4,7 Millionen einfache Arbeitsplätze fehlen. Um dieses Beschäftigungspotenzial zu erschließen, ist eine Öffnung der Lohnstruktur nach unten unverzichtbar.

Aus: IWD-Online, 1. 1. 1998, Nr. 1, Jg. 24, Autor: Gerhard Fels

M 7   Wirtschaftswachstum als Problem

■ Ein wesentliches Merkmal des herrschenden Wirtschaftssystems […] ist der Zwang zum Wachstum. Und zwar nicht etwa Wachstum der Qualität oder des Wohlstands, wie das ab und zu […] behauptet werden mag, sondern ganz banal Wachstum der in Geldeinheiten gemessenen Wirtschaftsleistung, egal ob sich diese an der Produktion von Abfangjägern, noch mehr Straßen, noch bulligeren Autos, Junk-Food, Flugreisen nach Djibouti oder zur Abwechslung an der Herstellung nützlicher Sachen bemisst. […]

Mit Fug und Recht kann das globale Wirtschaftswachstum als das ökologische Problem ersten Ranges bezeichnet werden. Nachdem jeder wirtschaftliche Prozess Material und Energie verbraucht, ist wachsende Wirtschaft mit wachsendem Energie- und Rohstoffverbrauch verbunden. Zumindest gilt dieser Zusammenhang für die Vergangenheit, auch wenn sogenannte Teilentkoppelungen stattgefunden haben, also beispielsweise der Energieverbrauch phasenweise geringer anstieg als das Bruttoinhaltsprodukt. Gänzliche Entkoppelungen (schrumpfender oder stagnierender Energie- und Rohstoffverbrauch trotz wachsender Wirtschaft) sind grundsätzlich denkbar und für begrenzte Zeiträume auch nicht auszuschließen, unserer Ansicht nach aber über längere Zeiträume unrealistisch […].

Wie sieht es mit qualitativen Aspekten des Wirtschaftswachstums aus? Könnte man es zumindest insofern rechtfertigen, als es eine schier unermessliche Fülle an Wohlstand (zumindest für die meisten Bewohner der OECD-Länder) gebracht hat? Der im ersten Moment vielleicht plausible Zusammenhang zwischen Wachstum und Wohlstand hält einer kritischen Prüfung nicht stand. Denn erstens sind im BIP auch Ausgaben für Rüstung, innere Sicherheit, Reparatur von Umweltschäden etc. enthalten. Zweitens kann man mit Hilfe von Wohlstands-Indikatoren wie dem ISEW (Index of Sustainable Economic Welfare) zeigen, dass die Lebensqualität für viele Länder seit den 8oer-Jahren trotz (oder wegen) stetigem Wachstum des BIP sinkt oder stagniert. […]

Wenn stetiges Wirtschaftswachstum einmal als gravierendes Problem anerkannt ist, liegt die Schlussfolgerung nahe, dass es erstrebenswert ist, dieses zu stoppen. Aber so einfach ist dies nicht: Einerseits produziert Marktwirtschaft, solange sie noch nicht gesättigte Märkte vorfindet, aus sich selbst heraus Wachstum. Das liegt daran, dass in einer Marktwirtschaft sowohl Einzelunternehmen als auch die Arbeitsproduktivität (also die Menge an Waren, die eine Arbeitskraft herstellen kann) wachsen (wachsen müssen). Wie man weiß, sind Unternehmen in einer Marktwirtschaft gewinnorientiert, und sie sind das nicht (nur) deshalb, weil es netter ist, Gewinne als keine Gewinne zu machen, sondern weil entsprechend hohe Gewinne die besten Voraussetzungen für das Überleben in der Konkurrenz am Markt sind. Wer Gewinne macht, kann diese in bessere Produktionsanlagen reinvestieren und damit Güter produzieren, die der Konkurrenz eine Nasenlänge voraus sind oder kann im nächsten Jahr einen großangelegten Werbefeldzug starten etc. Weiter dienen Gewinne der Verteilung gesellschaftlicher Ressourcen, d. h. Geld, Arbeitskraft, Kreativität, Maschinen und Rohstoffe fließen in diejenigen Bereiche, die am gewinnbringendsten sind. Gewinne sind der Maßstab für Unternehmenserfolg, d. h. sie „belohnen" markteffiziente Verhaltensweisen. […]

Die andere, politisch unmittelbar relevante Seite ist, dass im herrschenden System die Wirtschaftsleistung stetig wachsen muss, um keine gröberen Krisen entstehen zu lassen. Die Alternative im Kapitalismus ist eben nicht Wachstum oder Stabilität, sondern Wachstum oder Niedergang. […]

Stagnierende Wirtschaftsleistung oder selbst schon die Erwartung einer Stagnationsphase führt zum Rückgang von Neuinvestitionen – weil nur bei Erwartung entsprechender Gewinne investiert wird oder weil sich die letzte Investition noch nicht rentiert hat […]. Daher sind Branchen, die direkt von der Investitionstätigkeit anderer leben, zuerst betroffen, z. B. die Baubranche oder die Hersteller von Produktionsanlagen. Diese bauen aufgrund gesunkener Auftragslage Arbeitsplätze ab, die Arbeitslosenzahlen steigen, mehr Arbeitslose führen dazu, dass es weniger Konsumausgaben gibt, was wieder andere Branchen betrifft. … So kann sich eine Abwärtsspirale in Gang setzen. […]

Aus: Andreas Exner (ATTAC Österreich), Nachhaltige Attacken – Teil 1, Wien 2005, www.attac.at/1413.html

7.2 Wohin führt unbegrenztes Wachstum?

Die Problematik des (ungehemmten, rein quantitativen) Wirtschaftswachstums ist am besten im globalen Maßstab zu betrachten, da spätestens seit den Mondlandungen und den Berichten des Club of Rome die Begrenztheit des Planeten Erde deutlich im öffentlichen Bewusstsein ist. Im Folgenden soll deshalb anhand eines „kleinen Weltmodells" die Problematik des Wachstums überprüft werden. Hilfreich ist dabei der Einsatz des Computers, z.B. einer Tabellenkalkulation oder eines Simulationswerkzeugs.

AUFGABEN

1. Verdeutlichen Sie die Problematik exponentiellen Wachstums (M 1).
2. Analysieren Sie die ausgewählten Parameter globaler Entwicklung (M 2 bis M 6) mithilfe der Zeitreihenanalyse (S. 108). Erstellen Sie begründete Prognosen für die einzelnen Parameter bis zum Jahr 2030.
3. Analysieren Sie das Wachstum der einzelnen Parameter. Ist eine Grenze des Wachstums gegeben?
4. Analysieren Sie die Wechselwirkungen der Parameter.
5. Diskutieren Sie Ihre Prognosen und politische Handlungsmöglichkeiten.

M 1 Exponentielles Wachstum

■ Unablässig wachsen auf der Erde die Bevölkerung, die Produktion von Nahrungsmitteln und Industriegütern, der Rohstoffverbrauch und die Belastung der Umwelt. Diese immer raschere Zunahme folgt einer mathe-
5 matischen Beziehung, die exponentielles Wachstum genannt wird. Wenn man das Ergebnis menschlicher Tätigkeiten aufzeichnet, ergeben sich fast immer exponentielle Wachstumskurven, gleichgültig, ob es sich um den Einsatz von Düngemitteln handelt oder um die Aus-
10 breitung von Städten. […]

Linear steigt z.B. der Inhalt eines Sparschweines, in das ein kleines Kind jeden Tag etwa drei Cent steckt, sodass am Ende des Jahres etwa zehn Euro zusammenkommen. Bei linearem Wachstum erhöht sich die wachsende Grö-
15 ße in gleichen Zeitabständen immer um den gleichen Betrag. Der Zuwachs ist nicht abhängig davon, wie viel Geld in dem Sparschwein schon steckt.

Beim exponentiellen Wachstum dagegen ist der jeweilige Zuwachsbetrag der schon vorhandenen Größe pro-
20 portional. […] Denn zehn Jahre lang wird das Kind natürlich nicht Cent sparen. Viel wahrscheinlicher wird es als Jugendliche(r) 100 Euro auf der Bank zu einem Zinssatz von sieben Prozent anlegen. Dann wächst dieser Betrag exponentiell und über längere Zeit sehr viel rascher als beim Sparen im Sparschwein. Im ersten Jahr kom-
25 men sieben Prozent von 100 Euro = 7 Euro hinzu. Das Konto beträgt dann 107 Euro. Im zweiten Jahr ist der

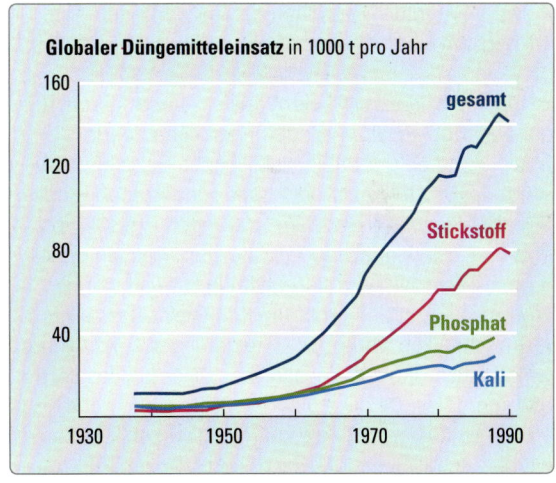

Globaler Düngemitteleinsatz in 1000 t pro Jahr

Zuwachs Zins sieben Prozent von 107 = 7,49 Euro; der Kontostand steigt auf 114,49 Euro, nach dem dritten Jahr erreicht er 122,50 Euro nach dem 10. Jahr 201,37
30 Euro, hat sich also verdoppelt.
Die prozentuale Zunahme, die Wachstumsrate des Geldes auf der Bank, bleibt Jahr um Jahr gleich, aber der tatsächliche Zuwachs in Euro und Cent steigt ständig entsprechend der bereits angesammelten Geldmenge.
35

Aus: Donella und Dennis Meadows / Jørgen Randers, Die neuen Grenzen des Wachstums, Stuttgart 1992, 6. Auflage, S. 35–38

Einführung in die Statistik: Zahlenreihenanalyse

Eine Zeitreihe ist eine zeitlich geordnete Folge statistischer Maßzahlen. Betrachtet man die zugrunde liegenden Zeiteinheiten als Merkmalsträger, werden die Maßzahlen zu Werten eines Merkmals. Handelt es sich bei den Zeitreihenwerten um Bestandsgrößen, werden sie Zeitpunkten zugeordnet. Sind die Maßzahlen dagegen Bewegungsgrößen, sind die zugrundeliegenden Einheiten Zeiträume. Das Beispiel enthält zwei Zeitreihen, die aus jeweils vier Werten bestehen. [...]
Die Veränderungen der Zeitreihenwerte, ihre Schwankungen, weisen häufig typische Verlaufsmuster auf, die auf bestimmte gleichförmig wirkende Einflussfaktoren zurückzuführen sind. Gelingt es, sie herauszuarbeiten, kann man Zeitreihen in einzelne Komponenten zerlegen. Dadurch wird die Beurteilung der Zeitreihen erleichtert. Am Anfang einer solchen Untersuchung sollte stets eine grafische Darstellung stehen, da diese erste Anhaltspunkte für den Gang der Untersuchung liefern kann. Als Grafik wird gewöhnlich ein Kurvendiagramm gewählt. Bei der anschließenden Analyse der Zeitreihenwerte geht es darum, die verschiedenen Komponenten der Zeitreihen herauszuarbeiten. Die wichtigsten Komponenten sind:

a) Trend: Als Trend wird die vergleichsweise stetige, d. h. ohne abrupte Richtungsänderungen verlaufende Entwicklung einer Zeitreihe bezeichnet. Beispielsweise steigt das Bruttosozialprodukt der Bundesrepublik, die Summe aller wirtschaftlichen Leistungen eines Jahres, grundsätzlich von Jahr zu Jahr an. Die Ursachen dieses tendenziellen Anstiegs sind vielfältig, z. B. steigende Produktion aufgrund erhöhten Kapitaleinsatzes und technischen Fortschritts, Preissteigerungen u. Ä. All dies wirkt in Richtung auf ein jährliches Wachsen des Bruttosozialprodukts. Da diese Trendeinflüsse jedoch durch andere Einflussgrößen, die kurzfristig wirken, überlagert werden, schwankt der Zuwachs von Jahr zu Jahr. Unter Umständen kommt es sogar zu einem Rückgang.

b) Konjunkturelle Bewegungen: Die meisten wirtschaftlichen Zeitreihen, z. B. die Zahl der Arbeitslosen oder der Umfang der industriellen Produktion, zeigen mehr oder minder ausgeprägte zyklische, d. h. wiederkehrende Schwankungen. Ursache ist das Aufeinanderfolgen von Zeiten mit verstärkter und mit abgeschwächter wirtschaftlicher Aktivität. Diesen Vorgang bezeichnet man als Konjunkturschwankungen. Sie sind in erster Linie verantwortlich für das unterschiedliche Wachstumstempo des Bruttosozialprodukts. [...]

c) Saisonale Einflüsse: Saisonschwankungen werden hervorgerufen durch Einflüsse, die von Periode zu Periode wiederkehren, etwa durch die Witterungsverhältnisse oder durch Feiertage. Beispielsweise steigt die Arbeitslosenzahl im Winter regelmäßig an, weil viele Unternehmen, z. B. aus der Bauwirtschaft, wegen der ungünstigen Witterung ihre Aktivitäten einschränken. [...]

Methode der gleitenden Durchschnitte
Bei der Methode der gleitenden Durchschnitte berechnet man jeweils aus mehreren nebeneinander liegenden Zeitreihenwerten arithmetische Mittelwerte. Die Durchschnittsberechnung hat das Ziel, einen Ausgleich zwischen positiven und negativen Restkomponenten zu bewirken, sodass als Ergebnis nur noch die glatte Komponente übrig bleibt. [...]

Die Ergebnisse hängen wesentlich von der Zahl der Zeitreihenwerte ab, aus denen man jeweils einen Durchschnitt berechnet. Die beiden grundlegenden Annahmen sollen ja für alle Werte eines Durchschnitts gelten. Die Zahl der (vollständigen) Zeitreihenwerte, aus denen man jeweils einen Durchschnitt bildet, wird als Gliederzahl bezeichnet. Beispielsweise spricht man bei drei Werten von einem dreigliedrigen, bei fünf von einem fünfgliedrigen Durchschnitt. [...]

Aus: Günter Buttler/Reinhold Stroh, Einführung in die Statistik, Reinbek bei Hamburg 1992, S. 199–201, 205, 207

Beispiel: Betriebe und Umsatz in der westdeutschen Industrie

JAHR	BETRIEBE[1] (in 1000)	UMSATZ (in Mrd. Euro)
1980	48,8	1 197
1985	44,6	1 495
1990	46,7	1 822
1995	41,2	1 945

1 Jahresdurchschnitt

M 2 Weltbevölkerung nach Regionen (in Millionen)

Nach Berechnungen des Statistischen Bundesamtes wird die Bevölkerung in Deutschland bis 2040 um 13% auf 69 Mio. zurückgehen.

durchschnittliche Wachstumsrate:
1980–1990: 1,7%
1990–2000: 1,4%

	1900	1960	1990	2002
Afrika	133	279	642	832
Asien (ohne Russland)	925	1 668	3 113	3 625
Europa (mit Russland)	432	639	787	869
Mittel- und Südamerika	74	218	448	534
Nordamerika	82	199	276	320
Ozeanien	6	16	27	31

M 3 Energieverbrauch

Energieverbrauch pro Kopf in kg SKE[1]	
1979	2 061
1990	2 015
1995	2 035
1999	1 940

1 Steinkohleeinheiten

Energieverbrauch nach Regionen in Mrd. Tonnen SKE	1980	1990	1994	1999
Europa (einschließlich Russland)	2,189	2,346	3,414	3,486
Nord- und Mittelamerika	2,790	3,196	3,550	3,719
Südamerika	0,247	0,313	0,372	0,418
Afrika	0,191	0,282	0,309	0,411
Asien (ohne Russland)	1,564	2,659	3,454	3,755
Australien und Ozeanien	0,105	0,149	0,159	0,182

M 4 Reserven an wirtschaftlich gewinnbaren fossilen und mineralischen Energieträgern in Mrd. Tonnen SKE

Kohle	685
Erdöl (ohne Ölschiefer und Ölsande)	200
Erdgas	185
Uran (Nutzung in Leichtwasserreaktoren)	28

Die globalen Erdölvorräte werden nach Schätzungen spätestens Mitte des 21. Jahrhunderts erschöpft sein (Erdgas in 70 Jahren, Steinkohle in 150 Jahren).

M 5 CO_2-Emissionen

Land	1990	2000
Deutschland	1 213,5	983,3
EU	4 212,2	4 083,9
USA	6 130,7	7 001,2
Japan	1 246,7	1 386,3
Industrieländer des Kyoto-Protokolls	12 803,3	13 888,2

M 6 Nahrungsmittelproduktion und Wirtschaftswachstum

Nahrungsmittelproduktion bezogen auf die Jahre 1989–1991 (= 100)	2000 insgesamt	2000 je Einwohner
Welt insgesamt	124,5	108,0
Europa (mit Russland)	99,1	96,3
Nord- und Mittelamerika	125,2	110,0
Südamerika	141,8	121,0
Asien	146,9	125,7
Afrika	128,3	100,2
Australien	139,7	120,6

BIP-Wachstum in %	BIP in Mio. $	duchschnittliche Wachstumsrate 1990–2001
Welt insgesamt	31 283 839	2,7
arme Länder	1 083 360	3,4
reiche Länder	25 103 679	2,5

M 2 bis M 6 aus: Weltbank (Hg.), Weltentwicklungsbericht 1997. Der Staat in einer sich ändernden Welt, Bonn 1997; Der Fischer Weltalmanach. Zahlen, Daten, Fakten '94, Frankfurt a. M. 1993; Der Fischer Weltalmanach. Zahlen, Daten, Fakten '98, Frankfurt a. M. 1997; Stiftung Entwicklung und Frieden (Hg.), Globale Trends 1998

7.3   In welche Richtung geht die Kritik am Wachstumsbegriff?

M 1   Gewinner und Verlierer des wirtschaftlichen Wachstums

● Das Wachstum der Wirtschaft, der Einkommen und des Lebensstandards in den Industrieländern ist wesentlich bedingt durch die sich im Verlauf der Industrialisierung immer mehr beschleunigende Ausbeutung nicht erneuerbarer, nur in begrenzten Mengen vorhandener Rohstoffe und Energiequellen. Dies hat zu einer massiven Belastung und partiellen Zerstörung von Umwelt und Natur geführt, deren Kosten und Lasten wir erst jetzt zu tragen beginnen.

Man muss es sich klar vor Augen führen: Zwischen dem heutigen Wohlstand in den Industrieländern und den Belastungs- und Zerstörungsprozessen in der Natur besteht ein direkter und enger Zusammenhang. Denn dieser Wohlstand konnte nur erzeugt werden, weil die Industriegesellschaft von dem Ressourcennutzungsmuster aller früheren Kulturen abwich, die im Wesentlichen von der Nutzung und dem Verbrauch erneuerbarer oder nicht erschöpflicher Quellen lebten. (Auch dort wurden natürlich Ressourcen übernutzt, wie z. B. Wälder, die abgeholzt wurden; aber diese Fälle blieben immer lokal begrenzt.)

Der Übergang zum Industriezeitalter stellt damit eine Zäsur in der Geschichte des Menschen dar. Der Mensch begab sich in seiner wirtschaftlichen Tätigkeit zunehmend aus seiner Abhängigkeit von den zeitlichen (= langsamen) Rhythmen ökologischer Systeme.

Der Verbrauch der in Jahrmillionen akkumulierten Bestände an mineralischen Rohstoffen und fossilen Energiequellen ermöglichte im Verein mit der systematischen Nutzung von Wissenschaft und Technik ein von natürlichen Zyklen weithin unabhängiges, nunmehr ökonomisch-kulturell determiniertes Wachstum der Produktion, das in seiner Dynamik historisch ohne Vergleich ist.

Gleichzeitig ist aber dieser Prozess des beschleunigten Verbrauchs von nicht erneuerbaren Naturressourcen die Hauptursache für die Vergiftung, Übernutzung oder Zerstörung der vorhandenen Ressourcen Luft, Wasser, Boden, Wald, generell der Flora und Fauna, der Atmosphäre sowie ganzer Ökosysteme. Heute steht die Gefährdung dieser Ressourcen im Zentrum der besorgten Aufmerksamkeit der Weltöffentlichkeit handle es sich um die Ausbreitung der Wüsten, das Voranschreiten der Erosion, der Zerstörung der Regenwälder, die Belastung und das Sterben der Wälder in der nördlichen Hemisphäre oder die Gefahren für die Atmosphäre und den Ozonschild.

Das Wachstum der Realeinkommen wäre gewiss geringer gewesen, wenn von vornherein Umweltgesichtspunkte berücksichtigt worden wären. Wirtschaft und Gesellschaft haben eine Anleihe bei der Umwelt genommen, ohne sofort mit der Rückzahlung zu beginnen. Dies hat zur Konsequenz, dass heute und in der näheren Zukunft höhere Anteile des Realeinkommens für Umweltzwecke abgezweigt werden müssen, weil neben den neuen Lasten auch noch die Altlasten, die in den vergangenen Jahrzehnten aufgetürmt worden sind, abgebaut werden müssen. Man denke nur an den sorglosen Umgang mit Giftmüll, für dessen Beseitigung" jahrzehntelang keine oder nur vernachlässigbare Beiträge bezahlt worden sind. Wir wissen heute, wie teuer eine einigermaßen vertretbare Bewältigung des Sondermüllproblems ist. Der weiter anschwellende Berg giftigen Sondermülls unserer Wirtschaft wird heute für eine der zentralen noch ungelösten umweltpolitischen Herausforderungen unserer Industriegesellschaft gehalten.

Aus: Christian Leipert, Grundfragen einer ökologisch ausgerichteten Wirtschafts- und Umweltpolitik, in: Wirtschaftspolitik, Bonn: Bundeszentrale für politische Bildung, 1990, S. 385 f.

M 2   Mehr Wohlstand – weniger Lebenszufriedenheit?

Persönliche Zufriedenheit mit einzelnen Lebensbereichen (Umfrage 2003)	Haushaltsnettoeinkommen in Euro		
Zufriedenheit	unter 3835	3835 bis 5113	über 5113
… mit der Arbeit			
unzufrieden	15,0%	5,2%	4,8%
hochzufrieden	8,5%	13,0%	17,7%
… mit der Gesundheit			
unzufrieden	17,9%	6,6%	8,0%
hochzufrieden	7,4%	12,9%	14,1%
… mit dem Lebensstandard			
unzufrieden	10,4%	1,3%	0,7%
hochzufrieden	5,9%	17,2%	26,2%
Allgemeine Lebenszufriedenheit			
unzufrieden	9,4%	2,5%	2,3%
hochzufrieden	4,0%	11,0%	12,8%

Quelle: DIW Berlin (Schupp u. a.), 2003

Quelle: Dritte-Welt-Haus Bielefeld (Hrsg.): Entwicklungsland Deutschland, Wuppertal: Peter Hammer, 1997, S. 78

M 3   Qualitative Entwicklung

● In einer dauerhaft existenzfähigen Gesellschaft bestünde großes Interesse an qualitativer Entwicklung, aber nicht an materieller Expansion. Man würde materielles Wachstum als Mittel für bestimmte Zwecke
5 schätzen, aber nicht als einen unerschütterlichen Auftrag. Man wäre weder grundsätzlich für noch gegen Wachstum, sondern würde zwischen den jeweiligen Arten und Zwecken von Wachstum klar unterscheiden. Man würde fragen: Wachstum zu welchem Zweck und
10 zu wessen Gunsten, zu welchen Kosten wie lange? Von welchen Quellen kann es gespeist werden und welche Senken belastet es? Man würde entsprechend allen Kenntnissen über die begrenzte Umwelt nur Wachstum zulassen, das bestimmten sozialen Zielen dient und die
15 Stabilität fördert. Wenn der jeweilige Zweck des Wachstums erreicht wäre, würde es wieder gestoppt werden.

Eine nachhaltige Gesellschaft würde den gegenwärtigen Lebensstandard aller nicht einfach festschreiben können. Sie könnte auf keinen Fall die Armen in ihrer Armut las-
20 sen, aus zwei Gründen: 1. Die Armen könnten und dürften sich mit einem solchen Schicksal nicht zufrieden geben. 2. Ein Bevölkerungsteil in dauernder Armut würde eine Stabilisierung der Bevölkerungszahl verhindern – sofern man nicht brutalen körperlichen Zwang gegen ihn
25 anwendet. Aus wohlerwogenen praktischen und moralischen Gründen müsste die Gesellschaft zur Stabilisierung materielles Auskommen und Sicherheit für alle bieten. Jede sich offerierende materielle Wachstumsmöglich-

keit, jeder zusätzlich tragbare Ressourcenverbrauch und jeder sich durch höhere Effektivität und durch Änderun-
30 gen des Lebensstils der Wohlhabenden bietende Freiraum müsste für die Bevölkerungsteile genutzt werden, die am bedürftigsten sind. […]
Ein Zustand der Nachhaltigkeit bedeutet nicht, dass in der Gesellschaft Mutlosigkeit und Stillstand herrschen,
35 etwa bei hohen Arbeitslosen- und Konkursquoten, wie sie heute üblich sind, sobald das Wachstum stagniert. Der Unterschied zwischen einer nachhaltigen Gesellschaft und einer wirtschaftlichen Rezession ist etwa so groß wie zwischen dem Anhalten eines Kraftfahrzeugs
40 durch Betätigen der Bremse oder dem Aufprall des Wagens auf eine Betonmauer. Wenn die heutige Wirtschaft ihre jeweiligen Grenzen überzieht, kippt die Entwicklung so rasch und unerwartet, dass sich weder die Menschen noch die Unternehmen anpassen und neu
45 orientieren können. Aber der Übergang zur Nachhaltigkeit würde langsam und allmählich erfolgen. Menschen wie Unternehmen könnten deshalb den ihnen angemessenen Platz in der neuen Gesellschaft finden.
Es ist nicht einzusehen, warum eine Gesellschaft im
50 Gleichgewicht technisch und kulturell primitiv sein sollte. Von materiellen Nöten und materiellem Gewinnstreben wenigstens teilentlastet, stehen der Gesellschaft bislang ungeahnte Möglichkeiten zur Entfaltung konstruktiver Kreativität offen. […]
55

Aus: Donella und Dennis Meadows / Jørgen Randers, Die neuen Grenzen des Wachstums, Stuttgart 1992, 6. Auflage, S. 252 f.

M 4   Ein neues Wohlstandsmodell?

● Wie sehen sie aus, die neuen Wohlstandsmodelle? Die erste Antwort mag überraschen: Sie haben überhaupt kein festes Aussehen. Sie sind nicht Zustände, sondern Vorgänge. Es sind der historische Wandlungs-
5 prozess vom heutigen Verschwendungswohlstand zu einer neuen Kultur.

Die zweite Antwort […] ist eine Art Negativ-Definition […]: Der neue Wohlstand, die neue Kultur ist durch eine rasche Verminderung der Verschmutzung und des Na-
10 turverbrauchs pro Kopf gekennzeichnet. Aber die Antwort geht noch weiter. Der neue Wohlstand besteht auch darin, dass die Vermeidung von Kosten endlich auch als der Nutzen wahrgenommen wird, der sie ist. Und die Vermeidung von Luftverschmutzung, von Was-
15 servergiftung, von Rohstoff- und Energieverschleiß ist eine Vermeidung von Kosten. Wieder frei durchatmen können, ist Nutzen, und Energievergeudung zu vermeiden sowieso. Der Umweltschutz scheint sich historisch von einem Kostenfaktor (Sanierung, Filterbau) zu ei-
20 nem Nutzenfaktor (Effizienzrevolution) zu entwickeln. Aber bislang ist die Wahrnehmung (und auch die Realität) noch beim „Kostenfaktor" stehengeblieben.

Der Wahrnehmung der guten Umwelt und der Effizienzsteigerung als Nutzen führt zu der dritten, der
25 schwierigsten Antwort auf die Frage nach dem Gesicht des neuen Wohlstandes. Nur Anhaltspunkte sind möglich. Leserinnen und Leser mögen zunächst versuchen, sich selbst vorzustellen, wie sich Wünsche und Lebensumstände verändern, wenn Heizöl, Benzin, Fliegen,
30 Fleisch, Kunststoffe, Aluminium und manches andere wesentlich teurer und Informationen, viele Dienstleistungen, Kultur deutlich billiger werden; wenn die Anbieter von Waren deren Haltbarkeit, Reparierbarkeit oder Rezyklierbarkeit preisen, wenn das öffentliche
35 Verkehrsnetz im Nah- und Fernbereich bedeutend besser funktioniert (aber teuer bleibt); wenn Eigenversorgung und Eigenarbeit gefördert oder zumindest geduldet werden; wenn die Erwerbsarbeit flexibilisiert wird; wenn die ökologische Verödung des ländlichen Raums
40 rückgängig gemacht wird und sich das Naherholungsgewerbe neue Verlockungen ausdenkt (was hat das für Auswirkungen auf die Urlaubsplanung?); wenn sich das Bildungswesen verstärkt auf neue Lebensstile einstellt und wenn neue Kommunikationstechniken alltäglich
45 verfügbar sind. Aus der Summe von Millionen individueller Antworten auf solche Fragen und aus deren laufender, zum Teil modischer Veränderung ergibt sich dann eine neue Kultur.

112.1   „Alternative Energie", Toniczek, 09/2005

Die vierte und vielleicht wichtigste Antwort auf die Frage nach dem Gesicht des neuen Wohlstands ist politi- 50 scher Natur und es ist eine aus der Besorgnis stammende Forderung. Es ist das klare Nein zur Ökodiktatur.

Die Mangelwirtschaft in Krieg oder Nichtkrieg war schon immer der ideale Ansatzpunkt für Diktaturen. Die freiheitliche Demokratie umgekehrt konnte sich 55 am leichtesten dort ausbreiten, wo es genug zu verteilen gab. Die ökologischen Sachzwänge, die uns, ob wir es wollen oder nicht, in ein Jahrhundert der Umwelt hineinzwingen, wären ein geradezu idealer Vorwand für Staaten, Staatenbünde oder Wirtschaftsgiganten, 60 eine Art Ökodiktatur zu errichten.

Diktaturen haben immer irgendeinen populären oder moralischen Grund gehabt oder herbeimanipuliert, der ihr totalitäres Auftreten legitimiert. […]

Aus: Ernst Ulrich von Weizsäcker, Erdpolitik. Ökologische Realpolitik als Antwort auf die Globalisierung, Darmstadt 1997, 5. Auflage, S. 263–267

M 5 „Gutes" Wirtschaftswachstum

■ Was ist „gutes" Wirtschaftswachstum? Es ist ein Wachstum, das die menschliche Entwicklung in all ihren Dimensionen fördert; ein Wachstum, das
— zu Vollbeschäftigung und gesichertem Lebens-
5 unterhalt führt,
— die Freiheit der Menschen fördert und sie mit mehr Macht ausstattet,
— dafür sorgt, dass seine Früchte gerecht verteilt werden,
10 — sozialen Zusammenhalt und Zusammenarbeit fördert,
— die künftige menschliche Entwicklung sichert.

Dies sind Zielvorgaben, bei deren Verwirklichung die einzelnen Länder mehr oder weniger erfolgreich sein werden. Wichtig ist, dass sie als Maßstab zur Beurteilung des erzielten Fortschritts herangezogen werden. Erfolgreiche Länder sind jene, denen es gelingt, Zuwächse ihres Einkommens in Fortschritte bei diesen Dimensionen der menschlichen Entwicklung umzuwandeln. 20

Auf jeder Stufe sollten sich die politisch Verantwortlichen fragen, wohin das Wachstum führt. Wer profitiert davon? Schafft es Arbeitsplätze? Bewahrt es die Chancen der künftigen Generationen? Können die Menschen mitwirken? Nimmt es Rücksicht auf kulturelle Vielfalt? 25

Aus: Deutsche Gesellschaft für die Vereinten Nationen (Hg.), Bericht über die menschliche Entwicklung 1996, Bonn 1996, S. 65 f.

M 6 Die Millenniums-Entwicklungsziele der UN (1990–2015)

1. Beseitigung der extremen Armut und des Hungers:
— den Anteil der Menschen halbieren, deren Einkommen weniger als ein Dollar pro Tag beträgt
— den Anteil der Menschen halbieren, die Hunger leiden

2. Verwirklichung der allgemeinen Primarschulbildung:
— sicherstellen, dass Kinder in der ganzen Welt, Jungen wie Mädchen, eine Primarschulbildung vollständig abschließen können

3. Förderung der Gleichstellung der Geschlechter und Ermächtigung der Frau:
— das Geschlechtergefälle auf allen Bildungsebenen beseitigen

4. Senkung der Kindersterblichkeit:
— die Sterblichkeitsrate von Kindern unter fünf Jahren um zwei Drittel senken

5. Verbesserung der Gesundheit von Müttern:
— die Müttersterblichkeitsrate um drei Viertel senken

6. Bekämpfung von HIV/AIDS, Malaria und anderen Krankheiten:
— die Ausbreitung von HIV/AIDS zum Stillstand bringen und allmählich umkehren

7. Sicherung der ökologischen Nachhaltigkeit:
— die Grundsätze der nachhaltigen Entwicklung in einzelstaatliche Politiken und Programme einbauen und den Verlust von Umweltressourcen umkehren
— den Anteil der Menschen um die Hälfte senken, die keinen nachhaltigen Zugang zu hygienischem Trinkwasser haben
— eine erhebliche Verbesserung der Lebensbedingungen von mindestens 100 Millionen Slumbewohnern herbeiführen

8. Aufbau einer weltweiten Entwicklungspartnerschaft:
— die öffentliche Entwicklungshilfe steigern
— den Marktzugang ausweiten
— Schuldentragfähigkeit fördern

Aus: Weltbank (Hg.), Weltentwicklungsbericht 2003, Bonn 2003, S. 240

UN-Bevölkerungsstudie

Die Weltbevölkerung wächst langsamer

9. Dezember 2003 Eine von den Vereinten Nationen eingesetzte Expertenkommission sagt für die kommenden Jahrhunderte ein deutlich verringertes globales Bevölkerungswachstum voraus. Zu einer Vervierfachung der Weltbevölkerung wie im 20. Jahrhundert werde es nicht mehr kommen, sagte der für Bevölkerungsentwicklung zuständige Bereichsleiter der Abteilung für Wirtschafts- und Soziale Angelegenheiten bei den UN, Joseph Chamie, bei der Vorstellung des „Weltbevölkerung 2300".

FAZ, 10. 12. 2003

Informationen über das Wachstum der Wirtschaft und seine Folgen

Aktuelle Informationen über das Wachstum der Wirtschaft erhält man über die bekannten Adressen, etwa die des Statistischen Bundesamtes oder des Bundesministeriums für Wirtschaft, die Europäische Zentralbank oder Bundesbank, Weltbank, UNDP, OECD usw. Die entsprechenden Zahlen sind über das Internet gut greifbar; aktuelle Broschüren können Sie online bestellen. Über die (ökologischen) Folgen des Wachstums informiert inzwischen auch das Statistische Bundesamt, dazu u. a. das Bundesministerium für Umwelt, Naturschutz und Reaktorsicherheit (Internet: www.bmu.de).

Die Organisation, die sich seit den Siebzigerjahren als erste systematisch und in zahlreichen Veröffentlichungen mit den Grenzen des Wachstums" befasst hat, ist der Club of Rome (Internet: www.clubofrome.de), eine lockere Verbindung von Wissenschaftlern und Industriellen aus aller Welt, die sich mit der Untersuchung, Darstellung und Deutung der Lage der Menschheit" beschäftigen.

Über aktuelle Entwicklungen informieren jedes Jahr neu:
—Fischer Weltalmanach, Frankfurt a. M.: Fischer Taschenbuch (www.weltalmanach.de).
—Harenberg Lexikon Aktuell, Dortmund: Harenberg.
—Stiftung Umwelt und Frieden (Hg.): Globale Trends. Fakten, Analysen, Prognosen, Frankfurt/M.:
  Fischer Taschenbuch.
—Weltbank: Weltentwicklungsbericht, Bonn: UNO-Verlag (den aktuellen Weltentwicklungsbericht
  kann man auf der Internetseite der Weltbank unter www.worldbank.org herunterladen, allerdings nur
  in englischer Sprache).
—Seltener erscheint: UNDP (United Nations Development Programme): Bericht über die menschliche
  Entwicklung, Bonn: UNO-Verlag.
—Die Deutsche Stiftung Weltbevölkerung bietet Material und eine Uhr, die das Wachstum
  der Weltbevölkerung anzeigt (www.dsw-online.de).
—Der Bildungsserver learn:line hat ein reichhaltiges Angebot zum Thema Bevölkerung:
  www.learn-line.nrw.de/angebote/agenda21/thema/bevolk.htm
—Berlin Institut für Bevölkerungsentwicklung: www.berlin-institut.org

Fragen zur Wiederholung

1. Charakterisieren Sie den Begriff des exponentiellen Wachstums und geben Sie Beispiele.
2. Inwiefern ist Wachstum für die Volkswirtschaft notwendig? Erläutern Sie die Argumentation.
3. Legen Sie den Begriff des qualitativen Wachstums dar und beziehen Sie Stellung zum Ersetzen
   des „alten" Wachstumsbegriffs durch diesen Begriff.
4. Zeigen Sie, wie die Messung durch den Indikator HDI mit einem neuen Wachstumsbegriff
   zusammenhängt.
5. Vergleichen Sie verschiedene Wachstumsbegriffe im Hinblick auf ihre Bedeutung
   für die Bekämpfung der Arbeitslosigkeit.

WIE WIRD DER GELDWERT GESICHERT?

8.0

Zu viel und billiges Geld in der Wirtschaft führt irgendwann d
dass die Produktion übermäßig groß wird. Für das gleiche Wi
schaftsgut werden immer höhere Preise und als Folge davon
höhere Löhne gefordert. Vor allem
kräfte nach und nach knapp werd
Produktion ...
weil de...

8.1   Worin besteht die Inflationsgefahr?

Die Gefahr der Inflation wird immer wieder besonders beschworen. Und tatsächlich scheinen die inflationären Entwicklungen, die es in der deutschen Geschichte gegeben hat, traumatische Erlebnisse unter breiten Bevölkerungsschichten hervorgerufen zu haben. Die größte Angst besteht vor der galoppierenden Inflation, wie sie Deutschland vor allem im Jahr 1923 erlebt hat. Aber auch andere Arten der Inflation bergen Gefahren für den gesellschaftlichen und individuellen Wohlstand.

AUFGABEN

1. Stellen Sie aus M 1 bis M 5 die Gefahren und auch die Vorteile von Inflation zusammen. Beschreiben Sie dabei besonders die sozialen Folgen der Inflation.
2. Beurteilen Sie, inwiefern die Hoffnungen, die sich in M 6 ausdrücken, berechtigt sind.
3. Ordnen Sie die 1995 (M 6) und gegenwärtig herrschenden Preisentwicklungstendenzen in die Beschreibung inflationärer Entwicklungen (S. 73 und M 7) ein. Nutzen Sie dazu auch die Informationsseite am Ende des Kapitels.

M 1   Preisentwicklung in Deutschland 1914–1923 (Verbraucherpreise)

Jahr	Veränderungen gegenüber Vorjahr (in %)
1915	+ 35,0
1916	+ 33,3
1917	+ 25,0
1918	+ 37,8
1919	+ 58,1
1920	+ 113,1
1921	+ 28,1
1922	+ 121
1923	+ 1 057 262 570

Aus: Schul/Bank Wirtschaft, Kapitel 3.6/7

116.1: Abtransport von Lohngeldern 1923

M 2   Portokosten für einen Normalbrief (20 g) im Fernverkehr

1.10.1919	0,20 Mark	15.1.1923	50 Mark	10.10.1923	5 000 000 Mark
6.5.1920	0,40 Mark	1.3.1923	100 Mark	20.10.1923	10 000 000 Mark
1.4.1921	0,60 Mark	1.7.1923	300 Mark	1.11.1923	1 000 000 000 Mark
1.1.1922	2 Mark	1.8.1923	1000 Mark	5.11.1923	1 000 000 000 Mark
1.7.1922	3 Mark	24.8.1923	20 000 Mark	12.11.1923	10 000 000 000 Mark
1.10.1922	6 Mark	1.9.1923	75 000 Mark	20.11.1923	20 000 000 000 Mark
15.11.1922	12 Mark	20.9.1923	250 000 Mark	26.11.1923	80 000 000 000 Mark
15.12.1922	25 Mark	1.10.1923	2 000 000 Mark	1.12.1923	100 000 000 000 Mark

Aus: Schul/Bank Wirtschaft, Materialien für den Unterricht, Kapitel 3.6/7

M 3   Der Weg in die Inflation

■ Der Weg in die Inflation hatte schon im Ersten Weltkrieg begonnen, da das Deutsche Reich seine Kriegs-
kosten nicht durch Steuererhöhungen, sondern durch
ungedeckte Kredite und Kriegsanleihen finanzierte.
5 Schon bei Kriegsende war auf Grund dieser Geldmengen-
erhöhung der Wert der Goldmark um 50 % gesunken.
Durch hohe Kriegsfolgekosten infolge der Umstellung
von Kriegs- auf Friedenswirtschaft und Reparationszahlungen setzte sich der Wertverlust der Mark nach
10 dem Krieg fort. Die Regierung unternahm nichts, da sie

hoffte, durch die Inflation die Reparationszahlungen
zu senken und die Staatsschulden zu verringern. Die
wirtschaftliche Not traf besonders Schichten ohne
(Sach-)Besitz. Sachwertbesitzer erlitten kaum Verluste,
da der Wert von Grundstücken, Häusern und Produk- 15
tionsmitteln nicht vom Geldkurs abhängig ist; mit Krediten finanzierte Sachwerte waren durch die rasche
Geldentwertung schnell entschuldet.

Autorentext

M 4   Wirtschaftliche und soziale Folgen der Inflation nach dem Ersten Weltkrieg

■ Der Inflation kam das unbestreitbare Verdienst zu,
dass sie der jungen Weimarer Republik eine lang anhaltende Massenarbeitslosigkeit ersparte. Im Dezember
1918 schätzte man die Zahl der Erwerbslosen in Deutsch-
5 land auf 5,4, im Januar 1919 sogar auf 6,6 Millionen. Die
Kredite der Reichsbank ermöglichten jedoch im Rahmen der Demobilmachung die rasche Durchführung
von Maßnahmen der Arbeitsbeschaffung, sodass bis
zum Sommer 1919 die zurückflutenden Frontsoldaten
10 wieder in den Wirtschaftsprozess eingegliedert werden
konnten. Im Juni 1919 wurden 620 000 zu unterstützen-
de Arbeitslose gezählt, im März 1920 waren es nur noch
370 296.

Das Fortdauern der Inflation heizte die private Investi-
15 tionstätigkeit an, weil angesichts kräftiger Preissteigerungen und eines lange Zeit nominal unveränderten
Zinsniveaus der in Goldmark berechnete reale Zinssatz
ständig sank. Trotz der Gebietsverluste erreichte die industrielle Produktion Deutschlands 1922 bereits wie-
20 der 80 Prozent des Vorkriegsstandes, nachdem sie 1919
auf 37 Prozent abgesunken war. [...]
Die Inflation half ferner, die deutsche Volkswirtschaft
von der Kriegs- auf die Friedensproduktion umzustel-
len, und sie beschleunigte den Wiederaufbau. Die deut-
25 sche Handelsflotte, deren Tonnage durch Kriegsverlus-
te und -tribute von 5,13 Mio. BRT auf 0,4 Mio. BRT
geschrumpft war, besaß zu Beginn des Jahres 1924 schon
wieder eine Gesamttonnage von 2,9 Mio. BRT. Die Deutsche Reichsbahn verfügte 1924 über einen größeren
30 Park an Lokomotiven und Waggons als sämtliche Eisen-
bahnverwaltungen im größeren Reichsgebiet des Jahres
1914, obwohl der Vorkriegsbestand bei Lokomotiven
um fast zwei Drittel und bei Waggons um mehr als ein
Drittel durch Kriegs- und Reparationsverluste vermin-
35 dert worden war.

Solche Erfolgszahlen verhüllen allerdings die Kehrseite
der Inflationskonjunktur. Die umfangreichen Bestellungen der Reichsbahn und der Reeder veranlassten den
einzelnen Unternehmer im Lokomotiv- und Waggonbau
sowie in der Werftindustrie, seine Fertigungskapazität 40
entsprechend auszuweiten. Nach der Währungsreform
stellte sich heraus, dass die Produktionsanlagen in diesen Wirtschaftszweigen bei weitem nicht ausgelastet
werden konnten, denn die Bahn hatte ihren Nachhol-
bedarf gedeckt, die Reeder kalkulierten Neubauten nun- 45
mehr auf der Basis einer stabilen Währung und die
inflationbedingten Wettbewerbsvorteile im Exportge-
schäft waren verschwunden.

Das schwankende Fundament der Kalkulation in den In-
flationsjahren verleitete die Unternehmer ferner dazu, 50
den Prozess der Rationalisierung in ihren Betrieben aufzuschieben. Die Hersteller von Personenkraftwagen beispielsweise, die durch den sinkenden Außenwert der
Mark von der Konkurrenz aus dem Ausland abgeschirmt
wurden und die obendrein mit der Flucht ihrer Kunden 55
in die Sachwerte rechneten, sahen keine Veranlassung,
in ihren Betrieben die handwerkliche Fertigung durch
das Fließband zu ersetzen, ihre Produkte technisch und
optisch zu verbessern und den Kundendienst auszubau-
en. Mit Produktionsverfahren und Konstruktionstechni- 60
ken, die sich seit 1914 nicht wesentlich geändert hatten,
fand sich die Branche 1924 [nach dem Ende der Inflation, d. Verf.] plötzlich dem Wettbewerb der weit über-
legenen amerikanischen Produzenten ausgesetzt. [...]
Daher erstaunt es nicht, dass bei der Neuzulassung von 65
Personenkraftwagen Fabrikate ausländischer, vorwiegend amerikanischer Herkunft bis 1929 einen Anteil
von fast 40 Prozent am deutschen Markt erreichten.

Aus: Fritz Blaich, Der Schwarze Freitag. Inflation und Wirtschaftskrise,
München 1985, S. 51 ff.

M 5   Folgen der Inflation

● Funktionsfähigkeit des Geldwesens

Das Geld kann seine Funktionen dann nicht mehr in vollem Umfang ausüben, wenn die am Wirtschaftsleben Beteiligten das Vertrauen in ihre Währung verlieren.
5 Die Vorteile, die von der Verwendung des Geldes ausgehen, kommen dann nicht mehr oder nicht mehr in vollem Umfang zur Geltung. Dieser Verlust an gesamtwirtschaftlicher Effizienz führt im Endeffekt zu Beschäftigungs- und Wohlfahrtseinbußen. Die Wirkun-
10 gen der Inflation auf die einzelnen Geldfunktionen sind dabei recht unterschiedlich:

Das Geldwesen wird auch bei einer Hyperinflation weiterhin seine *Aufgabe als Recheneinheit* erfüllen.
Die *Zahlungsmittelfunktion* wird erst bei sehr hohen In-
15 flationsraten ernsthaft gefährdet, weil die Informations- und Transaktionskosten einer Tauschwirtschaft im Vergleich zu einer Geldwirtschaft erheblich sind, sodass ein bestimmter Wertverlust der „Kasse" von der Bevölkerung eher hingenommen wird, als dass sie auf andere,
20 weniger effiziente Zahlungsmittel umsteigt oder gar zur Tauschwirtschaft übergeht.

Weitaus früher wird allerdings die *Wertaufbewahrungsfunktion* durch Geldentwertung in Mitleidenschaft gezogen, und dies erheblich. Die Kassenhaltung wird bei
25 zunehmendem Kaufkraftverlust des Geldes auf das Notwendigste reduziert, weil jedermann versucht, den Wertverlust des Geldes durch verzinsliche Anlageformen oder durch eine andere Verwendung des Geldes zu kompensieren. Rationelle Kassenhaltung ist für sich genommen
30 volkswirtschaftlich zwar positiv; in Inflationszeiten geht dies jedoch über das Sinnvolle hinaus. Beispielsweise nimmt in solchen Zeiten die Zahl der Fälle zu, in denen Zahlungen über die vereinbarten Zahlungsziele hinaus verzögert werden, die die Belastung des eigenen Kontos
35 hinauszögern. In solchen Fällen ist derjenige, der die schwächere Marktposition hat, der Leid Tragende. […]
Die gravierendste Beeinträchtigung der Wertaufbewahrungsfunktion tritt aber dadurch ein, dass sich die Anleger wegen der Kaufkrafteinbußen des Geldvermögens
40 von Geldanlagen in der heimischen Währung abwenden und stattdessen Immobilien, Edelmetalle oder andere Währungen erwerben. So kam es beispielsweise in den Siebzigerjahren, als die Verbraucherpreise in Deutschland in der Spitze um 7 % pro Jahr anstiegen, zu einer
45 ausgeprägten „Flucht in die Sachwerte", speziell in Immobilien.

Fehlallokation von Ressourcen

Kapital wird zunehmend nicht in die bestmögliche Ver-
wendung gelenkt, sondern dorthin, wo – aus spekulativen Erwägungen heraus – die größte Wertsteigerung 50 erwartet wird. […]

Schließlich nimmt das Risiko von Fehlkalkulationen zu, und zwar in zweierlei Hinsicht:
—Bei Investitionsplanungen ist die Entwicklung des künftigen Preisniveaus nur schwer abzuschätzen. Das 55 betrifft zum einen die Erträge, die mit der Investition erzielt werden sollen, zum anderen die in die Kalkulation einzubeziehenden Abschreibungen auf die Investition, die auf dem Wiederbeschaffungswert beruhen müssen. Dies führt dazu, dass die Amortisationsdauer für 60 geplante Investitionen in Inflationszeiten kürzer werden. Die Rendite für geplante Investitionen muss einen zusätzlichen Risikoaufschlag beinhalten. Die Investitionsneigung nimmt in Inflationszeiten allmählich ab.
—Im Handelsrecht gilt das Prinzip „Mark = Mark" (No- 65 minalwertprinzip). In der Bilanz werden Anlagegegenstände zum Anschaffungswert bilanziert und die Abschreibungen entsprechend bemessen. Wenn bei der Ausschüttung von Gewinnen die Differenz zwischen Anschaffungs- und Wiederbeschaffungswerten von An- 70 lagegütern nicht berücksichtigt wird, kann es dazu kommen, dass Unternehmen ihre Substanz angreifen und Gewinne ausschütten, die bei streng kaufmännischer Betrachtung nicht existieren (Scheingewinne). Auf jeden Fall werden diese Scheingewinne besteuert. […] 75

Einkommens- und Vermögensverteilung

Die Entwicklung der Kaufkraft von Lohn- und Gewinneinkommen hängt davon ab, ob Unternehmer und Arbeitnehmer die Preisentwicklung richtig einschätzen

---

Von Inflation keine Spur

Ein alter Bekannter geistert wieder durch die Wirtschaftsdebatten: das Gespenst der Inflation. Das kommt überraschend, denn vor ein paar Monaten beschwor noch mancher Ökonom das Risiko der Deflation, des kontinuierlich fallenden Preisniveaus, womöglich mit der Perspektive einer Depression.

Verblüffend schnell hat sich der Wind gedreht. Von einem sich eintrübenden Preisklima ist nun die Rede, gar von Inflationsbeschleunigung. Gut zwei Prozent Teuerung im Januar für ganz Euroland – also doch eine Gefahr?

Die ZEIT, 8/2000

und welche Marktposition Arbeitgeber und Gewerkschaften haben. Eine eindeutige Bevorzugung oder Benachteiligung der beiden Gruppen durch Inflation lässt
sich nicht feststellen. Dies gilt allerdings nur für den Vergleich zwischen Arbeitnehmern, die einen Arbeitsplatz
haben, und Unternehmern, die noch existieren. [...]

Bei den Transfereinkommen hängt die Wirkung der Inflation davon ab, wie sie gestaltet sind.
Bei dynamisierten Transfereinkommen, wie z.B. den
Rentenzahlungen der Sozialversicherung, hängt deren
Kaufkraft von der Renten-Anpassungsformel ab. [...]
Meistens kommt es zu Einbußen bei den Realeinkommen der Rentner, wenn sich die Inflation beschleunigt,
weil die Rentenanpassung zeitlich hinter der Zunahme
der Arbeitnehmereinkommen hinterherhinkt und weil
die Progressionswirkung der Inflation bei der Einkom-

mensteuer dazu führt, dass die Nettoeinkommen langsa-
mer wachsen als Bruttolöhne und -gehälter. Verlangsamt
sich der Preisanstieg, kommt es auch nicht notwendigerweise zu einer Verbesserung der Realeinkommensposi-
tion der Renten im Vergleich zu der der Arbeitnehmer,
vor allem dann nicht, wenn die verlangsamte Geldentwertung Folge einer Antiinflationspolitik ist, die darauf
abzielt, eine bereits entstandene Inflation wieder einzudämmen. Denn diese ist zwar notwendig, aber in der Regel mit vorübergehenden Beschäftigungs- und Einkommenseinbußen verbunden. [...]

Generell lässt sich feststellen, dass Inflation die Unterschiede in der Verteilung von Einkommen und Vermögen tendenziell verschärft.

Aus: Schul/Bank Wirtschaft, Materialien für den Unterricht, Kapitel 3.7/3 ff.

M 6 Inflation ist nicht nur schädlich

● Das Eisbällchen beim Italiener um die Ecke ist schon
wieder teurer geworden. Der Bäcker backt kleinere
Brötchen zum selben Preis. Und das Benzin kostet wegen Steuererhöhungen mehr. Dann herrscht Inflation –
zumindest, wenn sich Eis, Benzin und Brötchen auch im
Warenkorb einer Durchschnittsfamilie finden. Inflation ist der Normalzustand in der Geldwirtschaft. Und
das ist auch gut so. Da die Verkaufspreise für Waren
nach unten rigide sind, sprich: leichter steigen als fallen, erfüllt die Inflation eine wichtige Aufgabe: Sie er-

laubt es, dass Güter oder Dienstleistungen relativ billiger werden, ohne dass ihre Verkaufspreise dafür
tatsächlich fallen müssen. Sie steigen eben nur weniger
als die Preise jener Güter, die begehrter sind. Inflation
schmiert die Wirtschaft. Und fast genauso wichtig: Die
Menschen haben ihr Wirtschaftsverhalten darauf abge-
stellt. Seit 70 Jahren steigt das Preisniveau.

Aus: Jörn Altmann, Wirtschaftspolitik, Stuttgart/Jena 1995, 6. Auflage, S. 128 ff.

M 7 Inflation – unterschiedliche Formen

● Inflation ist gleichbedeutend mit anhaltenden Preissteigerungen auf breiter Front. Die Forderung nach Stabilität des Preisniveaus im Stabilitätsgesetz ist daher
nicht gleichbedeutend mit einer Forderung nach Preisstabilität, im Gegenteil: Preisstabilität bedeutet mikroökonomisch, dass ein einzelner Preis konstant ist, und
makroökonomisch, dass sich alle betrachteten Preise
nicht verändern. In einer marktwirtschaftlichen Ordnung allerdings sollen die Güterpreise gerade nicht stabil sein, sondern sich bei Veränderungen von Angebot
und Nachfrage als Ausgleichsmechanismus der veränderten Marktsituation entsprechend anpassen, nach
oben und nach unten flexibel sein, aber Preissteigerungen bei einigen Gütern und Preissenkungen bei anderen Gütern sollen sich im Durchschnitt aufheben. [...]
Preisniveaustabilität im strengen Sinn ist also gleichbedeutend mit einer Inflationsrate von Null, auch wenn
im politischen Raum 12 % Inflation oft noch als „Stabili-

tät" toleriert werden. Jeder Anstieg des Preisniveaus ist
Inflation (lat. inflare = aufblasen), nicht erst ab einem
bestimmten „fühlbaren" Prozentsatz. Preisniveaustabilität oder niedrige Inflationsraten sind weltweit nicht die
Regel; aber auch innerhalb Europas ist das Bild sehr unterschiedlich [vgl. z.B. die Länderdaten in der aktuellen
Ausgabe des Fischer-Weltalmanachs, d. Verf.].
Man unterscheidet daher nach der Geschwindigkeit des
Preisniveauauftriebs begrifflich zwischen schleichen-
der, trabender und galoppierender Inflation. Für extrem
hohe Inflationsraten haben sich zudem die Begriffe
Hochinflation oder Hyperinflation eingebürgert. Eine
genaue, quantitative Abgrenzung dieser Erscheinungsformen der Inflation ist nicht möglich; dies hängt auch
von den Gegebenheiten der jeweils betrachteten Volkswirtschaft ab. Sofern das Preisniveau nicht steigt, sondern sinkt, spricht man von Deflation.

Aus: Jörn Altmann, Wirtschaftspolitik, Stuttgart/Jena 1995, 6. Auflage, S. 128 ff.

Untersuchung zur Entwicklung von Verbraucherpreisen

Mit diesem Projekt können Sie die Preisentwicklung einer bestimmten Warengruppe in ihrer Stadt oder Gemeinde untersuchen. Dazu führen Sie zwei Preiserhebungen durch. Je größer Sie den Abstand zwischen den Erhebungen wählen, umso signifikanter sind die Ergebnisse der Untersuchung.

Treffen Sie zunächst eine Auswahl von Geschäften Ihrer Gemeinde, in denen Sie die Preise für Waren und Dienstleistungen für die Körperpflege gemäß Meldebogen (M 3) erheben wollen. Berücksichtigen Sie dabei in möglichst repräsentativem Verhältnis die verschiedenen Betriebsformen (Drogeriemärkte, Warenhäuser, Supermärkte usw.) und verschiedene Stadtteile.

Ermitteln Sie (arbeitsteilig in Kleingruppen) in jedem der ausgewählten Geschäfte die Preise für die im Meldebogen bezeichneten Positionen. Wählen Sie für die einzelnen Positionen eine möglichst gängige Marke aus (evtl. nach Rücksprache mit der Geschäftsleitung). Beachten Sie unbedingt, dass Sie bei der zweiten Erhebung dieselben Waren derselben Marken in denselben Geschäften erfassen.

Berechnen Sie nach der ersten Erhebung für jede der Positionen den Durchschnittspreis nach allen untersuchten Geschäften. Diese Einzelpreise (nach M 3 von 26 Waren und 6 Dienstleistungen) bilden den Preisstand im Basismonat.

Berechnen Sie ebenso nach der zweiten Erhebung die 29 Durchschnittspreise.

Bilden Sie aus dem Vergleich dieser Preise mit dem jeweiligen Preis im Basismonat (= 100) die entsprechenden Indexzahlen.

Um aus diesen Indexzahlen den Preisindex (zum Vormonat) für die Waren zu ermitteln, müssen sie vor der Durchschnittsbildung gewichtet, d. h. mit einem entsprechenden Wägungsanteil multipliziert werden, da diese Waren nicht mit dem gleichen Anteil im Warenkorb enthalten sind. M 2 gibt für diese untersuchten Positionen in der letzten Spalte an, welchen Wägungsanteil sie an der Gesamtgruppe „Waren für die Körperpflege" haben. Ermitteln Sie unter Zuhilfenahme dieser Daten aus den 29 Indexzahlen den Gesamtindex.

Beschreiben Sie, welche Interpretationen der von Ihnen ermittelte Index zulässt bzw. nicht zulässt. Erörtern Sie dann auf der Grundlage Ihrer Erfahrungen, ob und inwiefern die Ermittlung von Preisindizes mit Problemen verbunden ist.

Beurteilen Sie abschließend den Aussagewert von Preisindizes für die Lebenshaltung als Indikatoren für „Preisniveaustabilität". Erörtern Sie dazu auch,
— inwieweit Veränderungen der Verbrauchsgewohnheiten in die Indexbestimmung eingehen,
— welchen Bezug und welche Bedeutung derartige Preisindizes für die Kosten der eigenen Lebenshaltung besitzen,
— inwieweit sie repräsentativ für das allgemeine Preisniveau sind.

8.2 Wie kann die Geldwertentwicklung gemessen werden?

Wie bei den anderen Zielgrößen der Wirtschaftspolitik auch stellt sich bei der Stabilität des Preisniveaus die Frage der Messung und geeigneter Indikatoren. „Die Preise" zu vergleichen ist durchaus kompliziert, denn Konsumgewohnheiten ändern sich im Laufe des Lebens, aber auch im Laufe der Jahre. Einzelne Produkte, die heute boomen, waren vor wenigen Jahren noch gar nicht erhältlich, andere sind heute „aus der Mode". Ein Auto ist heute ein anderer Gegenstand als vor 20 Jahren. Wie kann man da die Preise vergleichen? Diese und viele andere Probleme muss eine Messung des Preisniveaus einbeziehen.

AUFGABEN

1. Stellen Sie das Vorgehen bei der Ermittlung des Preisindex für die Lebenshaltung (M 1 bis M 3) in einer Grafik dar.
2. Zeigen Sie auf, inwiefern der Preisindex für die Lebenshaltung einen Indikator für die Preisniveaustabilität darstellt.
3. Diskutieren Sie, welche Bedeutung diesem Indikator in der Öffentlichkeit zukommt.

M 1 Der Verbraucherpreisindex für Deutschland auf einen Blick

■ Der Verbraucherpreisindex misst die durchschnittliche Preisveränderung aller Waren und Dienstleistungen, die von privaten Haushalten für Konsumzwecke gekauft werden. Berücksichtigt werden Güter des täglichen Bedarfs (z.B. Lebensmittel, Bekleidung) sowie Mieten und langlebige Gebrauchsgüter (z.B. Kraftfahrzeuge, Kühlschränke), ebenso aber auch Dienstleistungen (z.B. Friseur, Reinigung, Versicherungen).

Der Verbraucherpreisindex für Deutschland dient verschiedenen Zwecken:
— Er ist ein Indikator für die Beurteilung der Geldwertstabilität und wird als Inflationsmaßstab verwendet. Aus diesem Grund wird die Veränderungsrate häufig als „Inflationsrate" bezeichnet.
— Er dient zur Wertsicherung wiederkehrender Zahlungen in Preisgleitklauseln (auch bekannt als Wertsicherungsklauseln) in längerfristigen Vertragsbeziehungen.
— Er ist Grundlage für die Deflationierung von Wertgrößen in den volkswirtschaftlichen Gesamtrechnungen (z.B. zur Berechnung des realen Wachstums).

Der Verbraucherpreisindex ist ein Maßstab dafür, wie die Gesamtheit aller privaten Haushalte in Deutschland von Preisveränderungen betroffen ist. [...]
Die Preisveränderungen werden gemäß der Verbrauchsbedeutung, die den Waren und Dienstleistungen im Budget der privaten Haushalte zukommt, im Preisindex berücksichtigt. Hierzu wird eine Verbrauchsstruktur auf der Grundlage der Ausgaben der privaten Haushalte für die Käufe von Waren und Dienstleistungen bestimmt. Die Ausgaben werden auf Stichprobenbasis in regelmäßigen Haushaltsbefragungen ermittelt. [...] Zusätzlich werden die Ergebnisse der Volkswirtschaftlichen Gesamtrechnungen, der Steuerstatistik, anderer amtlicher Statistiken, der Zahlungsbilanzstatistik der Deutschen Bundesbank und weitere Quellen verwendet.
Der deutsche Verbraucherpreisindex ist ein Preisindex mit festem Basisjahr, d.h. die Indexwerte beziehen sich auf die Verbrauchsstrukturen des Jahres, das als Basisjahr festgelegt wird. Normalerweise erfolgt die Neugewichtung in Fünf-Jahres-Abständen. Die Verbrauchsstrukturen werden bis zur Einführung eines neuen Basisjahres konstant gehalten. Neben den Verbrauchsgewohnheiten soll auch die Auswahl der Berichtsstellen (z.B. Geschäfte) konstant gehalten werden. [...]
Jeweils zur Monatsmitte erheben in 190 Berichtsgemeinden rund 560 Preisermittler im Auftrag der Statistischen Landesämter die Einzelpreise. Die Berichtsgemeinden sind regional über das gesamte Bundesgebiet verteilt. Großstädte werden ebenso abgedeckt wie mittlere und kleine Gemeinden.
Insgesamt werden etwa 350 000 Einzelpreise für das gesamte Bundesgebiet ermittelt. Erfasst werden Anschaffungspreise (einschließlich Umsatzsteuer und Verbrauchssteuern) nach Abzug allgemein gewährter Preisnachlässe. Aus den Preisreihen berechnen die 16 Statistischen Landesämter und das Statistische Bundesamt den Verbraucherpreisindex. [...]

Aus: Statistisches Bundesamt, Verbraucherpreisindex auf Basis 2000, www.destatis.de/presse/deutsch/pk/2003/vpi_2000.pdf, S. 36 f., 2002

M 2   Wägungsschema Deutschland

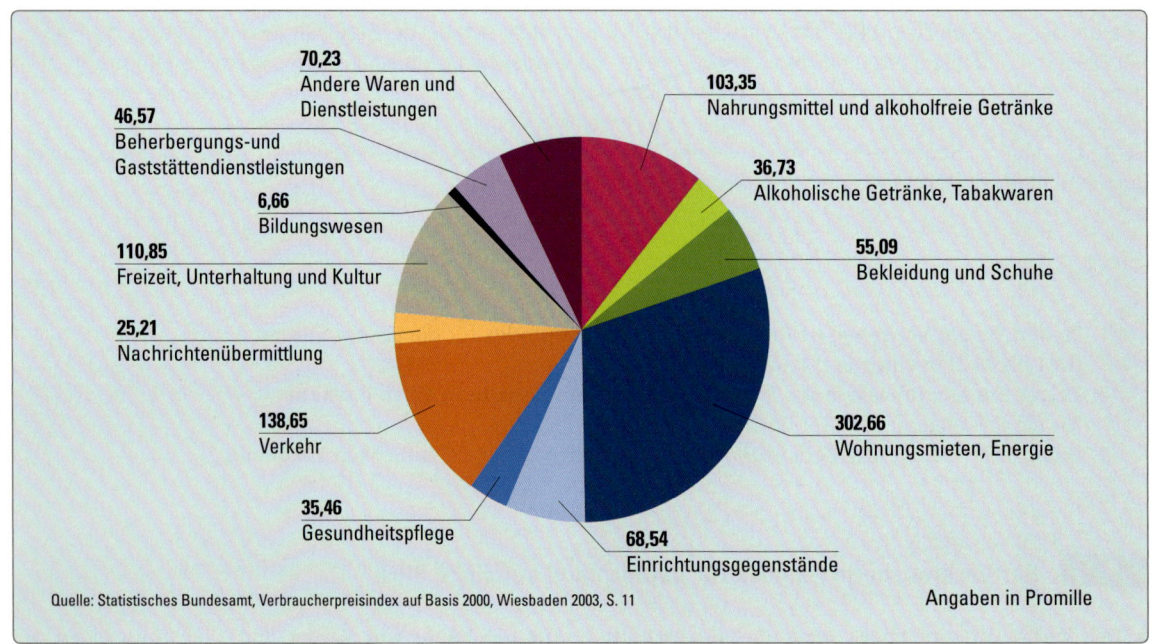

70,23 Andere Waren und Dienstleistungen

46,57 Beherbergungs-und Gaststättendienstleistungen

6,66 Bildungswesen

110,85 Freizeit, Unterhaltung und Kultur

25,21 Nachrichtenübermittlung

138,65 Verkehr

35,46 Gesundheitspflege

68,54 Einrichtungsgegenstände

302,66 Wohnungsmieten, Energie

55,09 Bekleidung und Schuhe

36,73 Alkoholische Getränke, Tabakwaren

103,35 Nahrungsmittel und alkoholfreie Getränke

Quelle: Statistisches Bundesamt, Verbraucherpreisindex auf Basis 2000, Wiesbaden 2003, S. 11

Angaben in Promille

M 3   Verbraucherpreisindex für Deutschland: Wägungsschema 2000 = 100

	Bezeichnung	Gewicht in Promille
1	Nahrungsmittel und alkoholfreie Getränke	103,35
2	Alkoholische Getränke, Tabakwaren	36,73
3	Bekleidung und Schuhe	55,09
4	Wohnung, Wasser, Strom, Gas und andere Brennstoffe	302,66
5	Einrichtungsgegenstände für den Haushalt sowie deren Instandhaltung	68,54
6	Verkehr	35,46
7	Gesundheitspflege	138,65
8	Nachrichtenübermittlung	25,21
9	Freizeit, Unterhaltung und Kultur	110,85
10	Bildungswesen	6,66
11	Beherbergungs- und Gaststättendienstleistungen	46,57
12	Andere Waren und Dienstleistungen	70,23
12.1	Körperpflege	19,60
12.1.1	Friseurleistungen für Damen – Haarefärben, Waschen, Legen, Fönen, Dauerwellen Haareschneiden für Herren, Sonnenstudio	9,05
12.1.2	Elektrische Geräte für die Körperpflege Fön, elektrischer Rasierapparat	0,19
12.1.3	Andere Artikel und Erzeugnisse für die Körperpflege Haarbürste, Rasierwasser, Personenwaage, Lippenstift, Zahnbürste, Nagellack, Rasierklingen/Klingenköpfe, Make-up, flüssig Eau de Toilette, Augenbrauenstift, Haar-Shampoo, Feinseife, Haarspray, Duschbad, Handcreme, Körperspray, Tagescreme, Toilettenpapier, Kindercreme, Papiertaschentücher, Zahncreme, Höschenwindeln, Reinigungstabletten für Zahnersatz, Damentampons	10,36

Aus: Statistisches Bundesamt, Verbraucherpreisindex auf Basis 2000, www.destatis.de/presse/deutsch/pk/2003/vpi_2000.pdf, S. 36f.

8.3 Wie kann Inflation erklärt werden?

Eine Veränderung des Preisniveaus ist offensichtlich nicht zuletzt eine Frage des Geldes. Nach Meinung mancher Ökonomen ist es sogar ausschließlich ein Problem des Wachstums der Geldmenge im Verhältnis zum Warenangebot, wenn Inflation auftritt. Gemeinhin werden allerdings verschiedene Ursachen von Inflation unterschieden.

AUFGABEN

1. Stellen Sie die Mechanismen grafisch dar, die nach M 1 eine Inflation bewirken.
2. Welche Gegenmaßnahmen könnte der Staat treffen, um die Inflation abzuwenden? Inwiefern hat er ein Interesse daran?
3. Beschreiben Sie die Rolle, die die Geldmenge für die Zentralbank spielt (M 2).
4. Zeigen Sie anhand von M 3 und M 4 auf, inwiefern die Geldmengen **M 1**, **M 2** und **M 3** Indikatoreneigenschaft besitzen.
5. Warum beschränkt sich die EZB nicht auf die Geldmenge als Indikator, wie es die Deutsche Bundesbank zuvor tat? Recherchieren und diskutieren Sie.
6. Recherchieren Sie, wie die Europäische Zentralbank die Geldmengen definiert (www.ecb.int). Vergleichen Sie Ihre Rechercheergebnisse mit dem Geldmengenkonzept der Bundesbank.

M 1 Inflationstheorien

Nachfrageinflation

Die Inflation von der Nachfrageseite aus zu erklären, gilt als der älteste Ansatz unter den Inflationserklärungen. Ausgangspunkt ist die autonome Erhöhung der
5 Gesamtausgaben, die auf ein unelastisches Angebot trifft. Inflationsverursacher sind also die Nachfrager. Das können der Staat, die privaten Haushalte, die Investitionnachfrage der Unternehmen oder auch das Ausland sein. In diesem Nachfrageüberhang ist kurz-
10 fristig keine Ausdehnung der Produktion möglich, so dass die überschüssige Güternachfrage eine Preissteigerung bewirkt. Die Finanzierung speist sich aus Verschuldung, Vermögensabbau oder Senkung der Sparquote. Die Unternehmerhaushalte vermehren ihr Geldvermö-
15 gen (und damit ihre Nachfrage) durch das gestiegene Preisniveau automatisch. Bei den Nichtunternehmerhaushalten wird durch die zusätzliche Nachfrage auf dem Gütermarkt die Nachfrage nach Arbeit steigen. Die Gewerkschaften werden Tariflohnerhöhungen in Höhe
20 der Preissteigerungen durchsetzen können. Die Haushalte können somit Ihre Nachfrage aufrechterhalten, dies gilt ebenso für Staat und Ausland. Die Folge: die Gesamtnachfrage bleibt auf einem Niveau, dass über dem Sozialprodukt liegt. Der Inflationsprozess wird in
25 Gang gehalten.

Angebotsinflation

Zu Preissteigerungen kommt es hier, wenn Kostenstei-gerungen an die Nachfrager weitergegeben werden oder wenn Anbieter einen höheren Gewinn durchsetzen.

a) Kostendruckinflation

Der Auslöser beim autonomen Angebotsdruck sind Preissteigerungen bei den Produktionsfaktoren. Um Gewinneinbußen oder gar Verluste zu vermeiden, wer-
30 den die Produktpreise erhöht. Die Kostendrucktheorie konzentriert sich neben dem Importpreisdruck sehr auf
35 den Lohndruck, da dieser meist den größten Kostenanteil darstellt. Auf die über die Produktivitätserhöhung hinausgehende Lohnerhöhung reagieren die Unternehmer mit Preiserhöhungen, die durchsetzbar sind, wenn
40 z. B. aufgrund von Lohnerhöhungen die Nachfrage entsprechend gestiegen ist. Versuchen die Gewerkschaften trotzdem erneut, durch Lohnerhöhungen die Lohnquote zu erhöhen, so wiederholt sich der Prozess.

b) Gewinndruckinflation

Die Gewinndruckinflation kommt zustande, wenn Un-
45 ternehmen versuchen, ihren Gewinnanteil am Volkseinkommen zu erhöhen. Eine hinreichende Bedingung für einen dauerhaften Gewinndruck ist, dass der Preisaufschlag ständig steigt; dies ist nur in zwei Fällen denkbar: bei zunehmender Vermachtung der Märkte (Oligopoli-
50 sierung/ Monopolisierung) und bei Rückgang der direkten Preiselastizität der Nachfrage, also wenn nie Nachfrager ihren Konsum nicht beliebig reduzieren können.

Die theoretische Trennung von Nachfrage- und Ange-
55 botsfaktoren kann praktisch nicht aufrecht erhalten
werden. In der Realität werden Preis und Lohnsteigerungen, die sich nahezu gleichzeitig vollziehen, nicht
auf ein auslösendes Moment zurückzuführen sein.

Monetaristische Inflationserklärung

60 Aus monetaristischer Sicht geht der Inflationsimpuls
von einer übermäßigen (zu starken) Erhöhung der Geldmenge aus. Die monetaristische Inflationserkärung
weicht nicht fundamentell von der Nachfrageinflation
ab. Die Ursache wird aber nicht im Güterbereich ge-
65 sehen, sondern hier wird eine entsprechende Geldmen-
generhöhung vorgelagert.

Die Erhöhung der Geldmenge führt zu einer steigenden
Nachfrage nach Wertpapieren, da das Gleichgewicht
der Vermögensanlage gestört wird. Die Kurse der Wertpapiere werden steigen, was einer Abnahme der tat- 70
sächlichen Verzinsung (bezogen auf den Kaufpreis) entspricht. Bei unveränderten Preisen und Erträgen führt
diese Zinssenkung zu einer Substitution von Geldanlagen durch Realvermögen, wodurch die Nachfrage nach
Konsum und Investitionsgütern zunimmt. Die Nachfra- 75
geerhöhungen führen dann zu Preissteigerungen.

(Autorentext)

M 2   EZB: Die Rolle der Geldmenge

● Eine herausragende Rolle [bei der Geldwertentwick-
lung kommt] der Geldmenge [zu. Diese Bedeutung] wird
durch die Bekanntgabe eines Referenzwerts für das Geldmengenwachstum unterstrichen. Die unter der Bezeich-
5 nung „M3" bekannte weit gefasste Geldmenge setzt sich
zusammen aus dem im Umlauf befindlichen Bargeld,
kurzfristigen Einlagen bei Kreditinstituten (und sonstigen Finanzinstituten) sowie von diesen Instituten ausge-
gebenen, verzinslichen Wertpapieren mit kurzer Lauf-

zeit. Der Referenzwert für die jährliche Wachstumsrate 10
von M3 (seit 1999: $4^1/_2$ %) soll dem EZB-Rat helfen, die in
den Geldmengenaggregaten enthaltenen Informationen
so zu analysieren und zu erläutern, dass sie einen kohä-
renten und glaubwürdigen Maßstab für seine Geldpolitik darstellen. 15

*Aus: Europäische Zentralbank (Hg.), Die Europäische Zentralbank, Frankfurt a. M.
2002, www.ecb.int/pub/pdf/infobr/ecbbrde.pdf, S. 35*

M 3   Geldmengenaggregate

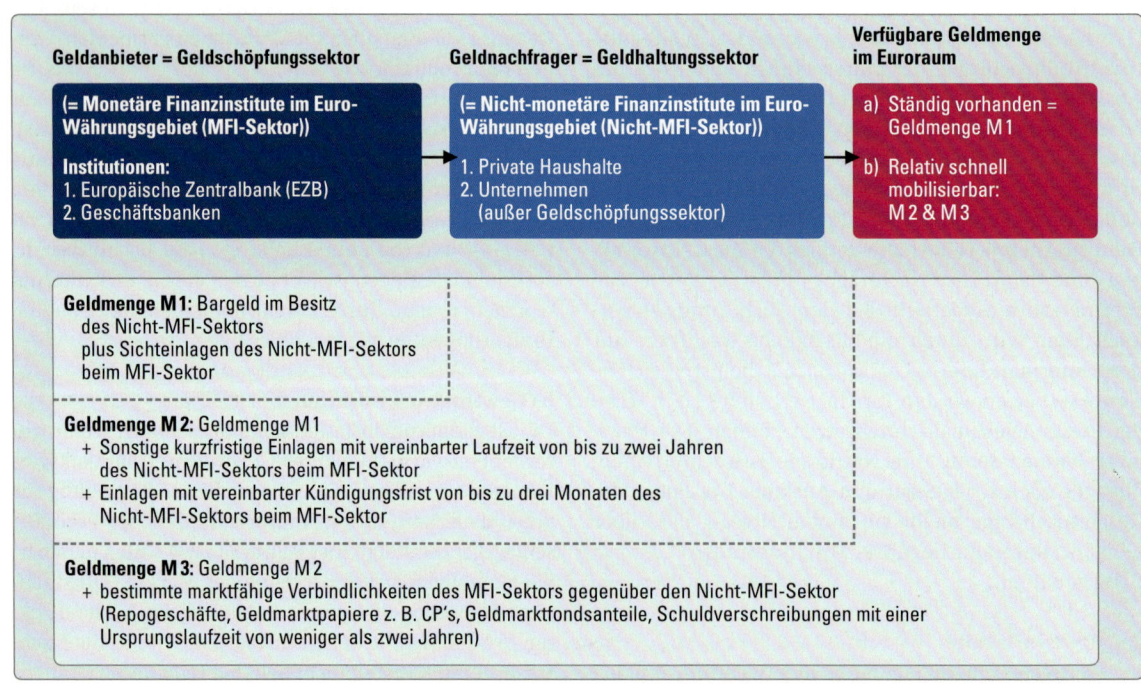

Geldanbieter = Geldschöpfungssektor	Geldnachfrager = Geldhaltungssektor	Verfügbare Geldmenge im Euroraum
(= Monetäre Finanzinstitute im Euro-Währungsgebiet (MFI-Sektor)) **Institutionen:** 1. Europäische Zentralbank (EZB) 2. Geschäftsbanken	**(= Nicht-monetäre Finanzinstitute im Euro-Währungsgebiet (Nicht-MFI-Sektor))** 1. Private Haushalte 2. Unternehmen (außer Geldschöpfungssektor)	a) Ständig vorhanden = Geldmenge M 1 b) Relativ schnell mobilisierbar: M 2 & M 3

Geldmenge M 1: Bargeld im Besitz
des Nicht-MFI-Sektors
plus Sichteinlagen des Nicht-MFI-Sektors
beim MFI-Sektor

Geldmenge M 2: Geldmenge M 1
+ Sonstige kurzfristige Einlagen mit vereinbarter Laufzeit von bis zu zwei Jahren
   des Nicht-MFI-Sektors beim MFI-Sektor
+ Einlagen mit vereinbarter Kündigungsfrist von bis zu drei Monaten des
   Nicht-MFI-Sektors beim MFI-Sektor

Geldmenge M 3: Geldmenge M 2
+ bestimmte marktfähige Verbindlichkeiten des MFI-Sektors gegenüber den Nicht-MFI-Sektor
   (Repogeschäfte, Geldmarktpapiere z. B. CP's, Geldmarktfondsanteile, Schuldverschreibungen mit einer
   Ursprungslaufzeit von weniger als zwei Jahren)

M4 Geldmengenwachstum

● Das Grundproblem der Geldpolitik besteht darin, dass sie das Preisniveau nicht direkt steuern kann. Zum einen wirken geldpolitische Maßnahmen erst mit einer erheblichen zeitlichen Verzögerung auf die Preisent-
5 wicklung. Zum anderen wird die Inflationsrate auch von anderen Einflussfaktoren bestimmt, wie Lohnpolitik, Fiskalpolitik und Außenwirtschaft. Der EZB-Rat kann sich deshalb nicht auf die aktuelle Inflationsrate stützen, sondern muss sich an Indikatoren orientieren,
10 die auf eine künftige Inflation bzw. Inflationsgefahren hindeuten.

Ein solcher Indikator ist die Geldmenge. Denn Inflation geht immer mit einer übermäßigen Geldvermehrung einher. Deshalb wird auch im Eurosystem im Voraus
15 eine Orientierungsgröße für das Geldmengenwachstum festgelegt, das mit Geldwertstabilität zu vereinbaren ist. Für das Jahr 2000 liegt dieser so genannte Referenzwert bei 4,5 %.

Neben der Ankündigung eines Referenzwertes für das Geldmengenwachstum stützt sich das Eurosystem auf 20 eine breit angelegte Analyse anderer wirtschaftlicher und finanzieller Faktoren, die Hinweise auf die künftige Preisentwicklung geben.

Die Geldpolitik kann aber nur den Rahmen für die Stabilität der Währung setzen. Denn darüber, wie die ver- 25 fügbare Geldmenge für eine Produktionsausweitung verwendet wird oder ob sie zu Preissteigerungen führt, entscheiden letztlich alle Wirtschaftsteilnehmer.

Aus: Deutsche Bundesbank, Stabilität gestalten. Die Rolle der Bundesbank im Europäischen System der Zentralbanken, Frankfurt a. M. o. J. (2003), S. 17 f.

M5 Geldmengen-Theorie

● Welche Auswirkungen könnte eine große Geldmenge zu sehr niedrigen Zinsen oder eine geringe Geldmenge zu wahrscheinlich sehr hohen Zinsen auf die Gesamtwirtschaft haben?

5 Generell dürfen wir annehmen, dass eine große Geldmenge, die zu niedrigen Zinsen von den Banken als Kredite angeboten wird, die Wirtschaft veranlasst, diese Kredite in Anspruch zu nehmen, zu investieren und ihre Produktion an Wirtschaftsgütern zu erhöhen. Die
10 (Zins-)Kosten hierfür sind ja niedrig, Absatz- und Gewinnchancen dagegen hoch, weil die Menschen bei geringen Zinsen bekanntlich weniger sparen, sondern lieber alles Mögliche kaufen. Die Absatzmöglichkeiten werden sogar immer besser, weil durch die erhöhte Pro-
15 duktion neue Arbeitsplätze geschaffen und guter Lohn an die Arbeitnehmerinnen und Arbeitnehmer gezahlt wird. Weil die Nachfrage immer weiter steigt, wird nicht nur die Produktion immer weiter verstärkt, sondern es kommt auch – bedingt durch eine große Nach-
20 frage – zu Preissteigerungen, die ihrerseits höhere Unternehmensgewinne auslösen.

Zu viel und billiges Geld in der Wirtschaft führt irgendwann dazu, dass die Produktion übermäßig groß wird. Für das gleiche Wirtschaftsgut werden immer höhere
25 Preise und als Folge davon immer höhere Löhne gefordert. Vor allem Letzteres ist möglich, weil Arbeitskräfte nach und nach knapp werden. Eine maßlose Güterproduktion droht die Wirtschaft zu überhitzen und es entsteht Inflationsgefahr. Lohnsteigerungen haben be-
30 kanntlich ihre Grenzen und die gestiegenen Preise können von den Konsumenten bald nicht mehr bezahlt werden. Die Nachfrage lässt nach und erst langsam, dann immer schneller, muss die Güterproduktion zwangsläufig eingeschränkt oder in Teilbereichen sogar ganz eingestellt werden. Es gibt wieder Arbeitslosig- 35 keit; Absatz- und Gewinnchancen der Unternehmen werden deutlich geringer. Die Konjunktur der Wirtschaft kühlt ab und schließlich droht sogar eine Rezession. Viel und billiges Geld löst also zunächst einen recht steilen wirtschaftlichen Aufschwung aus, dem aber 40 unweigerlich ein umso schnellerer Absturz folgt, wenn der Wirtschaft nicht alsbald ein Zuviel an Geld entzogen wird.

Was bewirkt eine zu geringe Geldmenge, aus der nur wenig Kredite angeboten werden können, die noch dazu 45 hohe Zinskosten verursachen? Die Wirtschaft dürfte damit kaum zu veranlassen sein, neue Investitionen und eine höhere Produktion zu planen. Die Absatz- und Gewinnchancen als der wichtigste Produktionsanreiz wären durch hohe Finanzierungskosten und also auch 50 hohe Verkaufspreise zu gering. Die Konjunktur würde schnell und sicher einschlafen und schließlich gar stagnieren. Trotzdem würden aber die Preise mächtig steigen, weil das geringe Angebot an Wirtschaftsgütern die Nachfrage bald nicht mehr decken könnte. Hohe Preise 55 sind aber kaum zu bezahlen, wenn andererseits die Löhne nicht mehr steigen – und wie sollten sie, wenn die Produktion nur noch mit halber Kraft läuft und die Unternehmer selbst nichts mehr verdienen.

Nach: Rüdiger Diedrigkeit, Atlas Geld und Wertpapiere, Wiesbaden 1988, 4. Auflage, S. 84–86, gekürzt

8.4   Wie kann die Geldmenge reguliert werden?

Warum ist die Geldmenge so schwer zu regeln? Schließlich gibt die Zentralnotenbank die Banknoten aus, wie man auf jedem Geldschein sehen kann. Aber zwei Bereiche kann die Zentralnotenbank nicht direkt kontrollieren: Das Münzgeld lassen in Euroland die nationalen Regierungen prägen. Viel wichtiger ist aber das Buchgeld, das als „Sichteinlagen" von den Banken verwaltet bzw. als Kredit vergeben wird. Denn Banken sind selbst in der Lage, Geld zu schaffen. Natürlich dürfen sie im Tresor keine Banknoten drucken. Aber sie vergeben Kredite an ihre Kunden.

AUFGABEN

1. Kennzeichnen Sie die Entwicklung, die die Bestandteile der Geldmenge M 3 im betrachteten Zeitraum genommen haben (Material M 1). Wie sind sie zu erklären?
2. Erläutern Sie das in M 2 gegebene Beispiel der Londoner Goldschmiede.
3. Der in M 2 und M 3 geschilderte Mechanismus wird „Geldschöpfung" genannt. Stellen Sie seine Funktionsweise in einem Schaubild dar.
4. Stellen Sie den Aufbau und die Möglichkeiten der Europäischen Zentralbank dar (M 4).
5. Beschreiben Sie das Verhältnis zwischen der Zentralbank und der EU-Kommission sowie den Regierungen der Staaten der EU und den nationalen Notenbanken.
6. Diskutieren Sie, inwiefern es zu Konflikten innerhalb dieses Gefüges um die Zielgrößen der Wirtschaftspolitik kommen kann.

M 1   Veränderung der Geldmengen

Geldmenge	2002	2003	2002 Q4	2003 Q1	2003 Q2	2003 Q3	2003 Q4	2004 Jan.
M1	7,6	11,0	8,8	10,1	11,3	11,5	11,2	11,2
Bargeldumlauf	−11,8	32,2	12,9	39,1	35,7	29,6	26,2	25,0
Täglich fällige Einlagen	10,9	8,2	8,2	6,6	8,1	8,9	9,1	9,1
M2−M1 (= sonstige kurzfristige Einlagen)	5,7	5,0	4,8	4,3	5,5	5,7	4,7	3,7
Einlagen mit vereinbarter Laufzeit von bis zu 2 Jahren	2,3	−1,0	1,5	0,4	0,0	−1,5	−3,2	−3,7
Einlagen mit vereinbarter Kündigungsfrist von bis zu 3 Monaten	8,5	9,9	7,6	7,5	9,9	11,4	10,9	9,4
M2	6,6	8,0	6,7	7,1	8,3	8,5	7,9	7,4
M3−M2 (= marktfähige Finanzinstrumente)	11,3	8,4	8,5	10,5	9,8	7,4	6,0	1,1
M3	7,2	8,0	7,0	7,6	8,5	8,3	7,6	6,4
KREDITE AN NICHT-MFIs IM EURORAUM	4,5	5,1	4,1	4,2	4,8	5,4	5,9	5,9
Kredite an öffentliche Haushalte	1,6	4,3	2,0	2,1	3,5	4,9	6,6	6,2
Kredite an den privaten Sektor	5,3	5,3	4,7	4,8	5,1	5,5	5,7	5,8
LÄNGERFRISTIGE FINANZIELLE VERBINDLICH-KEITEN (OHNE KAPITAL UND RÜCKLAGEN)	4,4	5,6	5,2	5,1	5,2	5,6	6,4	7,1

(Veränderung gegen Vorjahr in %; die Jahres- und Quartalszahlen sind Durchschnittswerte; um Saison- und Kalendereffekte bereinigt)

Aus: Europäische Zentralbank, Jahresbericht 2003, Frankfurt a. M. 2004, www.ecb.int/pub/pdf/annrep/ar2003de.pdf, S. 27

M 2 Die Londoner „Goldschmiede" und die Geldschaffung der Banken

● Die ersten modernen Bankiers – die Goldschmiede in London – nahmen Edelmetalle und Münzen aus Silber oder Gold in Verwahrung und stellten darüber Quittungen (Goldsmith-Notes) aus. Und nach einiger Zeit lie-
5 fen diese Quittungen wie Geld um. Aber die neugebackenen Bankiers, die sich bald über ganz England verbreiteten, gingen dann dazu über, die Edelmetalle oder Münzen auszuleihen, da sie feststellten, dass die Eigentümer oft für lange Zeit darauf verzichteten, ihre
10 Quittungen wieder einzulösen, d. h. ihre Edelmetalle und Münzen zurückzuholen. Die Goldschmiede kamen eines Tages darauf, dass man „Quittungen" über bestimmte Beträge auch an Leute geben kann, die gar nichts deponiert haben, sondern einfach Geld, Kredit,
15 nötig haben; sie gaben also mehr Quittungen aus, als sie Edelmetalle und Münzen im Bestand hatten. Die „Geldschöpfung" oder „Geldschaffung" durch die Ausgabe von „ungedeckten" Banknoten war erfunden. Allerdings hatten diese Banknoten als rein private Schuld-
20 versprechen keinen staatlichen Zwangskurs. Wenn bekannt wurde, dass eine Bank nur schwer ihre Verpflichtung – Umtausch der Noten in Edelmetall oder Münzen – erfüllen konnte, so sank der Kurs der Noten unter den aufgedruckten Betrag: Sie wurden nur noch
25 mit einem Abschlag – Disagio – in Zahlung genommen. Jedenfalls aber wurde damals schon durch Kreditgewährung das umlaufende Geld vermehrt.

Im heutigen modernen Banksystem vollzieht sich die Ausweitung der Geldmenge kaum wesentlich anders als
30 damals; allerdings werden die Banken staatlich überwacht. Man spricht freilich nicht mehr von Quittungen; auch dürfen die Banken (außer der Notenbank) keine Banknoten mehr ausgeben. Aber sie dürfen nach wie vor Verbindlichkeiten eingehen: Wenn ein Bankkunde bei-
35 spielsweise Bargeld zur Bank bringt, wird ihm dieses auf seinem Konto gutgeschrieben; die Bank dokumentiert mit einer solchen Buchung nicht nur, einen bestimmten Betrag erhalten zu haben, sondern auch, diesen Betrag, je nach Abmachung, wieder in bar zurückzuzahlen. Sie
40 verpflichtet sich auch, aus diesem Guthaben auf Anweisung des Inhabers Geld auf andere zu übertragen. [...] Durch diesen Vorgang nimmt allerdings die Geldmenge, zu der auch Bankguthaben zählen, nicht zu. Denn das außerhalb der Banken umlaufende Bargeld vermindert
45 sich genau um den Betrag der Kontogutschrift; es liegt nun in der Kasse der Bank. Bargeld, das bei Banken liegt, zählt aber nicht zur Geldmenge.

Die Menge an Geld nimmt aber zu, wenn die Bank nicht Bargeld zur Gutschrift auf einem Konto empfängt, son-
50 dern andere Vermögensgegenstände, beispielsweise wenn sie einem Kunden Wertpapiere abkauft. In diesem Fall nimmt der Bargeldumlauf außerhalb der Kreditinstitute gerade nicht in dem Maße ab wie eine Gutschrift (Einlage) eingebucht wird. Die Einlage beginnt
55 dann als zusätzliches Geld ihre Wanderung von Konto zu Konto.

Wenn die Bank einen Kredit gewährt, geht sie die Verpflichtung ein, bis zu einer bestimmten Höhe Bargeld an den Kreditnehmer auszuzahlen oder auf dessen An-
60 weisung Geld auf einen anderen zu übertragen. Sie erhält in gleicher Höhe, wie dieser den Kredit in Anspruch nimmt, eine Forderung gegen den Kreditnehmer auf Rückzahlung der in Anspruch genommenen „Kreditvaluta"; anders ausgedrückt: Die Bank erlaubt dem Kre-
65 ditnehmer, eine Forderung gegen die Bank selbst zu schaffen, d.h. bis zu einem bestimmten Höchstbetrag (Kreditrahmen) von seinem Konto an einen anderen Geld zu überweisen, auf dieses Konto Schecks auszustellen oder von ihm Bargeld abzuheben, ohne dass das
70 Konto ein Guthaben ausweist oder das Guthaben für solche Verfügungen ausreicht. Diese Art von Bankkredit wird auch „Buchkredit" genannt. Nimmt der Kreditnehmer den Kredit in Anspruch, so erhält die Bank eine Forderung gegen den Kreditnehmer. Derjenige, an den
75 mit dem Kreditbetrag durch Scheck oder Überweisung bezahlt wird, gewinnt eine Forderung gegen seine Bank, die ihrerseits eine Forderung gegen die Bank des Kreditnehmers erhält, falls sich der ganze Vorgang nicht bei der gleichen Bank abspielt. [...]

80 Wenn nun alle Banken gleichzeitig auf die oben beschriebene Weise Kredite gewähren, so wachsen im gesamten Bankensystem die Einlagen, über die man verfügen kann, das heißt, die Geldmenge steigt. Freilich müssen die Sichteinlagen, die flüssigen Mittel, nicht
85 um die gleichen Beträge zunehmen. Denn die Empfänger der sich über die Volkswirtschaft ausbreitenden Zahlungen, die durch Kredit möglich wurden, können den Zuwachs ihrer Sichteinlagen auch in längerfristigen Anlagen binden, etwa auf einem Termin- oder Festgeldkonto oder auf einem Sparkonto. Diese Anlagefor-
90 men sind nicht „flüssige Mittel" im engeren Sinne. Aber der Tendenz nach nehmen die Sichteinlagen zu und auch der Bargeldumlauf außerhalb der Kreditinstitute wächst. [...]

Aus: Wilhelm Seuß, Alles über Geld, Köln 1994, 7. Auflage, S.109 ff.

M 3   Geldschöpfung und Liquidität

● Die Geldschöpfungsmöglichkeit der Banken ist also zunächst durch die Notwendigkeit der Liquidität begrenzt: Dem Verlangen der Kunden entsprechend muss die Bank immer in der Lage sein, Bargeld auszuzahlen.
5 Schon der Verdacht, dass eine Bank dazu nicht mehr fähig sein könnte, kann einen Ansturm der Einleger verursachen, der die momentane Liquidität der Bank übersteigt und sie somit in die Pleite treibt. Die Bank muss also nach Erfahrungswerten des Bargeldabflusses ihre Geschäfte betreiben. Nehmen wir an, der Bargeldabfluss 10 ließe sich im Bankensystem auf durchschnittlich 30 % beziffern. Wie hoch wäre die Kreditschöpfungsmöglichkeit im Bankensystem nach einer Einlage von 100 000 Euro?

	Kreditschöpfungsmöglichkeit im Bankensystem insgesamt		Geldmenge
BANK A	**EINLAGE: 100 000 Euro**		
	Bargeldabfluss:	30 000 Euro	100 000 Euro
	Kreditvergabemöglichkeit:	70 000 Euro	
BANK B	**NEUE SICHTEINLAGE: 70 000 Euro**		
	Bargeldabfluss:	21 000 Euro	170 000 Euro
	Kreditvergabemöglichkeit:	49 000 Euro	
BANK C	**NEUE SICHTEINLAGE: 49 000 Euro**		
	Bargeldabfluss:	14 700 Euro	219 000 Euro
	Kreditvergabemöglichkeit:	34 300 Euro	
BANK D	**NEUE SICHTEINLAGE: 34 300 Euro**		
	Bargeldabfluss:	10 290 Euro	253 300 Euro
	Kreditvergabemöglichkeit:	24 010 Euro	
BANK E	**NEUE SICHTEINLAGE: 24 010 Euro**		
	Bargeldabfluss:	7 203 Euro	277 310 Euro
	Kreditvergabemöglichkeit:	16 807 Euro	
BANK F	**NEUE SICHTEINLAGE: 16 807 Euro**		
	Bargeldabfluss:	5 042,10 Euro	294 117 Euro
	Kreditvergabemöglichkeit: …		

Autorentext

M 4   Organisation des Europäischen Systems der Zentralbanken (ESZB)

● Das Europäische System der Zentralbanken (ESZB) besteht aus der Europäischen Zentralbank (EZB) und den nationalen Zentralbanken (NZBen) aller 15 EU-Mitgliedstaaten. Der Begriff „Eurosystem" bezeichnet
5 die EZB und die NZBen der Mitgliedstaaten, die den Euro eingeführt haben. Die NZBen der Mitgliedstaaten, die nicht am Euro-Währungsgebiet teilnehmen, sind jedoch Mitglieder des ESZB mit einem besonderen Status.

10 Nach dem Vertrag zur Gründung der Europäischen Gemeinschaft (nachfolgend als „EG-Vertrag" bezeichnet) sowie der Satzung des Europäischen Systems der Zentralbanken und der Europäischen Zentralbank (die „ESZB-Satzung") ist es das vorrangige Ziel des Eurosys-
15 tems, die Preisstabilität zu gewährleisten. Soweit dies ohne Beeinträchtigung dieses Zieles möglich ist, unterstützt das Eurosystem die allgemeine Wirtschaftspolitik in der Gemeinschaft und handelt im Einklang mit den Grundsätzen einer offenen Marktwirtschaft. 20

Die grundlegenden Aufgaben des Eurosystems sind:
—die Geldpolitik des Euro-Währungsgebiets festzulegen und auszuführen,
—Devisengeschäfte durchzuführen,
—die offiziellen Währungsreserven der Mitglied- 25 staaten zu halten und zu verwalten,
—das reibungslose Funktionieren der Zahlungssysteme zu fördern. […]

Entscheidungen werden im Eurosystem zentral von den Beschlussorganen der EZB, dem EZB-Rat und dem 30 Direktorium, getroffen. Solange es Mitgliedstaaten gibt, die den Euro noch nicht eingeführt haben, besteht

▸▸

der Erweiterte Rat als drittes Beschlussorgan. (Derzeitige Mitglieder der Beschlussorgane der EZB).

35 Der EZB-Rat besteht aus den Mitgliedern des Direktoriums der EZB und den Präsidenten der NZBen der Mitgliedstaaten, für die keine Ausnahmeregelung gilt, d. h. derjenigen Länder, die den Euro eingeführt haben. Die Hauptaufgaben des EZB-Rats bestehen darin,

40 — die Leitlinien und Entscheidungen zu erlassen, die notwendig sind, um die Erfüllung der dem Eurosystem übertragenen Aufgaben zu gewährleisten,

— die Geldpolitik des Euro-Währungsgebiets festzulegen, gegebenenfalls einschließlich Entscheidungen
45 in Bezug auf geldpolitische Zwischenziele, Leitzinssätze und die Bereitstellung von Zentralbankgeld im Eurosystem sowie

— die Leitlinien zu erlassen, die für ihre Ausführung notwendig sind.

50 Das Direktorium besteht aus dem Präsidenten, dem Vizepräsidenten und vier weiteren Mitgliedern, die alle aus dem Kreis von in Währungs- oder Bankfragen anerkannten und erfahrenen Persönlichkeiten ausgewählt wurden. Sie werden einvernehmlich durch die Regie-
55 rungen der Mitgliedstaaten auf der Ebene der Staats- und Regierungschefs auf Empfehlung des EU-Rats, der hierzu das Europäische Parlament und den EZB-Rat (bzw. den Rat des Europäischen Währungsinstituts (EWI) für die ersten Ernennungen) anhört, ernannt.

60 Die Hauptaufgaben des Direktoriums sind:

— die Ausführung der Geldpolitik gemäß den Leitlinien und Entscheidungen des EZB-Rats sowie die Erteilung der erforderlichen Weisungen an die NZBen und

65 — die Ausübung bestimmter vom EZB-Rat übertragener Befugnisse.

Das Eurosystem ist unabhängig. Bei der Wahrnehmung von Aufgaben im Zusammenhang mit dem Eurosystem darf weder die EZB noch eine NZB noch ein Mitglied ihrer Beschlussorgane Weisungen von dritter Seite ein- 70 holen oder entgegennehmen. Die Organe und Einrichtungen der Gemeinschaft sowie die Regierungen der Mitgliedstaaten dürfen nicht versuchen, die Mitglieder der Beschlussorgane der EZB oder der NZBen bei der Wahrnehmung ihrer Aufgaben zu beeinflussen. […] 75

Das Kapital der EZB beträgt 5 Milliarden Euro. Die NZBen sind alleinige Zeichner und Inhaber des Kapitals der EZB. Die Zeichnung des Kapitals erfolgt nach einem Schlüssel, dem der Anteil des jeweiligen EU-Mitgliedstaats am BIP und an der Bevölkerung der Gemeinschaft 80 zugrunde liegt. Bisher wurde ein Betrag von knapp über 4 Milliarden EUR einbezahlt. Die NZBen des Euro-Währungsgebiets haben ihre jeweiligen Zeichnungsanteile für das Kapital der EZB voll einbezahlt.

Darüber hinaus haben die NZBen der Mitgliedstaaten des Euro-Währungsgebiets die EZB mit Währungsreserven in Höhe von rund 40 Milliarden Euro ausgestattet. Die Beiträge der einzelnen NZBen wurden entsprechend ihrem jeweiligen Anteil am gezeichneten Kapital der EZB bestimmt, während die EZB wiederum jeder NZB eine ihrem Beitrag entsprechende Forderung in 90 Euro gutschrieb. 15 % der Beiträge wurden in Gold geleistet, die übrigen 85 % in US-Dollar und japanischen Yen.

Aus: www.ecb.int/about 2005

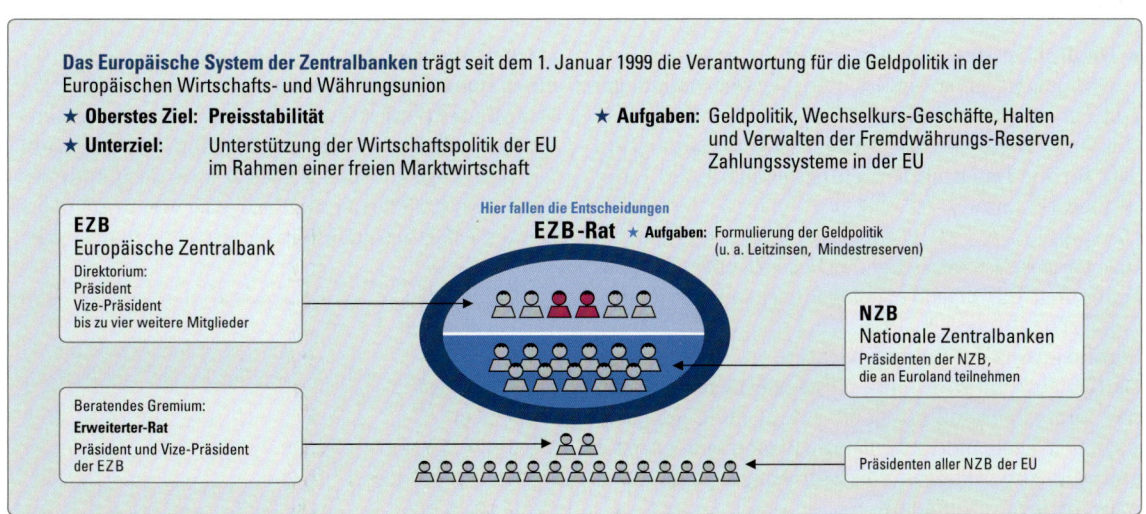

129.1 *ESZB – das Europäische System der Zentralbanken*

8.5 Welche geldpolitischen Instrumente stehen der Europäischen Zentralbank zur Verfügung?

Die Geldpolitik der Europäischen Zentralbank beruht darauf, dass das Bankensystem Zentralbankgeld benötigt, um liquide zu sein. Buchgeld können die Banken schöpfen, auf Bargeld besitzt die Zentralbank ein Monopol. Die Zentralbank muss dafür sorgen, dass der Geldwert erhalten bleibt; nur so bleiben ihre geldpolitischen Mittel wirksam. Also muss sie versuchen die Geldschöpfung zu regulieren und damit die Geldmenge in der Gesamtwirtschaft zu steuern. Dies kann sie bei Bargeld direkt tun; sie kann aber auch die Buchgeldschöpfung im Bankensystem insgesamt steuern. Je nachdem, ob diese Steuerung grob oder fein, kontraktiv, also einengend, oder expansiv, also ausweitend, erfolgen muss, kann die EZB verschiedene Instrumente einsetzen.

AUFGABEN

1. Stellen Sie die geldpolitischen Instrumente der EZB (M 1 bis M 7) in einer tabellarischen Übersicht einschließlich ihrer beabsichtigten Wirkung dar. Nutzen Sie dazu auch das Glossar.
2. Überprüfen Sie die geldpolitischen Instrumente der EZB hinsichtlich ihrer Wirkung auf die Geldschöpfung der Banken mithilfe einer grafischen Darstellung. Vergleichen Sie dazu deren kontraktive (Reduzierung/Einschränkung der Geldmenge) und expansive (Ausdehnung der Geldmenge) Wirkung. Nehmen Sie M 7 zu Hilfe.
3. Zeigen Sie, welche der Instrumente zur groben Geldmengensteuerung und welche zur „Feinsteuerung" geeignet sind.
4. Diskutieren Sie, inwieweit die geldpolitischen Instrumente der EZB in der Lage sind, die Inflationsgefahr wirksam einzudämmen.
5. Ermitteln Sie aufgrund von Veröffentlichungen der EZB oder der Deutschen Bundesbank (www.ecb.int und www.bundesbank.de) bzw. aus der Wirtschaftspresse die aktuellen Sätze für die einzelnen geldpolitischen Instrumente.
6. Zeigen Sie auf der Grundlage aktueller Pressemeldungen und -berichte, wie die EZB ihre geldpolitischen Mittel einsetzt.

M 1 Mindestreserven

● Die EZB verlangt von den Kreditinstituten, dass sie [...] Mindestreserven auf Konten bei den nationalen Zentralbanken unterhalten. [...]
Die Mindestreserveguthaben der Institute werden zum
5 Satz für die Hauptrefinanzierungsgeschäfte des Eurosystems verzinst.

Das Mindestreservesystem des Eurosystems erfüllt in erster Linie die folgenden geldpolitischen Funktionen:

Stabilisierung der Geldmarktsätze
10 Die Durchschnittserfüllung im Mindestreservesystem des Eurosystems soll zur Stabilisierung der Geldmarktsätze beitragen, indem sie den Instituten einen Anreiz gibt, die Auswirkungen von zeitweiligen Liquiditätsschwankungen abzufedern.

Herbeiführung oder Vergrößerung einer strukturellen Liquiditätsknappheit
15 Das Mindestreservesystem des Eurosystems erleichtert die Herbeiführung oder Vergrößerung einer strukturellen Liquiditätsknappheit. Dies könnte dazu beitragen, das Eurosystem besser in die Lage zu versetzen, in effizienter Weise als Liquiditätsbereitsteller zu operieren.
20

Aus: Europäische Zentralbank, Durchführung der Geldpolitik im europäischen Währungsgebiet, Frankfurt a. M. 2004, S. 59

M 2 · Anteile der Geldarten am Geldumlauf in Deutschland

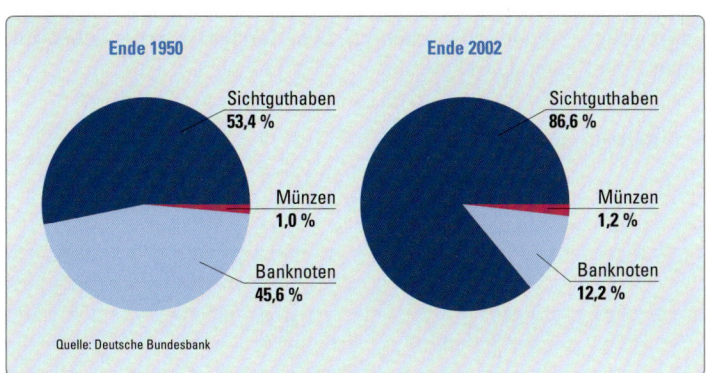

Quelle: Deutsche Bundesbank

M 3 · Offenmarktgeschäfte

■ Offenmarktgeschäfte werden eingesetzt, um die Zinssätze und Liquidität am Markt zu steuern und Signale bezüglich des geldpolitischen Kurses zu geben. Ihr Name rührt daher, dass die Zentralbank sie am „offe-
5 nen", also unbeschränkten Kapitalmarkt in die Wege leitet. Durch die Offenmarktgeschäfte erhalten die Geschäftsbanken den Großteil ihres Geldes gegen die Verpfändung von Sicherheiten (z.B. Wertpapiere). Offenmarktgeschäfte können in Form von Standardtendern,
10 Schnelltendern oder bilateralen Geschäften durchgeführt werden (vgl. M 7).
Das eindeutig wichtigste ist das *Hauptrefinanzierungsinstrument.* Bei diesem Instrument erhalten die Geschäftsbanken von der EZB Geld gegen Zinsen. Der
15 Zinssatz dieser Geschäfte wird aufgrund seiner Bedeutung oft auch als Leitzins der EZB bezeichnet.

Die *längerfristigen Refinanzierungsgeschäfte* dienen als Ergänzung zum Hauptrefinanzierungsinstrument, sollen es entlasten und sind eine Art Grundversorgung. Das
20 Geld wird einmal pro Monat von den Geschäftsbanken für 3 Monate angeboten. Ein Zinssatz ist nicht festgelegt. Die Geschäftsbanken erhalten ebenfalls Geld von der Zentralbank, das sie an ihre Kunden weitergeben können, allerdings gegen die Hinterlegung von Sicher-
25 heiten (Wertpapieren).
Mit *Feinsteuerungsoperationen* können unerwartete Zins- und Liquiditätsschwankungen ausgeglichen werden. Es stehen dazu mehrere Instrumente zur Verfügung: befristete Transaktionen (von Wertpapieren)
30 über Schnelltender, endgültige Ver-/Käufe (von Wertpapieren), Devisenswaps (kurzfristige An- und Verkäufe von Devisen, um die Geldmenge zu beeinflussen), über bilaterale Geschäfte und die Hereinnahme von Termineinlagen.

Mit *Strukturellen Operationen* kann die EZB die Liqui- 35 ditätsposition der Geschäftsbanken langfristig beeinflussen. Um ihre Geldpolitik durchsetzen zu können, muss sie darauf achten, dass die Geschäftsbanken auf das Geld der EZB angewiesen sind. Haben die Geschäftsbanken zu viel Geld, kann die EZB Schuldverschreibun- 40 gen ausgeben, befristete Transaktionen durchführen, oder definitive (= endgültige) Ver-/Käufe tätigen, so dass die Geldmenge, die den Banken zur Verfügung steht, sinkt und diese wieder Geld von der EZB benötigen.

Autorentext

Verfahrensschritte beim Tenderverfahren

Schritt 1: Tenderankündigung
a) Ankündigung des Geschäftsangebotes durch die EZB über Wirtschaftsinformationsdienste
b) Ankündigung durch die nationalen Zentralbanken über nationale Wirtschaftsinformationsdienste und direkt gegenüber einzelnen Geschäftspartnern

Schritt 2: Vorbereitung und Abgabe von Geboten durch die Geschäftspartner

Schritt 3: Zusammenstellung der Gebote durch das Eurosystem

Schritt 4: Tenderzuteilung und Bekanntmachung der Tenderergebnisse

a) Zuteilungsentscheidung der EZB

b) Bekanntmachung des Zuteilungsergebnisses

Schritt 5: Bestätigung der einzelnen Zuteilungsergebnisse

Schritt 6: Abwicklung der Transaktionen

M 4 Emission von EZB-Schuldverschreibungen

● Die EZB beschließt, am Markt Liquidität durch die Emisssion von Schuldverschreibungen über einen Zins- tender abzuschöpfen. Drei Geschäftspartner geben folgende Gebote ab:

Beiträge in Mio €					
ZINSSATZ IN (%)	BANK 1	BANK 2	BANK 3	GEBOTE INSGESAMT (je Zinssatz)	KUMULATIVE GEBOTE
3,00				0	0
3,01	5		5	10	10
3,02	5	5	5	15	25
3,03	5	5	5	15	40
3,04	10	5	10	25	65
3,05	20	40	10	70	135
3,06	5	10	10	25	160
3,08	5		10	15	175
3,10		5		5	180
Insgesamt	55	70	55	180	

Die EZB beschließt, einen Nominalbetrag von 124,5 Mio € zuzuteilen, sodass sich auf Grundlage der Gebote ein Zinssatz von 3,05 % ergibt.

Alle Gebote unter 3,05 % (bis zu einem kumulativen Betrag von 65 Mio €) werden voll zugeteilt. Bei 3,05 % ergibt sich folgende prozentuale Zuteilung:

$$\frac{124,5 - 65}{70} = 85\,\%$$

Die Zuteilung an Bank 1 zum marginalen Zinssatz beträgt zum Beispiel:

$$0,85 \times 20 = 17$$

Insgesamt ergibt sich für Bank 1 folgende Zuteilung:

$$5 + 5 + 5 + 10 + 17 = 42$$

Die Zuteilungsergebnisse lassen sich wie folgt zusammenfassen:

Beträge in Mio €				
GESCHÄFTSPARTNER	BANK 1	BANK 2	BANK 3	INSGESAMT
Gebote insgesamt	55,0	70,0	55,0	180,0
Zuteilung insgesamt	42,0	49,0	33,5	124,5

Aus: Europäische Zentralbank, Durchführung der Geldpolitik im europäischen Währungsgebiet, Frankfurt a. M. 2004, S. 70

M 5 Ständige Fazilitäten

● Fazilitäten sind Verpfändungsgeschäfte (von Wertpapieren) bei der Zentralbank. Die ständigen Fazilitäten dienen dazu, Übernachtliquidität bereitzustellen oder zu absorbieren. Sie setzen Signale bezüglich des
5 allgemeinen Kurses der Geldpolitik und stecken die Ober- und Untergrenze für Tagesgeldsätze ab. Die zugelassenen Geschäftspartner können zwei ständige Fazilitäten auf eigene Initiative in Anspruch nehmen, sofern sie gewisse operationale Zugangskriterien erfüllen […]:
10 Die Geschäftspartner können die Spitzenrefinanzierungsfazilität nutzen, um sich von den nationalen Zentralbanken Übernachtliquidität gegen Sicherheiten zu beschaffen [und sie können] die Einlagefazilität nutzen, um bei den nationalen Zentralbanken Guthaben bis zum nächsten Geschäftstag anzulegen. In der Regel gibt 15 es keine Betragsbegrenzungen für die entsprechenden Einlagekonten […]. Der Zinssatz für die Einlagefazilität bildet im Allgemeinen die Untergrenze des Tagesgeldsatzes. Die ständigen Fazilitäten werden dezentral von den nationalen Zentralbanken verwaltet. 20

Aus: Europäische Zentralbank, Durchführung der Geldpolitik im europäischen Währungsgebiet, Frankfurt a. M. 2004, S. 10 f.

M 6 Liquiditätsbedarf des Bankensystems und Liquiditätsversorgung

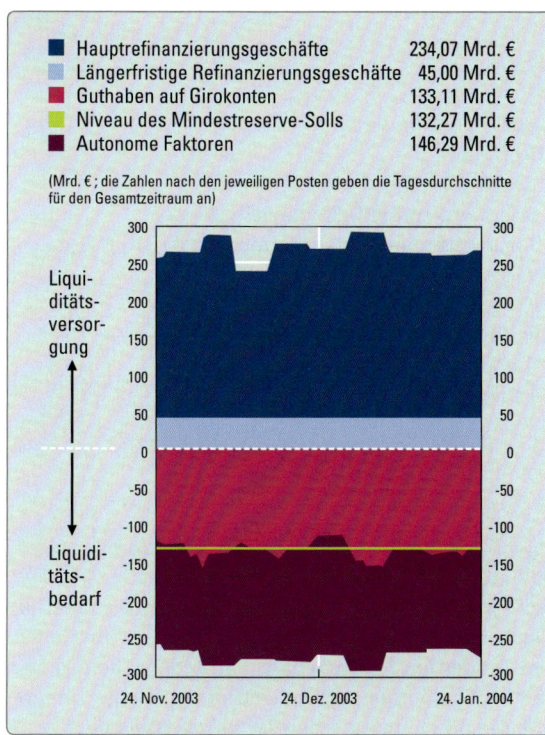

■ Hauptrefinanzierungsgeschäfte   234,07 Mrd. €
■ Längerfristige Refinanzierungsgeschäfte   45,00 Mrd. €
■ Guthaben auf Girokonten   133,11 Mrd. €
■ Niveau des Mindestreserve-Solls   132,27 Mrd. €
■ Autonome Faktoren   146,29 Mrd. €

(Mrd. € ; die Zahlen nach den jeweiligen Posten geben die Tagesdurchschnitte für den Gesamtzeitraum an)

Aus: Europäische Zentralbank, Monatsbericht Februar 2004,
Frankfurt a. M. 2004, S. 22

EZB lässt Leitzinsen unverändert

Der für die Refinanzierung der Geschäftsbanken maßgebliche Schlüsselzins beträgt weiterhin 3,25 Prozent [...].

Zinskorridor ebenfalls unverändert
Auch den Zinskorridor für den Geldmarkt ließ die Zentralbank unverändert. Die Sätze dafür betragen weiterhin 2,25 Prozent für Übernachteinlagen der Banken bei der EZB und 4,25 Prozent für Übernachtkredite. Im vergangenen Jahr hatte die EZB angesichts der schwächelnden Konjunktur in der Euro-Zone und den damit schwindenden Inflationsgefahren den Schlüsselzins in vier Schritten um insgesamt 1,50 Prozentpunkte reduziert.

Handelsblatt, 1.8. 2002

M 7 Geldpolitische Operationen des Eurosystems (Auswahl)

	Transaktionsart		Lastschrift	Rhytmus	Verfahren
	Liquiditäts-bereitstellung	Liquiditäts-abschöpfung			
Hauptrefinanzierungsgeschäfte	Befristete Transaktionen	–	Eine Woche	Wöchentlich	Standardtender
Längerfristige Refinanzierungsgeschäfte	Befristete Transaktionen	–	Drei Monate	Monatlich	Standardtender
Fein-steuerungsoperationen	Befristete Transaktionen	Befristete Transaktionen			Schnelltender
	Devisenswaps	Termineinlagen Devisenswaps	Nicht standardisiert	Unregelmäßig	Bilaterale Geschäfte
	Endgültige Käufe	Endgültige Verkäufe	–	Unregelmäßig	Bilaterale Geschäfte
Strukturelle Operationen	Befristete Transaktionen Endgültige Käufe	Emission von Schuldverschreibungen Endgültige Verkäufe	Standardisiert / nicht standadisiert –	Regelmäßig und unregelmäßig Unregelmäßig	Standardtender Bilaterale Geschäfte

Aus: Europäische Zentralbank, Durchführung der Geldpolitik im europäischen Währungsgebiet, Frankfurt a. M. 2004, S. 11

8.6 Wie gelingt die Europäische Wirtschafts- und Währungsunion?

AUFGABEN

1. Ermitteln Sie die Kursentwicklung des Euro über die letzte Zeit hinweg im Vergleich zum US-Dollar, dem Yen (und anderen Währungen).
2. Beurteilen Sie mit Hilfe der Materialien M 1 und M 2 sowie aktueller Daten und Fakten (www.europa.eu.int, Fischer Weltalmanach, Harenberg Aktuell), inwieweit sich die in M 1 bis M 5 geäußerten Hoffnungen und Befürchtungen bewahrheitet haben in Bezug auf Arbeitslosigkeit, Preisstabilität, Wachstum und Wettbewerbsfähigkeit der Unternehmen.
3. Beurteilen Sie an Hand der Materialien M 3 bis M 5 die Entwicklung des Außenwerts des Euro im Hinblick auf die Wettbewerbsfähigkeit der europäischen Industrie, die Exportchancen für Produkte aus Europa sowie die Möglichkeiten des Tourismus.

M 1 Chancen der Gemeinschaftswährung

■ Die Befürworter einer Europa-Währung betonen, dass der EURO

—den europäischen Zahlungsverkehr erleichtert und verbilligt. Die Kosten des Währungsumtausches fallen
5 weg; […]

—Wechselkursrisiken ausschließt. Damit entfallen nicht nur die jetzt noch erforderlichen Kurssicherungskosten der Unternehmen, sondern auch die empfindlichen Nachteile, die sich z.B. aus einer spekulativen Überbe-
10 wertung der D-Mark für die deutsche Exportwirtschaft oder aus Leitkursänderungen für die deutsche Landwirtschaft ergeben. Auch Geldanlagen und Investitionen in den Ländern, die sich dem EURO anschließen, verlieren ihre jetzt noch bestehenden Wechselkursrisiken. Das
15 Zinsniveau gleicht sich an, Außenhandel, Wachstum und Beschäftigung werden gefördert;

—Preisvergleiche erleichtert und den Wettbewerb erhöht. Dadurch können alle Käufer den Vorteil niedriger Preise erlangen, die es jetzt bereits auf einigen EU-
20 Märkten, z. B. für deutsche Kraftfahrzeuge oder Medikamente, gibt. Der Binnenmarkt wird transparenter;

—die Europäische Integration begünstigt, indem die gemeinsame Währung die Mitgliedstaaten zur Anpassung und Koordination ihrer Wirtschaftspolitik nötigt. Das
25 gemeinsame Europäische Geld soll zugleich das Zusammengehörigkeitsgefühl der EU-Bürger stärken und für alle Europäer sichtbar zum Ausdruck bringen;

—wegen der autonomen EZB und infolge der Konvergenzkriterien eine stabile Währung sein wird, die sich
30 auch als internationale Handels- und Reservewährung gegenüber dem Dollar und Yen durchsetzen und behaupten kann.

Ein Scheitern der Währungsunion könnte zudem die wegen der hohen Arbeitslosigkeit ohnehin bestehenden Tendenzen zu wirtschaftspolitischen Alleingängen
35 der EU-Staaten verstärken und die erreichte Integration des Binnenmarktes wieder infrage stellen.

Aus: Peter Czada / Günter Renner, Euro und Cent. Europäische Integration und Währungsunion, Bonn 1997, S. 123 f.

Das neue Dreieck

Euro, Dollar, Yen – das sind die Währungen der Zukunft. Und sie sind das Zahlungsmittel in den wichtigsten Zellen für den Welthandel. Aber taugt der Euro überhaupt zur Weltwährung?

Mit der Einführung des Euro hat sich nicht nur das Währungsgleichgewicht in Europa verschoben – auch für die weltweiten Finanzmärkte beginnt ein neues Zeitalter. Dem Dollar, so jedenfalls lassen Prognosen vermuten, könnte mit der europäischen Einheitswährung erstmals ein ernst zu nehmender Konkurrent entgegenstehen. Vor dem Yen, der durch die wirtschaftliche Stagnation in seinem Heimatland international mehr und mehr an Bedeutung verliert, könnte sich der Euro als zweite Kraft etablieren. Denn der Euro vereint nicht nur traditionell starke Einzelwährungen, allen voran die D-Mark. Zusätzlich kann er auf die große Bedeutung der europäischen Wirtschaftszone in der Welt bauen.

politik digital, 14.2.2003, Autor: Olaf Wittrock

M 2   Die internationale Rolle des Euro

● Die Einführung des Euro am 1. Januar 1999 war ein Ereignis von großer Tragweite, dessen Konsequenzen nicht auf das Euro-Währungsgebiet beschränkt bleiben. Nach dem US-Dollar wird der Euro international am zweithäufigsten verwendet, was sich einerseits aus der bisherigen Bedeutung der nationalen Währungen ergibt, die der Euro abgelöst hat, und andererseits aus dem Stellenwert, der dem Euroraum in der Weltwirtschaft zukommt. Die Entwicklung des Euro als internationale Währung wird sich primär an den Märkten entscheiden. Dabei wird vor allem seine Verwendung im privaten Wirtschaftssektor als Anlagewährung und Emissionswährung sowie als Fakturierungswährung und Vehikelwährung eine bedeutende Rolle spielen. Ausschlaggebend für die Entscheidungen privater Wirtschaftsakteure werden in hohem Maß der Integrations-, Liquiditäts- und Diversifizierungsgrad der Euro-Finanzmärkte sowie die Außenbeziehungen des Euroraums sein. Außerdem wird die internationale Rolle des Euro durch das wirtschaftliche Umfeld im Euroraum beeinflußt werden, was den Beitrag der Gesamtheit der Wirtschaftspolitik zu einer gesunden und stabilen Währung unterstreicht. Die Ausrichtung der Geldpolitik des Eurosystems auf Preisstabilität wird ein wesentlicher Faktor für das Vertrauen der Anleger in den Euro bleiben. Gleichzeitig herrscht im Eurosystem Klarheit darüber, dass sich umgekehrt die Internationalisierung des Euro auf die Gestaltung der Euro-Geldpolitik auswirken kann – ohne dass dadurch die Fähigkeit des Eurosystems, Preisstabilität zu wahren, beeinträchtigt wird. Da die Internationalisierung des Euro an sich kein Ziel der einheitlichen Geldpolitik ist, wird das Eurosystem die Internationalisierung seiner Währung weder forcieren noch blockieren.

Aus: Europäische Zentralbank, Monatsbericht August 1999, Frankfurt a. M. 2004, S. 35

M 3   Währungsunion: unterschiedliche Interessen und Perspektiven

● Während die deutsche Seite eine Übertragung und Festschreibung der harten monetaristischen Linie auf die gesamte Europäische Union anstrebt, verfolgt die französische Seite das entgegengesetzte Ziel. [...] Durch eine Einbindung Deutschlands in die Europäische Währungsunion soll das Konzept der Bundesbank und damit die Dominanz der DM überwunden werden, die in den vergangenen Jahren alle Länder Europas zu einer rigiden Spar- und Hochzinspolitik gezwungen haben, sofern sie nicht den Gefahren von Kapitalflucht, Abwertung und Inflationsimport erliegen wollen. Die unterschiedlichen Positionen zur Ausgestaltung einer europäischen Einheitswährung ausgerechnet zwischen Deutschland und Frankreich, die ja zugleich die entschiedensten Protagonisten der europäischen Integration sind, werfen die Frage auf, welche Interessen überhaupt für eine Währungsunion sprechen.

Teile der exportorientierten Wirtschaft in Deutschland haben in den letzten Jahren infolge der restriktiven deutschen Geldpolitik und der damit verbundenen Aufwertungen der DM in der internationalen Preiskonkurrenz zurückstecken müssen. Gegenüber jenen Kapitalen[1], die auf Märkten mit starkem Qualitäts- und Innovationswettbewerb operieren, drohten Kapitale, die vorwiegend dem Kosten- und Preiswettbewerb unterliegen, an Einfluss zu verlieren. Durch fortwährende Kostensenkungen im Inland wurde versucht, die aufwertungsbedingten Wettbewerbsnachteile auszugleichen und den Anschluss an innovative Kapitalfraktionen, für deren Exportchancen Preise und Wechselkurse kaum eine Rolle spielen, zu halten. Eine Währungsunion stellt so gesehen die Möglichkeit dar, erstens eine restriktive Geldpolitik fortzuführen, ohne sich durch Aufwertungen internationale Wettbewerbsnachteile einzuhandeln, und zweitens den einheitlichen Block der exportorientierten Kapitale zu erhalten. Aus französischer Sicht dürfte die Hoffnung vorherrschen, die europäische Geldpolitik werde nicht so rigide bleiben, wie sie unter deutscher Federführung anfänglich konzipiert worden ist.

1 Kapitale/Kapitalfraktionen: große Unternehmen und Branchen.

Aus: Arbeitsgruppe Alternative Wirtschaftspolitik, Memorandum ,97. Beschäftigungspolitik und gerechte Einkommensverteilung gegen soziale Zerstörung, Köln 1998, S. 226 f.

M 4   Der Euro und die wirtschaftlichen Perspektiven der EU

■ Die Einführung der gemeinsamen Währung wird die wirtschaftliche Integration der beteiligten Staaten erheblich vorantreiben. Auf den Gütermärkten bedeutet die Verwendung einer gemeinsamen Währung einerseits geringere Transaktionskosten, andererseits eine erhöhte Transparenz des Preissystems: Da Preisunterschiede zwischen den Ländern nicht mehr durch Wechselkurse verschleiert werden, bietet die Europäische Währungsunion (EWU) geringere Möglichkeiten für Preisdiskriminierung. Beides impliziert eine höhere Wettbewerbsintensität auf den europäischen Märkten, die letztlich dem Konsumenten zugute kommen wird. Der Einkommenseffekt durch die Ersparnis von Transaktionskosten verspricht eine Erhöhung der gesamtwirtschaftlichen Produktion und Beschäftigung. Während dieser Effekt aber quantitativ eher gering sein dürfte, führt die Verschärfung des Wettbewerbs zu einer Umverteilung von Produktion und Beschäftigung in der EWU zugunsten der Länder mit den geringsten Lohnkosten und der höchsten Produktivität.

Drastische Veränderungen wird die EWU im Finanzsektor nach sich ziehen. Die Umstellung aller nationalen Finanzmärkte auf dieselbe Währung schafft einen einheitlichen EWU-Finanzmarkt, der der Größe nach mit dem Finanzmarkt der USA vergleichbar sein wird. Geringere Handelskosten und höhere Liquidität auf den Aktien- und Wertpapiermärkten sind die Folge. Dies wird Anlagen in Euro-Wertpapieren und Aktien auch für Investoren außerhalb der EWU attraktiver machen als bisher. Die internationale Bedeutung der Euro-Finanzmärkte wird daher zunehmen und der Euro zugleich zu einer attraktiven Reservewährung für Zentralbanken außerhalb der EWU werden. Diese Tendenz wird auch durch die Größe des EWU-Wirtschaftsraumes bestärkt, dessen Anteil am globalen Sozialprodukt 31 Prozent betragen wird (verglichen mit 27 Prozent der USA). Ein wirtschaftlicher Vorteil der EWU dürfte daher darin liegen, dass Zentralbanken und private Investoren außerhalb der EWU den Euro in großem Maß als Anlagewährung halten werden. Während die Währungen der EWU-Länder heute zusammen 20 Prozent der Währungsreserven von Nicht-EWU-Ländern ausmachen, dürfte der Anteil des Euro deutlich darüber liegen. Ob der Euro allerdings – wie Optimisten behaupten – den Dollar als die dominante internationale Währung ablösen kann, wird sich nicht zuletzt aufgrund der Qualität der Geldpolitik der EZB erweisen.

Aus: Jürgen von Hagen, Von der Deutschen Mark zum Euro, in: Aus Politik und Zeitgeschichte B 24/98, S. 39 f.

M 5   Der Euro als internationale Währung

■ Der US-Dollar ist zwar immer noch die führende internationale Währung, aber der Euro steht an zweiter Stelle. Das ist sowohl auf das wirtschaftliche Gewicht des Euro-Gebiets als auch auf dessen Stabilität zurückzuführen, die die soliden wirtschaftlichen Fundamentalgrößen widerspiegelt.

Internationale Verwendung

Vor der Einführung der Euro-Banknoten und -Münzen 2002 wurden schätzungsweise zwischen 15 % und 17 % aller internationalen Transaktionen in Euro fakturiert. Der US-Dollar bleibt die dominierende Währung in diesem Bereich. Der Euro dürfte insbesondere auf regionaler Ebene als Fakturierungswährung an Bedeutung gewinnen. Der Euro-Anteil an internationalen Zahlungen ist in den ersten drei Jahren gestiegen und dürfte nach Einführung der Euro-Banknoten und -Münzen noch weiter steigen. Der Euro ist die international am zweithäufigsten verwendete Emissions- oder Investitionswährung. Auf ihn entfallen fast 34 % der Transaktionen in diesen Bereichen, was auch auf den historisch niedrigen Zinssatz im Euro-Gebiet zurückzuführen ist.

Ankerwährung

Mehr als 50 Länder haben ihre Währung unter anderem durch Wechselkursvereinbarungen oder Currency-Board-Regelungen an den Euro gekoppelt. Diese Länder, von denen die meisten in Europa und Afrika liegen, haben sich von den Handels- und finanziellen Verflechtungen oder dem Prozess des EU-Beitritts leiten lassen. Der Euro wird auch als Interventionswährung verwendet. Diese Verwendung hängt eng mit seiner Rolle als Ankerwährung zusammen. [...] Schließlich wird der Euro als Wertaufbewahrungsmittel verwendet und belegt den zweiten Platz bei den von den Zentralbanken der Welt gehaltenen Währungsreserven. Im Jahr 2000 entfielen auf den US-Dollar 68 % aller Währungsreserven. Der Euro-Anteil ist in den letzten Jahren nahezu unverändert geblieben.

Aus: www.europa.eu.int/scadplus/leg/de/lvb/l25063.htm (Zugriff:2006)

8.7 Euro = Teuro?

1. Finden Sie Erklärungen für die Befürchtungen einer Teuerung durch die Euro-Einführung.
2. Prüfen Sie die amtliche Statistik im Hinblick auf weitere Erklärungsmöglichkeiten für den Eindruck einer Teuerung.

M 1 Ein Jahr Euro – ein Jahr Teuro?

■ Seit der Einführung des Euro-Bargeldes vor einem Jahr gibt es eine deutliche Diskrepanz zwischen der von vielen Verbraucherinnen und Verbrauchern empfundenen Teuerung („gefühlte Inflation") und der durch die amtliche Statistik ermittelten Inflationsrate. Nach einer aktuellen Verbraucherumfrage der Europäischen Kommission hat diese Abweichung in den letzten Monaten in der gesamten Eurozone weiter zugenommen und neue Höchstwerte erreicht. Die Diskussion um „Euro/ Teuro" und „gefühlte Inflation" reißt nicht ab, obwohl die Jahresveränderungsrate des Preisindex für die Lebenshaltung aller privaten Haushalte in Deutschland im November 2002 bei nur 1,1 % lag.
Angesichts des ruhigen Preisklimas und der niedrigen Teuerungsraten der vergangenen Monate gilt nach wie vor: Die Euro-Bargeldeinführung hat den Gesamtindex nicht nennenswert beeinflusst.

Unser Geld hat durch die Währungsumstellung nicht an Wert verloren
Im Juli 2002 hatte das Statistische Bundesamt in seiner Studie „Sechs Monate Euro – Eine Zwischenbilanz der amtlichen Preisstatistik" auf einige Sonderentwicklungen bei ausgewählten Produkten hingewiesen. Die hierzu durchgeführten Untersuchungen wurden weitergeführt. Hiermit werden die neuesten Ergebnisse vorgelegt. Untersucht wurden etwa 18 000 Preisreihen ausgewählter Güter des täglichen Bedarfs aus 35 Produktgruppen, nun erweitert um Datenmaterial bis einschließlich Oktober 2002.

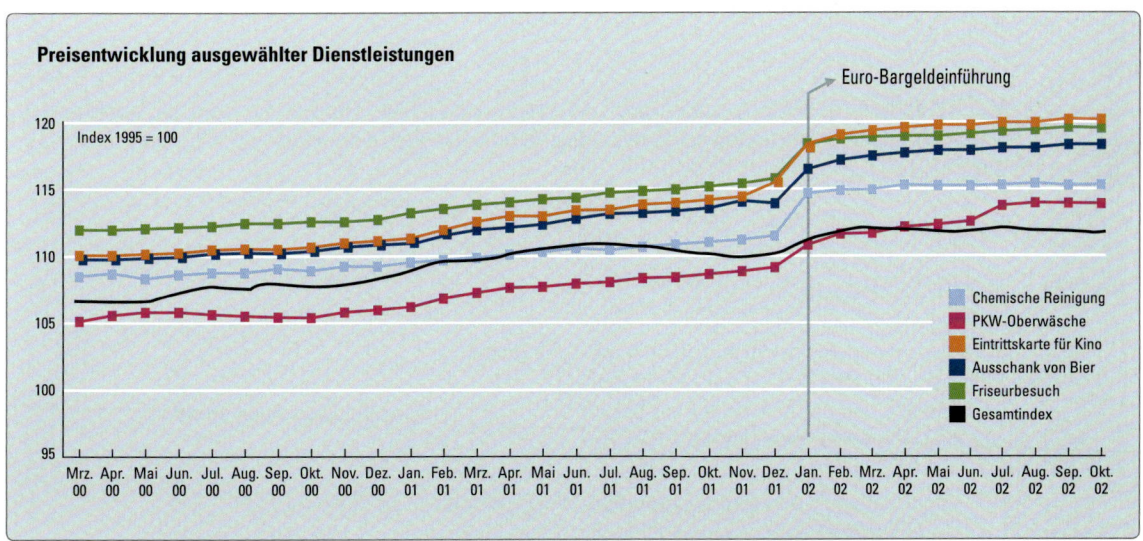

137.1 *Preisentwicklung ausgewählter Dienstleistungen und ausgewählter langlebiger Gebrauchsgüter.*

Aus: Statistisches Bundesamt, Dezember 2002, Ein Jahr Euro – ein Jahr Teuro? Anmerkungen der amtlichen Preisstatistik, www.destatis.de

WEITERFÜHRENDE INFORMATIONEN

Informationen über die Geldpolitik und den Euro

Über die Geldpolitik können am besten die Zentralbanken Auskunft geben:
Deutsche Bundesbank, Wilhelm-Epstein-Str. 14, 60431 Frankfurt am Main, Internet: www.bundesbank.de
Europäische Zentralbank, Kaiserstraße 29, 60311 Frankfurt am Main, Internet: www.ecb.int

Die Entwicklung der Gemeinschaftswährung Euro ist weitergegangen und wirft sicherlich immer noch viele
Fragen auf. Regierungen, Banken, Medien haben Informationen zum Euro herausgebracht. Beinahe bei jeder
Bank und bei vielen anderen Institutionen sind Informationsmaterialien über den Euro erhältlich, z. B. CD-ROMs
und Broschüren, oft unentgeltlich.

Über aktuelle Fragestellungen, z. B. die Kursentwicklung an den internationalen Devisenbörsen gegenüber den
anderen Leitwährungen Dollar und Yen, kann man sich aus der Tagespresse informieren. Nutzen Sie dazu den
aktuellen Informations-Service der genannten Institutionen.

Über die folgenden Internet-Links können ebenfalls aktuelle Informationen bezogen werden:

INTERNETADRESSEN

Europäisches Parlament . . . . www.europarl.de/index.php?vers=norm&rei=8&dok=412
EU-Informationen . . . . www.europa.eu.int/euro
Informationen der Euregio . . . . www.euregio.net/deutsch/europa/geld.htm
Handwerkskammer Stuttgart . . . . www.hwk-stuttgart.de/euro.htm
ZDF Wiso . . . . www.wiso.de
Südwestrundfunk . . . . www.swr.de
VOEB . . . . www.voeb.de

Die Eingabe eines geeigneten Stichworts, etwa „Euro", in eine Suchmaschine wird weitere Adressen anzeigen
lassen. Durch entsprechende Vorkehrungen sollte man aber verhindern, dass alles angezeigt wird, was mit
Europa ganz allgemein zu tun hat (vgl. S. 98 f.).

FRAGEN ZUR WIEDERHOLUNG

1. Begründen Sie die Notwendigkeit der Autonomie der Zentralbank.
2. Erläutern Sie die wichtigsten Erklärungen für Inflation.
3. Zeigen Sie, wie die EZB und darüber hinaus das ESZB die europäische Währung Euro stabil erhält.
4. Stellen Sie die Funktionsweise der geldpolitischen Instrumente der EZB dar.
5. Zeigen Sie, wie die EZB den Preisanstieg in der Eurozone bremsen kann.
6. Stellen Sie dar, wie der Anstieg der Verbraucherpreise gemessen wird.
7. Zeigen Sie, welches Interesse Regierungen an einer lockereren Geldpolitik der EZB haben können.
8. Zeigen Sie, wie die EZB eine Politik der EU für mehr Arbeitsplätze stützen könnte.
9. Beurteilen Sie, inwiefern bzw. für wen ein „starker Euro" wünschenswert ist.
10. Entwerfen Sie eine Presseerklärung, in der sich die EZB dagegen wehrt, dass Staaten die im
    Stabilitätspakt gesetzten Grenzen überschreiten.

Nun verletzt jede denkbare Variante des Kapitalismus system
alle diese vier Werte. Denn der Kapitalismus ist ein System v
wettbewerbsgesteuerter Akkumulation, das auf der Ausbeutu
Lohnarbeit beruht. Er zerstört Solidarität, macht aus Freiheit
Formalität und verteilt Reichtum und Einkommen im Interess
Reichen, Mächtigen und Glück... ...sachli
...matisch ungerechte Vertei... ...und
...lter Bes...

9.1 Der Staat – eine Umverteilungsmaschinerie?

Das Konzept der Sozialen Marktwirtschaft beinhaltet einen Sozialstaat, der dafür sorgt, dass der soziale Frieden erhalten bleibt und damit das soziale Fundament der Marktwirtschaft gesichert ist. Der Sozialstaat hat sich „zur Verwirklichung sozialer Gerechtigkeit und sozialer Sicherheit" verpflichtet (Sozialgesetzbuch § 1), d. h.
—ein menschenwürdiges Dasein zu sichern,
5 —gleiche Voraussetzungen für die freie Entfaltung der Persönlichkeit, insbesondere auch für junge Menschen, zu schaffen,
—die Familie zu schützen und zu fördern,
—den Erwerb des Lebensunterhalts durch eine frei gewählte Tätigkeit zu ermöglichen und
—besondere Belastungen des Lebens, auch durch Hilfe zur Selbsthilfe, abzuwenden oder auszugleichen.

10 Die Ausgestaltung der Sozialordnung im Rahmen der Marktwirtschaft war in der Vergangenheit und ist auch heute in der Diskussion. Denn die Prinzipien des Leistungswettbewerbs und des sozialen Ausgleichs ergänzen sich zwar, stehen jedoch zugleich in einem Spannungsverhältnis zueinander. Sozialer Ausgleich bedeutet, dass den Beziehern vergleichsweise hoher Einkommen Teile ihres Einkommens genommen werden, um sie den sozial Schwächeren zukommen zu lassen. Zunehmend werden aber die Leistungen des Sozialstaats als Belastung
15 bezeichnet für die Leistungserbringer und die Volkswirtschaft insgesamt. Es stellt sich das Problem, einerseits die Bürger soziale Gerechtigkeit und soziale Sicherheit erfahren zu lassen, andererseits die Finanzierung des sozialen Netzes langfristig zu sichern.

AUFGABEN

1. Veranschaulichen Sie die „Umverteilungsmaschine" Sozialstaat nach M 1 bis M 5 in einer oder mehreren grafischen Darstellungen. Vergleichen Sie Ihre Darstellungen.
2. Berechnen Sie dazu aus der Tabelle M 1 die Anteile der Finanzierungsquellen und veranschaulichen Sie das Ergebnis in einer Grafik.
3. Diskutieren Sie die Verteilung der Soziallasten und der Sozialausgaben. Von welchen Bewertungskriterien bzw. von welcher Perspektive ist Ihr Urteil geprägt?

M 1 Finanzierung des Sozialbudgets[1] nach Quellen

	Millionen €, bis 1990: nur alte Bundesländer					
	1960	**1970**	**1980**	**1990**	**2000**	**2005**
Unternehmen	12 141	30 012	79 834	123 527	184 110	207 563
Bund	9 053	22 307	56 165	69 764	148 419	168 012
Länder	4 888	12 795	28 150	37 610	77 150	89 618
Gemeinden	1 788	6 384	18 680	31 142	62 748	70 547
Sozialversicherung	85	241	757	1 201	2 369	2 618
Private Organisationen	352	813	2 737	5 156	10 021	11 570
Private Haushalte	7 058	19 226	53 755	96 923	176 907	204 204
Übrige Welt	0	27	62	73	451	756
insgesamt	**35 364**	**91 805**	**240 141**	**365 395**	**662 176**	**754 888**

Aus: Bundesfinanzministerium, Materialband zum Sozialbudget 2001, eigene Umrechnungen, 2005: Schätzungen

1 Das Sozialbudget ist eine zahlenmäßige Aufstellung aller Leistungen, die von den staatlichen oder öffentlich-rechtlichen Einrichtungen sowie von privaten Arbeitgebern im Sozialbereich erbracht werden.

M 2   Entwicklung der Ausgaben des Sozialbudgets

Leistungen nach Funktionen in Mill. € Bundesrepublik Deutschland	1991	1996	2001	2005
Sozialbudget insgesamt	427 360	587 725	663 716	731 939
Ehe und Familie	59 764	80 876	98 716	105 174
Gesundheit	148 182	206 572	227 560	253 870
Beschäftigung	41 184	60 814	61 422	62 347
Alter und Hinterbliebene	161 222	215 939	250 478	283 304
Übrige Funktionen	17 008	23 526	25 539	27 243

Aus: Bundesfinanzministerium, Materialband zum Sozialbudget 2001, eigene Umrechnungen, 2005: Schätzungen

M 3   Sozialleistungen nach Institutionen

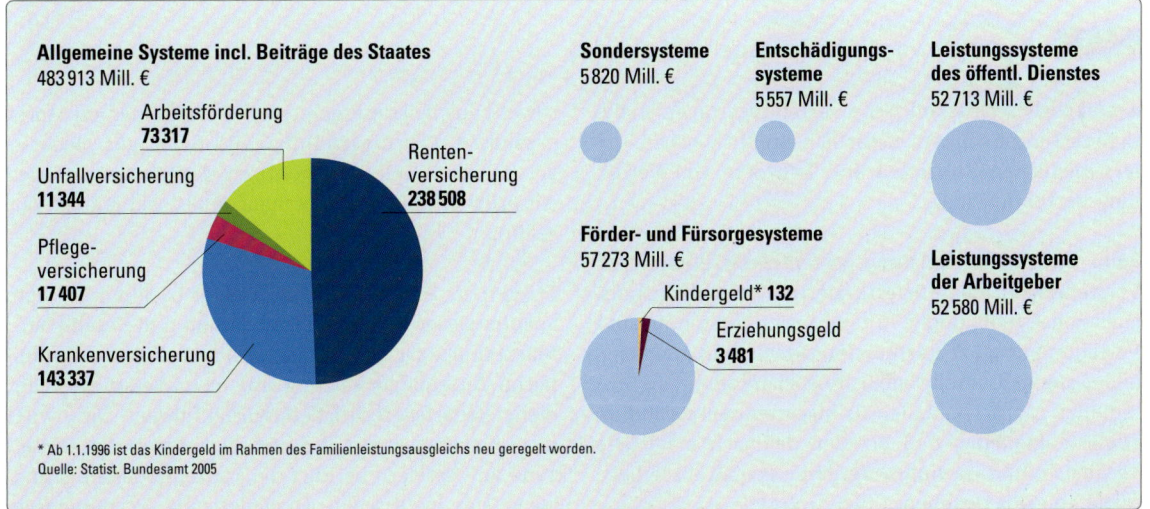

Allgemeine Systeme incl. Beiträge des Staates 483 913 Mill. €

Arbeitsförderung **73 317**

Unfallversicherung **11 344**

Pflegeversicherung **17 407**

Krankenversicherung **143 337**

Rentenversicherung **238 508**

Sondersysteme 5 820 Mill. €

Entschädigungssysteme 5 557 Mill. €

Leistungssysteme des öffentl. Dienstes 52 713 Mill. €

Förder- und Fürsorgesysteme 57 273 Mill. €

Kindergeld* 132

Erziehungsgeld **3 481**

Leistungssysteme der Arbeitgeber 52 580 Mill. €

* Ab 1.1.1996 ist das Kindergeld im Rahmen des Familienleistungsausgleichs neu geregelt worden.
Quelle: Statist. Bundesamt 2005

M 4   Sozialabgaben und -budget

Sozialleistungsquote		Sozialbudget
	in %	in Mrd. €
1960	21,1	29
1965	22,5	46
1970	25,1	75
1975	31,6	152
1980	30,6	210
1985	30,0	255
1990	27,8	321
1995	31,2	526
2000	31,9	575
2005		732

Aus: Bundesfinanzministerium, Materialband zum Sozialbudget 2001, eigene Umrechnungen, 2005: Schätzungen

M 5   Die Entwicklung der Sozialabgaben

Tatsächliche Sozialbeiträge an den Staat in Mrd. €		Beitragssatz zur Sozialversicherung in Prozent
1970	55	26,5
1975	104	
1980	157	32,4
1985	196	35,1
1990	255	35,6
1995	342	39,3
2000	375	41,1
2005	432	

Aus: Bundesfinanzministerium, Materialband zum Sozialbudget 2001, eigene Umrechnungen, 2005: Schätzungen; Volker Stern, Steuer- und Abgabenbelastung in Deutschland, Wiesbaden 2000, S. 47

9.2   Wann ist die Verteilung gerecht?

Eine gerechte Verteilung des zur Verfügung stehenden gesellschaftlichen Reichtums ist ein von vielen anerkanntes Teilziel der Wirtschaftspolitik. Es wird in der Diskussionen um die Sozialstaatlichkeit auch der Standpunkt eingenommen, dass es auf Gerechtigkeit in der Wirtschaft ankomme. Doch was ist in diesem Zusammenhang gerecht?

AUFGABEN

1. Stellen Sie aus M 1 und M 2 zusammen, welche Verteilung gesellschaftlichen Reichtums als sinnvoll angesehen wird.
2. Diskutieren Sie die verschiedenen Zielvorstellungen und beurteilen Sie, inwieweit sie als Leitlinie der Wirtschaftspolitik verwendet werden können. Berücksichtigen Sie, welche Folgen das Zugrundelegen der entsprechenden Vorstellung einer optimalen Verteilung für das wirtschaftspolitische Handeln haben müsste.

M 1   Konzepte von Verteilungsgerechtigkeit

▪ Um gesellschaftspolitische Verteilungsfragen analytisch fassen zu können, bietet sich ein Blick auf die unterschiedlichen Prinzipien und Konzepte von Verteilungsgerechtigkeit an.

Beim Prinzip der Leistungsgerechtigkeit dominieren Vorstellungen eines marktbasierten Individualismus. Hier stehen individuelle Anteile an der Entstehung und Verteilung knapper Ressourcen, zumeist Einkommens- und Vermögensanteile am Bruttosozialprodukt, im Mittelpunkt. Menschen haben als Marktteilnehmer individuelle Fähigkeiten und erzielen demnach materielle Verdienste und Gewinne, die ihnen gemäß ihrer Leistungsfähigkeit zustehen.
Ebenso ist das Prinzip der Bedarfsgerechtigkeit eine Dimension von Verteilungsgerechtigkeit. Damit sind politisch definierte Anteile und Ansprüche auf knappe Ressourcen und über Transferleistungen in sozialstaatlichen Systemen verteilte Ausgleichszahlungen gemeint. Hier dominieren grundrechtliche bis demokratiepolitische Begründungszusammenhänge. Dies gilt insbesondere für die Bundesrepublik mit ihrem Sozialstaatsgebot [...].

Ein weiteres Prinzip von Verteilungsgerechtigkeit zielt auf eine prinzipielle Rechtfertigung von sozialer Ungleichheit als Motivationsfaktor pluralistischer Gesellschaften. Danach ist die Existenz sozialer Ungleichheiten dann zu rechtfertigen, wenn diese vor allem marktvermittelten Verteilungsunterschiede der allgemeinen Wohlstandsmaximierung dienen bzw. dienen sollen. Damit ist die funktionalistische oder auch produktivistische Dimension von Verteilungsgerechtigkeit gemeint. Demnach speist sich Verteilungsgerechtigkeit sowohl aus Leistungsgerechtigkeit mit einer am Markt erzeugten Primärverteilung, als auch aus Bedarfsgerechtigkeit mit den politisch definierten sozialen Ansprüchen und Teilhabechancen als sekundärer Verteilung.

Fragen zur Verteilungsgerechtigkeit basieren auf dem Spannungsverhältnis von Individuum und Gesellschaft, Markt und Staat. Darauf lässt sich auch die aktuelle politische Auseinandersetzung um mehr Leistungs- oder mehr Bedarfsgerechtigkeit zurückführen. Dies wirft nicht nur Fragen nach der jeweiligen konkreten Umsetzung auf, sondern berührt die konzeptionellen Grundlagen des politischen Umgangs mit Verteilungsgerechtigkeit. Ein Pol des gesellschaftstheoretischen Spektrums liegt auf liberalen Positionen. John Locke oder John Stuart Mill etwa befürworteten zwar ausdrücklich das Prinzip der Leistungsgerechtigkeit. Sie distanzierten sich jedoch auch von einer zu starken Ungleichheit der Einkommens- und Vermögensverteilung und befürworteten als gesellschaftlich notwendig das Prinzip des sozialen Ausgleichs. Allerdings ist der Ausgleichsgedanke in solchen, oft wirtschafts- und wohlfahrtstheoretisch ausgerichteten Konzepten weniger ausgeprägt als bei Gesellschaftstheoretikern wie Jean Jacques Rousseau. Für ihn galt eine gleichmäßige Anfangsverteilung materieller Güter bzw. deren politische Herstellung als eine der Grundvoraussetzungen legitimer demokratischer Ordnungen. [...] Als Protagonisten einer sozialstaatlichen Flankierung bzw. sozial- und gesellschaftspolitischen Veränderung rein marktwirtschaftlicher Verteilungsergebnisse gelten ebenso Philosophen wie Jürgen Habermas. Des Weiteren waren im

langen politischen Konsens auch die politischen Akteure
in der Bundesrepublik, die den Sozialstaat als in der Ausgestaltung kontroversen, aber von der Existenzberechti-
gung her unstrittigen Bestandteil der politischen Ordnung betrachteten, Vertreter des Ausgleichsprinzips.
Doch wie weit der soziale Ausgleich reichen und marktwirtschaftlich und arbeitsgesellschaftlich vermittelte
soziale Ungleichheiten korrigieren soll, bestimmt sich
auch in Auseinandersetzung mit Verteilungskonzepten.

*Aus: Klaus-Bernhard Roy, Verteilungsgerechtigkeit, in: Politische Bildung 2/2001,
Einkommens- und Vermögensverteilung in Deutschland – skandalös oder
gerechtfertigt?, S. 10 f.*

M2 Politische Dimension von Verteilungsgerechtigkeit

■ Verteilungsgerechtigkeit ist eine politische Voraussetzung der sozialstaatlich gebotenen Sicherstellung
gesellschaftlicher Teilhabe in der Demokratie. [… Dies]
resultiert aus der wechselseitigen Beziehung von Grund-
und Menschenrechten mit politischen Abwehr- und Par-
tizipationsrechten. Die Politik, insbesondere in Folge
der Institutionalisierung des Sozialstaats in der Bundesrepublik, kann gar nicht umhin, Bedarfsgerechtigkeit
unter Respektierung der Menschenwürde als Gestal-
tungsaufgabe wahrzunehmen.

Allerdings schafft das Sozialstaatsgebot des Grundgesetzes zwar eine Bindung des staatlichen Handels an das
Prinzip der sozialen Gerechtigkeit, ohne jedoch eine
spezifische Verteilungsnorm festzuschreiben. Vielmehr
bleibt die Ausgestaltung des in vielen Urteilen des
Bundesverfassungsgerichts zu den Artikeln 20 und 28
des Grundgesetzes als unstrittig herausgestellten Sozial-
staatsgebots ausdrücklich in die Verantwortung politischer Mehrheiten gestellt. Das heißt, in der Bundesrepublik sind Sozialintegration und Partizipation aufeinander bezogene Demokratieelemente. Sie sind in der
sozialen Realität der gegenwärtigen Arbeitsgesellschaft
als Grundlage der marktmäßigen Primärverteilung und
der sozialstaatlichen Sekundärverteilung politisch zu realisieren – was lange Zeit auch eingelöst werden konnte.

Völlig unstrittig und in den langen Wachstumsphasen
der Bundesrepublik auch möglich, stand und steht die
Balance von Leistungsgerechtigkeit und Bedarfsgerechtigkeit wesentlich in der Gestaltungsverantwortung der
Sozialsicherungssysteme. Die Äquivalenz von Beiträgen
und Transferleistungen, etwa in der Rentenversicherung, und das Bedarfssicherungsprinzip vor allem der
Sozialhilfe mit den zugrunde liegenden Prinzipien von
Solidarität und Leistungsgerechtigkeit bilden sozusagen den institutionalisierten Kern der politischen Dimension von Verteilungsgerechtigkeit.

Dass die sozialstaatlichen Transfersysteme nicht zuletzt
aufgrund des Strukturwandels der Arbeitsgesellschaft
hinsichtlich der Probleme der verfestigten Arbeitslosigkeit und einer neuen Armut kaum noch wirksam genug
sind, ändert nichts an ihrem Stellenwert.

*Aus: Klaus-Bernhard Roy, Verteilungsgerechtigkeit, in: Politische Bildung 2/2001,
Einkommens- und Vermögensverteilung in Deutschland – skandalös
oder gerechtfertigt?, S. 13*

Kontingenzanalyse

Eine Form der Spezifizierung des Verfahrens der Inhaltsanalyse stellt die so genannte Kontingenzanalyse dar. Hier wird nicht allein danach gefragt, wie oft ein sprachliches Element in der Mannigfaltigkeit des Textmaterials auftaucht, sondern es wird gefragt, wie oft es im Zusammenhang mit anderen sprachlichen Elementen erscheint. Beispielsweise möge Textmaterial daraufhin untersucht werden, ob Aussagen zur Bildung und/oder Ausbildung gemacht werden, ob hohe oder niedrige Bildung positiv oder negativ bewertet wird, ob berufsbezogene oder allgemeine Bildung bevorzugt wird. Bei der Kontingenzanalyse werden nun solche Aussagen nicht isoliert betrachtet, sondern in einen Zusammenhang zu anderen Aussagen im Text gebracht. Die Aussagen werden also beispielsweise danach differenziert, ob sie mit dem Blick auf männliche oder auf weibliche Jugendliche gemacht werden, ob sie mit Blick auf Unterschicht-, Mittel- oder Oberschichtkinder gemacht werden. Die Kontingenzanalyse erlaubt dann Aussagen darüber, ob für männliche Jugendliche eher eine höher qualifizierende Bildung befürwortet wird als für weibliche Jugendliche, ob hohe Bildung im Mittel- oder Oberschichtkontext einen höheren Stellenwert genießt als im Unterschichtkontext oder ob für Mittel- und Oberschichtkinder eher abstraktere Bildungsinhalte, für Unterschichtkinder eher handwerklich-berufsbezogene Bildungsinhalte befürwortet werden. Werden solche Auswertungen des codierten Datenmaterials gewünscht, sind im Kategorienschema die dafür erforderlichen Variablen (Kategorien) vorzusehen. Da im Allgemeinen nicht alle benötigten Informationen im jeweils zu codierenden Textteil (der Zähleinheit) explizit enthalten sein werden, ist bei der Codierung notwendigerweise der Kontext dieser Zähleinheit zu berücksichtigen.

Aus: Helmut Kromrey, Empirische Sozialforschung, Opladen 2002, S. 334 f.)

Kritik

Wenn z. B. in einer bestimmten Tageszeitung der Satz „Freiheit und Kommunismus schließen einander aus" ebenso häufig auftritt wie in einer anderen der Satz: „Kommunismus ist Voraussetzung der Freiheit", dann bildet der eine semantisch die Negation des anderen, während für beide Tageszeitungen die Kontingenzanalyse den gleichen, vom Zufall unterschiedenen Zusammenhang zwischen „Freiheit" und „Kommunismus" ausweist.

Renate Mayntz / Kurt Holm / Peter Hübner, Einführung in die Methoden der empirischen Soziologie, Opladen 1972, 3. Auflage, S. ?

Zum Vorgehen:
1. Formulierung der Fragestellung;
2. Bestimmung der Materialstichprobe, die analysiert werden soll;
3. Festlegung der Textbestandteile, deren Kontingenz untersucht werden sollen (= Aufstellen des Kategoriensystems);
4. Bestimmung der Analyseeinheiten (Kodiereinheit, Kontexteinheit, Auswertungseinheit);
5. Durcharbeiten des Materials mit Hilfe des Kategoriensystems;
6. Untersuchung des gemeinsamen Auftretens der Kategorien, Bestimmung der Kontingenzen;
7. Zusammenstellung und Interpretation der Kontingenzen.

Beispiel:
1. In welcher Weise nehmen Medienberichte zur Reform der Krankenversicherung Bezug auf die Begriffe Freiheit und Gleichheit?
2. Materialstichprobe sind die Ausgaben der Frankfurter Allgemeinen Zeitung und der Frankfurter Rundschau des Monats Dezember 2005.
3. Textstelle nimmt
   __auf Freiheit Bezug (Kategorie 1)
   __auf Gleichheit Bezug (Kategorie 2)
   Abgrenzung der Kategorien:
   Freiheit: Freiheit allgemein, persönliche Wahlfreiheit.
   Gleichheit: Gleichheit allgemein, Fairness, Gleichbehandlung, Ausgleich, Solidarität, Verteilung, soziale Gleichheit.
4. Alle abgrenzbaren Sinnabschnitte, die sich auf gesellschaftliche Zielvorstellungen oder Grundwerte beziehen.
6. und 7.
   30 % der Kommentare nehmen auf Freizeit Bezug.
   20 % der Kommentare nehmen auf Gleichheit Bezug.
   Die erwartete Wahrscheinlichkeit für das gemeinsame Auftreten in einem Kommentar ergibt sich als Produkt der Einzelwahrscheinlichkeiten.
   Die Kontingenzanalyse vergleicht die erwartete Häufigkeit mit der beobachteten Häufigkeit von Kombinationen. Positive oder negative Abweichungen liefern Hinweise auf die Verknüpfung von Begriffen.

AUFGABEN

1. Machen Sie sich mit der Methode der Kontingenzanalyse vertraut (siehe vorhergehende Seite).
2. Fertigen Sie eine Kontingenzanalyse für die Texte M 3 bis M 8 an. Interpretieren und diskutieren Sie die Tragweite der Ergebnisse.
3. Versuchen Sie, die Gerechtigkeitsvorstellungen in M 3 bis M 8 einander tabellenartig gegenüberzustellen. Welche Schwierigkeiten traten dabei auf?

M 3   Gerechtigkeit

■ 26. Grundlage der Gerechtigkeit ist die Gleichheit aller Menschen in ihrer von Gott gegebenen Würde und Freiheit. Gerechtigkeit bedeutet gleiches Recht für alle. Recht schützt vor Willkür und Machtmissbrauch. Es
5 sichert Freiheit auch für den Schwächeren und schützt ihn.

27. Gerechtigkeit fordert die Anerkennung der persönlichen Leistung und Anstrengung ebenso wie den sozialen Ausgleich. Gerechtigkeit verlangt, Gleiches gleich
10 und Ungleiches ungleich zu behandeln. Chancengerechtigkeit ist die notwendige Ergänzung der Gleichheit vor dem Recht. Sie soll jedem die Möglichkeit geben, sich in gleicher Freiheit so zu entfalten, wie es seiner persönlichen Eigenart entspricht. Wir setzen uns dafür ein, dass
15 jeder Mensch seine Lebenschancen frei und verantwortlich wahrnehmen kann. Deshalb treten wir für eine Politik ausgleichender Gerechtigkeit ein. Chancengerechtigkeit wächst auf dem Boden möglichst gerecht verteilter Lebenschancen; dazu gehört ein offener Zu-
20 gang zu den Bildungseinrichtungen unter Ausgleich nachteiliger Vorbedingungen ebenso wie die Möglichkeit der Mitsprache und Mitverantwortung, die Nutzung lebenswichtiger Güter und der Erwerb persönlichen Eigentums.

25 28. Absolute Gerechtigkeit ist nicht erreichbar. Auch politisches Handeln stößt wegen der Unzulänglichkeit des Menschen an Grenzen. Aber wir setzen uns mit äußerster Anstrengung für mehr Gerechtigkeit in unserer Gesellschaft und eine gerechtere Welt ein.

30 29. Gerechtigkeit schließt die Übernahme von Pflichten entsprechend der Leistungsfähigkeit des einzelnen zum Wohle des Ganzen ein. Soziale Gerechtigkeit verlangt, vor allem denjenigen Menschen zu helfen, die nur unzureichend zur Selbsthilfe fähig sind und allein ihre Belan-
35 ge nicht wirkungsvoll vertreten und durchsetzen können. Wir fühlen uns den Schwachen und sozial Benachteiligten besonders verpflichtet. Für uns gilt, niemanden

fallen zu lassen und jedem in unserer Gesellschaft menschenwürdige Lebensverhältnisse zu sichern.

30. Jede Bürgerin und jeder Bürger in Deutschland soll 40 Recht finden, soll Chancen wahrnehmen und durch Leistung verbessern können, soll Eigentum und Bildung erwerben und mit der eigenen Kraft zur ausgleichenden Gerechtigkeit beitragen. Im geeinten Deutschland ist es unsere besondere Aufgabe, uns um Gerechtigkeit für 45 die Bürger zu bemühen, denen sie über Jahrzehnte vorenthalten wurde. Auch wo Gerechtigkeit nicht mehr erreichbar ist, muss Hilfe für die Opfer und Förderung der einst Benachteiligten im Zentrum stehen. Unter Unrechtsbedingungen erworbene Besitzansprüche be- 50 dürfen einer Überprüfung. Der feste Wille zur Gerechtigkeit muss die innere Einheit unseres Landes bestimmen und ihre Gestaltung leiten.

31. Wo das Recht der Menschen auf ein menschenwürdiges Leben missachtet wird, wo die Freiheit einzelner, 55 bestimmter Gruppen oder ganzer Völker unterdrückt wird, herrschen Gewalt und Unfrieden. Wir treten ein für die Achtung der Menschen- und Bürgerrechte und die Überwindung sozialer und wirtschaftlicher Not. Damit leisten wir unseren Beitrag zum Frieden zwischen 60 den Völkern und für eine gerechtere Welt.

Aus: Grundsatzprogramm der CDU Deutschlands: „Freiheit in Verantwortung",
Hamburg 1994, S. 9 f.

M 4   Sozialpolitik im Spannungsfeld von Freiheit und Verantwortung, Leistungsbereitschaft und Solidarität

● Die Grundprinzipien unserer Gesellschafts- und Sozialpolitik – Personalität, Solidarität und Subsidiarität – haben sich bewährt. Sie waren Leitlinien für den Weg von der Armutsgesellschaft des letzten Jahrhunderts zum modernen Sozialstaat. Deshalb sind sie für die CSU auch Grundlage der sozialen Ordnung im vereinten Deutschland. Die Christlich-Soziale Union will diesen freiheitlichen Sozialstaat auf der Grundlage des christlichen Menschenbildes in ganz Deutschland verwirklichen.

Die CSU weiß sich den Schwachen, Behinderten, Pflegebedürftigen, Kranken, sozial Benachteiligten sowie Kriegsopfern besonders verpflichtet. Das Leitbild unserer Sozialpolitik orientiert sich am selbstverantwortlichen Bürger. Im Mittelpunkt steht der Mensch mit Rechten und Pflichten.

Freiheit fordert immer auch Verantwortung. Nur eine Gesellschaft selbstverantwortlicher Bürger verhindert, dass der Staat durch umfassende Versorgung und Betreuung Menschen abhängig, passiv und egoistisch werden läßt. Die CSU will den Sozialstaat nicht als Vormund, sondern als Diener des Menschen. Sie fördert deshalb in der Sozialpolitik Selbstverantwortung und Eigeninitiative. Wo der Bürger Wechselfälle des Lebens aus eigener Kraft meistern kann, muß er dieser Verantwortung auch gerecht werden.

Soweit der Einzelne überfordert ist, muß die Gemeinschaft im notwendigen Umfang mit solidarischer Hilfe eintreten. Sozialhilfe ist deshalb im Sozialstaat ein Gebot der Humanität. Damit soziale Hilfen wirkungsvoll bleiben, wird die CSU den Mißbrauch konsequent verhindern. Nur größtmögliche Eigenverantwortung ermöglicht wirksame Solidarität. Der Vorrang der Eigenverantwortung vor solidarischer Mitverantwortung ist ein Kernelement sozialer Gerechtigkeit. Die Einforderung von Solidarität ohne Eigenverantwortung führt zu Mißbrauch, zur Ausbeutung der Bescheidenen durch die Anspruchsvollen, der Schwachen durch die Bequemen und Rücksichtslosen.

Aus: Grundsatzprogramm der Christlich Sozialen Union in Bayern, München 1993, S. 24 f.

M 5   Gerechtigkeit durch soziale und wirtschaftliche Erneuerung

● Gerechtigkeit ist ein die Bündnisgrünen tragender Wert. Soziale Gerechtigkeit und soziale Sicherung ist nichts, was von selbst kommt. Der Markt allein schafft sie nicht. Deshalb brauchen wir zwar eine funktionsfähige Marktwirtschaft, aber mit klaren ökologischen und sozialen Rahmenbedingungen, mit Solidarität. Bündnis 90 / Die Grünen stehen auch für Generationengerechtigkeit, weil Gerechtigkeit nicht mehr länger zu Lasten künftiger Generationen hergestellt werden kann. Dies gilt für die Rentenreform, aber auch für die Haushaltspolitik. Wir sind für Sparen und Investieren. Zum Beispiel in die Bildung. Zum Beispiel im Gesundheitswesen. Durch die Umsetzung der Gesundheitsreform. Durch den Abbau von Verschwendung und die Integration der Versorgungsbereiche wollen wir sicherstellen, dass sinnvoller Fortschritt finanziert werden kann. Beiträge müssen denen zugute kommen, die auf Leistungen angewiesen sind.

Der Sozialstaat selbst muss reformiert werden. Er muss aktivierender werden und darf Menschen nicht zu passiven Abhängigen der sozialen Transferleistungen machen. Allerdings muss er auch den Menschen eine Teilhabe an der Gesellschaft ermöglichen, die keinen Weg mehr in die Erwerbsarbeit finden können. Und schließlich muss die soziale Sicherung den Veränderungen an der Basis der Gesellschaft endlich Rechnung tragen. Unsere Gesellschaft kann nicht mehr am Normmaß einer 40 Jahre währenden meist männlichen Erwerbsbiografie in einem Beruf bemessen werden.

Bündnis90/Die Grünen verstehen sich auch als wirtschaftspolitischer Reformmotor. Es ist eine zentrale Aufgabe von Rot-Grün die Arbeitslosigkeit zu bekämpfen. Investitionen in neue Arbeitsplätze müssen durch geeignete Rahmenbedingungen ausgelöst werden. Die Steuerreform und auch die Senkung der Lohnzusatzkosten haben hier entscheidende Impulse gegeben. Bündnis90/Die Grünen machen sich in diesem Zusammenhang vor allem stark für die Verbesserung der Rahmenbedingungen kleiner und mittlerer Betriebe. Grüne stehen für neue Instrumente in der Arbeitsmarktpolitik. Der Einstieg in die Erwerbsarbeit muss erleichtert werden.

▸▸

Ohne eine Offensive in der Bildungspolitik wird Deutschland nicht wirklich zukunftsfähig werden. Das gilt für die Schulen und Hochschulen und das gilt insbesondere
45 auch für die Weiterbildung. Unsere Bildungsinstitutionen sind nicht frei und flexibel genug um die Anforderungen zu meistern. Und sie sind zu schlecht ausgestattet für die Aufgaben, die vor ihnen liegen. Grundlage für Bündnis 90/Die Grünen ist des Rechts auf Bildung
50 für alle.

Gleichstellung von Frauen und Männern im Berufsleben und die Vereinbarkeit von Familie und Beruf für Männer und Frauen, sind wichtige Ziele grüner Politik für Gerechtigkeit. In diesen Bereichen gibt es, jenseits aller wohl wollenden Rhetorik, noch immer massive 55 Defizite.

Aus: Bündnis 90/Die Grünen, Wir geben der Modernisierung eine Richtung. Grüne Arbeitsfelder und Schwerpunkte bis zur Bundestagswahl, Beschluss des 2. Ordentlichen Parteirats von BÜNDNIS 90/DIE GRÜNEN, Berlin 11. September 2000

M 6 Gerechtigkeit und Solidarische Mitte im 21. Jahrhundert

▪ Was ist gerecht?

Dem sozialdemokratischen Menschenbild entspricht nur ein Verständnis von Gerechtigkeit, das den Bezug zur Freiheit immer im Blick behält. Gerecht ist, was
5 Menschen in die Lage versetzt, ihr Leben so zu gestalten, wie sie es selbst gerne gestalten möchten. Deshalb bedingen sich Freiheit und Gerechtigkeit wechselseitig: Eine Politik, die Menschen dauerhaft in Abhängigkeit bringt, sie entmündigt oder ihnen ihre Selbstachtung
10 nimmt, ist weder gerecht noch freiheitlich. Gerecht ist in diesem Sinne also eine Politik, die immer wieder die Voraussetzungen dafür schafft und erneuert, dass Menschen ihre eigenen Pläne verfolgen können. […]

Sozialstaat und Sozialversicherungsstaat

15 Ein erweiterter Gerechtigkeitsbegriff bedeutet keineswegs das Ende des Sozialstaats. Im Gegenteil: Es bedeutet, die Prioritäten des Sozialstaates und damit die Verteilung seiner materiellen Ressourcen neu zu bestimmen. […]

20 Gerechtigkeit und Ökonomie

Mehr denn je wird es in Zukunft um der wirtschaftlichen Wohlfahrt dieser Gesellschaft willen darauf ankommen, möglichst sämtliche der so genannten Humanressourcen zu mobilisieren und damit zugleich dafür zu
25 sorgen, dass autonome, eigenverantwortliche, freie Menschen ihr Leben nach eigenen Vorstellungen gestalten können. Wo die Erwerbsbiografien immer weniger stetig verlaufen, wo Bildung zum entscheidenden Kriterium der individuellen Beschäftigungsfähigkeit wird, da
30 wird die Existenz eines Sozialstaates wichtiger denn je für den Einzelnen wie für den Zusammenhalt der Gesellschaft insgesamt. Der funktionierende und effiziente Sozialstaat ist keine „Prämie" für bereits errungene wirtschaftliche Erfolge, kein Luxus, den man sich nur in
35 besseren Zeiten leisten konnte. Richtig organisiert, ist der moderne Sozialstaat vielmehr die entscheidende Voraussetzung dafür, dass der ökonomische Erfolg unserer Gesellschaft überhaupt möglich ist – und möglich bleibt.

Der Sozialstaat muss so umgestaltet werden, dass er wirtschaftliche Dynamik nicht erschwert und den Zu- 40 gang möglichst vieler zu Bildung und Arbeit nicht behindert. Nur ein auf Prävention und Chancengleichheit setzender Sozialstaat kann unter den veränderten ökonomischen und gesellschaftlichen Rahmenbedingungen Gerechtigkeit gewährleisten. […] 45

Mut zur Veränderung

Zweifellos stehen der zeitgemäßen Erneuerung der sozialdemokratischen Gerechtigkeitspolitik im Sinne neuer Lebenschancen, neuer Ermächtigung, neuer ökonomischer Effizienz und neuer Inklusion Hindernisse 50 gegenüber: Erfolgsgewöhnte Mentalitäten, gewachsene Gewohnheiten, als selbstverständlich erachtete Besitzstände. Aber dieser Weg muss jetzt beschritten werden. Als Partei der Zuwachsverteilung hat die SPD überhaupt nur dann und nur solange eine Chance, wie es tat- 55 sächlich Zuwächse zu verteilen gibt. Ist dies nicht der Fall, wird Sozialdemokraten erst recht dann Versagen vorgeworfen, wenn sie an Versprechen festhalten, die sie aus objektivem Mangel an Mitteln überhaupt nicht mehr halten können. Schon aus diesem Grund muss sich 60 die SPD auf ein neues (und zugleich altes, weil in ihrer Geschichte angelegtes) Gerechtigkeitskriterium mit größerer Zukunftsträchtigkeit verständigen – das ist die Chance auf Teilhabe an Bildung und Arbeit. Ein in diesem Sinne erneuerter, gerechter Sozialstaat ist ein 65 zentrales Projekt der Sozialdemokratie.

Aus: Olaf Scholz, Gerechtigkeit und Solidarische Mitte im 21. Jahrhundert, in: SPD, Gerechtigkeit. Neue Antworten auf eine alte Frage. Dokumentation einer Veranstaltung vom 16. Juli 2003 im Willy-Brandt-Haus, Berlin 2003

M 7 Eine Geschichte als Herausforderung

▪ Als erste politische Bewegung hat der Liberalismus dem einzelnen Bürger, seiner menschlichen Würde und seinen Menschenrechten der Freiheit und Gleichheit Vorrang vor der Macht des Staates eingeräumt. Schritt
5 für Schritt verwirklichten Liberale den modernen Verfassungsstaat mit individuellen Grundrechten, der freien Entfaltung der Persönlichkeit, dem Schutz von Minderheiten, der Gewaltenteilung und der Rechtsbindung staatlicher Gewalt.

10 Der Liberalismus hat als Freiheitsbewegung nicht nur für die Gleichheit vor dem Gesetz gekämpft, sondern auch für Chancengleichheit in der Gesellschaft. Mit der Marktwirtschaft und ihrer sozialen Verpflichtung hat der Liberalismus neue Chancen gegen Existenznot und
15 konservative Erstarrung der gesellschaftlichen Strukturen eröffnet.

Die liberale Verfassung unserer Bundesrepublik Deutschland hat mehr demokratische Stabilität, mehr allgemeinen Wohlstand, mehr soziale Gerechtigkeit und Rechtsstaatlichkeit hervorgebracht, als dies je zuvor in der
20 Geschichte der Fall gewesen ist. Und dennoch ist die Idee der Freiheit den schleichenden Gefahren der Gewöhnung und Geringschätzung ausgesetzt. Weniger Teilhabe am demokratischen Staat, weniger Chancen für ein selbstbestimmtes Leben durch weniger Chancen
25 auf einen sicheren Arbeitsplatz, Entmündigungen durch kollektive Zwangssysteme und bevormundende Bürokratie sind neue Bedrohungen der Freiheit.

Aus: www.fdp-bundesverband.de/grundsaetzliches/geschichte.phtml

M 8 Soziale Gerechtigkeit ist modern

▪ Soziale Gerechtigkeit oder zumindest ein gewisser Ausgleich für die grundsätzliche Ungerechtigkeit des Kapitalismus haben in der Vergangenheit nicht nur das Lebensniveau der breiten Bevölkerung, sondern auch
5 die Produktivität der Wirtschaft erhöht. Wenn die gegenwärtige Politik den sozialen Ausgleich abbaut und die soziale Daseinsvorsorge kurzfristig steigenden Unternehmensrenditen opfert, verstößt sie nicht nur gegen die in der Verfassung verankerten Prinzipien des
10 Sozialstaates, sondern auch gegen die wirtschaftliche Vernunft. Je größer die Abhängigkeit der modernen Produktion von Kreativität und Innovationsfähigkeit, desto wichtiger sind ein intaktes Gemeinwesen und die Pflege des sozialen Zusammenhalts. Deshalb muss das
15 ökologische Prinzip der Nachhaltigkeit auch auf die soziale Struktur einer Gesellschaft angewendet werden.

Wer im Interesse eines Wettbewerbsvorteils gegenüber der globalen Konkurrenz die sozialen Ressourcen der eigenen Gesellschaft vernichtet und Millionen Men-
20 schen ins Abseits stößt, treibt Raubbau an der gesellschaftlichen Schöpferkraft. Wer keine Anstrengungen unternimmt, insbesondere Frauen aus ihrer jahrtausendealten Benachteiligung zu befreien, verstößt nicht nur gegen die Menschenrechte, sondern auch gegen jede
25 ökonomische Vernunft moderner Gesellschaften.

Alles, was die Innovationsfähigkeit und Schöpferkraft der Gesellschaft erhöht, zahlt sich für die Gesellschaft auch aus. Wenn zum Beispiel Frauen ausschließlich in die Familie oder in prekäre Beschäftigungsverhältnisse
30 abgedrängt werden, wie das die gegenwärtige Sozial- und Beschäftigungspolitik tut, bleibt die Hälfte des gesellschaftlichen Entwicklungspotenzials, die Kreativität der Frauen, ungenutzt. Wenn Menschen mit gesundheitlichen Einschränkungen oder resignierte Lang-
35 zeitarbeitslose aus Kostengründen ins Abseits gedrängt werden, kommt das die Gesellschaft teuer zu stehen. Wenn Bildung zu einem Privileg von Kindern der sozialen Mittelschichten und gesellschaftlichen Eliten wird, ist das nicht nur ein soziales Problem. Unzureichende
40 Bildungschancen engen die persönlichen Entwicklungsmöglichkeiten genauso ein wie die der Gesellschaft insgesamt.

Aus: PDS, Agenda: Sozial. Kritik und Alternativen zur Agenda 2010, www.sozialisten.de/download/informationsmaterial/agenda_sozial/0403/agenda_ kritik.pdf, Berlin 2004, S. 4 f.

1. Zeichnen Sie die Lorenzkurven für die Vermögensverteilung in Deutschland 1993 und 1998 (vgl. Grafik 150.1).
2. Berechnen Sie die Gini-Koeffizienten für die Einkommens- und die Vermögens- verteilung 1998.
3. Recherchieren Sie den Gini-Koeffizienten für die Einkommensverteilung für je einen Staat jedes Kontinents. Vergleichen Sie die Ergebnisse mit dem von Ihnen berechneten für Deutschland.

M 9 Lorenzkurve und Gini-Koeffizient

● Zur Ableitung der Lorenzkurven werden die Personen nach der individuellen Höhe des Nettoäquivalenzein- kommens bzw. des Nettovermögens (pro Haushaltsmit- glied) aufsteigend angeordnet und kumulierte Bevölke- rungsanteile auf der Abzisse abgetragen, denen die jeweils entsprechenden kumulierten Anteile am Gesamt- einkommen bzw. Gesamtvermögen auf der Ordinate ge- genübergestellt werden. Die 45-Grad-Linie symbolisiert den theoretischen Fall von absoluter Gleichverteilung als Referenzpunkt, wenn Bevölkerungs- und Einkom- mensanteil in jedem Punkt identisch sind. Je weiter die empirischen Verteilungskurven von der Gleichvertei- lungsgeraden entfernt liegen, desto weiter bleiben die Einkommens- bzw. Vermögensanteile der unteren Schichten hinter ihrem Bevölkerungsanteil zurück und desto stärker übersteigen die entsprechenden Werte der oberen Schichten deren Bevölkerungsanteil. Dies gilt in viel stärkerem Maße für die Vermögens- als für die Ein- kommensverteilung. Für erstere zeigt sich, dass das un- tere Fünftel der Bevölkerung nahezu überhaupt kein Vermögen hat, und auch in den bei den folgenden Fünf- teln nur sehr geringe Werte vorhanden sind, danach die Kurve aber recht steil ansteigt. Demgegenüber steigt die Lorenzkurve hinsichtlich der Nettoäquivalenzeinkom- men gleichmäßiger, obwohl auch sie deutlich unter der Referenzlinie verläuft und ein nicht unbeträchtliches Ausmaß an Ungleichheit signalisiert.

Der Gini-Koeffizient kann aus der Lorenzkurvendar- stellung abgeleitet werden; er entspricht dem Verhält- nis der Fläche zwischen der empirischen Verteilungs- linie und der theoretischen Gleichverteilungsgeraden zur gesamten Dreiecksfläche unterhalb der 45-Grad- Linie. Sein Wert beträgt [in Deutschland, d. Verf.] hin- sichtlich der personellen Vermögensverteilung mehr als das Doppelte dessen bei der personellen Einkommens- verteilung.

Aus: Irene Becker, Einkommens- und Vermögensverteilung in Deutschland: ein Bild mit unscharfen Konturen, in: Politische Bildung 2/2001: Einkommens- und Vermögensverteilung in Deutschland, S. 14

M 10 Gini-Koeffizient: Beispiel zur Berechnung

● Ungleichverteilungskoeffizienten lassen sich nicht nur für Einkommensverteilungen, sondern auch für Vermögensverteilungen berechnen. Wie man die Un- gleichverteilung berechnet, zeigt der folgende Beitrag anhand der Verteilung eines „Gesamtvermögens" von etwa 10 Billionen Deutschen Mark in Deutschland (1995). In der Bundestagsdrucksache 13/7828 finden wir dazu Angaben von der SPD, aus der sich die folgen- de Verteilung ergibt:

> 50 % der Bevölkerung (b 1) besaß   2,5 % des Vermögens (v 1).
> 40 % der Bevölkerung (b 2) besaß 47,5 % des Vermögens (v 2).
> 9 % der Bevölkerung (b 3) besaß 27,0 % des Vermögens (v 3).
> 1 % der Bevölkerung (b 4) besaß 23,0 % des Vermögens (v 4).

In einem ersten Schritt werden die Daten „normali- siert" dargestellt:

$b_1 = 0,50$	$v_1 = 0,025$	$v_1/b_1 = 0,05$
$b_2 = 0,40$	$v_2 = 0,475$	$v_2/b_2 = 1,188$
$b_3 = 0,09$	$v_3 = 0,270$	$v_3/b_3 = 3$
$b_4 = 0,01$	$v_4 = 0,230$	$v_4/b_4 = 23$

Im zweiten Schritt wird der Gini-Koeffizient berechnet. Den Gini-Ungleichverteilungskoeffizient (GUK) ent- hält man durch Auswertung einer Lorenz-Kurve. Damit tatsächlich eine Lorenz-Kurve entsteht, müssen gegebe- nenfalls die obigen Werte umsortiert werden. Alle Wer- te-Paare (v_i, b_i) müssen zunächst so vorsortiert werden, dass gilt:

$$\frac{v_i}{b_i} \geq \frac{v_{i-1}}{b_{i-1}}$$

Bei dem obigen Beispiel liegt schon die richtige Sortie-
20 rung vor, so dass nicht umsortiert werden muss. Die ge-
suchte Lorenz-Kurve entsteht, wenn man (xi,yi)-Paare
als Punkte in ein Koordinatensystem einträgt und anschließend benachbarte Punkte mit einer Geraden verbindet. Die (xi,yi)-Paare entstehen aus den (vi,bi)-Paa-
25 ren nach folgender Rechenvorschrift:

$$x_n = \sum_{j=1}^{n} b_j \quad und \quad y_n = \sum_{j=1}^{n} v_j.$$

Im zweiten Schritt werden aus den Daten des ersten
Schritts die nachfolgenden Daten durch Summation
ermittelt (wobei am Anfang ein fester Wert dazu
kommt):

$x_0 = 0{,}00$	$y_0 = 0$
$x_1 = 0{,}50$	$y_1 = 0{,}025$
$x_2 = 0{,}90$	$y_2 = 0{,}5$ (da $0{,}5 + 0{,}4 = 0{,}9$ und
	$0{,}025 + 0{,}475 = 0{,}5$ ist)
$x_3 = 0{,}99$	$y_3 = 0{,}77$
$x_4 = 1{,}00$	$y_4 = 1$

30 Bei totaler Gleichverteilung ist die Lorenz-Kurve eine
gerade Linie von Punkt 0/0 zu Punkt 1/1. Zur Bestimmung des Gini-Koeffizienten werden zuerst zwei Größen bestimmt, die graphisch betrachtet Flächen sind.
Einmal die Fläche unter der Gleichverteilungslinie, nen-
35 nen wir diese Größe beispielsweise A. Die zweite Fläche
ist die Fläche unter der tatsächlichen Verteilungskurve,
nennen wir diese Größe beispielsweise B. Mit diesen
beiden Größen berechnet sich der Gini-Ungleichverteilungskoeffizient wie folgt:

$$GUK = \frac{(A-B)}{A}$$

40 Errechnen der y-Werte der Lorenz-Kurve der tatsächlichen Verteilung:

$y_0 = 0{,}000$
$y_1 = v_1 = 0{,}025$
$y_2 = v_1 + v_2 = 0{,}500$
$y_3 = v_1 + v_2 + v_3 = 0{,}770$
$y_4 = v_1 + v_2 + v_3 + v_4 = 1{,}000$

Berechnung der Fläche B unter der Lorenz-Kurve der
tatsächlichen Verteilung:

$(y_1 - 0{,}5 \cdot v_1) \cdot b_1 = 0{,}00625$
$(y_2 - 0{,}5 \cdot v_2) \cdot b_2 = 0{,}105$
$(y_3 - 0{,}5 \cdot v_3) \cdot b_3 = 0{,}05715$
$(y_4 - 0{,}5 \cdot v_4) \cdot b_4 = 0{,}00885$
$B = 0{,}17725$

Da eine normierte Darstellung verwendet wird, verbindet die Kurve der totalen Gleichverteilung die Eckpunk- 45
te (0|0) und (1|1). Das Dreieck Fläche A beträgt also 0,5.
Darum gilt für den Gini-Ungleichverteilungskoeffi-
zienten:

$$GUK = \frac{(A-B)}{A} = \frac{(0{,}5-B)}{0{,}5} = 1-2 \cdot B = 1-0{,}3545 = 0{,}6455$$

Graphisch betrachtet ist der Gini-Koeffizient das Verhältnis der Fläche zwischen Gleichverteilungslinie und 50
Lorenzkurve (A–B) zur Fläche unterhalb der Gleichverteilungslinie (A).

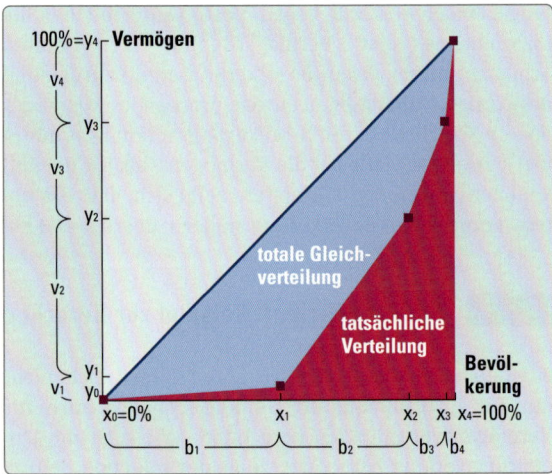

150.1   B ist die violette Fläche; A setzt sich aus der
blauen und der violetten Fläche zusammen.

Aus: de.wikipedia.org/wiki/Gini-Koeffizient, 2005

9.3 Welche Gerechtigkeit brauchen wir?

Der Begriff der sozialen Gerechtigkeit ist aus der politischen Diskussion nicht mehr wegzudenken. Was allerdings unter sozialer Gerechtigkeit verstanden werden soll, ist umstritten. Denn die Definition sozialer Gerechtigkeit hat weitreichende Konsequenzen für die Zielrichtung der Wirtschafts-, Sozial- und Bildungspolitik. Es geht dabei um die Wahrung Interessen und um den Zusammenhalt gesamten Gesellschaft.

AUFGABEN

1. Untersuchen Sie die M 1 und 2 im Hinblick auf den verwendeten bzw. impliziten Gerechtigkeitsbegriff. Überprüfen Sie die Argumente der Autoren anhand der Materialien dieses Buches sowie weiterer Quellen.
2. Nehmen Sie Stellung zu der Kontroverse.
3. Inwiefern geht Callinicos (M 3) über die in M 1 und M 2 genannten Gerechtigkeitsvorstellungen hinaus? Ließen sich aus seiner Position Anforderungen an die Politik ableiten?

M 1   Gerechtigkeitsbegriff der Sozialen Marktwirtschaft

● Das Verständnis von sozialer Gerechtigkeit fasst die Spannbreite von Verteilungsgerechtigkeit versus Leistungsgerechtigkeit sowie Wirtschaftlichkeitsbetrachtung versus Chancen- und Beteiligungsgerechtigkeit.

Verteilungsgerechtigkeit
5 Die Verteilungsgerechtigkeit bzw. Ergebnisgerechtigkeit macht die Gerechtigkeit an bestimmten gesamtwirtschaftlichen Verteilungsergebnissen fest. Maßstab ist dabei praktisch immer die Gleichverteilung. Die Ver-
10 teilungsgerechtigkeit ist das Grundprinzip des Wohlfahrtsstaats. Er räumt der staatlichen Verantwortung für die Gewährleistung der Daseinsvorsorge seiner Einwohner Vorrang gegenüber der Eigenverantwortung und der individuellen Eigenvorsorge ein. [...]

Verfahrensgerechtigkeit
15 Häufig wird soziale Gerechtigkeit als Verfahrens- und Leistungsgerechtigkeit verstanden. Das heißt, ob ein Zustand oder eine Maßnahme als sozial gerecht einzustufen sind, bemisst sich danach, ob es die zugrundelie-
20 genden Regeln sind. [...]

Leistungsgerechtigkeit
Der eigentliche Gegensatz zum Verteilungsprinzip ist der Maßstab der Leistungsgerechtigkeit. Er stellt darauf ab, ob Leistung und Gegenleistung, ob Arbeit und
25 Lohn, ob Beitrag und Versicherungsleistung, ob Anwartschaft und Leistungshöhe in einem entsprechenden Verhältnis stehen.
Schwachpunkt der Leistungsgerechtigkeit ist der Mangel an sozialen Aspekten und damit ein Mangel an Ge-
30 rechtigkeit gegenüber Leistungsschwachen. Um dies zu erfassen, spricht die katholische Soziallehre vom „Prinzip der Billigkeit" (Joachim Giers).

Beteiligungsgerechtigkeit
Der entscheidende Gegensatz unterschiedlichen Ge-
35 rechtigkeitsverständnisses ist inzwischen weniger die Frage, ob stärker der Aspekt der Ergebnisgleichheit oder der Leistungsgerechtigkeit betont wird. Entscheidend ist, ob soziale Gerechtigkeit ausschließlich nach ökonomischen oder eher nach Teilhabeaspekten defi-
40 niert wird. Ein Großteil der Gesellschaft wird die Definition: „Soziale Gerechtigkeit herrscht, wenn die ökonomischen Verhältnisse der Staatsbürger zu einem gerechten Ausgleich gekommen sind" für richtig halten. Zunehmend setzt sich aber auch die Erkenntnis
45 durch, dass nicht der Staat allein, sondern auch die Gesellschaft, das heißt die Summe aller Individuen, für die Herstellung von sozialer Gerechtigkeit verantwortlich ist. Wenn dies so ist, kommt es nicht allein auf die „verteilende Gerechtigkeit" des Staates an, sondern auf
50 Chancengleichheit und das Recht eines jeden einzelnen, am gesellschaftlichen Fortschritt teilzuhaben. [...]

Aus: Gisela Meister-Scheufelen (CDU), Präsidentin des Statistischen Landesamtes Baden-Württemberg, in: www.trend-zeitschrift.de/trend90/9057.html

M 2   Gewerkschaftspolitische Schlussfolgerungen

● 1. Die Analyse der funktionellen Einkommensverteilung für die 90er Jahre zeigt, dass sich die relative Wohlstandposition der Arbeitnehmerinnen seit 1991 verschlechtert hat. Stattgefunden hat eine Umverteilung
5 zu Lasten der abhängig Beschäftigten. Die Gewerkschaftsbewegung konnte im letzten Jahrzehnt den volkswirtschaftlichen Verteilungsspielraum [bestimmt durch den Produktivitätszuwachs, d. Verf.] nicht mehr voll ausschöpfen. Konsequenz dieser Entwicklung ist
10 eine unzureichende Dynamik des privaten Konsums mit der Folge einer chronischen Wachstumsschwäche der deutschen Volkswirtschaft. Eine kollektive Lohnpolitik, die den Verteilungsspielraum wieder auszuschöpfen vermag, bleibt Zielsetzung zukünftiger Tarifpolitik.
15 Das die Zielerreichung aufgrund der schlechten strukturellen Voraussetzungen (Massenarbeitslosigkeit, Auflösung des Normalarbeitsverhältnisses, etc.) in den letzten Jahren nicht leichter geworden ist, stellt eine schwierige Herausforderung dar. […]

20 3. Der relativ starke Anstieg der Gewinn- und Vermögenseinkommen hat keine neue Investitionsdynamik ausgelöst. […] Die Formel: mehr Gewinne – mehr Investitionen – mehr Beschäftigung hat keine empirische Relevanz. Der steigende Anteil der Gewinn- und Ver
25 mögenseinkommen am Volkseinkommen schwächt die Binnennachfrage ist somit eine Ursache der chronischen Wachstumsschwäche.

4. Die Gewinn- und Vermögenseinkommen werden durch die öffentliche Umverteilung deutlich privilegiert. Die Finanzierung öffentlicher Aufgaben erfolgt 30 zunehmend auf den Schultern der Arbeitnehmerschaft. Ein deutlicher Bruch dieses Trends wurde unter der rotgrünen Koalition nicht vollzogen. Vor dem Hintergrund der ungleichen Steuerlast ist eine stärkere steuerliche Belastung hoher Einkommen unabdingbar. […] 35

5. Die zunehmende Ungleichheit in der personellen Einkommensverteilung hat in den letzten Jahren zu einer abnehmenden Chancengleichheit geführt. Es ist Aufgabe des staatlichen Steuer- und Transfersystems, die Ergebnisse der marktgeleiteten Verteilung von Einkom 40 men zu modifizieren. […] Die aktuelle Debatte über soziale Gerechtigkeit im 21. Jahrhundert muss vom Kopf auf die Füße gestellt werden. Ein Verzicht auf Verteilungsgerechtigkeit bedeutet unter den Bedingungen einer steigenden Ungleichheit in der Einkommensver 45 teilung die Akzeptanz zunehmend ungleicher Lebens- und Entwicklungschancen.

Aus: DGB, Verteilungsbericht 2003: Umverteilung zu Lasten der Arbeitnehmer setzt sich fort, Berlin 2003, S. 33 f.

M 3   Nach dem Kapitalismus

● Die Kritik der globalisierungskritischen Bewegung am Neoliberalismus umfasst meiner Meinung nach die Verpflichtung auf vier Grundwerte: Gerechtigkeit, Effizienz, Demokratie und Nachhaltigkeit. Dabei versteht
5 man unter Gerechtigkeit am besten gleich drei weitere Werte: Freiheit, Gleichheit und Solidarität. Eine Variante des egalitären Gerechtigkeitsprinzips ist, dass jedem Menschen der gleiche Zugang zu den von ihm benötigten Ressourcen gewährt wird, damit er sein Leben so
10 führen kann, wie er es für richtig hält. Unter Effizienz ist zu verstehen, dass keine Ressourcen verschwendet werden; auch dann nicht, wenn es um wünschenswerte Ziele geht. Demokratie schließlich […], beinhaltet das Engagement für radikale Formen von Selbstorganisa
15 tion und Selbstbestimmung. Und schließlich Nachhaltigkeit: Wir wollen ein System, in dem jede Generation die Erde in einem mindestens so guten Zustand verläßt, wie sie sie vorgefunden hat. Nun verletzt jede denkbare Variante des Kapitalismus
20 systematisch alle diese vier Werte. Denn der Kapitalismus ist ein System von wettbewerbsgesteuerter Akkumulation, das auf der Ausbeutung von Lohnarbeit beruht. Er zerstört Solidarität, macht aus Freiheit eine Formalität und verteilt Reichtum und Einkommen im Interesse der Reichen, Mächtigen und Glücklichen. Ka 25 pitalismus verursacht eine systematisch ungerechte Verteilung von menschlichen und materiellen Ressourcen, verschwendet sie, in dem er sie für unnütze oder destruktive Aktivitäten benutzt. […] Die Alternative ist der Sozialismus. [… Die Verteilung 30 des Einkommens sollte] so weit wie möglich auf dem Prinzip beruhen, das Marx von Louis Blanc entliehen hat […]: „Jeder nach seinen Fähigkeiten, jedem nach seinen Bedürfnissen." Materielle produktive Ressourcen sollten generell gesellschaftliches Eigentum sein, Ar 35 beitskräfte jedoch nicht: Die Freiheit des Individuums, seine Tätigkeit zu wählen und zu wechseln, ist ein Versprechen, das der Kapitalismus gibt, aber nicht halten kann. Diese Freiheit wäre dagegen grundlegend für eine sozialistische Gesellschaft. 40

Aus: Alex Calliniocos (Professor an der University of York), Nach dem Kapitalismus, in: junge welt, 29.10.2003, www.jungewelt.de/beilage/art/295

9.4 Kann sich Deutschland den Sozialstaat noch leisten?

Das Ausmaß staatlicher Eingriffe in das Wirtschaftsgeschehen durch Umverteilung zur Sicherung des Sozialstaates wird heftig diskutiert. Ist der Sozialstaat in der jetzigen Form noch bezahlbar? Haben wir ein Ausmaß der sozialen Sicherung erreicht, das die Leistungsbereitschaft des Einzelnen eher hemmt als fördert? Kann der Marktmechanismus noch ungehindert funktionieren angesichts massiver staatlicher Eingriffe ins Wirtschaftsgeschehen? Oder ist vielmehr die soziale Unsicherheit unerträglich hoch? Diese und andere Fragen werden aufgeworfen und mit Forderungen zum Umbau oder Abbau des Sozialstaats verbunden.

AUFGABEN

1. Bestimmen Sie die Sichtweise der Sozialstaatlichkeit in M 1, M 2, M 5 und M 6.
2. Vergleichen Sie die Arbeitgeber- und die Arbeitnehmersicht (M 6). Wo finden sich Gemeinsamkeiten, wo Unterschiede?
3. Sehen Sie die Möglichkeit eines gesellschaftlichen Konsenses zur Reform der Sozialsysteme? Beziehen Sie M 3 und M 4 in Ihre Darstellung ein.

M 1   Arbeitgeber mahnen Senkung der Sozialbeiträge an

● *Bonn (dpa).* Die Arbeitgeber wollen alle Sozialsysteme einschließlich Renten- und Krankenversicherung konsequent auf eine „Basissicherung" reduzieren. Ziel sei die Senkung der Summe aller Sozialbeiträge [...] auf
5 unter 38 Prozent vom Bruttoeinkommen, sagte der Päsident der Bundesvereinigung der Deutschen Arbeitgeberverbände (BDA), Dieter Hundt. [...] „Wir müssen runter von den beschäftigungsfeindlichen Rekordmarken unserer Steuer- und Abgabenbelastung", forderte
10 Hundt. [...] In der Altersversorgung müsse die betriebliche und private Altersvorsorge durch steuerliche Begünstigungen gestärkt werden. Die Obergrenze für den Gehaltsteil, von dem Beiträge zur Rentenversicherung zu zahlen sind – die jetzt jährlich steigende Beitragsbemessungsgrenze – solle eingefroren werden. Bei Witwen- und Witwerrenten sollten eigene Alterseinkommen stärker angerechnet werden. Auch eine Anhebung der Altersgrenze von derzeit 65 Jahren sei zu erwägen. Weiter sollten gesetzliche Krankenkassen nur noch das medizinisch Notwendige bezahlen. Beitragsfreie Mitversicherung von Ehepartnern solle es nur noch für die geben, die Kinder erziehen. Bei der Arbeitslosenversicherung sollte die Unterstützung einheitlich 60 Prozent des Nettoverdienstes betragen. Derzeit bekommen Empfänger mit mindestens einem Kind 67 Prozent.

Aus: Leipziger Volkszeitung, 12.5.1998, S. 2

M 2   Deutschland muss den Wandel wollen

● Die Soziale Marktwirtschaft ist die Grundlage der deutschen Wirtschafts- und Gesellschaftsordnung. Sie ist die beste Plattform für verantwortliches unternehmerisches Handeln. Sie bietet dem Einzelnen alle Freiräume, seine Interessen zum Wohle seiner selbst und der Allgemeinheit zu entwickeln. Die Grundpfeiler der Sozialen Marktwirtschaft sind Eigenverantwortung, Leistungsbereitschaft und Solidarität [...].
Im Zuge unseres Wirtschaftswachstum jedoch haben
10 wir die Grundlagen des Systems ausgehöhlt, indem wir mit seiner Hilfe immer mehr und mehr Absicherung und Bequemlichkeiten finanziert haben. Es haben sich zu viele Besitzstände und Ansprüche entwickelt. Wir scheuen das Risiko – unsere Gesellschaft hält die Selbstständigenquote unter 10 %. Dabei sind es die Selbstständigen in den kleinen und mittleren Unternehmen, die mehr als 70 % der Arbeitsplätze und 80 % der Ausbildungsplätze schaffen. Wir haben weder die Vollbeschäftigung noch das stetige Wirtschaftswachstum noch die glockenförmige Bevölkerungspyramide, die zur Finanzierung der Zukunft nötig sind. Und: Wir müssen uns heute in einem scharfen internationalen Wettbewerb behaupten.

Aus: Wirtschaftsjunioren Deutschland, Hamburger Erklärung: Deutschland muss den Wandel wollen, Hamburg 2002, www.wjd.de, S. 1

M 3   Sozialleistungsquote in Deutschland 1871–2001

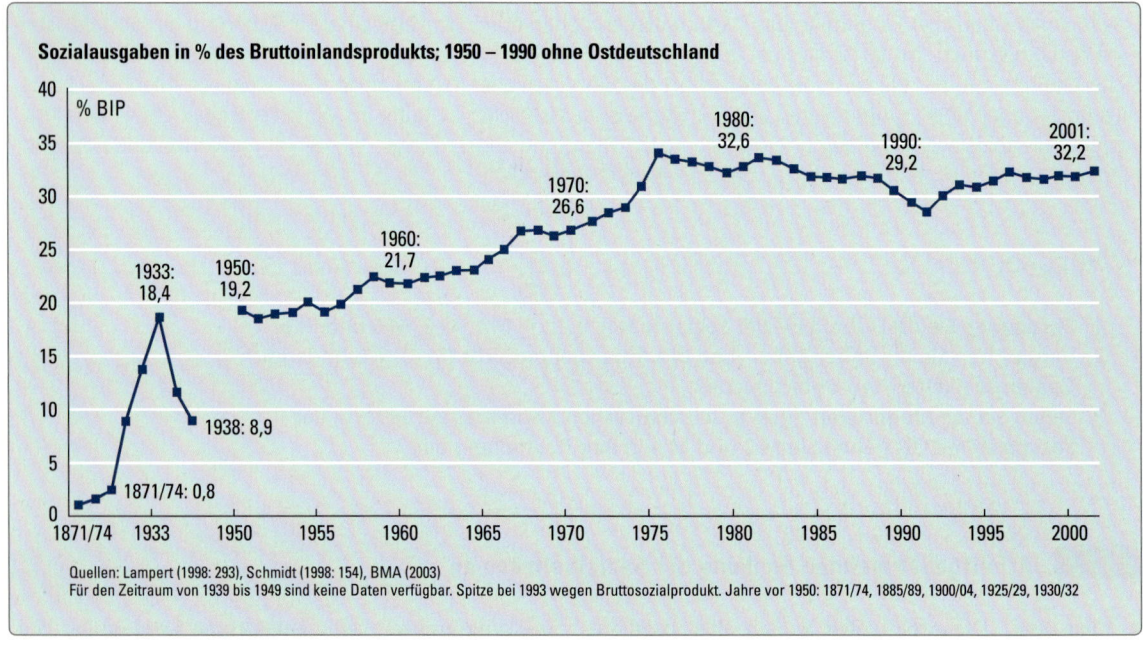

Quellen: Lampert (1998: 293), Schmidt (1998: 154), BMA (2003)
Für den Zeitraum von 1939 bis 1949 sind keine Daten verfügbar. Spitze bei 1993 wegen Bruttosozialprodukt. Jahre vor 1950: 1871/74, 1885/89, 1900/04, 1925/29, 1930/32

Aus: Lutz Leisering, Grundzüge und Entwicklung des deutschen Sozialstaats. Der deutsche Sozialstaat – Entfaltung und Krise eines Sozialmodells, in: Landeszentrale für politische Bildung Baden-Württemberg (Hg.), Der Bürger im Staat 4/2003: Der Sozialstaat in der Diskussion, S. 174

M 4   Zweige der gesetzlichen Sozialversicherung im Überblick (2006)

	Renten-versicherung	Kranken-versicherung	Arbeitslosen-versicherung	Unfall-versicherung	Pflege-versicherung
Wer?	Alle Arbeiter und Angestellten; Beitragsbemessungs-grenze: 5 250,00 €/ 4 400,00 € brutto (alte/neue Länder, 2006)	Alle Arbeiter und Angestellten; Beitragsbemessungs-grenze: 3 562,50 € brutto (2006)	Alle Arbeiter und Angestellten; Beitragsbemessungs-grenze: 5 250,00 €/ 4 400,00 € brutto (alte/neue Länder, 2006) außer geringfügig Beschäftigte	Alle Arbeitnehmer	Gesetzlich Kranken-versicherte zahlen einen gesetzlich vorgeschrie-benen Beitrag; privat Krankenversicherte müssen eine private Pflegeversicherung abschließen.
finanziert durch …	Pflichtbeiträge: 19,5% des Bruttoein-kommens, je zur Hälfte vom Arbeitnehmer und Arbeitgeber zu tragen; Bundeszuschuss (2005): 54,8 Mrd. €	Pflichtbeiträge: 14,3% des Bruttoein-kommens, je zur Hälfte vom Arbeitnehmer und Arbeitgeber zu tragen; Bundeszuschuss (2006): 4,2 Mrd. €	Pflichtbeiträge: 6,5% des Bruttoeinkom-mens, je zur Hälfte vom Arbeitnehmer und Arbeitgeber zu tragen; Bundeszuschuss (2005): 4 Mrd. €	Pflichtbeiträge: die Arbeitgeber, Höhe je nach Gefahrenklasse und Betriebsgröße	Pflichtbeiträge: 1,7% des Bruttoein-kommens; Bemessungs-grenze von 3 562,50 € (2006), je zur Hälfte vom Arbeitgeber und Arbeitnehmer zu tragen.
Leistun-gen	Renten u. a. bei Alter (60/63/65) und bei verminderter Erwerbsfähigkeit	Behandlungskosten, Hilfsmittel, Kranken-geld (70%) des Nettoeinkommens)	Arbeitslosengeld I, bei Bedürftigkeit: Arbeitslosengeld II, Arbeitsförderung	Behandlungskosten und Fördermaßnahmen; Rente bei Arbeitsunfällen und Berufskrankheiten	Je nach Pflegestufe (I-III) 205,00 bis 1 928,00 € für häusliche oder stationäre Pflege.

1 von Kasse zu Kasse verschieden
2 praktisch aber von den Arbeitnehmern allein zu zahlen, wegen Streichung eines bezahlten Feiertages

M 5   Sprungbrett statt Hängematte

■ […] Die Sozialversicherungsbeiträge sind von rund 24 Prozent der beitragspflichtigen Einkommen im Jahr 1960 auf mehr als 40 Prozent gestiegen.

Hohe Beiträge, wenig Gegenleistung

5 Wenn nicht entschieden gegengesteuert wird, haben die jungen Menschen die unzumutbare Perspektive weiter steigender Beitragssätze. Gleichzeitig ist sehr ungewiss, ob sie selbst ausreichende Leistungen aus der Sozialversicherung erhalten werden. Freie Mittel zur 10 ergänzenden Eigenvorsorge stehen ihnen aber wegen der hohen Abgaben kaum noch zur Verfügung.

Großzügige öffentliche Hilfen mindern den Willen zur eigenen Leistung

Die gestiegenen Sozialabgaben haben nicht nur den 15 Freiraum der Bürger zunehmend eingeengt. Sie haben auch die Arbeitskosten für die Unternehmen rasant in die Höhe getrieben und zum Abbau von Arbeitsplätzen geführt – gerade für die weniger qualifizierten Menschen. Je mehr Arbeitsplätze aber abgebaut werden, 20 desto höher werden die verbliebenen mit den Sozialabgaben belastet – ein Teufelskreis.
Gleichzeitig mindern die hohe Abgabenbelastung und die großzügig bemessenen Sozialleistungen die Leistungsbereitschaft sowohl der Erwerbstätigen als auch 25 der Arbeitslosen. So untergräbt der Sozialstaat zunehmend seine eigene wirtschaftliche Basis.

Abschied vom Versorgungsstaat

Eine Rückkehr vom allumfassenden Versorgungsstaat zum leistungsfähigen Sozialstaat ist dringend geboten. Ein modernes Sozialsystem muss sich an den ordnungs- 30 politischen Grundsätzen der Sozialen Marktwirtschaft orientieren.
Das Ziel ist nicht ein System, das die Menschen in existenzieller Not alleine lässt. Soziale Sicherheit kann dauerhaft aber nur erhalten werden, wenn die Sozialpolitik 35 die Eigeninitiative der Bürger und damit die Leistungsfähigkeit des marktwirtschaftlichen Systems nicht zu stark beeinträchtigt.

So viel Freiheit wie möglich – so viel Zwang wie nötig

40 Die Reform des Sozialstaats muss sich an zwei wesentlichen Zielen orientieren: Erstens muss sich sozialstaatliche Umverteilung auf die wirklich Hilfsbedürftigen konzentrieren. Zweitens muss in den Sozialversicherungssystemen der Weg in Richtung private Vorsorge 45 konsequent weitergegangen werden. Durch Basispakete und ergänzende Wahltarife sollte den Versicherten eine weitgehende Entscheidungsfreiheit darüber gegeben werden, wie viel Schutz über eine verpflichtende Grundversorgung hinaus gewünscht wird. 50
So viel Freiheit wie möglich – so viel Zwang wie nötig, das ist die Devise eines zukunftsfähigen Sozialstaats.

Aus: Chancen für alle/Initiative Neue Soziale Marktwirtschaft, Themenheft Nr. 5: Eigeninitiative und Solidarität – Der zukunftssichere Sozialstaat, Bonn/Berlin 2004, www.chancenfueralle.de, S. 4 f.

M 6 Sozialstaat geht anders

● Soziale Sicherung beschäftigungsfreundlich finanzieren.

Die Qualität unserer sozialen Sicherungssysteme kommt allen zugute und kann nur solidarisch finanziert werden.

5 Zurzeit besteht jedoch ein Ungleichgewicht in der Finanzierungsbelastung. In Deutschland werden viele gesamtgesellschaftliche Aufgaben, insbesondere die sozialen Kosten der deutschen Einheit, durch die Sozial-
10 versicherung finanziert. Die daraus entstandenen hohen Beiträge belasten niedrige und mittlere Einkommen übermäßig. Das ist sozial ungerecht und zudem beschäftigungsfeindlich, da es gering bezahlte Arbeit unangemessen verteuert.

15 Die Sozialversicherungen müssen durch Steuern entlastet und die Sozialabgaben insbesondere für Gering- und Normalverdiener gesenkt werden. Die Finanzierung durch Steuern, die alle Bürgerinnen und Bürger bezahlen müssen, ist gerechter und belebt den Arbeitsmarkt.
20 Lohnintensive und arbeitsintensive Betriebe werden zudem so entlastet, dass dort neue, sozialversicherungspflichtige Arbeitsplätze entstehen können.
Diese Reformierung der Abgabenlast schafft eine zukunftstaugliche Finanzierungsgrundlage der sozialen
25 Sicherungssysteme, von der auch Arbeitsuchende profitieren werden.

Arbeit gerecht verteilen.

Durch die anhaltende Wirtschaftskrise und wegen der in den vergangenen Jahren nicht bewältigten Konjunk-
30 turkrisen sind in Deutschland Millionen Menschen ohne Beschäftigung.

Hier ist die Regierung gefordert. Zum einen muss sie gezielte Investitionsprogramme für mehr Arbeitsplätze und Wirtschaftswachstum starten. Zum anderen muss
35 eine zukunftsorientierte Beschäftigungspolitik die bestehenden Arbeitsverhältnisse sichern und Arbeit gerechter verteilen.
Dafür muss der gesetzliche Kündigungsschutz zukunftsorientiert erneuert und nicht abgebaut werden. Bei den
40 bestehenden Arbeitsverhältnissen sind Formen der individuellen Arbeitszeitgestaltung gefragt. Arbeitnehmer wollen ihre Beschäftigung besser mit ihrer Lebensplanung in Einklang bringen. Der Rechtsanspruch auf Teilzeitarbeit ist ein erster wichtiger Schritt in diese
45 Richtung.
Qualifizierte Teilzeitmodelle müssen steuerlich gefördert werden, denn sie kommen der Arbeits- und Lebensqualität des Einzelnen zugute und schaffen eine Beschäftigungsperspektive für viele.

Eine moderne Arbeitsgesellschaft braucht soziale Absicherung.

50 Die Menschen müssen sich auch in Zukunft auf soziale Absicherung bei Arbeitslosigkeit verlassen können. Nur auf sicherer Basis wird jeder Einzelne bereit sein, im Arbeitsleben neue Herausforderungen anzunehmen und
55 Initiative zu ergreifen.

Die Menschen brauchen Sicherheit, um ihr Leben planen zu können, eine Familie zu gründen und für die Zukunft vorzusorgen. Das ist die unverzichtbare Grundlage für eine moderne Arbeitsgesellschaft.
60

Arbeitslosengeld und Arbeitslosenhilfe sind wichtig, um individuelle Übergangszeiten abzusichern. Sie ermöglichen eine selbstbewusste Position bei der Suche auf dem Arbeitsmarkt. Außerdem kann nur so der soziale Abstieg verhindert werden, solange aufgrund
65 einer wirtschaftlichen Krise keine Arbeitsplätze angeboten werden.
Eine angemessene finanzielle Unterstützung bei Arbeitslosigkeit muss deshalb erhalten bleiben: Die Kürzungen von Leistungen tragen nicht dazu bei, dass zu-
70 sätzliche Arbeitsplätze entstehen. Sie führen vielmehr zur Verarmung ganzer Regionen. […]

Gutes Leben im Alter.

Menschen, die ein Leben lang arbeiten, müssen sich auf ein angemessenes Auskommen im Alter verlassen kön-
75 nen. Wer in die Rentenkasse einbezahlt hat, muss eine angemessene Rente erhalten.
Dieses Prinzip beizubehalten ist die Grundlage für individuelle und gesellschaftliche Gerechtigkeit. Allen Menschen muss auch im Alter ein menschenwürdiges
80 Leben ohne Armut möglich sein. Eine weitere Senkung des Rentenniveaus ist deshalb nicht zu verantworten.

Sozialer und medizinischer Fortschritt haben dazu geführt, dass die Menschen immer älter werden. Diese positive Entwicklung ist eine Herausforderung für unsere
85 Gesellschaft, da immer mehr Menschen für einen immer längeren Zeitraum Rente in Anspruch nehmen.

In Zukunft wird nur eine gerechte Verteilung der steigenden Kosten eine sichere Finanzierung des Rentensystems ermöglichen.
90

Aus: DGB, Faltblatt „Sozialstaat geht anders", Berlin 2003, www.dgb.de

M 7 **Mut zum Frieden und Mut zur Veränderung**

■ Herr Präsident! Meine sehr verehrten Damen und Herren!

[…] Wir müssen den Mut aufbringen, in unserem Land jetzt die Veränderungen vorzunehmen, die notwendig sind, um wieder an die Spitze der wirtschaftlichen und der sozialen Entwicklung in Europa zu kommen.

Die Lage – das spürt jeder hier im Haus, aber auch draußen – ist international wie national äußerst angespannt. Die Krise um den Irak belastet weltweit die ohnehin labile Konjunktur.

Deutschland hat darüber hinaus – das gilt es ebenfalls zu sehen – mit einer Wachstumsschwäche zu kämpfen, die auch strukturelle Ursachen hat. Die Lohnnebenkosten haben eine Höhe erreicht, die für die Arbeitnehmer zu einer kaum mehr tragbaren Belastung geworden ist und die auf der Arbeitgeberseite als Hindernis wirkt, mehr Beschäftigung zu schaffen. Investitionen und Ausgaben für den Konsum sind drastisch zurückgegangen, übrigens nicht zuletzt seit an den Börsen allein in Deutschland während der vergangenen drei Jahre rund 700 Milliarden Euro buchstäblich vernichtet worden sind.

In dieser Situation muss die Politik handeln, um Vertrauen wieder herzustellen.
Wir müssen die Rahmenbedingungen für mehr Wachstum und für mehr Beschäftigung verbessern.

Ich möchte Ihnen heute Punkt für Punkt darlegen, welche Maßnahmen nach Überzeugung der Bundesregierung vorrangig ergriffen und umgesetzt werden müssen – für Konjunktur und Haushalt, für Arbeit und Wirtschaft, für die soziale Absicherung im Alter und bei Krankheit.

Wir werden Leistungen des Staates kürzen, Eigenverantwortung fördern und mehr Eigenleistung von jedem Einzelnen abfordern müssen.

Alle Kräfte der Gesellschaft werden ihren Beitrag leisten müssen: Unternehmer und Arbeitnehmer, freiberuflich Tätige und auch Rentner. Wir werden eine gewaltige gemeinsame Anstrengung unternehmen müssen, um unser Ziel zu erreichen.
Aber ich bin sicher: Wir werden es erreichen. […]

Meine Damen und Herren, ich habe das Stichwort „Mut zur Veränderung" auch und gerade im Innern unseres Landes bereits genannt. Um unserer deutschen Verantwortung in und für Europa gerecht zu werden, müssen wir zum Wandel im Innern bereit sein. Entweder wir modernisieren, und zwar als soziale Marktwirtschaft, oder wir werden modernisiert, und zwar von den ungebremsten Kräften des Marktes, die das Soziale beiseite drängen würden.

Die Struktur unserer Sozialsysteme ist seit 50 Jahren praktisch unverändert geblieben. An manchen Stellen, etwa bei der Belastung der Arbeitskosten, führen Instrumente der sozialen Sicherheit heute sogar zu Ungerechtigkeiten. Zwischen 1982 und 1998 sind allein die Lohnnebenkosten von 34 auf fast 42 Prozent gestiegen. Daraus ergibt sich nur eine Konsequenz: Der Umbau des Sozialstaates und seine Erneuerung sind unabweisbar geworden. Dabei geht es nicht darum, ihm den Todesstoß zu geben, sondern ausschließlich darum, die Substanz des Sozialstaates zu erhalten. Deshalb brauchen wir durchgreifende Veränderungen. […]

Meine Damen und Herren, wir können es nicht dabei belassen, die Bedingungen für die Wirtschaft und die Arbeitsmärkte zu verbessern. Wir müssen auch über das System unserer Hilfen nachdenken und uns fragen: Sind die sozialen Hilfen wirklich Hilfen für die, die sie brauchen? […]
Wir brauchen deshalb Zuständigkeiten und Leistungen aus einer Hand. Damit steigern wir die Chancen derer, die arbeiten können und wollen. Das ist der Grund, warum wir die Arbeitslosen- und Sozialhilfe zusammenlegen werden, und zwar einheitlich auf einer Höhe – auch das gilt es auszusprechen –, die in der Regel dem Niveau der Sozialhilfe entsprechen wird.

Wir kommen gleichzeitig den Menschen entgegen, denen wir mehr abverlangen müssen. So werden wir damit Schluss machen, dass Langzeitarbeitslose, die einen Job annehmen, sämtliche Ansprüche auf Transferleistungen verlieren. Deswegen werden wir eine bestimmte Zeit Langzeitarbeitslosen, die eine Beschäftigung aufnehmen, deutlich mehr als die bisherigen 15 Prozent der Transfers belassen. Das soll und wird ein Anreiz für die Aufnahme von Arbeit sein.

Ich denke, wir setzen damit ein eindeutiges Signal für diejenigen Menschen in unserer Gesellschaft, die länger als zwölf Monate arbeitslos sind. Niemandem aber wird künftig gestattet sein, sich zulasten der Gemeinschaft zurückzulehnen. Wer zumutbare Arbeit ablehnt – wir werden die Zumutbarkeitskriterien verändern –, der wird mit Sanktionen rechnen müssen.

Darüber hinaus reformieren wir das Arbeits- und das Sozialrecht an den Stellen, an denen sich im Laufe der Jahre Beschäftigungshemmnisse entwickelt haben. Aber auch hier vorweg eine Bemerkung: Der Kündigungs-
95 schutz, wie er zum Wesen unserer sozialen Marktwirtschaft gehört, ist nicht nur eine soziale, sondern auch eine ökonomische und eine kulturelle Errungenschaft.

Unser Land ist nicht durch Gesetze des Dschungels oder durch bedenkenloses „Hire and Fire", sondern durch
100 selbstbewusste Arbeitnehmer stark geworden, deren Motivation eben nicht Angst ist, sondern der Wille, gemeinsam mit tüchtigen Unternehmern etwas zu leisten.

Wir wissen aber, welche gewaltigen Veränderungen an der ökonomischen Basis unserer Gesellschaft stattfin-
105 den. Wir müssen deshalb auch den Kündigungsschutz für Arbeitnehmerinnen und Arbeitnehmer sowie für die Unternehmen besser handhabbar machen. Das gilt insbesondere für die Kleinbetriebe mit mehr als fünf Mitarbeiterinnen und Mitarbeitern. Für sie muss und
110 wird die psychologische Schwelle bei Neueinstellungen überwunden werden. Der Wirtschafts- und Arbeitsminister hat dazu Vorschläge entwickelt. Diese werden ohne Abstriche umgesetzt werden. […]

Solidarität, der Schutz der Schwächeren und die Absi-
115 cherung gegen Lebensrisiken sind nicht nur ein Verfassungsauftrag. Sie sind nach meiner festen Überzeugung das Fundament unserer Gesellschaftsordnung.

Nicht erst seit den letzten Wochen erleben wir eine ganz und gar unsinnige Debatte, in der so getan wird,
120 als stünden wir vor der Alternative, den Sozialstaat abzuschaffen oder so zu erhalten, wie er ist. Wer angesichts radikal veränderter Bedingungen der ökonomischen Basis unserer Gesellschaft die Frage so stellt, der hat bereits verloren.

125 Es liegt doch auf der Hand, dass eine Gesellschaft wie die unsere eine wirklich gute Zukunft nur als Sozialstaat haben kann. Anders als in einem Sozialstaat lässt sich Zusammenarbeit in komplexen Ordnungen, in ei-

ner Gesellschaft, in der sich der Altersaufbau, die Art und Dauer der Arbeitsverhältnisse, aber auch die kultu- 130 rellen Gegebenheiten dramatisch verändern, gar nicht organisieren. Aber wir müssen aufhören – das ist der Kern dessen, was wir vorschlagen –, die Kosten von Sozialleistungen, die der Gesellschaft insgesamt zugute kommen, immer nur und immer wieder dem Faktor Ar- 135 beit aufzubürden. […]

Für uns bleibt es beim Grundsatz: Jede und jeder erhalten die notwendige medizinische Versorgung, und zwar unabhängig von Alter und Einkommen.

Das erwarten die Menschen von uns. Sie erwarten auch, 140 dass wir am Solidarprinzip in der Krankenversicherung prinzipiell festhalten. […]

Wir haben die Pflicht, den nachfolgenden Generationen die Chancen auf ein gutes Leben in einer friedlichen und gerechten Welt nicht durch Unbeweglichkeit zu 145 verbauen. Das ist der Grund dafür, dass wir den Mut zu Veränderungen brauchen.

Unser Land muss wieder zu einem Zentrum der Zuversicht in Europa werden – unsertwegen, aber auch Europas wegen. […] 150

Wir haben alles, um eine gute Zukunft für unsere Kinder zu schaffen. Wenn alle mitmachen und alle zusammenstehen, dann werden wir dieses Ziel erreichen.

Ich danke Ihnen für Ihre Aufmerksamkeit.

Aus: Regierungserklärung von Bundeskanzler Schröder am 14. März 2003 vor dem Deutschen Bundestag

AUFGABEN

1. Stellen Sie die aus dem Redeauszug M 7 ersichtlichen Maßnahmen des Reformpakets agenda 2010 zusammen.
2. Ordnen Sie die Maßnahmen in den Kontext der Materialien 1 bis 6 ein.
3. Welche der erfassten Maßnahmen wurden umgesetzt? Sind die beabsichtigten Wirkungen erzielt worden? Recherchieren Sie.

9.5 Demografie – unausweichliches Schicksal?

AUFGABEN

1. Informieren Sie sich über die in M 1 und M 2 dargestellte Entwicklung.
2. Stellen Sie die in M 3 geäußerten Bedenken dar und beurteilen Sie diese.

M 1   Demografische und ökonomische Rahmenbedingungen

■ Die Zukunft der Sozialen Sicherungssysteme hängt maßgeblich von der demografischen und ökonomischen Entwicklung ab. Vor allem die zunehmende Alterung wirft Probleme bei der Finanzierung der Sozialen Siche
5 rungssysteme auf: Immer weniger Jüngere müssen die Leistungen für immer mehr Ältere aufbringen. Dies gilt in besonderem Maße für die Rentenversicherung, aber auch für die Pflege- und Krankenversicherung ergeben sich Probleme, [...]. Prognosen über einen Zeithorizont
10 von 40 Jahren sind naturgemäß mit großen Unsicherheiten behaftet. Dennoch können auf der Grundlage von bereits heute erkennbaren Trends Wirkungszusammenhänge abgebildet werden. [...]

2.1 Demografische Entwicklung

15 Die Bevölkerung in Deutschland wird in den kommenden Jahrzehnten beschleunigt altern. Diese Entwicklung ist als sicher anzusehen, da die Bevölkerung von morgen zu einem Teil bereits heute schon lebt. Die heute 25- bis 40-Jährigen werden in 40 Jahren im Wesent

lichen die Rentnergeneration bilden, die heutigen Kin 20 der werden dann die Erwerbstätigen sein. Sieht man von der kaum prognostizierbaren Zuwanderung ab, sind Bevölkerungsprognosen anders als zum Beispiel Wirtschaftsprognosen mit weit weniger Unsicherheiten behaftet. 25
Die Alterung der Gesellschaft wird durch zwei Trends determiniert: niedrige Geburtenraten und steigende Lebenserwartung, wobei langfristig der Geburtenentwicklung das größere Gewicht beizumessen ist. Entscheidend für die Gesamtentwicklung ist dabei weniger, wie 30 sich diese Determinanten zukünftig entwickeln werden als vielmehr, wie sie sich in der Vergangenheit verändert haben. Diese beiden Trends bewirken auf der einen Seite, dass sich die Relation zwischen Jungen und Alten verschiebt, und auf der anderen Seite, dass die Bevölke 35 rung insgesamt schrumpfen wird.

Aus: Bundesministerium für Gesundheit und Soziale Sicherung, Nachhaltigkeit in der Finanzierung der sozialen Sicherungssysteme. Bericht der Kommission, Berlin 2003, S. 51 f.

M 2   Bevölkerungswandel in Deutschland

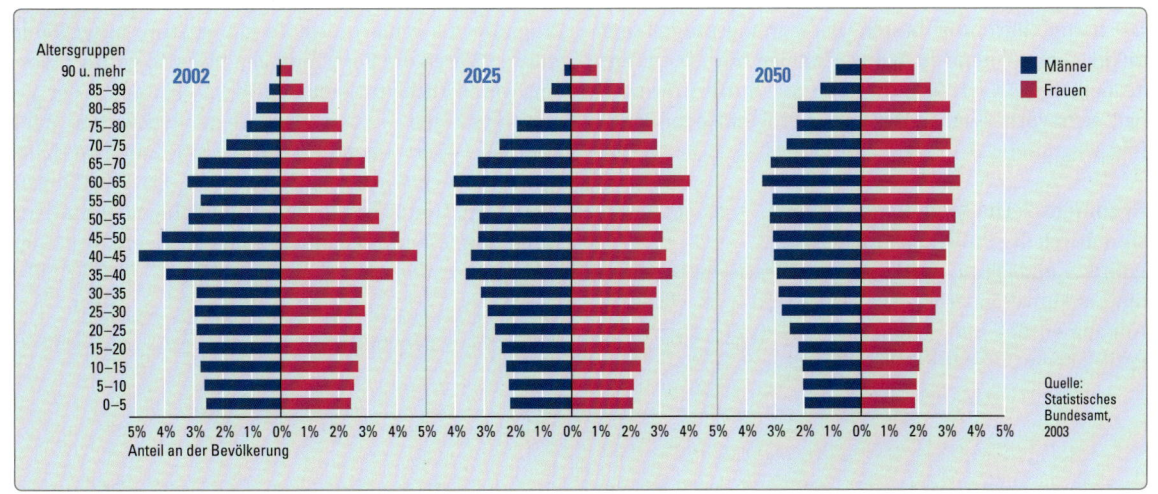

M3 Demografische Entwicklung – kein Anlass zur Dramatik

● In der politisch-ökonomischen Diskussion der letzten Monate spielte die 10. koordinierte Bevölkerungsvorausberechnung des Statistischen Bundesamtes, veröffentlicht im Juni 2003, eine sehr große Rolle. Fast
5 einem Naturgesetz gleich dient die zu erwartende demografische Entwicklung als Hauptargumentation für Veränderungen im Rentensystem, aber auch für Einschnitte im Gesundheitswesen. […]

Während über die Konsequenzen hart diskutiert und
10 gestritten wird, gelten die Berechnungen der Statistiker selbst als unumstritten und gleich einem Naturgesetz wird angenommen, dass alles genau so in 47 Jahren eintritt. […] Aber stimmt das wirklich? […]

[…] Selbst wenn die Modellrechnungen Wirklichkeit
15 würden, so zeigen vier Betrachtungen deutlich auf, dass die Folgen einer Alterung der Gesellschaft nicht zu Wohlstandsverlust führen müssen. […]

Argument 1: 50 Jahres-Prognosen sind moderne Kaffeesatzleserei

20 Ein Blick um 50 Jahre zurück bestätigt obige These eindrucksvoll: Zwangsläufig hätte man 1950 bei einer Schätzung für das Jahr 2000 u. a. folgende Einflussfaktoren übersehen müssen:
— Entwicklung und Verbreitung der Antibabypille
25 — Anwerbung und Zuzug von ausländischen Arbeitskräften und ihren Familien
— Trend zur Kleinfamilie bzw. einem Single-Dasein
— Öffnung der Grenzen im Osten mit dem Zuzug von etwa 2,5 Millionen Aussiedlern aus den osteuro-
30 päischen Ländern nach Deutschland.

Da hätten auch die besten Berechnungsprogramme nichts genutzt, denn auch diese können nur existierende, bekannte Trends fortschreiben. Strukturbrüche sind halt nicht vorhersagbar. Das ist das Problem jeder Lang-
35 fristprognose! […]

Argument 2: Die Modellannahmen sind durch die Politik beeinflussbar

Politiker und Presse stellen die demografische Entwicklung als unveränderbar dar. Dabei sind zwei wichtige
40 Annahmen des Berechnungsmodells direkt durch die Politik beeinflussbar:

1. Kinderanzahl pro Frau

Mit familien- und kinderfreundlicher Politik, mit Berufschancen für Mütter lässt sich einiges machen. Das zeigt z. B. Frankreich, das mit entsprechender Politik die
45 Anzahl der Kinder pro Frau von 1993 mit 1,65 im Jahr 2000 auf 1,88 (plus 14 %) steigern konnte.

2. Wanderungsüberschuss

Der Zuzug von Ausländern nach Deutschland ist ganz offensichtlich eine Frage der Ausländer-, Europa- und
50 Integrationspolitik. So hängt der Zuzug von EU-Bürgern aus den neuen Beitrittsländern, vor allem nach der vollständigen Freizügigkeit für Arbeitnehmer, stark von der Attraktivität Deutschlands ab. Und allein die politische Entscheidung, die Türkei in die EU aufzuneh-
55 men, hätte immensen Einfluss auf den Bevölkerungsstand. […]

Argument 6: Produktivitätsfortschritt erlaubt mehr Rentner

Die heutige Diskussion ist von einer statischen Betrach-
60 tungsweise geprägt. Die Leistungsfähigkeit eines heutigen Beschäftigten wird auch für das Jahr 2050 unterstellt. Nur so kann ein Anstieg der Zahl der zu ernährenden Rentner bedrohlich wirken. Damit wird komplett ausgeblendet, dass aufgrund des technischen
65 Fortschritts ein Arbeitnehmer immer mehr herstellen kann. Wie hoch die Arbeitsproduktivität steigt, kann niemand voraussagen. Die Werte der letzten Jahrzehnte zu unterstellen, wäre nicht seriös. […]

Argument 7: Auswahl des „worst case"

70 Bei genauer Datenbetrachtung der Ergebnisse des Statistischen Bundesamtes fällt auf, dass mit 2050 für die Prognose die schlechteste 10-Jahres-Stufe ausgewählt wurde. Wären die Berechnungen bis 2060 geführt worden, wären die heute geburtenstarken Jahrgänge der 30-
75 bis 40-Jährigen – 2050 noch in nennenswerter Zahl Rentner – überwiegend verstorben. Das Zahlenverhältnis würde sich wieder zu Gunsten der Erwerbsfähigen verändern. Und für 2040 zeigen die Zahlen des Statistischen Bundesamtes ebenfalls eine günstigere Situation
80 als 2050.

Gerd Bosbach, Demografische Entwicklung – kein Anlass zur Dramatik, www.memo.uni-bremen.de/docs/m0404.pdf

9.6 Solidarisierung oder Entsolidarisierung?

AUFGABEN

1. Informieren Sie sich über die Ausgangslage bezogen auf die Rentenversicherung im Jahre 2003 aus M 1 und M 2.
2. Führen Sie ein Planspiel durch nach der Beschreibung auf S. 163 f.

M 1 Reformvorschläge zur Gesetzlichen Rentenversicherung

● In der Diskussion um die Zukunftsfähigkeit der Gesetzlichen Rentenversicherung wird häufig der Eindruck vermittelt, die Politik habe die seit langem bekannte demografische Entwicklung bisher weitgehend ignoriert, und die finanzielle Situation der Rentenversicherung habe sich nunmehr so zugespitzt, dass nur eine Systemänderung die Alterssicherung noch retten kann.

Dieser Eindruck ist nicht richtig. Bereits in den 80er Jahren sind Maßnahmen auf den Weg gebracht worden, die einen nachhaltigen Einfluss auf die Finanzierung der Gesetzlichen Rentenversicherung hatten. Eine der wichtigsten war die im Jahr 1989 verabschiedete Rentenreform 1992. Auch danach wurden zahlreiche Gesetze verabschiedet, mit denen die Ausgaben- und Beitragssatzdynamik gedämpft wurde. Die wichtigsten dieser Maßnahmen sind die Anhebung der vorgezogenen Altersgrenzen für einen abschlagsfreien Rentenbezug von 60 bzw. 63 Jahren auf das 65. Lebensjahr, die Modifizierung der Rentenanpassung, die stärkere Betonung des Versicherungsprinzips durch die Rückführung der rentenrechtlichen Berücksichtigung beitragsfreier Zeiten sowie die sachgerechte Finanzierung der so genannten versicherungsfremden Leistungen durch Steuermittel. Parallel hierzu wurden – zum Teil durch das Bundesverfassungsgericht angestoßen – die Familienleistungen in der Rentenversicherung ausgeweitet.

Ihren bisherigen Abschluss fanden die Reformmaßnahmen in der Rentenreform 2001. Mit dieser grundlegenden Reform wurde der Grundstein zum Ausbau der zweiten und dritten Säule der Alterssicherung gelegt und zudem wurden die Renten wegen verminderter Erwerbsfähigkeit neu geregelt. […]

Im Fokus der Rentenreform 2001 stand eine weitere Dämpfung des Beitragssatzanstiegs in der Gesetzlichen Rentenversicherung im Wege verlangsamter Rentenzuwächse, insbesondere bis zum Jahr 2010. Der Gesetzgeber legte fest, dass bei Erreichen bzw. Überschreiten eines Beitragssatzes von 20 % bis zum Jahr 2020 bzw. 22 % bis zum Jahr 2030 die Politik Maßnahmen zum Gegensteuern vorzuschlagen hat. Um das Beitragssatzziel einzuhalten, bedurfte es – auf der Basis der seinerzeit zugrunde gelegten demografischen und ökonomischen Grundannahmen – einer im Wege reduzierter Rentenanpassungen zu realisierenden Absenkung des bei rund 70 % liegenden Nettorentenniveaus, wobei ein Mindestniveau von 67 % eingehalten werden sollte.

Durch die eingeleitete Niveauabsenkung wurde für die Sicherung des Lebensstandards im Alter der eigenverantwortliche Aufbau einer zusätzlichen kapitalgedeckten Altersvorsorge unerlässlich. Damit auch Versicherte mit niedrigem und mittlerem Einkommen die Mittel für den Aufbau dieser Zusatzvorsorge aufbringen können, ist mit der Riester-Rente eine staatliche Förderung durch eine Kombination aus Zulagen – durch die insbesondere Bezieher niedriger Einkommen und Familien mit Kindern begünstigt werden – und steuerlicher Entlastung – d.h. der steuerlichen Abzugsfähigkeit der Beiträge – eingeführt worden. […]

Die Rentenreform 2001 bedarf allerdings einer Nachjustierung, weil sich die ökonomischen und insbesondere die demografischen Annahmen, die den seinerzeitigen Berechnungen zugrunde lagen, aufgrund der neuen Erkenntnisse als korrekturbedürftig erwiesen haben. An der Grundentscheidung der Rentenreform, bis zum Jahr 2030 einen Beitragssatz von 22 % nicht zu überschreiten und gleichzeitig – unter Einbeziehung der zusätzlichen kapitalgedeckten Vorsorge – eine lebensstandardsichernde Altersvorsorge zu gewährleisten, wird jedoch festgehalten.

Aus: Bundesministerium für Gesundheit und Soziale Sicherung, Nachhaltigkeit in der Finanzierung der sozialen Sicherungssysteme. Bericht der Kommission, Berlin 2003, S. 66, 68.

M 2 Grundprinzipien der Gesetzliche Rentenversicherung

■ Die Gesetzliche Rentenversicherung basiert auf einer Reihe von Grundprinzipien, die nicht nur den normativen Regelungsrahmen darstellen, sondern auch im ökonomischen Sinne unter Anreizgesichtspunkten von
5 großer Bedeutung sind. [...]

Äquivalenz von Beitrag und Leistung
Die Leistungen der Gesetzlichen Rentenversicherung in Deutschland richten sich grundsätzlich nach der Höhe der in der Erwerbsphase gezahlten Beiträge. Durch das
10 System der Entgeltpunkte wird pro Jahr eine bestimmte Rentenanwartschaft erworben, die sich an der am jeweiligen Durchschnittseinkommen gemessenen Einkommensposition des Versicherten orientiert. Der Durchschnittsverdiener erhält einen Entgeltpunkt. Bei einem
15 doppelten Durchschnittsverdienst werden zwei und bei einem halben Durchschnittsverdienst ein halber Entgeltpunkt gutgeschrieben. Die Summe der so über die gesamte Erwerbsbiografie hinweg erworbenen Entgeltpunkte bestimmt dann den individuellen Rentenanspruch,
20 indem sie mit dem – jährlich anzupassenden – aktuellen Rentenwert multipliziert wird. Durch dieses System soll sichergestellt werden, dass die relative Einkommensposition der Versicherten während ihrer Erwerbstätigkeit auch in der Rentenbezugsphase beibehalten wird und
25 gleichzeitig die Rentnerinnen und Rentner am Produktivitätsfortschritt der Erwerbstätigen teilhaben. [...]

Versicherungsprinzip
Das zentrale Merkmal der Gesetzlichen Rentenversicherung besteht darin, dass es in der Rentenversicherung
30 nicht auf das individuelle Risiko des einzelnen Versicherten ankommt. Eine Einteilung in Risikoklassen, die immer auch mit einer Risikoselektion verbunden ist, findet nicht statt. Für die Höhe des Beitrags spielt beispielsweise das Geschlecht, das Alter oder der Gesund-
35 heitszustand des Versicherten keine Rolle. In dieser Wegtypisierung des individuellen Risikos besteht der wesentliche Unterschied zwischen der Gesetzlichen und einer individuellen privaten Rentenversicherung.

Einkommensersatzfunktion
40 Die gesetzliche Rente soll im Alter einen Ersatz für das wegfallende Erwerbseinkommen bieten. Dabei geht es nicht um eine vollständige Lebensstandardsicherung, die nur im Zusammenspiel mit betrieblicher und privater Altersvorsorge gewährleistet werden kann. Den-
45 noch wird voraussichtlich auch in Zukunft in den meisten Fällen der größte Teil des Alterseinkommens aus der Gesetzlichen Rentenversicherung stammen. Um diese Einkommensersatzfunktion erfüllen zu können,

> ### Rürup-Kommission:
> ### Höherer Rentenversicherungsbeitrag droht
>
> Während die politische Diskussion sich darum dreht, ob ab 2011 das Renteneintrittsalter jährlich um einen Monat angehoben wird, plagt die Praktiker eine andere Frage: Kann es im nächsten Jahr beim Rentenbeitragssatz von 19,5 Prozent bleiben?
>
> So mahnt zum Beispiel der Zentralverband des Deutschen Handwerks, dass die Reformen unbedingt dazu führen müssten, dass der Rentenbeitragssatz auf unter 19 Prozent sinkt. Rürup erwartet langfristig allerdings 22 Prozent.
>
> *Deutsche Handwerks-Zeitung, 11.9.2003, Autor: Ewald Rischer*

müssen die Renten dynamisch an der allgemeinen Entwicklung der Arbeitseinkommen partizipieren. [...] 50

Sozialer Ausgleich
In der Gesetzlichen Rentenversicherung kommt dem sozialen Ausgleich eine große Bedeutung zu. Der Begriff des sozialen Ausgleichs bezieht sich nicht auf den durch das Umlageverfahren und den so genannten 55 Generationenvertrag gewährleisteten intergenerativen Ausgleich. Danach finanzieren die jeweils Erwerbstätigen mit ihren Beiträgen die zu zahlenden Renten und erwerben damit gleichzeitig Anwartschaften auf Renten, die wiederum von den Beitragszahlerinnen und 60 -zahlern der nächsten Generation zu zahlen sind. [...]

Finanzierung im Umlageverfahren
Die Finanzierung der Gesetzlichen Rentenversicherung erfolgt im Umlageverfahren, d.h. die jeweiligen Beitragseinnahmen werden unmittelbar dazu verwendet, 65 die laufenden Renten auszuzahlen. Ein Kapitalstock zur Deckung künftiger Renten existiert nicht. Die Schwankungsreserve, die dazu dient, unterjährige Liquiditätsschwankungen auszugleichen, wurde in den letzten Jahren deutlich reduziert, so dass sie selbst diese Funktion 70 kaum noch erfüllen kann.

Das Umlageverfahren ermöglicht dem Einzelnen einen – im Fall der Gesetzlichen Rentenversicherung eigentumsrechtlich geschützten – Anspruch auf den Ertrag des Faktors Arbeit in der Zukunft. 75

Aus: Bundesministerium für Gesundheit und Soziale Sicherung, Nachhaltigkeit in der Finanzierung der sozialen Sicherungssysteme. Bericht der Kommission, Berlin 2003, S. 68–71

Soll und kann die Rentenversicherung in bisheriger Form erhalten bleiben?

Bilden Sie im Kurs mehrere Gruppen, die jeweils eine Regierung bilden. Gemäß der nachfolgenden Regeln entwickelt jede Gruppe Konzepte für eine Reform des Rentensystems.

Jede Gruppe zieht durch Würfeln eine Ereigniskarte und bestimmt dann ihre Einstellung der Variablen für das nächste Jahr. Legen Sie im Kurs einen Zeitraum fest, der für die Diskussion in der Gruppe bleibt. Einige Kursmitglieder (Mindestzahl: Zahl der Gruppen) sind Beobachter, die auf die korrekte Einhaltung der Spielregeln achten und zum gegebenen Zeitpunkt die Entscheidungen der Gruppe an die Spielleitung weitergeben. Die Spielleitung besteht aus mindestens zwei Schüler(inne)n, die am Computer die Werte eingeben und nach den Regeln die Ergebnisse öffentlich verkünden.

Spielerinnen und Spieler, deren Spiel beendet ist, notieren und diskutieren ihre Strategie für die spätere Auswertung.

Nach dem Spiel findet ein Auswertungsgespräch über das Planspiel statt, das auf jeden Fall die folgenden Aspekte behandelt:
a) Erfolgreiche und weniger erfolgreiche Strategien,
b) Diskussion der Anlage des Planspiels und Vergleich mit der Realität,
c) Diskussion der Festsetzung der Regeln im Spiel,
d) Diskussion der Reichweite von Planspielen für ökonomische und politische Entscheidungen.

Werte
Die folgenden Variablen dienen im Planspiel als Berechnungsgrundlagen:
—Zahl der Versicherten (Ausgangswert: 43,2 Millionen)
—Durchschnitts-Bruttoverdienst (Ausgangswert: 19 000 €)
—Beitragssatz zur Rentenversicherung (Ausgangswert: 19,5 %)
—Leistungsbezieher aus der Rentenversicherung (Ausgangswert: 22,4 Millionen)
—Durchschnittsrente (Ausgangswert 10 135 € pro Jahr)
—Weitere Einnahmen der Rentenversicherung (Ausgangswert 12 804 Millionen €)

Die übrigen Werte, die Sie einbeziehen müssen, sind davon abhängig:
—Die Einnahmen der Rentenversicherung berechnen sich als Produkt der Zahl der Versicherten, des Durchschnitts-Bruttoverdienstes und des Beitragssatzes.
—Die Ausgaben der Rentenversicherung ergeben sich durch die Zahl der Leistungsbezieher und der Durchschnittsrente.
—Das vom Staat zu deckende Defizit berechnet sich aus den Ausgaben der Rentenversicherung abzüglich der Einnahmen aus den Leistungen der Versicherten und der sonstigen Einnahmen.

Berechnungen
Berechnet werden mit Hilfe einer Tabellenkalkulation die abhängigen Werte sowie die Werte für die Folgejahre. Die erste Spielrunde beginnt im Jahre 2003.

Folgende Veränderungsraten werden angenommen bzw. gesetzt, falls die Gruppen nichts anderes entscheiden:
—Die Zahl der Versicherten sinkt jährlich um 0,29 %, sofern nicht besondere Ereignisse eintreten (Ereigniskarte).
—Der Durchschnittsbruttolohn steigt jährlich um 1 %, sofern nicht besondere Ereignisse eintreten (Ereigniskarte).
—Die Zahl der Leistungsbezieher steigt jährlich um 0,5 %, sofern nicht besondere Ereignisse eintreten (Ereigniskarte).
—Die Durchschnittsrente steigt jährlich um 1 % (veränderbarer Wert).
—Der Beitragssatz bleibt gleich (veränderbarer Wert).
—Weitere Einnahmen der Rentenversicherung sind 8 % der Einnahmen aus den Leistungen der Versicherten (veränderbarer Wert).

Wir gehen im Planspiel wie in der Realität davon aus, dass das Defizit in der Rentenversicherung vom Staat zu decken ist und nicht durch Verschuldung des Rentenversicherungsträgers beglichen werden kann. Ebenso fließen mögliche Überschüsse der Staatskasse jährlich zu.

Regeln
Durch Würfeln werden Ereigniskarten (siehe unten) gezogen: 1. Wurf: 1 bis 3: Feld A, 4 bis 6: Feld B; der 2. Wurf bestimmt die Ereigniskarte (1–6) in Gruppe A oder B.
Ereigniskarten werden in die Überlegungen einbezogen und an die Spielleitung zusammen mit den Setzungen der Variablen weitergereicht.

Das Spiel ist für die Gruppe unter folgenden Bedingungen beendet:

a) Ein Beitragsatz in der Rentenversicherung, der bis zum Jahr 2015 über 20,5 % bzw. bis zum Jahr 2025 über 21,5 % und danach über 23 % liegt, führt zum Sturz der Regierung, da Unternehmen und Beitragszahler dies nicht akzeptieren.

b) Eine Erhöhung des Beitragsatzes der Rentenversicherung ist erst ab 2005 möglich (alte Absprachen) und darf pro Jahr nicht mehr als 0,5 Prozentpunkte betragen. Jeder neue Beitragsatz darf erst nach 5 Jahren erhöht werden. Handlungen gegen diese Regel führen zum Sturz der Regierung.

c) Eine Finanzierungslücke in der Rentenversicherung, die bis zum Jahr 2015 mehr als 70 Milliarden € und danach 100 Milliarden € beträgt, führt zum Zusammenbruch des Staathaushalts.

d) Andere Einnahmen für die Rentenversicherung sind nur zu erzielen, wenn – wie bei der Ökosteuer – dafür Belastungen reduziert werden: Jede Steigerung der Einnahmen um 1 Prozentpunkt muss mit der Verringerung des Beitragsatzes um 1 Prozentpunkt gekoppelt werden. Handlungen gegen diese Regel führen zum Sturz der Regierung.

e) Ein Sinken der Durchschnittsrente unter 99 % des Vorjahreswerts führt zum Sturz der Regierung wegen des hohen Anteils der Rentner an der Bevölkerung. Ebenso tritt dieser Effekt ein, wenn die Rente mehr als 1 Jahr lang nicht erhöht wird.

Folgende Bonus- und Maluswerte müssen einbezogen werden:

a) Ist der Beitragsatz der Rentenversicherung unter 20 % bis 2010 und unter 22 % bis 2030, steigt die Zahl der Beitragszahler jährlich zusätzlich um 0,3 Prozentpunkte.

b) Bleibt das Defizit der Rentenversicherung unter dem Ausgangswert, so erhöht sich der Durchschnittsverdienst zusätzlich um 0,2 Prozentpunkte.

c) Bewegt sich der Beitragsatz am gesetzten Limit, so sinkt die Zahl der Beitragszahler zusätzlich um 0,2 Prozentpunkte jährlich.

d) Bewegt sich das Defizit der Rentenversicherung am Limit, so sinkt der Durchschnittsverdienst jährlich zusätzlich um 0,3 Prozentpunkte.

Das Spiel ist spätestens mit dem Jahr 2050 beendet.

Ereigniskarten

A 1: Rezession: Die Zahl der Beitragszahler verringert sich um 1 Million wegen der Arbeitslosigkeit.

A 2: Eine neue Steuerpartei hat politisch großen Erfolg. Deshalb muss das Defizit der Rentenversicherung sinken.

A 3: Die Zahl der Erwerbstätigen sinkt vorerst nicht weiter, da weiter Kreise einbezogen werden. Für die nächsten 3 Jahre bleibt die Zahl der Beitragszahler gleich.

A 4: Konjunkturabschwung und Entlassungen. Für die nächsten 3 Jahre sinkt die Zahl der Beitragszahler um den doppelten Wert in Prozentpunkten.

A 5: Konjunkturbelebung: Die Zahl der Beitragszahler steigt in den folgenden 2 Jahren um jeweils zusätzlich 0,5 Prozentpunkte.

A 6: Politische Krise: Um die nächste Wahl zu gewinnen müssen die Regierungsparteien die Renten um 3 % erhöhen.

B 1: Weltwirtschaftliche Krise: Die Wirtschaft bricht ein. Massenentlassungen. Die Zahl der Beitragszahler verringert sich um jeweils zusätzlich 2 Prozentpunkte in den nächsten 2 Jahren.

B 2: Politischer Boom: Wegen krasser Fehler der Opposition können sich die Regierungsparteien im Folgejahr einmalig eine einzelne Regelübertretung um nicht mehr als 0,5 Prozentpunkte erlauben.

B 3: Um die Regierungsmehrheit zu erhalten, musste der Rentenversicherungsbeitrag für die nächsten 8 Jahre auf dem derzeitigen Niveau festgeschrieben werden.

B 4: Eine neue Rentnerpartei ist gegründet. Sie hat großen Erfolg und wird die Regierung zusammen mit der übrigen Opposition stürzen, wenn es nicht gelingt, die Durchschnittsrente um mindestens 500 € zu erhöhen.

B 5: Politische Krise: Wegen Korruptionsfällen in der Regierung bleiben die Regierungsparteien nur dann an der Macht, wenn sie ein Wahlgeschenk an die Rentner machen und die Durchschnittsrenten um mindestens 4 Prozentpunkte erhöhen.

B 6: Wegen der zu hohen Lohnnebenkosten kommt es zu Unternehmenszusammenbrüchen und Massenentlassungen. Die Zahl der Beitragszahler sinkt um weitere 5 Prozentpunkte.

1. Fassen Sie die Argumente für eine „Kündigung des Generationenvertrags" (M 3) zusammen. Vertreten die Autoren die Meinung „der" jungen Menschen?
2. Welche Argumente sprechen für eine Solidarisierung (M 4)? Wer soll für wen eintreten? Wie beurteilen Sie die Chancen einer solidarischen Gesellschaft?
3. Setzen Sie sich mit dem Ergebnis der BAT-Studie auseinander (M 5).

M 3 Die Reform der Sozialversicherung in der Bundesrepublik Deutschland

● **Durch die Kündigung des Generationenvertrages in 50 Jahren zurück zur sozialen Gerechtigkeit**
Durch Kündigung des Generationenvertrages kann erstmals eine eigene private, individuelle und per-
5 sönliche Vorsorge stattfinden. Es ist nicht logisch, dass die jetzige Generation die ältere zu finanzieren hat. Der Zwang einer Versicherung zur Absicherung einer anderen Generation ist nicht Aufgabe des Sozialstaates.
10 Die Schwachen müssen weiterhin Unterstützung bekommen, die Leistungswilligen gefördert und für die Nichtleistungsbereiten Anreize geschaffen werden.

Man braucht ca. 50 Jahre, um aus dem Generati-
15 onenvertrag auszusteigen. In jeder Versicherungssparte sind 50 Jahre der Zeitraum, in dem die Leistungsempfänger ihre Ansprüche neu definieren können. Dies ist ein generationenabhängiger Ausstieg. Auf die bereits eingezahl-
20 ten Beiträge und Leistungen besteht nach wie vor ein Anspruch! [...] Kurz: Die Leistung muss im Verhältnis zum Beitrag stehen. Dies wiederum bedeutet, dass hier eine kapitalgedeckte Finanzierung, wie die Jungen Liberalen sie bereits fordern, eingeführt werden
25 muss (siehe z. B. private Rentenversicherung)! [...]

Altersvorsorge ist Individualismus pur!
Ebenso gehört die gesetzliche Rentenversicherung abgeschafft. Hier ist genauso eine Übergangzeit von 50 Jahren realistisch. Die Rentenversicherung ist das beste
30 Beispiel für die Notwendigkeit der Änderung vom Solidaritätsprinzip zum Äquivalenzprinzip. Die heutige Ge-

neration zahlt die Renten der heutigen Rentner. Aufgrund der demographischen Entwicklung ist diese Rechnung allerdings nicht mehr auszugleichen.

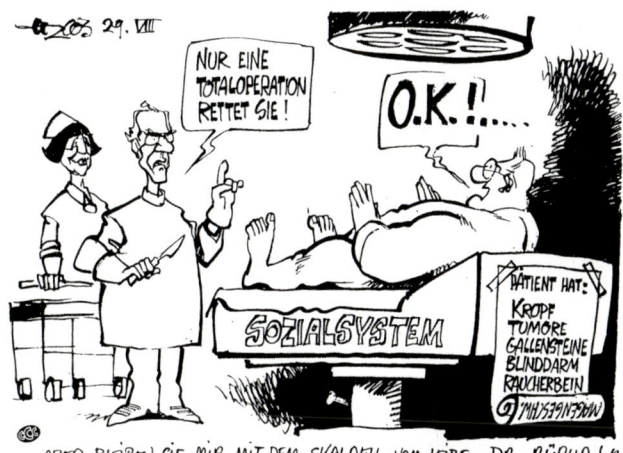

Die Aufgabe des Staates in einem liberalen Weltbild ist 35 es, Rahmenbedingungen zu schaffen! Rahmenbedingungen bedeuten, dass der Bürger im Alter Mittel zur Verfügung hat, um sich selbst zu versorgen. Der Bürger muss die Möglichkeit bekommen selbst zu entscheiden, wie er für sein Alter vorsorgen will! [...] Eine eventuell 40 anfallende, weitere Fremdfinanzierung wird über die Versicherungssteuer, sowie über Subventionsabbau bzw. die Mwst finanziert.

Aus: Marcel Hafke (Vorsitzender der Jungen Liberalen NRW), Diskussionspapier „Kündigung des Generationenvertrages", 1. 7. 2004, www.julis-nrw.de/docs/diskus_hafke_generationen.pdf

M4 Sozialwort der Kirchen

● Auch in Zukunft wird die Gesellschaft dadurch geprägt sein, dass die Erwerbsarbeit für die meisten Menschen den bei weitem wichtigsten Zugang zu eigener Lebensvorsorge und zur Teilhabe am gesellschaftlichen
5 Leben schafft. In einer solchen Gesellschaft wird der Anspruch der Menschen auf Lebens-, Entfaltungs- und Beteiligungschancen zu einem Menschenrecht auf Arbeit. […]
Aus christlicher Sicht ist das Menschenrecht auf Ar-
10 beit unmittelbarer Ausdruck der Menschenwürde. Der Mensch ist für ein tätiges Leben geschaffen und erfährt dessen Sinnhaftigkeit im Austausch mit seinen Mitmenschen. […]

Eine Soziale Marktwirtschaft ist heute nicht mehr durch
15 „Normalarbeitsverhältnisse" der Männer und eine nur indirekte materielle Versorgung und Absicherung der Frauen und Kinder zu verwirklichen. Jenseits konkreter Verteilungskonflikte zwischen den Geschlechtern steht die Gleichstellung von Frauen und Männern in der Be-
20 völkerung heute nicht mehr in Frage. Wesentlich für die Gleichstellung ist, daß in Zukunft die Frauen einen gerechten Anteil an der Erwerbsarbeit erhalten und die Männer einen gerechten Anteil an der Haus-, Erziehungs- und Pflegearbeit übernehmen. […]

25 Wenn die Volkswirtschaft unter den gegenwärtigen Bedingungen nicht mehr in der Lage ist, alle erwerbsbereiten Menschen zu beschäftigen, und gleichzeitig eine Auszehrung der unentgeltlichen und im Gemeinwohlinteresse unerläßlichen Tätigkeiten droht, so stellt sich
30 der Politik einschließlich der Tarifpolitik die Aufgabe, hier entschieden gegenzusteuern. Sonst führt dies zu einer Vergeudung menschlicher Fähigkeiten und zu einem Verlust an Humanität in der Gesellschaft. Es geht einerseits um eine stärkere politische und soziale Aner-
35 kennung der Tätigkeiten außerhalb der Erwerbsarbeit als einem unersetzlichen Beitrag für die Gesellschaft. Und es geht andererseits um eine Hilfe beim Tragen der Lasten, welche Menschen unter den gegenwärtigen Bedingungen mit der Übernahme familiärer Verant-
40 wortung auf sich nehmen. Es gibt nicht nur eine Sozialpflichtigkeit des Eigentums, sondern auch eine Sozialpflicht des einzelnen.

Die bisherigen öffentlichen Diskussionen orientieren sich fast ausschließlich am Spannungsverhältnis von Marktwirtschaft und Sozialstaat. Vielfach schwingt da-
45 bei auch noch der ordnungspolitische Antagonismus „Planwirtschaft" versus „Marktwirtschaft" aus der Zeit des Kalten Krieges nach. Wenn Märkte an ihre Grenzen stoßen, sucht man das Heil beim Staat. Versagt der Staat, so fordert man mehr Markt, Privatisierungen und
50 Deregulierungen. Über diesem Dualismus droht in Vergessenheit zu geraten, dass gesellschaftliche Gruppen und Institutionen, die weder dem Staat noch dem Bereich des Marktes zuzuordnen sind, einen eigenständigen Beitrag zur Erhöhung der gesellschaftlichen
55 Wohlfahrt leisten. Hierzu gehören in erster Linie die Familien (Haushalte und Verwandtennetze), aber auch die gemeinnützigen Einrichtungen, Formen assoziativer Selbsthilfe – beispielsweise in Kirchen, Gewerkschaften oder Vereinen – und Formen wechselseitiger
60 Hilfe – etwa im Bereich von Nachbarschaften oder sonstigen Bekanntschaftsbeziehungen. […]

Auch wenn dadurch das Bewußtsein, solidarisch miteinander verbunden zu sein, weniger selbstverständlich geworden ist, kann diese Entwicklung nicht von vorn-
65 herein mit Vereinzelung und Entsolidarisierung gleichgesetzt werden. Vielmehr wandelt sich die Art und Weise, in der Solidarität eingeübt und gelebt wird. An die Stelle herkömmlicher Formen der Solidarität tritt zunehmend die freiwillige solidarische Einbindung in
70 Gruppen, die häufig durch gemeinsames Engagement für eine gemeinsame Sache neu entstehen.

Aus: Für eine Zukunft in Solidarität und Gerechtigkeit. Wort des Rates der Evangelischen Kirche in Deutschland und der Deutschen Bischofskonferenz zur wirtschaftlichen und sozialen Lage in Deutschland, http://www.ekd.de/EKD-Texte/sozialwort/sozial4.html

M 5 **Soziale Altersvorsorge: Familie und Freunde als wertbeständige Zukunftsinvestition**

● *Zu einer Studie des Freizeit-Forschungsinstitutes von BAT aus dem Jahr 2003*

Die Erhaltung familiärer Bindungen ist zur wichtigsten Vorsorgemaßnahme für das Alter geworden und hat fast den Charakter einer Lebensversicherung. Zur Familie gesellt sich als zweite soziale Zukunftsinvestition
5 für das Alter die Pflege des Freundeskreises. Freundeskreis und Familie werden mittlerweile gleich hoch bewertet. Die systematische Pflege der Kontakte zu Familie und Freunden sowie die Fähigkeit, sich selber zu beschäftigen, werden die wichtigsten mentalen und so-
10 zialen Vorsorgemaßnahmen für das Alter sein. Horst Opaschowski [Professor an der Universität Bielefeld]: „Es wird daher unerlässlich sein, das natürliche Hilfspotential zu aktivieren, damit Freunde als freiwillige Helfer gewonnen werden können. Andernfalls bleibt man
15 allein bzw. alleingelassen." Vom Generationenpakt auf privater Basis profitieren primär Generationen mit familialen Netzwerken. Alle anderen (insbesondere Singles und Kinderlose) müssen schauen, dass sie im Laufe ihres Lebens verlässliche nichtverwandte soziale Netze
20 knüpfen. Näher und ferner stehende Menschen müssen ihr Leben begleiten: sogenannte soziale Konvois im außerfamilialen Bereich. „Gute Freunde" reichen dazu allein aber nicht aus, weil sie meist gleichaltrig sind und ihre Zahl im Alter zurückgeht. Soziale Konvois sind nur
25 hilfreich, wenn sie generationsübergreifend angelegt sind. Trotz solcher sozialer Neuerungen gibt es eigentlich nur eine Konstante im Leben: Das ist die Familie als Generationenpakt. […]

Die Forschungsstudie weist nach: Neben dem alten Ge-
30 nerationenvertrag entwickelt sich ein neuer Generationenpakt: die gelebte Solidarität zwischen den Generationen. Es handelt sich um eine auf familialen Werten basierende Übereinkunft, um einen natürlichen Austausch von Lebensressourcen und Unterstützungsleis-
35 tungen. Dieser Generationenpakt lebt von der Alltagssolidarität, von gewachsenen sozialen Beziehungen und Bindungen – und nicht von auferlegten gesetzlichen Verpflichtungen.

Die bisherigen Szenarien über die sozialen Folgen der
40 demographischen Entwicklung „krankten" daran, dass sie den Menschen lediglich als Kostenfaktor sahen:

Wachsende Lasten = finanzielle Grenzen. Die ausschließlich ökonomische Betrachtungsweise, bei der Wirtschafts- und Finanzexperten den Ton angeben, ver-
45 liert die soziale Dimension aus dem Blick, den natürlichen Zusammenhalt zwischen den Menschen und die Solidarität zwischen den Generationen. Der Generationenpakt als familiärer Zusammenhalt und gelebter Gemeinsinn ist der Grundbaustein für die Zukunfts-
50 fähigkeit unserer Gesellschaft.

Bei der Konzentration auf die Familie müssen die materiellen Belange des Lebens keineswegs aus dem Blick geraten. Das Statistische Bundesamt weist nach, dass die wichtigste Einkommensquelle der Deutschen – ne-
55 ben dem Arbeitseinkommen (40%) – nicht die Rente oder Pension (23%), sondern die Familie (30%) ist, also die Angehörigen, die Ehepartner und die Eltern. Die Familie erbringt also eine doppelte Vorsorgeleistung – eine Kapitalvorsorge und eine Sozialvorsorge. Wenn das Grundgesetz in Artikel 6 die Familie unter den besonde-
60 ren Schutz des Staates stellt, so findet dies in der doppelten Vorsorgeleistung der Familie seine Begründung. Versicherungsgesellschaften können das nicht leisten und Freundeskreise wollen das in der Regel auch nicht. So gesehen erweist sich die Familienförderung als die
65 beste Zukunftsvorsorge der Gesellschaft.

Aus: www.bat.de (British American Tabacco, Germany), 2003

WEITERFÜHRENDE INFORMATIONEN

Informationen über die Entwicklung des Sozialstaates Bundesrepublik

Neben den Trägern der Wirtschaftspolitik, wie sie in den anderen Kapiteln dieses Arbeitsbuches vorgestellt werden, beschäftigen sich manche Institutionen speziell mit der Sozialpolitik. Hierfür sollen nur einige Beispiele genannt werden. Unter den folgenden Adressen sind jeweils Materialien über sozialpolitische Grundfragen und Detailprobleme zu beziehen:

- **Bundesministerium für Wirtschaft und Arbeit,** Scharnhorststr. 34–37, 10115 Berlin, Tel. 01888/6150, Fax 01888/615-7010, Internet: www.bmwa.bund.de
- **Bundesministerium für Familie, Senioren, Frauen und Jugend,** Taubenstr. 42/43, Glinkastr. 18-24, Jägerstraße 8–9, 10117 Berlin, Tel. 030/20655-0 oder 01888/555-0, Fax 030/20655-1145, Internet: www.bmfsfj.de
- **Bundesministerium für Gesundheit und Soziale Sicherung,** Am Propsthof 78 a, 53123 Bonn, Tel. 01888/4410, Fax 01888/4414900, Internet: www.bmgs.bund.de
- **Bundesagentur für Arbeit,** Regensburger Str. 104, 90478 Nürnberg, Tel. 0911/179-0, Fax 0911/179-1343, Internet: www.arbeitsagentur.de
- **AWO Arbeiterwohlfahrt Bundesverband e. V.,** Oppelner Str. 130, 53119 Bonn, Tel. 0228/6685-0, Fax 0228/6685-209, Internet: www.awo.org
- **Deutscher Caritasverband e. V. (DCV),** Karlstr. 40, 79104 Freiburg, Tel. 0761/200-0, Fax 0761/200-572, Internet: www.caritas.de
- **Diakonisches Werk der Evangelischen Kirche in Deutschland e. V.,** Stafflenbergstr. 76, 70184 Stuttgart, Tel. 0711/2159-0, Fax 0711/2159-288, Internet: www.diakonie.de
- **Der Paritätische Wohlfahrtsverband,** Oranienburger Str. 1314, 10178 Berlin, Tel. 030/24636-0, Fax 030/24636-110, Internet: www.paritaet.org
- **Volkssolidarität Bundesverband e. V.,** Alte Schönhauser Straße 16, 10119 Berlin, Tel. 030/278970, Fax 030/27593959, Internet: www.volkssolidaritaet.de

Unter folgenden Internet-Adressen findet man weitere, teils sehr aktuelle Informationen:

INTERNETADRESSEN

Evangelische Kirche in Deutschland . . . . www.ekd.de
Katholische Kirche in Deutschland . . . . www.katholisch.de
Deutscher Gewerkschaftsbund (DGB) . . . . www.dgb.de
anstiftung . . . . www.anstiftung.de

FRAGEN ZUR WIEDERHOLUNG

1. Zeigen Sie, wie der Sozialstaat als Umverteilungsmaschine funktioniert.
2. Erläutern Sie den Begriff der sozialen Gerechtigkeit und seine Problematik.
3. Stellen Sie den Ansatz und die Aussagekraft der Lorenzkurve dar.
4. Erläutern Sie die Prinzipien des Sozialstaats.
5. Erläutern Sie die Problematik der Rentenversicherung als Teil des sozialen Netzes.
6. Stellen Sie die wichtigsten Komponenten des sozialen Netzes dar und zeigen Sie, wie es sich zu einer „Hängematte" entwickeln kann.
7. Nehmen Sie Stellung zur Forderung den Sozialstaat „zurückzufahren".
8. Erläutern Sie die Interessenlage der Tarifpartner in der Diskussion um den Sozialstaat.
9. Nehmen Sie Stellung zu der Forderung nach mehr „Generationengerechtigkeit".
10. Zeigen Sie, wie der Sozialstaat im Konjunkturverlauf in seinen wichtigsten Komponenten reagiert.

schließlich wird eine nachhaltige wirtschaftliche Entwicklung dadurch gekennzeichnet, dass die Unternehmen für ihre Prod und ihre Produkte die Verantwortung übernehmen. Mit Hilfe wirksamen Umweltmanagements werden energiesparende He ungsverfahren und integrierter Umweltschutz realisiert. V Unternehmen gehen

10.1   Was bedeutet Nachhaltigkeit?

In der Agenda 21, die auf dem Umweltgipfel in Rio de Janeiro 1992 verabschiedet wurde, haben sich die Vereinten Nationen darauf geeinigt, die Belange der Umwelt stärker in den Blick zu nehmen. Seither macht das Wort „sustainability" die Runde. Die deutschen Übersetzungen reichen von „Nachhaltigkeit" bis zu „Dauerhaftigkeit der Entwicklung".

Mit der Begriffsdefinition ist häufig die Auseinandersetzung um den richtigen Inhalt verbunden. Nach den notwendigen begrifflichen Klärungen sollen in diesem Kapitel in Form eines Szenarios die aktuelle Lage in Bezug auf die Nachhaltigkeit aufgearbeitet, Entwicklungstendenzen bestimmt und der Handlungsbedarf für die Wirtschaftspolitik ausgelotet werden.

AUFGABEN

1. Ermitteln Sie aus M 1 bis M 4, was die Autoren unter „Nachhaltigkeit" verstehen.
2. Zeigen Sie, in welcher Weise sich daraus eine mögliche Zielvorstellung für das Wirtschaften bzw. die Volkswirtschaft ergibt.
3. Diskutieren Sie an konkreten Beispielen, inwieweit Wirtschaften auf „Nachhaltigkeit" bedacht sein muss.

M 1   **Dimensionen der Nachhaltigkeit**

● Das Prinzip der Nachhaltigkeit, das dem Leitbild des „Sustainable Development" zugrunde liegt, ist in der Forstwirtschaft [...] entwickelt worden. Der Wald wird „nachhaltig" genutzt, wenn nur so viel Holz geschlagen wird, wie auch nachwächst. Allgemein formuliert bedeutet Nachhaltigkeit in diesem Sinne, natürliche Ressourcen, die der Mensch nutzt, so zu bewirtschaften, dass ihr Potenzial auf Dauer erhalten und unbegrenzt nutzbar bleibt.

Sowohl in der Forstwirtschaft als auch in der allgemeinen wirtschafts- und umweltpolitischen Diskussion wird inzwischen der Nachhaltigkeitsbegriff umfassender verstanden. Neben der naturalen ökologischen Komponente schließt er im heutigen Verständnis auch ökonomische und soziale Dimensionen mit ein. [...]

—Die ökonomische Dimension (Erhaltung und Zunahme des Wohlstands durch wirtschaftliche Entwicklung): Aus der Zielsetzung, alle heute lebenden und künftigen Generationen ausreichend mit Gütern und Dienstleistungen zu versorgen, ergibt sich die Aufgabe, für angemessenes Wirtschaftswachstum zu sorgen. Das Konzept des „Sustainable Development" ist damit mit der allgemeinen Frage nach Sinn, Zweck und Struktur des wirtschaftlichen Wachstums verknüpft.

—Die soziale Dimension (Schaffung gesellschaftlicher Werte und sozialer Sicherungssysteme): Die ungleiche Verteilung des Wohlstands und des Wirtschaftswachstums zwischen den heute lebenden Menschen und den zukünftigen Generationen stellt die Frage nach der gerechten Verteilung der Güter auf der Erde.

—Die ökologische Dimension (Schutz der natürlichen Lebensgrundlagen): Das Nachhaltigkeitsprinzip setzt auf angemessenes und gerecht verteiltes Wirtschaftswachstum bei gleichzeitiger Sicherung der natürlichen Lebensgrundlagen.

Aus: Institut der deutschen Wirtschaft Köln (Hg.), Wirtschaft und Unterricht. Informationen für Pädagogen in Schule und Betrieb, 28. 8. 1997, S. 8

M 2 **Das Leitbild einer nachhaltig zukunftsverträglichen Entwicklung**

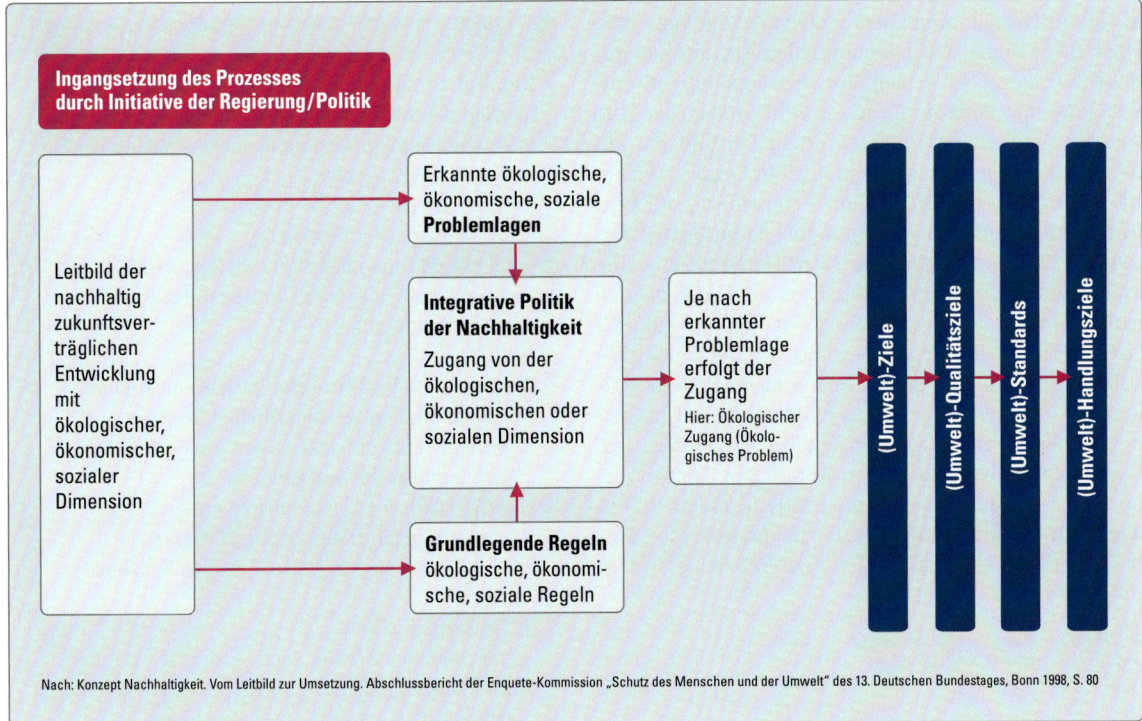

Nach: Konzept Nachhaltigkeit. Vom Leitbild zur Umsetzung. Abschlussbericht der Enquete-Kommission „Schutz des Menschen und der Umwelt" des 13. Deutschen Bundestages, Bonn 1998, S. 80

● Eine nachhaltig zukunftsverträgliche Entwicklung ist insofern offen, als niemand einen allgemein verpflichtenden Zielzustand der Gesellschaft daraus ableiten könnte. Gleichzeitig ist sie insofern verbindlich, als sich
5 eine Gesellschaft zum einen auf variable Leitplanken einigen kann, deren Nichtbeachtung zu gesellschaftlichen Entwicklungen führt, die offenkundig als nicht nachhaltig zukunftsverträglich empfunden werden. Zum anderen besteht durchaus die Möglichkeit, auch konkrete
10 und verbindliche, gemeinsam anzustrebende Ziele aufzustellen, die den Charakter von Etappen- oder Zwischenzielen haben und die duch ihre laufende Überprüfung spätere Entscheidungsoptionen und -wege offen halten. […] Ausgehend von dem im Brundtland-Bericht[1]
15 1987 hervorgehobenen Handlungsprinzip.

Sustainable development meets the needs of the present without compromising the ability of future generations to meet their own needs

lässt sich der Anspruch ableiten, die Bedürfnisse einer
20 wachsenden Zahl von Menschen heute und in Zukunft befriedigen zu können und gleichzeitig eine auf Dauer für alle unter menschwürdigen, sicheren Verhältnissen bewohnbare Erde zu erhalten. Darin sind vielfältige ökonomische, ökologische, demographische, soziale und kulturelle Problemdimensionen enthalten, die ein glo- 25 bales, regionales, lokales und zugleich in die Zukunft gerichtetes Handeln erfordern.

Generell wird heute die Auffassung vertreten, dass die Entwicklungen in einigen gesellschaftlichen Teilsystemen nicht mehr zukunftsfähig sind. Diskutiert werden 30 gegenwärtig in Deutschland die ökologische Frage, die mannigfachen Probleme der bisherigen Systeme gesetzlicher Alters- und Gesundheitssicherung, die Anpassungsprobleme in weiten Bereichen des Arbeitsmarktes und des Bildungssystems […].   35

---

1 Die „Weltkommission für Umwelt und Entwicklung" (UNGED) war 1983 gegründet worden und erarbeitete unter dem Vorsitz der norwegischen Ministerpräsidentin Gro Harlem Brundtland den 1987 veröffentlichten Bericht „Our Common Future".

Aus: Konzept Nachhaltigkeit. Vom Leitbild zur Umsetzung. Abschlussbericht der Enquete-Kommission „Schutz des Menschen und der Umwelt" des 13. Deutschen Bundestages, Bonn 1998, S. 27 ff., S. 80 (Grafik)

M 3   Lokale Agenda 21

● Inhaltlich stellt eine Lokale Agenda 21 im Wesentlichen einen langfristigen kommunalen Aktionsplan mit dem Ziel der nachhaltigen, zukunftsbeständigen Entwicklung der Kommune im 21. Jahrhundert dar. Die
5 Agenda 21 stellt das übergeordnete Leitbild dar, an dem entlang jede Kommune ihr eigenes Leitbild formuliert. Durch die Umsetzung von vielen auf diesen Leitbildern basierenden Plänen entstehen kumulative kommunale Effekte mit globalen Auswirkungen. Für eine
10 Stadt/Gemeinde bedeutet dies, dass sie ihre Probleme nicht in die weitere Umgebung oder in die Zukunft „exportiert". Alle Probleme und Ungleichgewichte sollen zunächst auf lokaler Ebene ausgeglichen werden und erst, wenn dies nicht möglich ist, auf nächst-
15 höherer Ebene aufgefangen bzw. ausgeglichen werden. Konkret: Das Exportieren von Abfall, das Herantransportieren von Frischwasser aus fernen Gegenden, das Ablagern von Atommüll oder das Importieren von Futtermitteln aus Ländern der Dritten Welt widerspricht
20 diesem Prinzip.

Aus: Monika Zimmermann, Lokale Agenda 21, in: Aus Politik und Zeitgeschichte, B. 27/97, S. 27 ff., gekürzt

Die drei Dimensionen einer Lokalen Agenda 21

Das Ziel: Langfristiges Handlungsprogramm für eine zukunftsbeständige Gemeinde
… Aufstellung eines langfristigen kommunalen Handlungskonzeptes
   … für die ökologische, ökonomische und soziale Entwicklung
   … mit auf Dauer aufrecht erhaltbaren Strukturen
   … und dem Ziel der Zukunftsbeständigkeit im 21. Jahrhundert.

Die politische Verfahrenskultur: Konsensfindung zwischen allen gesellschaftlichen Gruppen
… Diskurs über Leitbilder, Entwicklungspfade, Werte und Weichenstellungen
   … mit allen gesellschaftlichen Kräften
   … in einem partizipatorischen Prozess
   … mit dem Ziel des größtmöglichen Konsenses.

Der planerische Weg:
— gibt Ziel und Verfahren eine umsetzbare Struktur
— unterstützt die Konzentration auf das Wesentliche
— verhindert, dass sich die Lokale Agenda 21 im Nichts unendlicher Diskussionen auflöst.

M 4   Konzept und Regeln der Nachhaltigkeit

● Im neueren Sinn bedeutet Nachhaltigkeit, natürliche Ressourcen und Senken (d.h. die Emissionen aufnehmenden Umweltmedien Wasser, Boden und Luft), die der Mensch nutzt, so zu bewirtschaften, dass ihr Poten-
5 zial auf Dauer erhalten bleibt und sich nach Möglichkeit sogar erweitert und verbessert. […]

Nachhaltige Entwicklung möchte nicht Wege aus der vermeintlichen Wohlstandsfalle weisen, sondern weitere Wege erschließen, um das Modell eines Wohlstands
10 für alle auf Dauer fortführen zu können. Nachhaltige Entwicklung zielt darauf, materiellen Wohlstand weltweit unter Berücksichtigung ökologischer Erfordernisse zu realisieren. Es wird die Absicht erneuert, allen Erdenbewohnern Wohlstand und Menschenrechte auf Dauer zugute kommen zu lassen. Das Konzept verkün- 15 det nicht das Ende gesellschaftlicher Modernisierung und industrieller Entwicklung, sondern im Gegenteil, dass sie reformuliert und sich restrukturierend aus ihrer Krise hervorgehen.

Dem liegt ein weitgehender Konsens darüber zugrunde, 20 dass die heutige Form der Wohlstandserzeugung mit einer Vielzahl von ökologisch unangepassten Produkten und Stoffströmen im Rahmen industrietraditionaler Produktionsstrukturen, allen voran die sprichwörtlichen Schornsteinindustrien, nicht länger fortsetzbar 25 und nicht weiter verbreitbar sind, ohne die Ökosphäre der Erde eher früher als später zu zerstören. Sofern man daraus nicht den Kurzschluss zieht, das Projekt der Moderne sei gescheitert und man habe sich in eine Art neues Mittelalter zurückzuziehen, werden Lösungen 30

Neuer Streit um die Förderung von Ökostrom

Union will Windkraft-Förderung zurückfahren / Grünen-Fraktionsvize Reinhard Loske lehnt Forderungen aus eigenen Reihen ab

FAZ, 2.1.2004

wohl nur zu finden sein auf dem Weg fortgesetzten selbstmodernisierenden Strukturwandels, darauf gerichtet, die Produkt- und Stoffstromqualität der industriellen Ökologie durch Basisinnovationen wieder besser den Naturkreisläufen einzufügen (Konsistenz) und die Ressourcenproduktivität durch Entfaltungsinnovationen beständig zu steigern (Effizienz).

Das Konzept der nachhaltigen Entwicklung enthält praktisch keine unerhörten Neuheiten. Es bildet den nächsten Schritt auf dem Weg der Suche nach einem Entwicklungsmodell, das ökologischen und sozialen Erfordernissen gleichermaßen genügt. [...]
Politisch gesehen hat sich das Nachhaltigkeitskonzept im Arbeitszusammenhang der Brundtland-Kommission in einer Art von transatlantischem Pingpong entwickelt, kanalisiert durch eine fortgesetzte Reihe von Aktivitäten der UNO und von Nicht-Regierungsorganisationen vor und nach der Rio-Konferenz 1992. Im Verlauf des Rio-Prozesses wurde Nachhaltigkeit zur zentralen Bezugsgröße nationaler Umweltpolitik sowie auch des Umweltmanagements multinationaler Konzerne. [...]
Die Rio-Dokumente enthalten eine Reihe von grundlegenden Regeln, denen das so definierte Nachhaltigkeitskonzept zu genügen hat. Es gibt (ökologische) Nutzungsregeln und (soziale) Verteilungsregeln. Als Nutzungsregeln lassen sich folgende fünf unterscheiden:

1. Tragbare Bevölkerungsdichte

Die Bevölkerungsentwicklung muss sich in Übereinstimmung mit der Tragfähigkeit und den Produktivkräften des Ökosystems befinden.

2. Tragbare Immissionsbelastung

Die Immissionsbelastung, der Umweltmedien und Lebewesen ausgesetzt sind, darf ihre Aufnahme- und Regenerationsfähigkeit nicht übersteigen.

3. Regenerierbarer Verbrauch erneuerbarer Ressourcen

Die Verbrauchsrate erneuerbarer Stoffe und Energien (z.B. Wasser, nachwachsende Rohstoffe) darf ihre gegebene Reproduktionsrate nicht übersteigen. Die Reproduktionsrate soll nach Möglichkeit erweitert, d.h. der „natürliche Kapitalstock" vermehrt werden.

4. Minimaler Verbrauch erschöpflicher Ressourcen

Die Verbrauchsrate erschöpflicher Ressourcen (soweit es sich nicht um eher banale Stoffe wie Sand und Steine handelt, sondern um ökologisch sensible Ressourcen wie z.B. Öl, Kohle, Naturgas oder bestimmte Flächen) ist zu minimieren durch
— Substitution erschöpflicher durch erneuerbare Ressourcen,
— Effizienzsteigerung und damit Senkung der Umweltintensität,
— Recycling soweit ökologisch sinnvoll.

Große Mehrheit für Solarenergie

Bundestag debattierte über Photovoltaik-Vorschaltgesetz

Das Parlament, 17./24. November 2003

5. Naturverträgliche Innovationen

Die Entwicklung und Einführung von nicht umweltbelastenden sauberen Ressourcen, Technologien und neuen Produkten ist verstärkt voranzutreiben.

Was die Verteilungsfragen angeht, so beziehen sich die Rio-Dokumente auf die Prinzipien der Gerechtigkeit und Billigkeit sowie auf das Allgemeininteresse („Equity and the Common Interest"). Die Verteilungsregel lautet, dass Recht und Billigkeit der Ressourcennutzung sowohl unter der jetzt lebenden Weltbevölkerung gewährleistet werden sollen als auch im Ablauf der Generationen. Der natürliche Kapitalstock soll erhalten bleiben bzw. laufend und möglichst erweitert reproduziert werden, damit auch kommende Generationen gleiche Nutzungschancen haben wie die Menschen heute. Vorrang erhält die Aufgabe, absolute Armut zu überwinden und weltweit ein menschenwürdiges Existenzniveau zu gewährleisten.

Aus: Joseph Huber, Wohlstand weltweit. Strategien nachhaltiger Entwicklung, in: Jahrbuch Arbeit und Technik 1996, Bonn 1996, S. 231–233

METHODEN

Szenario

Mithilfe der Szenario-Methode kann man sich systematisch und konstruktiv mit zukunftsorientierten Themenstellungen auseinander setzen. Die Methode hat den Vorzug, dass Zukunftsfragen, langfristige Entwicklungen bzw. Weltmodelle behandelt werden können, ohne einseitig zu sein. Im Gegensatz zu anderen Methoden bezieht das Szenario verschiedene Entwicklungsmöglichkeiten ein und versucht, eine wahrscheinliche Entwicklung zwischen alternativen extremen Entwicklungsmöglichkeiten auszumachen. [...]

Der Begriff „Szenario-Methode" bzw. „Szenario-Technik" umfasst ein Verfahren zum systematischen Entwurf mehrerer alternativer, qualitativ dargestellter Vorstellungen von der Zukunft und der jeweiligen Entwicklungspfade dorthin mit dem Ziel, konkrete Handlungsoptionen zu gewinnen. [...]

Szenarien sind Instrumente und Hilfsmittel zur Erkenntnisgewinnung und zur Erklärung von „Welt" oder von Teilen von ihr. Szenarien sind Zukunftsentwürfe, die die Lebensbedingungen für Menschen zu einem bestimmten oder offen gelassenen zukünftigen Zeitpunkt beschreiben. Die Verständlichkeit von Szenarien wächst, wenn man die einzelnen Schritte analysiert und beurteilt, die auf dem Weg zu einem angestrebten, abgelehnten oder mindestens möglichen Zustand beschritten werden können, sollen oder müssen.

Das hinter der Szenario-Methode stehende Denkmodell wird gewöhnlich mithilfe eines Trichters visualisiert, der die Entwicklung von der Gegenwart in die Zukunft grafisch darstellt. Die gegenwärtige Ausgangssituation (z. B. Klimaveränderungen, Marktveränderungen, Verkehrsprobleme, Auswirkungen der Arbeitsteilung auf die Umwelt) wird als Punkt dargestellt, da sie relativ eindeutig beschreibbar und analysierbar ist. Je mehr Zeit vergeht, desto weniger genau ist die – aus heutiger Sicht – zukünftige Situation eindeutig beschreibbar, weil immer mehr Unwägbarkeiten zu berücksichtigen sind. Die Vielfalt möglicher Entwicklungspfade führt zu einem Bündel alternativer Zukünfte, die sich im Zeitablauf auseinander bewegen.

Aus Gründen der Übersichtlichkeit werden diese Entwicklungen in der Erarbeitung von Szenarien in der Regel auf zwei einander gegenüberliegende Extremszenarien beschränkt. Die Extremszenarien beinhalten jeweils – auf eine Problemstellung bezogen – die bestmögliche bzw. schlechtestmögliche Entwicklung, um die Weite und Vielfalt möglicher Zukünfte erfassen zu können und nicht von vornherein mögliche Entwicklungen aus den Überlegungen auszuschließen. Der dem Entwicklungstrend der Vergangenheit entsprechende Zukunftsentwurf wird als Trendszenario bezeichnet und liegt in der Mitte des Trichterquerschnitts. Auf jede der denkbaren Entwicklungslinien können zu jedem Zeitpunkt Störereignisse einwirken. Diese verändern den Linienverlauf und damit den Entwicklungspfad in die Zukunft und erfordern Gegenmaßnahmen, die an bestimmten, jeweils festzulegenden Entscheidungspunkten ergriffen werden müssen.

Aus: Franz-Josef Kaiser/Hans Kaminski: Methodik des Ökonomie-Unterrichts, Grundlagen eines handlungsorientierten Lernkonzepts mit Beispielen, Bad Heilbrunn 1994, S. 203 ff.

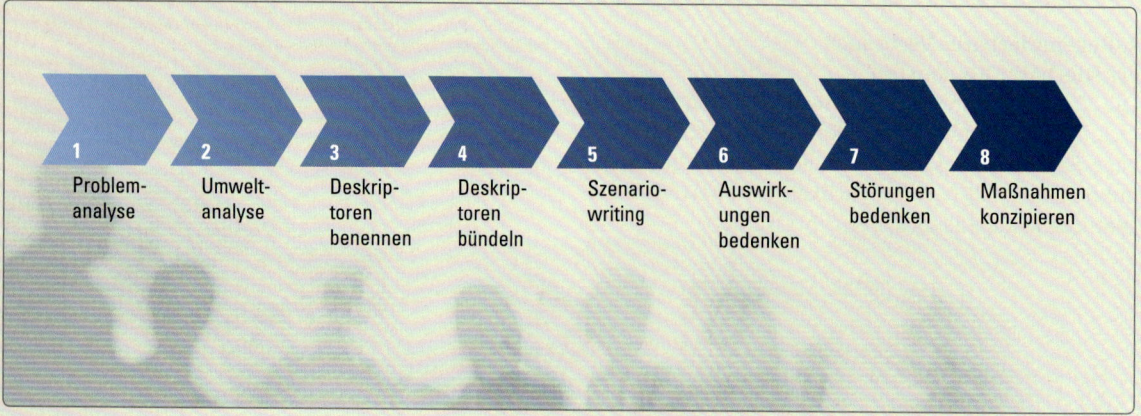

1	2	3	4	5	6	7	8
Problem-analyse	Umwelt-analyse	Deskriptoren benennen	Deskriptoren bündeln	Szenario-writing	Auswirkungen bedenken	Störungen bedenken	Maßnahmen konzipieren

174.1   Prozess der Erstellung eines Szenarios

Die Entwicklung von Szenarien im Unterricht verläuft in acht Schritten:

_Problemanalyse: In diesem Schritt geht es um die Ausgangssituation des Problems, mit dem man sich befasst. Diese soll möglichst exakt formuliert werden, d. h. es sollen Informationen gesammelt werden, um die Ist-Situation zu beschreiben. Welche Erscheinungen sind zu beobachten? Wer ist betroffen? Welche Fakten und Zusammenhänge sind bekannt? Die gesammelten Informationen sollen systematisiert und möglichst bildlich festgehalten werden.

_Umweltanalyse: In dieser Phase werden die Einflussbereiche und Einflussfaktoren analysiert, die auf einen Untersuchungsgegenstand einwirken. Für ein Szenario „Arbeit und Umwelt" sind dies beispielsweise Wirtschaftsentwicklung, Strukturwandel, Technologie und Arbeitsmarkt. Der Zeithorizont sollte zwischen etwa 10 und höchstens 50 Jahren liegen. Die möglichen Einflusselemente können dazu durch ein Brainstorming oder Brainwriting ermittelt werden. Anschließend werden sie mithilfe einer Vernetzungsmatrix hinsichtlich ihrer Wirkmächtigkeit bewertet. Dabei werden Einflussbereiche in einer Matrix systematisch gegenübergestellt und ihr gegenseitiger Einfluss mithilfe einer Punktvergabe eingeschätzt. Die Aktivsumme drückt dann jeweils aus, wie stark der Bereich die anderen beeinflusst, während die Passivsumme zeigt, wie stark der Bereich von anderen beeinflusst wird. Es empfiehlt sich, die Zahl der Einflussbereiche nicht zu groß zu wählen, damit das Szenario handhabbar bleibt und nicht von vornherein erkennbar einflusslose Größen untersucht werden müssen.

_Deskriptoren benennen: In diesem Schritt werden die ermittelten Einflusselemente zu beschreibenden Kenngrößen, Deskriptoren, verdichtet. Deskriptoren sollen einerseits die jeweiligen Einflussgrößen möglichst gut inhaltlich repräsentieren, andererseits eine möglichst leicht zu messende Art der Beschreibung liefern. So ist zum Beispiel das Wachstum des Bruttosozialprodukts eine anerkannte Messgröße für die Entwicklung der Konjunktur. Deskriptoren können systematisch im Gruppengespräch entwickelt werden, wobei sie wertneutral formuliert werden müssen, damit sie in der Lage sind, Entwicklungen positiver wie negativer Art zu beschreiben.

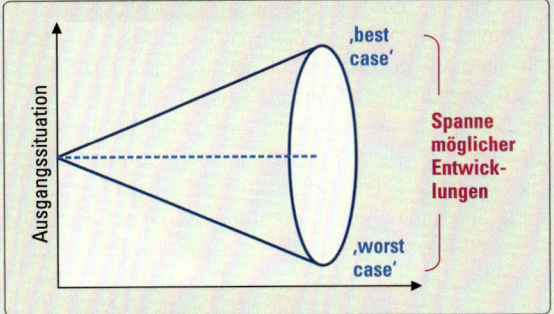

175.1 Trichtermodell

_Deskriptoren bündeln: In dieser Phase werden die verschiedenen Alternativentwicklungen gebündelt, d. h. die Deskriptoren in der Weise zugeordnet, dass sie auseinander strebende Entwicklungslinien charakterisieren. Auf diese Weise werden zwei Extremszenarien gebildet.

Wirkung von	auf →	1	2	3	4	5	6	7	8	9	10	11	12
WIRTSCHAFT		1	2	3	4	5	6	7	8	9	10	11	12
Lebensstandard	1	–	2	3	2	1	3	3	2	0	3	3	3
Arbeitsplätze/ Beschäftigung	2	3	–	2	2	0	3	3	1	3	3	2	0
Weltmarktabhängigkeit der BRD	3		–										
Europäischer Binnenmarkt	4				–								
GESELLSCHAFT		1	2	3	4	5	6	7	8	9	10	11	12
Medienangebot und öffentliche Meinung	5					–							
Internationaler Tourismus	6						–						
Fremdenhass und Gewalttake	7							–					
Bevölkerungsentwicklung	8								–				
POLITIK		1	2	3	4	5	6	7	8	9	10	11	12
Einstellung der Parteien	9									–			
Einbürgerungspolitik	10										–		
Wahlrecht/Staatsbürgerschaft	11											–	
Asylregelung	12												–

1 = schwache Wirkung
2 = mittlere Wirkung
3 = starke Wirkung

Quelle: Grafik nach Prederic, Vester: Ausfahrt Zukunft: Strategien für den Verkehr von morgen, München: Heyne 1990, S. 36

175.2 Einflussbereiche und Einflussfaktoren

METHODEN

—Szenarienwriting: Die durch Bündelung entstandenen extremen Szenarien werden in diesem Schritt konkretisiert und interpretiert. Dazu ist es ratsam, zunächst die Szenario-Extreme in möglichst drastischer Formulierung mit einem Namen zu versehen, etwa bei einem Szenario über die Entwicklung Deutschlands: „Schwarzland 2020" und „Weißland 2020". Anschließend wird der im Extrem mögliche Zustand unter Einbeziehung aller gebündelten Deskriptoren möglichst plastisch geschildert. Dies kann auch z. B. in Form eines Spiels, einer Radioreportage usw. geschehen. Die Szenario-Bilder sollten zunächst schriftlich formuliert werden.

—Auswirkungen bedenken: Es wird nun überlegt, wie sich die einzelnen Szenarien auf das Leben der Menschen auswirken. Wie wirken sie auf die einzelnen Bereiche des menschlichen Lebens wie die Wirtschaft, die Kultur, die Politik usw. Welche der Auswirkungen sind kurz-, mittel- bzw. langfristiger Natur? Die Ergebnisse werden in Form von Schubildern festgehalten.

—Störungen bedenken: Nun werden Auswirkungen bestimmter Entwicklungsverläufe genauer betrachtet und abrupt auftretende externe und interne Ereignisse, die die Richtung von Entwicklungsverläufen beeinflussen und die Szenarien verändern können, beschrieben. Störereignisse sollten vor allem dann einbezogen werden, wenn ihre Auswirkung auf das Szenario besonders stark wäre. Dabei sollte es weniger auf die Wahrscheinlichkeit ihres Eintritts ankommen. Mögliche Störereignisse werden mithilfe eines Brainstormings gesammelt und anschließend in ihren Folgen analysiert.

—Maßnahmen konzipieren: Abschließend werden Maßnahmen und Aktivitäten gesammelt, die geeignet sind, positive Entwicklungstrends zu fördern. Solche Maßnahmen sollten aufgelistet und zu einem geschlossenen Text, z. B. einem Memorandum, zusammengefasst werden.

Beispiel für den Beginn eines Szenarios

(hier im Sinne eines Szenario-Writings in eine subjektiv gefärbte Geschichte verpackt)

Silvester 2020: Schwungvoll setzte Secil Montoja ihre Unterschrift unter die Urkunde, mit der sie turnusgemäß das Präsidentenamt in der Europäischen Union an ihren Nachfolger übergab: Leschek Niedaltowski, der Pole, würde übermorgen, am 2. Januar 2021, ihren Platz in der EU-Chefetage übernehmen. Ein dynamischer, ein zupackender Mann. Der würde es den Regierungschefs in den alten nationalen Hauptstädten auch nicht leicht machen. Secil schmunzelte zufrieden in sich hinein – mit diesem Lausbubenlächeln, das sie in den letzten Jahren zur bei weitem populärsten Politikerin in der Gemeinschaft gemacht hatte. Es war natürlich nicht das Lächeln allein.

Aller Anfang ist schwer – das galt auch für die Österreicherin auf dem europäischen Chefsessel. Der tägliche Kleinkrieg mit den politischen Fossilien in Paris und Berlin, in Madrid und Prag hatte ganz schön an ihren Kräften gezehrt. Händeringend verteidigten diese ihre letzten nationalen Souveränitätsrechte, beriefen sich auf Subsidiarität und ein Europa der Regionen. Dabei waren die tatsächlichen Probleme längst globaler Natur, das zeigten doch zuletzt die Verhandlungen auf der letzten Klimaschutzkonferenz. In ihrem letzten Interview, das von der Eurovision am 28.12. in alle 25 Länder der EU live übertragen worden war, hatte sich Secil Montoja lustig gemacht über „die beamteten Kläffer und neiderfüllten nationalen Größen, die sich verzweifelt an den Hosenbeinen der Brüsseler festbissen und daran herumzerrten, als könnten sie so ihre schwindende Bedeutung und ihre verschwindenden Einflussmöglichkeiten sichern". [...]

In Anlehnung an Wolfgang Klein, Eine Frau packt ein ..., in: Europa zwischen Alltag und Vision. Neun Beiträge von Abgeordneten des Europäischen Parlaments und ein Szenario aus dem dritten Jahrtausend, Frankfurt a. M. 1996, S. 9 f.

10.2 Wie ist unsere Umwelt in absehbarer Zeit beschaffen?

Führen Sie entsprechend der Anleitung auf den Seiten 180–182 ein Szenario für einen der folgenden fünf Teilbereiche durch, das die Entwicklung des Verhältnisses von Umwelt und Wirtschaft beschreibt. Wählen Sie dazu schon frühzeitig einen bestimmten Zeithorizont. Die folgenden Materialien stellen nur Anhaltspunkte dar und sollten von Ihnen ergänzt werden.

10.2.1 Bereich Energie

M 1 Einsatz von Energieträgern für den Welt-Energieverbrauch

	1970 Mrd. t. SKE	%	1980 Mrd. t. SKE	%	1990 Mrd. t. SKE	%	1998 Mrd. t. SKE	%	1999 Mrd. t. SKE	%
Erdöl	3,009	45,3	3,835	44,6	4,011	36,9	4,204	35,3	4,249	35,5
Kohle	2,184	32,9	2,623	30,5	3,239	29,8	3,328	27,9	3,196	26,7
Gas	1,293	19,5	1,836	21,4	2,563	23,6	3,090	25,9	3,194	26,7
Kernenergie	0,010	0,1	0,101	1,2	0,738	6,8	0,912	7,7	0,939	7,8
Wasserkraft	0,145	2,2	0,198	2,3	0,314	2,9	0,384	3,2	0,394	3,3
Insgesamt	**6,641**	**100,0**	**8,593**	**100,0**	**10,865**	**100,0**	**11,918**	**100,0**	**11,971**	**100,00**

(nur kommerzielle Energie; nach „Yearbook of World Energy Statistics", UN)

M 2 Energieverbrauch nach Kontinenten und Regionen/
Verbrauch von Ressourcen für wirtschaftliche Zwecke in Deutschland

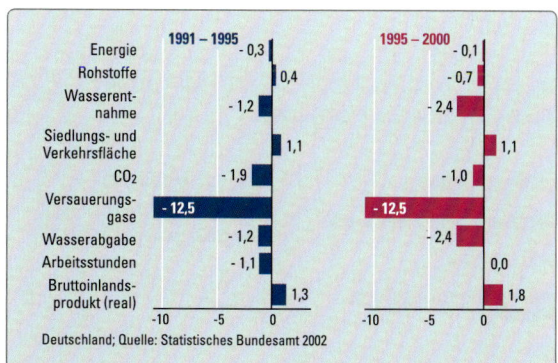

Deutschland; Quelle: Statistisches Bundesamt 2002

in Mrd. t SKE (nach UN)	1990	1999
Europa	2,346	3,486
Nord- und Mittelamerika	3,196	3,719
Südamerika	0,313	0,418
Afrika	0,282	0,411
Asien (ohne Russland)	2,659	3,755
Australien und Ozeanien	0,149	0,182

Aus: Der Fischer Weltalmanach 2004, Frankfurt a. M. 2003, S. 1245

M 3 Energieverbrauch pro Kopf in ausgewählten Ländern

in kg SKE (nach UN)	1980	1990	1999
USA	10 381	10 751	11 386
Russland	5 677	6 632	5 739
Deutschland	6 036	6 241	5 450
Indien	202	316	432
Tschad	23	12	8

Nach: Der Fischer Weltalmanach 2004, Frankfurt a. M. 2003, S. 1247

10.2.2 Bereich Treibhausgase

M 4 **Strategien zum Schutz des Klimas – Das Protokoll der Klimaschutzkonferenz in Kyoto (1997)**

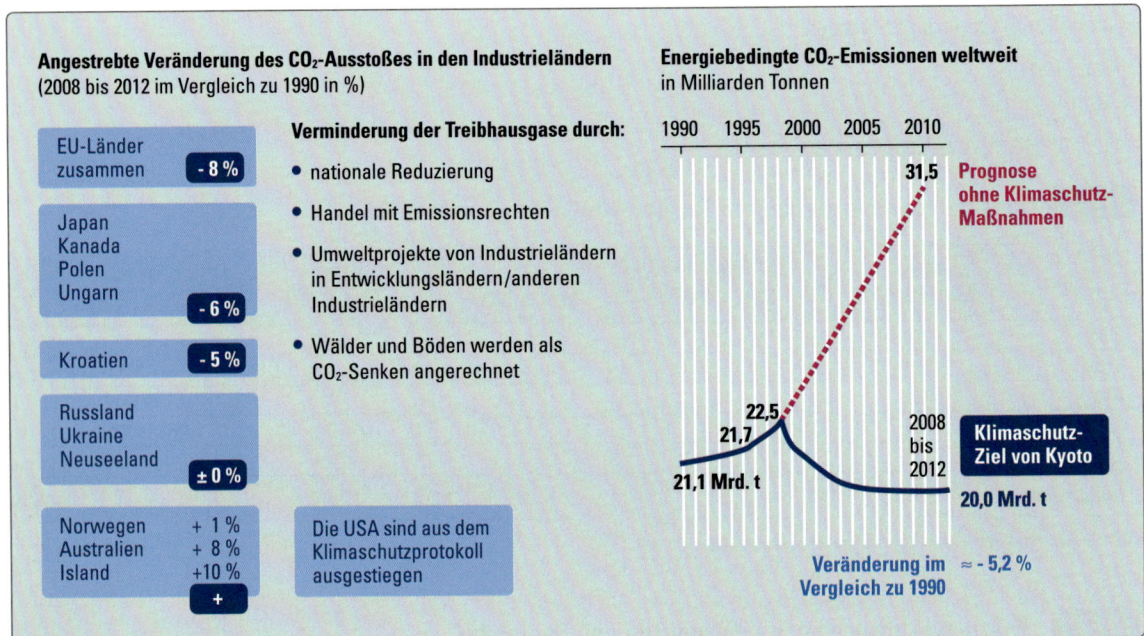

Angestrebte Veränderung des CO_2-Ausstoßes in den Industrieländern (2008 bis 2012 im Vergleich zu 1990 in %)

EU-Länder zusammen — **- 8 %**

Japan, Kanada, Polen, Ungarn — **- 6 %**

Kroatien — **- 5 %**

Russland, Ukraine, Neuseeland — **± 0 %**

Norwegen — **+ 1 %**
Australien — **+ 8 %**
Island — **+10 %**
+

Verminderung der Treibhausgase durch:

- nationale Reduzierung
- Handel mit Emissionsrechten
- Umweltprojekte von Industrieländern in Entwicklungsländern/anderen Industrieländern
- Wälder und Böden werden als CO_2-Senken angerechnet

Die USA sind aus dem Klimaschutzprotokoll ausgestiegen

Energiebedingte CO_2-Emissionen weltweit in Milliarden Tonnen

1990 1995 2000 2005 2010

31,5 — **Prognose ohne Klimaschutz-Maßnahmen**

22,5
21,7
21,1 Mrd. t

2008 bis 2012 — **Klimaschutz-Ziel von Kyoto**

20,0 Mrd. t

Veränderung im Vergleich zu 1990 ≈ - 5,2 %

M 5 **Anspruch und Realität**

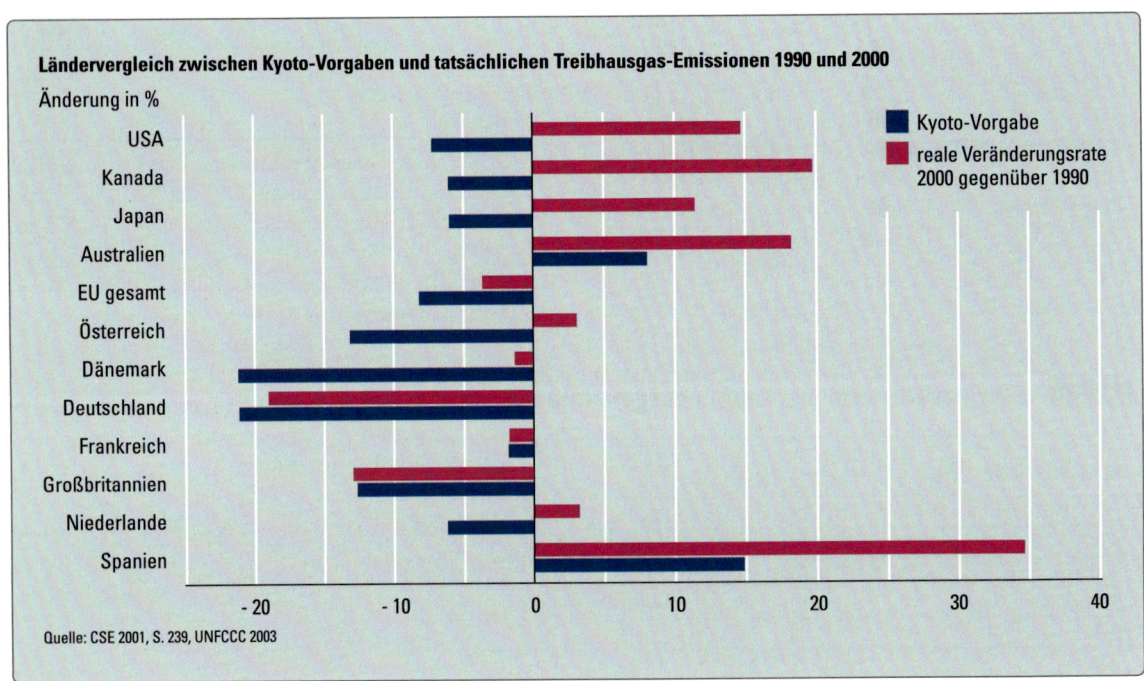

Ländervergleich zwischen Kyoto-Vorgaben und tatsächlichen Treibhausgas-Emissionen 1990 und 2000

Änderung in %

USA, Kanada, Japan, Australien, EU gesamt, Österreich, Dänemark, Deutschland, Frankreich, Großbritannien, Niederlande, Spanien

- 20   - 10   0   10   20   30   40

■ Kyoto-Vorgabe
■ reale Veränderungsrate 2000 gegenüber 1990

Quelle: CSE 2001, S. 239, UNFCCC 2003

10.2.3 Bereich Boden

M 6 **Boden und Ernährung**

● Der Mindestbedarf an landwirtschaftlicher Nutzfläche pro Kopf variiert regional je nach Produktionsbedingungen, nach dem Ernährungs- und Konsumver-
halten und dem Kalorienbedarf. In den Industrieländern
des Nordens übersteigt die Nahrungsmittelproduktion
derzeit den Bedarf um das 1,5 fache. Nahrungsmittel
werden an Vieh verfüttert oder vernichtet. In Entwicklungsländern verringern Verluste bei Ernte und Lage-
rung die verfügbaren Nahrungsmittel. Der Flächen-
bedarf hängt ferner von der Bodenproduktion ab.
Degradation beeinträchtigt die Bodenfruchtbarkeit und
damit das Produktionspotenzial des Bodens.

Der Studie Action Plan Sustainable Netherlands zufolge
kann mit einer landwirtschaftlichen Nutzfläche von
0,183 ha pro Kopf bei nachhaltiger Produktionsweise
weltweit eine vegetarische Grundernährung sichergestellt werden. Im Jahre 2010 werden bei einer Weltbevölkerung von rund 7 Milliarden Menschen durchschnittlich 0,25 ha Ackerland pro Kopf zur Verfügung
stehen. Anbauflächen, die für die Grundversorgung
nicht benötigt werden, können für die Versorgung mit
Luxusgütern wie Kaffee, Tabak und Kakao genutzt werden. Das vorhandene Weideland reicht aus, die Welt-

Formen der Bodengradation				
Region	Gesamt-land-fläche	davon degradiert		davon Wasser-erosion	davon Wind-erosion
	Mio. km^2	Mio. km^2	%	%	%
Welt	130,13	19,64	15	56	28
Europa	9,50	2,19	23	52	19
Nordamerika	18,85	0,95	5	63	36
Mittel- und Südamerika	21,91	3,06	14	55	15
Afrika	29,66	4,94	17	46	38
Asien	42,56	7,48	18	58	30
Ozeanien	8,82	1,03	12	81	16

bevölkerung mit einem Minimum an Fleisch und Milch-
produkten zu versorgen. In den Industrieländern muss,
wird eine weltweit nachhaltige Agrarproduktion angestrebt, der heutige Konsum an Luxusgütern und Fleisch
daher eingeschränkt werden.

Aus: Globale Trends 1996, Frankfurt a. M. 1995, S. 284 f.

M 7 **Strategien zum Schutz des Bodens**

● **Industrieländer**
Zusätzlicher Bedarf an Wohnungen, steigende Ansprüche an die Wohnfläche, Ausweisung neuer Gewer-
beflächen, Ausbau der Verkehrsinfrastruktur im Zuge
der EU-Erweiterung nach Osten – alle Trendentwick-
lungen sprechen für einen auch zukünftig starken Anstieg des Anteils der Siedlungs- und Verkehrsflächen.
Andererseits stehen in den Teilbereichen, die das Problem verursachen, durchaus Alternativen zur Verfügung: Flächen sparendes, verdichtetes Bauen; Bau von
mehrstöckigen Mehrfamilienhäusern statt „Flächen und
Energie fressenden" Einfamilienhäusern; bessere Ausnutzung von Büroflächen; Stärkung des Flächen sparenden ÖPNV statt Ausbau des Straßennetzes und vor allem
Wiedernutzung von Flächen, deren bisheriger Nutzungs-
zweck entfallen ist, statt Neuinanspruchnahme von Frei-
flächen.

*Aus: Industrieländer: BUND/Misereor (Hg.), Zukunftsfähiges Deutschland. Ein
Beitrag zu einer nachhaltigen Entwicklung. Studie des Wuppertal-Instituts für*

Entwicklungsländer
Mechanismen, die eine nicht-nachhaltige Landwirtschaft
begünstigen, müssen beseitigt werden. In allen traditionellen Agrarkulturen gibt es vielfältiges Wissen über
eine nachhaltige Bodennutzung, das wieder nutzbar gemacht werden kann.
Die Entwicklungsländer müssen durch gerechte weltwirtschaftliche Rahmenbedingungen, Technologie- und
Finanztransfers in ihren Bemühungen um eine nachhaltige Bodennutzung unterstützt werden. Sie selbst sind
aufgefordert, die ländlichen Regionen zu fördern und
gerechte Grundbesitzverhältnisse herzustellen.
Der Aufbau eines weltweiten Überwachungs- und In-
formationssystems zur besseren Erfassung der Boden-
gefährdung und ihrer Ursachen muss die wissenschaft-
liche Grundlage des Bodenschutzes bilden.

*Klima, Umwelt, Energie GmbH, Basel u. a. 1996, S. 76;
Entwicklungsländer: Globale Trends 1998, Frankfurt a. M. 1997, S. 287*

10.2.4 Bereich Wasser

M 8　Globale Wasserentnahme 1900–2003

- 97,5 % der weltweiten Wasservorkommen (1,4 Mrd. km³) befinden sich als Salzwasser in den Weltmeeren, die die Erde zu 71 % bedecken. Von den 2,5 % Süßwasser sind 70 % in den Eisschichten von Nord- und Südpol
5 gebunden. Die anderen 30 % liegen überwiegend als großflächig verteilte Bodenfeuchte oder in Wasser führenden Schichten (Aquiferen) vor. Letztlich sind nur 1 % des Süßwassers (0,007 % allen Wassers) für den Menschen nutzbar. Von dieser jährlich verfügbaren
10 Menge werden bereits heute 54 % genutzt, 70 % davon allein in der Landwirtschaft. […] Zwischen 1900 und 1995 hat sich die globale Wasserentnahme mehr als versechsfacht und ist damit mehr als doppelt so schnell gewachsen wie die Weltbevölkerung.

15 Mit Hinweis auf die drohende Übernutzung von Süßwasservorkommen haben die Vereinten Nationen 2003 zum Internationalen Jahr des Süßwassers deklariert und zum Weltwassertag am 22.3. 2003 erstmals einen Weltwasserentwicklungsbericht (World Water Deve-
20 lopment Report) vorgelegt. In dem von 23 UN-Institutionen gemeinsam erstellten Bericht ist von einer sich verschärfenden internationalen Wasserkrise die Rede. Obwohl die Wasservorkommen sehr unterschiedlich auf Länder und Regionen verteilt sind, wird laut UN
25 von den Auswirkungen keine Region verschont bleiben.
Die Zahl der Menschen mit Zugang zu sauberem Trinkwasser wächst zwar dank hoher, v. a. nach 1980 eingesetzter Investitionen mittlerweile schneller als die Be-

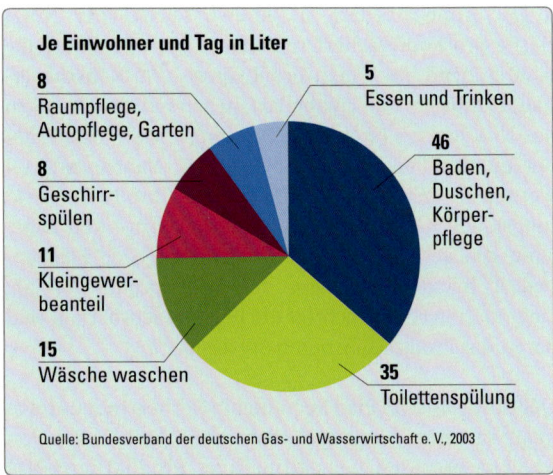

180.1　*Trinkwasserverbrauch in Deutschland*

völkerung, dennoch waren 2000 nach Angaben der 30 Weltgesundheitsorganisation (WHO) immer noch rund 1,1 Mrd. Menschen unzureichend mit sauberem Wasser versorgt; 2,4 Mrd. Menschen fehlt der Zugang zu Sanitäreinrichtungen (in beiden Fällen leben über 90 % dieser Menschen in Afrika und Asien). 2,2 Mio. Men- 35 schen sterben jährlich an Infektionskrankheiten (insbes. Durchfallerkrankungen) aufgrund unzureichender Versorgung mit Trinkwasser und Sanitäreinrichtungen, 90 % davon sind Kinder unter 5 Jahren.

Aus: Der Fischer Weltalmanach 2004. Zahlen, Daten, Fakten,
Frankfurt a. M. 2003, S. 1339

M 9　Weltweite Wasserknappheit

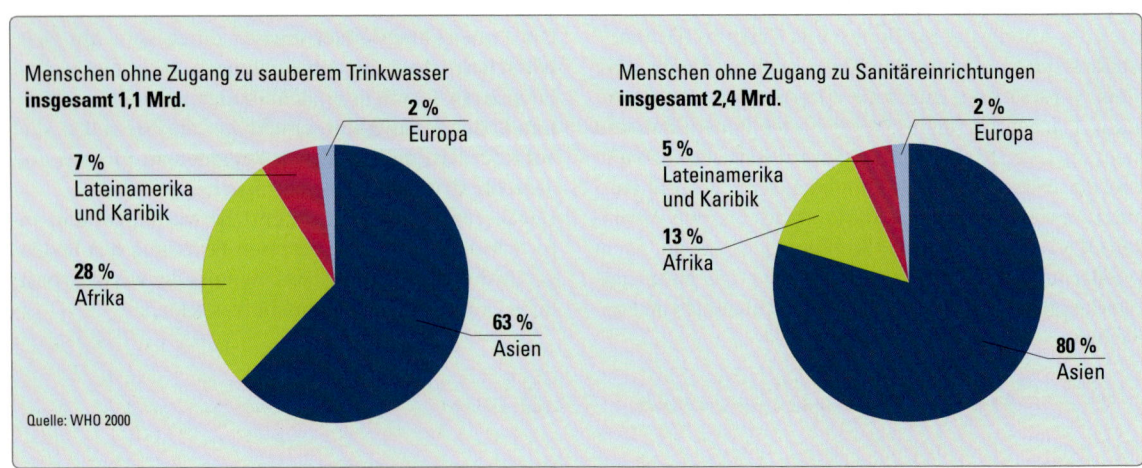

10.2.5 Bereich biologische Vielfalt

M 10 Biologische Vielfalt und Biodiversität

● Die Begriffe „Biologische Vielfalt" und „Biodiversität" gehen über den der „Artenvielfalt" (Verschiedenheit aller Tier- und Pflanzenarten) hinaus und erfassen zudem die Vielfalt der Ökosysteme und der Sorten jeder einzelnen Spezies. Das Ziel des Erhalts der biologischen Vielfalt folgt zum einen aus der Anerkennung ihres Eigenwerts, zum anderen gründet es auf der Erkenntnis, dass eine Vielfalt der Erscheinungsformen Grundvoraussetzung für die Stabilität der Ökosysteme ist, von deren Leistungen letztendlich auch der Mensch abhängt. Nicht zuletzt stellt die Biodiversität eine ökonomische Ressource dar. Beispielsweise stammen zehn der 25 im Jahr 1997 meistverkauften Medikamente aus natürlichen Ressourcen. Der Marktwert aller biogenen Medikamente wird auf 75–150 Mrd. US-$ p. a. geschätzt. Die Gesundheitsversorgung von 75 % der Weltbevölkerung stützt sich direkt auf natürliche Heilmittel. Trotz des Wissens um ihre zentrale Bedeutung setzt sich der Verlust an Biodiversität mit großer Geschwindigkeit fort.

Aus: Der Fischer Weltalmanach 2004. Zahlen, Daten, Fakten, Frankfurt a. M. 2003, S. 1333

M 11 Ausgestorbene und gefährdete Arten (Auswahl)

Tier- und Pflanzengruppen	Zahl der einheimischen Arten	ausgestorbene Arten		gefährdete Arten	
		Anzahl	**%**	**Anzahl**	**%**
WIRBELTIERE	449	31	7	253	56
Säugetiere	93	7	8	50	53
Vögel	255	20	8	132	52
Kriechtiere	12	–	–	9	75
Lurche	19	–	–	11	58
Fische (Süßwasser)	70	4	6	50	71
WIRBELLOSE TIERE	ca. 44 100	?	?	?	?
ausgewählte Gruppen:	6 484	174	2	2 522	39
PFLANZEN	ca. 7 700	126	2	2 296	30
Blütenpflanzen, Farne	2 476	60	2	862	35
Moose + Großpilze	ca. 1 000	15	2	139	14

Quelle: IUCN 2003

M 12 Biologische Vielfalt und Landwirtschaft

● Die biologische Vielfalt liefert die Rohstoffe und das genetische Material für die gesamte landwirtschaftliche Produktion und damit für die Ernährung der Weltbevölkerung. Die heutigen Feldfruchtsorten und Haustierrassen verdanken ihre Existenz mehreren Millionen Jahren der Evolution und 12 000 Jahren landwirtschaftlicher Züchtung. Die Menschen nutzen weltweit ca. 7 000 Pflanzenarten als Nahrungsmittel. Weizen, Mais und Reis decken bereits mehr als die Hälfte des Weltnahrungsbedarfs. Alle wichtigen Feldfruchtarten haben ihren Ursprung in den tropischen und subtropischen Gebieten Asiens (z. B. Reis), Afrikas (z. B. Kaffee) und Lateinamerikas (z. B. Kartoffeln). Auch heute noch konzentriert sich in diesen Gebieten die genetische Vielfalt dieser Arten. In den meisten Ländern des Nordens basieren bis zu 90 % der landwirtschaftlichen Produktion auf eingeführten Arten.

Die Resistenz von Kulturpflanzen gegen Schädlinge oder Krankheiten ist von der Einkreuzung wilder Sorten abhängig. In den USA führte 1970 ein Befall genetisch identischer Maisbestände mit Braunfäule zu einem Ernteausfall im Wert von 1 Milliarde US-$. Durch die Einkreuzung einer gegen diese Krankheit resistenten afrikanischen Maissorte konnten weitere Verluste vermieden werden. Nach Schätzungen der FAO sind seit Beginn dieses Jahrhunderts bereits 75 % der genetischen Vielfalt der Feldfrüchte verloren gegangen.

Aus: Globale Trends 1996, Frankfurt a. M. 1995, S. 302

10.3 Umweltpolitik in der Marktwirtschaft?

Blickt man auf die auf S. 177–181 erkennbaren Trends, so scheinen Eingriffe in die Wirtschaft zum Zwecke der Erhaltung der natürlichen Lebensgrundlagen erforderlich. Schließlich hat sich der Staat in Art. 20a GG auch mit Blick auf die kommenden Generationen zum Schutz der natürlichen Lebensgrundlagen verpflichtet. Doch wie sollen Maßnahmen zur Umweltpolitik in einer Marktwirtschaft gestaltet werden?

AUFGABEN

1. Zeigen Sie, in welcher Weise die Autoren von M 1 bis M 3 die natürlichen Lebensgrundlagen sichern wollen.
2. Stellen Sie zusammen, welche Eingriffe in das Wirtschaftssystem jeweils damit verbunden sind.
3. Diskutieren Sie, inwieweit Eingriffe in die wirtschaftlichen Abläufe der Marktwirtschaft gerechtfertigt erscheinen bzw. inwieweit sie systemkonform gestaltet werden können.

M 1 Nachhaltig wirtschaften

■ Auch in der Politik müssen wir für eine nachhaltige wirtschaftliche Entwicklung alte Strukturen aufbrechen und neue Wege gehen. Die Herausforderung besteht darin, die Politikfelder so zu integrieren, dass
5 wirtschaftliches Wachstum, stabile Beschäftigung, sozialer Zusammenhalt und Umweltschutz Hand in Hand gehen. Jedes Politikfeld muss sich an den Anforderungen einer nachhaltigen Entwicklung orientieren.

[…] So liegen die Erhaltung der natürlichen Lebens-
10 grundlagen und der sparsame Umgang mit natürlichen Ressourcen auch im wirtschaftlichen Interesse. Kurzfristig kann es sich für ein Unternehmen vielleicht rechnen, bei den Kosten z. B. für die Luftreinhaltung oder die Abwasserbehandlung zu sparen. Langfristig jedoch pro-
15 fitiert die Volkswirtschaft von einer umweltverträglichen und ressourcenschonenden Produktion. Damit die betriebswirtschaftliche der volkswirtschaftlichen und die kurzfristige Betrachtungsweise der langfristigen entspricht, müssen in einer Marktwirtschaft die
20 richtigen Signale gesetzt werden.

Dazu gehören zum einen rechtliche Gebote und Verbote, die dafür sorgen, dass wichtige Umweltstandards eingehalten werden. Ebenso wichtig aber ist die Signalwirkung, die von Preisen ausgeht. Sie mobilisiert bei den
25 Marktteilnehmern Innovationen, um möglichst kostengünstig negative Auswirkungen auf die Umwelt zu vermeiden. Wenn die Preise die Knappheit der natürlichen Ressourcen und die Kosten der Umweltbelastung widerspiegeln, wird der Widerspruch zwischen kurzfristigen

und langfristigen Zielen überwunden und trägt dies 30 maßgeblich zu einer nachhaltigen wirtschaftlichen Entwicklung bei. In diesem Sinne hat z. B. die stufenweise und damit für alle Beteiligten planbare, maßvolle Erhöhung der Energiesteuern im Rahmen der ökologischen Steuerreform die richtigen Signale gesetzt. 35

Schließlich wird eine nachhaltige wirtschaftliche Entwicklung auch dadurch gekennzeichnet, dass die Unternehmen für ihre Produktion und ihre Produkte die Verantwortung übernehmen. Mit Hilfe eines wirksamen Umweltmanagements werden energiesparende Herstel- 40 lungsverfahren und integrierter Umweltschutz praktiziert. Viele Unternehmen gehen heute schon freiwillig diesen Weg. Die Produktverantwortung umfasst die Anforderungen des Verbraucherschutzes ebenso wie die schadlose Verwertung bzw. Beseitigung der Produk- 45 te am Ende des Lebenszyklus. Zu ihr gehört aber auch die Information des Verbrauchers über gesundheits- und umweltrelevante Eigenschaften des Produkts bzw. des Unternehmens. Eine klare Kennzeichnung der Produkte sowie transparente Unternehmensberichte sol- 50 len die Verbraucherinnen und Verbraucher in die Lage versetzen, sich bewusst für Produkte und Unternehmen zu entscheiden, die freiwillig hohe Standards im Umwelt- und Verbraucherschutz einhalten. Nachhaltigkeit kann so zu einem Gütesiegel für Produkte und Unter- 55 nehmen werden.

Aus: Die Bundesregierung, Perspektiven für Deutschland.
Unsere Strategie für eine nachhaltige Entwicklung, Berlin o. J. (2002), S. 13 f.

M 2   Eine grüne Marktagenda

■ Wie müsste das Wirtschaftssystem der Bundesrepublik verfasst sein, um ökologischen und sozialen Anforderungen dauerhaft zu genügen? Und welche wirtschaftlichen Anreizstrukturen wären ihm gemäß? In
5 den letzten Jahren hat sich in Deutschland an der Oberfläche ein Konsens darüber herausgebildet, dass die Marktwirtschaft prinzipiell mit den Zielen ökologischer Zukunftsfähigkeit vereinbar ist. Der Begriff der ökologisch-sozialen Marktwirtschaft erfreut sich denn auch
10 in Regierung, Parteien, Industrie- und Umweltverbänden großer Beliebtheit. [...]

Eine Ökologisierung der Marktwirtschaft hat stets zwei Dimensionen zu umfassen: die Domestizierung marktwirtschaftlicher Mechanismen einerseits und ihre öko-
15 logisch zuträgliche Entfaltung andererseits. Markteuphorikern, die die ökologische Frage auf einen Kampf um Zukunftsmärkte und Technologien reduzieren, entgeht leicht die schlichte Tatsache, dass ökonomischer Expansionismus und das Niederreißen sozial-kulturel-
20 ler Schranken durch weltwirtschaftliche Arbeitsteilung von ausnehmender Zerstörungskraft sind. Marktskeptiker hingegen sehen nur das Letztere und erkennen nicht, welch schöpferisches Potential in der umweltgerechten Entfaltung von Marktkräften liegen kann. Nicht eine Marktgesellschaft, in der die Regeln von Angebot 25 und Nachfrage sämtliche Bereiche menschlicher Existenz bestimmen, kann das Ziel sein, sondern eine Marktwirtschaft, die (wieder) eingebettet ist in ein größeres Ganzes, das wir Gesellschaft nennen.

Die Umlenkung der marktwirtschaftlichen Dynamik auf 30 umweltorientierte Ziele lässt sich kaum besser als am Beispiel einer ökologischen Steuerreform aufzeigen. Sie ist ein Kernelement des ökologischen Strukturwandels. [...] Eine auf bloßem Ordnungsrecht basierende Umweltpolitik ist international nicht harmonisierungsfähig. 35

Aus: BUND/Misereor (Hg.), Zukunftsfähiges Deutschland. Ein Beitrag zu einer nachhaltigen Entwicklung. Studie des Wuppertal-Instituts für Klima, Umwelt, Energie GmbH, Basel u. a. 1996, S. 169 und 185

M 3   Umweltsteuern als Ausdruck eines Paradigmenwechsels beim Übergang zur „sozialen und ökologischen Marktwirtschaft"

■ Stand bisher die Ordnungspolitik im Mittelpunkt der ökologischen Regulierungsmaßnahmen des Staates, so würde sich mit der Einführung von Umweltsteuern auf breiterer Front nach und nach ein Übergewicht vorwie-
5 gend marktwirtschaftlicher Formen der Steuerung gegenüber den Geboten und Verboten des Ordnungsrechts ergeben. Für diesen Übergang sprechen nicht nur die Argumente der administrativen, ordnungspolitischen und wohlfahrtstheoretischen Überlegenheit einer Steu-
10 erung über Preise statt über Vorschriften [...].
Im traditionellen Verständnis von Umweltökonomen wie umweltpolitisch tätigen Praktikern bilden negative externe Effekte des Wirtschaftsprozesses für die Ökosphäre die berühmte Ausnahme zu einer Regel, nach
15 der nur eine Minderheit von Markttransaktionen schädliche ökologische Nebenwirkungen aufweise.

Die ökologische Problemdiskussion der vergangenen Jahre hat aber [...] zu der bedauerlichen Überzeugung geführt, dass Ausnahme und Regel gerade umgekehrt zu definieren sind. Auf Basis ökologisch falscher Preise, 20 die alle Marktprozesse durchziehen, gehen heute noch von der überwiegenden Mehrzahl aller wirtschaftlichen Aktivitäten negative Effekte für die Umwelt aus. [...] Ein noch so ausgetüfteltes Umweltordnungsrecht wäre von der Aufgabe massiven Umsteuerns heillos überfor- 25 dert. Es müsste in einer Vielzahl von Einzeleingriffen das zu erzwingen suchen, was eine begrenzte Anzahl von steuerlichen Preiskorrekturen elegant und geräuschlos – und vor allem zu wesentlich niedrigeren gesamtwirtschaftlichen Kosten – bewältigen kann. 30

Aus: Anselm Görres/Henner Ehringhaus/Ernst Ulrich von Weizsäcker, Der Weg zur ökologischen Steuerreform, München 1994, S. 24 f.

10.4 Internalisierung externer Kosten – ein neuer Ansatz für das Wirtschaften mit Rücksicht auf die Umwelt?

Ein nachhaltiger Umgang mit den Ressourcen ist im Sinne der Ökonomie ein zumindest dauerhaft rationales Verhalten. Einige Wirtschaftswissenschaftler treten deshalb dafür ein, den Preismechanismus zu korrigieren und um die Dimension der Nachhaltigkeit zu bereichern. Dazu müssten die „externen Kosten" der Produktion, Kosten, die nicht am Ort ihrer Entstehung sichtbar werden, „internalisiert" werden.

AUFGABEN

1. Beschreiben Sie mithilfe aktueller Presseberichte, was unter Internalisierung externer Kosten bzw. Sozialkosten zu verstehen ist (M 1, M 2).
2. Diskutieren Sie, inwiefern Deutschland von einer Externalisierung der Kosten durch den Handel besonders betroffen ist (M 3 und M 4). Welche Auswirkungen hätte der Versuch der Internalisierung?
3. Entnehmen Sie M 4 bis M 6 die verschiedenen Möglichkeiten von Wirtschaftspolitik für die Umwelt. Beurteilen Sie die vorgeschlagenen Maßnahmen hinsichtlich ihrer Marktkonformität.

M 1　Für eine vollständige Kostenrechnung

● Es ist in der ökonomischen Theorie eine völlig unbestrittene Einsicht, dass eine Marktwirtschaft nur dann gesellschaftlich optimale wirtschaftliche Ergebnisse hervorbringt, wenn die Preise, die die Allokation der
5 Ressourcen steuern, die gesellschaftlichen Kosten reflektieren. Bei Existenz von negativen externen Effekten (von ökologischen und sozialen Folgekosten der Produktion) müssten die Preise dementsprechend nicht nur die einzelwirtschaftlich getragenen, sondern die gesamtge-
10 sellschaftlich tatsächlich entstandenen Kosten spiegeln. Dieser Grundsatz einer ökologischen Marktwirtschaft, den man mit „richtig rechnen" oder mit der Forderung nach einer vollständigen Kostenrechnung umschreiben könnte, ist hier bei uns, aber natürlich auch in anderen
15 Industrieländern, bisher eher Versprechen als Aufforderung zum raschen und folgerichtigen politischen Handeln geblieben. Die Wirtschaft kann die Umwelt auch heute noch in weitem Umfang kostenlos, oder, gemessen an den Auswirkungen, zu billig nutzen. [...]

20 Die Wirtschaft hat noch nicht voll begriffen, dass die Natur neben Arbeit und Kapital der dritte Produktionsfaktor ist, für den im Zeitalter der ökonomischen Knappheit des nutzbaren Potenzials an Naturleistungen ein Preis bezahlt werden muss – genauso wie für die Nut-
25 zung der Produktionsfaktoren Arbeit und Kapital. [...] Richtig rechnen heißt bei einer wirtschaftlichen Aktivität, die Naturleistungen in Anspruch nimmt, nicht nur die Kalkulation der direkten Arbeits- und Kapitalkos-

ten, die einzelwirtschaftlich bei den Unternehmen an-
30 fallen, sondern eben auch die Berücksichtigung der externen Kosten und der so genannten Zukunftskosten (oder Nutzungskosten).
Nehmen wir das Beispiel der Stromproduktion auf der Basis fossiler Energiequellen. Die bei der Verbrennung entstehenden Emissionen führen – wie wir wissen – zu
35 Waldschäden (zu ökonomischen und ökologischen Verlusten), zu Bodenschäden, zu Schäden an privatem und öffentlichem Eigentum und zu Gesundheitsschäden. Die Strompreise sollten diese externen Kosten oder ent-
40 sprechend die Kosten zur Vermeidung dieser externen Kosten enthalten. Nach ersten überschlägigen Berechnungen würde sich eine spürbare Anhebung der Strompreise ergeben.

Der dritte Kostenbestandteil wären die Zukunfts- (oder
45 Nutzungs-)kosten. Der Abbau und der anschließende Verbrauch von Ressourcen wie Erdöl oder Kohle aus begrenzten Beständen bedeutet, dass diese in Zukunft nicht mehr zur Verfügung stehen. Sie sind endgültig verbraucht. In den Preisen müsste eine Art von Ab-
50 schreibung auf den schrumpfenden Bestand – ähnlich der Abschreibung auf das im Produktionsprozess verschlissene Produktivkapital in den Kostenkalkulationen der Unternehmen – enthalten sein, aus der der Aufbau einer neuen Energiebasis finanziert wird, die dann
55 zur Verfügung steht, wenn die begrenzten Bestände aufgebraucht sind. [...]

Eine vierte Kostenkategorie könnte ein Erwartungswert von zusätzlichen Kosten aufgrund unerwarteter katastrophaler Entwicklungen sein („disaster costs"). Die
60 Berücksichtigung eines derartigen Erwartungswertes entspräche einer Orientierung am Vorsorge- oder Vorsichtprinzip. Das Verursacherprinzip als Kostenanlastungsprinzip reicht in ökologischen Zusammenhängen
65 nicht aus. Es ist retrospektiv und kann nur die bekannten Verursacher-Schadens-Beziehungen berücksichtigen. Unser Wissen über schon akute wie auch potenzielle Schadenswirkungen eines umweltbelastenden Wirtschaftens ist jedoch beschränkt. Folglich müssen
70 wir unsere umweltbezogenen Entscheidungen in Un-

sicherheit treffen – aufgrund des begrenzten Erkenntnisstandes der Wissenschaft und aufgrund langfristiger, noch nicht offenkundig gewordener Schadensentwicklungen. Obwohl wir oft Belastungsgrenzen nicht kennen, haben wir ein Erfahrungswissen, wie 75 schleichende Belastungsprozesse plötzlich in rasch zunehmende Schadensprozesse umschlagen können. Das Wissen um das Nichtwissen rechtfertigt die Festlegung einer Vorsichtsmarge.

Aus: Christian Leipert, Grundfragen einer ökologisch ausgerichteten Wirtschafts-und Umweltpolitik, in: Bundeszentrale für politische Bildung (Hg.), Wirtschaftspolitik, Bonn 1990, S. 383–385

M 2 Inhalt und Bedeutung der Sozialkosten

■ Unter dem Begriff der Sozialkosten verstehen wir alle direkten und indirekten Verluste, die Drittpersonen oder der Allgemeinheit als Folge einer uneingeschränkten wirtschaftlichen Tätigkeit zu tragen haben. Die Sozi-
5 alkosten können in Schädigungen der menschlichen Gesundheit, in der Vernichtung oder Verminderung von Eigentumswerten und der vorzeitigen Erschöpfung von Naturschätzen zum Ausdruck kommen. […] Um als Sozialkosten anerkannt zu werden, müssen Schäden und
10 Mängel zwei Eigenschaften aufweisen. Es muss die Möglichkeit bestehen, sie zu vermeiden, sie müssen Folge der wirtschaftlichen Produktion sein und auf dritte Personen oder die Allgemeinheit abgewälzt werden können. Die Folgen eines Erdbebens sind nicht in dem hier ge-
15 bräuchlichen Sinne Sozialkosten. […]

Die grundsätzlichen Ursachen der Sozialkosten liegen im Profitstreben mit der Minimierung der privaten Produktionskosten. Je größer die Bedeutung des Unternehmertums ist, umso größer ist die Wahrscheinlichkeit
20 von Sozialkosten. Je mehr ein Wirtschaftssystem auf private Anreize und die Verfolgung von privatem Gewinn abzielt, desto größer die Gefahr, dass „unbezahlte" Sozialkosten entstehen, wenn nicht entsprechende Maßnahmen ergriffen werden.

25 Indem ein Teil der Produktionskosten auf dritte Personen oder die Allgemeinheit abgewälzt wird, sind die Produzenten in der Lage, sich einen größeren Teil des Gesamteinkommens anzueignen, als sie sonst erhalten würden. Nun könnte man aber auch behaupten, dass die
30 Konsumenten dadurch die Produkte zu geringeren Preisen erhielten, als wenn die Produzenten die vollen Produktionskosten hätten aufbringen müssen. Und folglich, dass auch eine entsprechende Gesetzgebung eine

Umwelt-Milliarden

Nicht weniger als 411 Milliarden Mark gaben Staat und Privatwirtschaft in den alten Bundesländern von 1985 bis 1995 aus, um die Luft- und Gewässerverschmutzung zu bekämpfen und die Abfallprobleme zu lindern.

Allerdings macht die große Summe nur einen Anteil von jährlich rund 1,5 Prozent des Bruttosozialprodukts aus – eine äußerst effektive Geldverwendung: Obwohl die Wirtschaft gleichzeitig kräftig wuchs, sorgten Kläranlagen für sauberere Flüsse und Filter für bessere Luft. Während das staatliche Geld zu fast zwei Dritteln dem Gewässerschutz diente, kam gut die Hälfte der privaten Aufwendungen der Luftreinhaltung zugute. Von den gesamten Umweltschutzausgaben waren 44 Prozent Investitionen, 46 Prozent laufende Ausgaben.

(Die ZEIT, 9/1998)

Umverteilung zur Folge hätte. Wir stehen also nicht nur vor dem Problem der Entstehung von Sozialkosten, 35 sondern auch vor der Frage von Kosten und Nutzen von Schutzmaßnahmen. Wie groß der Anteil des Volkseinkommens ist, der auf diese Weise umverteilt werden würde, interessiert uns hier nicht. Es genügt die Feststellung, dass Sozialkosten zu Verteilungsproblemen 40 führen und sie daher Gegenstand der politischen Auseinandersetzung sind.

Aus: K. William Kapp, Soziale Kosten der Marktwirtschaft, Frankfurt a. M. 1988, S. 10 f.

M 3 Der ökonomisch optimale Zustand

● Das in der Umweltpolitik (wenigstens vom Anspruch her) einschlägige „Verursacherprinzip" ist keineswegs eine Erfindung ökonomiekritischer Ökologen. Das Prinzip ist vielmehr ein Grundelement des Marktmechanismus selbst. […]

Das Marktversagen bei Vorliegen externer Effekte wird von der Durchbrechung des Verursacherprinzips konstituiert. Per definitionem zeichnet sich der negative externe Effekt dadurch aus, dass ein Dritter vom Entscheidungsträger beeinträchtigt wird, ohne dass diese Entscheidungsfolgen auf den Urheber zurückfielen. Mit der Internalisierung externer Effekte soll das Verursacherprinzip als Wesensmerkmal des Marktmechanismus auf diesen Bereich ausgedehnt werden. […] Es geht darum, dem Verursacher die per definitionem vom Markt zunächst einmal nicht erfassten negativen Handlungsfolgen anzulasten. Die Begriffe „Optimalität" und „Internalisierung" haben in der Literatur sehr häufig zu dem Missverständnis geführt, es handle sich dabei um das Gemälde einer „heilen Welt", in dem eine Harmonie vorgegaukelt werde, die der von Konflikten geprägten Realität Hohn spreche. […] Der ökonomisch optimale Zustand kann die Interessengegensätze zwischen den Entscheidungsträgern nicht beseitigen […]. Er kann lediglich (und das ist schon viel!) die Interessengegensätze bis auf das durch die Knappheit der vorhandenen Ressourcen definierte Mindestniveau herunterführen. […]

Zur Internalisierung externer Effekte, d.h. zur Anlastung der externen Grenzkosten beim Verursacher stehen verschiedene theoretische Varianten zur Verfügung. Die wichtigsten sind:

a) Verhandlungen über das Niveau des externen Effektes zwischen den Beteiligten […],

b) Schaffung von Institutionen, mit denen geregelt wird, inwieweit und unter welchen Bedingungen der Verursacher des externen Effekts dem Geschädigten den Schaden ersetzen muss (Haftungsrecht),

c) Belastung des Verursachers mit den in der pareto-optimalen Situation verursachten externen Grenzkosten über eine Steuer […].

Aus: Alfred Endres, Umweltökonomie. Stuttgart 2000, S. 19–22

M 4 Internationaler Handel und Förderung der Internalisierung

● Der internationale Handel […] vermag auf zwei Arten Kosten zu mindern: durch erhöhte Wirtschaftlichkeit oder über gesenkte Standards. Eine Firma kann Geld sparen, indem sie ihre Standards für Umweltschutz, Sicherheit am Arbeitsplatz, Löhne, Gesundheitsfürsorge und so weiter herabsetzt – und damit einen Teil ihrer Kosten externalisiert. Ein Unternehmen, das im Wettbewerb steht und nach maximalem Gewinn strebt, sucht seine Kosten stets so weit wie nur möglich zu externalisieren.

Darum unterhalten die Staaten große Rechts-, Verwaltungs- und Kontrollapparate, die verhindern sollen, dass die heimische Industrie ihre sozialen und ökologischen Standards herabsetzt. Doch auf internationaler Ebene existiert bis auf wenige Vereinbarungen nichts Vergleichbares […].

Billig zu produzieren, indem man reale Kosten ignoriert, ist ein Verstoß gegen das Prinzip wirklicher Effizienz. Selbst das GATT-Abkommen[1] räumt ein, dass der Wettbewerb mit gesenkten Standards zu weit geht, wenn die Einwohner eines Landes gegen auswärtige Zwangsarbeit konkurrieren müssen; gegen den Außenhandel eines Staates mit derart ausbeuterischem Regime dürfen daher Restriktionen verhängt werden. Gegen Kinderarbeit, gefährliche und nicht versicherte Arbeit oder Hungerlöhne sieht GATT aber keine Sanktionen vor. Die einfachste Lösung wäre, dass Länder, in denen Kosten internalisiert werden, von Ländern, wo das nicht der Fall ist, Kompensationszölle erheben dürfen.

Für solche Zölle gibt es durchaus Präzedenzfälle. Die Verfechter des Freihandels finden Anti-Dumping-Zölle gerecht, die verhindern sollen, dass ein Land seine Güter zu Preisen unterhalb der Produktionskosten anbietet, um sich Marktanteile zu erschleichen. Der einzige echte Unterschied ist, dass nun auch die Kosten für Umweltschäden und Mangel an sozialem Wohlstand mitberechnet würden. Diese Zollpolitik bedeutet nicht, dass ein Land einem anderen seine ökologischen oder moralischen Werte aufzwänge. Jedes Land sollte die Regeln der Kosteninternalisierung für den eigenen Markt aufstellen. Auf diesem Markt müsste jeder Anbieter sich an die geltenden Regeln halten oder einen Zoll zahlen, der die durch niedrigere Standards bedingten Wettbewerbsvorteile ausgleicht.

1 GATT: General Agreement on Tariffs and Trade (Welthandelsabkommen)

Aus: Hermann E. Daly, Die Gefahren des freien Handels, in: Spektrum der Wissenschaft, Digest: Umwelt – Wirtschaft, o.O. o.J. (1993), S. 54 und S. 56f.

M 5 Umweltpolitische Instrumente

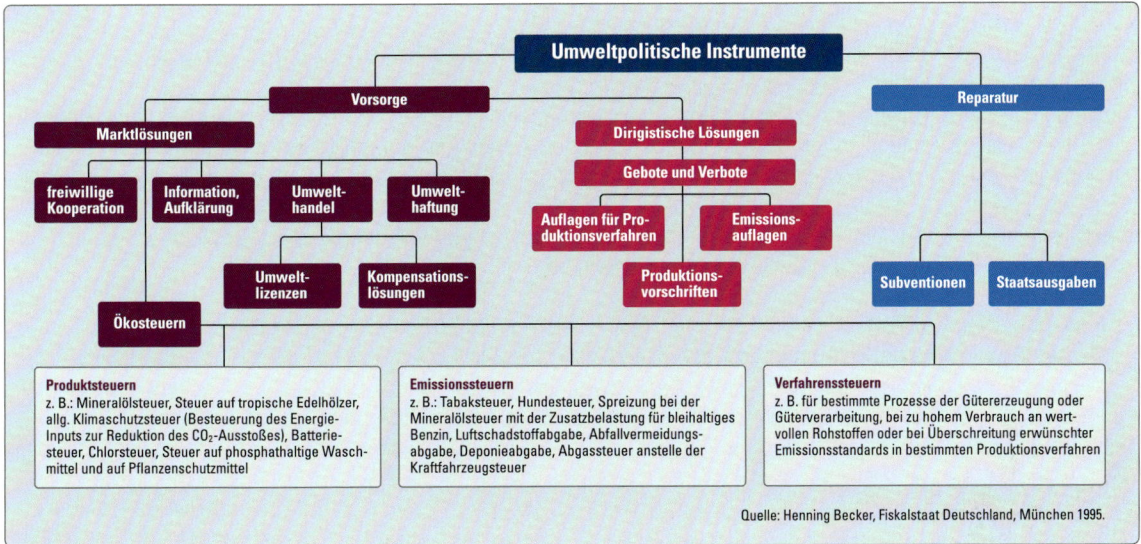

Quelle: Henning Becker, Fiskalstaat Deutschland, München 1995.

M 6 Externalisierung durch Pigou-Steuer

■ Die Sicherung der Umweltqualität kann auf sehr vielfältige Weise von der Wirtschaftspolitik erreicht werden. Ausgangspunkt der ökonomischen Theorie der Umwelt ist die sogenannte Pigou-Steuer, deren Bezeich-
5 nung auf den englischen Ökonomen Arthur Cecil Pigou (1877–1959) zurückgeht. Die Pigou-Steuer ist eine Steuer auf die Emissionsmengen. […] Die von den Schadstoffen ausgehenden externen Effekte sind [in diesem Modell, d. Verf.] vollständig internalisiert, das bedeutet,
10 der Verursacher bezieht die Schäden korrekt in seine Gewinnmaximierung ein und reduziert entsprechend seine umweltschädigenden Aktivitäten.

Das entscheidende praktische Problem der Pigou-Steuer ist, dass die durch Umweltverschmutzung verursachten
15 Schäden nur in seltenen Ausnahmefällen in Geldeinheiten zu bewerten sind. Die fehlende Kenntnis der tatsächlich entstehenden Kosten der Umweltschäden hat dazu geführt, dass sich in der umweltpolitischen Praxis zahlreiche Ersatzlösungen für die Pigou-Steuer durch-
20 gesetzt haben. Die prinzipielle Wirkung der meisten umweltpolitischen Instrumente besteht darin, die Kosten der Produktion zu erhöhen, da das vorher kostenlose Gut Umwelt einen Preis bekommt. […] Die höheren Kosten werden über den Preis an den Endverbraucher
25 weitergegeben mit der Folge, dass umweltschädlich hergestellte Güter teurer werden. Der Konsument wird dazu übergehen, seine Nachfrage nach diesen Gütern zu reduzieren.

[…] Durch die Einführung einer Emissionsteuer lassen sich im Prinzip die gleichen Wirkungen erzielen wie 30 durch die Vorgabe von Grenzwerten. Allerdings ist die Wirkung der Steuer im Voraus schwer abzuschätzen, da die Kosten der Verursacher den Umweltpolitikern nicht bekannt sind. Erst nach Implementierung der Steuer ist allmählich ihre Wirkung absehbar. Eine Korrektur des 35 ursprünglich gewählten Steuersatzes ist zwar möglich, aber dies kann zu erheblichen Wirkungsverzögerungen der Emissionsreduktion und zu Unsicherheiten in der Wirtschaft führen.

Ein interessanter […] Ansatz besteht in der Vergabe und 40 dem Handel von Emissionslizenzen. Die Emissionslizenzen verbriefen das Recht zur Emission einer bestimmten Menge Schadstoff. Die Verursacher erhalten entweder eine Anfangsausstattung mit Lizenzen oder müssen sie dem Staat im Zuge einer Versteigerung ab- 45 kaufen. Die Verursacher können die Lizenzen untereinander handeln. Dadurch stellt sich ein Ausgleich der Kosten zwischen den Verursachern […] ein.

Aus: Bundeszentrale für politische Bildung (Hg.), Wirtschaft heute, Bonn 2003, S. 160

WEITERFÜHRENDE INFORMATIONEN

Informationen über die Umweltpolitik in Beziehung zur Wirtschaftspolitik

Die Frage der Umweltpolitik ist ein viel und in zahlreichen unterschiedlichen Facetten diskutiertes Thema. Dementsprechend viele Informationsmöglichkeiten ergeben sich, von denen hier nur einige ausgewählt werden können, die sich direkt auch auf die Wirtschaft bzw. das Spannungsverhältnis zwischen Ökonomie und Ökologie beziehen.

—Bundesministerium für Umwelt, Naturschutz und Reaktorsicherheit, Alexanderplatz 6, 10178 Berlin, Tel. 030/285500, Fax 030/28550-4375, Internet: www.bmu.de

—Umweltbundesamt, Postfach 33 00 22, 14191 Berlin, Telefon 030/8903-0, Fax 030/8903-2285, Internet: http://www.umweltbundesamt.de

Im Internet ist zum Thema Umweltpolitik sehr viel zu finden. Viele Umweltgruppen verständigen sich über Newsgroups oder über ihre Webseiten:

INTERNETADRESSEN

Greenpeace	www.greenpeace.de
BUND (Bund für Umwelt und Naturschutz e. V.)	www.bund.net
Naturschutzbund Deutschland e. V.	www.nabu.de
Robin Wood	www.robinwood.de
Zeitschrift natur+kosmos	www.natur.de
Zeitschrift Ökotest	www.oekotest.de
Sachverständigenrat für Umweltfragen	www.umweltrat.de
Deutsche Bundesstiftung Umwelt	www.dbu.de
Europäische Umwelt-Agentur	http://local.de.eea.eu.int
Europäische Kommission, Abteilung Umwelt	www.europa.eu.int/comm/environment/index_de.htm
Umweltforum Europa	www.mut-online.de

FRAGEN ZUR WIEDERHOLUNG

1. Erläutern Sie das Konzept der Nachhaltigkeit.
2. Zeigen Sie den Hintergrund der Forderung nach einer Ökologisierung der Marktwirtschaft.
3. Stellen Sie die Theorie der sozialen Kosten dar.
4. Erläutern Sie den Mechanismus der Internalisierung externer Kosten.
5. Diskutieren Sie die Frage, inwieweit Umweltpolitik als Teil der Wirtschaftspolitik betrachtet werden sollte.
6. Nehmen Sie Stellung zu der Frage, inwieweit die Marktwirtschaft ökologischer Korrektive bedarf und die soziale zur öko-sozialen Marktwirtschaft weiterentwickelt werden sollte.

11.0

POLITIK GEGEN ARBEITSLOSIGKEIT: WIE ERREICHT MAN EIN HÖCHSTMASS AN BESCHÄFTIGUNG?

Durch Dauererwerbslosigkeit werden Menschen in eine Situat
hineingestoßen, auf die sie in keiner Weise vorbereitet sind.
allgemeinen Normen und Wertvorstellungen sind auf ein and
Leben ausgerichtet. Mit dem Stellenverlust verlieren die Betro

11.1 Daten und Fakten zur Arbeitslosigkeit

Trotz wachstumsintensiver Phasen in der Wirtschaftsentwicklung bewegt sich die Arbeitslosigkeit in Deutschland seit den Siebzigerjahren auf dramatisch hohem Niveau (vgl. M 2). Dies zieht viele wirtschaftliche und soziale Konsequenzen nach sich. Hohe Arbeitslosigkeit birgt die Gefahr abnehmender Akzeptanz gegenüber dem bestehenden wirtschaftlichen und politischen System. Und auch von den Normen des Grundgesetzes her (Art. 1: Menschenwürde, Art. 2: Freie Entfaltung der Persönlichkeit und Art. 20: Sozialstaat) kann Arbeitslosigkeit nicht einfach hingenommen werden.

Das Phänomen Arbeitslosigkeit hat längst nationale Dimensionen gesprengt und betrifft als Teil des Globalisierungsprozesses europa- und weltweit den Einzelnen ebenso wie das gesamtwirtschaftliche und das politische System. Dabei sind die Auffassungen hinsichtlich der Einschätzung der Situation sehr unterschiedlich, ganz zu schweigen von der richtigen Therapie.

AUFGABEN

1. Beschreiben Sie mit Hilfe der Materialien M 1 bis M 4 die Situation auf dem Arbeitsmarkt in Deutschland im Februar 2004.
2. Stellen Sie fest, in welcher Weise diese Situation unterschiedlich bewertet wurde.
3. Recherchieren Sie, wie sich der Arbeitsmarkt seitdem entwickelt hat.

M 1 Arbeitsmarktzahlen im Februar 2004

■ Im Februar 2004 ist die Zahl der Arbeitslosen gegenüber Januar um 44 000 von 4,597 Millionen auf 4,641 Millionen angestiegen. Damit lag die Zahl der Arbeitslosen um 66 000 niedriger als ein Jahr zuvor.

5 Bei Herausrechnung der Zahl der Teilnehmer an Eignungsfeststellungs- und Trainingsmaßnahmen im Jahr 2003 [...] ergäbe sich ein Anstieg der Arbeitslosigkeit gegenüber Februar 2003 um nur 1700.

Die insgesamt verbesserte Entwicklung am Arbeits-
10 markt ist unübersehbar. Der Abstand der Zahl der Arbeitslosen zum jeweiligen Vorjahresmonat hat sich seit dem Frühjahr 2003 beständig verringert. Diese Entwicklung dürfte sich – insbesondere bei der erwarteten Konjunkturbelebung – fortsetzen.
15 Bundeswirtschafts- und -arbeitsminister Wolfgang Clement: „Die Signale für eine weitere Konjunkturbelebung stehen günstig. Wenn sich die insgesamt positive Entwicklung verfestigt, wovon wir ausgehen, wird die Arbeitslosenzahl im Herbst erstmals seit langem die
20 Vier-Millionen-Marke schrammen oder sogar etwas darunter liegen."

Saisonbereinigt hat die Zahl der Arbeitslosen im Februar um 26 000 zugenommen.
Die Zahl der Erwerbstätigen lag im Dezember 2003 mit
25 38,46 Millionen um 175 000 niedriger als ein Jahr zuvor.

Der saisonbereinigte Rückgang der Erwerbstätigkeit ist in den Monaten Oktober bis Dezember 2003 fast zum Stillstand gekommen. Im Oktober betrug der saisonbereinigte Rückgang 5 000, im November 4 000 und im Dezember nur noch 2 000.
30 Minister Clement hierzu: „Das Ende des Rückgangs der Erwerbstätigkeit ist greifbar nahe. Unsere Reformen zeigen Wirkung. Die zunehmende Zahl der Minijobs und die äußerst rege Inanspruchnahme der neuen Förderung für Existenzgründer haben die Beschäfti-
35 gungsschwelle des Wachstums gesenkt. Bei anziehender Konjunktur wird die Beschäftigung schon bald wieder zunehmen."

Aus: Presseerklärung des Bundesministeriums für Wirtschaft und Arbeit, www.bmwa.bund.de, 4. 3. 2004

Der Aufschwung erreicht den Arbeitsmarkt erst 2005

Der Präsident des Deutschen Instituts für Wirtschaftsforschung (DIW) über die Entwicklung der Arbeitslosigkeit in Deutschland

FAZ, 2. 1. 2004

M 2 **Arbeitslose und Erwerbstätige**

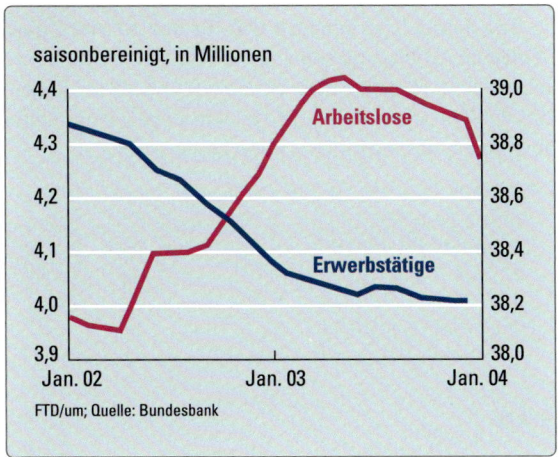

saisonbereinigt, in Millionen

Arbeitslose

Erwerbstätige

FTD/um; Quelle: Bundesbank

M 3 **Keine positiven Impulse durch Arbeitsmarktreform**

● Die aktuellen Trends deuten nicht auf Entspannung: In den ersten drei Monaten 2004 haben sich 122600 Menschen aus der Erwerbsarbeit arbeitslos gemeldet, davon 24900 junge Menschen nach ihrer Ausbildung!
5 Die Zahl der offenen Stellen ist im Vergleich zum Vorjahr um mehr als ein Fünftel (21,8 %) zurückgegangen.

Dieter Scholz, Vorsitzender des DGB Berlin-Brandenburg, folgert daraus, dass ein Instrument wie die Personal-Service-Agentur wenig Sinn macht für den Arbeitsmarkt.
10 Untaugliche Instrumente sowie staatlich gefördertes Lohndumping schieben den Arbeitslosen den „schwarzen Peter" für ihre Erwerbslosigkeit zu.

Die Arbeitsmarktpolitik dürfe nicht aus den Augen verlieren, so Scholz, dass sie sich auch sozialen Zielen verpflichtet fühlen müsse. Zudem erfülle sie eine Brü- 15 ckenfunktion in den ersten Arbeitsmarkt. Der Bundesregierung sei ins Stammbuch geschrieben, dass ihre Leistungskürzungen in den Bereichen Arbeitsmarkt und Gesundheit erheblich die Binnenkonjunktur bremsen. Auf die Bremse treten und gleichzeitig Gas geben, 20 das halte kein Konjunkturmotor aus, so der DGB-Chef.

Aus: www.respekt.dgb.de/article/articleview/1804/1/116, 2004

M 4 **DIHK zu den aktuellen Arbeitsmarktzahlen Februar 2004**

● Die aktuelle Arbeitslosenquote beträgt 11,1 Prozent nach 11,0 Prozent im Januar 2004. Die Entwicklung der Arbeitsmarktlage bleibt demnach ausgesprochen ungünstig.
5 Bei Vorjahresvergleichen ist zu berücksichtigen, dass Teilnehmer an Eignungsfeststellungs- und Trainingsmaßnahmen seit Jahresbeginn nicht mehr zu den Arbeitslosen gerechnet werden. So ergibt ein unmittelbarer Vergleich zwar zunächst, dass im Februar 2004 rund 66000 Arbeitslose weniger gezählt wurden als im Vor-
10 jahresmonat. Rechnet man jedoch die Teilnehmer an Eignungsfeststellungs- und Trainingsmaßnahmen aus der im Februar 2003 ausgewiesenen Anzahl Arbeitsloser heraus, waren im Februar dieses Jahres sogar 1700 Arbeitslose mehr zu beklagen als vor einem Jahr.

Die Zahl der Erwerbstätigen ist im Monat Dezember 15 2003 – nach vorläufigen Berechnungen des Statistischen Bundesamtes – gegenüber November 2003 um 151000 auf 38,46 Millionen gesunken. Saisonbereinigt war im Dezember 2003 ein Rückgang um 2000 Erwerbstätige gegenüber dem Vormonat zu verzeichnen. 20

Aus: DIHK, 4.3.2004

M 5 „Mehr als Gelderwerb"

● Arbeit, wie sie heute gemeinhin verstanden wird, bedeutet längst mehr als tägliche Pflicht, mehr als Gelderwerb, um Miete, Sonntagsbraten, Auto und die Ausbildung der Kinder bezahlen zu können. Arbeit, urteilt
5 Sigmund Freud, ist das „Band zur Realität". Seit die zentralen Lebensbereiche Beruf und Familie strikt voneinander getrennt sind, verbindet uns der Job mehr denn je mit anderen Menschen, lässt uns erleben, wie die Welt „da draußen" funktioniert. Und an unserer Arbeit er-
10 fahren wir unsere Fähigkeiten und unsere Grenzen. Das gilt für die Verkäuferin genauso wie für die Architektin, für den Lehrer genauso wie für den LKW-Fahrer. Denn jede Arbeit, und steht sie noch so sehr im Ruf, stupide zu sein, fordert Aufmerksamkeit und persönlichen Einsatz. Vor allem aber gibt sie dem Leben Sinn, denn 15 sie beweist, dass wir nicht „überflüssig" sind.

Aus: Petra Oelker, Ohne Arbeit nichts wert?, in: Brigitte Nr. 17/1993.

M 6 Verflechtung der gesamtwirtschaftlichen Märkte

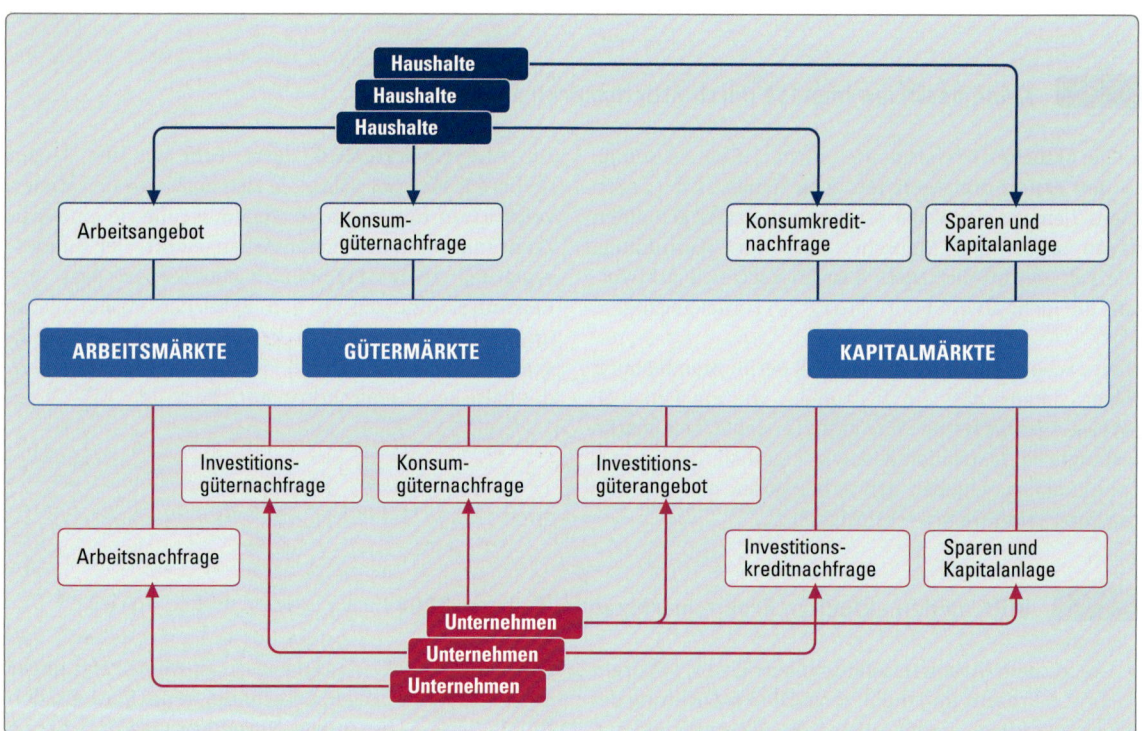

AUFGABEN

1. Welche Rolle spielt der Sachverhalt, der in M 5 dargestellt wird, in der öffentlichen Diskussion? Begründen Sie Ihre Auffassung.
2. Beschreiben Sie anhand von M 6 die Verflechtung der gesamtwirtschaftlichen Märkte.
3. Erläutern Sie, wie der Arbeitsmarkt im Zusammenspiel von Angebot und Nachfrage funktioniert. Beachten Sie dabei besonders, wie der Marktpreis in diesem Zusammenhang zu interpretieren ist.
4. Erörtern Sie, ob bzw. inwieweit der Arbeitsmarkt ein besonderer Markt ist.

11.2 Wer ist arbeitslos? – Das Mess- und Indikatorproblem

11.2.1 Problemfeld Erfassung

Eine scheinbar einfache Frage hat es in sich. Arbeitslos ist nicht einfach der, der ohne Arbeit ist. Die Definition von Arbeitslosigkeit ist eine politische Setzung und unterscheidet sich – von den Versuchen einer Vereinheitlichung innerhalb der EU einmal abgesehen – von Staat zu Staat.

AUFGABEN

1. Analysieren Sie mithilfe von M 1 bis M 3 den Aussagewert der Arbeitslosenquote. Berücksichtigen Sie dabei besonders, welcher Personenkreis bzw. welche Aspekte von Arbeitslosigkeit durch die Arbeitslosenquote (nicht) erfasst werden.
2. Diskutieren Sie, inwieweit die Zahl der verdeckten Arbeitslosen – auch „stille Reserve" genannt – in die Berechnung der Arbeitslosenquote eingehen müsste.

M 1   Was sind die Arbeitslosenquoten?

● **Die Arbeitslosenquote (AQ) wird ermittelt**
—(1) auf der Basis aller zivilen Erwerbspersonen (ZE = abhängige zivile Erwerbspersonen, Selbstständige, mithelfende Familienangehörige) als auch

$$AQ(1) = \frac{ALO}{ZE} \cdot 100\%$$

—(2) als Quote in Prozent der abhängigen zivilen Erwerbspersonen (AZE = sozialversicherungspflichtig und geringfügig Beschäftigte, Beamte, Arbeitslose (ALO)) ermittelt.

$$AQ(2) = \frac{ALO}{AZE} \cdot 100\%$$

Autorentext

M 2   Definition von Arbeitslosigkeit der Bundesagentur für Arbeit

● Arbeitslose sind Arbeitsuchende bis zur Vollendung des 65. Lebensjahres, die beschäftigungslos, nicht Schüler, Studenten oder Teilnehmer an beruflichen Bildungsmaßnahmen, nicht arbeitsunfähig erkrankt, nicht Empfänger von Altersrente sind und eine versicherungspflichtige, mindestens 15 Stunden wöchentlich umfassende Beschäftigung suchen. Sie müssen für eine Arbeitsaufnahme sofort zur Verfügung stehen. Arbeitslose müssen sich persönlich bei ihrem zuständigen Arbeitsamt gemeldet haben.

Als nichtarbeitslose Arbeitsuchende gelten Arbeitsuchende, die die besonderen, für die Zählung als Arbeitslose geforderten Kriterien (z.B. hinsichtlich der Beschäftigungslosigkeit oder der Verfügbarkeit für die Arbeitsvermittlung) nicht erfüllen.

Bundesagentur für Arbeit, 2004

M 3   Definition von Arbeitslosigkeit von Eurostat

● Arbeitslos gemäß der Definition von Eurostat und entsprechend den Kriterien der International Labour Organisation (ILO) sind Personen zwischen 15 und 74 Jahren, die
—ohne Arbeit sind,
—innerhalb der beiden nächsten Wochen eine Arbeit aufnehmen können,
—und während der vier vorhergehenden Wochen aktiv eine Arbeit gesucht haben.

Die Arbeitslosenquote ist die Zahl der Arbeitslosen als prozentualer Anteil der Arbeitskräfte. Als Arbeitskräfte gelten beschäftigte Personen und Arbeitslose.

Aus: www.europa.eu.int/comm/eurostat, 2004

11.2.2 Problemfeld Aussagewert

AUFGABEN

1. Erörtern Sie die Bedeutung der unterschiedlichen Arbeitslosenquoten (M 4).
2. Erörtern Sie, inwiefern ein Widerspruch besteht zwischen der in M 5 genannten Ursache für die hohe Zahl der Langzeitarbeitslosen und ihrem Qualifikationsprofil.
3. Beschreiben Sie anhand von M 7 bis M 9 und mithilfe der jeweils neuesten Zahlen (www.europa.eu.int) wesentliche Aspekte der Arbeitslosigkeit in Europa. Untersuchen sie insbesondere die Langzeit-, die Jugend- und Frauenarbeitslosigkeit.

M 4 Monatsbericht Februar 2004 der Bundesagentur für Arbeit

Jahr/Monat		Bestand an Arbeitslosen					Arbeitslosenquote auf Basis	
			Veränderungen gegenüber					
		Anzahl	Vormonat		Vorjahresmonat[3]		aller zivilen	abhängiger
			absolut	in %	absolut	in %	EP[1]	ziviler EP[2]
DEUTSCHLAND								
2003	März	4 609 648	– 97 271	– 2,1	452 601	10,9	11,1	12,3
	April	4 496 687	– 112 961	– 2,5	471 385	11,7	10,8	12,0
	Mai	4 343 164	– 153 523	– 3,4	395 471	10,0	10,4	11,5
	Juni	4 258 709	– 84.455	– 1,9	303 073	7,7	10,2	11,3
	Juli	4 353 182	94 473	2,2	328 984	8,2	10,4	11,6
	August	4 315 658	– 37 524	– 0,9	296 076	7,4	10,4	11,5
	September	4 207 782	– 107 876	– 2,5	264 525	6,7	10,1	11,2
	Oktober	4 151 252	– 56 530	– 1,3	220 483	5,6	10,0	11,1
	November	4 183 643	32 391	0,8	156 956	3,9	10,0	11,1
	Dezember	4 315 056	131 413	3,1	88 553	2,1	10,4	11,5
2004	Januar	4 597 399	282 343	6,5	– 26 379	– 0,6	11,0	12,2
	Februar	4 641 046	43 647	0,9	– 65 873	– 1,4	11,1	12,3

1 Arbeitslose in % aller zivilen Erwerbspersonen (abhäng. zivile Erwerbspersonen sowie Selbstständige und mithelfende Familienangehörige)
2 Arbeitslose in % aller abhängigen zivilen Erwerbspersonen (sozialversicherungspflichtig Beschäftigte, Beamte, Arbeitslose)
3 Vorjahres und Vormonatsvergleiche wegen gesetzlicher Änderungen nur eingeschränkt möglich.

Aus: Bundesagentur für Arbeit, Der Arbeitsmarkt in Deutschland. Monatsbericht Februar 2004, S. 18

M 5 Langzeitarbeitslosigkeit

● Langzeitarbeitslos sind Personen, die länger als ein Jahr arbeitslos sind. [...] Im Zeitablauf entwickelt Arbeitslosigkeit eine verhängnisvolle Eigendynamik: Arbeitgeber scheuen sich, Mitarbeiter einzustellen, die
5 schon lange nicht mehr gearbeitet haben, weil sie hinter der Arbeitslosigkeit berufliche Mängel oder soziale Probleme vermuten. Für die Betroffenen ein Teufelskreis: Denn mit jedem weiteren Tag ohne Arbeit schwindet die Chance, auf dem ersten Arbeitsmarkt wieder eine
10 Stelle zu finden. Dabei sind Langzeitarbeitslose besser als ihr Ruf:

—Jeder 2. hat eine abgeschlossene Berufsausbildung.
—Jeder 20. ist Hochschulabsolvent.
—Jeder 5. aus einem Angestelltenberuf war vorher in gehobener Position tätig.
—Zwei Drittel haben keine gesundheitlichen Einschränkungen.
—Zwei Drittel der älteren Langzeitarbeitslosen sind erstmals arbeitslos geworden.

15

Aus: Bundesministerium für Arbeit und Sozialordnung/Bundesanstalt für Arbeit, Qualifiziert und engagiert, Bonn 1998, S. 5; Text zu Globus-Grafik 4235.

M 6   Anteil der Langzeitarbeitslosen 2001

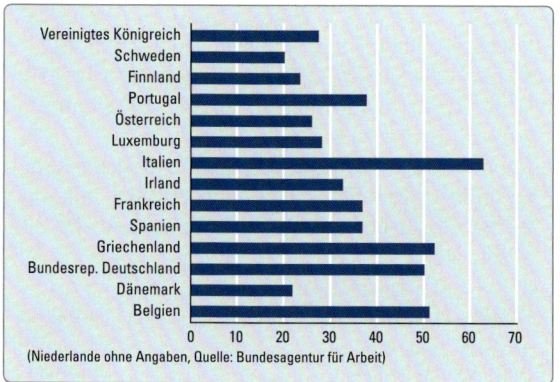

(Niederlande ohne Angaben, Quelle: Bundesagentur für Arbeit)

M 7   Arbeitslosigkeit in Europa

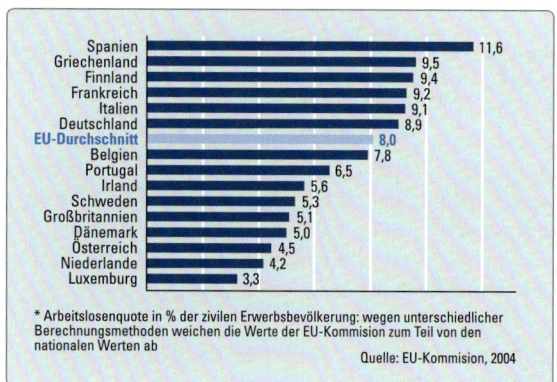

* Arbeitslosenquote in % der zivilen Erwerbsbevölkerung: wegen unterschiedlicher Berechnungsmethoden weichen die Werte der EU-Kommission zum Teil von den nationalen Werten ab

Quelle: EU-Kommision, 2004

M 8   Geschlechtsspezifische Differenzen

■ 32,6 % der erwerbstätigen Frauen, aber nur 7,4 % der Männer arbeiten Teilzeit. Obwohl die Inanspruchnahme von Teilzeitarbeit u. U. persönliche Präferenzen widerspiegelt und Menschen die Möglichkeit gibt, (wieder)
5 in den Arbeitsmarkt einzusteigen und erwerbstätig zu bleiben, belegt der große geschlechtsspezifische Unterschied auch […] die vor allem von Frauen übernommenen Pflege- und Erziehungsaufgaben und die größeren Schwierigkeiten, die sich ihnen bei der Vereinbarkeit
10 von Privat- und Berufsleben stellen.

Erwerbsbeteiligung und Beschäftigungsumfang der Frauen hängen eng mit der Anzahl und dem Alter der Kinder zusammen. Auf Männer trifft dies weniger zu. Ein Kind führt bei Frauen zwischen 20 und 49 Jahren

dazu, dass die Beschäftigungsquotequote um 14,3 Pro- 15 zentpunkte sinkt, während sie bei Männern um 5,6 Prozentpunkte steigt. […]

Schwierigkeiten, Privat- und Berufsleben zu vereinbaren, Stereotype und Frauen benachteiligende Entgelt- und Evaluierungssysteme ergeben eine Kombination, 20 die immer noch weibliche Karrieren beeinträchtigt und die vertikale Segregation am Arbeitsmarkt perpetuiert. Frauen stellen nur 32 % der Managementkräfte in Unternehmen. Lediglich 10 % der Vorstandsmitglieder und 3 % der Geschäftsführenden größerer Unterneh- 25 men in der EU sind Frauen.

Aus: Bericht der Kommission zur Gleichstellung von Frauen und Männern – 2006, Brüssel 2006, S. 6 f.

M 9   Teilzeitquoten nach Geschlecht und Altersgruppen

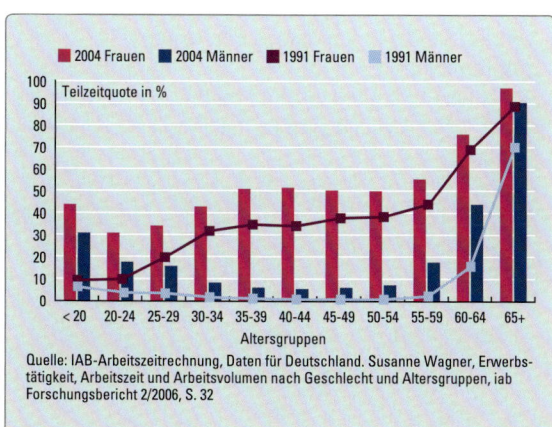

Quelle: IAB-Arbeitszeitrechnung, Daten für Deutschland. Susanne Wagner, Erwerbstätigkeit, Arbeitszeit und Arbeitsvolumen nach Geschlecht und Altersgruppen, iab Forschungsbericht 2/2006, S. 32

M 10   Entwicklung der Erwerbslosenquoten von Männern und Frauen

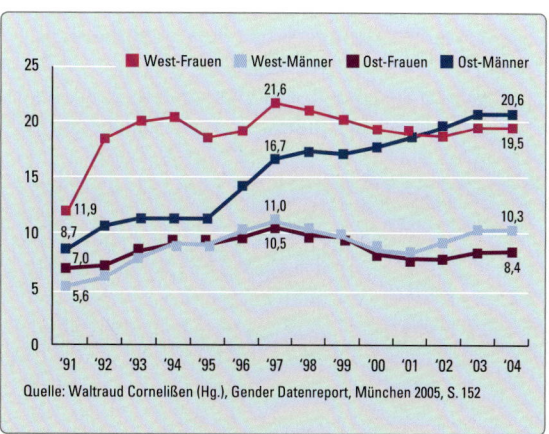

Quelle: Waltraud Cornelißen (Hg.), Gender Datenreport, München 2005, S. 152

Erkundung

Bislang haben Sie sich mit nationalen bzw. internationalen Daten und Fakten zur Arbeitslosigkeit befasst. Die Arbeitslosigkeit unmittelbar vor Ort blieb noch ausgeklammert. Diese können Sie im Rahmen einer Erkundung erforschen. Bilden Sie mehrere Gruppen mit jeweils spezifischem Erkundungsauftrag. Besuchen Sie unterschiedliche Personen und Institutionen (Arbeitsagentur, BIZ, Wirtschaftsdezernat und Amt für Statistik der Stadtverwaltung etc.).

In der jetzigen Phase des Unterrichts sollte sich die Erkundung auf eine detaillierte Erfassung der Zahlen und Fakten der regionalen und lokalen Arbeitslosigkeit beschränken. Erheben Sie die Gesamtzahl der Arbeitslosen, die Zahl der Langzeitarbeitslosen, die Arbeitslosenquote von Männern, Frauen und Jugendlichen bzw. in unterschiedlichen Altersstufen, die von Arbeitslosigkeit besonders betroffenen Branchen etc.

Durch eine Erkundung werden ein Themengebiet oder eine Institution durch eigene Tätigkeit untersucht. In der Regel kommen dabei zwei Methoden zur Anwendung: a) die Beobachtung, b) die Befragung/das Interview. Eine Erkundung kann vom ganzen Kurs, von mehreren Gruppen, aber auch durch einzelne Schülerinnen und Schüler durchgeführt werden. Eine Erkundung hat drei Phasen:
1. Vorbereitung,
2. Durchführung,
3. Auswertung/Präsentation der Ergebnisse.

Vorbereitung
—Systematisieren Sie die bisherigen Sachinformationen zum Thema und zu der Institution, die Sie besuchen.
—Legen Sie die Ziele der Erkundung fest; bedenken Sie dabei immer die Anbindung an den Unterricht.
—Legen Sie Beobachtungs- und Befragungsbereiche fest.
—Entwickeln Sie Erkundungsunterlagen (z. B. Beobachtungsraster, Beobachtungsleitfaden, Fragebogen, Interviewfragen, Fragetechniken, Aufzeichnungsskizzen), die Sie ggf. (z. B. den Fragebogen) Ihrem Gesprächspartner rechtzeitig vor dem Erkundungstag zustellen.
—Nehmen Sie Kontakt mit den Verantwortlichen am Erkundungsort/für den Erkundungsbereich auf und treffen Sie die notwendigen Termin- und Inhaltsabsprachen.

—Klären Sie, wie Sie sich am Erkundungsort verhalten müssen.
—Klären Sie möglichst frühzeitig Rechts- und Versicherungsfragen mit der Schulleitung bzw. der Lehrkraft.
—Holen Sie für Ton- oder Bildaufzeichnungen die erforderlichen Genehmigungen ein.
—Vereinbaren Sie, wie Sie Ihre Ergebnisse aufbereiten und präsentieren wollen.

Durchführung
—Prüfen Sie die Erkundungsbedingungen: Vergleichen Sie die Absprachen mit der Situation, die Sie vorfinden. Passen Sie ggf. Erkundungsziele und -techniken an die neuen Gegebenheiten an; präzisieren, erweitern oder ergänzen Sie Ihren Erkundungsauftrag.
—Führen Sie Ihre Erkundungsaufgaben durch.

Auswertung
—Sammeln Sie die Erkundungsergebnisse der verschiedenen Gruppen und werten Sie diese systematisch aus: Wurden die Aufgaben vollständig bearbeitet?
—Dokumentieren und präsentieren Sie Ihre Ergebnisse, z. B. in Form einer kleinen Ausstellung, eines Readers etc. Organisieren Sie die Rückmeldung über die Ergebnisse an die Verantwortlichen des Erkundungsfeldes.
—Ordnen Sie die Ergebnisse in den Unterrichtszusammenhang ein.
—Reflektieren Sie Verlauf und Ergebnis der Erkundung (Ziele, Techniken, Durchführung).

11.3 Folgen der Arbeitslosigkeit: Arbeitslose – eine soziale Randgruppe?

Arbeitslosigkeit betrifft Menschen ganz direkt in allen ihren Lebensumständen. Ihr Selbstbewusstsein, ihr sozialer Status, ihr Alltag verändern sich teilweise drastisch. Menschen werden in ihren Gefühlen verletzt und in den Sozialkontakten eingeengt.

AUFGABEN

1. Untersuchen Sie an M 1 die Auswirkungen der Arbeitslosigkeit.
2. Informieren Sie sich über die staatlichen Leistungen für Arbeitslose.
3. Fassen Sie den aktuellen Diskussionsstand zur sozialen Absicherung der Arbeitslosigkeit (recherchiert mit www.bmwa.bund.de) in einem Referat zusammen.
4. Stellen Sie den Kosten eines Arbeitslosen (aus M 2) die Einkünfte einer Familie mit arbeitslosen Eltern gegenüber, die Sie mit Hilfe von www.destatis.de recherchieren können.
5. Diskutieren Sie, in welcher Höhe und in welcher Form eine Unterstützung für Arbeitslose aus ökonomischer, sozialer und politischer Sicht vertretbar ist.
6. Arbeiten Sie mithilfe einer grafischen Darstellung zu M 3 die psychosozialen „Kosten" der Arbeitslosigkeit heraus. Ergänzen Sie Ihre Analyse und deren Bewertung durch die Einbeziehung möglicher politischer „Kosten".
7. Führen Sie eine Befragung bzw. ein Interview zu den psychosozialen Kosten der Arbeitslosigkeit vor Ort durch (Arbeitsagentur/Arbeitsloseninitiative) oder organisieren Sie ein Expertengespräch in Ihrem Kurs. Nutzen Sie M 1 und M 3 zur Erarbeitung eines Fragebogens. Diskutieren Sie – ausgehend von Ihrer Grafik zu M 2 – auch mögliche Unterstützungsmaßnahmen.

M 1   Folgen von langfristiger Arbeitslosigkeit

● Wie reagieren Menschen, wenn trotz großer persönlicher Anstrengungen der Arbeitsplatz verloren geht und längerfristige Arbeitslosigkeit eintritt? In den großen psychologischen Studien zu den Folgen von Arbeitslosigkeit werden seit Jahrzehnten ähnliche Phasen von Verlauf und Reaktionen beschrieben: Nach anfänglichem Schock und Aufbegehren gibt es eine Phase des Befreiungsgefühls, das bald von verstärkter Aktivität und Umtriebigkeit (Bewerbungen, Fortbildungen) abgelöst wird. Bleiben diese Bemühungen erfolglos, nimmt das Interesse ab, Mattigkeit und Hoffnungslosigkeit breiten sich aus. Die Probleme werden von typischen Stressreaktionen wie Schlaflosigkeit, Essstörungen und psychosomatischen Erkrankungen begleitet; Alkohol- und Medikamentenmissbrauch sowie wachsende Suizidalität sind messbare Folgen.

Dem Leben Arbeitsloser fehlen vor allem Zeitstruktur und soziale Anerkennung als mentale Haltepunkte für eine sinnvolle persönliche Existenz. Arbeitslose antworten darauf mit Gefühlen von persönlichem Versagen. Diese individuelle Schuldzuweisung hat heftige Schamgefühle zur Folge; sie führen zum Rückzug aus sozialen Beziehungen, zum Abbruch der meisten sozialen Kontakte. Der gesamte Lebensrhythmus verlangsamt sich, die Welt der Arbeitslosen wird immer enger, bis depressive und selbstzerstörerische Auswirkungen in einen Zustand weit reichender Apathie (und chronischer körperlicher Erkrankung) einmünden können: Das Gefühl für den persönlichen Wert geht auf diesem Weg verloren. Auch gegenwärtig zeigt sich, dass Menschen, deren Lebensgestaltung zuvor in hohem Maße von Arbeitsorientierung und Erwerbstätigkeit geprägt war, im Falle der Arbeitslosigkeit nicht in der Lage sind, ihre Identität einfach umzubauen. Freizeitaktivitäten, Ehrenämter oder Familienbelange können nicht plötzlich zum Zentrum einer Lebensgestaltung werden, in der es zuvor um Fragen der Erwerbsarbeit ging.

Aus: Christine Morgenroth, Arbeitsidentität und Arbeitslosigkeit – ein depressiver Zirkel, in: Aus Politik und Zeitgeschichte 6/7 2003, S. 20

M 2 Die wahren Kosten der Arbeitslosigkeit

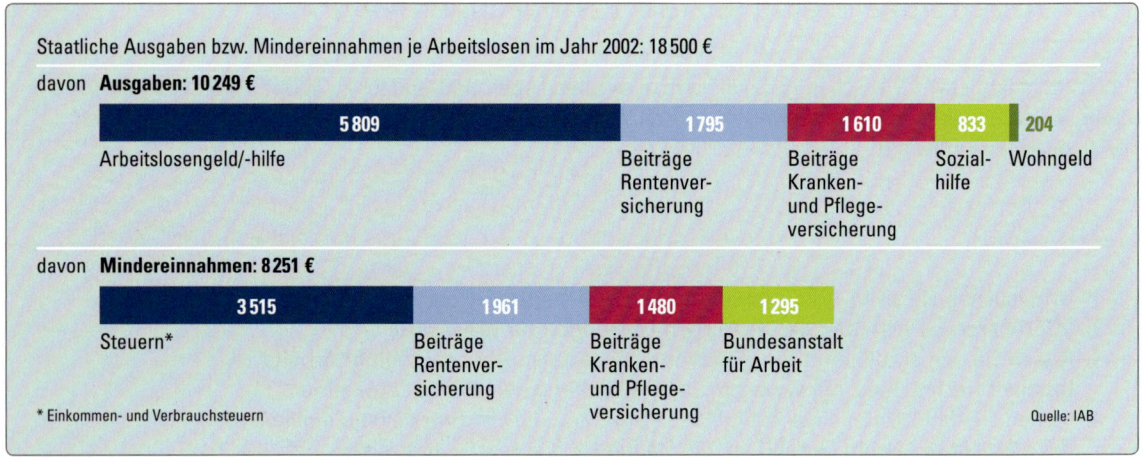

Staatliche Ausgaben bzw. Mindereinnahmen je Arbeitslosen im Jahr 2002: 18 500 €

davon **Ausgaben: 10 249 €**

5 809	1 795	1 610	833	204
Arbeitslosengeld/-hilfe	Beiträge Rentenversicherung	Beiträge Kranken- und Pflegeversicherung	Sozialhilfe	Wohngeld

davon **Mindereinnahmen: 8 251 €**

3 515	1 961	1 480	1 295
Steuern*	Beiträge Rentenversicherung	Beiträge Kranken- und Pflegeversicherung	Bundesanstalt für Arbeit

* Einkommen- und Verbrauchsteuern

Quelle: IAB

M 3 Die psychosozialen „Kosten" der Arbeitslosigkeit

■ Über die psychischen und sozialen Folgen von Arbeitslosigkeit sind bereits zur Zeit der Weltwirtschaftskrise Untersuchungen angestellt worden. Sie konzentrieren sich auf die Herausarbeitung folgender Aspekte:

5 —Veränderung der Zeitstruktur des Alltags durch Änderung des gewohnten Rhythmus Arbeitszeit – Freizeit,

—Verlust der Zukunftsperspektive im Hinblick auf die individuelle Berufskarriere und die familiäre

10 Entwicklung,

—Verlust sozialer Kontakte zu den Arbeitskollegen und der damit verbundenen Anerkennung,

—Einschränkung von Möglichkeiten der persönlichen Selbstdarstellung in der Berufstätigkeit,

15 —Einbußen im Hinblick auf das soziale Selbstwertgefühl,

—Verringerung der Autorität in der Familie durch Beeinträchtigung der Ernährerfunktion,

—Erleben individueller Handlungsohnmacht bei

20 vergeblicher Stellensuche bzw. wiederholter Arbeitslosigkeit,

—Erlebnis der Abhängigkeit gegenüber der Arbeitsvermittlung und der Arbeitsverwaltung,

—Aufkommen individueller Schuldgefühle bei selek-

25 tiven Entlassungen.

[…] Bei andauernder Arbeitslosigkeit lassen sich die Untersuchungsergebnisse in einem Vierphasenmodell beschreiben, das als typische Stationen die Phasen Schock – Optimismus – Pessimismus – Fatalismus enthält. Zu-

30 nächst bedeutet der Eintritt der Arbeitslosigkeit ein Schockerlebnis. Es folgt eine aktive Phase der Stellen-

suche, die durch einen noch ungebrochenen Optimismus gekennzeichnet ist. Geldsorgen treten insbeson- 35 dere auf, wenn Arbeitslose mit Zahlungsverpflichtungen in Verzug kommen. Bei andauernder Arbeitslosigkeit, wenn alle Bemühungen um Beschäftigung fehlgeschlagen sind, treten Langeweile und familiäre Belastungen auf, die die Phase des Pessimismus einleiten. Das Selbst- 40 wertgefühl erleidet erheblichen Schaden, da die Selbstbestätigung aus dem Einkommenserwerb fehlt und der Arbeitslose sich überflüssig bzw. als „Schmarotzer" fühlt und von Nachbarn und Kollegen vermeintlich oder tatsächlich geschnitten wird. In dieser kritischen Phase 45 treten Ängste und Depressionen auf. Die Dauer der Arbeitslosigkeit wird selbst zum Hindernis bei der Stellensuche: Bewerber, die schon längere Zeit arbeitslos sind, werden von den Firmen skeptisch beurteilt. […] Damit wird die letzte Phase eingeleitet, die durch Resignation gekennzeichnet ist. […] 50

Die individuelle psychosoziale und gesundheitliche Betroffenheit von Arbeitslosigkeit ist unterschiedlich. Sie hängt von individuellen Einstellungen und Fähigkeiten (etwa der Arbeits- und Berufsorientierung), von der Ar- 55 beitsethik, von der Höhe der Arbeitslosenrate und der davon beeinflussten gesellschaftlichen Akzeptanz, von der finanziellen Situation, von der Einbindung in Netzwerke sozialer Unterstützung (vor allem der Frage, ob es einen vollerwerbstätigen Ehe- bzw. Lebenspartner 60 gibt) ab. […] Die Dauer der Arbeitslosigkeit spielt eine ganz zentrale Rolle.

Aus: Horst Friedrich/Michael Wiedemeyer, Arbeitslosigkeit – ein Dauerproblem im vereinten Deutschland, Opladen 1992, S. 40 ff.

11.4 Individuelles Versagen, Preis der Globalisierung oder was sonst? – Ursachen der Arbeitslosigkeit

Die Auseinandersetzung um die Vor- und Nachteile des „Standorts Deutschland" im globalen Wettbewerb (vgl. S. 220 ff.) zeigt, dass es für das Problem der Arbeitslosigkeit keine einfachen Erklärungsmuster und Lösungen gibt. Mit der Globalisierung der Märkte ist eine Dimension weltweiter gesamtwirtschaftlicher und wirtschaftspolitischer Zusammenhänge deutlich geworden, die eine eindeutige Diagnose und Therapie des Problems der Arbeitslosigkeit erschwert. Die Ursachenbündel sind den Wirtschafts- und Politikwissenschaftlern, aber auch den Politikern bekannt – die Beurteilung der Gewichtung der einzelnen Ursachen ist der Kernpunkt des Problems.

AUFGABEN

1. Arbeiten Sie die unterschiedlichen Auffassungen zur Lohnpolitik heraus (M 1 bis M 3) und prüfen Sie die Argumentation mit Blick auf den Arbeitsplatzeffekt. Achten Sie dabei auch darauf, welche Größen jeweils in Beziehung gesetzt werden. Welche wirtschaftspolitischen Grundauffassungen spiegeln sich in den Äußerungen wider?
2. Können Sie sich eine „Vermittlung" zwischen diesen Positionen vorstellen? Wie sieht diese aus und wie könnte sie politisch umgesetzt werden? Beurteilen Sie in diesem Kontext die Karikatur auf S. 202.
3. Welche Ursachen für Arbeitslosigkeit ergeben sich aus M 4? Welche Handlungsmöglichkeiten des Staates werden genannt? Welche weiteren Handlungsmöglichkeiten sind denkbar? Beurteilen Sie diese aus der Sicht der Betroffenen.

M 1   Wirtschaft und Union fordern Arbeitszeitverlängerung

● Länger arbeiten für den gleichen Lohn – dies haben am Wochenende Wirtschaft, Union und FDP gefordert. CSU-Chef Edmund Stoiber verlangte die 40-Stunden-Woche ohne Lohnzuwachs, damit die Produktivität der
5 Betriebe steigt. Der niedersächsische Regierungschef Christian Wulff forderte im Deutschlandfunk mehr Flexibilität im Arbeits- und Tarifrecht: „Lieber befristet Arbeit zu haben als unbefristet arbeitslos zu sein, lieber 40 Stunden arbeiten zu müssen als Anspruch auf 35
10 Stunden, aber keinen Job zu haben." Dieses Umdenken wird aus Sicht des CDU-Politikers in den Köpfen stattfinden müssen, „sonst ist das Land nicht wettbewerbsfähig gegenüber anderen Ländern."

Der Präsident des Verbandes Deutscher Maschinen-
15 und Anlagenbau (VDMA), Diether Klingelnberg, gab ihm recht: „Wir können hohe Löhne in Deutschland zahlen, wenn dafür auch flexibel gearbeitet wird", sagte der VDMA-Präsident. Doch daran fehle es im Land der 35-Stunden-Woche und der Flächentarifverträge. „Wir zahlen in der Schweiz 30 Prozent höhere Löhne, produ-
20 zieren aber 15 Prozent billiger." Einer der Gründe seien flexiblere und längere Arbeitszeiten dort.

FDP-Chef Guido Westerwelle schlug vor, die Entscheidung über längere Arbeitszeiten in die Betriebe zu verlagern. Er sagte, wenn sich 75 Prozent einer Belegschaft
25 in geheimer Abstimmung dafür entschieden, künftig wieder 40 Stunden in der Woche zu arbeiten, um ihre Arbeitsplätze zu erhalten, dann dürfe ihnen keine Gewerkschaftsführung einen Strich durch die Rechnung machen.
30

Aus: www.rp-online.de/public/article/nachrichten/politik/
deutschland/nrw/41691, 28. 3. 2004

M 2   Arbeitsmarkt: Lohnzurückhaltung schafft neue Stellen

● Eine moderate Tarifpolitik ist ein starker Motor für neue Arbeitsplätze. Nach Berechnungen des Instituts der deutschen Wirtschaft Köln (IW) steigt die Beschäftigung um 0,35 Prozent, wenn der reale Arbeitskosten-
5 zuwachs einmalig um einen Prozentpunkt unter dem Wachstum der Arbeitsproduktivität bleibt. Das entspricht einem Plus von 130000 Arbeitsplätzen. Noch eindrucksvoller fällt die Bilanz nach Aussage der Kölner Wirtschaftsforscher bei langfristigem Maßhalten aus.
10 Wenn sich die Tarifpartner drei Jahre lang in Lohnzurückhaltung üben würden, könnten innerhalb der nächsten fünf Jahr ungefähr 400000 neue Stellen entstehen.

Dass diese Kalkulationen keine Wunschvorstellungen sind, zeigen Erfahrungen der vergangenen Jahre. So drückten die hohen Tarifabschlüsse der Jahre 1990 bis 15 1992 sowie 1995 auf die Ertragslage der Unternehmen. In der Folge sank die Erwerbstätigkeit von 1992 bis 1993 um rund 3 Prozentpunkte, während sie 1996 und 1997 um einen halben Prozentpunkt zurückging. Dagegen legten die Arbeitskosten zwischen 1997 und 2000 nicht 20 stärker zu als die Produktivität. In diesem Zeitraum stieg die Zahl der Beschäftigten um 1,31 Millionen.

Aus: www.handwerk-info.de/106642.html

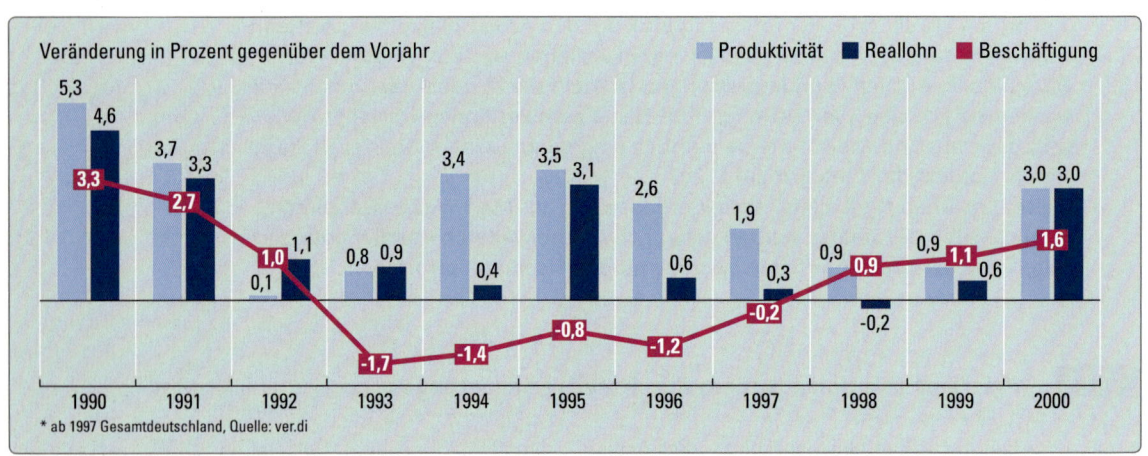

200.1   *Entwicklung von Produktivität, Reallöhnen und Beschäftigung 1990–2000*

M 3   DGB: Längere Arbeitszeit ist Jobkiller

● BERLIN, 28. März. Der Deutsche Gewerkschaftsbund (DGB) hat Forderungen von Industrievertretern und Politikern nach längeren Arbeitszeiten eine Absage erteilt: „In geradezu erpresserischer Art und Weise for-
5 dern die Herren Braun, Stoiber und Köhler von den Beschäftigten längere Wochenarbeitszeiten", sagte DGB-Sprecher Hilmar Höhn der Berliner Zeitung. „Das würde gerade in der jetzigen Krisenphase zum Verlust von hunderttausenden Arbeitsplätzen führen und Millio-
10 nen Arbeitslosen die Chance auf einen neuen Job verbauen", so der DGB-Sprecher.

Dahinter stecke nur der Versuch, Stellen abzubauen und Neueinstellungen zu verhindern. „Doch vor dieser Selbst-Entlarvung schrecken die Ministerpräsidenten
15 zurück", kritisierte Höhn. Auf Dauer könne keine Volkswirtschaft der Welt mit Lohndumping den Wettbewerb bestehen. Für den 3. April kündigte Höhn Demonstra-

tionen in Berlin, Köln und Stuttgart gegen die Forderungen an. „Davon wird ein klares Signal ausgehen, dass die Bürgerinnen und Bürger in Deutschland, aber auch 20 in anderen Ländern Europas die Nase voll haben von neoliberalen Rezepten".

Aus: www.berlinonline.de/berliner-zeitung/archiv/.bin/dump.fcgi/2004/0329/politik/0048/

M 4   Unterschiedliche Formen von Arbeitslosigkeit

■ Zur Unterscheidung der Ursachen und Erscheinungsformen der Arbeitslosigkeit ist eine genauere Untersuchung der Prozesse im Arbeitsmarkt notwendig. Mit
der Arbeitslosenquote wird der Anteil der Arbeits-
5 losen an den Erwerbspersonen, das sind alle dem Arbeitsmarkt kurzfristig zur Verfügung stehenden Arbeitskräfte, gemessen. Sie ist ein Indikator für die
Unterauslastung des Arbeitskräftepotenzials einer
Volkswirtschaft und bezeichnet für die Arbeitnehmer
10 das durchschnittliche Risiko, ohne Beschäftigung zu
sein. Auch bei gleich bleibenden Arbeitslosenzahlen
nehmen monatlich eine Vielzahl von Personen eine
neue Beschäftigung auf und melden sich andere Arbeitnehmer arbeitslos. Der Durchlauf der Arbeitslosigkeit
15 vollzieht sich für einzelne Personen aufgrund ihrer jeweiligen Arbeitsmarktchancen schnell oder langsam
und dauert für manchen mehrere Jahre, u. U. bis er sich
vom Arbeitsmarkt zurückzieht. Dieser Umschlagspro-
zess kann durch das Zugangsrisiko und das Verbleibsri-
20 siko charakterisiert werden. […]

Die Arbeitslosenquote wird zerlegt in eine Betroffen-
heits- und eine Dauerkomponente. Dadurch wird erkennbar, ob sich die Unterbeschäftigung auf viele Personen mit kurzer Dauer oder auf wenige mit längerer
25 Dauer verteilt. Das heißt, eine Arbeitslosenquote von
5 % kann dadurch zustande kommen, dass z. B. 5 % der
Erwerbspersonen für ein Jahr arbeitslos werden oder
10 % für ein halbes Jahr. Bezüglich der Zahl fehlender
Arbeitsplätze unterscheiden sich beide Situationen
30 nicht. Für den einzelnen Arbeitslosen allerdings macht
es durchaus einen Unterschied, wie lange er auf Arbeitsplatz oder Einkommen verzichten muss. So betrug
1990 bei einer Arbeitslosenquote von 7,2 % das Zugangsrisiko 13,6 % und das Verbleibsrisiko durch-
35 schnittlich 27,5 Wochen. Es konzentrierte sich auf
weniger Personen (7,5 %) mit längerer Arbeitslosig-
keitsdauer als 1982, wo 20 % der Erwerbspersonen arbeitslos wurden, aber im Durchschnitt nur 20,3 Wochen
ohne Beschäftigung blieben.

40 Die Unterscheidung nach Zugangs- und Verbleibsrisiko
hilft auch bei einer genaueren Charakterisierung und
Untersuchung der Typen von Arbeitslosigkeit. Je niedriger das Zugangs- und insbesondere das Verbleibsrisiko
ist, desto besser funktioniert der Arbeitsmarktausgleich
45 insgesamt. Je stärker die Risiken für einzelne Personen-
gruppen abweichen, desto stärker wirken Strukturalisie-
rungsprozesse im Arbeitsmarkt. Üblicherweise wird
zwischen friktioneller, saisonaler, konjunktureller und
struktureller Arbeitslosigkeit unterschieden.

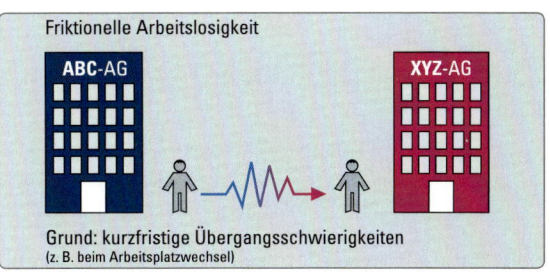

Friktionelle Arbeitslosigkeit entsteht bei einem im Prin-
50 zip ausreichenden Stellenangebot und funktionierendem
Arbeitsmarktausgleich durch die notwendige Such- und
Orientierungsphase bei Stellenwechseln aus persönlichen Motiven, wenn die beiden Arbeitsverhältnisse nicht
nahtlos aneinander anschließen. Das kann auch der Fall
55 sein, wenn einzelne Betriebe wegen Betriebsschließung
oder Neuorganisation der Produktion Arbeitnehmer entlassen oder wenn Berufsanfänger oder Wiedereinsteiger
eine Beschäftigung suchen. […] Friktionelle Arbeitslosigkeit wird durch überwiegend kurze Dauer und niedrige
60 Arbeitslosenquoten gekennzeichnet.

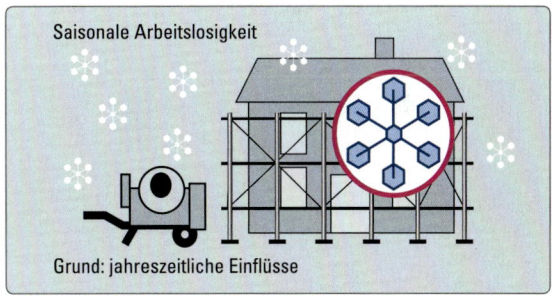

Saisonale Arbeitslosigkeit entsteht aus regelmäßigen,
jährlichen Schwankungen der Auslastung und der Beschäftigung in stark witterungsabhängigen Wirtschaftszweigen wie Landwirtschaft, Nahrungsmittelverarbei-
65 tung und Bauwirtschaft. Durch vorübergehende Frei-
setzung entsteht hier Winterarbeitslosigkeit. Auch die
Beschäftigung in Wirtschaftsbereichen wie dem Fremdenverkehr, dem Bahn-, Luft- und Straßenverkehr oder
der Automobilindustrie unterliegt einem Jahresrhyth-
70 mus, der sich z. B. an der Lage der Ferien orientiert. […]
Saisonbewegungen der Beschäftigung führen damit zu
regelmäßigen Schwankungen der Arbeitslosigkeit. Sie
wird nicht nur durch die vorübergehende Entlassung
und Wiedereinstellung von Saisonkräften verursacht,
75 sondern auch durch das Vorziehen von Entlassungen
und das Zurückstellen von Einstellungen während der
verringerten Aktivität. […]

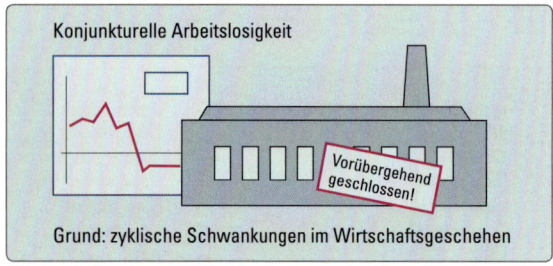

Konjunkturelle Arbeitslosigkeit bezeichnet die aus einem mittelfristigen Rückgang der Güter- und Arbeits-
kräftenachfrage entstehende Unterbeschäftigung. Die
Definition unterstellt, dass bei einem Anspringen der
Konjunktur die Arbeitslosigkeit quasi von selbst wieder
abgebaut wird. Im konjunkturellen Abschwung steigt
zunächst das Zugangsrisiko für gering qualifizierte Arbeiter in den besonders vom Nachfragerückgang betroffenen Branchen des verarbeitenden Gewerbes und der
Bauwirtschaft. Danach wächst die Dauer der Arbeitslosigkeit bei stagnierender oder bereits wieder rückläufiger Betroffenheit und erst allmählich nimmt die Dauer
im konjunkturellen Aufschwung wieder ab.

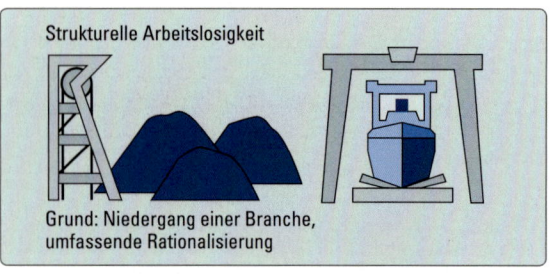

Mit struktureller Arbeitslosigkeit wird generell das
Ausmaß an Unterbeschäftigung bezeichnet, das im konjunkturellen Aufschwung nicht wieder abgebaut wird.
Strukturelle Arbeitslosigkeit besteht daher über längere Zeiträume fort. Der Begriff wird in mindestens
drei Bedeutungen verwendet, die nicht immer scharf
voneinander abzugrenzen sind:

1. Der Begriff bezeichnet anhaltende Arbeitslosigkeit,
obwohl genügend Arbeitsplätze in der Volkswirtschaft
vorhanden sind, die jedoch mit den Qualifikationen der
Arbeitslosen nicht besetzt werden können. Es existieren
also gleichzeitig genügend offene Stellen. Dies ist strukturelle Arbeitslosigkeit im engeren Sinne. Der Arbeitsmarkt ist nicht flexibel genug, um einen Ausgleich regionaler, beruflicher und qualifikatorischer Diskrepanzen
zwischen Angebot und Nachfrage zu bewerkstelligen.
[…]

2. Eine weitere Verwendung des Begriffs strukturelle
Arbeitslosigkeit bezeichnet eine Situation mit anhal-
tendem globalen Arbeitsplatzdefizit aufgrund unzu-
reichenden, weil das Arbeitskräfteangebot nicht ab-
sorbierenden Wirtschaftswachstums und die daraus
resultierende anhaltende Arbeitslosigkeit. Sie wird als
strukturelle Arbeitslosigkeit im weiteren Sinne bezeichnet. Sie wird häufig mit dem technischen Fortschritt in Verbindung gebracht, wenn überwiegend in
die Rationalisierung von Produktionsprozessen und zur
Einsparung von Arbeitskräften investiert wird […].

3. Allgemeiner bezeichnet strukturelle Arbeitslosigkeit
die teils vorübergehende, teils längerfristige Unterbeschäftigung, die durch den Strukturwandel in der Volkswirtschaft ausgelöst wird. Dabei bleibt offen, ob prinzipiell genügend Arbeitsplätze zur Verfügung stehen,
deren Besetzung jedoch durch die notwendige Umorientierung der Arbeitslosen erschwert ist, und ob genügend Arbeitsplätze als Ersatz für die in schrumpfenden
Branchen verlorenen zur Verfügung stehen. Diese Be-
griffsverwendung umfasst die beiden vorstehenden Ab-
grenzungen.

Je nach theoretischem und politischem Standpunkt
wird die Verantwortung für strukturelle Arbeitslosigkeit wegen mangelnder Mobilität und Konzessions-
bereitschaft den Arbeitslosen bzw. einer verfehlten
Lohnstrukturpolitik zugeschrieben, wegen mangelnder
Mobilität des Kapitals falschem Investitionsverhalten
den Unternehmen zugerechnet oder wegen ungenügen-
der Förderung von Qualifikationsanpassungen der Arbeitsmarktpolitik angelastet.

Aus: Helmut Rudolph, Die Kehrseite des Wandels – Strukturelle Arbeitslosigkeit,
in: Hans Günther Merk (Hg.), Wirtschaftsstruktur und Arbeitsplätze
im Wandel der Zeit, Stuttgart 1994, S. 176 ff.;
Grafiken: Zahlenbilder-Grafik 258200 (umgezeichnet)

M 5 Soziale Ausgrenzung arbeitsloser Jugendlicher

● Langzeitarbeitslose Jugendliche werden nicht per se als vom Arbeitsmarkt ausgegrenzt angesehen. Exklusion ist nach unserer Definition dann gegeben, wenn die Rückkehr bzw. der Eintritt in den regulären Arbeits-
5 markt aufgrund vielfältiger struktureller wie personenbezogener Barrieren dauerhaft versperrt ist. Der Anteil langzeitarbeitsloser Jugendlicher mit einem hohen Exklusionsrisiko am Arbeitsmarkt ist in allen untersuchten Ländern erheblich. In den meisten Fällen ist das
10 geringe bildungs- und berufsbezogene Qualifikationsniveau die Hauptursache der Probleme auf dem Arbeitsmarkt und der damit verbundenen Risiken der Arbeitsmarktausgrenzung. Die geringe Nachfrage auf dem Arbeitsmarkt und das häufige Fehlen jeglicher Berufser-
15 fahrung bei den befragten Jugendlichen verhindert dabei zusätzlich den Einstieg ins Berufsleben. Dauert die Arbeitslosigkeit bei Jugendlichen länger an, ist mit einem Verlust bereits erlernter beruflicher Qualifikationen zu rechnen. Nicht nur, dass jugendlichen Arbeitslo-
20 sen der Eintritt in das Erwerbsleben durch strukturelle Arbeitsmarktprobleme versperrt bleibt, sie betrachten sich selbst auch als chancenlos und ziehen sich im Sinne einer Selbstausgrenzung vom Arbeitsmarkt zurück. Die Rolle irregulärer Beschäftigung ist insofern von Bedeu-
25 tung, als sie Jugendlichen die Möglichkeit bietet, kurzfristig ihr verfügbares Einkommen aufzubessern. Auf lange Sicht führen irreguläre Arbeitsplätze bei Jugendlichen mit besonders geringer Qualifikation zu einem hohen Risiko eines weiteren sozialen Abstiegs und sozialer
30 Ausgrenzung. Die Schattenwirtschaft kann langfristig Falle und Chance gleichermaßen darstellen: Einerseits hält sie junge Leute vom ersten Arbeitsmarkt fern. Andererseits stellt sie eine Pufferlösung dar: Es wird einer Tätigkeit nachgegangen, die wichtige psychologische

Funktionen von Erwerbstätigkeit erfüllt (z. B. mit sozia- 35 len Kontakten sowie einer Entlohnung verbunden ist, Möglichkeiten zur Anwendung und zum Erwerb von Fähigkeiten bietet). Insofern ist die irreguläre Beschäftigung eine sehr ambivalente Beschäftigungsform, die mit individuellen Risiken verbunden ist, gleichzeitig einen 40 letzten Kontakt der Jugendlichen mit entlohnter Arbeit und den damit verbunden gesellschaftlichen Funktionen von Arbeit darstellt. […]

Aus: Thomas Kieselbach/Gert Beelmann, Arbeitslosigkeit als Risiko
sozialer Ausgrenzung bei Jugendlichen in Europa, in: Aus Politik
und Zeitgeschichte 6–7/2003, S. 34 f.

AUFGABEN

1. Arbeiten Sie die Ursachen für Langzeitarbeitslosigkeit unter Jugendlichen heraus (M 5).
2. Ermitteln Sie die Arbeitslosigkeit unter Jugendlichen in Ihrer Region sowie die Lage am Lehrstellenmarkt.
3. Diskutieren Sie individuelle Strategien und andere Lösungsmöglichkeiten für diese Problematik.

11.5 Strukturwandel und Arbeitslosigkeit

AUFGABEN

1. Arbeiten Sie am Beispiel NRW (M 1) heraus, welche Entwicklungen und Einflüsse maßgeblich für die Entstehung struktureller Arbeitslosigkeit (siehe Seite 202) sind.
2. Untersuchen Sie, welche Bedeutung die strukturelle Arbeitslosigkeit für Ihre Region besitzt. Greifen Sie dazu auf aktuelles statistisches Material des Arbeitsamtes und der Stadt-/Gemeindeverwaltung zurück.
3. Beurteilen Sie die Reichweite der in M 2 angesprochenen Programme in Hinblick auf eine Überwindung struktureller Arbeitslosigkeit.

M 1   **Entwicklung und Struktur der Beschäftigung in NRW**

● Trotz verschiedener konjunktureller und struktureller Einbrüche der Beschäftigung konnte sich die Gesamtzahl der Erwerbstätigen in NRW mit über 7 Mio. bzw. nahezu 6 Mio. sozialversicherungspflichtigen Arbeitnehmern auf einem hohen Stand halten. Sie liegt im Übrigen Ende der 90er Jahre höher als in den 70er und 80er Jahren (nur von 1990 bis 1993 hatte es einen höheren Beschäftigungsstand gegeben). Damit arbeiten rd. 25 % aller westdeutschen Erwerbstätigen in NRW. Mehr noch als die übrigen alten Bundesländer war NRW gravierenden Veränderungen in der Wirtschafts- und Beschäftigungsstruktur unterworfen.

Im primären Sektor hat die Landwirtschaft, d.h. der prozentuale Anteil der Beschäftigten an der Gesamtzahl der Beschäftigten in NRW, erheblich an Bedeutung verloren. Lag der Beschäftigungsanteil 1947 noch bei 14 %, so war er 1970 schon auf 3,5 % abgesunken und beträgt Ende der 90er Jahre unter 2 %. Trotz des erheblichen Beschäftigungsrückgangs konnte die landwirtschaftliche Produktionsleistung insgesamt auf Grund sehr hoher Produktivitätszuwächse stark ansteigen.

204.1 1987: Protest gegen die Schließung des Stahlwerks in Duisburg-Rheinhausen

Auch der lange Zeit bedeutendste Wirtschaftssektor, das produzierende Gewerbe, befindet sich weiterhin in einem Schrumpfungsprozess – für NRW eng verbunden mit dem Wegfall zahlreicher Arbeitsplätze im Steinkohlenbergbau und der Eisen- und Stahlindustrie. Bergbau und Schwerindustrie waren seit der Mitte des 19. Jhs. die Grundlagen für den Aufstieg des Ruhrgebiets zum industriellen Zentrum. Doch schon in den 50er und 60er Jahren begann das „Zechensterben" als Folge des Verdrängungswettbewerbs durch Erdöl und Erdgas. Gemessen am Primärenergieverbrauch ging der Anteil der Steinkohle in der Folge von nahezu 70 % (1958) auf rd. 14 % (1997) zurück, woran auch zwischenzeitliche Ölpreiskrisen und die Verpflichtung der Energiewirtschaft zur Nutzung einheimischer Steinkohle („Jahrhundertvertrag") nur wenig ändern konnten.
Problemverschärfend kam seit Mitte der 70er Jahre die krisenhafte Entwicklung in der Stahlindustrie und die Verlagerung von Textilarbeitsplätzen in „Billiglohnländer" hinzu. Allein in den genannten Branchen sind seit 1980 in NRW mehr als 300000 Arbeitsplätze verloren gegangen.
Allenfalls Zuwächse in Branchen wie Fahrzeugbau, Kunststofferzeugung, Elektrotechnik, Maschinenbau und Chemischer Industrie konnten den Bedeutungsverlust des produzierenden Gewerbes insgesamt noch bremsen, so dass es bis Anfang der 90er Jahre noch immer der vorherrschende Erwerbssektor in NRW war.

Während sich die Beschäftigtenzahl in den Bereichen Handel, Verkehr und Nachrichtenübermittlung in den vergangenen Jahrzehnten nur geringfügig veränderten, war der Bereich der sonstigen Dienstleistungen durch erhebliche Beschäftigungszuwächse gekennzeichnet und konnte seinen Anteil an der Beschäftigung in den letzten 30 Jahren mehr als verdoppeln (vgl. Tab. 205.1).

Der Anstieg des Beschäftigungsanteils im Dienstleistungssektor hat dazu geführt, dass seit 1992 die Anzahl
60 der Vollzeitarbeitsplätze im Dienstleistungssektor insgesamt die im Produktionssektor zunehmend übertrifft. Besonders auffällig sind Anstieg und Anteil der Teilzeitarbeitsplätze im Dienstleistungssektor, die sich zwischen 1980 (327 500) und 1997 (635 000) nahezu ver-
65 doppelten.

Die sektorale Entwicklung der Beschäftigung hat entsprechende Folgen für räumliche Veränderungen der Beschäftigung nach sich gezogen. Der Rückgang der Beschäftigung konzentrierte sich auf die großen in-
70 dustriellen Kernregionen, während Beschäftigungszuwächse v. a. in den Randgebieten der großen Städte zu verzeichnen waren.

Aus: NRW Lexikon. Politik, Gesellschaft, Wirtschaft, Recht, Kultur, Opladen 2000,
Stichwort: Arbeit, zit. nach: www.nrw.de/01_land_nrw/11_land_und_leute/ 113_
nrw_lexikon/lexarbeit.htm, 2004

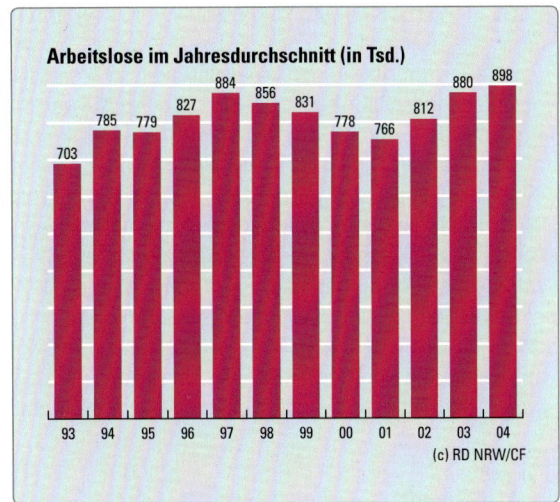

205.1   Arbeitslosigkeit in NRW

Sektorale Entwicklung der Erwerbstätigkeit in NRW[1] 1950–2003												
Erwerbstätige in	1950		1970		1987		1992		1996		2003	
	1000	%	1000	%	1000	%	1000	%	1000	%	1000	%
Land-, Forstwirtschaft, Fischerei	674	11,7	242	3,5	169	2,4	143	1,9	122	1,7	44	0,8
Produzierendes Gewerbe	3 112	54,2	3 739	53,8	2 849	40,7	2 905	38,5	2 449	34,1	1 934	33,8
Handel, Verkehr, Nachrichten-übermittlung	961[2]	16,7	1 285	18,5	1 402	20,0	1 557	20,6	1 516	21,1	1 366	23,8
Sonstige Dienstleistungen	998	17,4	1 690	24,3	2 585	36,9	2 946	39,0	3 101	43,1	2 398	41,6
Insgesamt	5 745	100	6 957	100	7 005	100	7 551	100	7 188	100	5 742	100

1 Ergebnisse aus Volkszählungen und der Erwerbstätigenrechnung des Bundes und der Länder
2 einschl. Geld- und Versicherungswesen

Quellen: Statistisches Jahrbuch NRW 1953, 1962, 1972, 1999, 2004

205.2   Sektorale Entwicklung der Erwerbstätigkeit in NRW 1950–2003

M2   Wandel einer Industrieregion

■ Das alte Klischee vom „Kohlenpott" mit grauen und spröden Städten ist heute längst überholt. Das Ruhrgebiet – mit seinen 53 Städten und Gemeinden – hat sich gewandelt. Ein langer und schwieriger Prozess, denn
5 nicht nur der Aufstieg, sondern auch der Niedergang der Schwerindustrie musste verarbeitet werden. Dadurch war das Ruhrgebiet vom Strukturwandel besonders stark betroffen – sozial und ökologisch. Der Rückzug der großen Industrien hatte gewaltige Bauten und offene
10 Räume hinterlassen. Mit der Internationalen Bauausstellung (IBA) Emscher-Park (1989–1999) wurde erstmalig ein Programm zur grundlegenden Umgestaltung der ehemaligen Industrieregion entwickelt, das viel zur heutigen Gestalt der Region beigetragen hat. Die riesi-

gen Industriebrachen wurden systematisch erfasst, gesi- 15
chert und touristisch begehbar gemacht. Die ehemals toten Riesen erhielten als Kultur- und Freizeiträume neue Funktionen. Einzigartige Veranstaltungsräume für Ausstellungen, Konzerte oder Theateraufführungen sind entstanden, die das Programm der Region entscheidend 20
mitbestimmen und internationales Renommee genießen. Die alte Zechenanlagen werden auch für außergewöhnliche Freizeitangebote genutzt: Tauchen im Gasometer, Klettern an Hochöfen oder Schwimmen auf ehemaligem Kokereigelände. 25

Aus: Essen für das Ruhrgebiet – Kulturhauptstadt Europas 2010,
www.kulturhauptstadt-europas.de/entdecken/01_inhalte/region.php

11.6 Was kann man tun? – Maßnahmen zum Abbau der Arbeitslosigkeit

Vorschläge zum Abbau der Arbeitslosigkeit sind praktisch permanent in der Diskussion. Und auch die Umsetzung entsprechender Maßnahmen gehört zum politischen Alltag in Deutschland. Dennoch sind Erfolge z. Zt. (2005) nicht in Sicht. Gesucht wird vor allem ein Gesamtkonzept, das die Ursachen der Arbeitslosigkeit erfasst und nachhaltig in der Lage ist, den hohen Stand der Arbeitslosigkeit deutlich abzubauen und dem wirtschafts-politischen Ziel der Vollbeschäftigung glaubwürdig Konturen zu verleihen. 1997 nahm der Rat der Europäischen Union die ersten „Beschäftigungspolitischen Leitlinien" an, die aufgrund von Selbstverpflichtungen der Mit-gliedstaaten in nationale Aktionspläne mündeten, über die sie der EU jährlich Bericht erstatten. Eine umfassende Wirkungsbewertung der ersten fünf Jahre wurde 2002 durchgeführt. Die Verantwortung für die Beschäftigungs-politik verbleibt jedoch nach wie vor bei den einzelnen EU-Staaten. Immerhin standen für den Europäischen Sozialfonds, einen europäischen Strukturfonds zur Bekämpfung der Langzeitarbeitslosigkeit sowie zur Förderung von Ausbildung und Regionalentwicklung von 2000 bis 2006 insgesamt 80 Mrd. Euro zur Verfügung. Damit wurden Maßnahmen der Mitgliedstaaten in diesem Politikbereich durch die EU kofinanziert.

AUFGABEN

1. Recherchieren Sie im Internet (www.europa.eu.int bzw. www.bundesregierung.de), inwieweit ein Nationaler Aktionsplan laut EU-Ratsbeschluss (vgl. oben) in Deutschland Platz gegriffen hat. Wie lauten seine Ziele, wie funktioniert die Umsetzung des Plans?
2. Welche Beschäftigungseffekte sind von der Umsetzung der Modelle in M 1 bis M 4 zu erwarten?

M 1 Arbeitswelt im Wandel

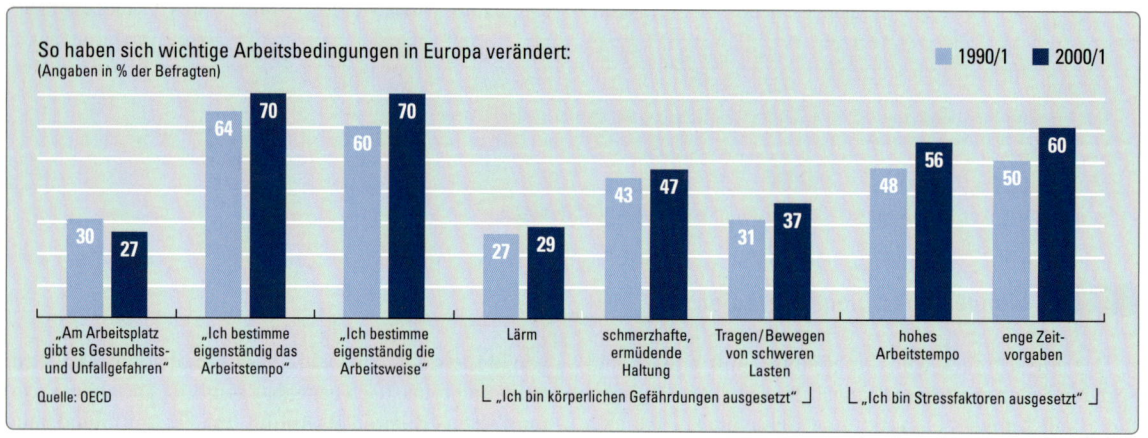

So haben sich wichtige Arbeitsbedingungen in Europa verändert:
(Angaben in % der Befragten)

1990/1 · 2000/1

- „Am Arbeitsplatz gibt es Gesundheits- und Unfallgefahren": 30 / 27
- „Ich bestimme eigenständig das Arbeitstempo": 64 / 70
- „Ich bestimme eigenständig die Arbeitsweise": 60 / 70
- Lärm: 27 / 29
- schmerzhafte, ermüdende Haltung: 43 / 47
- Tragen/Bewegen von schweren Lasten: 31 / 37
- hohes Arbeitstempo: 48 / 56
- enge Zeit-vorgaben: 50 / 60

└ „Ich bin körperlichen Gefährdungen ausgesetzt" ┘ └ „Ich bin Stressfaktoren ausgesetzt" ┘

Quelle: OECD

M 1 Arbeitszeitkonten

● Bereits mehr als ein Drittel aller Beschäftigten in Deutschland verfügt über ein Arbeitszeitkonto und der Anteil ist steigend. Die gesamtwirtschaftlichen Auswir-kungen dieser Entwicklung auf Arbeitszeit, Produktivi-
5 tät und Beschäftigung sind spürbar: Es zeigt sich, dass die gesamtwirtschaftliche Arbeitszeit stärker auf Änderun-gen der gesamtwirtschaftlichen Produktion reagiert als

bisher angenommen. Damit können Arbeitszeitkonten beschäftigungsstabilisierend wirken, da Beschäftigungs- und Produktionsschwankungen zunehmend entkoppelt werden. Außerdem werden durch die Nutzung von Ar-beitszeitkonten oft bezahlte Überstunden ersetzt. Insge-samt kann dies zu höherer Wettbewerbsfähigkeit und zu positiven Beschäftigungseffekten führen.

10

15 Aus Wissenschaft und Praxis kommt häufig der Rat zu mehr Flexibilität am Arbeitsmarkt als Weg zu mehr Wirtschaftswachstum und Beschäftigung und einer Verringerung der Arbeitslosigkeit. Zu einer solchen Flexibilität gehören auch flexible Arbeitszeitregelungen. Fasst 20 man diesen Begriff sehr weit, so arbeiten bereits 85 % aller Beschäftigten in Deutschland in einem Arbeitsverhältnis mit flexibler Arbeitszeit. 56 % aller Befragten einer Untersuchung des ISO Instituts gaben an, regelmäßig Überstunden zu leisten. Dies lässt darauf schließen, 25 dass die Unternehmen auch in großem Maße Arbeits-

zeitregelungen zur Deckung ihres Flexibilitätsbedarfs nutzen, insbesondere bei der Anpassung an Nachfrageschwankungen. Neben den traditionellen Arbeitszeitregelungen wie bezahlten (definitiven) Überstunden werden zunehmend moderne Instrumente verwendet, 30 besonders häufig Arbeitszeitkonten. Im Jahr 1999 wurde nach der ISO-Umfrage bereits für 37 % aller Beschäftigten ein Arbeitszeitkonto geführt.

Aus: Bundesanstalt für Arbeit, IAB-Kurzbericht 4/2001, S. 1,
http://doku.iab.de/ kurz-ber/2001/kb0401.pdf

M 3   **Arbeitszeitkonten im Handwerk – ein Praxisbeispiel**

**Betriebsvereinbarung
bei der Tischlerei GmbH in Gladbeck**

§ 1 Ziele: Durch die flexible Arbeitszeit soll die tägliche, wöchentliche und monatliche Arbeitszeit in Abhängig-
5 keit von der jeweiligen Auftragslage und innerhalb der nachfolgend genannten Grenzen ohne unmittelbaren Überstundenanfall länger oder kürzer gestaltet werden können. Ziel dieser Maßnahme ist es, die wirtschaftliche Lage des Unternehmens zu verbessern und damit
10 die Arbeitsplätze zu sichern. […]

§ 4 Regelarbeitszeiten: Für den technischen Bereich gelten i. d. R. folgende Arbeitszeiten:
—Montag–Donnerstag: 7.00–15.30 Uhr (incl. 30 Min. Pause) = 8 Std. Arbeitszeit
15 —Freitag: 7.00–12.15 Uhr (incl. 15 Min. Pause) = 5 Std. Arbeitszeit
   ▸▸ 37 Stunden Arbeitszeit

Bei Bedarf kann sich das Arbeitsende der jeweiligen Arbeitstage nach Absprache mit der zuständigen Führungskraft innerhalb der nachfolgend genannten Gren- 20 zen verlängern oder verkürzen. Der Arbeitsbeginn bleibt möglichst unverändert.

§ 5 Abweichungen und Ausgleich von Mehr- und Minderarbeit: Abweichungen von der o. g. Regelarbeitszeit sind innerhalb eines Zeitrahmens zwischen 32 und 42 25 Arbeitsstunden/Woche möglich. […]

§ 6 Anlage eines Arbeitszeitkontos: Die Mehr- und Minderarbeit der einzelnen Mitarbeiter/innen wird auf einem Arbeitszeitkonto gebucht, welches ein Arbeitszeitguthaben von 74 Arbeitsstunden und ein Arbeits- 30 zeitdefizit von 37 Arbeitsstunden aufweisen darf.

*Aus: Christine Rademacher, Arbeitszeitkonten in Klein- und Mittelbetrieben des
Handwerks in Nordrhein-Westfalen, in: Friedrich Ebert Stiftung 11/2001, S. 74 f.*

M 4   **Arbeitszeitmodelle, Zielgrößen und Zielerfüllung**

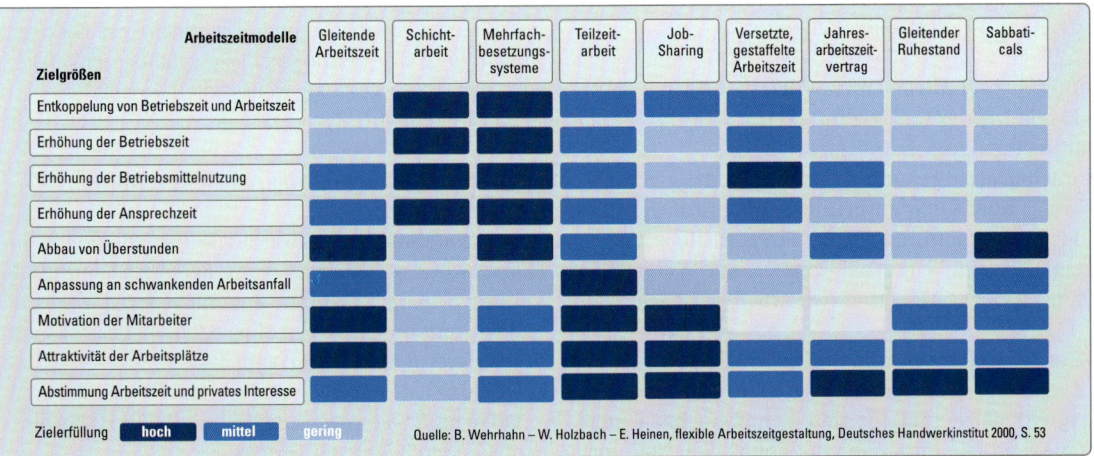

Zielgrößen \ Arbeitszeitmodelle	Gleitende Arbeitszeit	Schichtarbeit	Mehrfachbesetzungssysteme	Teilzeitarbeit	Job-Sharing	Versetzte, gestaffelte Arbeitszeit	Jahresarbeitszeitvertrag	Gleitender Ruhestand	Sabbaticals
Entkoppelung von Betriebszeit und Arbeitszeit	mittel	hoch	hoch	mittel	mittel	mittel	mittel	gering	gering
Erhöhung der Betriebszeit	mittel	hoch	hoch	mittel	mittel	hoch	mittel	gering	gering
Erhöhung der Betriebsmittelnutzung	mittel	hoch	hoch	mittel	gering	mittel	hoch	mittel	gering
Erhöhung der Ansprechzeit	mittel	hoch	hoch	hoch	mittel	mittel	mittel	gering	gering
Abbau von Überstunden	hoch	mittel	mittel	hoch	gering	mittel	mittel	gering	gering
Anpassung an schwankenden Arbeitsanfall	mittel	mittel	mittel	mittel	hoch	mittel	mittel	gering	gering
Motivation der Mitarbeiter	mittel	gering	gering	mittel	mittel	gering	mittel	mittel	hoch
Attraktivität der Arbeitsplätze	mittel	gering	mittel	hoch	hoch	mittel	mittel	mittel	hoch
Abstimmung Arbeitszeit und privates Interesse	mittel	gering	gering	hoch	hoch	mittel	mittel	mittel	hoch

Zielerfüllung: hoch | mittel | gering

Quelle: B. Wehrhahn – W. Holzbach – E. Heinen, flexible Arbeitszeitgestaltung, Deutsches Handwerkinstitut 2000, S. 53

AUFGABEN

1. Analysieren Sie die in M 5 genannten Maßnahmen jeweils unter folgenden Aspekten: a) Greifen die Maßnahmen die Ursachen der Arbeitslosigkeit auf? b) Welche Bereiche in Wirtschaft bzw. Politik sind berührt? c) Welche Anforderungen, welche Vorteile und Probleme ergeben sich für den einzelnen Arbeitnehmer bzw. den Betrieb, das „System" der Sozialen Marktwirtschaft, den sozialen Zusammenhalt in der Gesellschaft und das politische Umfeld? d) Welche Arbeitsplatzeffekte sind zu erwarten?

2. Recherchieren Sie im Internet über die Erfolge der Hartz-Vorschläge zum Arbeitsmarkt.

3. Fassen Sie die Kritik Hickels (M 6) an den Hartz-Vorschlägen thesenartig zusammen. Bestimmen Sie die wirtschaftspolitische Grundposition, von der aus Hickel argumentiert. Inwiefern hat sich Hickels Kritik bestätigt? Recherchieren Sie.

M 5   Die 13 Module des Hartz-Konzepts

● Das Hartz-Konzept zur Reform des Arbeitsmarktes (2002/2003) umfasst 13 „Innovationsmodule". Die Arbeitsförderungspolitik wird im Sinne einer aktivierenden Arbeitsmarktpolitik umgebaut. Im Zentrum der
5 Arbeitsförderung steht künftig die eigene Integrationsleistung des Arbeitslosen. Diese wird von einem breiten Angebot an Dienstleistungen begleitet. […]

1. Verbesserter Service für Kunden – JobCenter
Die Arbeitsämter werden zu JobCentern umgestaltet.
10 Neben den bisherigen Dienstleistungen der BA übernehmen die JobCenter auch die arbeitsmarktrelevante Beratung und Betreuung seitens des Sozialamtes, des Jugendamtes, des Wohnungsamtes, der Sucht- und Schuldnerberatung und sind Schnittstelle zur Personal-
15 ServiceAgentur (PSA). Anlaufstelle ist der Vermittler oder Fallmanager. Die Arbeitsvermittler werden von Verwaltungs- und Nebenaufgaben befreit und konzentrieren sich auf die Pflege der Kontakte zu den Betrieben und die Akquisition offener Stellen.

20 2. Familienfreundliche Quick-Vermittlung und Erhöhung der Geschwindigkeit in der Vermittlung
Arbeitnehmer sind zukünftig verpflichtet, das JobCenter nach einer Kündigung unverzüglich über drohende Ar-
25 beitslosigkeit zu informieren, damit Vermittlungsbemühungen frühzeitig einsetzen können. Bei verspäteten Meldungen gibt es Abschläge vom Arbeitslosengeld. […]

3. Neue Zumutbarkeit und Freiwilligkeit
Die Zumutbarkeit wird nach geographischen, materiel-
30 len, funktionalen und sozialen Kriterien, bei denen auch die familiäre Situation eine Rolle spielt, neu formuliert und in Verbindung mit Freiwilligkeit und Pflichten konsequent umgesetzt. So wird einem jungen, alleinstehenden Arbeitslosen bei der Mobilität mehr
35 zugemutet als einem Arbeitslosen mit Verantwortung für Familienangehörige. […]

4. Jugendliche Arbeitslose – AusbildungsZeit-Wertpapier
Die JobCenter übernehmen die Verantwortung für eine
40 aktive beiderseitige Suche nach einer Praktikums- oder Ausbildungsstelle. Es sollen weitere neue Ausbildungsberufe entwickelt werden. […]

5. Förderung älterer Arbeitnehmer und „BridgeSystem"
45 Zur stärkeren Integration älterer Arbeitsloser in den Arbeitsmarkt ersetzt die Lohnversicherung, die die bisherige Arbeitslosenversicherung ergänzt, einen Teil des Einkommensverlustes, der bei der Übernahme einer niedriger bezahlten sozialversicherungspflichtigen Arbeit entsteht.
50 Zudem wird der Beitragssatz zur Arbeitslosenversicherung für Ältere gesenkt, wenn sie eine neue Beschäftigung aufnehmen. […]

6. Zusammenführung von Arbeitslosenhilfe und Sozialhilfe
55 Zur Vermeidung von Verwaltungsaufwand und Intransparenz sowie zur Verbesserung der Abstimmung und Verantwortlichkeit wird in Zukunft jeder, der Leistungen bezieht, nur noch von einer Stelle betreut. Es wird drei Arten von Leistungen geben:
60
— Das Arbeitslosengeld I ist die beitragsfinanzierte Versicherungsleistung, die in Dauer und Höhe den bisherigen Regeln entspricht.

65 —Das Arbeitslosengeld II ist eine steuerfinanzierte Leistung, abhängig von der Bedürftigkeit, zur Sicherung des Lebensunterhalts arbeitsloser Erwerbsfähiger nach dem Bezug von Arbeitslosengeld oder wenn der Anspruch auf Arbeitslosengeld nicht erfüllt ist.

70 —Das Sozialgeld entspricht der bisherigen Sozialhilfe für nicht Erwerbsfähige.

7. Kein Nachschub für Nürnberg! Beschäftigungsbilanz – Bonussystem für Unternehmen

75 Alle Unternehmen sind aufgefordert, ihrer Verantwortung für die Sicherung und Schaffung von Arbeitsplätzen gerecht zu werden. Die JobCenter und die KompetenzCenter unterstützen die Unternehmen dabei und bieten deshalb Beschäftigungsberatung zu den Berei-
80 chen Arbeitsrecht, Gestaltung betrieblicher Arbeitsbedingungen etc. an. Unternehmen mit einer positiven Beschäftigungsentwicklung erhalten einen Bonus in der Arbeitslosenversicherung.

8. Aufbau von PersonalServiceAgenturen (PSA) –
85 Betriebsnahe Weiterbildung – Integration schwer Vermittelbarer

Die PersonalServiceAgentur (PSA) ist ein wirkungsvolles Instrument zum Abbau der Arbeitslosigkeit. Ziel ist, Einstellungsbarrieren zu überwinden und Arbeitslose
90 mit einer neuen Form vermittlungsorientierter Arbeitnehmerüberlassung schnell wieder in den ersten Arbeitsmarkt zu integrieren. […]

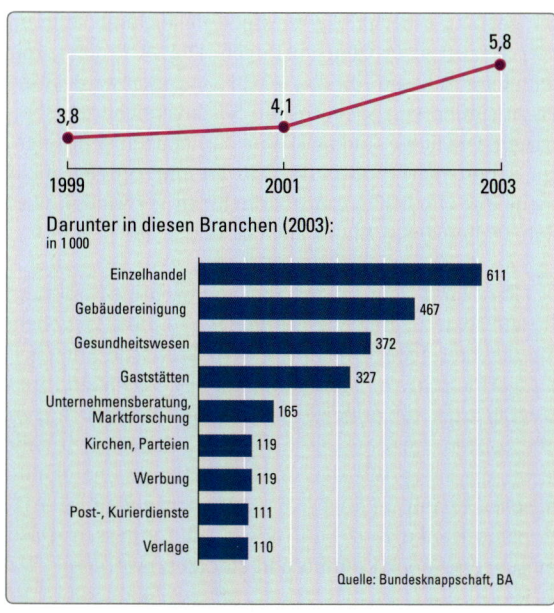

209.1 *Geringfügig Beschäftigte in Deutschland*

9. Neue Beschäftigung und Abbau von Schwarzarbeit durch „Ich-AG" […] mit vollwertiger Versicherung – Mini-Jobs mit Pauschalabgabe und Abzugsfähigkeit 95 von privaten Dienstleistungen

Mit den beiden neuen Instrumenten Ich-AG und Mini-Job werden neue Wege zur Bewältigung des Problems Schwarzarbeit aufgezeigt. Die Ich-AG – eine Vorstufe zu vollwertiger Selbständigkeit – zielt auf weniger 100 Schwarzarbeit Arbeitsloser, die Mini-Jobs auf weniger Schwarzarbeit bei Dienstleistungen in Privathaushalten. […]

10. Personal – Transparentes Controlling – Effiziente IT-Unterstützung aller Prozesse – 105 Aufbauorganisation – Selbstverwaltung – Arbeitsmarktforschung – Change Management

Die BA wird nach einem neuen Leitbild arbeiten, das in einem neuen Handlungsleitfaden für jeden Mitarbeiter und einem neuen Personalkonzept seinen Ausdruck fin- 110 det. Innerhalb der BA werden die Beschäftigungsverhältnisse neu gestaltet. […]

11. Umbau der Landesarbeitsämter zu KompetenzCentern für neue Arbeitsplätze und Beschäftigungsentwicklung – 115 Start mit den neuen Bundesländern

Die Landesarbeitsämter werden zu KompetenzCentern umgebaut, deren beschäftigungspolitische Aufgaben steuerfinanziert sind. Die KompetenzCenter vernetzen und koordinieren die Arbeitsmarkt- und Wirtschaftspo- 120 litik auch über Verwaltungsgrenzen hinweg. […]

12. Finanzierung der Maßnahmen zum Abbau der Arbeitslosigkeit

Mit dem Konzept des JobFloaters wird die Finanzierung von Arbeitslosigkeit durch die Finanzierung von Arbeit 125 ersetzt. Stellt ein Unternehmen einen Arbeitslosen nach der Probezeit ein und schafft es einen neuen Arbeitsplatz, erhält es die Option auf ein Finanzierungspaket in Form eines Darlehens. […]

13. Masterplan – Beitrag der „Profis der Nation" 130

Die Arbeitslosigkeit ist ein Problem, das alle Menschen in Deutschland angeht. Seine Lösung kann nicht alleine der Politik, den Gewerkschaften, den Unternehmen oder gar den Arbeitslosen überlassen werden. Jeder ist gefordert, mit anzupacken. Die Profis der Nation, wie 135 die Hartz-Kommission sie nennt, sind gefordert, eine Koalition für ein flächendeckendes Netz von konkreten Projekten zu bilden […].

Aus: REGIERUNGonline, 19.8.2002/31.3.2003, www.bundesregierung.de/artikel-,413.431462/Moderne-Dienstleistungen-am-Ar.htm

M 6   Hartz-Konzept: Arbeitslose effektiver in billige Jobs?

1. Wichtige Module des Hartz-Konzepts konzentrieren sich auf den Umbau der bisherigen Arbeitsämter und der Bundesanstalt für Arbeit insgesamt sowie der Landesarbeitsämter. Dabei verdienen all die Maßnahmen,
5 welche die Vermittlungschancen verbessern, Zustimmung. Dazu gehört die personenbezogene Beratung aus einer Hand mit festen Ansprechpartnern im künftigen Job-Center. Zu kurz kommen dagegen Maßnahmen zur Qualifizierung von Arbeitskräften, die deren Vermitt-
10 lungschancen in attraktive Jobs verbessern.

2. Die Module „Beschleunigung der Vermittlung", „Zumutbarkeit, Sperrzeiten, Beweislast" sowie die Reduktion der sozialen Leistungen im Zuge der geplanten „Zusammenlegung von Arbeitslosen- und Sozialhilfe"
15 zielen auf eine Disziplinierung der Arbeitslosen durch Strafen bei so genanntem Fehlverhalten sowie eine Absenkung der Sozialeinkommen durch Änderungen bei Arbeitslosengeld und -hilfe. Die Kommission übernimmt die offenbar unausrottbare Auffassung, Arbeits-
20 losigkeit sei das Ergebnis eines Fehlverhaltens der Betroffenen. […]

3. Das Modul „Personal-Service-Agenturen" (PSA) führt zwangsläufig zu einem weiteren Deregulierungsschub auf den Arbeitsmärkten. […] Dieses Modul dient
25 der Aushebelung des Kündigungsschutzes. Damit droht ein neuer „Drehtüren"-Effekt. Unternehmen entlassen Vollzeitbeschäftigte, um dann Arbeitslose als Zeitarbeiter, also kostengünstiger und ohne Kündigungsrisiko, wieder einzustellen. Belegschaften werden dadurch
30 umstrukturiert – auch mit dem Risiko, dass Zeitarbeiter keinen Anschlussjob nach Beendigung des zeitlich befristeten Beschäftigungsverhältnisses finden. Neue vollwertige Arbeitsplätze werden so jedenfalls nicht geschaffen.

35 4. Einige Module – wie das ursprünglich vorgesehene „Ausbildungszeit-Wertpapier für junge Arbeitslose" – zielen darauf, die Unternehmen durch finanzielle Anreize zur Einstellung von Personal zu bewegen. […] Unternehmen mit entsprechender Bonität erhalten bei Einstellung eines Arbeitslosen ein Finanzierungspaket
40 von 100 000 €, je zur Hälfte als Förderkredit und Nachrangdarlehen. […] Soweit die Beschäftigungslage dadurch verbessert wird, können sich derartige finanzielle Anreize durchaus rechnen. Es besteht jedoch die Gefahr, dass diese lediglich zu Mitnahmeeffekten führen.
45 Hier käme es darauf an, die Vergabe und den Einsatz der Mittel mit einem strengen Controlling – auch zur Vermeidung von Mitnahmeeffekten – zu verbinden.

5. Die „Ich-AG und Minijobs" fasst die Hartz-Kommission in einem Modul zusammen. Gründen Selbstständige eine Ich-AG, erhalten sie drei Jahre lang gestaffelte Zu-
50 schüsse in Höhe des Arbeitslosengeldes und der Sozialabgaben. Einnahmen von bis zu 25 000 € werden pauschal mit 10 Prozent besteuert. Damit verbindet sich die Hoffnung, die Schwarzarbeit zugunsten der Ich-AG zurückzudrängen. Abgesehen von der peinlichen Namens-
55 gebung dürfte sich diese Hoffnung wohl kaum erfüllen: Wer das Amnestie-Angebot nutzt, setzt sich dem Verdacht aus, nur ins Licht der Legalität zu treten, weil es sich durch die Staatssubventionen ökonomisch rechnet.
60 Insbesondere hinsichtlich der Minijobs hat sich die Hartz-Kommission als Kompromissmaschine entpuppt. Diese sollten bei einem Verdienst von bis zu 500 € monatlich steuerfrei, und zwar nur im Dienstleistungsbe-
65 reich, zugelassen werden. Die privaten Arbeitgeber sollten eine zehnprozentige Sozialversicherungspauschale aufbringen mit der Möglichkeit des steuerlichen Abzugs. Dieser durchaus moderate Vorschlag ist inzwischen von einem neuen Projekt des Bundesministers für Wirtschaft und Arbeit überrollt worden. Nun ist ge-
70 plant, 800 000 Minijobs zu schaffen. Die Einkommensgrenze soll auf 400 € gegenüber derzeit 325 € angehoben werden. Arbeitgeber sollen für die Minilöhne eine pauschale Steuer von bis 25 Prozent zahlen. Zwischen Niedriglohnsektor und regulärem Beschäftigungssek-
75 tor ist eine Gleitzone von bis zu 780 € Monatseinkünften geplant, innerhalb derer die Sozialabgaben langsam von 25 auf 40 Prozent ansteigen. Dieses Projekt, mit dem eine radikale Kurskorrektur vollzogen wird, führt zu Ausfällen von Steuern und Sozialversicherungsbei-
80 trägen. Die Folge sind massive staatliche Subventionen. Da arbeitsmarktpolitische Subventionierungen nicht mehr mit Qualifizierungsmaßnahmen verbunden werden, stellen die Minijobs eine Sackgasse dar. […]

85 […] Die Hartz-Vorschläge haben die wichtige Funktion, für die anstehenden Entscheidungen Impulse zu geben. Sie ersetzen jedoch nicht die demokratische Entscheidungsfindung. Alle Maßnahmen sind letztlich auf ihren Beitrag zum Abbau der Beschäftigungslosigkeit hin zu
90 überprüfen. Im Umgang mit der Arbeitslosigkeit geht es um die Frage, wie sich soziale Sicherheit und ökonomische Flexibilität angesichts der wachsenden internationalen Konkurrenz künftig verknüpfen lassen. Dazu müsste eine neue Kommission eingesetzt werden.
95

Aus: Rudolf Hickel, Hartz-Konzept: Arbeitslose effektiver in billige Jobs – Deregulierungsschub auf den Arbeitsmärkten, in: Aus Politik und Zeitgeschichte B 06-07/2003, S. 7 ff.

Die europäische Dimension der Beschäftigungspolitik wurde weiter oben schon im Hinblick auf Ziele und Maßnahmen der EU thematisiert. Ist es aber für die deutsche Regierung nicht auch möglich, auf nationalstaatlicher
Ebene Konzepte der europäischen Nachbarn zu übernehmen? Während in Deutschland die Zahl der Arbeitsplätze
stagniert, nahm die Zahl der Erwerbstätigen in einigen europäischen Nachbarländern in den letzten zehn Jahren
kontinuierlich zu. Zu fragen ist, ob die im Ausland angewendeten Konzepte, was ihre gesellschaftlichen Effekte
betrifft, auch einer genaueren Prüfung standhalten – und ob sie auf Deutschland übertragbar wären.

AUFGABEN

1. Arbeiten Sie arbeitsteilig die Maßnahmen heraus, mit denen in Dänemark, den
   USA und den Niederlanden im Kampf gegen die Arbeitslosigkeit Erfolge erzielt
   wurden. Erörtern Sie deren Auswirkungen. Inwieweit lassen sie sich in Deutschland
   anwenden? Wo liegen Chancen, wo Schwierigkeiten (M 7 bis M 12).
2. Erörtern Sie, welche Bedeutung die in Unterkapitel 2 erarbeiteten Ergebnisse zur
   methodischen Problematik der Arbeitslosenquote für die Bewertung der Erfolgszahlen aus Dänemark, den USA und den Niederlanden haben könnten.

M 7   Vorbild Dänemark?

● *Dänemark ist seit einem Jahrzehnt eines der wirtschaftlich erfolgreichsten Industrieländer in Europa.
Bei vergleichsweise hohem Wirtschaftswachstum erreichte das Land in den letzten Jahren fast Vollbeschäftigung. Ausgesprochen positiv entwickelten sich die
öffentlichen Finanzen. Die internationale Wettbewerbsfähigkeit ist hoch, und der Anstieg der Verbraucherpreise entspricht etwa dem Durchschnitt in der Eurozone.
Anders als etwa Großbritannien, ein wirtschafts- und
beschäftigungspolitisch ebenfalls überdurchschnittlich
erfolgreiches Land, ist Dänemark – obwohl nicht Euroland – währungspolitisch de facto an die Eurozone gekoppelt: Seit 1993 wurde der Kurs der dänischen Krone
zum Ecu bzw. Euro annähernd konstant gehalten. Dennoch ist die konjunkturelle Entwicklung nicht synchron
zum Euroraum verlaufen, selbst wenn sich Dänemark
nicht völlig den dämpfenden Einflüssen von dort entziehen konnte. Hierzu haben vor allem ein spezifischer
„policy mix", aber auch eine tendenziell antizyklische
Finanzpolitik beigetragen.*

Wie viele andere europäische Länder litt Dänemark
1992/93 unter einer konjunkturellen Schwäche. Zwar
kam es hier nicht zu einer Rezession, jedoch gingen die
Investitionen erheblich zurück, und die Arbeitslosigkeit kletterte in die Höhe; sie stieg 1993 bis auf knapp
10 %. Mit einem kräftigen Aufschwung im Jahre 1994
konnten die vorangegangenen Wachstumsverluste im
Unterschied zu Westeuropa allerdings rasch kompen-
siert werden. Auch in den Folgejahren fiel das Wachstum höher als im europäischen Durchschnitt aus. Etwa

im Gleichklang verlief die Entwicklung am Ende der
90er Jahre und im westeuropäischen „Boomjahr" 2000.
Von der neuerlichen weltweiten Stagnation seit 2001 ist
Dänemark wiederum weniger stark als der Euroraum
betroffen [...].

Bei insgesamt höherem und auch deutlich stetigerem
Wirtschaftswachstum gelang es Dänemark, die Arbeitslosenquote bis zum Jahr 2001 merklich – von knapp
10 % auf 4,3 % – zu senken. Seit 2002 ist die Quote zwar
wieder etwas gestiegen, liegt aber mit 5,5 % immer noch
weit unter dem Durchschnitt des Euroraums (9 %). Wie
in den meisten anderen Ländern gingen allerdings in
den letzten zwei Jahren sowohl die Zahl der Beschäftigten als auch die durchschnittliche Arbeitszeit zurück.
Von Mitte 2001 bis Mitte 2003 sank das Arbeitsvolumen
um 6 %. [...]

Bei deutlich höher ausgelasteten Kapazitäten als im
Euroraum lag in Dänemark der Anstieg der Lohnkosten
pro Stunde in den letzten Jahren mit durchschnittlich
4 % um annähernd 1 Prozentpunkt über dem im Euroraum. [...] Der Anstieg der Arbeitnehmerentgelte je Arbeitnehmer entsprach seit 1995 weitgehend dem Verteilungsspielraum, also der tolerierten Inflationsrate
zuzüglich des mittelfristigen Durchschnitts des Arbeits-
produktivitätsfortschritts [...]. Angesichts des im Vergleich zur Eurozone höheren Produktivitätsanstiegs
und eines ähnlich hohen gesamtwirtschaftlichen Lohn-
stückkostenanstiegs besteht demnach kein Grund, über
die Lohnentwicklung besorgt zu sein. Dänemark hat

40 längerfristig einen hohen Beschäftigungsstand und eine niedrige Arbeitslosenquote erreicht, ohne dass die Strategie – wie in Deutschland – auf Lohnzurückhaltung (im Sinne des Nichtausschöpfens des Verteilungsspielraumes) setzte. In der Konsequenz ist die Lohnquote
45 in Dänemark in den letzten zehn Jahren leicht gestiegen. Mit der Ausschöpfung des Verteilungsspielraums sind die Dänen also auf jeden Fall gesamtwirtschaftlich gut gefahren.

Trotz der wirtschaftlichen Erfolge werden in Dänemark
50 wie in anderen europäischen Ländern auch mögliche Wachstumshemmnisse infolge „struktureller" Verwerfungen diskutiert. Dabei liegt der Akzent in Dänemark weniger auf einer Verringerung der Lohnkosten oder auf spezifischen Arbeitsmarktrigiditäten wie Kündi-
55 gungsschutz, mangelnder Arbeitsmotivation u. Ä. Vielmehr wird seit mehreren Jahren das Problem der demographischen Entwicklung in den Vordergrund gerückt. Dabei werden mit Nachdruck Maßnahmen vorangetrieben, die eine bessere Ausschöpfung des künftig gerin-
60 geren Arbeitspotentials – gemessen an der Zahl der Personen im erwerbsfähigen Alter – erlauben sollen.

Grundsatz der Arbeitsmarktpolitik ist seit den 90er Jahren, sowohl dem Recht auf Arbeit als auch der Pflicht zur Arbeit zu entsprechen. Die ursprünglich im interna-
65 tionalen Vergleich äußerst günstigen Bedingungen beim Bezug von Arbeitslosengeld hinsichtlich Höhe und Dauer der Leistungen wurden abgebaut. Eine Reihe von Maßnahmen zur Frühverrentung wurde abgeschafft oder eingeschränkt; weitere Einschränkungen
70 sind anvisiert. Im Gegenzug werden erhebliche Anstrengungen unternommen, um Arbeitslose durch Qualifizierung und Weiterbildung „beschäftigungsfähig" zu machen, den Anstieg der Arbeitsproduktivität langfristig zu beschleunigen und insbesondere jüngere und
75 ausländische Erwerbspersonen zu fördern. Beabsichtigt ist, die aktive Erwerbsbevölkerung durch diese Maßnahmen bis 2010 um 65 000 Personen bzw. 2,5 % zu erhöhen. Insgesamt sollen die Zahl der Beschäftigten – bei leicht abnehmender durchschnittlicher Arbeitszeit
80 je Beschäftigten – um gut 3 % und das Arbeitsvolumen

DIE WAHRHEIT ÜBER DIE HARTZ-KOMMISSION

Er wird uns gleich erzählen, wie wir die Arbeitslosenzahl in 2 Jahren halbieren – ohne einen einzigen neuen Arbeitsplatz zu schaffen!

in Stunden um 1,5 % zunehmen. Zur besseren Ausschöpfung des Arbeitskräftepotentials wurde im Jahre 2000 eine umfassende Reform des Bildungswesens eingeleitet. Kennzeichen der Reform, die insbesondere das Berufsbildungssystem betrifft, ist u. a. eine hohe Flexi- 85 bilität bei der Abstimmung von Aus- und Weiterbildung wie auch innerhalb der einzelnen Ausbildungsgänge. Interessant bei einem Vergleich mit Deutschland ist, dass die berufliche Erstausbildung in Dänemark wesentlich besser abschneidet und auch die Kosten für die 90 spätere Weiterbildung während des Berufslebens deutlich günstiger liegen. Langfristig wird sich das Arbeitskräftepotential auch dadurch erhöhen, dass der Schulbeginn vorgezogen wird und Ausbildungszeiten gestrafft werden.
95

Aus: Joachim Volz, Vorbild Dänemark? Eine Analyse der dänischen Wirtschaftspolitik, in: Wochenbericht des DIW Berlin 3/04

M 8 Arbeitsmarktinformationen: Dänemark

■ Dänemark sah sich in den letzten Jahren mit einem Wirtschaftsabschwung konfrontiert. Landesweit gibt es in Dänemark ca. 142 900 Arbeitslose (Juli 2004); dies entspricht einer Quote von 6,5 %.

5 Die Arbeitsmarkträte rechnen damit, dass die sinkende Beschäftigung und die steigende Arbeitslosigkeit von positiveren Trends abgelöst werden. Manche Sektoren rechnen insbesondere mit einem Anstieg der Beschäftigung im Laufe des Jahres 2005. Dies gilt für die Bran-
10 che der Unternehmensdienstleistungen, das Baugewerbe sowie den Gesundheitssektor.

Für die Fertigungsbranche wird jedoch ein Beschäftigungsrückgang erwartet. Langfristig gesehen wird die Arbeitslosigkeit vor allem in bestimmten akademischen
15 Berufen, bei ungelernten Arbeitern im Produktionssektor und bei Verkaufspersonal und Büroangestellten spürbar werden.

Die Gesamtlage der dänischen Wirtschaft ist trotz dieser Arbeitslosenzahlen gut und stabil und weist einen rekordverdächtigen Überschuss der Zahlungsbilanz 20 auf. Darüber hinaus zählt die Wettbewerbsfähigkeit Dänemarks zu den Besten der Welt.

Um den wirtschaftlichen Aufschwung in Dänemark zu fördern und aufrechtzuerhalten, hat die Regierung im Frühjahr 2004 einen Plan, das sogenannte „Frühjahrspa- 25 ket", umgesetzt. Dieser Plan sieht Initiativen vor, die der Erhöhung der Beschäftigungsquote sowie der Verringerung der Arbeitslosigkeit dienen sollen. Dies geschieht in Form von Steuererleichterungen und einer Stimulierung des privaten Verbrauchs sowie durch vor- 30 gezogene öffentliche Investitionen.

http://europa.eu.int/eures/main.jsp, 11/2004

M 9 Beschäftigungswunder USA

■ Seit dem Tiefpunkt der Rezession 1991 hat die Beschäftigungsentwicklung in den USA einen im internationalen Vergleich überaus positiven Verlauf genommen. In keinem anderen der größeren Industrieländer
5 konnte die Erwerbstätigkeit in gleichem Umfang gesteigert werden. [...]

Um das Ausmaß der Beschäftigungsausweitung angemessen erfassen zu können, ist auch eine Analyse des Arbeitsvolumens erforderlich. Dieses nahm gleichfalls deutlich zu. Seit 1991 ist das Arbeitsvolumen im priva-
10 ten Sektor um 17 v. H. gestiegen. Dabei wurde die durchschnittliche Arbeitszeit leicht und die Zahl der Beschäftigten beträchtlich erhöht. Es gelang, dem hohen Zustrom auf den Arbeitsmarkt zu absorbieren und darüber hinaus die Arbeitslosigkeit zu senken. So stieg die
15 Erwerbsquote seit 1991 um gut einen Prozentpunkt. [...]

Die günstige Beschäftigungsentwicklung hat zu einer deutlichen Reduktion der Arbeitslosigkeit geführt [...]. Die Arbeitslosenquote ist zuletzt auf 4,7 v. H., den niedrigsten Stand seit zwei Jahrzehnten, gesunken. [...]

20 Als Erklärung für die günstige Arbeitsmarktentwicklung in den USA wird vielfach die hohe Flexibilität des amerikanischen Arbeitsmarktes angeführt, die in einer hohen Mobilität der Arbeitskräfte, nur schwach ausgeprägtem Kündigungsschutz, geringen Lohnersatzleis-

tungen sowie einem niedrigen gewerkschaftlichen Or- 25 ganisationsgrad ihren Ausdruck findet. Damit bestünden zum einen starke Anreize zur Aufnahme von Arbeit. Zum anderen seien die Reallöhne angesichts der schwachen Verhandlungsposition der Arbeitnehmer unter den amerikanischen Arbeitsmarktbedingungen nur gering- 30 fügig gestiegen und erlaubten daher einen profitablen Einsatz des Faktors Arbeit. Angesichts der allenfalls schwachen Zunahme der Reallöhne vermindere sich zudem für die Unternehmen – so die Argumentation – der Rationalisierungsdruck. Die Arbeitsproduktivität stiege 35 infolgedessen kaum, und es entstünde ein beschäftigungsintensiver Wachstumsprozess.

*Aus: Gustav A. Horn, Beschäftigungswachstum in den USA –
ein erklärbares Wunder, in: Wochenbericht des DIW Berlin 9/98*

M 10 Zur Entwicklung der Beschäftigung in den USA

● Die durchschnittlichen Reallohnverluste [in den USA] der letzten zwei Dekaden, gingen – ausgehend von einer bereits existierenden hohen Lohndifferenzierung – einher mit einer weiter zunehmenden Ungleichheit der Löhne [...] Die Einkommen der höheren Lohngruppen steigen, während die der mittleren und unteren sinken: Nach Angaben der OECD (1996, S. 62) verdient 1995 die Gruppe des höchsten Lohn-Einkommensdezils 4,35 mal so viel wie die Gruppe des niedrigsten (Ende der 70er Jahre nur dreimal mal so viel). Bei den unteren Einkommensbeziehern oder bei Teilzeitbeschäftigten werden „nicht nur geringere Löhne gezahlt, sondern auch niedrigere betriebliche Sozialleistungen" und Rentenansprüche gewährt (Werner 1999, S. 61). Damit einher geht eine zunehmende Prekarisierung der Arbeit: Bei Verlust der Arbeit droht der Absturz in die Armut, da Arbeitslosenversicherung und Sozialhilfe nur für kurze Zeit eine Existenz unterhalb der Armutsgrenze garantieren können. Unter dem Druck drohender Arbeitslosigkeit, ohne die [...] sozialen Sicherungssysteme Europas, sind Arbeitnehmer gezwungen auch unsichere Beschäftigungsverhältnisse anzunehmen: unter- bzw. nichttarifliche Arbeitsverhältnisse, befristete Arbeitsverträge, erzwungene Teilzeit, Scheinselbstständigkeit, Niedriglohnjobs, Heimarbeit, Zeitarbeit und nicht zuletzt informelle Aktivitäten ohne reguläres Beschäftigungsverhältnis, die sich weitgehend der statistischen Erfassung entzieht. Immer wieder wird auf Untersuchungen des staatlichen Bureau of Labor Statistics verwiesen, welches den Anteil der „contingent jobs" an der Gesamtbeschäftigung konstant niedrig beziffert. Der Anteil informeller Beschäftigung liegt allerdings deutlich höher als bislang vermutet und weitet sich beständig aus (Sassen 1996, S. 144 ff.) – für die USA wird er auf 10–25 % geschätzt (Altvater/Mahnkopf 1999, S. 341). So erklärt sich auch, dass die Zahl der offiziell Mehrfachbeschäftigten, die aufgrund niedriger Löhne mehrere Arbeitsverhältnisse aufnehmen müssen weitgehend stabil bei 6–7 % bleibt. [...] Darüber hinaus müssen bei einem erzwungenen Arbeitsplatzwechsel häufig Einkommenseinbußen hingenommen werden, nur etwa 35 % finden wieder eine gleichwertige Stelle. Die Zahl der sogenannten „working poor" ist entsprechend gewachsen: Der durchschnittliche Stundenlohn bei Geringverdienern (dem unteren Fünftel der Beschäftigten) ist bis 1997 auf 7,50 Dollar gesunken und liegt damit unterhalb der Armutsgrenze von 7,89 Dollar (zum Vergleich: 1979 lag der durchschnittliche Stundenlohn dieser Gruppe noch bei 9,5 Dollar bei gleichzeitig niedrigerer Armutsgrenze; Schiessl 1999, S. 234). Aufgrund der sinkenden Einkommen der Männer sehen sich immer mehr Frauen zur Aufnahme einer Beschäftigung gezwungen, um das Familieneinkommen zu erhöhen. [...]

Die soziale Ungleichheit zeigt sich auch in der Vermögensverteilung: Die reichsten 10 % der Amerikaner verfügen über 85 % aller Vermögen (Bluestone 1999, S. 28), während sich das Vermögen der unteren Einkommensbezieher verminderte. Aktienboom und Einkommenspolarisierung treiben diese Ungleichverteilung weiter an. 99 % der Vermögensbildung und der Vermögensgewinne entfällt auf das obere Fünftel der Bevölkerung (Walwei/Werner 1999, S. 9). [...]

Größere Lohn- und Einkommensdisparitäten und die Prekarisierung der Arbeit gehen einher mit wachsender Armut. Die Armutsgrenze für eine vierköpfige Familie liegt laut statistischem Bundesamt der USA heute bei 16 530 Dollar, bzw. bei 8000 Dollar für Singles: Bis 1994 stieg die Zahl der Menschen, die unterhalb der Armutsgrenze leben, auf 15,1 % und verminderte sich bis 1997 dann wieder auf offizielle 13,3 %, 35,6 Millionen Menschen – damit liegt die Armutsrate immer noch höher als nach der langen Rezession von 1989/1990, v. a. aber deutlich höher als 1973 mit nur 11 %. „Heute lebt das ärmste Fünftel der Haushalte von durchschnittlich 8 800 Dollar im Jahr. 1977 blieben ihm noch 10 000 Dollar. Die Schere zwischen Arm und Reich öffnet sich weiter und schneller als je zuvor (Schiessl 1999, S. 236)." Die Armutsrate bei Afro-Amerikanern und Hispanics ist noch höher – dreimal so hoch wie bei weißen Amerikanern (Murswieck 1998, S. 677). Armut aber bedeutet in den USA keinen ausreichenden Zugang zu angemessenem Wohnraum, Gesundheitsversorgung und Bildung, geringe Möglichkeiten zur gesellschaftlichen Teilhabe, zu politischer Partizipation, kurz: Exklusion und Marginalisierung. [...]

Aus: Mario Candeias, Die Politische Ökonomie der USA an der Wende zum 21. Jahrhundert, Berlin 2000, S. 13 ff.

M 11 Jobwunder Niederlande

● Die Niederlande verzeichnen seit Jahren einen kontinuierlichen Rückgang der Arbeitslosenquote, während
in Deutschland die Arbeitslosigkeit beständig zunimmt.
Die Arbeitslosenquote nähert sich der der USA an, aber
5 dennoch ist es weniger das erreichte Niveau als vielmehr der Trend, der die europäischen Nachbarn faszi-
niert. […]

Es sind die Wirtschaftszweige mit geringer Produktivität und geringen Produktivitätsgewinnen, die zu den
10 Beschäftigungsgewinnen in den Niederlanden beitragen. […] Den eigentlichen Durchbruch bei der Arbeits-
zeitverkürzung hat die Ausweitung der Teilzeitarbeit
gebracht […].

Teilzeitbeschäftigung ist auch in den Niederlanden
15 überwiegend Frauenbeschäftigung, aber dennoch sind
rund 25 % der Teilzeiter Männer (30 % in den USA,
10 % in Deutschland). Teilzeitarbeit ist in den Niederlanden überwiegend gewünscht, 90 % der Teilzeitbeschäftigten sind mit ihrer Arbeitszeit zufrieden.
20 Teilzeitarbeit erleichtert die Erwerbsbeteiligung von
Frauen, die den Beschäftigungsanstieg tragen.

[…] Die Erhöhung der Beschäftigtenquote ist eines der
wichtigsten, vielleicht sogar das wichtigste Politikziel in
den Niederlanden. Aus der Erkenntnis, daß in einem
entwickelten Sozialstaat Nichtbeschäftigung immense 25
Kosten in Form von Transferzahlungen verursacht, versucht man in den Niederlanden unter dem Schlagwort
„vom Verteilen zum Verdienen" (WRR 1997), die Beschäftigtenquote zu erhöhen. […] Die Niederlande haben es geschafft, die Zahl der beschäftigten Personen 30
kräftig zu erhöhen, ohne dieses mit krasser Ungleichheit erkaufen zu müssen. Dennoch ist aber das Niveau
der Beschäftigtenquote insbesondere im Vergleich zu
den USA noch immer sehr bescheiden. Wissenschaftler
und Politiker, die meinen, daß hohe und zunehmende 35
Ungleichheit unverzichtbare Voraussetzung für höhere
Beschäftigung ist und die Arbeitszeitpolitik für unwirksam halten, haben ein Problem, wenn sie die Beschäftigungsentwicklung in den Niederlanden erklären
wollen. 40

Aus: Roland Schettkat, Jobwunder Niederlande – Vom kranken Mann Europas
zum weltweiten Vorbild, in: IAB, Mitteilungen aus der Arbeitsmarkt-
und Berufsforschung, 30. Jg./1997, Heft 4, S. 807 f., S. 810

M 12 Die Niederlande: Beschäftigungspolitisches Vorbild?

● Der Vorsprung der Niederlande bei der Beschäftig-
tenentwicklung kann nur zum kleineren Teil mit dem
Wachstumsvorsprung erklärt werden. Eine Zunahme
des realen Bruttoinlandsprodukts schlägt sich nur in-
5 soweit in einer Zunahme der Zahl der Arbeitnehmer
nieder, wie sie über den Zuwachs der Pro-Kopf-Arbeits-
produktivität (reales Bruttoinlandsprodukt je Arbeitnehmer) hinausgeht. Während das reale Bruttoinlandsprodukt in der Zeit von 1982 bis 1996 in den Niederlanden
10 nur um 3,5 v. H. stärker wuchs als in Westdeutschland,
blieb die Zunahme der pro Kopf gemessenen Arbeitsproduktivität in den Niederlanden um 6,5 v. H. hinter dem
westdeutschen Produktivitätsfortschritt zurück […].
Mithin stieg die Zahl der Arbeitnehmer in den Nieder-
15 landen um 10 v. H. stärker als in Westdeutschland.

In Westdeutschland gingen starke Produktivitätsfort-
schritte mit einem schwachen Anstieg der Zahl der
Arbeitnehmer Hand in Hand; in den Niederlanden
hingegen wurden schwache Pro-Kopf-Produktivitäts-
20 fortschritte von einer starken Zunahme der Zahl der
Arbeitnehmer begleitet. Zwar dürfte die „Stundenpro-
duktivität" durchaus kräftig – nicht weniger als in Westdeutschland – gestiegen sein; da sich jedoch dank ver-

mehrter Teilzeitbeschäftigung in wachsendem Umfange
mehrere Personen einen Arbeitsplatz teilten, fällt der 25
Zuwachs des Produkts je Arbeitnehmer zwangsläufig
schwächer aus als der Zuwachs des Produkts je Arbeit-
stunde. Das Beschäftigungsvolumen (Zahl der Arbeitsstunden) hat folglich sehr viel schwächer zugenommen
als die Zahl der beschäftigten Personen. […] 30

Im Unterschied zur normalen „Standardarbeitslosen-
quote" (die 1994, als die Arbeitslosigkeit ihren konjunkturellen Höhepunkt erreicht hatte, 6,8 v. H. betrug)
weist etwa die von der OECD berechnete „erweiterte
Arbeitslosenquote" für das gleiche Jahr 27,1 v. H. aus. 35
Hierbei werden zusätzlich die sehr große Zahl der Empfänger von Leistungen wegen Berufsunfähigkeit, aber
auch Maßnahmen für den vorzeitigen Ruhestand und
einige kleinere Arbeitsbeschaffungsmaßnahmen berücksichtigt. Auch umgerechnet in Vollzeitarbeitsplät- 40
ze dürfte allein die Zahl der Berufsunfähigen 1996 noch
deutlich über 10 v. H. der (erweiterten) Erwerbsbevölkerung gelegen haben, ein Anteil, der in keinem der
wichtigsten Partnerländer erreicht wird. […]

Aus: Reinhard Pohl / Joachim Volz, Die Niederlande: Beschäftigungspolitisches
Vorbild?, in: Wochenbericht des DIW Berlin 16/97

1. Diskutieren Sie die Thesen Nefiodows (M 13) mit Blick auf ihre Gestaltbarkeit in der wirtschaftspolitischen Realität im Zeitalter der Globalisierung.
2. Führen Sie zum Schluss eine Debatte über das Thema: Wie ist eine hohe Beschäftigung zu erreichen? Informieren Sie sich vorab über den neuesten Stand der Arbeitslosigkeit in den Beispielländern Deutschland, Dänemark, USA und Niederlande. Bilden Sie zu diesem Thema Interessengruppen und nehmen Sie eine entsprechende Rollenzuweisung vor. Zur Leitung der Debatte ist ein Vorsitzender zu bestimmen, eine Redeliste ist zu führen, und nach der Diskussion sind entsprechend Anträge zu formulieren, über die abzustimmen ist. Für diese Debatte bieten sich sowohl die Rollen der politischen Parteien (Parteiprogramme recherchieren) als auch die wirtschaftlicher Interessengruppen oder von Verbänden an. Die Kirchen können genauso mit einbezogen werden wie auch europäische Institutionen.

M 13 Der sechste Kondratieff – aus der Sicht des Volkswirtschaftlers Nefiodow

● Die Marktwirtschaft kennt keinen gleichförmigen Verlauf. Auf Jahre mit zunehmender wirtschaftlicher Aktivität folgen Jahre mit abnehmender Dynamik. Aus der Erfahrung allgemein bekannt sind Wirtschafts-
5 schwankungen mit einer Dauer von drei bis elf Jahren. Es gibt aber auch Schwankungen mit Perioden von 40 bis 60 Jahren, die Kondratieff-Zyklen.

Auslöser und Träger dieser langen Wirtschaftsschwankungen sind bestimmte Innovationen, so genannte Basis-
10 innovationen. Diese Basisinnovationen [...] bestehen aus einem Bündel eng gekoppelter technischer und nicht-technischer Neuerungen, die für die Dauer des Langzyklus die Funktion einer Lokomotive für die gesamte Wirtschaft übernehmen. Derzeit befinden wir uns im fünften
15 Kondratieff-Zyklus, der seine Antriebsenergie aus der Entwicklung und Anwendung der Basisinnovation Informationstechnik bezieht. Die Produkte, die zu diesem Bündel gehören wie Universalrechner, digitale Telefonvermittlungsanlagen, Roboter, Computertomographen
20 und digitale Oszilloskopen, weisen im Hinblick auf ihre technische Struktur keine wesentlichen Unterschiede auf. Deshalb können und müssen sie – obwohl sie in der Statistik verschiedenen Branchen zugeordnet werden und unterschiedliche Bezeichnungen führen – dem Leit-
25 sektor Informationstechnik zugerechnet werden.

Die Bedeutung der Informationstechnik und ihrer Anwendungen für die Überwindung der Arbeitslosigkeit wird in Deutschland noch immer unterschätzt. [...] In Deutschland wird die hohe Arbeitslosigkeit mit den an-
30 geblich zu hohen Personalkosten begründet. Die Arbeitslosigkeit in Deutschland ist in erster Linie aber nicht auf zu hohe Personalkosten, sondern auf eine un-

zureichende Anpassung an die Erfordernisse des fünften Kondratieff zurückzuführen. Unter den zehn größ-
35 ten Herstellern von Mikroelektronik ist Deutschland nicht vertreten. Warum nicht? Im Mikroelektronik-Markt kommt es auf Geschwindigkeit an. Die Firma, die ihre Speicherchips als Erste auf den Markt bringt, nimmt den höchsten Preis mit, besetzt die Märkte und kann die Vorteile der Lernkurve am besten nutzen. Sobald ein
40 zweiter oder dritter Anbieter am Markt auftaucht, fallen die Preise kräftig. Das Schlimmste, das wir den deutschen Herstellern zumuten konnten, war der Einstieg in die 35-Stunden-Woche, meinte Nefiodow. Und er fragte: Welche Chancen hat eine Aufholjagd in einem Markt, in
45 dem nicht Preis-, sondern Zeitwettbewerb herrscht, wenn man aus einer schwächeren Position heraus noch weniger arbeitet als die führende Konkurrenz?

In der zweiten Hälfte der 1970er Jahre gab es in Deutschland noch acht Computerhersteller, die eine gute Posi-
50 tion in diesem Markt hatten. Anfang der 80er Jahre gab es noch zwei und seit Anfang der 90er Jahre nur noch einen. Warum ist die deutsche Computerindustrie – und mit ihr die entsprechenden Arbeitsplätze – fast verschwunden? Nun, in diesem Markt spielt die Diffusions-
55 geschwindigkeit neuer Produkte und Dienste eine entscheidende Rolle. In Deutschland gab und gibt es zu wenig Akzeptanz und zu viele Hindernisse bei der Marktdurchdringung neuer Technologien. Schlagworte wie „Ich oder Computer", Horrorszenarien von einer
60 „verkabelten Gesellschaft" und die Angst vor der Technik haben entscheidend zum Verlust dieses wichtigen Marktes und seiner Arbeitsplätze beigetragen. [...] Alle Langzyklen, die wir bisher beobachten konnten, wurden hauptsächlich von der Ressource Energie getra-
65

gen. Der Übergang von der vierten auf die fünfte lange Welle ist qualitativ etwas grundlegend Neues, weil wir mit dem fünften Kondratieff zum ersten Mal einen Langzyklus durchlaufen, der nicht mehr primär von Energie, sondern von der Verwertung von Informationen getragen wird. Und es wird nicht der letzte Langzyklus sein, der seine Schubkraft von der Ressource Information bezieht. [...]

Welche neuen Märkte werden im nächsten Langzyklus entstehen? Hinter einem großen Markt steht ein großes Knappheitsfeld der Gesellschaft. Wenn nach dem sechsten Kondratieff Ausschau gehalten wird, stellt sich die Frage: Gibt es heute Knappheitsfelder mit dem Potenzial, in den nächsten zwei bis drei Jahrzehnten einen neuen Markt von mindestens 2 000 Milliarden US-Dollar Umsatz hervorzubringen? Die Kandidaten, die dafür infrage kommen, müssen heute schon existieren und einen Umsatz von mindestens 50 Milliarden US-Dollar aufweisen, denn sonst können sie ein Volumen von 2 000 Milliarden US-Dollar in den nächsten 20 bis 30 Jahren nicht erreichen.

Ein erster Kandidat ist der Umweltmarkt. Weltweit werden in diesem Marktsegment bereits über 450 Milliarden US-Dollar umgesetzt (1996). Die Produktivitätsreserven des Umweltsektors sind beträchtlich; allein die schon heute möglichen Einsparungen an Rohstoffen und Energie werden in den USA per anno auf 1 000 Milliarden Dollar geschätzt, weltweit auf über 2 500 Milliarden US-Dollar. In Deutschland arbeiten im Umweltbereich inzwischen genauso viele Menschen wie in der Automobilindustrie, bei einem Viertel des Umsatzes. Das bedeutet, dieser Markt bietet genau jene arbeitsintensiven Arbeitsplätze, die wir brauchen. Und für diesen Markt sind die Europäer hervorragend positioniert.

Ein zweiter Kandidat ist die Biotechnologie auf der Basis der DNA. Die Biotechnologie ist ein hochattraktives Feld für Forscher, Unternehmer und Venture-Kapitalisten und erreicht inzwischen ein Marktvolumen von 25 bis 30 Milliarden US-Dollar. Um auf 2 000 Milliarden US-Dollar zu kommen, wird man allerdings mehr als 30 Jahre brauchen. Das heißt, diese Branche ist derzeit noch viel zu klein und kann in den nächsten zehn Jahren nicht spürbar zu einer Entlastung des Arbeitsmarktes beitragen. Die Biotechnologie hat aber ein großes Potential in der Pharmazeutik bei der Entwicklung neuer Wirkstoffe, im Umweltbereich, in der Ernährungsindustrie und in der Landwirtschaft.

Ein dritter Kandidat ist die Anwendung des Lichtes. Zu den bekanntesten Anwendungen im Konsum- und Investitionsgütermarkt zählen Kameras, die gesamte Beleuchtungstechnik, Mikroskope, Laser, optische Speicher und Sensoren. Die Nutzung des Lichts stellt heute einen Weltmarkt von über 200 Milliarden US-Dollar dar. Optische Technologien eignen sich besonders gut für die Fortentwicklung der Informationstechnik, weil sich Photonen (die kleinsten Bestandteile des Lichtes) wesentlich schneller bewegen können als Elektronen. Und die solare Energiequelle dürfte die aussichtsreichste Energiequelle der Zukunft sein.

Der vierte und wohl wichtigste Kandidat im sechsten Kondratieff dürfte der Informationsmarkt sein. Information ist eine Grundgröße des Wachstums, deshalb wird sie auch im nächsten Langzyklus eine Schlüsselrolle einnehmen. [...]

Als fünfter Kandidat ist die Gesundheit zu sehen. In diesem Markt finden sich alle anderen Kandidaten wieder. So wird Umweltschutz beispielsweise nicht der Umwelt zuliebe und auch nicht primär um Kosten zu sparen betrieben, sondern hauptsächlich aus Sorge um unsere Gesundheit. Die wichtigste Anwendung der Biotechnologie dient ebenfalls der Gesundheit. Damit kündigt sich so etwas wie ein Leitsektor für den sechsten Kondratieff an: Gesundheit im ganzheitlichen Sinn. [...]

Mit dem sechsten Kondratieff wird es zu einer grundlegenden Veränderung in den produktivitätsbestimmenden Qualitäten kommen. Technologie zum Beispiel ist weltweit verfügbar und bringt in der Konkurrenz der ökonomisch entwickelten Länder keinen relevanten Vorsprung mehr – oder einfach formuliert: Alle Firmen in Nordamerika, Europa und Südostasien verwenden die gleichen Computer, Satelliten und Internetanschlüsse. Auch der Zugriff auf Kapital wird den Unternehmen dadurch erleichtert, dass die Börsen der Welt jedermann zur Verfügung stehen. Auch – und das ist das Neue – Forschung, Entwicklung, Fachwissen und Organisation bringen immer weniger fachliche Vorteile, weil sie sich im Zuge der Globalisierung weltweit angleichen. Was die Unternehmen und Volkswirtschaften in Zukunft unterscheiden wird, ist die Qualität „weicher" Faktoren wie Zusammenarbeit, Einsatzbereitschaft, Kreativität, Angstfreiheit, Verantwortungsbewusstsein und Loyalität. Und diese Faktoren sind keine mentalen Qualitäten, sondern das Ergebnis psychosozialer Informationsprozesse – und die erscheinen in keiner Bilanz, in keiner Gewinn- und Verlustrechnung und auch nicht in der volkswirtschaftlichen Gesamtrechnung.

Aus: Bericht über einen Vortrag von Leo A. Nefiodow auf einem wissenschaftlichen Symposion, in: Wirtschaftskurier Nr. 3/1997, S. 3

Informationen über Arbeitslosigkeit und ihre Bekämpfung

Über die Entwicklung der Arbeitslosigkeit und ihre Bekämpfung mit den Mitteln der Bundesagentur für Arbeit informieren die „Amtlichen Nachrichten der Bundesagentur für Arbeit", die in übersichtlicher Form auch als Jahresbericht vorgelegt werden. Die aktuellen Monatszahlen im Vergleich der Regionen bzw. Bundesländer werden jeweils im Wirtschaftsteil der Tageszeitung ausführlich dargestellt und meist auch grafisch aufbereitet. Die Arbeitsmarktpolitik ist in regelmäßigen Abständen Gegenstand von Bundestags- und Landtagsdebatten, ausführlich vor allem im Rahmen der jährlichen Haushaltsdebatten. Die von der Bundeszentrale für politische Bildung herausgegebene Zeitschrift „Das Parlament" bietet Ihnen eine gute Übersicht über die wichtigsten Debattenbeiträge im Bundestag; Protokolle der Landtagsdebatten erhalten Sie über das Referat für Presse- und Öffentlichkeitsarbeit der jeweiligen Landtagsverwaltung. Aktuelle Programme, Maßnahmen und Konzepte der Bundesregierung bzw. der jeweiligen Landesregierung sind über deren Publikationen gut fassbar; das gilt auch für Zustimmung, Kritik und Alternativen, die die Parteien im Parlament und in der Presse vortragen (vgl. S. 36).

INTERNETADRESSEN

Aktuelle Arbeitsmarktzahlen . . . . www.pub.arbeitsamt.de/hst/services/
statistik/000000/html/start/index.shtml

Bundesagentur für Arbeit . . . . www.arbeitsagentur.de

Institut für Arbeitsmarkt- und Berufsforschung . . . . www.iab.de

Bundesministerium für Wirtschaft und Arbeit. . . . . www.bmwa.bund.de

DGB-Seite zu den Hartz-Reformen . . . . www.dgb.de/themen/hartz/indexhtml

Seiten der Bundesvereinigung der deutschen
Arbeitgeberverbände zu den Arbeitsmarktreformen . . . . www.bda-online.de/www/bdaonline.nsf/
id/Arbeitsmarkt

Analysen des Sachverständigenrates zur Begutachtung
der gesamtwirtschaftlichen Entwicklung . . . . www.sachverstaendigenrat-wirtschaft.de/
gutacht/themen.php

EU-Statistikserver, u. a. auch zur Entwicklung
auf dem Arbeitsmarkt in Europa . . . . www.epp.eurostat.cec.eu.int

Tätigkeitsberichte der Europäischen Union
zur Beschäftigungs- und Sozialpolitik . . . . www.europa.eu.int/pol/socio/index_de.htm

FRAGEN ZUR WIEDERHOLUNG

1. Erläutern Sie, wie Arbeitslosigkeit in Deutschland gemessen wird.
2. Stellen Sie die verschiedenen Formen von Arbeitslosigkeit dar.
3. Zeigen Sie, welche Folgen Langzeitarbeitslosigkeit für die/den Einzelne(n) hat.
4. Stellen Sie ein Modell eines „Jobwunders" vor und nehmen Sie Stellung zu der Frage, inwieweit es auf die Verhältnisse in Deutschland übertragbar ist.

Die deutsche Wirtschaft unter Globalisierungsdruck?

12.0

Was passiert in dieser schönen neuen Welt des informatione

Kapitalismus mit der Arbeit und mit den gesellschaftlichen P

tionsbeziehungen? Die Arbeitenden verschwinden nicht im Ra

Ströme, und unten auf platter Erde

den apokalyptischen Prophezeiung

12.1   Globalisierung – eine Frage des Standorts?

Das schon im „Magischen Viereck" des Stabilitätsgesetzes festgelegte Ziel des außenwirtschaftlichen Gleichgewichts erhält immer mehr Bedeutung. Lange Zeit wurde vielfach eine ausgeglichene Leistungsbilanz mit dem Ausland unter diesem Ziel verstanden. Die Nettogläubiger und die Nettoschuldnerposition mit dem Ausland sollte möglichst ausgeglichen oder aber positiv für die Bundesrepublik sein. Gemessen wurde das Erreichen des Ziels am so genannten Außenbeitrag, der Differenz zwischen Ausfuhr und Einfuhr. Meist war der Außenbeitrag positiv, d. h. die Ausfuhr des Exportlands Deutschland überstieg die Einfuhr. Da in die Leistungsbilanz immer auch die Geldsummen aufgenommen werden mussten, die Deutsche als Touristen im Ausland ausgaben, fiel der Außenbeitrag nie sehr hoch aus.

Mit der Diskussion um den Standort Deutschland in einer Weltwirtschaft, deren derzeitiger Entwicklungsstand mit dem Schlagwort „Globalisierung" charakterisiert wird, erlangt das wirtschaftspolitische Ziel des außenwirtschaftlichen Gleichgewichts eine neue Dimension, die nicht mehr allein durch den Indikator Außenbeitrag abzudecken ist. In einem Rollenspiel können Sie die neuen Phänomene der Globalisierung untersuchen, auf ihre Auswirkungen überprüfen sowie den daraus ableitbaren wirtschaftspolitischen Handlungsbedarf ermitteln.

AUFGABEN

1. Führen Sie mithilfe von M 1 bis M 16 eine Diskussion in Form eines Rollenspiels zur Frage der „Standortschwäche" der Bundesrepublik Deutschland im internationalen Wettbewerb durch. Stellen Sie dazu zunächst die Auffassung der Autoren in einer Synopse zusammen, die die jeweilige Position einordnet. Verteilen Sie die Rollen. Beginnen Sie Ihr Eingangsstatement jeweils mit einer Interpretation bzw. Kritik der Karikatur. Brechen Sie das Rollenspiel zu einem vorher vereinbarten Zeitpunkt ab.
2. Diskutieren Sie anschließend im Kurs, inwiefern eine „Standortschwäche" durch die in den Materialien gewählten Indikatoren hinreichend belegt ist. Prüfen Sie, ob bzw. welche anderen Indikatoren herangezogen werden müssen. Beachten Sie jeweils auch die Quelle der aufgeführten Informationen.
3. Diskutieren Sie, inwieweit die Standortdiskussion als interessengeleitete Öffentlichkeitsarbeit oder als Kennzeichnung realer Phänomene zu werten ist.

Rollenkarten

Vertreter angebotsorientierter Wirtschaftspolitik
Stellen Sie die Argumente aus der Sichtweise angebotsorientierter Wirtschaftspolitik zusammen. Achten Sie dabei besonders auf die Frage der Wettbewerbsfähigkeit der Unternehmen.

Gewerkschaftsvertreter
Reallohnabbau ist das, was die Mitglieder Ihrer Organisation am allerwenigsten wollen. Für gute Arbeit muss auch guter Lohn bezahlt werden. Eine Verbesserung der Arbeitsbedingungen wäre hingegen wünschenswert. Arbeitsplätze müssen natürlich dort gesichert werden bzw. entstehen, wo die Arbeitnehmer sind. Die Frage der Verteilung zwischen Unternehmergewinn und Lohnzahlungen wirft sich auf.

Vertreter nachfrageorientierter Wirtschaftspolitik
Als Vertreter nachfrageorientierter Wirtschaftspolitik sollten Sie besonders auf die Bedingungen auf der Seite des Konsums achten.

Vertreter von Unternehmerverbänden
Die Kosten sind das, was Sie drückt. In den meisten Branchen sind es die Arbeitskosten, die am meisten zu Buche schlagen. Arbeitsplätze können in den Betrieben nur gesichert werden, wenn zu Bedingungen produziert wird, die die Wettbewerbsfähigkeit der Unternehmen erhalten.

M 1 Arbeitskosten im Vergleich

Arbeitskosten je Stunde im Verarbeitenden Gewerbe

Norwegen	28,15
Dänemark	27,33
Westdeutschl.	27,09
Schweiz	25,60
Österreich	21,32
Frankreich	20,15
USA	19,91
UK	18,72
Ostdeutschl.	16,86
Italien	16,69
Spanien	15,97
Griechenl.	10,18
Portugal	7,00

0,00 5,00 10,00 15,00

(in Euro im Jahr 2003)

Quelle: Institut der deutschen Wirtschaft Köln
nach nationalen Angaben

M 2 Tarifliche Arbeitszeiten

Durchschnittlich tarifvertraglich vereinbarte
Wochenarbeitszeit 2003 (in Stunden)

Polen	40,0
Slowenien	40,0
Ungarn	40,0
Slowakei	38,5
Deutschland	37,7
Großbritannien	37,2
Niederlande	37,0
Frankreich	35,0

30 32 34 36 38 40

Quelle: European Industrial Relations Observatory (EIRO)

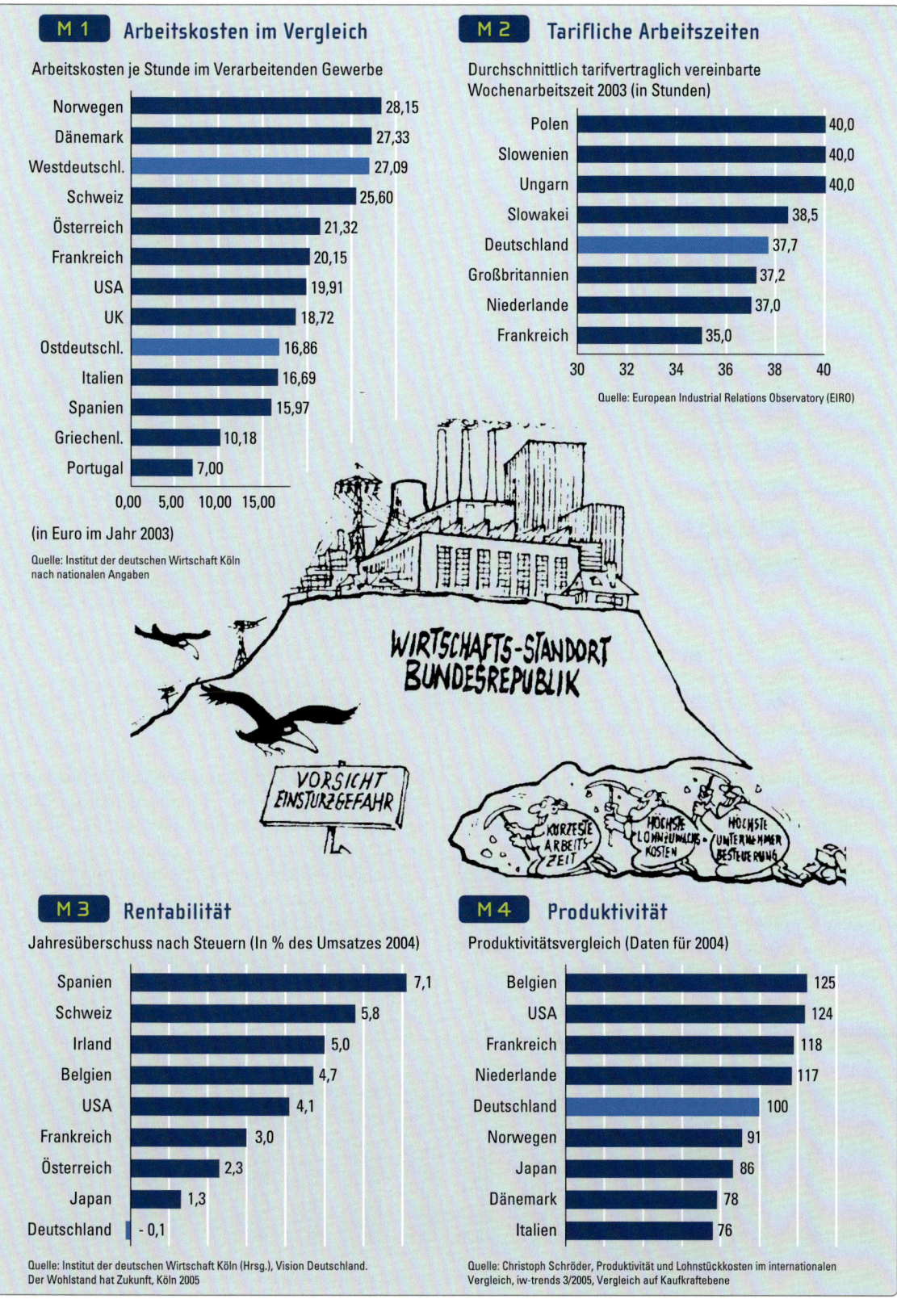

WIRTSCHAFTS-STANDORT BUNDESREPUBLIK

VORSICHT EINSTURZGEFAHR

KÜRZESTE ARBEITSZEIT   HÖCHSTE LOHNNEBENKOSTEN   HÖCHSTE UNTERNEHMER-BESTEUERUNG

M 3 Rentabilität

Jahresüberschuss nach Steuern (In % des Umsatzes 2004)

Spanien	7,1
Schweiz	5,8
Irland	5,0
Belgien	4,7
USA	4,1
Frankreich	3,0
Österreich	2,3
Japan	1,3
Deutschland	- 0,1

Quelle: Institut der deutschen Wirtschaft Köln (Hrsg.), Vision Deutschland.
Der Wohlstand hat Zukunft, Köln 2005

M 4 Produktivität

Produktivitätsvergleich (Daten für 2004)

Belgien	125
USA	124
Frankreich	118
Niederlande	117
Deutschland	100
Norwegen	91
Japan	86
Dänemark	78
Italien	76

Quelle: Christoph Schröder, Produktivität und Lohnstückkosten im internationalen
Vergleich, iw-trends 3/2005, Vergleich auf Kaufkraftebene

M 5   Lohnkosten und Lohnnebenkosten

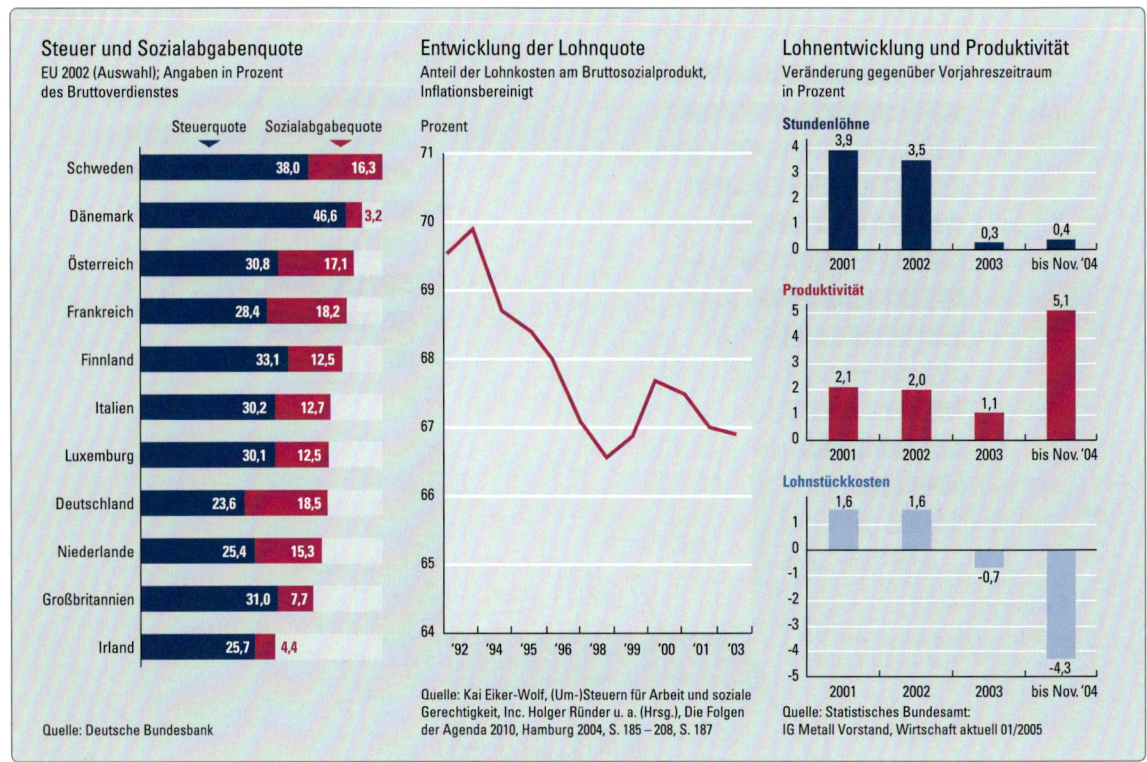

Steuer und Sozialabgabenquote
EU 2002 (Auswahl); Angaben in Prozent des Bruttoverdienstes

Quelle: Deutsche Bundesbank

Entwicklung der Lohnquote
Anteil der Lohnkosten am Bruttosozialprodukt, Inflationsbereinigt

Quelle: Kai Eiker-Wolf, (Um-)Steuern für Arbeit und soziale Gerechtigkeit, Inc. Holger Ründer u. a. (Hrsg.), Die Folgen der Agenda 2010, Hamburg 2004, S. 185 – 208, S. 187

Lohnentwicklung und Produktivität
Veränderung gegenüber Vorjahreszeitraum in Prozent

Quelle: Statistisches Bundesamt: IG Metall Vorstand, Wirtschaft aktuell 01/2005

M 6   Definition Lohnstückkosten

■ **1. Kosten des Faktors Arbeit**
Bruttoeinkommen aus unselbstständiger Arbeit je Arbeitnehmer. Bruttoeinkommen sind Bruttolöhne/Bruttogehälter und die Sozialbeiträge des Arbeitgebers.
5 **2. Nutzen des Faktors Arbeit (Arbeitsproduktivität)**
Beitrag des Faktors zur Wirtschaftsleistung, Relation zwischen Bruttowertschöpfung (gesamtwirtschaftlich: Bruttoinlandsprodukt) zu Marktpreisen in konstanten Preisen und der Zahl der im Bereich Erwerbstätigen.

3. Lohnkosten je Produkteinheit (Lohnstückkosten) 10
Preis-Leistungsverhältnis, also das Verhältnis der Kosten- zur Nutzenkomponente des Produktionsfaktors Arbeit. Vom Unternehmen zu zahlendes durchschnittliches Bruttoeinkommen je beschäftigten Arbeitnehmer in Relation zu der durchschnittlich erbrachten 15 Bruttowertschöpfung je Erwerbstätigen.

Aus: Baden-Württemberg in Wort und Zahl, Nr.10/93, S. 405

M 7   Lohnstückkosten international

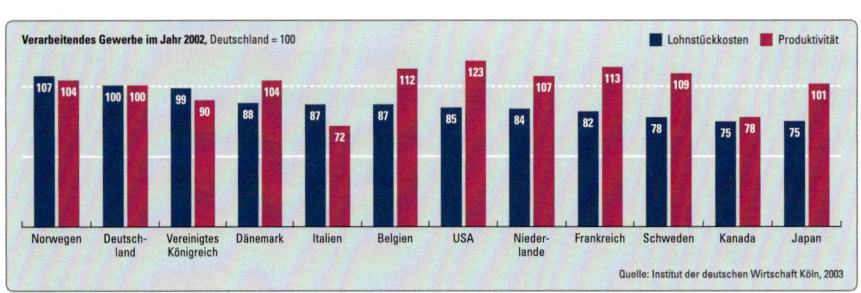

Verarbeitendes Gewerbe im Jahr 2002, Deutschland = 100   ■ Lohnstückkosten ■ Produktivität

Quelle: Institut der deutschen Wirtschaft Köln, 2003

M 8 Entwicklung der gesamtwirtschaftlichen Lohnstückkosten 1980–2002

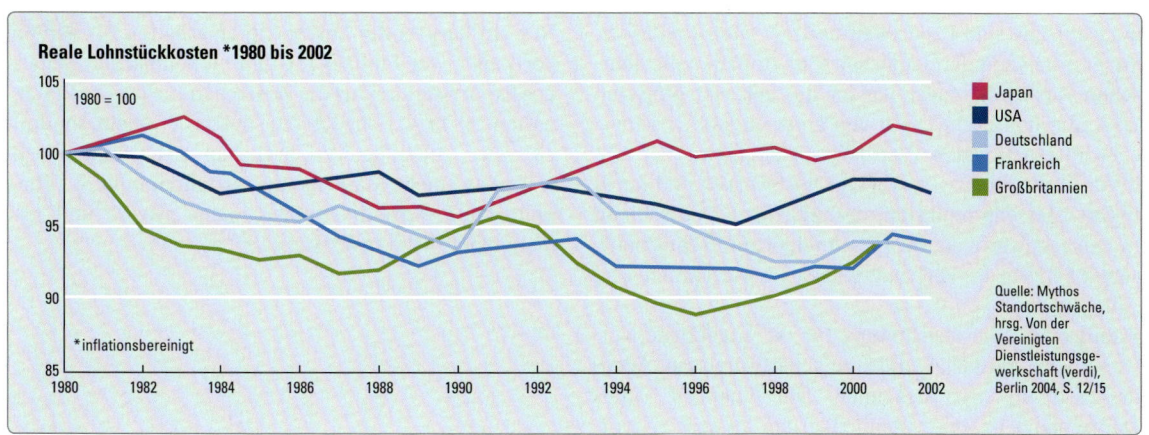

Reale Lohnstückkosten *1980 bis 2002

1980 = 100

*inflationsbereinigt

Legende:
- Japan
- USA
- Deutschland
- Frankreich
- Großbritannien

Quelle: Mythos Standortschwäche, hrsg. Von der Vereinigten Dienstleistungsgewerkschaft (verdi), Berlin 2004, S. 12/15

M 9 Direktinvestitionen

	Ausländische Direktinvestitionen in Deutschland		Deutsche Direktinvestitionen im Ausland		Saldo		in Milliarden €
	Ist	Bereinigt*	Ist	Bereinigt*	Ist	Bereinigt*	
1993	3,1		13,7		-10,6		
1994	6,6		14,3		-7,7		
1995	10,6		27,0		-16,4		
1996	8,5	3,9	34,4	23,0	-25,9	-19,1	
1997	11,3	7,7	33,9	26,6	-22,6	-18,9	
1998	22,6	14,2	74,8	55,9	-52,1	-41,7	
1999	56,8	33,4	98,3	81,5	-41,5	-48,1	
2000	215,4	163,7	51,7	43,3	163,6	120,4	
2001	39,2	48,9	48,3	57,0	-9,2	-8,1	
2002	44,5	29,3	21,7	24,1	22,8	5,2	

Bereinigte Werte:
Seit 1996 wird in der Direktinvestitionsstatistik der kurzfristige Kapialverkehr zwischen Mutter- und Tochterunternehmen berücksichtigt. Um die Statistik mit früheren Jahren vergleichbar zu machen, muss sie um diesen Effekt bereinigt werden.

ohne reinvestierte Gewinne; 2002: geschätzt; ab 1999: Meldegrenze für Beteiligungen von 20 auf 10 Prozent gesenkt.

Ursprungsdaten: Deutsche Bundesbank, Institut der Wirtschaft Köln

M 10 Die deutsche Außenhandelsbilanz

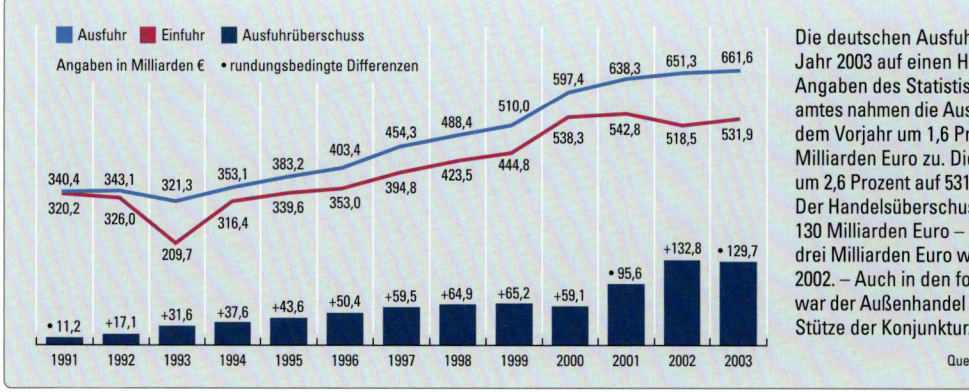

- Ausfuhr
- Einfuhr
- Ausfuhrüberschuss

Angaben in Milliarden € • rundungsbedingte Differenzen

Die deutschen Ausfuhren kletterten im Jahr 2003 auf einen Höchstwert. Nach Angaben des Statistischen Bundesamtes nahmen die Ausfuhren gegenüber dem Vorjahr um 1,6 Prozent auf 661,6 Milliarden Euro zu. Die Importe stiegen um 2,6 Prozent auf 531,9 Milliarden Euro. Der Handelsüberschuss erreichte knapp 130 Milliarden Euro – das waren rund drei Milliarden Euro weniger als im Jahr 2002. – Auch in den folgenden Jahren war der Außenhandel die entscheidende Stütze der Konjunktur.

Quelle: Stat. Bundesamt 2004

M 11 Exportweltmeister – Inlandsschwäche

● „Deutsche sind Exportweltmeister" titeln die Medien. Erstmals seit der deutschen Einheit haben die deutschen Ausfuhren sogar wieder die der viel größeren USA überholt. Keine Spur von einer angeblich schwa-
5 chen internationalen Wettbewerbsfähigkeit. „Die US-Konkurrenz produziert weniger hochwertig, und Japan liefert Massenproduktion, deshalb führt Deutschland in der hochwertigen, maßgeschneiderten Produktion", so der Experte des Verbands Deutscher Maschinen- und
10 Anlagenbau.
Damit bricht die Begründung für die angebliche Notwendigkeit von Sozial- und Lohnabbau durch die „Agenda 2010" in sich zusammen. Die Financial Times Deutschland in ihrem Leitartikel am 14.10. 03: „Vor-
15 schläge wie längere Arbeitszeiten oder Lohnkürzungen zielen oft auf eine Senkung der Lohnkosten im Vergleich zum Ausland. Liegt aber das aktuelle Konjunkturproblem gar nicht in der internationalen Wettbewerbsfähigkeit, sondern vielmehr in zu schwacher
20 Inlandsnachfrage, dann müssen andere Lösungen her."

Nur ein Fünftel der Beschäftigten arbeiten für den Export, aber vier Fünftel für den einheimischen Bedarf. Die Exportstärke führt die Wirtschaft nicht aus der Stagnation. Nicht zu hohe Kosten sind das Problem, sondern zu wenig Aufträge. Wir brauchen mehr Binnennach- 25 frage, also mehr Massenkaufkraft durch höhere Löhne und stabile Sozialleistungen, mehr private und viel mehr öffentliche Investitionen.

Aus: ver.di Bundesvorstand, Wirtschaftspolitik aktuell, Berlin Oktober 2003

M 12 Globale politische Steuerung

● Wettbewerb zwischen Unternehmen kann die langfristigen Weltprobleme nicht effizient lösen. Der Markt kann die Zukunft nicht angemessen betrachten – er ist von Natur aus kurzsichtig. Die Zusammenarbeit Tau-
5 sender kurzsichtiger Organisationen befähigt diese nicht – individuell oder kollektiv –, die Realität zu erkennen und ein Gespür für die einzuschlagende Richtung zu entwickeln und globale Lenkung, Ordnung und Sicherheit zu garantieren. Dasselbe gilt für den Wett-
10 bewerb zwischen Nationen oder Staaten, der, wenn er übertrieben wird, Gefahr läuft, zu einem globalen Wirtschaftskrieg zu eskalieren, und die Fähigkeit der Politik reduziert, die wirklichen Probleme auf nationaler und globaler Ebene anzugehen.

15 Alles in allem erwächst aus der Verbindung der Interessen konkurrierender Firmen mit den Interessen konkurrierender Nationen eine Entwicklung, die sich sogar gegen die Marktmechanismen richtet. Zum Beispiel durch:

— neue Formen des Protektionismus oder defensiver Industriepolitik. Um die Chancen für die Konkur- 20 renzfähigkeit seiner Firmen zu verbessern, hilft der Staat den heimischen Firmen, indem er sie schützt oder ihnen künstliche Vorteile verschafft;
— Techno-Nationalismus, indem der Wissensfluss als möglicher Wettbewerbsvorteil für andere Nationen 25 beschränkt wird;
— Bilateralismus als Mittel, Konkurrenten gemeinsam vom Markt fernzuhalten. [...]
Dasselbe gilt für Marktwettbewerb im Kontext konkurrierender regionaler Blöcke. Es scheint daher so zu sein, dass ein effizientes System offener Märkte einen koope- 30 rativen globalen Rahmen zwischen den Nationen benötigt, d.h. sozial verantwortliche und demokratisch legitimierte Formen globaler politischer Steuerung.

Aus: Die Gruppe von Lissabon, Grenzen des Wettbewerbs. Die Globalisierung der Wirtschaft und die Zukunft der Menschheit, München 1997, S. 21 f.

M 13 Deutschlands Rangplätze in Wachstumsindizes (von insgesamt 102 bzw. 95 Plätzen)

Wachstums-Kompetenz-Index (von 102)

GESAMTÖKONOMISCHES UMFELD

2.17 Kreditzinsen 2003	7

ÖFFENTLICHE EINRICHTUNGEN

7.02 Ungewöhnliche Zahlungen für öffentliche Güter	5
6.01 Unabhängigkeit der Gerichte	8
6.08 Vetternwirtschaft bei Entscheidungen	8
6.03 Eigentumsrechte	11

TECHNOLOGIE

3.08 Zusammenarbeit von Universitäten und Industrie bei der Forschung	5
3.06 Öffentliche Ausgaben für Forschung und Entwicklung	6
3.22 Telefonleitungen 2002	7
3.17 Patente 2002	8
3.02 Aufnahme von Technologie auf Firmenebene	11
3.13 Qualität des Wettbewerbs im Festnetz	11

Geschäfts-Kompetenz Index (Rangplatz von 95)

STELLUNG DER GESCHÄFTSTÄTIGKEIT UND STRATEGIE

10.03 Markenreichweite	1
10.10 Ausmaß der regionalen Verkäufe	1
10.11 Breite internationaler Märkte	2

QUALITÄT DES NATIONALEN GESCHÄFTSUMFELDES

9.05 Dezentralisation	1
11.05 Stringenz von Umweltvorschriften	1

ÖFFENTLICHE EINRICHTUNGEN

6.17 Organisierte Kriminalität	19
7.01 Irreguläre Zahlungen in Zusammenhang mit Import und Export	13
7.03 Irreguläre Zahlungen im Steuerwesen	13

TECHNOLOGIE

3.14 Einsatz der Regierung für Informations- und Kommunikationstechnologie	38
3.12 Internet-Zugang in Schulen	23
3.21 Internet-Zugänge, 2002	21
3.23 PCs, 2002	13

ANDERE INDIKATOREN INDEX (RANGPLATZ VON 102)

11.01 Regulierung der Luftverschmutzung	1
11.03 Regulierung von giftigen Abfällen	1
11.02 Regulierung der Wasserverschmutzung	1
11.09 Flexibilität der Regelungen	4
6.05 Pressefreiheit	4
7.07 Irreguläre Zahlungen für Gerichtsentscheidungen	5
3.11 Verfügbarkeit mobiler oder festnetzgebundener Telefone	5

Wachstums-Konkurrenz Index Rangplatz von 102

MAKROÖKONOMISCHE UMWELTBEDINGUNGEN

2.03 Ausmaß verzerrender Subventionen	100
2.01 Erwartung einer Rezession	91
2.09 Zugang zu Krediten	82
2.18 Budgetdefizite bzw. -überschüsse	54
2.19 Sparquote, 2002	42

Geschäfts-Kompetenz Index (Rangplatz von 95)

QUALITÄT DER NATIONALEN GESCHÄFTSUMWELT

4.03 Qualität der mathematischen und naturwissenschaftlichen Bildung	51
4.01 Qualität des Erziehungssystems	44

ANDERE INDIKATOREN (RANGPLATZ VON 102)

10.19 Flexibilität der Lohnfestsetzung	102
6.11 Effizienz des Steuersystems	102
2.15 Kosten der Landwirtschaftspolitik	90
2.04 Ausmaß verzerrender Einflussnahme der Regierung	73
8.08 Beschäftigung von Frauen im privaten Sektor	54

Quelle: World Economic Forum, 2004

M 14　Standort Deutschland: Handelsbilanz – Leistungsbilanz – Direktinvestitionen

● Es gibt kein Problem mangelnder Wettbewerbsfähigkeit in Deutschland. Der Standardfall der Standortdebatte: „zu hohe Löhne – zu viel Abwanderung von Kapital" ist im gesamtwirtschaftlichen Rahmen schon von
5 vornherein nicht plausibel, wird aber abwegig, wenn er auf ein Land angewendet wird, dessen Währung – wie es für die D-Mark der Fall war – permanent aufgewertet wurde.

Hohe Direktinvestitionen im Ausland sind Ergebnis ho
10 her Wettbewerbsfähigkeit, nicht zu geringer, wie es die einzelwirtschaftliche, die unternehmerische Sicht suggeriert. Dies ist ein weiteres Beispiel dafür, dass Zusammenhänge, die einzelwirtschaftlich einleuchtend sein mögen und sicher auch in dem einen oder anderen Ein
15 zelfall gelten, gesamtwirtschaftlich in die Irre führen können.

Direktinvestitionen betreffen darüber hinaus in der Regel zwar den Export arbeitsintensiver Produktionen, dies aber führt per saldo nicht – wie vielfach angenom
20 men – zu Arbeitsplatzverlusten im Inland, wenn kapitalintensive Produktionen an deren Stelle treten. Hier gilt international, was intertemporal gilt: Treten kapitalintensive Produktionsprozesse an die Stelle arbeitsintensiver Prozesse, ist das Ergebnis (das in der Produk

tion erzielte Einkommen) höher, sodass bei geeigneten 25 makroökonomischen Rahmenbedingungen die gleiche Zahl von Arbeitskräften wie zuvor beschäftigt werden kann. Im internationalen Zusammenhang heißt das, dass bei ausgeglichener Handelsbilanz mit einer kapitalintensiveren Produktionsmethode bei unveränder 30 ten Löhnen mehr Produkte zu niedrigeren Preisen an das Ausland geliefert werden können und damit die ursprüngliche Zahl der Arbeitsplätze gehalten werden kann. Die Alternative dazu ist, dass mit weniger Arbeitskräften und höheren Löhnen die gleiche Zahl von 35 Produkten an das Ausland geliefert wird. Dann aber können mit dem daraus erzielten Einkommen mehr Produkte im Inland gekauft und damit die freigesetzten Arbeitskräfte an anderer Stelle beschäftigt werden.

Aus: WSI-Mitteilungen, Ausgabe 11/1995

M 15　Wodurch zeichnet sich ein guter Standort aus?

● Unter Standortqualität versteht man nicht nur die quantitative und qualitative Ausstattung einer Region mit standortgebundenen Ressourcen. Hierzu gehören auch die institutionellen Regelungen, die die Kosten
5 (z. B. Bildungs- und Infrastruktureinrichtungen) und die Flexibilität der Ressourcen beeinflussen (z. B. die berufliche, sektorale und regionale Mobilität der Arbeitnehmer, aber auch die Flexibilität der Reallöhne im Hinblick auf deren Niveau, insbesondere auf deren sek
10 torale und regionale Struktur, und im Hinblick auf die Qualifikation der Arbeitnehmer). Indem die Qualität der standortgebundenen Ressourcen die Grenzproduktivität – die Produktivität der jeweils zuletzt eingesetzten Faktoreinheit – einer Region für die mobilen Res
15 sourcen festlegt, entscheidet sie auch darüber, in welchem Umfang die mobilen Ressourcen der Region für sie selbst eingesetzt und in welchem Umfang mobile Ressourcen aus anderen Regionen in Anspruch genommen werden können.

20 Die Standortqualität ist für die Entwicklung wettbewerbsfähiger Strukturen von großer Bedeutung, allerdings nicht unmittelbar, sondern erst im Zusammen

wirken mit den Standortbedingungen anderer Regionen. Nur insoweit, wie sich zwischen den Regionen die Zusammensetzung des Ressourcenbestandes und die 25 Relationen der Grenzproduktivitäten der einzelnen Ressourcen unterscheiden, prägen sie auch die Branchenstruktur und das Produktsortiment.

Ein wesentliches Element der Standortqualität ist dabei die Flexibilität der Produktionsfaktoren. In einer Region 30 mit hoher Flexibilität werden die Unternehmen, wenn sie aufgrund von Nachfrage- oder Preisänderungen oder aufgrund neuer Wettbewerbe an Wettbewerbsfähigkeit eingebüßt haben, mit einem raschen Strukturwandel reagieren. In einer Region mit geringer Flexibilität werden 35 die Unternehmen dagegen bei einem Verlust an Wettbewerbsfähigkeit eher mit Freisetzungen und mit dem Umbau des Bestehenden reagieren. Vor dem Hintergrund des empirischen Befundes und der obigen Überlegungen kann der Schluss gezogen werden, dass Deutsch 40 land schon seit längerem unter Inflexibilität leidet.

Aus: Otto G. Mayer, Standort Deutschland – neue Herausforderungen angesichts veränderter Wettbewerbsbedingungen?, in: Aus Politik und Zeitgeschichte, B 26/96, S. 5 ff.

M 16 Debatte zur Standortschwäche verkürzt

■ Die deutsche Wirtschaft weist seit Mitte der 1990er Jahre eine im internationalen Vergleich rückläufige Leistungsfähigkeit auf, die sich insbesondere seit dem im Jahr 2001 einsetzenden Konjunktureinbruch in un-
5 terdurchschnittlichen Wachstumsraten, schneller steigender Arbeitslosigkeit sowie erheblichen Problemen bei der Haushaltskonsolidierung äußert. Auf eine mangelnde internationale Wettbewerbsfähigkeit kann diese Leistungsschwäche jedoch nicht zurückgeführt werden.
10 Das Lohnstückkostenwachstum ist im internationalen Vergleich weit unterdurchschnittlich, wird jedoch durch die jüngste Euro-Aufwertung in seiner positiven Wirkung auf die internationale Wettbewerbsfähigkeit gedämpft. Die hohen Exportüberschüsse haben allerdings
15 bis jetzt ein Abgleiten in die Rezession verhindert.
Eine makroökonomische Erklärung für die deutsche Wachstums- und Beschäftigungsschwäche ist in der deutschen Debatte fast vollständig durch eine arbeitsmarktzentrierte Sichtweise verdrängt worden. Ein radi-
20 kaler Umbau der Arbeitsmarktstrukturen und der sozialen Sicherungssysteme wird als Königsweg zu mehr Wachstum und Beschäftigung deklariert. Das Problem dieser Sichtweise ist jedoch, dass sie die erforderlichen eindeutigen empirischen und theoretischen Belege da-
25 für schuldig bleibt, dass zu rigide Arbeitsmärkte und zu üppige soziale Sicherungssysteme die Ursachen für die deutsche Arbeitslosigkeit darstellen:

—Erstens haben sich die Arbeitsmarktinstitutionen und sozialen Sicherungssysteme in Deutschland in der Ver-
30 gangenheit nicht in die von den Deregulierungs-Befürwortern behauptete „beschäftigungsfeindliche" Richtung bewegt.

—Zweitens lassen sich durch den Vergleich umfangreicher internationaler empirischer Untersuchungen kei-
35 ne eindeutigen Zusammenhänge zwischen den Arbeitsmarktrigiditäten bzw. der Ausgestaltung der sozialen Sicherungssysteme und der Arbeitslosigkeit ermitteln.

—Drittens finden sich auch in der neueren Mainstream-Arbeitsmarkttheorie, die den Arbeitsmarkt nicht als
40 perfekten, sondern als einen durch asymmetrische Informationen und unvollständige Verträge gekennzeichneten Markt begreift, keine eindeutigen Argumente, die radikale Strukturreformen begründen könnten.
[…]

45 —Wenn man es mit der Behebung der Wachstums- und Beschäftigungskrise in Deutschland tatsächlich ernst meint, so wird man an einer fundierten Ursachenanaly-

se nicht vorbei kommen. Diese haben wir insbesondere im Standortbericht des vergangen Jahres geliefert. Dort ist das Zurückbleiben der deutschen Performance hinter 50 dem Durchschnitt der Europäischen Währungsunion (EWU) seit Mitte der 1990er Jahre wesentlich auf drei makroökonomische Faktoren zurückgeführt worden:

(1) Durch die Herstellung der EWU mit nun einheitlichen Nominalzinsen hat Deutschland als ehemaliges 55 regionales Leitwährungsland den hiermit verbundenen Zinsvorsprung verloren. Wegen der gegenüber dem EWU-Durchschnitt geringeren Inflationsrate sehen sich Konsumenten und Investoren in Deutschland seit 1999 vielmehr mit höheren Realzinssätzen als die ande- 60 ren EWU-Länder konfrontiert.

(2) Die durch den Stabilitätspakt von Amsterdam erzwungene Konsolidierung der öffentlichen Haushalte wurde in Deutschland stärker als in den anderen EWU-Ländern durch eine Einschränkung der öffentlichen 65 Investitionen betrieben, wodurch die Quote der öffentlichen Investitionen in Deutschland mittlerweile deutlich unter den EWU-Durchschnitt gefallen ist.

(3) Der deutschen Tarifpolitik gelang es seit Mitte der 1990er Jahre weniger als in den anderen Ländern, den 70 neutralen Verteilungsspielraum [Lohn im Verhältnis zur Produktivitätsentwicklung, d. Verf.] auszuschöpfen, wodurch die Lohnquote in Deutschland stärker zurückging als in den anderen EWU-Ländern.

Die Entwicklungen in den Bereichen der Geld-, Fiskal- 75 und Lohnpolitik wirkten sich daher insgesamt auf das Wirtschaftswachstum in Deutschland und damit auch auf die Beschäftigungsentwicklung stärker dämpfend als im EWU-Durchschnitt aus.
Solange diese makroökonomischen Ursachen der deut- 80 schen Wachstums- und Beschäftigungskrise nicht angegangen werden, wird es nicht zu mehr Wachstum und zu mehr Beschäftigung kommen. Dies wäre jedoch die Voraussetzung dafür, die sozialen Sicherungssysteme gegenwärtig zu entlasten und eine rationale Diskussion 85 darüber zu führen, wie mit den arbeitsmarkt- und sozialpolitischen Herausforderungen der Zukunft umzugehen ist, die sich u.a. durch den demographischen Wandel und durch unstetige Erwerbsbiographien ergeben.

Eckhard Hein/Bernd Mülhaupt/Achim Truger, WSI-Standortbericht 2003: Standort Deutschland – reif für radikale Reformen?, WSI-Mitteilungen, Ausgabe 06/2003, S. 342 f.

12.2   Was bedeutet Globalisierung?

Im Zusammenhang mit der Standortdebatte wird seit einiger Zeit das Schlagwort von der Globalisierung bemüht, um die aktuelle Entwicklung der Weltwirtschaft zu beschreiben. Um diesem Schlagwort auf den Grund zu gehen, sind folgende Fragen zu klären:
– Was wird unter Globalisierung verstanden? Bei der Untersuchung dieser Frage wird deutlich, dass eine Beschreibung des Phänomens Globalisierung häufig von einer Bewertung kaum zu trennen ist.
– Welche Tendenzen der außenwirtschaftlichen Entwicklung sind nachweisbar?
– Welche wirtschaftspolitischen Handlungsmöglichkeiten gibt es in diesem Kontext?

AUFGABEN

1. Erstellen Sie aus M 1 bis M 5 ein Schaubild, das die Dimensionen der Globalisierung darstellt, und verdeutlichen Sie daran die in den Texten durchklingende Bewertung des Globalisierungsprozesses.
2. Diskutieren Sie, inwieweit der Begriff ein wirklich neues Phänomen der weltwirtschaftlichen Entwicklung beschreibt.
3. Erörtern Sie, zu welchen Aspekten Notwendigkeiten politischen Handelns entstehen.

M 1   Aspekte der Globalisierung

● Die inflationäre Verwendung des Begriffs der Globalisierung macht dessen Semantik diffus. Von „Globalisierung" wird erstens gesprochen, wenn es darum geht, die globale Reichweite der Umweltrisiken zu charakterisieren. Umweltschäden sind weder räumlich begrenzt noch zeitlich umkehrbar, weder klassenbezogen noch an den Ort ihrer Entstehung gebunden. Sie sind global wirksam, bilden Risikonetze und Risikoketten, stellen eine weltweite Solidarität zwischen Tätern und Opfern her. Zweitens wird unter „Globalisierung" die expansive Eroberung der Entwicklungsländer durch das westliche Wohlstandsmodell verstanden, in deren Verlauf traditionelle Kulturen verschwinden, die Systeme einer kapitalistischen Marktwirtschaft und einer formalen Demokratie sich ausbreiten und die Einbindung der weniger entwickelten Wirtschaften in den von den Industrieländern dominierten Weltmarkt erzwungen wird. Ein „Globalisierungsdruck" der Industrieländer wird auf die „kolonisierten" Länder des weltwirtschaftlichen Südens ausgeübt. Drittens bedeutet „Globalisierung" die Rückwirkung jener Expansion der Industriewirtschaften in die Entwicklungsländer – eine zunehmende Weltmarktintegration und Wettbewerbsfähigkeit der neu industrialisierten Schwellenländer sowie einen verschärften Anpassungsdruck auf einzelne Unternehmen, Branchen und Regionen in Industrieländern. Dieser „reaktiven" Globalisierung ist eine „aktive" vorausgegangen, der ursprüngliche Globalisierungsdruck hat einen Globalisierungsgegendruck hervorgebracht.

Aus: Friedhelm Hengsbach, „Globalisierung" aus wirtschaftsethischer Sicht, in: Aus Politik und Zeitgeschichte, B 21/97, S. 4

M 2   Globalisierung – Begriff und grundlegende Annahmen

● Unter Globalisierung sei die weltweite Vernetzung ökonomischer Aktivitäten verstanden. [...]
Zu dieser Vernetzung gehören so unterschiedliche Sachverhalte wie die Verlagerung von Produktionsstätten aus hoch industrialisierten Ländern in Länder der Dritten Welt, die Neugründung von Produktions- und Dienstleistungsunternehmen in solchen Ländern, aber auch die internationale Vermarktung von Kultur. Wenn neue Action-Filme in Hollywood mit einem Budget von 100 Millionen Dollar gedreht werden, kommen nochmals 50 Millionen Dollar für die Werbung und Vermarktung hinzu – auch das ist ein Beispiel für Globalisierung. [...] Der Prozess der Globalisierung ist zunächst nichts anderes als die Zunahme dieser Vernetzung. Entscheidend sind die Annahmen, die über den Prozess gemacht werden:

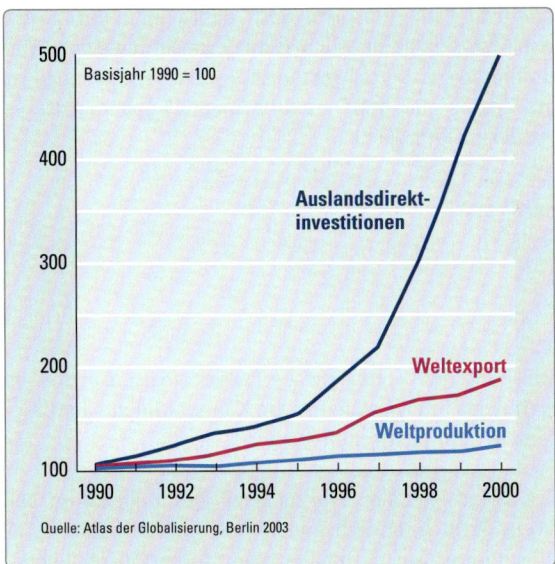

229.1   *Auslandsdirektinvestitionen / Weltexport /
Weltproduktion 1990–2000*

1. Die Abhängigkeits-Annahme: Die erste und wichtigste Annahme lautet, die Vernetzung wirtschaftlicher Aktivitäten hat Rückwirkungen auf alle hieran Beteilig-
20 ten. Globale wirtschaftliche Entwicklungen steuern
nicht allein die Entwicklung von Nationen, sondern
auch von Städten und Stadtteilen, diese wiederum
Haushalte und Individuen. […] Entwicklungen in einem
Land, zum Beispiel Deutschland, werden damit stärker
25 als je zuvor von den Entwicklungen in anderen Ländern
der Welt abhängig. […]

2. Die Verlagerungs-Annahme: Die Verlagerung von
Dienstleistungen und Kontrollfunktionen wird dann
rentabel, wenn die Übermittlungskosten niedriger sind
als die Lohndifferenz. Das gilt ebenso für die Transport- 30
kosten; sind sie niedriger als die Lohndifferenz, wird
es rentabel, Teile der Produktion zu verlagern. […] Je
weiter sich die Informations-, aber auch die Transport-
technologien entwickeln, desto größer wird die internationale Verflechtung. 35

3. Die Konzentrations-Annahme: Je stärker die Globalisierung ist, desto stärker sind Teile von Unternehmen
an vielen Standorten der Welt angesiedelt, desto stärker wird der Bedarf an Kontrolle und Koordination und
desto stärker werden sich derartige Koordinierungsauf- 40
gaben in den Großstädten weniger Länder konzentrieren – den global cities. Diese Städte entwickeln sich zu
extrem spezialisierten Dienstleistungszentren. […]

Wie oft bei solchen Prozessen, ist es schwierig zu entscheiden, ob es sich überhaupt um einen neuen Sachver- 45
halt handelt. Bei genauerer Betrachtung stellt man auch
in diesem Falle fest, dass eine Reihe quantitativer Veränderungen – wie etwa die Verlagerung von Produktion
und Dienstleistungen, die Bedeutung von Auslandsinvestitionen, die internationalen Verflechtungen des 50
Handels – eingetreten sind und dass diese quantitativen
Veränderungen nun als etwas qualitativ Neues interpretiert werden, sodass man hierfür einen neuen Begriff
benötigt.

*Aus: Jürgen Friedrichs, Globalisierung – Begriff und grundlegende Annahmen,
in: Aus Politik und Zeitgeschichte, B 33–34/97, S. 3 f.*

M3   Wirtschaftliche Globalisierung

● Für die seit Mitte der 80er Jahre beschleunigte internationale Arbeitsteilung hat sich der Ausdruck Globalisierung eingebürgert. Im Wesentlichen lassen sich
drei Ebenen der Globalisierung unterscheiden:

5 —Exporte („Die Güter gehen zum Markt"): Dem zunehmenden grenzüberschreitenden Austausch von Waren
und Dienstleistungen verdankt die Weltwirtschaft einen guten Teil ihres Wohlstands. Seit Mitte der 80er
Jahre ist der weltweite Außenhandel mit jahresdurch-
10 schnittlich knapp 9 Prozent wesentlich stärker gewachsen als die Produktion (etwa 6 Prozent).

—Direktinvestitionen („Die Produktion geht zum
Markt"): Die Direktinvestitionen haben seit 1985 Jahr
für Jahr im Schnitt um etwa 21 Prozent zugelegt und
15 sind damit das dynamischste Element der Globalisie-

rung. Die Unternehmen haben die politischen (z. B. EU-
Binnenmarkt, Zerfall des Ostblocks) und technischen
Entwicklungen (neue Informations- und Kommunikationstechnologien) genutzt, um sich an erfolgverspre-
chenden Standorten niederzulassen und damit die eige- 20
ne Wettbewerbsposition zu stärken.

—Finanzmärkte („Das Kapital geht zur Produktion"):
Mit der zunehmenden Liberalisierung der Kapitalmärk-
te wurde die Finanzierung grenzüberschreitender Aktivitäten wesentlich vereinfacht. Entsprechend ist das 25
Volumen der Anleihen, die auf den Finanzmärkten zirkulieren, seit 1990 um jährlich 15 Prozent gestiegen.
Das verleiht der Globalisierung zusätzliche Dynamik.

Die Globalisierung wird oft als Bedrohung empfunden.
Im Gegensatz dazu birgt sie jedoch erhebliche Chancen 30

für das Wachstum der Weltwirtschaft und für mehr Wohlstand. Denn die Globalisierung bietet auch den Entwicklungs- und Schwellenländern Möglichkeiten zum wirtschaftlichen Aufstieg. Damit erwachsen aber auch den Industrieländern neue Märkte. Vor allem ist die Globalisierung kein Beschäftigungskiller: In den USA wurden seit 1992 Monat für Monat 200 000 neue Arbeitsplätze geschaffen. Die Niederlande, Dänemark und Irland sind Beispiele dafür, dass auch in Europa die Arbeitslosigkeit deutlich reduziert werden kann. Die ungünstige Arbeitsmarktentwicklung Deutschlands ist auf Defizite bei der Deregulierung des Arbeitsmarktes zurückzuführen. (Be)

Aus: www.chancenfueralle.de/Lexikon/G/Globalisierung.html
(Initiative Neue Soziale Marktwirtschaft, 2004)

M 4   Globalisierung und Terror

■ Der Terrorismus, der mit den Anschlägen von New York und Washington in Erscheinung getreten ist, […] ist ohne Berücksichtigung der mit dem kapitalistischen Globalisierungsprozess durchgesetzten gesellschaftlichen und politischen Strukturveränderungen, der damit verbundenen sozialen Verwerfungen und Umwälzungen in der Struktur des Staatensystems kaum zu verstehen. Dem neuen Schub der kapitalistischen Globalisierung, der das Gesicht der Welt in den vergangenen Jahrzehnten entscheidend verändert hat, liegt eine politische und ökonomische Strategie zugrunde, die darauf abzielte, zur Überwindung der Krise der siebziger Jahre die keynesianisch-sozialstaatlichen politischen Strukturen der Nachkriegszeit zu zerschlagen und damit die Produktions- und Verteilungsverhältnisse nachhaltig zugunsten des Kapitals umzuwälzen.

Wesentliche Akteure dieses Transformationsprozesses waren das internationalisierte Kapital und die dominierenden kapitalistischen Staaten […].

Die Folge ist eine vielschichtige Desorganisation der Welt, die sich in wachsenden ökonomisch-sozialen Ungleichheiten auf nationaler wie internationaler Ebene, der Marginalisierung ganzer Weltregionen, der Fragmentierung und dem Zusammenbruch von Staaten mit den damit verbundenen bürgerkriegsartigen Konflikten äußert. Die zunehmende Welle von Rassismus, Nationalismus und „Fundamentalismus" ist eine Folge davon. Die „neue Weltordnung" ist in der Tat eher eine sich permanent verstärkende „Welt-Unordnung".

Aus: Joachim Hirsch, Globalisierung und Terror,
www.links-netz.de/K_texte/K_hirsch_terror.html, November 2001

M 5   Welthandel 2000

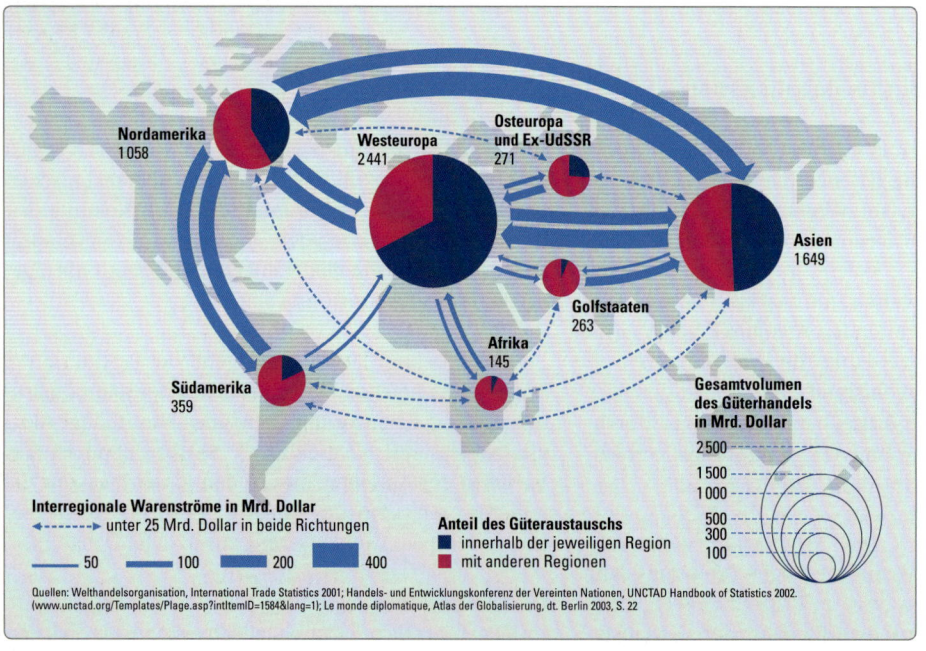

Nordamerika 1 058

Westeuropa 2 441

Osteuropa und Ex-UdSSR 271

Asien 1 649

Golfstaaten 263

Afrika 145

Südamerika 359

Gesamtvolumen des Güterhandels in Mrd. Dollar
2 500
1 500
1 000
500
300
100

Interregionale Warenströme in Mrd. Dollar
◄----► unter 25 Mrd. Dollar in beide Richtungen

Anteil des Güteraustauschs
■ innerhalb der jeweiligen Region
■ mit anderen Regionen

— 50   — 100   ▬ 200   ▬ 400

Quellen: Welthandelsorganisation, International Trade Statistics 2001; Handels- und Entwicklungskonferenz der Vereinten Nationen, UNCTAD Handbook of Statistics 2002. (www.unctad.org/Templates/Plage.asp?intItemID=1584&lang=1); Le monde diplomatique, Atlas der Globalisierung, dt. Berlin 2003, S. 22

12.3 Welche Vorteile hat die Globalisierung für Unternehmen?

AUFGABEN

1. Stellen Sie aus M 1 bis M 4 zusammen, welche Vorteile Unternehmen durch eine Globalisierungsstrategie gewinnen können.
2. Welche Hindernisse stehen der Internationalisierung bzw. Globalisierung eines Unternehmens entgegen?
   Hinweis: Sie können Ihre Zusammenstellung zu Aufgabe 1 und 2 durch eine arbeitsteilig organisierte Internet-Recherche ergänzen.

M 1 Standort: Zukunftsmarkt Indien – Chancen für den Mittelstand

■ Berlin. Die Meldung war eher unauffällig. Siemens, so konnte man im Februar in einigen Zeitungen lesen, will eine halbe Milliarde Dollar in Indien investieren. „Indien ist eine Basis", sagte der damalige Siemens-Chef Heinrich von Pierer bei einem Kongress im indischen Bangalore, „von der aus wir nicht nur für den lokalen Markt fertigen, sondern auch für das weltweite Geschäft." Siemens wolle die Kapazitäten kräftig ausbauen und in Forschung und Entwicklung investieren. Die Weiler International Electronics Pvt. Ltd. entwickelt und produziert mit 270 Mitarbeitern unter anderem Mikroschaltkreise für die Raumfahrtindustrie. Asiatische Erfahrungen hatte Firmenchef Rudolf Weiler bereits einige Jahre zuvor bei einem Joint Venture in China sammeln können. „Wir wollten ein zweites Standbein in Asien haben", so Weiler, „und da bot sich uns Indien aus unterschiedlichen Gründen als Produktionsstandort und als Markt in Ergänzung zu China an." „Die Menschen", so Weiler, „stehen Veränderungen wesentlich offener gegenüber als die Mitarbeiter in China, was sich vor allem bei häufigen Produktwechseln und den neuen Arbeitsanforderungen positiv bemerkbar macht."

Darüber hinaus sieht Weiler eine ganze Reihe weiterer Vorteile, die den Standort Indien „hochinteressant" machen. So ist der indische Markt für ausländische Investitionen „weit geöffnet" und man braucht nicht unbedingt einen Partner vor Ort, etwa in Form eines Joint Venture. Die allgemein verbreitete Handelssprache Englisch gestaltet das Geschäftsleben einfacher als etwa in China. […]

Erst im vergangenen Herbst hatte der Arbeitgeberverband Gesamtmetall einen Workshop zum Wachstumsmarkt Indien durchgeführt – auch hier war Rudolf Weiler dabei. Bei Gesamtmetall ist man der Ansicht, dass die Erschließung neuer Märkte, in Verbindung mit der Nutzung von Kostenvorteilen, eine wesentliche Triebfeder für die Firmen ist, ihre Aktivitäten auch auf Indien auszudehnen. Zulieferer folgten schließlich ihren Kunden, um sie nicht zu verlieren und zugleich vom dortigen Wachstum zu profitieren.

Aus: www.gesamtmetall.de, 6. 3. 2005

M 2 Gründe für die forcierte Internationalisierung im PKW-Bereich

■ Aus technischer Sicht dominieren eindeutig Kundennähe und die Ausrichtung auf den lokalen Bedarf der jeweiligen Zielregion als Internationalisierungsmotive. Das Argument des fehlenden technischen Fertigungs-Know-hows in anderen Regionen, welches in der Vergangenheit häufig für die ausschließliche Produktion hoch wertiger Automobile in Deutschland und das lange Beibehalten einer reinen Exportstrategie im PKW-Bereich angeführt wurde, trifft heute nicht mehr zu. […] Unter den ökonomischen Gründen für die forcierte Internationalisierung der Produktion spielen zunehmen-

de Wechselkursschwankungen […] sowie Produktionskostenunterschiede zwischen verschiedenen Standorten eine wichtige Rolle. […] Mindestens ebenso wichtig […] sind indes das erwartete Marktwachstum in Regionen und Segmenten, die nicht oder zumindest nicht profitabel durch den Export von Automobilen aus Deutschland bedient werden können.

Aus: Christoph f. Büchtemann / Ulf-Wilhelm Kuhlmann, Internationalisierungsstrategien deutscher Unternehmen, in: Pamela Meil (Hg.), Globalisierung industrieller Produktion, Bd. II, Frankfurt a. M./New York 1996, S. 86–90

M 3 Global sourcing

■ Der von den von transnationalen Unternehmen getragene Globalisierungstrend sorgt dafür, dass inzwischen alle Stadien der Wertschöpfung – angefangen bei Forschung und Entwicklung über die Herstellung, das
5 Rechnungswesen, Marketing, Vertrieb bis zum Produktdesign oder Rechts- und Finanzleistungen – einem Prozess von „Global sourcing" unterworfen sind. Das Management und insbesondere der Arbeitsmarkt für höher qualifizierte Tätigkeit internationalisieren sich –
10 mit der Folge, dass nationale Arbeitsstandards an Bedeutung verlieren. Da zudem mit der Verbreitung neuer und billiger Kommunikations- und Transportmittel eine gewisse Homogenisierung und Standardisierung von Konsumgewohnheiten und Produktmärkten (das gilt
15 zumindest im Hinblick auf Märkte für langlebige Konsumgüter und in zunehmendem Maße auch für Lebensmittel und Bekleidung) verbunden ist, sind die Unternehmen bestrebt, Produktionsorganisation und Personaleinsatz, Werbungs- und Marketingstrategien
20 so weit wie möglich zu vereinheitlichen. Auf der Suche nach den „new best practices" kommen Technologien, Organisations- und Managementmethoden grenzüberschreitend zur Anwendung – innerhalb des transnationalen Unternehmens(verbundes) wie auch bei den Zulieferbetrieben. […] Nicht überall sind die „re-engi
25 neering"-Prozesse hin zu einem „international integrierten Produktionssystem" so weit fortgeschritten wie in der Chemieindustrie, in der Automobilindustrie, in der Unterhaltungselektronik und in bestimmten Bereichen des Dienstleistungssektors. Mag der Trend auch
30 nicht einheitlich sein, er bleibt doch beherrschend. […] In Reaktion auf den Konkurrenzdruck aus so genannten Niedriglohnländern ist es selbst in traditionellen Branchen wie der Bekleidungs- oder der Möbelindustrie zu massiven Auslagerungen betrieblicher Funktionen in
35 ausländische Tochterunternehmen bzw. in rechtlich selbstständige Subunternehmen gekommen – und zu einer grenzüberschreitenden Reintegration der Produktions- und damit auch der Wertschöpfungskette.

Aus: Elmar Altvater/Birgit Mahnkopf, Grenzen der Globalisierung,
Münster 1997, 2. Auflage, S. 338 f.

M 4 „Von uns kriegt ihr nichts mehr!"

■ Gut geführte Konzerne und Vermögensverwaltungen können ohne Gesetzesbruch im Dschungel des transnationalen Finanzmarkts die Steuerbelastung beliebig herunterfahren, notfalls auf unter zehn Prozent.
5 BMW etwa […] überwies noch 1988 gut 545 Millionen Mark an deutsche Finanzämter. Vier Jahre später waren es gerade noch sechs Prozent dieser Summe, nur 31 Millionen Mark. Im darauf folgenden Jahr wies BMW – trotz insgesamt steigender Gewinne und unveränderter
10 Dividende – im Inland sogar Verluste aus und ließ sich 32 Millionen Mark vom Finanzamt zurückerstatten. „Wir versuchen die Aufwendungen dort entstehen zu lassen, wo die Steuern am höchsten sind, und das ist im Inland", erklärte BMW-Finanzvorsteher Volker Doppel
15 feld freimütig. Insgesamt habe der Konzern auf diese Weise zwischen 1989 und 1993 über eine Milliarde Mark an Abgaben an den Staat gespart, kalkulieren Branchenkenner.
Der dramatische Steuerschwund ist keine Spezialität
20 der großen Konzerne. Das Gleiche gelingt auch zahllosen mittelständischen Unternehmen. Indem sie die Unterschiede zwischen den jeweiligen nationalen Besteuerungssystemen systematisch nutzen, können sie ihre Steuerlast international optimieren. Die einfachste Me
25 thode der im Expertenjargon so genannten Steuerplanung ist das „transfer pricing". Die Basis dafür ist ein grenzüberschreitender Verbund von Tochtergesellschaften und Niederlassungen. Weil sie untereinander mit Vorprodukten, Dienstleistungen oder auch nur Lizenzen handeln, können die Firmen sich selbst Kosten in beina
30 he beliebiger Höhe in Rechnung stellen. Darum fallen die Ausgaben international operierender Unternehmen immer dort am höchsten aus, wo auch die Steuersätze am höchsten sind. […] Gegen diese Praxis haben die behördlichen Prüfer nichts in der Hand. Ob diese Preise im
35 Intra-Konzern-Handel überhöht sind, lässt sich oft gar nicht beweisen, weil es für viele der verrechneten Leistungen kaum vergleichbare Marktpreise gibt.

Aus: Hans-Peter Martin/Harald Schumann, Die Globalisierungsfalle. Der Angriff
auf Demokratie und Wohlstand, Reinbek bei Hamburg 1997, S. 271–273

12.4 Welche Konsequenzen hat die Globalisierung?

Die Globalisierung betrifft verschiedene, viele meinen, alle wichtigen Bereiche gegenwärtiger Volkswirtschaften. Vor allem die Fortschritte in der Informations- und Kommunikationstechnologie ermöglichen es den Unternehmen, weltweit auf Märkten zu konkurrieren und jene multinationalen Firmengeflechte aufzubauen und zu steuern, die immer mehr die Weltwirtschaft kennzeichnen. Die am meisten genannten Dimensionen der Globalisierung sollen nun im Einzelnen untersucht werden, um Möglichkeiten staatlicher bzw. überstaatlicher Wirtschaftspolitik auszuloten.

12.4.1 Beseitigung von Marktschranken

AUFGABEN

1. Zeigen Sie auf, inwiefern sich der Warenhandel unter den Bedingungen der Globalisierung verändert. Konkretisieren Sie M 2 mithilfe aktueller Unternehmensprospekte aus Ihrer Region bzw. mithilfe der Homepage der DaimlerChrysler AG oder eines anderen multinationalen Unternehmens.
2. Diskutieren Sie die Schwierigkeiten der Wirtschaftspolitik vor dem Hintergrund der Globalisierung des Warenhandels.

M 1   Gezielter Abbau von Handelshemmnissen

■ Die zunehmende wirtschaftliche Verflechtung ist nicht einfach urwüchsig über die Welt gekommen. Sie ist politisch aktiv herbei geführt worden. Die weltweit treibende Kraft für eine zunächst atlantische, dann aber
5 globale Weltordnung war dabei zweifellos die USA. Hier wurden noch vor Ende des 2. Weltkriegs bei der Konferenz von Bretton Woods 1944 die institutionellen Grundlagen für die künftige internationale Wirtschaftszusammenarbeit gelegt. […]
10 Das Allgemeine Zoll- und Handelsabkommen GATT (1947) wurde zwar zunächst als Provisorium betrachtet, übernahm aber immer mehr die Funktion eines multilateralen Rahmens für den internationalen Handel. In insgesamt acht „Runden" des GATT wurden unter den
15 Mitgliedsstaaten die Zölle in fast allen Marktsegmenten entscheidend gesenkt und nicht-tarifäre Handelshemmnisse abgebaut. Abbildung 233.1 zeigt den Erfolg der GATT-Runden bezüglich der Industriezölle. Am Ende der längsten und bislang letzten Runde, der so
20 genannten Uruguay-Runde, wurde 1995 als Nachfolgeinsititution des GATT die Welthandelsorganisation gegründet.

Die politische Unterstützung für den Außenhandel sowie der technische Fortschritt beim Verkehr und der
25 Kommunikation haben die wirtschaftliche Verflechtung der Staaten, Regionen und Erdteile immer enger

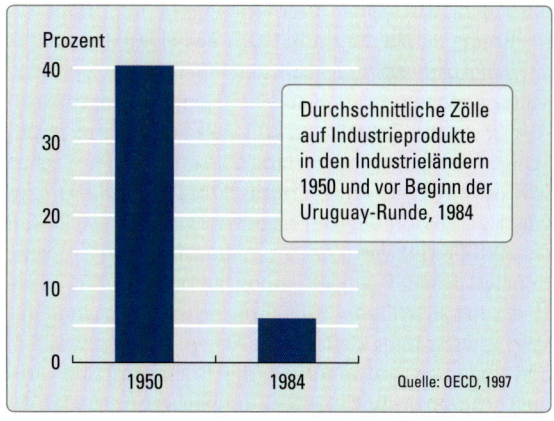

233.1   *Durchschnittliche Zölle auf Industrieprodukte in den Industrieländern 1950 und vor Beginn der Uruguay-Runde 1984*

werden lassen. Dabei ist nicht zu übersehen, dass über 80 Prozent des internationalen Handels zwischen den Industrieländern getätigt wird. Und davon ist wiederum der größte Teil Handel innerhalb der regionalen
30 Wirtschaftszonen, insbesondere der EU. Die stark zunehmende Binnen-Verflechtung der Wirtschaftsregionen Europa, Nordamerika und Japan/pazifischer Raum sowie deren geografische Erweiterung war vielleicht die stärkste Triebkraft bei der Zunahme des Handels.
35

Ins Gewicht fällt noch der Handel der Industrieländer mit den Schwellenländern einschließlich der ölexportierenden Staaten. Nur 15 Prozent des Welthandels spielt sich jedoch zwischen unterschiedlichen Erdteilen
40 ab, und weniger als 3 Prozent des Welthandels berührt Afrika!

Zollabbau, technischer Fortschritt und Handels-Deregulierung haben den Handel zunehmend rascher wachsen lassen als die Produktion, wie Abbildung 234.1
45 zeigt.
Den größten Sprung machte der Handel im Vergleich zum Wirtschaftswachstum in den 90er Jahren, also dem Jahrzehnt, in dem man angefangen hat, über die Globalisierung zu sprechen. Zu dieser sprunghaften Entwick-
50 lung haben mehrere längerfristige Trends und zwei unvermittelt eingetretene Entwicklungen beigetragen.

Nach: Schlussbericht der Enquetekommission Globalisierung der Weltwirtschaft (1999). Bundesdrucksache 14/2350, www.bundestag.de/gremien/welt/ glob_end/index.html, 2005

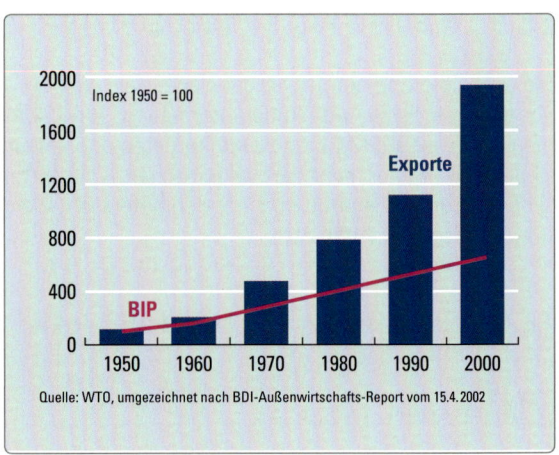

234.1   *Weltweiter Anstieg von Produktion und Handel*

M 2   Arbeitsteilung zwischen Regionen und Branchen

● Bei der internationalen Ausrichtung der Gütermärkte ging der wachsende Außenhandel zum einen einher mit einem Anstieg der internationalen Produktionsverflechtung; zum anderen hat sich der Handel verstärkt
5 auf den Austausch innerhalb derselben Industrie (intrasektoraler bzw. intraindustrieller Handel) konzentriert: Also nicht der Tausch von beispielsweise Autos gegen Schuhe (intersektoraler Handel), sondern der Tausch von Autos gegen Autos (intrasektoraler Handel) bzw.
10 von Motorblöcken gegen Lichtmaschinen – also Teilen der Autoproduktion – hat im (regionalisierten) internationalen Handel an Bedeutung gewonnen. Auf diese Weise hat sich mit der fortschreitenden Integration der Wirtschaftsräume zugleich die Arbeitsteilung zwischen
15 den Regionen und innerhalb der Branchen (über Produktdifferenzierung) weiter aufgefächert. Es ist das Typische dieser Art des Handels, dass er den beteiligten Ländern ihre jeweiligen Branchen belässt, aber zur ständigen Anpassung der Produktpalette und der Wert-
20 schöpfungskette führt. […]

Eng damit verbunden ist die Zunahme des Handelsaustausches innerhalb desselben transnationalen Unternehmens (so genannter Intra-Unternehmenshandel). Darin spiegelt sich die Politik der Unternehmen, an un-
25 terschiedlichen Standorten je spezifische Teile des gesamten Wertschöpfungsprozesses zu produzieren und sie zur Endproduktion über Zulieferungen bereitzustellen. In der Statistik erscheint dies als „Handel", der aber letztlich innerhalb desselben Konzernverbundes betrieben wird. […] Es wird geschätzt, dass mittlerweile etwa
30 ein Drittel des Welthandels konzerninterne Transaktionen sind, die aus der arbeitsteiligen Organisation internationaler Unternehmensaktivitäten resultieren. […] Behauptet wird aber auch ein Wachstum des Handels mit Vorprodukten im Zusammenhang mit der Strategie
35 der globalen Beschaffung (global sourcing). […]

Hinzu kommt schließlich, dass bisher im internationalen Geschäft nicht gehandelte Produkte, nämlich Dienstleistungen, verstärkt in den Internationalisierungsprozess einbezogen worden sind. Dabei handelt es
40 sich vor allem um unternehmensbezogene Dienstleistungen (Service, Transport, Kommunikation, Banken, Versicherungen). Das zeigt, dass die Internationalisierung der Produktion auch die Internationalisierung der Dienstleistungen stimuliert. Wichtige technologische
45 und handelspolitische Vorbedingungen waren und sind zum einen die Durchsetzung der Informations- und Kommunikationsindustrie und zum anderen der Abbau nationaler Marktbarrieren. Kapitalintensive Dienstleistungsbereiche wie die Telekommunikation und die
50 Luftfahrt sind Beispiele dafür, wie der Abbau von Regulierungen Hand in Hand ging mit der Auswirkung internationaler Aktivitäten. […]

Aus: Rudolf Welzmüller, Zu den Folgen der Globalisierung für die nationalen Güter-, Finanz- und Arbeitsmärkte, in: Aus Politik und Zeitgeschichte, B 3334/1997, S. 20, 22

12.4.2 Ausdehnung des Kapitaltransfers und transnationale Unternehmen

AUFGABEN

1. Zeigen Sie anhand M 3 bis M 7, inwiefern sich die Bedingungen transnationaler Unternehmen von denen nationaler unterscheiden.
2. Diskutieren Sie die Konsequenzen der Existenz und zunehmenden Bedeutung transnationaler Unternehmen in Bezug auf die Handlungsfähigkeit staatlicher Wirtschaftspolitik.

M 3 Direktinvestitionen

■ Seit Mitte der 80er Jahre errichteten die Unternehmen weltweit immer häufiger Betriebsstätten oder Tochterunternehmen im Ausland oder sie beteiligten sich an ausländischen Unternehmen. Diese Arten des Kapitaltransfers werden als Direktinvestitionen bezeichnet. Sie stellen inzwischen die dynamischste Form der internationalen Arbeitsteilung dar und wurden zum Motor der Globalisierung. Von 1985 bis 2000 expandierte der Außenhandel mit Waren und Dienstleistungen im Jahresdurchschnitt um gut 9 Prozent, die Auslandsinvestitionen indes um 21 Prozent. [...] Direktinvestitionen dienen zunächst einmal der Gewinnung und Sicherung ausländischer Märkte. Sie orientieren sich aber auch an den unterschiedlichen Standortqualitäten, vor allem am Gefälle der Produktionskosten. Neuerdings spielt die Vernetzung global orientierter Unternehmen und die Suche nach der optimalen Unternehmensgröße für die globalen Märkte eine zunehmende Rolle.

Aus: www.wirtschaftundschule.de/Lexikon/D/Direktinvestitionen.html
(Initiative Neue Soziale Marktwirtschaft), 2005

M 4 Das Fusionskarussell dreht sich weiter

■ Unternehmenszusammenschlüsse (Mergers & Acquisitions) haben in den 90er Jahren an Häufigkeit und Transaktionsvolumen deutlich zugenommen. So verdreifachte sich die Anzahl der jährlichen Fusionsfälle innerhalb eines Jahrzehnts von etwa 9 000 auf 25 000. Noch deutlicher fällt der Anstieg aus, betrachtet man das Transaktionsvolumen statt der Anzahl der Unternehmenszusammenschlüsse. Mit über 3 300 Mrd. US-$ wurde 1999 mehr als siebenmal so viel für Firmenübernahmen ausgegeben wie Anfang der 90er Jahre.

Obwohl am Fusionskarussell auch Unternehmen aus Entwicklungs- und Schwellenländern beteiligt sind, geht die Zunahme wesentlich auf das größere Engagement von Unternehmen aus Industrieländern zurück, die unter den 25 größten Transnationalen Konzernen (TNK) sind. Mit Petroleos de Venezuela und der Daewoo Corporation (Südkorea) rangieren unter den größten 80 Transnationalen Konzernen lediglich zwei Vertreter aus Schwellenländern, noch dazu auf den hinteren Rängen.

Die Ursachen der verstärkten Fusionsaktivität in den 90er Jahren sind in den Deregulierungen und Privatisierungen auf wichtigen Märkten in den Industrieländern zu suchen. Sie erzwingen Anpassungen von TNK auf die sich ändernden Wettbewerbsbedingungen. Die sich eröffnenden Möglichkeiten in neuen geographischen Märkten oder Produktmärkten sind häufig leichter mit einem Partner umzusetzen. Aber auch der Ehrgeiz in der Führungsspitze von TNK, sich mit einer Fusion oder Übernahme endgültig zum global player aufzuschwingen und der Konkurrenz zuvorzukommen, spielt eine Rolle. In deregulierten Sektoren sind Fusionen zudem ein probates Mittel, jahrelang versäumte Strukturanpassungen möglichst kostengünstig und in kurzer Zeit nachzuholen. Nachdem die Fusionswelle zu Beginn der 90er Jahre vor allem die USA erfasst hatte, ging die Dynamik Ende der 90er Jahre auf die europäischen Länder über. Die Deregulierungen und Privatisierungen in Europa erfolgten mit einem zeitlichen Abstand zu den USA, und inzwischen geht es bei einer noch vergleichsweise robusten konjunkturellen Situation auch um das strategische Positionieren im Vorfeld der monetären Integration, die den Wettbewerbsdruck in vielen Branchen erhöhen wird.

Aus: Ingomar Hauchler u. a. (Hg.), Globale Trends 2002,
Frankfurt/Main 2001, S. 259–261

M 5   Die Macht transnationaler Unternehmen

■ Worauf gründet sich die neue Macht transnationaler Unternehmen? Woraus entsteht, wie vermehrt sich ihr strategisches Potenzial?

Es ist der Zugriff auf die materiellen Lebensadern mo-
5 derner nationalstaatlicher Gesellschaften, der sich ohne Revolution, ohne Gesetzes- oder gar Verfassungsände-rung, allein im Fortgang des Normalen, sozusagen im business as usual eröffnet hat:
Sie können erstens Arbeitsplätze dahin exportieren, wo
10 die Kosten und Auflagen für den Einsatz der Arbeits-kräfte möglichst niedrig sind.
Sie sind zweitens in der Lage (aufgrund der informati-onstechnischen Herstellung von Nähe und Nachbar-schaft überall auf der Welt), Produkte und Dienstleis-
15 tungen so zu zerlegen und arbeitsteilig an verschiedenen Orten der Welt zu erzeugen, dass nationale und Firmen-Etikette geradezu als Irreführung gelten müssen.
Sie sind drittens in der Position, Nationalstaaten oder einzelne Produktionsorte gegeneinander auszuspielen
20 und auf diese Weise „globalen Kuhhandel" um die bil-ligsten Steuer- und günstigsten Infrastrukturleistungen betreiben zu können; ebenso können sie Nationalstaaten „bestrafen", wenn sie als „teuer" oder „investitionsfeind-lich" gelten.
25 Schließlich können sie viertens in dem erzeugten und kontrollierten Dickicht globaler Produktion zwischen Investitionsort, Produktionsort, Steuerort und Wohn-ort selbsttätig unterscheiden und diese gegeneinander

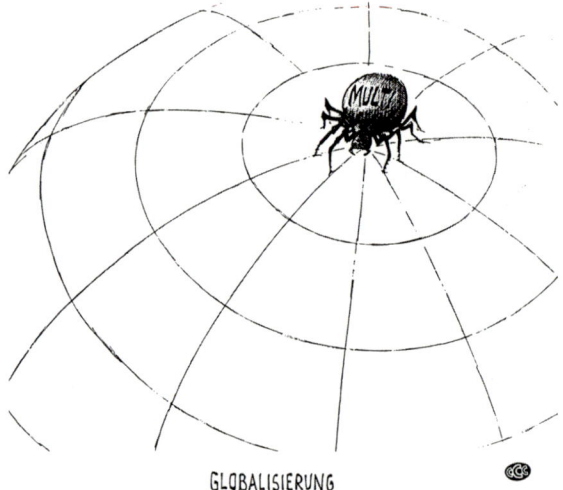

GLOBALISIERUNG

Zeichnung: Gerhard Mester

ausspielen. Mit dem Resultat: Die Führungskräfte kön-nen dort leben und wohnen, wo es am schönsten ist, und 30 dort Steuern zahlen, wo es am billigsten ist.

Wohlgemerkt: alles ohne Eingabe oder Beratung im Par-lament, ohne Regierungsbeschluss, ohne Gesetzesver-änderung; ja, nicht einmal eine Debatte in der Öffent-lichkeit ist dazu erforderlich. 35

Aus: Ulrich Beck, Was ist Globalisierung?, Frankfurt a. M. 1997, S. 16 f.

M 6   Internationalisierung der Wertschöpfungskette

■ Im Gegensatz zu den beiden früheren Phasen der Internationalisierung von Produktionsprozessen be-schränkt sich die in den letzten zwei Jahrzehnten statt-findende Transnationalisierung der Unternehmen nicht
5 auf die Errichtung von Endfertigungsstätten in anderen Ländern […]. Vielmehr bezieht die Strategie den gesam-ten Prozess der Wertschöpfung und das gesamte Sys-tem der Zulieferindustrie in die tendenziell globale Re-strukturierung der Unternehmensorganisation mit ein.
10 Ziel ist die Anpassung an den industriellen Markt. Un-ternehmen, die beispielsweise ein Viertel ihrer Produk-te in den USA verkaufen wollen, werden dies immer weniger durch den Export zu realisieren versuchen, son-dern durch eine Internationalisierung der Wertschöp-
15 fung. […] In der Folge verlieren ganze Industriezweige ihren spezifisch nationalen Charakter. Nationale Märk-

te werden mit „Weltprodukten" beliefert, Gütern, in denen Wissen und materielle Komponenten aus ver-schiedenen Ländern stecken. […]

Genau genommen führt selbst noch der Begriff „auslän- 20 dische" Direktinvestitionen in die Irre, denn er legt den Eindruck nahe, als seien die Direktinvestitionen, die ein transnationales Unternehmen in irgendeinem Lande tätigt, in ökonomischen Aktivitäten des Ursprungslan-des „verwurzelt". Im geozentrischen Unternehmen ver- 25 fügen jedoch wichtige Strategieeinheiten über eigene Investitionsprogramme, die von den strategischen Pla-nungen der Unternehmenszentrale durchaus abweichen können.

Aus: Elmar Altvater/Birgit Mahnkopf, Grenzen der Globalisierung, Münster 1997, 2. Auflage, S. 250 f.

M 7 **Die Schwerkraft von Kapitalbindung und Standortentscheidungen**

● [...] Ein verbreiteter Kurzschluss in der Globalisierungsdebatte besteht darin, von der Tatsache, daß sich heute Finanztitel per EDV in Echtzeit weltweit beliebig hin und her schieben lassen, relativ umstandslos auf eine entsprechende Mobilität „des" Kapitals überhaupt zu schließen. [...] Nun ist leicht einzusehen, dass sich die Mobilität des Kapitals deutlich vermindert, wenn es die virtuelle Sphäre weltweiter Datennetze einmal verlassen und die Gestalt von Gebäuden, Maschinen und Anlagen angenommen hat. Welche praktischen Auswirkungen das haben kann, konnte man z. B. bei einem deutschen Autokonzern studieren, wo sich Betriebsrat und Beschäftigte zu einem Standortabkommen mit erheblichen Zugeständnissen in puncto Arbeitszeit und Geld genötigt sahen, um ein neues Motorenwerk am Standort zu halten, das sonst im europäischen Ausland gebaut worden wäre. Nachdem die Entscheidung dann gefallen und mit dem Bau begonnen worden war, fühlte man sich wieder stärker und setzte angesichts steil ansteigender Gewinne unter Androhung von Warnstreiks eine Sonderzulage durch.

Wo Standortentscheidungen, sind sie einmal gefallen, langfristig hohe Kapitalbindung in Produktionsanlagen nach sich ziehen, kann die Globalisierungsoption nur periodisch als Trumpf im Interessen-Bargaining eingebracht werden – wenn Standortentscheidungen eben anstehen. Sind sie gefallen, verschieben sich nicht nur unter diesem Aspekt die Gewichte. Es treten auch mittelbare Folgen auf, die bestimmte Entwicklungskorridore erweitern, andere gegebenenfalls verstellen. [...]

Ganz anders liegen die Verhältnisse in Branchen, in denen Standortentscheidungen mit geringer oder gar keiner Kapitalbindung verbunden sind, wie etwa in jenen Konzeptunternehmen, deren gesamte Produktion über Auftragsfertigung oder Franchising abgewickelt wird, Benetton, Nike und verschiedene Hotelketten als Beispiele.

Aus: Jürgen Kädtler, Globalisierung und Arbeitnehmerinteressen – oder: wie aus einfachen Antworten komplizierte Fragen entstehen. in: SOFI-Mitteilungen Nr. 26, Göttingen 1998, S. 75 f.

12.4.3 Der Arbeitsmarkt unter den Bedingungen der Globalisierung

AUFGABEN

1. Zeigen Sie anhand von M 8 und M 9 die Tendenzen auf, die der Globalisierungsprozess für den Arbeitsmarkt und die Qualifikationsanforderungen der Arbeitnehmerinnen und Arbeitnehmer mit sich bringt. Konkretisieren Sie diese mithilfe des Stellenteils einer überregionalen Tageszeitung (Samstagsausgabe).
2. Erörtern Sie auf Grundlage von M 8 bis M 10 den Einfluss der Globalisierung auf den deutschen Arbeitsmarkt.
3. Diskutieren Sie die neuen Notwendigkeiten staatlicher und überstaatlicher Arbeitsmarktpolitik aus der Sicht verschiedener wirtschaftspolitischer Ansätze.
4. Diskutieren Sie, welche Konsequenzen für die Bildungspolitik sich aus den aufgezeigten Tendenzen ergeben.

M 8 **„Polarisierung" – ethnische Arbeitsmärkte – steigende Arbeitslosigkeit**

● Als eine weitere schwer wiegende Folge der Globalisierung wird eine Veränderung der Beschäftigungsstruktur angesehen, die ihrerseits zu einer Veränderung der Einkommensstruktur führt.

„Die vorliegenden Befunde zeigen, dass das Ergebnis eine Zunahme der Arbeitsplätze mit sehr hohen Einkommen in den Professionen und der Technik, eine Abnahme der Arbeitsplätze von Arbeitern und Angestellten mit mittleren Einkommen sowie eine ganz erhebliche Zunahme der Arbeitsplätze mit niedrigen Löhnen ist. Die Zunahme der Arbeitsplätze mit niedrigen Löhnen ist zum großen Teil eine Funktion des Wachstumssektors und nur zweitrangig der niedergehenden Indus-

trien, die billige Arbeitskräfte benötigen, um zu überleben." (Elmar Altvater/Birgit Mahnkopf)

Die Folge wären demnach, um es mit dem dafür ge-
bräuchlichen Begriff zu bezeichnen, eine „Polarisierung". Es werden immer mehr Personen entweder mit
sehr hoher Qualifikation (Universitätsabschlüssen)
oder solche mit sehr geringer Qualifikation nachgefragt. Der Lebensstil der ersteren erfordert die Arbeitsleistungen der letzteren Gruppe: „… die Zubereitung
von Spezialitäten und Delikatessen, die Herstellung de-
korativer Gegenstände, von Luxuskleidungsstücken
und anderen Konsumgütern, verschiedene Dienstleistungen wie Reinigung, Reparatur und Botendienste."
(Saskia Sassen).
Diese Leistungen werden zum Teil durch eine Schattenwirtschaft erbracht, an der ausländische Arbeitsimmig-
ranten in starkem Maße beteiligt sind. Gleichzeitig lässt
sich aber in Deutschland beobachten, dass Teile der
Schattenwirtschaft und der Arbeit im informellen Sektor in den offiziellen Arbeitsmarkt eingehen: Es entstehen wie in den USA ein ethnisches Unternehmertum
und ethnische Arbeitsmärkte.

Mit diesen Entwicklungen ist eine steigende Arbeitslosigkeit (Erhöhung der Arbeitslosenquote) verbunden.
Eine differenziertere Betrachtung zeigt, dass sich auch
die Quote der Jugendarbeitslosigkeit und die der Langzeitarbeitslosen (länger als zwölf Monate) erhöhen.
Hierunter sind Arbeitslose, deren Qualifikation (ehemals für das Produzierende Gewerbe) nicht mehr nachgefragt werden. Diese strukturelle Arbeitslosigkeit
verringert sich, wie man im Vergleich von Städten
feststellen kann, auch dann nur geringfügig, wenn
sich die wirtschaftlichen Bedingungen verbessern. Es
scheint, als bestünde unter den Bedingungen einer Globalisierung kaum noch ein Zusammenhang von Wirtschaftswachstum und Senkung der Arbeitslosenquoten.
Die Auswirkungen dieser polarisierenden Tendenz lassen sich an einzelnen Städten wie zum Beispiel Frankfurt am Main und München beobachten. Obgleich neue
Arbeitsplätze geschaffen werden, sinkt in diesen Städten weder die Arbeitslosenquote noch die Zahl der So-
zialhilfeempfänger.

Aus: Jürgen Friedrichs, Globalisierung – Begriff und grundlegende Annahmen,
in: Aus Politik und Zeitgeschichte, B 33–34/97, S. 9

M 9   Zusammenhang von Strukturwandel und Globalisierung

■ Der Theorie nach ist zu vermuten, dass die Globalisierung mit wachsender internationaler Arbeitsteilung
und steigender Mobilität des Kapitals – teilweise auch
der hochqualifizierten Arbeitskräfte – einen Strukturwandel auf den Arbeitsmärkten beschleunigt. […]
Insgesamt führt die Globalisierung zu deutlich höherem Wettbewerbs- und damit Innovationsdruck. Die
Anforderungen an die Fähigkeit zu schneller und flexibler Anpassung an die rasch wechselnden Gegebenheiten
der internationalen Märkte nehmen folglich zu. Dabei
steigen die Arbeitsmarktchancen gut qualifizierter
hochproduktiver Beschäftigter tendenziell; sie sind –
allerdings nur an zweiter Stelle hinter den Kapital-

eigentümern – die Globalisierungsgewinner. Weniger
gut qualifizierte Arbeitnehmerinnen und Arbeitnehmer, vor allem solche ohne Berufsqualifikation, geraten
dagegen in eine zunehmend schwierige Lage, da sie sich
mit ihrer geringen Qualifikation in den Wettbewerb
mit Beschäftigten aus Niedriglohnländern begeben.
Ihre Arbeitsmarktsituation und wahrscheinlich auch
ihre Einkommensposition verschlechtern sich.

Aus: Schlussbericht der Enquetekommission Globalisierung der Weltwirtschaft
(1999). Bundesdrucksache 14/2350,
www.bundestag.de/gremien/welt/ glob_end/4_3.html, 2005

M 10   Globalisierung und Sozialstaat

■ […] Die meisten der gegenwärtigen Probleme im
deutschen Sozialversicherungssystem werden im Wesentlichen nicht durch Globalisierung verursacht. Der
Handlungsbedarf in der Rentenversicherung geht
hauptsächlich auf ein Ansteigen der Risiken und auf
demographische Faktoren zurück. […] Die Zunahme des
Lebensalters (Langlebigkeit ist das durch die Rentenversicherung abgedeckte „Risiko"), eine Ausweitung
der versicherungsfremden Leistungen (z.B. Altersren-

ten vor dem 65. Lebensjahr) und der steigende Anteil
von Rentnern an der Bevölkerung waren in der Vergangenheit Hauptverursacher von Leistungskürzungen
oder Beitragssteigerungen. Für die Arbeitslosenversicherung gilt Ähnliches: Die Leistungskürzungen und Bei-
tragserhöhungen in den neunziger Jahren resultierten
aus der – durch die Globalisierung allenfalls offengeleg-
ten – Krise am deutschen Arbeitsmarkt. Auch im Ge-
sundheitsbereich ist nicht zu erkennen, dass die Globa-

lisierung einen wesentlichen Einfluss auf die Erhöhung
20 der Beitragssätze bzw. auf Leistungseinschränkungen
hätte. Diese gehen hauptsächlich auf das Altern der
Bevölkerung in Deutschland und verbesserte Medikamente und Behandlungsmethoden zurück. Dennoch
verläuft der durch die Globalisierung vorangetriebene

Strukturwandel nicht kostenneutral: Wenn gering Qua- 25
lifizierte länger arbeitslos bleiben oder früher in den
Vorruhestand treten, ist die Globalisierung an einer Belastung der Sozialkassen zumindest beteiligt. […]

*Aus: Harald Trabold, Zum Verhältnis von Globalisierung und Sozialstaat,
in: Aus Politik und Zeitgeschichte, B 48/2000, zit. nach www.bpb.de, o. S.*

12.4.4 Die neue Rolle der Finanzmärkte

AUFGABEN

1. Stellen Sie mithilfe von M 11, M 12 und M 13 die Merkmale zusammen, die
   die neue Rolle der Finanzmärkte kennzeichnen.
2. Diskutieren Sie Möglichkeiten und Grenzen nationaler Wirtschaftspolitik vor dem
   Hintergrund der in M 11 bis M 13 geschilderten Entwicklungen.

M 11   Renditejagd mit Lichtgeschwindigkeit

■ Noch vor einem Jahrzehnt gab es in Frankfurt einen
Markt für Bundesanleihen, in London einen für britische Aktien und in Chicago einen für Warentermin-
geschäfte, die jeweils eigenen Gesetzen gehorchten.
5 Heute sind alle diese Märkte unmittelbar miteinander
verbunden. Sämtliche Kursdaten aller Börsenplätze
können an jedem Ort der Welt zu jeder Zeit abgefragt
werden und lösen bei den Empfängern Käufe und Verkäufe aus, deren Kurswert ihrerseits sofort wieder als
10 Bits und Bytes rund um die Erde geschickt werden. Darum ist es möglich, dass fallende Zinsen in den USA am
anderen Ende der Welt, in Malaysia etwa, die Aktienkurse hochtreiben. Wenn sich das Engagement in US-
Schuldtiteln weniger lohnt, schichten die Anleger in
15 ausländische Aktien um. Darum kann der Wert von
Bundesanleihen steigen, wenn die Zentralbank von Japan billiges Geld an Tokios Geldhäuser verleiht. Um-
getauscht in Mark und angelegt in höher verzinsten
deutschen Papieren, verwandeln sich die billigen Yen-
20 Kredite in garantierte Erträge ohne Risiko. Und ebendar-
um tritt jeder, der Geld leihen oder Kapital aufnehmen
will, gleich ob Regierungen, Konzerne oder Hausbauer,
sofort in weltweite Konkurrenz mit allen anderen po-
tentiellen Schuldnern. Weder die konjunkturelle Lage
25 der deutschen Wirtschaft noch die Bundesbank entscheiden über den Zins am deutschen Kapitalmarkt.
Was zählt, ist allein das Urteil der professionellen Geld-
vermehrer, die sich wie eine „elektronisch gerüstete Armee" (The Economist) 24 Stunden am Tag ein globales
30 Rennen um die beste Finanzanlage liefern.

Bei ihrer Arbeit bewegen sich die Rendite-Jäger mit
Lichtgeschwindigkeit in einem vielfach verzweigten
weltweiten Datennetz – ein elektronisches Utopia, dessen Komplexität noch unübersichtlicher ist als die komplizierte Mathematik, die den einzelnen Transaktionen 35
zugrunde liegt. […] Innerhalb weniger Minuten können
Devisenhändler von einem Markt zum nächsten, von einem Handelspartner in New York zu einem anderen in
London oder Hongkong springen[1] und Deals über drei-
stellige Millionenbeträge abschließen. Ebenso verschie- 40
ben Fondsmanager oft binnen Stunden die Milliarden
ihrer Kunden zwischen völlig unterschiedlichen Anlagen und Märkten. US-Staatsanleihen verwandeln sich
da per Anruf und Tastendruck in britische Schuldtitel,
in japanische Aktien oder in Schuldverschreibungen der
türkischen Regierung.   45

Neben den Währungen werden schon über 70000 verschiedene Wertpapiere über alle Grenzen hinweg frei
gehandelt. […]

1 Vgl. Michael Ridpath, Der Spekulant (Roman),
   Hamburg 1995 (engl. Original: Free to trade, 1995).

*Aus: Hans-Peter Martin / Harald Schumann, Die Globalisierungsfalle,
Reinbek bei Hamburg 1997, 10. Auflage, S. 75 f.*

M 12   Die Rolle der Finanzmärkte

● Gut funktionierende Finanzmärkte können einen wichtigen Beitrag zur wirtschaftlichen und sozialen Entwicklung leisten. Sie unterstützen auf der einen Seite die Finanzierung von privaten und öffentlichen Investi-
5 tionen und auf der anderen Seite die langfristige private Vermögensbildung von Individuen, Haushalten und Unternehmen. Überdies spielen die Finanzmärkte eine zunehmend wichtigere Rolle bei der Entwicklungsfinanzierung. Damit Finanzmärkte diese Funktionen erfüllen
10 können, bedürfen sie – wie andere Märkte auch – eines institutionellen Rahmens. Denn Finanzbeziehungen sind prinzipiell nicht stabil. Die ständige Abwägung von Risiken, Chancen und die ständige Suche nach rentableren Anlagefeldern können fehlschlagen. Die Finanzkri-
15 sen des vergangenen Jahrzehnts – genannt seien hier die Asien- und Mexikokrise, aber auch die jüngste Krise in Argentinien – haben gezeigt, wie kostspielig diese Instabilitäten für die betroffenen Gesellschaften sind und wie gefährlich es für die Stabilität des globalen Finanz-
20 systems werden kann, wenn man es zulässt, dass sich Instabilitäten zu Finanzkrisen zuspitzen. Transparenz und effiziente Aufsicht zur Vermeidung oder Minderung von Risiken sind ebenso unverzichtbar wie Kontrollen kurzfristiger Kapitalströme, spekulativer Fonds mit
25 großer Hebelwirkung („Hedge Fonds") und Steueroasen. […]

Von den täglich auf Devisenmärkten gehandelten etwa 1,2 Billionen US-Dollar dienen allenfalls fünf Prozent der Finanzierung von Handelsgeschäften und Direktinvestitionen; der große Rest sind Arbitrage- und Speku- 30 lationsgeschäfte zwischen den international operierenden Finanzinstituten, die nur sehr mittelbar mit den realen Prozessen der Produktion zu tun haben. […]

Offensichtlich tragen Ratingagenturen und Finanzanalysten eine hohe Verantwortung (für die Stabilität der 35 Finanzmärkte, Anm. H. H.), weil sie die Anleger in „irrationalem Überschwang", wie der US-Notenbankpräsident Alan Greenspan meinte, in die gleiche Richtung leiten, und diese muss für die Entwicklungsdynamik von Ländern oder die Stabilität globaler Finanzmärkte 40 keineswegs die angemessene sein. Wenn es denn zu Finanzkrisen kommt, sind die Kosten für alle gewaltig. Einen sehr hohen Preis haben die von einer Finanz- und Bankenkrise betroffenen Gesellschaften zu entrichten, es muss nämlich ein Teil des Bruttoinlandsprodukts zur 45 Sanierung der Finanzindustrie verwendet werden. […]

Aus: Hilmar Höhn, Globalisierung der Weltwirtschaft – Herausforderungen und Antworten. Eine Dokumentation in Auszügen aus dem Schlussbericht der Enquete-Kommission des Deutschen Bundestages, in: Aus Politik und Zeitgeschichte, B 05/2003, zit. nach www.bpb.de, o. S.

M 13   Das Ende der Politik?

● Das Ausmaß der internationalen Devisengeschäfte ist so gewaltig, dass kein Einzelstaat über Finanzmittel in ausreichender Höhe verfügt, um effektive Kontrolle über sie auszuüben. Fachleute schätzen das
5 Volumen weltweiter Devisentransaktionen auf etwa 1 300 000 000 000 (1,3 Billionen) US-Dollar pro Tag. Keine Regierung, nicht einmal die der Vereinigten Staaten, kann auf Devisenreserven zurückgreifen, die ein wirksames Eingreifen in diese Transaktionen ermög-
10 lichen. Allerhöchstens kann ein Staat mithilfe seiner Reserven einen Teil der Kapitalströme in eine bestimmte Richtung lenken und so Wechselkursanpassungen verzögern – nicht jedoch verhindern –, die dem Markt durch die realen Gegebenheiten der jeweils aktuellen
15 Wirtschaftslage aufgezwungen werden.
Ein wachsender Teil dieser Transaktionen wird elektronisch über Kommunikationskanäle abgewickelt, die sich den Bestrebungen der Regierungen, sie zu überwachen oder zu blockieren, zunehmend entziehen (das gilt
20 selbst für die chinesische Regierung). […] Um ein wohl bekanntes, wenn auch eher unbedeutendes Beispiel zu

nennen: Während die Regierungen der europäischen Nationalstaaten ihre Verärgerung über skrupellose Devisenhändler zum Ausdruck brachten, nutzte der Finanzmagnat George Soros seinen Milliarden-Gewinn 25 aus dem Zusammenbruch des Europäischen Wechselkursmechanismus (EWS)[1] zur Finanzierung der Mitteleuropäischen Universität in Budapest und Prag – und benötigte dafür weniger Zeit als die von den Regierungen finanzierte Europäische Bank für Wiederaufbau 30 und Entwicklung darauf verwandte, die Marmorverkleidung für ihren pompösen Eingang zu beschaffen.

1 Im Europäischen Währungssystem (EWS, seit 1979) waren feste und enge Ober- und Untergrenzen für jede Währung festgelegt, die nur durch Beschluss der beteiligten Regierungen geändert werden konnten. Devisenspekulanten konnten deshalb eine Zeitlang „schwaches" Geld zum Festkurs bei den Zentralbanken „abladen" und damit den Druck auf die Währung verstärken. Im August 1992 kaufte George Soros britische Pfund, dann kaufte er dafür (zum garantierten Kurs von 0,36 Pfund pro Mark) deutsche Devisen. Mitte September – Soros hatte 15 Mrd. Mark gekauft – tauschte er zurück und erhielt für eine Mark 0,40 Pfund. (Danach wurden die Schwankungsbreiten im EWS erheblich ausgeweitet.)

Aus: Jahrbuch Arbeit + Technik 1997: Globalisierung und institutionelle Reform, Bonn 1997, S. 17 f.

12.4.5 Staat und Wirtschaft unter den Bedingungen der Globalisierung

AUFGABEN

1. Welche Spielräume bleiben der staatlichen Wirtschaftspolitik angesichts der in M 14 und M 15 skizzierten Entwicklungen?
2. Diskutieren Sie Strategien zur Aufrechterhaltung wirtschaftspolitischer Zielsetzungen (vgl. Kapitel 3.0), insbesondere Strategien auf internationaler Ebene. Vergleichen Sie Ihre Vorschläge mit den wirtschaftspolitischen Leitlinien der im Bundestag vertretenen Parteien.

M 14   Weltwirtschaft und Nationalstaaten

● **Erstens:** Aus der Perspektive globaler Akteure ist die Frage nach dem staatlichen Preis-Leistungsverhältnis gestellt. [...] Wenn alternative Standorte in Verbindung mit freiem Kapitaltransfer existieren, können Standortmerkmale wie Infrastruktur, Arbeitskräftepotenzial, Steuergesetzgebung und andere staatliche Rahmenbedingungen verglichen und zum Gegenstand selektiver Entscheidungen gemacht werden. Zwischen den Volkswirtschaften findet ein Wettbewerb um Anlagemöglichkeiten und Modernisierungschancen statt. Dies relativiert natürlich alle Möglichkeiten einer nationalen Wirtschafts-, Sozial- oder Beschäftigungspolitik. Das Boot der nationalen Volkswirtschaft verliert seine Grenzen wie auch seine Solidargrundlage, die auf der Bindung aller an das Territorium beruht. [...]

Zweitens: [...] Ergebnisse nationaler Interessenauseinandersetzungen sind für globale Akteure nur noch bloße Standortmerkmale, Daten für selektive Entscheidungen. Die Grundlagen der Selektionsmacht liegen in einem System globaler „Nervenzentren", die einen möglichst ungehinderten Transfer von Kapitalien wie auch von stofflichen Ressourcen garantieren. Effektivität wird hier durchbuchstabiert als Minimierung zeitlicher Verzögerungen und räumlicher Widerstände, als Minimierung von Kosten des Kapital-, Information- und Gütertransfers über räumliche Entfernungen. [...]

Drittens: Während nationale Volkswirtschaften von kulturellen Traditionen geprägt werden, gilt für globale Akteure, dass sie sich von derartigen Bedingungen freimachen müssen, um global erfolgreich zu sein. Sie sind deswegen aber nicht völlig bindungslos, sondern zum Beispiel – insoweit sie als „Workaholics" charakterisiert werden können – in die Kultur und das Beziehungsgeflecht globalisierter Expertenkulturen eingebunden. Für die USA hat Robert Reich einen Trend zur Bildung von Wohlstandsghettos ausgemacht, um die herum sich Siedlungsgürtel von Routinedienstleistern gruppieren. [...]

Viertens: In den globalen Metropolen wie London, New York oder Tokio konzentrieren sich jene Branchen, die sich derzeit besonders gut entwickeln (z. B. Telekommunikationsunternehmen). [...] Man kann annehmen, dass hier sehr alte Mechanismen räumlicher Zentralisierung immer noch durchschlagen, auch wenn sie im Zeitalter der Datenautobahnen zunehmend ihre Zwangsläufigkeit verlieren. In Zukunft könnten so genannte Offshore-Zentren immer bedeutsamer werden. Für sie sprechen handfeste Interessen. Offshore-Zentren sind Inseln, die manchmal vielleicht auch Naturparadiese, in jedem Fall aber Steuerparadiese sind. Dort konzentriert sich das Kapital und dorthin können in Zukunft auch immer mehr globale Akteure ihre Wohnsitze verlegen und von dort aus ihre Aktivitäten dirigieren. [...]

Fünftens: Hinsichtlich der Einkommensverteilung scheint sich eine neue Elite von Großverdienern herauszukristallieren, die mit den uns vertrauten klassischen Funktionseliten, den Spitzen von Politik, Wirtschaft, Verwaltung, Militär usw. nichts mehr zu tun haben. Robert Reich charakterisiert diese neue Elite als Symbol-Analytiker. Sie weise einen stark individualisierten Lebenszuschnitt auf und verfügt in hohem Maße über jene Ressourcen, die für eine individualisierte Lebensführung charakteristisch sind. Auch ihre Arbeitstätigkeit entspricht in hohem Maße dem, was für Individualisierung charakteristisch ist: hohe Selektivität bei der Verarbeitung von Informationen und Möglichkeiten, biografische Offenheit, das aktive Eingehen zeitlich begrenzter Verbindungen usw. [...]

70 **Sechstens:** Bis vor kurzem waren sich die Fachleute ziemlich sicher, dass die Zukunft der Arbeit bei den Dienstleistungen liegt. […] Staatliche Aktivitäten bzw. wirtschaftliche Deregulierung sind durchaus taugliche Instrumente, um Arbeitsplätze im Dienstleistungsge-
75 werbe zu schaffen. Unter dem Druck der Globalisierung werden jedoch gerade jene Spielräume wesentlich geringer, die mit dem öffentlichen Sektor und mit der Massennachfrage zu tun haben.

Aus: Ditmar Brock, Wirtschaft und Staat im Zeitalter der Globalisierung. Von nationalen Volkswirtschaften zur globalisierten Weltwirtschaft, in: Aus Politik und Zeitgeschichte, B 33–34/97, S. 17 f.

M 15   Keine Angst vor der Globalisierung?

● In den USA wird das Phänomen Globalisierung vorwiegend als Segen und als Wohlstandsmehrer begrüßt. „Globalisierung, das sind wir!" hat kürzlich sogar ein bekannter Kolumnist geschrieben. Und das, obwohl auch
5 in Amerika der Strukturwandel Opfer fordert. Im Gegensatz dazu ist der Begriff Globalisierung in der öffentlichen Meinung in Europa negativ besetzt. […] Wer seinen Arbeitsplatz verliert, weil sein Unternehmen die Produktion in ein Niedriglohnland verlagert,
10 wird von der Globalisierung wenig halten. Auch wer mit ansehen muss, dass seiner Hände Arbeit immer weniger wert ist, weil die Konkurrenz aus dem Ausland mit Produkten auf den Markt drängt, die von Arbeitern mit gleicher fachlicher Qualifikation, aber deutlich niedri-
15 geren Einkommen gefertigt worden sind, wird wenig Enthusiasmus für die Welt ohne Grenzen und liberaler Märkte aufbringen. […] Die überwiegende Ursache des stetigen Rückgangs der Beschäftigung in der Industrie und der stagnierenden Löhne am unteren Ende der Ein-
20 kommensskala ist aber das Ergebnis der starken, vom schnellen technischen Fortschritt getriebenen Produktivitätsgewinne in der Industrie. […] Deshalb ist in den Industrieländern im Norden der Anteil der industriellen Beschäftigung seit den Siebzigerjahren stetig von
25 28 Prozent auf heute noch 18 Prozent zurückgegangen. Die herstellende Industrie durchläuft dabei einen ähnlichen Prozess wie die Landwirtschaft zu Beginn des Jahrhunderts. Deren Beschäftigungsanteil ging von mehr als 30 Prozent auf weniger als 5 Prozent in den
30 meisten Industrieländern zurück. […]
Diese Entwicklung hat weder mit einer beängstigenden Schwäche der Wirtschaft noch mit einer chronischen Krankheit der Industrie zu tun. Hier spielt sich vielmehr eine für fortgeschrittene Volkswirtschaften typische Ent-
35 wicklung ab. Dies zeigt sich daran, dass der Beitrag der Industrie zur Wertschöpfung ungeachtet der sinkenden Beschäftigung in den Industrieländern gleichgeblieben ist. Mehr noch: Der industrielle Norden hat auch seine Position als Nettoexporteur von Industriegütern in die
40 aufstrebenden Märkte und die Entwicklungsländer behaupten können. Der Süden bezieht somit nach wie vor mehr Industrieprodukte, vor allem hoch wertige Investitonsgüter, aus dem Norden, als er an diesen liefert.

Seit mehr als fünf Jahren stützt er überdies, dank seines explosiven Wachstums, die eher müde wirtschaftliche
45 Entwicklung im Norden. […] Wenn aber, so gesehen, der Süden die europäische Wirtschaft stützt, kann die Ursache für die europäische Misere nur in Fehlern der eigenen Wirtschaftspolitik liegen. Aus amerikanischer Sicht haben Europas Politiker vor allem zwei Dinge ver-
50 säumt. Einerseits sind die Weichen nicht rechtzeitig so gestellt worden, dass der Dienstleistungssektor so rasch und reibungslos wie möglich die in der Industrie freigesetzten Arbeitskräfte aufnehmen kann. Zum anderen nehmen bislang großzügige staatliche Sozialprogram-
55 me den freigesetzten Arbeitskräften vielfach den Anreiz, nach neuen Beschäftigungsmöglichkeiten Ausschau zu halten. Statt den Strukturwandel zu fördern, auch wenn er mit vorübergehenden Härten verbunden ist, haben europäische Regierungen bis heute versucht,
60 ihn aufzuhalten, um unrentable Arbeitsplätze und Industrien zu retten. […]

Dagegen ist es den USA dank größerer Flexibilität in den Arbeitsmärkten, weniger staatlicher sozialer Fürsorglichkeit und einem stärker ausgeprägten Gefühl der
65 Eigenverantwortlichkeit gelungen, viele Millionen von Arbeitnehmern in überwiegend gut bezahlten Arbeitsstellen im Dienstleistungssektor einzugliedern. Auf die doppelte Herausforderung der Globalisierung ein soziales Netz zu erhalten, ohne damit den Strukturwandel zu
70 behindern – hat Amerika die besseren Antworten gefunden.

Nach: Frankfurter Allgemeine Zeitung vom 20.5.1997, gekürzt, Autorin: Carola Kaps

12.4.6 Zurück zur politischen Handlungsfähigkeit?

Die Handlungsfähigkeit der Nationalstaaten wird im Zuge der Globalisierung zunehmend eingeschränkt. Größere Nationalökonomien sind dabei im Vorteil. Ihre Währungen haben eine größere Chance, sich der Spekulation zu widersetzen, sie können den multinationalen Konzernen eher ein ebenbürtiger Partner sein. Liegt die Zukunft der nationalstaatlichen Wirtschaftspolitik unter den Bedingungen der Globalisierung in Zusammenschlüssen und Wirtschaftsunionen?

AUFGABEN

1. Beurteilen Sie, inwiefern die EU geeignet sein könnte, die Auswirkungen der Globalisierung abzufedern bzw. zu kompensieren (M 16 und M 17; vgl. S. 27 f.). Vergleichen Sie mit der derzeitigen Realität.
2. Arbeiten Sie anhand aktueller Beispiele heraus, worin sich der „globale Ansatz" (M 18) und der Regionalisierungsansatz (M 16 und M 17) unterscheiden.
3. Zeigen Sie, welche institutionellen Voraussetzungen gegeben sein müssen, damit die politischen Akteure im Zeichen der Globalisierung handlungsfähig werden bzw. bleiben. Unterscheiden Sie zwischen verschiedenen Akteuren bzw. Akteursgruppen.

M 16   **Die Europäische Union als möglicher Gegenpol**

● 15 Länder haben sich mittlerweile zur Europäischen Union zusammengeschlossen. Dem liegt die Erkenntnis zu Grunde, dass nationalstaatliche Systeme nur in Koalitionen der Wirtschaftsmacht und den Drohungen der
5 Konzerne entgegentreten können. Die Staaten der EU haben ihre Unternehmens- und Zinsbesteuerung harmonisiert, was bedeutet, dass Unternehmen, welche diese Steuern als zu hoch empfinden, jetzt den gesamten EU-Raum meiden müssten. Unternehmen und Zins
10 begünstigte zahlen nun einen angemessenen Anteil des Steueraufkommens, weshalb z.B. die Steuern auf den Konsum gesenkt werden konnten, was v. a. den unteren EinkommensbezieherInnen zugute kommt. Auch die Subventionen wurden EU-weit angeglichen und damit
15 entfällt im Raum der EU die Standortkonkurrenz zwischen den einzelnen Nationalstaaten.
Den Staatshaushalten tut dies gut, endlich ist wieder genug Geld da für wichtige gesellschaftliche Projekte wie Bildung, Gesundheitswesen und Kinderbetreuung. Auch die Gesetzgebung in Bereichen wie Umweltschutz,
20 betriebliche Mitbestimmung und die Sozialgesetzgebung wurden weitgehend angeglichen. Die Messlatte war dabei nicht die Wunschliste der Konzerne, sondern die gesellschaftlichen Bedürfnisse und Vorstellungen. Die Länder lassen sich nun nicht mehr gegeneinander
25 ausspielen.

Soweit zu dem, was in der Europäischen Union möglich sein könnte. Die Realität sieht jedoch anders aus. Die EU ist im Wesentlichen ein Wirtschaftsprojekt. Wesentliche Ziele sind die Schaffung eines gemeinsamen Marktes, der den Unternehmen die Möglichkeit bietet, 30 noch günstiger zu produzieren. Durch den Wegfall der Zölle und der Angleichung der Rechtsvorschriften ist es für die Unternehmen noch leichter geworden, von einem (EU-)Land ins andere zu wechseln. Die Standortkonkurrenz tobt härter als je zuvor: Die Steuern auf Un- 35 ternehmensgewinne und Zinsen sinken ins Bodenlose, Steuern auf Vermögen werden kaum noch erhoben. Harmonisierungsversuche verlaufen halbherzig und haben daher noch zu keinem Erfolg geführt – oft mit dem Verweis darauf, dass eine Harmonisierung nur 40 weltweit Sinn machen würde. [...]
Und doch ändert sich im Zuge erstarkender Globalisierungskritik auch das Interesse an der EU. Zielte die Kritik zu Beginn hauptsächlich gegen die Intransparenz der Entscheidungen, so wird mehr und mehr wahrgenommen, welche Chancen in diesem Projekt stecken, 45 um dem übereinstimmend geforderten Primat der Politik wieder Gehör zu verschaffen.

Aus: Christine Buchholz u. a., Unsere Welt ist keine Ware.
Handbuch für Globalisierungskritiker, Köln 2002, S. 256 f.

M 17   Zurück zur politischen Handlungsfähigkeit

● Aus der Globalisierungsfalle gibt es keinen nationalen Ausweg. Wohl aber einen transnationalen. Ein transnationales Staatengebilde von der Größe der Europäischen Union könnte den Vorrang der Politik, die
5 demokratisch kontrollierbare gesellschafts- und wirtschaftspolitische Handlungsfähigkeit für die kooperierenden Staaten wiederherstellen. Eine starke, demokratische EU könnte ihr Gewicht als größte Handelsmacht der Welt für wirkliche Reformen einsetzen – nach innen
10 nen wie nach außen. Die Welthandelsorganisation (WTO) wäre noch einmal grundlegend zu reformieren. Es müssen dringend soziale und ökologische Mindeststandards eingeführt werden. Nicht aus protektionistischer Absicht, sondern um die europäische Doppel-
15 moral zu überwinden, dass für Menschen in anderen Ländern nicht gilt, was Europa als Menschenwürde definiert und schützt. […] Wir brauchen eine einheitliche Besteuerung in der EU. Es gilt zu einem ausgewogenen Welthandel zu kommen, in dem nicht immer weniger immer mehr gewinnen und alle anderen die Zeche be- 20 zahlen. Wir müssen endlich die Debatte eröffnen über eine europaweite ökologische Steuerreform, die den nationalen Gegenspielern die Argumente raubt. Wir müssen anderen Ländern dabei helfen, dass sie für den eigenen Markt produzieren, dass die eigene Bevölke- 25 rung daran beteiligt wird. Globalisierung heißt Re-Regionalisierung, sub- und supranational.

Aus: Ulrich Beck, Was ist Globalisierung?, Frankfurt a. M. 1997, S. 263 f.

M 18   Prinzipien und Vorgehensweisen einer wirkungsvollen globalen Steuerung

● Die Instrumente, die wir benutzen, müssen kooperativer Natur sein. Das ist eine notwendige Bedingung für die Sicherstellung der Effizienz unseres Handelns. Während wirtschaftlicher Wettbewerb nicht per se in der
5 Lage ist, der menschlichen Entwicklung in der globalen Gesellschaft adäquat zu dienen, sind kollaborative Prozesse nicht nur Instrumente zur Verbesserung der menschlichen Existenzbedingungen und eine Vorbedingung für langfristige Sicherheit und Entwicklung der
10 Menschheit. Sie tragen auch zur Demokratisierung bei. Kooperation kann eine bessere Nutzung von Ressourcen bewirken und Zuversicht sowie Effizienz sichern.

Die globale Zivilgesellschaft muss unterstützt werden. Die vielen verschiedenen Organisationen und sozialen
15 Gruppen, die die globale Zivilgesellschaft ausmachen, sind ein machtvolles Instrument einer demokratischen Bewegung: Sie können Probleme sichtbar machen, Verantwortlichkeit erzwingen, öffentliche Entscheidungsfindung präzisieren und die eigentliche Basis für die
20 Entstehung demokratischer Strukturen bilden. Lokales Handeln, lokale Verhaltensmuster und Experimente, die sich auf das neue Globalisierungsparadigma beziehen, müssen als eine Folge des Prinzips der Verantwortung systematisch anerkannt und auf globaler
25 Ebene unterstützt werden. […] Ideenreiche Formen der Kooperation müssen von transnationalen Konzernen, von der UNO-Administration, von regionalen Organisationen und den NGOs (Nichtregierungsorganisationen) entwickelt werden, um lokale Aktionen miteinander zu
30 vernetzen. […]
Wir müssen bei unserem Denken und Handeln kulturelle Unterschiede in Betracht ziehen. Das Unbehagen wegen der Einwanderungsproblematik in vielen Ländern, das Wiederaufflammen ethnozentrischer Rhetorik und Verhaltensmuster, die sozialen Spannungen 35 zwischen verschiedenen ethnischen Gruppen in den Großstädten rund um die Welt und die Gefahr, dass Religionsfragen zu gewaltsamen politischen Auseinandersetzungen führen – all das zeigt, dass die neue globale Gesellschaft sich explizit mit kulturellen Unterschieden 40 auseinander setzen muss. Es ist wichtig, kulturelle Vielfalt als Herausforderung aufzufassen, miteinander zu kommunizieren und voneinander zu lernen, anstatt zu konkurrieren.
[…] Handlungsvorschläge werden daher als gemein- 45 same Anstrengungen verstanden, denn sie beruhen auf der Vorstellung, dass die globale Gesellschaft als solche und insbesondere die Befriedigung der Grundbedürfnisse und Wünsche der 8 Mrd. Menschen, die 2020 die Erde bevölkern werden, der eigentliche Bezugspunkt 50 der Visionen, Strategien und Handlungen der Menschheit sein sollten. Vier globale Verträge stehen im Zentrum der gemeinsamen Anstrengungen. Die Förderung menschlicher und sozialer Entwicklung auf globaler Ebene verlangt die 55
—Befriedigung von grundlegenden Bedürfnissen und Wünschen;
—wechselseitige Anerkennung und den fruchtbaren Austausch zwischen Kulturen;
—Schaffung von Instrumenten zur globalen Steuerung; 60
—Bewahrung ökologischer Ressourcen.

Aus: Die Gruppe von Lissabon, Grenzen des Wettbewerbs. Die Globalisierung der Wirtschaft und die Zukunft der Menschheit, München1997, S. 170–172

12.4.7 Die Tobin-Steuer

AUFGABEN

1. Stellen Sie die Funktionsweise der Tobin-Tax in einem möglichst einfachen Kurzreferat zusammen.
2. Benennen und diskutieren Sie die Einwände gegen eine solche Steuer.
3. Beurteilen Sie, inwiefern diese neue Steuer dazu beitragen könnte, Handlungsfähigkeit für die Staaten angesichts der Globalisierung zurückzugewinnen.

M 19   **Besteuerung von internationalen Finanzströmen und Devisenspekulationen**

■ Entstanden ist [die Idee einer solchen Besteuerung] in den frühen 70er Jahren, als nach Preisgabe des Systems fixierter Wechselkurse private Händler auf Wechselkursänderungen zu spekulieren begannen. Lange bevor das heutige Volumen solcher Transaktionen erahnt werden konnte, übertrug James Tobin die Keynes'sche Befürchtung, dass mit der Entwicklung von Kapitalmärkten kurzfristige Spekulationen Übergewicht über langfristige unternehmerische Entscheidungen gewinnen und so „die Entwicklung eines Landes Nebenprodukt der Aktivitäten eines Casinos" werden könnte, auf die neuen Devisenmärkte. [...] Um den „anti-sozialen Fetisch der Liquidität" (Keynes) zu bändigen und die weltmarktinduzierte Integration in die Reichweite der Politik zurückzuholen, schlug Tobin eine Umsatzsteuer auf Währungsgeschäfte vor, die zwar für einzelne Transaktionen mit 0,1–0,2 Prozent sehr niedrig ausfallen würde, sich bei immer häufigerem Tausch des eingesetzten Betrags („short-term financial round-trip excursions") jedoch leicht auf einen prohibitiven Steuersatz zwischen 20 und 30 Prozent pro Jahr summieren könnte. Ziel einer solchen Steuer wäre zunächst, die Kosten von Fremdwährungsanlagen zu heben, um die Schwankungen von Wechselkursen zu regeln, und so zumindest einen Teil monetärer Souveränität zurückzugewinnen, die für eine demokratisch legitimierte Wirtschaftspolitik unverzichtbar ist.

Es überrascht nicht, dass die Idee, „Sand in das Getriebe der Finanzmärkte zu streuen" (Tobin), in jüngerer Zeit erneut Aufmerksamkeit erregt. Tobin selbst hat sie unter dem Eindruck der Asienkrise aktualisiert, die eine neue Generation von Marktversagen auf den internationalen Kapitalmärkten signalisierte – Währungskrisen, die nicht auf wirtschaftliche Fundamentaldaten, sondern auf das Zusammenspiel von Wechselkursrisiken und kurzfristigen Kapitalzuflüssen zurückgehen. Finanzielle Instabilitäten sind demnach in Analogie zur Umweltverschmutzung als „global public bads" zu begreifen, die die Weltwirtschaft insgesamt in Mitleidenschaft ziehen. Forderungen nach einer Transparenz, die lediglich Marktprozesse reibungsloser gestalten soll, greifen hier offensichtlich zu kurz. Die seit 1997 geführten Diskussionen um eine „Neue Internationale Finanzarchitektur" haben daher ein breites Spektrum möglicher Vorschläge zur Überwindung systemischer Risiken ins Spiel gebracht. Von besonderem Interesse sind dabei zeitgemäße Varianten einer Tobin-Tax, die aus drei Gründen provokant und zugleich interessant erscheinen: Zum Ersten greifen sie lenkend in den freien Fluss von Kapital ein. Zum Zweiten widersprechen sie der gängigen These, dass die Besteuerung mobilen Kapitals in einer globalisierten Welt illusionär geworden sei. Zum Dritten bieten sie sich als Quelle für eine Entwicklungsfinanzierung an, die einen fairen Ausgleich zwischen den Hauptnutznießern und den Marginalisierten der Globalisierung herstellen könnte.

Genau dieser Verknüpfung finanztechnischer und politischer Aspekte, die für Tobin selbst zunächst nachgeordnet war, ist die außerordentlich mobilisierende Wirkung der Idee einer Tobin-Tax für die globalisierungskritischen Bewegungen zu verdanken. Und ohne die spektakulären Aktionen dieser Bewegungen wäre die erstaunliche Aufmerksamkeit der Massenmedien für ein eher esoterisches Thema der internationalen politischen Ökonomie wohl kaum zustande gekommen. In der Idee einer Tobin-Tax konvergieren in der Tat Programme, die sich als Alternativen zur neoliberalen Globalisierung verstehen.

Aus: Klaus Müller, Globalisierung, Bonn 2002, S. 121 ff.

M 20   Kann die Tobin-Tax Währungsspekulationen einschränken?

● Angenommen, ein Spekulant rechnet mit einem Anstieg des Dollarkurses gegenüber dem Euro. Er könnte einen Vertrag über den Verkauf von sagen wir 1 Mio. EUR für eine Woche abschließen und dafür 1,1 Mio. USD erhalten. Wenn der Dollar dann innerhalb der betreffenden Woche auf den gleichen Kurs wie der Euro ansteigt, dann könnte er die 1,1 Mio. USD für 1,1 Mio. EUR verkaufen und einen Gewinn von 100 000 EUR (10 %) erzielen.

Auf diesen Gewinn wären zweifellos normale Steuern zu zahlen, aber durch diese ließe sich die Spekulation kaum unterbinden.

Die Tobin-Steuer würde jedoch auf die jeweiligen Bruttobeträge erhoben. So wären bei einem Steuersatz von 0,5 % beim Kauf des Dollarbetrags 5 000 EUR zu zahlen, und beim Wiederverkauf würden noch einmal 5 500 USD anfallen (die dann 5 500 EUR entsprächen).

Die Steuer würde also insgesamt 10 500 EUR betragen, das sind 10,5 % des erzielten Gewinns. Dies hätte nach wie vor kaum eine abschreckende Wirkung, selbst wenn man den Betrag zu den normalen Steuern hinzuzählt.

Aber nehmen wir einmal an, die erwartete Wechselkursbewegung hätte nicht stattgefunden und der Wechselkurs USD:EUR wäre in der betreffenden Woche konstant geblieben. Auch in diesem Fall würde die Tobin-Steuer auf die Währungstransaktionen anfallen. Der Spekulant müsste beim Kauf des Dollarbetrags 5 000 EUR und am Ende der Woche weitere 5 100 USD zahlen. Das entspräche einer Abgabe von 1 % seines Kapitals. Auf einfacher annualisierter Basis beliefe sich der Steuersatz auf 52 %.

Aus: Europäisches Parlament, Die Durchführbarkeit einer internationalen „Tobin-Steuer", Gutachten 2000

M 21   So soll die Tobin-Steuer funktionieren

● 1972, ein Jahr nach dem Ende des so genannten Bretton-Woods-Systems fester Wechselkurse, erfand Tobin eine Steuer auf Devisengeschäfte, um damit die zum Teil enormen Schwankungen zwischen Währungen zu bekämpfen. Bei jedem Umtausch einer Währung in eine andere sollte eine Steuer von einem halben Prozentpunkt auf den Umsatz der Transaktion fällig werden. Wegen der (Steuer-)Kosten, so das Kalkül, würde vor allem die kurzfristige Spekulation zu Gunsten respektive zu Lasten einer Währung unattraktiv; Schätzungen zufolge bleiben rund 80 Prozent des in Bewegung gesetzten Kapitals nicht länger als eine Woche am gleichen Ort, vagabundieren also ständig um den Globus.

Das Ergebnis einer Belastung der riesigen Devisentransaktionen wären – glaubt man der Theorie – stabilere Wechselkurse, weil die Tobin-Tax – jedenfalls kurzfristig – die Spekulation auf Währungsgewinne uninteressant macht. Zum Beispiel: Wenn binnen einer Woche eine Devisengeschäft mit Kauf und Verkauf abgewickelt wird, dann müsste sich – bei Berechnung einer Tobin-Tax von 0,5 Prozent auf den Umsatz – eine Jahresverzinsung von gut 25 Prozent ergeben, damit sich der ganze Deal überhaupt noch rechnet. Die Erwartung ist also nicht abwegig, dass eine solche Steuer einen Großteil der spekulativen Kapitalbewegungen unterbinden würde und damit zur Stabilisierung der Devisenmärkte beitrüge. Ein anderer Aspekt betrifft die Verwendung der Steuereinnahmen. Unterstellt, dass die Tobin-Tax die Devisengeschäfte um die Hälfte reduzierte, blieben Schätzungen zufolge bei einem Satz von 0,5 Prozent noch immer Einnahmen von rund 90 Milliarden Dollar. Das den Spekulanten abgenommene Geld könnte an die Ärmsten der Welt verteilt werden. Die wichtigsten Bedenken: Die Steuer blockiert die Effizienz der Finanzmärkte und verzerrt die Kapitalströme; Schlupflöcher, also Finanzplätze ohne Tobin-Tax, würden dem Instrument die Wirkung nehmen. Und schließlich: Wer soll die Steuer kassieren, verwalten und nach welchen Kriterien an wen ausgeben?

Aus: Tagesspiegel, 4. 9. 2001

12.4.8 Was ändert sich für den Einzelnen unter den Bedingungen der Globalisierung?

AUFGABEN

1. Konkretisieren Sie M 22 in Form einer Text-Bild-Collage von aktuellen Zeitungs-artikeln, Anzeigen im Wirtschaftsteil bzw. im Stellenteil (siehe auch „Stellen-gesuche") einer überregionalen Tageszeitung, Programmhinweisen in Ihrer Fernsehzeitung oder Schlagzeilen, Texten und Fotos aus den Berufswahl-Seiten bzw. aus der Berufswahl-Beilage einer Zeitschrift (STERN, Amica etc.).
2. Setzen Sie sich mit M 22 bis M 24 und Ihren Text-Bild-Collagen auseinander. Beachten Sie dabei, welche Perspektiven in den Texten bzw. in Ihren Text-Bild-Collagen eingenommen wird und vergleichen Sie diese.
3. Formulieren Sie abschließend eigene Thesen zum Einfluss der Globalisierung auf die individuelle Lebensgestaltung.

M 22   Globalisierung – Kultur – Örtlichkeit

● Wir gehen von folgenden Kernthesen zur Globalisie-rung aus:

1. Die Werte, die das Alltagsleben vieler Gruppen in der heutigen Gesellschaft bestimmen, beziehen sich auf
5 reale oder vorgestellte Zustände des Globus und seine Bewohner (Globalismus).

2. Bilder, Informationen und Waren aus allen Teilen der Erde sind überall und jederzeit für eine ständig zuneh-mende Anzahl von Menschen auf der gesamten Erde
10 verfügbar und zugleich beeinflussen die weltumspan-nenden Kräfte und Ereignisse ständig das lokale Leben (Globalität).

3. Informations- und Kommunikationstechnologien ma-chen es heute möglich, soziale Beziehungen mittels
15 direkter Interaktion weltweit zu unterhalten (Zeit-Raum-Verdichtung).

4. Weltweite institutionelle Arrangements erlauben Menschen heute, über Grenzen hinweg mobil zu sein, im Vertrauen darauf, dass sie ihre Lebensstile und -wei-
20 sen überall beibehalten können (Entwurzelung).

[…] Wenn wir die unterschiedlichen Zeithorizonte und räumliche Ausdehnung der sozialen Netzwerke unserer Befragten berücksichtigen, können wir die neuen Ele-mente der normalen gesellschaftlichen Beziehungen in
25 einer Ortschaft innerhalb einer globalen Stadt genauer angeben. Wir werden vier neue Thesen zur Örtlichkeit vorstellen, entsprechend den vier oben genannten The-sen zur Globalisierung:

1. Der Ort kann so viele globale Empfindungen vermit-teln, wie es Informationsquellen und Partner für das 30 Verständnis weltweiter Ereignisse gibt.

2. Am Ort können Ereignisse am anderen Ende des Glo-bus, zum Beispiel die Vertreibung der Asiaten aus Ost-afrika, Wirkungen zeigen, die jedes Gefühl der Abge-schiedenheit von der gesamten Welt aufheben. 35

3. Die Netzwerke von Individuen in einem Ort können sich so weit ausdehnen, wie sie ihre Mittel und ihren Willen darauf verwenden, die ihnen zur Verfügung stehenden Kommunikationsmittel zu benutzen. Zeit-Raum-Verdichtung ermöglicht, verwandtschaftliche Be- 40 ziehungen nach Indien oder Jamaika in ähnlicher Weise wie nach Bonn oder Berlin zu unterhalten.

4. Die Ressourcen und Einrichtungen eines Ortes kön-nen eine Verbindung zwischen ihm und globalen Insti-tutionen und deren Tätigkeiten herstellen. Er erleich- 45 tert den Zugang zu den Produkten globaler Kultur und dient als Ausgangspunkt von Reisen – so gut wie jeder andere Ort. Temporäre wie ständige Bewohner können ein wahrhaft weltoffenes Leben führen.

Diese vier Thesen lassen sich miteinander verknüpfen. 50 Sie legen die Vermutung nahe, dass Individuen mit sehr unterschiedlichen Lebensstilen und sozialen Beziehun-gen in unmittelbarer Nähe leben können, ohne mitein-ander in Konflikt zu geraten.

Aus: Martin Albrow, Auf Reisen jenseits der Heimat.
In: Ulrich Beck (Hg.), Kinder der Freiheit, Frankfurt a. M. 1997, S. 297 und 308

M 23   Arbeit und Kapital im Informationalismus

■ Was passiert in dieser schönen neuen Welt des informationellen Kapitalismus mit der Arbeit und mit den gesellschaftlichen Produktionsbeziehungen? Die Arbeitenden verschwinden nicht im Raum der Ströme, und
5 unten auf platter Erde gibt es reichlich Arbeit. Entgegen den apokalyptischen Prophezeiungen vereinfachender Analysen gibt es sogar mehr Arbeitsplätze und ein höherer Anteil der Menschen im arbeitsfähigen Alter ist erwerbstätiger als je zuvor in der Geschichte. Das liegt
10 hauptsächlich an der massenhaften Einbeziehung von Frauen in die bezahlte Arbeit in allen industrialisierten Gesellschaften. Dieser Zustrom wurde im Allgemeinen ohne größere Verwerfungen vom Arbeitsmarkt absorbiert und weitgehend sogar von ihm ausgelöst. Dem-
15 nach hat die Ausbreitung der Informationstechnologien zwar sicherlich Erwerbstätige verdrängt und einige Arbeitsplätze gekostet, aber sie hat nicht zu Massenarbeitslosigkeit geführt, und dies scheint auch in absehbarer Zukunft nicht zu geschehen. Das gilt trotz des
20 Anstiegs der Arbeitslosigkeit in den europäischen Volkswirtschaften, denn diese Tendenz hängt eher mit den gesellschaftlichen Institutionen zusammen als mit dem neuen Produktionssystem. Aber wenn nun Arbeit, Arbeitende und arbeitende Klassen auf der ganzen Welt
25 zwar existieren und sogar zahlenmäßig zunehmen, so werden doch die gesellschaftlichen Beziehungen zwischen Kapital und Arbeit tiefgreifend transformiert. Kapital ist im Kern global. Arbeit ist in der Regel lokal. Der Informationalismus führt in seiner geschichtlichen
30 Wirklichkeit gerade unter Einsatz der dezentralisierenden Macht der Netzwerke zur Konzentration und Globalisierung des Kapitals. Die Arbeit wird in ihrer Ausführung weiter in ihre Bestandteile zerlegt, in ihrer Organisation fragmentiert, in ihrer Existenz diversifi-
35 ziert, in ihrer kollektiven Aktion gespalten. Die Netzwerke konvergieren in ein Meta-Netzwerk des Kapitals, das die kapitalistischen Interessen auf globaler Ebene und quer durch Sektoren und Tätigkeitsbereiche integriert: nicht konfliktfrei, aber unter derselben über-
40 greifenden Logik. Die Arbeit verliert ihre kollektive Identität und wird im Hinblick auf Fähigkeiten, Arbeitsbedingungen sowie Interessen und Projekte immer stärker individualisiert. Wer die Eigentümer, wer die Produzenten, wer die Manager und wer die Diener sind,
45 verschwimmt in einem Produktionssystem variabler Geometrie von Teamarbeit, Vernetzung, Auslagerung und Subunternehmern immer mehr.

Jenseits dieser grundlegenden Dichotomie besteht weiterhin ein hohes Maß gesellschaftlicher Vielfalt, sie be-
50 steht aus Investitionsentscheidungen, Arbeitsanstren-
gung, menschlichem Einfallsreichtum, menschlichem Leiden, Einstellungen und Entlassungen, Beförderungen und Herabstufungen, Konflikten und Verhandlungen, Konkurrenz und Bündnissen: Das Arbeitsleben geht weiter. Auf einer tieferen Ebene der neuen gesell-
55 schaftlichen Wirklichkeit sind jedoch die gesellschaftlichen Produktionsverhältnisse in ihrer tatsächlichen Existenz voneinander abgekoppelt worden. Das Kapital tendiert dazu, in seinen hyperspace der reinen Zirkulation zu entweichen, während sich die kollektive Einheit
60 der Arbeit in eine unendliche Variation individueller Existenzen auflöst. Unter den Bedingungen der Netzwerkgesellschaft ist das Kapital global koordiniert, die Arbeit ist individualisiert. Der Kampf zwischen unterschiedlichen Kapitalisten und diversen Arbeiterklas-
65 sen ist unter den fundamentalen Gegensatz zwischen der nackten Logik der Kapitalströme und den kulturellen Werten der menschlichen Erfahrung subsumiert worden.

Aus: Manuel Castells, Das Informationszeitalter I: Der Aufstieg der Netzwerkgesellschaft, Opladen 2001, S. 533 f.

Globalisierungsfanatiker?

Er joggt in Turnschuhen made in Taiwan, trinkt zum Frühstück Tee aus Sri Lanka oder Kaffee aus Kolumbien. Er sitzt, bekleidet mit US-Jeans und Sakko aus Mailand, vor seinem Computer aus Fernostproduktion, ausgestattet mit der Software aus Seattle. Natürlich besucht er in regelmäßigen Abständen das Kaufhaus, nicht Tante Emma. Denn nur bei Hertie, Horten und Karstadt gibt es die überlebenswichtigen Leckereien – Pasta, Pizza, Pinot Grigio – zu den unschlagbar günstigen Preisen.

Der Kunde und sein aggressiver Zwillingsbruder, der Schnäppchenjäger, sind für den neuen Takt in der Weltwirtschaft mitverantwortlich. Mit ihrer Entscheidung treiben sie die Manager zum Besser, Schneller, Billiger an.

Dem Kunden zur Seite steht ein weiterer Globalisierungsfanatiker, der aus der Mitte der Gesellschaft stammt: der Kleinaktionär. […] Er will Rendite und Anlagesicherheit, sonst gar nichts.

Aus: Der Spiegel Nr. 41/1997, S. 124, Autor: Gabor Steingart

M 24 Wieviel Globalisierung verträgt der Mensch?

■ Der Globalismus ist ein Symptom der Überforderung. Die Globalisierung hält offenbar kein Mensch aus, darum die Einmauerung in Ideologien (Neoliberalismus, Multikulturalismus usw.) und die Flucht in Untergangs-
5 und Rettungsphantasien. Natürlich gibt es auch einen nüchternen, politisch versierten, vom Gerechtigkeitsgefühl geleiteten praktischen Umgang mit den Problemen der Globalisierung. Die Globalisierungskritiker von „Attac" zum Beispiel schwelgen nicht in Weltuntergangs-

10 szenarien, sondern lassen Analysen zirkulieren, decken Widersprüche und Skandale auf, und regen zu pragmatischen Widerstandsaktionen an. Auch in den Machtapparaten der offiziellen Politik gibt es Symptome des Umdenkens. Gleichwohl oder gerade deshalb gilt: Das
15 Globale ist zur Arena der Ökonomie, der Medien, der Politik, der Strategien und Gegenstrategien geworden. Es ist nicht mehr jenes Ganze der Theologie, der Metaphysik, des Universalismus und des Kosmopolitismus; es ist ein Ganzes, das zum Gegenstand ökonomischer,
20 technischer, politischer Bearbeitung geworden ist.

Daher das eigenartige Gefühl der Schrumpfung im globalen Maßstab. Alles kommt einem irgendwie vertraut vor, auch die schlechten Nachrichten. Aus allen Weltgegenden tönen die globalen Imperative. Mit jeder Information wird das Gefühl der Ohnmacht gleich mitgelie- 25 fert. Globalität erscheint als Systemzusammenhang, so gewaltig und letztlich subjektlos funktionierend, dass es fast schon obszön wirkt, an die Bedeutung des Individuums zu erinnern.

Doch das muss man, man muss einmal die Bühne dre- 30 hen und sich klar machen, dass nicht nur der Kopf in der Welt, sondern auch die Welt in unserem Kopf ist. Gewiss, das Individuum ist nichts ohne das Ganze, zu dem es gehört. Aber es gilt auch das Umgekehrte: Dieses Ganze gäbe es gar nicht, wenn es sich nicht in unseren 35 Köpfen, in jedermanns Kopf, spiegelte. Jedes Individuum ist die Bühne, wo die Welt ihren Auftritt hat, wo sie zur Erscheinung kommen kann. Die Welt wird bedeutungsreich oder öde sein, je nachdem, ob das Individuum hell oder stumpf ist. Globalisierung gestalten, bleibt 40 deshalb eine Aufgabe, die sich nur bewältigen läßt, wenn darüber nicht die andere große Aufgabe versäumt wird: das Individuum, sich selbst, zu gestalten.

Rüdiger Safranski, Wieviel Globalisierung verträgt der Mensch? München 2003, Leseprobe aus www.hanser.de, 2005

Informationen über die Globalisierung der Wirtschaft

Informationen über die Globalisierung geben internationale Organisationen wie die Weltbank, der Internationale Währungsfonds, die Europäische Union, aber auch das Bundeswirtschaftsministerium und andere Institutionen. Die entsprechenden Adressen bzw. Internetadressen sind auf den vorherigen Informationsseiten zu finden. Schwieriger ist es schon, Informationen von nicht offizieller Seite, etwa von Nicht-Regierungsorganisationen (NGOs) zu erhalten. Deshalb sind hier einige solcher Internetadressen aufgeführt:

WEED – Weltwirtschaft, Ökologie & Entwicklung e. V. . . . . www.weed-online.org
Netzwerk Zukunft e. V. . . . . www.netzwerk-zukunft.de
OneWorld.at . . . . www.oneworld.at
OECD (Organisation for Economic Co-operation and Development) . . . . www.oecd.org
Vereinte Nationen (United Nations) . . . . www.un.org
UNCTAD (United Nations Conference on Trade and Development) . . . . . www.unctad.org
World Trade Organization . . . . www.wto.org
Commission on Global Governance . . . . www.sovereigny.net/p/gov/gganalysis.htm
Worldwatch Institute . . . . www.worldwatch.org
Netzwerk ATTAC („Globalisierungskritiker") . . . . www.attac.de
Seite mit Artikeln und Links . . . . www.globalisierung-online.de
Linksammlung des Bildungsservers learn:line . . . . www.learn-line.nrw.de

Viele transnationale Unternehmen stellen sich auf Homepages selbst dar. Es kann lohnend sein, Globalisierungsstrategien aus ihrer Sicht wahrzunehmen und mit dem Text von Gabor Steingart zu kontrastieren.

adidas . . . . www.adidas.de
Bayer AG . . . . www.bayer-ag.de
Coca-Cola . . . . www.cocacola.com
DaimlerChrysler AG . . . . www.daimlerchrysler.de
Deutsche Bank . . . . www.deutsche-bank.de
Deutsche Telekom . . . . www.dtag.de
Oetker-Gruppe . . . . www.oetker.de
Nestlé . . . . www.nestle.de
Siemens AG. . . . . www.siemens.de

FRAGEN ZUR WIEDERHOLUNG / WEITERFÜHRENDE FRAGEN

1. Stellen Sie einen „engen" und einen „weiten" Globalisierungsbegriff gegenüber und entscheiden Sie sich begründet für einen der beiden als Arbeitsbegriff.
2. Zeigen Sie an einem Beispiel, wie die Globalisierung auf Entwicklungsländer wirkt.
3. Stellen Sie die Rolle von global players in der globalisierten Wirtschaft dar.
4. Stellen Sie die Folgen der Globalisierung für den Arbeitsmarkt in Deutschland dar.
5. Zeigen Sie, wie die Forderungen des „Weltsozialgipfels" die Globalisierung „in den Griff zu nehmen" versuchen.
6. Erläutern Sie die Funktionsweise der Tobin-Steuer.
7. Nehmen Sie Stellung zu der These, dass der Staat in globalisierten Verhältnissen nicht mehr lenkend in die Wirtschaft eingreifen könne.
8. Ist die Globalisierung eine Naturgewalt? Nehmen Sie Stellung zu dieser pointierten Frage.
9. Inwieweit muss sich die/der Einzelne auf die Folgen der Globalisierung einstellen?

Die soziale und ökologische Marktwirtschaft ist das politisch[e]
[K]oordinatensystem der Europäischen Union. Wir plädieren dafü[r]
[das] Modell der Marktwirtschaft mit sozialer und ökologischer Verant[wortung]
jetzt auch zur Geschäftsgrundlage für eine neue Weltwirtscha[fts]
[o]rdnung zu machen. Damit können die besten Voraussetzung[en]
geschaffen werden für den Leistungs- und Ideenwettbewerb d[er]
[Unter]nehmen für eine [...]

KLIMA WANDEL „MADE IN GERMANY" ABSCHALTEN ! GREENPEACE

KO durch Öko-Steuer

SCHLUSS mit der [...]KEREI

SOFORT WEG MIT DER ÖKO-STEUER

13.1 Was sind Zielkonflikte?

In der Wirtschaftspolitik werden verschiedene Ziele verfolgt. Zum einen haben die unterschiedlichen Träger der Wirtschaftspolitik durchaus unterschiedliche, teils sogar einander widersprechende Interessen. Zum anderen kann es zwischen Einzelzielen der Wirtschaftspolitik zu Konflikten kommen, die es für die betroffenen Akteure notwendig machen, innerhalb dieser Einzelziele zu gewichten.

In diesem Kapitel werden zunächst „klassische" Zielkonflikte untersucht. In einem anschließenden Planspiel können Sie selbst überprüfen, wie mit den Zielkonflikten umgegangen werden kann. Dabei sollen Probleme der Wirtschaftspolitik der Europäischen Union simuliert und die Fragestellung angegangen werden, ob unter gegebenen Bedingungen eine Wirtschaftspolitik innerhalb der EU überhaupt möglich ist.

AUFGABEN

1. Definieren Sie nach der Lektüre von M 1 den Begriff des Zielkonflikts in der Wirtschaftspolitik.
2. Zeichnen Sie die Phillips-Kurve entsprechend M 2 und den Daten aus der Grafik auf S. 73 (Inflationsrate und Arbeitslosenquote). Interpretieren Sie die Ergebnisse.

M 1   Zielkonflikte in der Wirtschaftspolitik

● Im Allgemeinen muss damit gerechnet werden, dass sich die politischen Aktivitäten nicht allein auf das angestrebte Ziel auswirken. Vielmehr muss davon ausgegangen werden, dass Nebenwirkungen auf andere
5 wirtschafts- und gesellschaftspolitische Zielvariablen ausgehen, wobei diese Nebenwirkungen die Erreichung anderer Ziele begünstigen, aber auch erschweren können. Im ersten Fall spricht man von Zielharmonien, im zweiten Fall von Zielkonflikten. So kann z. B. die Politik
10 einer Reduzierung der Arbeitslosigkeit u. U. das Ziel der Preisstabilität gefährden; beide Ziele stehen also in einem Konfliktverhältnis zueinander. [...]

1. Die Konfliktbeziehungen zwischen zwei oder mehreren Zielen können hierbei logischer oder faktischer Art
15 sein. Bei logisch bedingten Zielkonflikten sind die Ziele so formuliert, dass sie sich aus logischen Gründen gegenseitig ausschließen. Wenn man z. B. das Gesamteinkommen in die zwei Einkommensklassen Lohn und Gewinn einteilt, kann man nicht zur gleichen Zeit eine
20 Steigerung der Lohnquote und der Gewinnquote anstreben. Beide Ziele widersprechen einander, da beide so definiert sind, dass der eine Einkommensanteil in gleichem Maße zurückgeht wie der andere ansteigt. [...]
25 Der Hinweis, bestimmte Ziele eines Zielsystems stünden in einem logischen Widerspruch zueinander, ist gleichbedeutend mit einer Ablehnung dieses Zielsystems. Der Hinweis auf faktisch bedingte Zielkonflikte

hingegen braucht den Politiker nicht zu einem Aufgeben seiner Ziele zu veranlassen. Dieser besagt lediglich,
30 dass nicht alle Ziele zur gleichen Zeit vollständig realisiert werden können oder dass für die Realisierung des infrage stehenden Zieles ein Preis im Sinne eines teilweisen Verzichtes auf ein anderes Ziel gezahlt werden muss, es sei denn, es gelänge durch geeignete Mittel-
35 strategien, den faktisch bedingten Zielkonflikt aufzulösen. [...]

2. Zielkonflikte werden zweitens danach untergliedert, ob sie quantitativer oder qualitativer Natur sind. Bei qualitativ bedingten Konflikten schließen sich die Ziele
40 gegenseitig aus, es kann immer nur eines der Ziele realisiert werden. Ob Ziele und damit auch Zielkonflikte qualitativer oder quantitativer Art sind, liegt weniger in der Natur der Ziele als in einer politischen Entscheidung begründet. Mit wenigen Ausnahmen kann man
45 bei fast allen Zielen unterschiedliche Zielrealisierungsgrade unterscheiden. Üblich ist es allerdings, Ziele der Ordnungspolitik qualitativ, die der Prozesspolitik vorwiegend quantitativ zu definieren. So spricht man z. B. im Rahmen der Ordnungstheorie davon, dass sich die
50 beiden Steuerungsprinzipien Markt und Zentralplan gegenseitig ausschließen.
In der Mehrzahl der Fälle lassen sich Ziele allerdings – wie bereits erwähnt – quantitativ formulieren, so dass dann auch die Zielkonflikte quantitativer Art sind. Hier
55 können die infrage kommenden Ziele mehr oder weni-

ger zur gleichen Zeit realisiert werden; die Konfliktbeziehung besteht hier lediglich darin, dass eine höhere Zielrealisierung bei einem Ziel gleichzeitig eine geringere Zielrealisierung beim anderen Ziel nach sich zieht.
60 So wird z. B. im Rahmen der Wachstumstheorie von der Hypothese ausgegangen, dass eine Nivellierung der Einkommen (Verteilungsziel) zu einer Verminderung der gesamtwirtschaftlichen Sparquote führt und dass auf
65 diese Weise das wirtschaftliche Wachstum beeinträchtigt wird. Nähert man sich also dem Ziel der Nivellierung durch Reduzierung des Differenzierungsgrades der Einkommen, so wird hierdurch gleichzeitig die gesamtwirtschaftliche Wachstumsrate verringert. […]

70 3. Im Rahmen einer dritten Untergliederung wird zwischen permanenten und situationsbedingten Zielkonflikten unterschieden. Bei den situationsbedingten Zielkonflikten ist der prognostizierte Konflikt nur unter ganz bestimmten Bedingungen, also in einer ganz bestimmten Situation, zu erwarten. Als Beispiel sei auf 75 den Konflikt zwischen außenwirtschaftlichen und konjunkturpolitischen Zielen hingewiesen. Nur dann, wenn eine Volkswirtschaft binnenwirtschaftlich einen Konjunkturboom und außenwirtschaftlich Zahlungsbilanzüberschüsse bzw. im Innern eine Rezession, nach außen 80 hin ein Defizit der Zahlungsbilanz aufweist, steht das Ziel des Zahlungsbilanzausgleiches mit dem Ziel der Konjunkturstabilisierung in Konflikt.

Aus: Bernhard Külp/Norbert Berthold, Grundlagen der Wirtschaftspolitik, München 1992, S. 83–85

M 2 Zielkonflikt Vollbeschäftigung versus Preisstabilität

● Bei der Analyse von Zielbeziehungen steht die Diskussion eines Zielkonflikts zwischen Vollbeschäftigung und Preisniveaustabilität im Mittelpunkt. […] 1958 veröffentlichte der englische Nationalökonom Phillips eine
5 empirische Untersuchung über die Beziehung zwischen Arbeitslosigkeit und Lohnveränderungen. Danach gibt es einen negativen statistischen Zusammenhang zwischen Lohnsteigerung und der Höhe der Arbeitslosigkeit: Je niedriger die Arbeitslosigkeit, desto höher die
10 Lohnsteigerung und umgekehrt. In der Folgezeit wurden weitere Untersuchungen durchgeführt und ein „trade-off" zwischen Inflation und Arbeitslosigkeit begründet. Das Ergebnis war die Ableitung einer modifizierten Phillips-Kurve (Abb. 253.1).

Die Kurve p illustriert den Konflikt zwischen Preisniveaustabilität und Arbeitslosigkeit: Je höher (niedriger) die Inflationsrate, desto niedriger (höher) die Arbeitslosigkeit. […] Eine gängige Erklärung begründet 15 diesen Zielkonflikt damit, dass durch eine Erhöhung der Nachfrage die Preise steigen, bevor Vollbeschäftigung erreicht ist. Wenn die Nominallöhne bei steigenden Preisen konstant bleiben (Annahme der Geldillusion der Arbeitskraftanbieter), dann sinken die 20 Reallöhne. Die Folge ist eine Erhöhung der Beschäftigungs- und Produktionsmenge mit dann steigenden Löhnen und weiter steigenden Preisen. […]

Die traditionelle keynesianische Interpretation der 25 Phillips-Kurve ging davon aus, dass im Zeitablauf eine stabile Beziehung zwischen den beiden Zielen besteht (p-Kurve). […] Wirtschaftspolitisch gewendet bestand die Möglichkeit, quasi wie auf einer Menükarte zwischen verschiedenen Kombinationen der beiden Zielvarianten zu wählen („trade-off"): Eine niedrige Ar- 30 beitslosigkeit konnte durch beschäftigungspolitische Maßnahmen erreicht werden. Sie „kostete" aber den „Preis" einer höheren Inflationsrate. Dagegen war ein stabiles Preisniveau nur bei höherer Arbeitslosigkeit erreichbar. 35

Aus: Heinz-Dieter Hardes/Gerd-Jan Krol/Fritz Rahmeyer/Alfons Schmid, Volkswirtschaftslehre – problemorientiert, Tübingen 2002, S. 231 f.

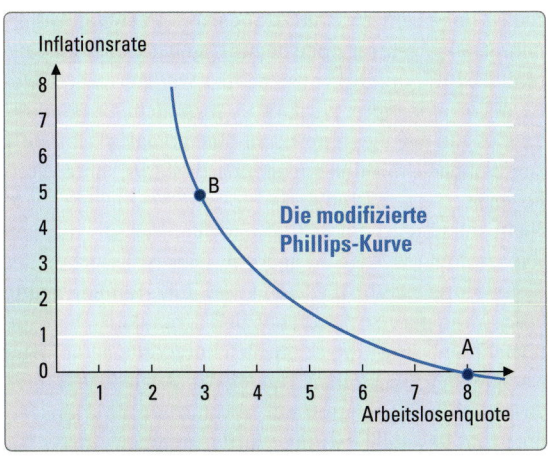

253.1 Die modifizierte Phillips-Kurve

AUFGABEN

1. Kennzeichnen Sie, worin der Konflikt zwischen Ökonomie und Ökologie in Bezug auf wirtschaftliche Maßnahmen für den Umweltschutz besteht (M 3).
2. Zeigen Sie am Beispiel von M 4 und M 5, wie Interessen die Entscheidung in Zielkonflikten bestimmen.

M 3   Zielkonflikte beim Umweltschutz

● Verteilungseffekte

Festzuhalten ist, dass durch Umweltschutzmaßnahmen bei den Verbrauchern direkte und indirekte finanzielle Belastungen entstehen. Direkte Wirkungen ergeben
5 sich durch ökologisch orientierte Verbrauchssteuern, wie z. B. eine Energiesteuer oder eine Verpackungssteuer. Indirekte Wirkungen ergeben sich, wenn Unternehmen die ihnen entstehenden Belastungen in den Preisen auf die Verbraucher überwälzen. Dies trifft u. a.
10 auch auf Müllgebühren zu. Allgemein gilt die Erkenntnis, dass Belastungen, die sich – direkt oder indirekt – über die Konsumpreise auf die Verbraucher auswirken, tendenziell die Bezieher niedriger Einkommen stärker belasten als die Bezieher höherer Einkommen. [...]

Handelswirkungen

Hinsichtlich der Wirkungen des internationalen Handels auf die Umwelt werden sowohl negative als auch positive Effekte angeführt. [...] Eine Zunahme des Warenhandels erhöht den Transportbedarf. Die EU schätzt,
20 dass durch die Realisierung des Binnenmarktes das Lastwagentransportaufkommen um 30–50 % ansteigen wird. Dies schafft insbesondere Belastungen für die Transitregionen. [...] Die Belastungen durch Transportbewegungen wirken sich – zusätzlich zu lokalen Effek-
25 ten – global aus. Auf den internationalen Warentransport entfallen rd. 1/8 des Weltölkonsums. Entsprechend ist der Ausstoß an klimaerwärmenden Gasen. Allerdings werden auf dem treibgasintensiven Luftweg nur etwa knapp 10 % des interkontinentalen Handels abge-
30 wickelt, während rd. 90 % aller Güter im Schiffstransport bewegt werden. Dieser wiederum ist Hauptverantwortlicher für die Meeresverschmutzung durch Öl. Intrakontinental dominieren Straßen- und Schienentransporte. Die ökologische Unsinnigkeit solcher Trans-
35 porte wird deutlich, wenn Güter über lange Strecken verbracht werden, obgleich lokale Produktion zur Verfügung steht. So werden in deutschen Supermärkten Weine aus Australien, Kalifornien oder Chile angeboten, südafrikanische Äpfel neben einheimischen. [...]
40 Andererseits würde eine Drosselung der weltweiten Export- und damit Transportaktivitäten in den betroffe-

nen Ländern tendenziell das Wachstum hemmen und damit in manchen Ländern die armutsbedingte Umweltbelastung erhöhen. Handelsliberalisierungen erlauben es andererseits dem Verbraucher – vorrangig in
45 Industrieländern –, auf umweltfreundlichen Produkten zu bestehen. Auch die Produktionstechnologien können leichter verbreitet werden. [...]
Eine gegensätzliche These ist besonders umstritten; nämlich ob Wirtschaftswachstum – und damit Handel –
50 positive Umwelteffekte impliziert oder sogar Voraussetzung für Verbesserungen im Umweltschutz ist. Daly hat hierfür die Metapher vom Flugzeug gefunden, das eine gewisse Mindestgeschwindigkeit halten muss, um nicht abzustürzen. Wachstum und zunehmender Welt-
55 handel schaffen danach erst die erforderlichen Mittel und den Freiraum für den Umweltschutz. [...]

Internationale Handelsverlagerungen

Aus der Sicht der gewerblichen Wirtschaft wird gerne vor den negativen Folgen der Kostenbelastung durch
60 Umweltschutz gewarnt; dies beeinträchtige die internationale Wettbewerbsfähigkeit und wirke sich nachteilig auf den Standort aus. Die Kosten sind dabei von größeren Unternehmen leichter zu tragen als von kleineren, sodass hohe Umweltschutzstandards tendenziell Unter-
65 nehmenskonzentrationen begünstigen. Da aber die Kostenbelastung durch Umweltschutz weniger gravierend ist, als oft behauptet wird, ist es auch nicht erstaunlich, dass es nur wenige empirische Belege dafür gibt, dass angehobene Umweltschutzstandards signifikante Wett-
70 bewerbseffekte hätten. [...]
Nicht selten wird mit Schließung oder Verlagerung von Kapazitäten ins Ausland gedroht. Dies ist jedoch in der Regel bloße Rhetorik. [...] In einer jüngeren Befragung verneinten über 80 % von 600 befragten deutschen Un-
75 ternehmen, dass die Umweltschutzgesetze sie zum Nachdenken über einen Umzug ins Ausland anregen. Offensichtlich bedeuten nur absolute Produktionsverbote und besonders strenge Auflagen einen Anreiz für Standortverlagerungen.
80

Aus: Jörn Altmann, Umweltpolitik, Stuttgart 1997, S. 93–111.

M 4 „Das fundamentale Problem ist die Umverteilungspolitik"

■ Der Präsident des Kieler Instituts für Weltwirtschaft über die deutsche Wirtschaftpolitik

Was ist aus wirtschaftlicher Sicht die größte Herausforderung für Deutschland?

Wirtschaftswachstum hängt ab von der Kapitalbildung, vom Arbeitseinsatz und vom Wachstum des Humankapitals. In all diesen Punkten fällt Deutschland zurück. Die staatliche Unterstützung für Investitionen in Bildung und Kapital ist zurückgegangen, vergleicht man die dafür verwendeten Ausgaben mit anderen Staatsausgaben. Die Arbeitslosigkeit ist hoch, die Beschäftigungsquote ist niedrig.

Was ist der Hauptgrund für die hohe Arbeitslosigkeit?

Arbeitslosigkeit ist immer ein Symptom vieler Krankheiten. Das fundamentale Problem in Deutschland ist die Umverteilungspolitik. Umverteilung ist wichtig. Die Wahlbürger tolerieren Ungleichheit nicht, also tolerieren auch die Politiker keine Ungleichheit. Es ist ohne Gespür und politisch irrelevant zu sagen: Wir brauchen einfach eine freie Marktwirtschaft, in der Ungleichheit unausweichlich ist. Aber im Bemühen, die Einkommensverteilung auszugleichen, verteilt die Regierung Geld von den Reichen zu den Armen und damit von produktiven Leuten zu nicht produktiven Leuten. Das mindert die Anreize, produktiv zu sein, und es raubt der Wirtschaft ihre Innovationskraft. […]

Müssen als Folge der Osterweiterung der EU die deutschen Löhne sinken?

Es ist zum Beispiel möglich, mit Beschäftigungssubventionen die Arbeitskosten für Unternehmen zu senken, ohne daß die ausgezahlten Löhne bedeutend fallen. Ich würde mich auf eine solche Politik konzentrieren, die Arbeitsanreize schafft.

Aus: FAZ, 19. 3. 2004

M 5 Umwelt in der Globalisierungsfalle. Die ökologischen Grenzen der Globalisierung

■ Vor allem mit der Gründung der Welthandelsorganisation (WTO) 1995 haben die Staatsvertreter ein mächtiges Freihandelsregime geschaffen, das über einklagbare Regeln und Sanktionsgewalt verfügt. Das Hauptziel der WTO ist es, einheitliche Wettbewerbsbedingungen auf dem Weltmarkt zu schaffen. Dafür sollen Zollgrenzen und handelshemmende nationale Regelwerke abgebaut werden. Die Umwelt gerät durch diese Freihandelsdoktrin allerdings gleich mehrfach unter die Räder:

__Nationale Umweltschutzbestimmungen schränken den freien Handel häufig ein. Somit kommt es zu Konflikten zwischen Handels- und Umweltinteressen. In bisher 26 von 27 umweltbezogenen Streitfällen entschied das Schiedsgericht der WTO gegen die Umwelt. […]

__Durch die Vereinbarungen zur Liberalisierung von Dienstleistungen (GATS) und durch die Vorschriften zum Schutz geistigen Eigentums (TRIPS) droht in weiten Bereichen eine Privatisierung von Gemeinschaftsgütern, die nicht nur sozial bedenklich ist, sondern auch Interventionen zum Schutz der Umwelt erschwert. […]

__Der Wettbewerb zwischen den einzelnen Staaten um die Ansiedlung von transnationalen Konzernen prägt immer stärker die Politik. Umweltauflagen erscheinen in diesem weltweiten Rennen um Standortvorteile als Hindernis. Nationale Umweltgesetze scheitern daher immer häufiger an der Drohung der Unternehmen, die Produktion ins Ausland zu verlagern. Globale Regeln für „Global Players" sind deshalb unabdingbar. Konzerne müssen global auf hohe Sozial- und Umweltstandards verpflichtet werden. Rechte besitzen die Multis schon. Es ist an der Zeit, dass die Vereinten Nationen ihnen Pflichten auferlegen. […]

Diese einseitige Freihandelspolitik muss ein Ende haben – wir fordern, dass der Schutz der Umwelt Vorfahrt vor Handelsregeln erhalten muss! Umweltschutz ist eine Frage der Gerechtigkeit!
Die neoliberale Globalisierung verschärft die ökonomische und soziale Ungleichheit. Sowohl innerhalb der Staaten als auch zwischen Industrie- und Entwicklungsländern geht die Schere zwischen arm und reich immer weiter auseinander. Dies spiegelt sich auch in der Verteilung von Umweltgütern und von Umweltverschmutzung wider. Denn es sind vor allem die Armen in den Südländern, die durch ökologische Katastrophen am härtesten getroffen werden – sei es durch den Anstieg des Meeresspiegels, extreme Wetterereignisse (Dürren, Stürme etc.) oder durch industrielle Umweltverschmutzung. Zugleich fehlt ihnen häufig der Zugang zu Umweltgütern, wie z. B. sauberem Trinkwasser.

Aus: www.bund.net/lab/reddot2/rio_2223.htm

Zielkonflikte in der europäischen Wirtschaftspolitik

Zur Durchführung des Planspiels siehe Aufgaben auf Seite 260.

Situationskarte

Mit den großen Umwälzungen in Europa durch den engeren Zusammenschluss der Europäischen Union sowie den Zusammenbruch des sozialistischen Systems in Osteuropa sind viele Veränderungen eingetreten, die nicht nur positive Effekte erzielen. Die Ausweitung des Warenhandels mit dem Osten z. B. führt auch zu immer höherem Verkehrsaufkommen. Ebenso ist zu beobachten, dass die Intensivierung der Arbeitsteilung in Europa zu überproportial wachsendem Transportbedarf führt. Die Folgen sind erhöhte Umweltbelastungen durch die Auswirkungen des Verkehrs.

Deshalb wurde in die Gremien der Europäischen Union ein Vorschlag eingebracht, der über eine umfassende ökologische Steuerreform schrittweise aus der gegenwärtigen Misere führen soll. Es wurde vereinbart, dass die Europäische Kommission eine gemeinsame Konferenz organisiert, auf der das Vorgehen koordiniert und die Weichen für die Arbeit im Detail gestellt werden sollen.

Die Konferenz soll eine Grundsatzentscheidung für oder gegen eine ökologische Steuerreform europaweit treffen. Da es sich um eine Entscheidung innerhalb der Europäischen Union handelt, sind nur die Ländergruppen stimmberechtigt.

Konferenzleitung

Wenn Sie die Konferenzleitung übernehmen, lassen Sie sich von Ihren Vorgängerinnen und Vorgängern die noch bestehende Redeliste übergeben und führen Sie sie weiter. Bestimmen Sie anschließend durch Würfeln ein Ereignis und geben Sie es bekannt.

Die Gruppen können eine Pause zur Beratung beantragen. Falls die Redezeit begrenzt ist, sorgen Sie für deren Einhaltung. Sie sind für einen ordnungsgemäßen Ablauf der Diskussion verantwortlich. Die Gruppen, die keine Länder vertreten, genießen Rederecht, dürfen aber bei der Abstimmung nicht teilnehmen. Natürlich kann auch Ihre Gruppe weiterhin mitdiskutieren. Nach Ablauf von zehn Minuten (Pausen nicht mitgerechnet) übergeben Sie die Konferenzleitung an die nächste Gruppe.

Ereigniskarte 1

In der Weltwirtschaft gibt es deutliche Anzeichen für eine Rezession. Die Aufträge für die Industrie gehen weltweit zurück.

Ereigniskarte 2

Wegen der zunehmenden Umweltverschmutzung durch den Verkehr leiden die Länder in der EU, die vom Tourismus stark abhängig sind, mehr und mehr unter Einbußen. Der Tourismus in Länder außerhalb der EU, besonders nach Übersee, nimmt stark zu. Dies führt auch zu einem höheren Verbrauch an Energie, besonders Kerosin.

Ereigniskarte 3

Die Konzernstrategie wichtiger multinationaler Konzerne läuft darauf hinaus, die Energieversorgung in den europäischen Produktionsstätten zunehmend durch Importe aus Ländern außerhalb der EU zu decken. Ihr Argument sind die dort wesentlich geringeren Kosten für Energie.

Ereigniskarte 4

Sonnenkollektoren sind viel leistungsfähiger geworden. Energieerzeugung auf der Basis von Wasserstoff-Technologie rückt in greifbare Nähe. Auch die Entwicklung der Kernfusion wird es erlauben, in absehbarer Zeit Atomkraftwerke durch viel effektivere Großerzeuger von Energie zu ersetzen.

Ereigniskarte 5

Die Arbeitslosigkeit bleibt auf hohem Niveau. Der Druck aus den Gewerkschaften und der Bevölkerung insgesamt wächst, neue Konzepte zur Bekämpfung der Massenarbeitslosigkeit zu finden. Die EU wird besonders mit in die Pflicht genommen. Ihre Akzeptanz in der Bevölkerung hängt mehr und mehr von der Erreichung von Beschäftigungszielen ab.

Rollenkarte Ländergruppe A

Große und reiche Industrieländer, wie Sie sie vertreten, haben trotz des technologischen Fortschritts große Umweltprobleme. Das Verkehrsaufkommen durch den Handel nimmt ungeheure Ausmaße an. Insgesamt misst die Bevölkerung dem Umweltschutz einen hohen Stellenwert zu. Andererseits sind Sie besonders vom Export abhängig. Bei jeder Einschränkung der Möglichkeit zum Handel wäre Ihre Wirtschaft unmittelbar betroffen. Besonders schädlich wären Wettbewerbsnachteile gegenüber Ländern, deren Unternehmen nicht von Vereinbarungen über Ökosteuern betroffen wären. Ohnehin ist die Arbeitslosigkeit ein großes Problem. Zu weiterer Auslagerung von Arbeitsplätzen ins Ausland darf es nicht kommen. Ein eingeschränktes Wirtschaftswachstum wäre ebenfalls schädlich. Andererseits verfügen Ihre Länder über genügend technologisches Know-how, um auch auf dem Gebiet von Niedrigenergie-Technologien und der Energie aus nachwachsenden Rohstoffen führend werden zu können.

Bisher haben Sie deshalb immer Entwicklungen in Richtung Ökosteuern gebremst, weil Sie Befürchtungen hinsichtlich der für Ihre Wirtschaft schädlichen Folgen haben. Gegenwärtig allerdings erlaubt die wirtschaftlich gute Lage, über umweltpolitische Schritte nachzudenken.

Rollenkarte Ländergruppe B

Die von Ihnen vertretenen Länder sind im europäischen Maßstab relativ schwach entwickelt. Einen im Vergleich hohen Anteil an der Wirtschaftsleistung hat die Landwirtschaft.

Die Rückständigkeit gegenüber den anderen Ländern in der EU ist nur zu überwinden, wenn ein deutliches Wirtschaftswachstum für ein gutes Investitionsklima sorgt. Dann ist dauerhaft der notwendige Strukturwandel und der Rückgang der Landwirtschaft ohne Massenarbeitslosigkeit zu bewältigen. Die vorhandene Industrie und Technologie ist auf einem EU-weit gesehen veralteten Stand. Das schließt ihren hohen Energieverbrauch und ihre geringe Umweltverträglichkeit mit ein. Moderne Technologie aber ist teuer. Der Tourismus ist in Ihren Ländern nur schwach entwickelt. Es fehlt an Infrastruktur.

Rollenkarte Ländergruppe C

Der Energiesektor ist einer der wichtigsten Faktoren der hoch entwickelten Wirtschaft Ihrer Länder. Eine Besteuerung von Energie und damit eine Verminderung der Nachfrage nach Energie würde unweigerlich zu einem sinkenden Verbrauch der von Ihnen gelieferten Energie führen. Alternative Technologien sind bei Ihnen noch wenig entwickelt. Die Arbeitslosigkeit, ohnehin ein Problem, würde durch die zu befürchtende Einschrän- kung von Energielieferungen anwachsen. Von einer möglichst niedrigen Arbeitslosenquote ist auch der soziale Friede in Ihren Ländern sehr stark abhängig. Der Umweltschutzgedanke spielt für die Bevölkerung nur eine untergeordnete Rolle. Bisher haben Sie den Versuchen zur Einführung von Ökosteuern eher verwundert zuge- sehen. Eine Übertragung auf Ihre Länder wäre nicht infrage gekommen.

Rollenkarte Ländergruppe D

Die Länder in Ihrer Gruppe sind kleinere Industrie- staaten mit einem hohen sozialen Standard. Die Umwelt spielt in der Wirtschaftspolitik eine große Rolle. Daher sind verschiedene Maßnahmen, die in Richtung einer ökologischen Steuerreform gehen, bei Ihnen schon vereinbart. Auch international setzen Sie sich auf den Wunsch der Bevölkerung hin stark für den Umwelt- schutz ein. Die Bevölkerung und auch die Wirtschaft wollen an diesen Maßnahmen festhalten, sehen jedoch auch, dass die Wettbewerbsfähigkeit nicht unbedingt davon profitiert, solange die Standards in anderen Ländern niedriger sind.

Wegen des relativ großen Fortschritts in der Umwelt- technologie und vieler Erfahrungen mit alternativer Energiegewinnung würde eine Ausweitung derartiger Technik die Chancen für die heimische Industrie im Ausland verbessern. Dies wäre wahrscheinlich auch dem Abbau der Arbeitslosigkeit förderlich.

Rollenkarte Ländergruppe E

Die Länder Ihrer Gruppe sind stark von der Landwirt- schaft und vom Tourismus abhängig. Dass so viele Menschen ihren Urlaub bei Ihnen verbringen wollen, hängt sicherlich auch damit zusammen, dass die Natur in vielen Teilen noch intakt ist. Natürlich verbrauchen die Touristen auch Energie, aber da Ihre Länder in Gebieten mit starker Sonneneinstrahlung liegen, verspricht die Solartechnologie eine gute Alternative. Alles hängt davon ab, inwiefern die Übernachtungszah- len zu halten oder sogar noch zu steigern sind. Die Landwirtschaft, die zunehmend weniger Arbeitsplätze bietet, hat einen relativ hohen Energiebedarf. Entschei- dend ist, ob die Konkurrenz im Ausland in ähnlicher Weise betroffen wäre. Die Erzeugnisse der Landwirtschaft in Ihren Ländern werden nur zu einem relativ geringen Anteil exportiert, das meiste wird im Lande, besonders auch durch den Tourismus, verbraucht. Eine höhere Besteue- rung von herkömmlichen Energieträgern würde allerdings auch die Reise zu Ihnen verteuern.

Rollenkarte Gewerkschaftsunion

Die einzelnen Gewerkschaften in den Ländern vertreten die Interessen ihrer Mitglieder und die sind häufig durch nationale Besonderheiten und Interessen bestimmt. Vielfach sind die Einzelgewerkschaften nicht bereit, sich übergeordneten Überlegungen zu beugen, da sie um ihre Mitglieder fürchten.
Angesichts dieser Schwierigkeiten muss die Gewerk- schaftsunion vorsichtig agieren. Auf keinen Fall dürfen bei Maßnahmen mit Ihrer Zustimmung Arbeitsplätze verloren gehen. Der Umweltschutzgedanke liegt der Gewerkschaftsbewegung nicht generell fern, aber natürlich hat sie zunächst andere Interessen zu organi- sieren. Deshalb wird die Gewerkschaftsunion Maßnah- men zur Verbesserung des Umgangs mit der Umwelt nicht als solche ablehnen, sondern immer daraufhin überprüfen, ob dabei Arbeitsplätze geschaffen werden. Andererseits ist zu befürchten, dass in energieintensiven Bereichen, wie zum Beispiel der Zementindustrie, Arbeitsplätze wegfallen.

Rollenkarte Multinationale Unternehmen (MNU)

Die EU bringt als Standort große Vorteile, denn hier befindet sich ein überaus kaufkräftiger Markt mit über 350 Millionen Menschen. Diesen Standort aufzugeben kommt nicht infrage.

Die hohen Standards in Umweltfragen bilden allerdings einen starken Kostenfaktor für die Produktion auf dem Boden der EU. Die Arbeitskosten sind in der EU ohnehin sehr hoch, was mit der Qualifikation der Arbeitnehmerinnen und Arbeitnehmer, aber auch mit den weltweit höchsten Sozialstandards zusammenhängt. Eine Reduzierung dieser Kosten durch eine steuerliche Entlastung wäre sicherlich von Vorteil.

Wegen der guten Infrastruktur innerhalb der EU ist es für die MNUs attraktiv, dort einen Hauptsitz zu haben und die Handelsströme von dort zu lenken. Sollte die Infrastruktur selbst, etwa durch die Verteuerung des Verkehrs infolge noch höherer Steuern auf Energie, zu hohe Kosten bedeuten, wäre dieser Standortvorteil für die MNUs gefährdet. Ohnehin ist der Transport innerhalb der EU sehr teuer, durch Autobahngebühren in einigen Ländern bzw. durch hohe Mineralölsteuern. Eine weitere Verteuerung würde bisherige Vorteile durch kurze und gut ausgebaute Wege innerhalb des kleinen Mitteleuropa infrage stellen. Eine ökologische Steuerreform wird wegen der genannten Gründe von Ihnen mit großer Skepsis betrachtet. Jedoch können sich je nach Branche manche mehr und manche weniger mit einem solchen Ansatz anfreunden.

Beachten Sie auch die gemeinsame Rollenkarte am Ende!

Rollenkarte Internationale Umweltschutzorganisation

Es muss endlich etwas geschehen, damit der Wahnsinn des hohen Energieverbrauchs ein Ende nimmt. Es ist ja bekannt, dass der Ausstoß an Kohlendioxid zum Treibhauseffekt beiträgt.

Ebenso ist es nicht mehr hinzunehmen, wenn die ohne Rücksicht auf die Umwelt durchgeführte Produktion in der EU immer wieder zu absurden Transporten durch ganz Europa führt, da die Umweltbelastungen für die Unternehmen externe Kosten darstellen, die einfach auf die Gemeinschaft abgewälzt werden. Diese Kosten müssen endlich internalisiert werden.

In vielen Aktionen haben Sie deshalb auf die größten Umweltsünden öffentlich hingewiesen und auch durch spektakuläre Aktionen am Rande der Legalität pressewirksam Missstände angeklagt.

Die jetzige Initiative macht Hoffnung, dass sich doch noch etwas in der Umweltpolitik bewegen lässt. Deshalb unternehmen Sie alles, damit die Initiative zum Erfolg wird.

Beachten Sie auch die gemeinsame Rollenkarte am Ende!

Gemeinsame Rollenkarte Nicht-Regierungs-Organisationen (NRO) bzw. Publikum (in der Rolle von Journalisten)

Da Sie nur beratende Funktion bzw. eine Beobachterrolle haben, sind Ihre Einflussmöglichkeiten auf den eigentlichen Entscheidungsprozess gering.

Wenn Sie als NRO Ihre Möglichkeiten der Einflussnahme ausgeschöpft haben, beobachten Sie deshalb, auf welche Weise die Verantwortlichen der EU-Länder ihre Entscheidung finden. Gibt es Gewinner und Verlierer bei den Entscheidungen? Auf wessen Kosten werden Entscheidungen getroffen? Kommen sinnvolle Kompromisse zustande oder setzt sich eine Gruppe durch?

Teilen Sie dem Plenum nach Abschluss des Planspiels Ihre Beobachtungen mit und eröffnen Sie die Diskussion über die Ergebnisse des Planspiels und den Vergleich mit der Realität.

13.2 Wie werden die Zielkonflikte ausgetragen?

In einem Planspiel können Sie nun die Austragung von Zielkonflikten simulieren. Wir haben dazu die Ebene der Europäischen Union gewählt, weil diese, insbesondere seit dem Vertrag von Amsterdam 1997, zunehmend mit wirtschaftspolitischen Initiativen an die Öffentlichkeit tritt und eine gemeinsame europäische Wirtschaftspolitik ein zwar noch nicht umfassend realisiertes, aber allgemein anerkanntes Ziel darstellt.

AUFGABEN

1. Teilen Sie den Kurs so auf, dass alle Rollen den Rollenkarten entsprechend besetzt sind (S. 256–259).
2. Lesen Sie alle die Situationskarte (S. 256).
3. Machen Sie sich anschließend mit Ihrer Rolle vertraut, indem Sie die Rollenkarte lesen und evtl. zwischen den Rollenträgern diskutieren.
4. Arbeiten Sie anschließend M 1 bis M 12 aus der Perspektive Ihrer Rolle durch und bereiten Sie sich auf eine Konferenz über Ökosteuern vor. Treten Sie auch in Kontakt mit anderen Gruppen und suchen Sie Verbündete für Ihr Vorgehen.
5. Führen Sie anschließend die Konferenz durch. Der Vorsitz wird jeweils nach 10 Minuten zwischen den beteiligten Ländergruppen gewechselt, und zwar in alphabetischer Reihenfolge.
6. Bei jedem Wechsel wird eine Ereigniskarte durch Würfeln bestimmt. Fällt eine Zahl ein weiteres Mal, wird ohne Ereignis weiterverhandelt.

M 1   Struktur des Abgabenaufkommens in Deutschland nach Produktionsfaktoren 2000 (inkl. Sozialversicherungsbeiträge)

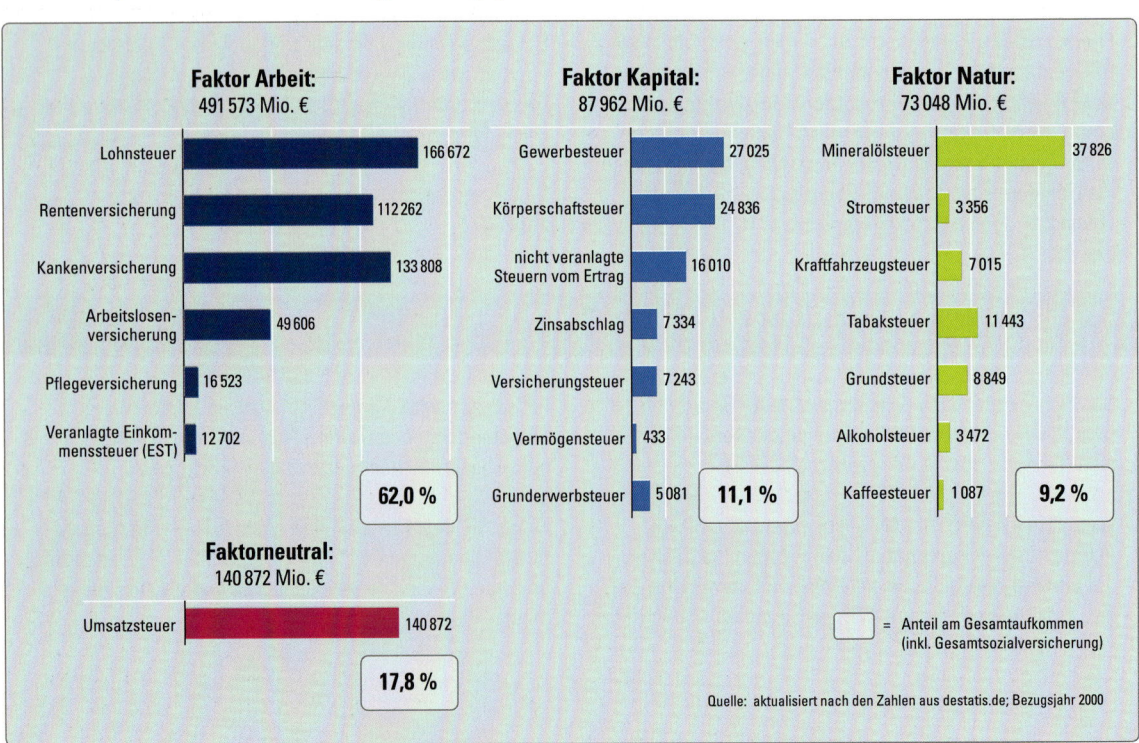

Faktor Arbeit: 491 573 Mio. €

Lohnsteuer	166 672
Rentenversicherung	112 262
Kankenversicherung	133 808
Arbeitslosenversicherung	49 606
Pflegeversicherung	16 523
Veranlagte Einkommenssteuer (EST)	12 702

62,0 %

Faktor Kapital: 87 962 Mio. €

Gewerbesteuer	27 025
Körperschaftsteuer	24 836
nicht veranlagte Steuern vom Ertrag	16 010
Zinsabschlag	7 334
Versicherungsteuer	7 243
Vermögensteuer	433
Grunderwerbsteuer	5 081

11,1 %

Faktor Natur: 73 048 Mio. €

Mineralölsteuer	37 826
Stromsteuer	3 356
Kraftfahrzeugsteuer	7 015
Tabaksteuer	11 443
Grundsteuer	8 849
Alkoholsteuer	3 472
Kaffeesteuer	1 087

9,2 %

Faktorneutral: 140 872 Mio. €

Umsatzsteuer	140 872

17,8 %

= Anteil am Gesamtaufkommen (inkl. Gesamtsozialversicherung)

Quelle: aktualisiert nach den Zahlen aus destatis.de; Bezugsjahr 2000

M 2 **Vorschlag für die zukünftige Aufkommensstruktur des Steuer- und Abgabensystems in Deutschland**

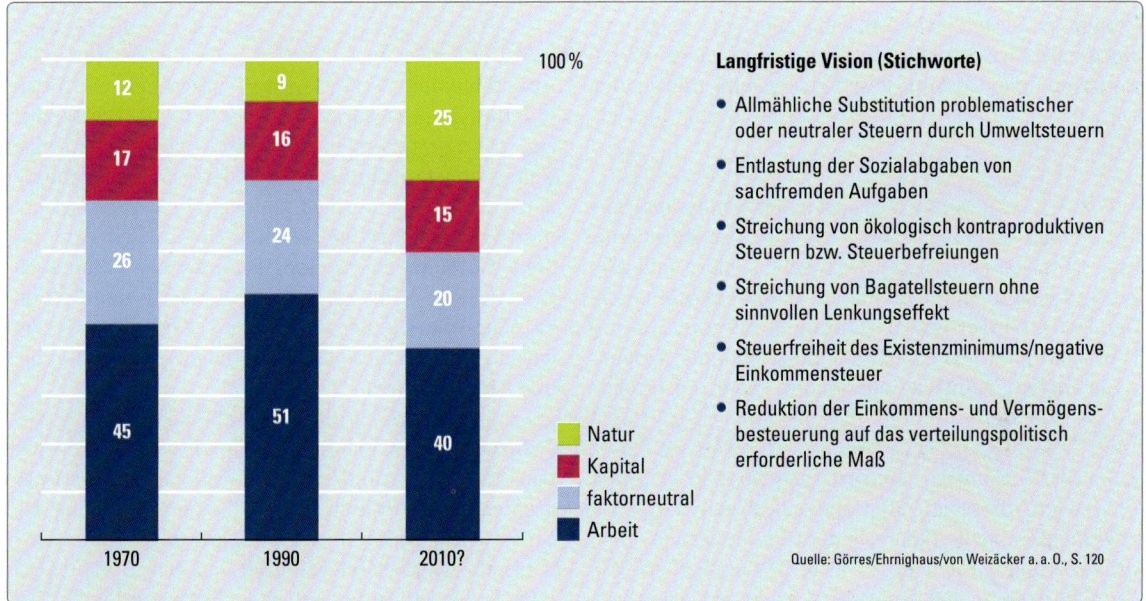

Langfristige Vision (Stichworte)

- Allmähliche Substitution problematischer oder neutraler Steuern durch Umweltsteuern
- Entlastung der Sozialabgaben von sachfremden Aufgaben
- Streichung von ökologisch kontraproduktiven Steuern bzw. Steuerbefreiungen
- Streichung von Bagatellsteuern ohne sinnvollen Lenkungseffekt
- Steuerfreiheit des Existenzminimums/negative Einkommensteuer
- Reduktion der Einkommens- und Vermögensbesteuerung auf das verteilungspolitisch erforderliche Maß

Quelle: Görres/Ehrnighaus/von Weizäcker a. a. O., S. 120

M 2 **Ökologische Steuerreform**

■ Der Grundgedanke der ökologischen Steuerreform ist ganz einfach: Die Steuer- und Abgabenlast soll auf die Nutzung von Natur und Umwelt verlagert werden, der Faktor Arbeit – einschließlich unternehmerischer
5 Tätigkeit – soll von Abgaben entlastet werden. Umweltnutzung wird dadurch teurer und geht zurück. Der Einsatz des Faktors Arbeit wird kostengünstiger und daher ansteigen. Mehr Umweltschutz und mehr Beschäftigung lassen sich so gleichzeitig erreichen. Die Abgaben-
10 belastung für die Wirtschaft und für die Bürger steigt dabei insgesamt nicht an (Aufkommensneutralität) – für einzelne Branchen und Haushalte werden sich allerdings Zusatzbelastungen ergeben.

Eine solche umfassende Umstrukturierung des Steuer-
15 und Abgabensystems gilt heute immer noch als „illusionär". Dagegen ist in Wissenschaft und Politik kaum noch umstritten, dass einzelne Öko-Steuern und -Sonderabgaben als marktwirtschaftliche Instrumente zur „Internalisierung externer Effekte", d.h. zur Anlastung
20 der Umweltkosten bei den Verursachern, durchaus sinnvoll sind (z.B. in Form einer Abwasserabgabe oder einer emissionsorientierten Gestaltung der Kfz-Steuer). Gemeinsame Kennzeichnung solcher isolierter preislicher Lenkungsmaßnahmen sind: relativ geringes Volumen
25 (gemessen am gesamten Steueraufkommen), Ausrich-

tung auf ein spezifisches Umwelt(teil)problem, Mittelverwendung im jeweiligen Problembereich (Sonderabgabe).

Eine ökologische Steuerreform hat einen weiter reichenden Anspruch:
30
— Quantitativ geht es um eine andere Größenordnung – ein Mittelaufkommen jenseits der 100-Milliarden-Marke – und damit um neue Gewichte im Steuer- und Abgabensystem.
— Qualitativ geht es um den Versuch, ökologische Ziele 35 nicht isoliert zu verfolgen, sondern mit dem zentralen gesellschaftspolitischen Ziel einer Senkung von Arbeitslosigkeit zu verbinden.

Zur konkreten Ausgestaltung des Grundgedankens gibt es inzwischen eine Vielzahl von Vorschlägen. Nach Auf- 40 fassung des BUND muss eine ökologische Steuerreform folgende allgemeine Kennzeichen aufweisen:

1. Input-Orientierung: Verteuert werden muss vor allem die Entnahme aus der Natur, z.B. von fossilen Brennstoffen (durch eine Primärenergiesteuer), Was- 45 serverbrauch, Bodenversiegelung. Es soll eine grundlegende Umsteuerung erfolgen und die Fixierung auf den „Schadstoff des Monats" (*end-of-pipe*-Denken) über-

wunden werden. Lediglich ergänzende Funktion hat dann die Belastung des Outputs, d.h. die Einbringung der unverwerteten Reste der Produktion in der Natur (durch Abfall- und Schadstoffabgaben). Die Belastung einzelner (Zwischen-)Produkte würde zu einer unvertretbaren Komplizierung des Steuersystems führen und muss daher auf wenige Ausnahmen beschränkt bleiben (z.B. Benzin).

2. Fokussierung: Keine Vielzahl neuer Sonderabgaben mit hohem administrativem Aufwand, sondern eine Konzentration auf wenige, wirksame Steuern und Abgaben. Im Mittelpunkt steht eine Primärenergiesteuer. Der Energie-Input ist der zentrale Stoffstrom unserer Wirtschaftsweise und bestimmt entscheidend Ressourcenknappheit, Klimaveränderung, Verkehr, Luftschadstoffe, Waldsterben etc.

3. Spürbarkeit: Um die ökologisch gewollten Wirkungen zu erzielen, müssen die Steuersätze hoch sein und es ist mit einem Gesamtaufkommen der Öko-Steuern in einer Größenordnung von über 100 Mrd. DM zu rechnen. Mit den Öko-Steuern soll eine vierte Säule mit dauerhaft stabilem Aufkommen im Abgabensystem geschaffen werden – neben Einkommenssteuern, Umsatzsteuern und Sozialversicherungsbeiträgen. Die Einführung muss schrittweise nach einem Zeitplan erfolgen, der allen Akteuren Planungssicherheit und Anpassungsmöglichkeiten gibt.

4. Aufkommensneutralität, d.h. keine Erhöhung der Abgabenquote. Beträge in der vorgesehenen Größenordnung können der Volkswirtschaft nicht zusätzlich zur schon bestehenden Abgabenlast auferlegt werden. Daher sind Entlastungen an anderer Stelle unabdingbar. Um die Standortbedingungen zu verbessern und positive Beschäftigungseffekte zu erzielen, soll das Steueraufkommen zu einer Senkung der Lohnnebenkosten – den Beiträgen zur Arbeitslosen- und Rentenversicherung – verwendet werden. Begünstigt werden davon (insbesondere arbeitsintensive) Unternehmen und Arbeitnehmer.

5. Sozialverträglichkeit: Unerwünschte Verteilungswirkungen sowie strukturelle und regionale Anpassungsprobleme erfordern im Einzelfall eine Abfederung. Die Mittel dafür sollen durch Umschichtungen im Staatshaushalt – insbesondere durch den Abbau ökologisch schädlicher Subventionen – freigesetzt werden.

Aus: BUND (Hg.), Ökologische Steuerreform. Ein Beitrag zu einem zukunftsfähigen Deutschland, Bonn 1995, S. 4 f.

M 4

Steuern vor dem 1. 4. 1999		Ökosteuer-Erhöhungsschritte					Steuersatz 2003
		1999 (1. 4.)	2000 (1. 1.)	2001 (1. 1.)	2002 (1. 1.)	2003 (1. 1.)	
Normal- und Superbenzin (Ct./l)	50,11	+ 3,07	+ 3,07	+ 3,07	+ 3,07	+ 3,07	= 65,45
Diesel (Ct./l)	31,70	+ 3,07	+ 3,07	+ 3,07	+ 3,07	+ 3,07	= 47,04
leichtes Heizöl (Ct./l)	4,09	+ 2,05	–	–	–	–	= 6,14
Erdgas (Ct./kWh)	0,18	+ 0,16	–	–	–	–	= 0,35
Strom (Ct./kWh)	–	1,02	+ 0,26	+ 0,26	+ 0,26	+ 0,26	= 2,05
Ökosteuereinnahmen (Mrd €/Jahr)	–	4,3	8,8	11,8			
% des Gesamt-Steueraufkommens		0,9	1,9	2,6			
Ökosteuerbeitrag zur Rentenversicherung (Mrd. €)		4,5	8,5	11,2	13,7*		
Förderprogramm erneuerbare Energien (Mio. €)		18	48	136	190*		
Rentenbeitragssatz (% des Bruttolohns)	20,3 (bis 3/99)	19,5 (ab 4/99)	19,3	19,1	19,1		

* geplant

Zahlen: Bundesministerium der Finanzen, Stand: April 2002.

Aus: Ökosteuer – Stand der Diskussion und der Gesetzgebung in Deutschland, auf der EU-Ebene und in den anderen europäischen Staaten.
Kurzstudie im Auftrag des Rates für Nachhaltige Entwicklung, Berlin 2002, S. 7

M 5 Mehr Verlierer als Gewinner?

● **ZEIT:** Was schlagen Sie denn vor, um den Umweltverbrauch zu vermindern, ohne dadurch Armut und Arbeitslosigkeit hervorzurufen?

Hoffmann (Präsident des DIW): Wirtschaftliche Entscheidungen werden im Wesentlichen an den Preisen ausgerichtet. Das Problem ist aber, dass die Marktpreise den Umweltverbrauch nicht richtig reflektieren. Sie müssen also steigen, und zwar mithilfe einer Umweltsteuer.

Henkel (Präsident des BDI): Ich teile die Überzeugung, dass die Anstrengungen, die die westliche Welt macht, wahrscheinlich nicht genügen, um die Klimakatastrophe abzuwehren. Ich bin der Meinung, dass auch die Deutschen weitermachen müssen. Aber doch nicht mit neuen Steuern. […] Die deutsche Industrie hat es doch längst vorgemacht, indem fünfzehn Verbände eine freiwillige Selbstverpflichtung zum Klimaschutz unterschrieben haben. […]

ZEIT: Grundsätzlich haben Sie nichts gegen den Vorschlag, Energie statt Arbeit steuerlich stärker zu belasten?

Henkel: Ich stehe dieser Idee skeptisch gegenüber. […] Wie bei der Medizin, die man von einem Arzt bekommt, muss man den Beipackzettel lesen. Es gibt Nebenwirkungen, darüber müssen wir uns im Klaren sein. Allein Steuern von der linken in die rechte Tasche zu stopfen, ohne die gesamte Steuerbelastung der Unternehmen zu senken, ist völlig falsch.

Hoffmann: Keineswegs. Eine Energiesteuer bei gleichzeitiger Entlastung der Arbeit hat insgesamt positive Wirkungen: Es werden weniger Rohstoffe verbraucht; gleichzeitig wird aber durch die Verbilligung der Arbeitskosten ein Anreiz geschaffen, doch hier und da arbeitsintensiver zu produzieren. Das sind die Wirkungen. Nebenwirkungen würde ich […] darin sehen, dass dann natürlich die Neigung besteht, energieintensive Bereiche auszulagern – und zwar in Länder, die sehr viel geringere Umweltstandards haben, weshalb vorübergehend die Umweltbelastung insgesamt steigt. Das ist eine unerwünschte Nebenwirkung, die ich nicht bestreite.

Henkel: Für mich ist das die Hauptwirkung. Wir treiben die Zementindustrie, die Stahlindustrie, Teile der Chemieindustrie aus dem Land.

Hoffmann: Aber das ist nur ein Übergangsproblem. Durch die Verteuerung der Energie wird nämlich die technologische Entwicklung in Richtung Energiesparen erheblich angeheizt. Die Energie Sparenden werden deshalb die modernen Technologien sein und sie werden weltweit übernommen werden. Langfristig sehe ich wegen dieser Innovationswirkung eine geringere Umweltbelastung und große Marktchancen für die deutsche Industrie. Probleme gibt es nur in einer Übergangszeit.

Henkel: Das drücken Sie sehr vornehm aus. Tatsächlich wäre der Übergang so dramatisch wie noch nie im industriellen Zeitalter. Nehmen wir einmal die Zementindustrie. Sie müsste sofort hier in Deutschland den Laden dichtmachen und entweder in Tschechien oder in Frankreich produzieren. Dort würde dann die Umwelt viel mehr belastet und außerdem dürften wir uns noch über eine Armada von Lastwagen freuen, die den Zement nach Deutschland bringt.

ZEIT: Herr Hoffmann, woher nehmen Sie Ihren Optimismus?

Hoffmann: Aus den Erfahrungen von 1973 und von 1979/80. Was wir aufgrund der Ölpreisexplosion an technologischen Schüben erlebt haben, war phänomenal: Man hat nicht nur neue Technologien entwickelt; sondern auch vorhandene Erkenntnisse aus den Schubladen geholt und angewendet. Nicht umsonst haben wir seitdem praktisch eine völlige Entkopplung von Energieverbrauch und Wachstum.

Henkel: Sie haben Recht. Aber Ihr Beispiel hinkt trotzdem. Denn der Ölpreis hat überall zugeschlagen. Es war eine weltweit gleichzeitige, wenn Sie so wollen, Energiesteuer. Darüber können wir uns auch unterhalten – aber nicht über einen nationalen Alleingang.

Hoffmann: Es ist überhaupt keine Frage, dass eine internationale Energiesteuer die beste Lösung wäre. Nur lehrt die Erfahrung, dass solche internationalen Vereinbarungen nicht zustande kommen, wenn keine positiven Demonstrationsbeipiele da sind.

Aus: Die ZEIT, 26. 5. 1995

M 6   Steuern und Abgaben auf dem Prüfstand der Konkurrenz

● Während die Grenzen für Waren oder Dienstleistungen längst nicht mehr gelten und künftig auch nicht mehr für Geld, bleiben andere gleichfalls maßgebliche Einflussgrößen der gesellschaftlichen und volkswirt-
5 schaftlichen Entwicklung [in der Europäischen Wirtschafts- und Währungsunion, d. Verf.] unverändert bestehen. Dahinter verbirgt sich viel Sprengstoff. Gemeint sind zunächst die unterschiedlichen Lohntarife, die mit dem Euro noch transparenter werden.

10 Viel wichtiger sind aber die gravierenden Unterschiede in den Steuer- und Abgabensystemen in der Gemeinschaft. Egal, ob man die Renten-, Krankenkassen- oder Arbeitslosenbeiträge nimmt, die die Unternehmen bei den weltweit höchsten Lohnzusatzkosten zu spüren be-
15 kommen, oder die hohen Einkommensteuern – alles steht auf dem Prüfstand der neuen Konkurrenz in Europa. Der globale Standortnachteil kann dahinter zu-

nächst zurücktreten. Denn wenn sich Deutschland im 20
neuen Europa dem Wettbewerb stellen kann, gilt das auch weltweit.

Nur eines muss klar sein: Die Standards nach oben zu vereinheitlichen, damit alle in Europa gleich sind, funktioniert ebensowenig wie es weltweit keine Chance hat. 25

So bleibt die Einsicht, dass ökologische Politik grundsätzlich nicht im Alleingang gegen Europa oder gar den Rest der Welt zu machen ist. Wer für den Einstieg in die Ökosteuer plädiert, muss zunächst die Euro-Partner davon überzeugen. Wer dafür sorgen will, dass Kapital 30
nicht mehr aus Deutschland flieht und im Gegenteil zurückkommt, um neue Arbeitsplätze zu schaffen, muss das steuerliche Umfeld neu bestellen.

Aus: Berliner Morgenpost, 4.4.1998, Autor: Gerold Osterloh

M 7   Amsterdamer Vertrag (EWG-Vertrag) von 1997

● Artikel 3b
Aufgabe der Gemeinschaft ist es, durch die Errichtung eines Gemeinsamen Marktes und einer Wirtschafts- und Währungsunion sowie durch die Durchführung
5 der in den Artikeln 3 und 3a genannten gemeinsamen Politiken und Maßnahmen in der ganzen Gemeinschaft eine harmonische, ausgewogene und nachhaltige Entwicklung des Wirtschaftslebens, ein hohes Beschäftigungsniveau und ein hohes Maß an sozialem Schutz, die
10 Gleichstellung von Männern und Frauen, ein beständiges, nicht inflationäres Wachstum, einen hohen Grad von Wettbewerbsfähigkeit und Konvergenz der Wirtschaftsleistungen, ein hohes Maß an Umweltschutz und Verbesserung der Umweltqualität, die Hebung der Le-
15 benshaltung und der Lebensqualität, den wirtschaftlichen und sozialen Zusammenhalt und die Solidarität zwischen den Mitgliedstaaten zu fördern.

Artikel 130 r
(2) Die Umweltpolitik der Gemeinschaft zielt unter Berücksichtigung der unterschiedlichen Gegebenheiten in 20
den einzelnen Regionen auf ein hohes Schutzniveau ab. Sie beruht auf den Grundsätzen der Vorsorge und Vorbeugung, auf dem Grundsatz, Umweltbeeinträchtigungen mit Vorrang an ihrem Ursprung zu bekämpfen, sowie auf dem Verursacherprinzip. 25

Im Hinblick hierauf umfassen die den Erfordernissen des Umweltschutzes entsprechenden Harmonisierungsmaßnahmen gegebenenfalls eine Schutzklausel, mit der die Mitgliedstaaten ermächtigt werden, aus nicht wirtschaftlich bedingten umweltpolitischen Gründen vor- 30
läufige Maßnahmen zu treffen, die einem gemeinschaftlichen Kontrollverfahren unterliegen.

M 8   Ergebnisse der Tagung der Wirtschafts- und Finanzminister vom 20. März 2003 in Brüssel – Steuern

● Energiebesteuerung
Nachdem Österreich seine Vorbehalte zurücknahm, erzielten die Minister eine politische Einigung über die vorgeschlagene Richtlinie für einen Gemeinschaftsrah-
5 men für die Besteuerung von Energieerzeugnissen.

Frits Bolkestein, für Steuern zuständiges Mitglied der

Europäischen Kommission, erklärte hierzu: „Ich freue mich, dass der Rat nun eine Einigung über diesen wichtigen Vorschlag über eine Mindestbesteuerung für alle miteinander konkurrierenden Energieträger erzielen 10
konnte. Die vorgeschlagene Richtlinie wird zu einem besseren Funktionieren des Binnenmarktes und zum Erreichen der umweltpolitischen Ziele der Gemein-

schaft und des Kyoto-Protokolls beitragen. Vor der end-
gültigen Annahme des Vorschlags bedarf es noch der
Stellungnahme des Europäischen Parlaments, das ich
dringend ersuche, sich ebenso pragmatisch und konstruktiv mit dem Vorschlag zu befassen, wie dies der
Rat getan hat.“

Die Richtlinie, die am 1. Januar 2004 in Kraft treten soll,
dient insbesondere folgenden Zielen:
—Abbau der Wettbewerbsverzerrungen zwischen den
   Mitgliedstaaten, die auf die unterschiedlichen Steu-
   ersätze zurückzuführen sind;
—Abbau der Wettbewerbsverzerrungen zwischen den
   Energieträgern, die derzeit bestehen, weil bisher nur
   Mineralöle von den steuerlichen Vorschriften der
   Gemeinschaft erfasst werden, nicht aber Kohle, Erd-
   gas und Elektrizität;
—Steigerung der Anreize zur effizienteren Nutzung
   von Energie, um u. a. die Abhängigkeit von Energie-
   einfuhren und den Ausstoß von Kohlendioxid zu ver-
   ringern;
—Die Mitgliedstaaten sollen die Möglichkeit erhalten,
   Unternehmen für emissionsreduzierende Maßnah-
   men steuerliche Anreize zu vermitteln.

Trotz einer Reihe von Ausnahmen und verschiedener Übergangsfristen bis zum Inkrafttreten einzelner
Elemente der vorgeschlagenen Richtlinie ist deren Annahme als großer Schritt voraus zu werten, da sie realis-
tischere Mindeststeuersätze und einen breiteren Gel-
tungsbereich vorsieht. […]

Die Richtlinie über die Energiebesteuerung
Die Richtlinie wird das derzeit auf Mineralöle beschränk-
te Gemeinschaftssystem und die damit verbundenen

Regelungen über Mindeststeuersätze auf sämtliche
Energieerzeugnisse – v. a. Kohle, Gas und Elektrizität –
ausweiten und die seit 1992 unveränderten Mindeststeuersätze für Mineralöle aktualisieren.

Alle diese Erzeugnisse werden nur besteuert, wenn sie
als Kraft- oder Heizstoff verwendet werden, nicht jedoch, wenn sie als Rohstoff, für Zwecke der chemischen
Reduktion oder zur Elektrolyse dienen. Außerdem werden Kraftstoffe für bestimmte industrielle und gewerb-
liche Zwecke sowie Heizöl niedriger besteuert als dies
bei den betreffenden Energieerzeugnissen sonst der
Fall ist.

Kraftstoff	Mindestsatz heute	Mindestsatz ab 1.1.2004	Mindestsatz ab 1.1.2010
Benzin (€ je 1000 Liter)	337	421	421
Bleifreies Benzin (€ je 1000 Liter)	287	359	359
Dieselkraftstoff (€ je 1000 Liter)	245	302	330
Kerosin (€ je 1000 Liter)	245	302	330
Flüssiggas (LPG) (€ je 1000 kg)	100	125	125
Erdgas	100 (€ je 1000 kg)	2,6 (€ je Gigajoule)	2,6 (€ je Gigajoule)

265.1 Derzeitige und geplante Mindestsätze der
Verbrauchsteuer auf Energieerzeugnisse

Aus: ECOFIN, MEMO/03/64, Brüssel, 21. März 2003,
www.oeko-steuer.de/downloads/ecofin2003-kurzfassung.pdf, S. 1 f., 4

**M 9 Auswirkungen der Energiebesteuerung in der erweiterten Europäischen Union,
Evaluation von GEM-E3 Europe, Abschlussbericht 11.7.2005**

Im Bereich der Szenarien, die in dieser Studie untersucht wurden, kann zusammenfassend festgehalten
werden, dass
—die Einbussen an Wohlfahrt, die eine steigende Energiesteuer hervorrufen würde, begrenzt werden können, wenn die Einnahmen benutzt werden, die Defor-
mationen auf dem Arbeitsmarkt zu verringern,
—eine teilweise oder völlige Befreiung energieinten-
siver Sektoren von der Energiesteuer nach der Implementierung einer grundsätzlichen Klimapolitik der EU
die Kosten in diesen Sektoren zwar vermindern kann,
die Last des Klimaschutzes damit aber zu den anderen
Sektoren in der Wirtschaft verschoben wird,

—da die Energiensteuer eine Steuer auf den End-
verbrauch von Energie ist, sie die Möglichkeiten einer
Reduzierung von CO2 in den Energiensektoren nicht
ausschöpft; Ziel, alle Reduktionsmöglichkeiten auszuschöpfen, ist ein entscheidendes Element zur Begrenzung der Kosten von Klimapolitik.

Energiebesteuerung

Kommission veröffentlicht externe Studie über die
Auswirkungen der Energiebesteuerung in einer
erweiterten Europäischen Union

www.europa.eu.int/comm/taxation_customs/taxation/index_de.htm, 22.7.2005

M 10 Zukunftsbündnis zwischen Ökonomie und Ökologie

● Währungsstabilität, Kranken- und Arbeitslosenversicherung, Rentensystem sowie staatlich geförderte Ausbildungsgänge haben hierzulande für einen gesellschaftlichen Konsens und Wohlstand gesorgt, der die
5 Soziale Marktwirtschaft besonders seit dem Zusammenbruch der sozialistischen Staaten als geradezu vorbildhaftes und alternativloses Modell erscheinen lässt. Doch ist der Reichtum mit einem ebenso beispiellosen Raubbau der Natur, einer Verschwendung der Ressour-
10 cen und einer Ökonomisierung nahezu sämtlicher Lebensbereiche erkauft. Noch niemals sind so viele Waren produziert, umgesetzt und verbraucht worden wie heute; und noch kein Jahrhundert ist so leichtfertig mit Energien, Rohstoffen und geerbten Naturwerten umge-
15 gangen wie unseres.

Die Ökonomie des 21. Jahrhunderts wird darum vor eine völlig neue Aufgabe gestellt: die Versöhnung von Ökonomie und Ökologie bei gleichzeitigem Erhalt der Errungenschaften der Sozialen Marktwirtschaft unter
20 den Bedingungen der Globalisierung. Diese Herausforderung anzunehmen bedeutet drei grundsätzliche Konflikte zu lösen: erstens den Widerspruch zwischen ökonomischem Wachstums- und ökologischem Nachhaltigkeitsdenken, zweitens das Dilemma zwischen
25 sozialstaatlicher Sicherung und ökologischer Verantwortung und drittens den Zwiespalt zwischen der Globalisierung der Märkte und ökologischer Regionalität. Erstens: Noch bis weit in die 80er Jahre wurde das Verhältnis zwischen Wirtschaft und Umwelt als Gegensatz
30 divergenter Interessen behandelt. Das ausschließlich auf Kosten-Nutzen-Rechnungen basierende Optimierungskonzept der Ökonomie wurde als Synonym für anhaltenden Wohlstand und Fortschritt gesehen. Doch ist bereits durch den Schock der Ölkrise, vor allem aber
35 durch die ökologischen Katastrophen wie in Tschernobyl 1986 oder durch die dramatischen Veränderungen des Weltklimas, die Zerstörung unserer natürlichen Lebensgrundlagen durch eine ungehemmte Industrialisierungsdynamik ins allgemeine Bewusstsein gerückt.
40 Seither besteht die vorrangige Aufgabe darin, Wege eines ökologisch verträglichen Wirtschaftens zu finden und den grundlegenden Umbau der Industriegesellschaft zu beginnen.

Das bedeutet zunächst, ganzheitlich statt wachstumsorientiert zu denken und den effektiven Naturver-45 brauch und die erforderlichen Reparaturkosten der Ökosysteme in die wirtschaftliche Gesamtrechnung einzubeziehen. Es geht nicht länger an, ausschließlich nach kurzsichtigen Gewinn- und Erfolgschancen zu entscheiden, vielmehr erweist sich langfristig der Vorrang der 50 Ökologie vor der Ökonomie als rationaler und damit auch wiederum als ökonomischer. Man nennt dies „nachhaltiges Wachstum". Um dies umzusetzen, sind allerdings tief greifende Reformen des Energie-, Verkehrs- und Steuersystems vonnöten. […] Notwendig ist 55 darüber hinaus die konsequente Abkehr vom letztlich ruinösen Individualverkehr bei gleichzeitiger Entwicklung neuer Verkehrssysteme und Kommunikationstechnologien, statt weiterhin Landschaften zuzubetonieren oder Entwicklungsländer wie das große China durch 60 europäische, amerikanische und japanische Automobilkonzerne nach unserem Vorbild zu motorisieren.

Schließlich bedarf es dringend der europaweiten Einfüh-rung einer Ökosteuer mit deutlicher Umorientierung des Wirtschaftens von einer energieintensiven, 65 also Ressourcen verschwendenden und umweltbelastenden Produktion hin zu einer arbeitsintensiven, humaneren Produktion, da die Inanspruchnahme der Natur steuerlich belastet und die Kosten der Arbeit umgekehrt entlastet würden. Es steht außer Zweifel, dass 70 mit der Einführung der Ökosteuer mehr Arbeitsplätze geschaffen werden als verloren gehen. Auf der Hand liegt aber auch, dass sich Steueränderungen und Technologieförderungen stets noch im Rahmen des bisherigen Wirtschaftens bewegen. Sie können allenfalls 75 Umsteuerungen bewirken, aber keineswegs schon die ökologischen Probleme lösen. Alles hängt vielmehr davon ab, auch wirklich anders zu wirtschaften: nämlich ökologisch rational, das heißt nach dem Nachhaltigkeitsprinzip, und nicht langfristig ökonomisch irratio-80 nal, nach einem ungebremsten Maximierungsprinzip.

Aus: Joschka Fischer, Strukturwandel. Erschwerte Bedingungen durch Globalisierung der Märkte, zitiert nach: www.handelsblatt.de (28. 9. 1998)

M 11 Eine neue Weltwirtschaftsordnung

● Die soziale und ökologische Marktwirtschaft ist das politische Koordinatensystem der Europäischen Union. Wir plädieren dafür, dieses Modell der Marktwirtschaft mit sozialer und ökologischer Verantwortung jetzt auch
5 zur Geschäftsgrundlage für eine neue Weltwirtschaftsordnung zu machen. Damit können die besten Voraussetzungen geschaffen werden für den Leistungs- und Ideenwettbewerb der Unternehmen und für einen freien Handel, der allen Beteiligten nutzt.

10 Dafür brauchen wir internationale Vereinbarungen im Rahmen supranationaler Einrichtungen. Diese Einrichtungen sind vorhanden. Ich nenne die Europäische Union, die G7, die OECD, den Internationalen Währungsfonds und die Welthandelsorganisation WTO.

15 Auch die ökonomischen Voraussetzungen sind gegeben. Denn die internationalen Handels- und Investitionsströme, die den Kernbereich der Globalisierung ausmachen, konzentrieren sich vor allem innerhalb der so genannten Triade: auf die europäischen Staaten und die
20 außereuropäischen Industriestaaten der G7, also die USA, Kanada und Japan. Die so genannte Globalisierung liegt nicht außerhalb unseres politischen Einflussbereichs. Wir müssen die politischen Handlungsmöglichkeiten nutzen. Dann sind die bestehenden und absehba-
25 ren Probleme der Globalisierung beherrschbar.

Welches sind nun die Politikfelder, auf die sich die internationale Zusammenarbeit konzentrieren muss? Ich nenne vor allem sieben wirtschaftspolitische Aufgaben: Wir brauchen
30 —eine Stabilisierung der Wechselkurse,
—eine stabilitätsorientierte und zugleich wachstumsgerechte Zinspolitik,
—eine konjunkturgerechte und beschäftigungsorientierte Budgetpolitik,
35 —eine harmonisierte Steuerpolitik,
—eine gemeinsame Technologiepolitik,
—eine internationale Sozialcharta,
—eine konzertierte Offensive gegen globale Umweltzerstörung. […]

40 Umweltdumping ist ökonomisch kurzsichtig und moralisch unvertretbar. Jeder Staat hat die Verantwortung gegenüber kommenden Generationen, für die Erhaltung der natürlichen Lebensgrundlagen zu sorgen. Globale Umweltgefahren können am besten durch globale

Anstrengungen bekämpft werden. Deshalb plädieren 45 wir für eine internationale Offensive zur Bekämpfung der globalen Umweltzerstörung. Die Industrieländer sollten gemeinsam eine ökologische Steuerreform einleiten. Das bedeutet eine umweltorientierte Umschichtung innerhalb des Steuer- und Abgabensystems. Eine 50 Erhöhrung der Steuer- und Abgabenbelastung insgesamt ist damit nicht verbunden.

Die dabei vorgesehene Entlastung des Faktors Arbeit bringt mehr Beschäftigung. Und die stärkere Belastung des umweltschädlichen Energieverbrauchs schafft markt- 55 wirtschaftliche Anreize zur Entwicklung neuer Technologien für Energieeinsparung und Umweltschutz.

Die ökologische Steuerreform ist ein Programm für neue und sichere Arbeitsplätze. Es bedeutet ein schwer wiegendes Versagen der Politik, dass dieser marktwirt- 60 schaftliche Umweltschutz international nicht stärker vorankommt.

Aus: Oskar Lafontaine: Globalisierung und internationale Zusammenarbeit, in: Ulrich Beck (Hg.), Politik der Globalisierung, Frankfurt a. M., 1998, S. 256 f. und 261.

Der Autor war langjähriger Ministerpräsident des Saarlandes, SPD-Vorsitzender von 1995 bis 1999 und von November 1998 bis März 1999 Bundesminister der Finanzen. 2005 trat er aus der SPD aus und kandidierte bei der vorgezogenen Bundestagswahl für die neugegründete Linkspartei (Die Linke.PDS), die aus dem Zusammenschluss von WASG (Wahlalternative Arbeit & soziale Gerechtigkeit) und PDS hervorging.

M 12 Verursacherprinzip – Gemeinlastprinzip – Vorsorgeprinzip – Kooperationsprinzip

● Das Verursacherprinzip besagt, dass grundsätzlich derjenige für die Vermeidung von Umweltbelastungen bzw. die Beseitigung von Umweltschäden aufzukommen hat, der sie verursacht hat, daher die Bezeichnung
5 polluter-pays-Prinzip (PPP). [...]

Das Gemeinlastprinzip besagt, dass die öffentliche Hand anstelle des Verursachers mit öffentlichen Mitteln einspringt. Dies geschieht vornehmlich in den Fällen, wo der Verursacher nicht zu identifizieren ist, dringender
10 Handlungsbedarf z. B. aufgrund sonst drohender irreversibler Schäden gegeben ist oder wenn der Schaden bereits in der Vergangenheit entstanden ist (z. B. Altlasten). Durch den Subventionscharakter dieses Prinzips erfolgt natürlich eine Abkopplung vom Markt: Markt-
15 verzerrungen entstehen, da umweltintensiv hergestellte Güter relativ zu günstig angeboten werden. Bei einer alleinigen Anwendung dieses Prinzips würde überhaupt kein Anreiz zur Vermeidung von Umweltschäden bestehen. Daher kommt das Gemeinlastprinzip nur als flan-
20 kierende und ergänzende Strategie in Betracht.

Nach dem Vorsorgeprinzip sollen umweltpolitische Maßnahmen so getroffen werden, dass Umweltschäden bzw. Umweltgefahren erst gar nicht entstehen (präventive statt kurierende, folgenorientierte Umweltpolitik).
25 Über die Abwehr unmittelbarer Gefahren und die Beseitigung bereits eingetretener Schäden hinaus sollen Umweltgüter geschützt bzw. schonend in Anspruch genommen werden (Schutzprinzip). So sollten auch die Interessen der zukünftigen Generationen und drohende irreversible Schäden in der (wirtschafts-)politischen 30 und unternehmerischen Praxis ausreichend Berücksichtigung finden. [...] Unter dem Kooperationsprinzip versteht man die Mitverantwortlichkeit und Mitwirkung der Betroffenen von Umwelt beeinträchtigenden wirtschaftlichen Aktivitäten sowie die Beteiligung bei ge- 35 planten oder durchzuführenden umweltschützenden Maßnahmen. [...] Das Kooperationsprinzip stellt ein umweltpolitisches Leitbild dar, welches die frühzeitige Beteiligung von gesellschaftlichen Kräften (Industrie, Bürgerinitiativen, Umweltverbände) am umweltpoliti- 40 schen Willensbildungs- und Entscheidungsprozess zum Ziel setzt, dieses allerdings nur in der Gestalt, als dass die staatliche Regelungsbefugnis nicht infrage gestellt wird. [...]

Aus: Jörn Altmann, Umweltpolitik, Stuttgart 1997, S. 118–121

13.3 Emissionshandel als alternatives Modell

AUFGABEN

1. Machen Sie sich mit der Funktionsweise und den Zielen des Emissionshandels vertraut (M 1, M 2 und M 3).
2. Inwiefern passt der Emissionshandel in die Marktwirtschaft? Diskutieren Sie positive und negative ökonomische Effekte.
3. Wie erklären Sie sich den Konflikt, wie er 2004 zwischen dem Bundesumwelt- und dem Bundeswirtschaftsministerium ausgetragen wurde (M 4)?
4. Welche Zielkonflikte treten bei der Problematik des Emissionshandels zutage?
5. Informieren Sie sich über den aktuellen Stand des Emissionshandels in der EU.

M 1 EU-Emissionshandel

Rechtsgrundlagen:

- EU-weit: Emissionshandelsrichtlinie
- Deutschland: Treibhausgas-emissionshandelsgesetz (TEHG) + Verordnungen (in Arbeit)

→ **unabhängig vom Inkrafttreten des Kyoto-Protokolls**

Prinzip:

Verkauf der CO_2-Einsparung

laut Nationalem Allokationsplan (NAP) zugewiesene Emissionsmenge

Industrieanlage 1   Industrieanlage 2

■ tatsächlich ausgestoßen   ■ gegenüber NAP eingesparte Emissionen

M 2 Märkte für Verschmutzungsrechte (Emissionslizenzen)

■ Nach diesem Ansatz setzt der Staat für Belastungsregionen bestimmte Umweltqualitätsziele fest, indem er maximal zulässige Emissionsmengen und eine danach zu bestimmende Menge von gestückelten Emissionslizenzen zur Verfügung stellt. Durch den Gesamtbestand an Emissionslizenzen kann der Staat – anders als bei der Abgabe – die Erreichung politisch festgelegter Umweltqualitätsziele sichern, vorausgesetzt, das Kontrollsystem kann darüber hinausgehende Emissionen verhindern. Das emittierende Unternehmen muss nun die benötigte Menge Emissionslizenzen kaufen. Allerdings nicht zu einem politischen Festpreis, sondern zu einem Marktpreis, der sich aus der Konkurrenz der Nachfrage aller an Verschmutzungsrechten interessierten Unternehmen um den Bestand an Verschmutzungsrechten ergibt. […] Mit zunehmender Knappheit – sei es durch steigende Nachfrage nach Emissionsrechten im Wachstum, sei es durch (staatliche) Verknappungen des Angebotes dieser Rechte entsprechend ökologischen Zielen – steigen automatisch die Preise der Lizenzen. Mit steigenden Lizenzpreisen verstärken sich die Anreize zur Suche nach emissionsmindernden Alternativen nicht nur bei den Nachfragern nach Lizenzen. Auch für die Besitzer von Emissionslizenzen steigt der Anreiz zur Investition in Vermeidungstechnologie mit steigendem Wert des Lizenzbestandes. Steigende Preise für Emissionslizenzen in Folge zunehmender Knappheit machen gleichzeitig die Entwicklung und den Einsatz umweltschonender Technologien attraktiver. Für die praktische Umweltpolitik kommt diesem schon emotional weitgehend abgelehnten Konzept einer „Vermarktung von Verschmutzungsrechten" bisher nur eine geringe Bedeutung zu. […] Während der Ablasshandel unerwünschtes, sündiges Verhalten, anreiztheoretisch gesehen, attraktiver machte, indem er die „Kosten" der Sünde senkte, bewirken Lizenzen, dass die Kosten unerwünschten Verhaltens steigen.

Aus: Gerd-Jan Krol/Alfons Schmid, Volkswirtschaftslehre.
Eine problemorientierte Einführung. Tübingen 2002, 21. Auflage, S. 459 f.

Richtlinie 2003/87/EG des europäischen Parlaments und des Rates vom 13. Oktober 2003 über ein System für den Handel mit Treibhausgas- emissionszertifikaten in der Gemeinschaft

Artikel 1 – Gegenstand

Mit dieser Richtlinie wird ein System für den Handel mit Treibhausgasemissionszertifikaten in der Gemeinschaft (nachstehend „Gemeinschaftssystem" genannt)
5 geschaffen, um auf kosteneffiziente und wirtschaftlich effiziente Weise auf eine Verringerung von Treibhausgasemissionen hinzuwirken.

Artikel 4 – Genehmigungen zur Emission von Treibhausgasen

10 Die Mitgliedstaaten stellen sicher, dass ab dem 1. Januar 2005 Anlagen die in Anhang I genannten Tätigkeiten, bei denen die für diese Tätigkeiten spezifizierten Emissionen entstehen, nur durchführen, wenn der Betreiber über eine Genehmigung verfügt, die von einer zuständi
15 gen Behörde gemäß den Artikeln 5 und 6 erteilt wurde, oder wenn die Anlage gemäß Artikel 27 vorübergehend aus dem Gemeinschaftssystem ausgeschlossen wurde.

Artikel 9 – Nationaler Zuteilungsplan

(1) Die Mitgliedstaaten stellen für jeden in Artikel 11
20 Absätze 1 und 2 genannten Zeitraum einen nationalen Plan auf, aus dem hervorgeht, wie viele Zertifikate sie insgesamt für diesen Zeitraum zuzuteilen beabsichtigen und wie sie die Zertifikate zuzuteilen gedenken. Dieser Plan ist auf objektive und transparente Kriterien
25 zu stützen. [...]
Für den in Artikel 11 Absatz 1 genannten Zeitraum wird der Plan spätestens am 31. März 2004 veröffentlicht und der Kommission und den übrigen Mitgliedstaaten übermittelt. Für die folgenden Zeiträume werden die Pläne mindestens achtzehn Monate vor Beginn des betreffen
30 den Zeitraums veröffentlicht und der Kommission und den übrigen Mitgliedstaaten übermittelt.

Artikel 10 – Zuteilungsmethode

Für den am 1. Januar 2005 beginnenden Dreijahreszeitraum teilen die Mitgliedstaaten mindestens 95 % der Zertifikate kostenlos zu. Für den am 1. Januar 2008 be
35 ginnenden Fünfjahreszeitraum teilen die Mitgliedstaaten mindestens 90 % der Zertifikate kostenlos zu.

Artikel 11 – Zuteilung und Vergabe von Zertifikaten

(1) Für den am 1. Januar 2005 beginnenden Dreijahres
40 zeitraum entscheidet jeder Mitgliedstaat über die Gesamtzahl der Zertifikate, die er für diesen Zeitraum zuteilen wird, sowie über die Zuteilung dieser Zertifikate an die Betreiber der einzelnen Anlagen. Diese Entscheidung wird mindestens drei Monate vor Beginn des Zeit

raums getroffen, und zwar auf der Grundlage des ge
45 mäß Artikel 9 aufgestellten nationalen Zuteilungsplans, im Einklang mit Artikel 10 und unter angemessener Berücksichtigung der Bemerkungen der Öffentlichkeit.

(2) Für den am 1. Januar 2008 beginnenden Fünfjahreszeitraum und jeden folgenden Fünfjahreszeitraum ent
50 scheidet jeder Mitgliedstaat über die Gesamtzahl der Zertifikate, die er für diesen Zeitraum zuteilen wird, und leitet das Verfahren für die Zuteilung dieser Zertifikate an die Betreiber der einzelnen Anlagen ein. Diese Entscheidung wird mindestens zwölf Monate vor Be
55 ginn des betreffenden Zeitraums getroffen, und zwar auf der Grundlage des gemäß Artikel 9 aufgestellten nationalen Zuteilungsplans des Mitgliedstaats, im Einklang mit Artikel 10 und unter angemessener Berücksichtigung der Bemerkungen der Öffentlichkeit.
60

Artikel 14 – Leitlinien für die Überwachung und Berichterstattung betreffend Emissionen

(1) Die Kommission verabschiedet bis zum 30. September 2003 [...] Leitlinien für die Überwachung und Be
65 richterstattung betreffend Emissionen [...] von [...] Treibhausgasen. [...]

(2) Die Mitgliedstaaten sorgen dafür, dass die Emissionen im Einklang mit den Leitlinien überwacht werden.

(3) Die Mitgliedstaaten sorgen dafür, dass jeder Betrei
70 ber einer Anlage der zuständigen Behörde über die Emissionen dieser Anlage in jedem Kalenderjahr nach Ende dieses Jahres im Einklang mit den Leitlinien Bericht erstattet.

Artikel – 15 Prüfung

Die Mitgliedstaaten stellen sicher, dass die von den Be
75 treibern gemäß Artikel 14 Absatz 3 vorgelegten Berichte anhand der Kriterien geprüft werden und die zuständige Behörde hiervon unterrichtet wird.

Artikel – 16 Sanktionen

(1) Die Mitgliedstaaten legen Vorschriften über Sankti
80 onen fest, die bei einem Verstoß gegen die gemäß dieser Richtlinie erlassenen nationalen Vorschriften zu verhängen sind, und treffen die notwendigen Maßnahmen, um die Durchsetzung dieser Vorschriften zu gewährleisten. Die Sanktionen müssen wirksam, verhältnismä
85 ßig und abschreckend sein. [...]

gekürzt

M 4   Clement und Trittin im offenen Streit über Emissionshandel

● *Eklat in Staatssekretärs-Runde/BDI: Klimaschutz nicht zu standortfeindlichen Zielen missbrauchen*

nt. BERLIN, 30. Januar. Zwischen der deutschen Industrie, Bundeswirtschaftsminister Wolfgang Clement (SPD) und Bundesumweltminister Jürgen Trittin (Grüne) ist ein offener Streit über die Zuteilung der Verschmutzungsrechte für den europäischen Emissionshandel ausgebrochen. Der Präsident des Bundesverbandes der Deutschen Industrie (BDI), Michael Rogowski, warf dem Umweltministerium vor, es habe „de facto die Zusage der Bundesregierung verlassen, daß der deutschen Wirtschaft nicht mehr Minderungsverpflichtungen auferlegt werden sollen, als sie in den freiwilligen Klimavereinbarungen zugesagt hat". Die deutsche Wirtschaft stehe uneingeschränkt zur Klimavorsorge. Doch dürfe der Emissionshandel „nicht zu standortfeindlichen politischen Zielen mißbraucht werden – weitere zusätzliche Verpflichtungen gefährden den erhofften Konjunkturaufschwung und damit Wachstum und Arbeitsplätze", warnte Rogowski am Freitag in Berlin.

Der vom Trittins Beamten „völlig überraschend" und ohne vorherige Abstimmung mit dem Wirtschaftsministerium vorgelegte Gesamtentwurf für einen nationalen Allokationsplan (NAP) sei „für die Wirtschaft indiskutabel" und trage den bisherigen gemeinsamen Bemühungen um einen Konsens in keiner Weise Rechnung, sagte Rogowski. Am Vorabend waren die Verhandlungen zwischen Wirtschaftsvertretern und den Staatssekretären Rainer Baake (Umwelt) und Georg Wilhelm Adamowitsch (Wirtschaft) schon nach einer Stunde ergebnislos abgebrochen worden. Wie aus Teilnehmerkreisen zu erfahren war, hat Adamowitsch die Runde aus Protest gegen die unabgestimmte Vorgehensweise seines Kollegen schon nach einer Viertelstunde verlassen. Wirtschaftsvertreter kritisierten, dass sich mündlich gemachte Zusagen in dem Papier nicht wiederfänden.

Die Sprecher von Clement und Trittin wollten sich am Freitag zu den Inhalten des Treffens nicht äußern. Es wurde lediglich darauf verwiesen, dass der Entwurf des Umweltministeriums „Gegenstand weiterer Beratungen" sein werde und noch innerhalb der Bundesregierung abgestimmt werden müsse. Derzeit befinde man sich noch „auf der Vorstufe eines Gesetzentwurfs". Die Beratungen mit der Wirtschaft sollen am 12. Februar fortgesetzt werden. „Was daraus folgt, wird in der Bundesregierung abzustimmen sein." Die Wirtschaft erwägt unterdessen, ein eigenes Papier zu erarbeiten.

Kernpunkt des Streits ist die Frage, ob Industrie und Energiewirtschaft schon zwischen 2005 und 2007 oder erst zwischen 2008 und 2012 ihren Kohlendioxyd-Ausstoß vermindern müssen. Die Wirtschaft sieht angesichts der bisherigen Klimaschutzerfolge die Reduktionsverpflichtung des Kyoto-Protokolls in der ersten Periode als übererfüllt an. Das – wegen der fehlenden Ratifizierung durch Rußland noch nicht in Kraft getretene – Kyoto-Protokoll verpflichtet Deutschland, den Ausstoß an Treibhausgas zwischen 2008 und 2012 um 21 Prozent gegenüber 1990 zu reduzieren; 19 Prozent sind bereits erbracht. Die Wirtschaft hält daher eine Verringerung erst in der zweiten Periode für notwendig und fordert bis dahin eine „bedarfsgerechte" Ausstattung mit Verschmutzungszertifikaten: Diese hätten Clement und Bundeskanzler Gerhard Schröder auch zugesagt; sie sei Basis aller weiteren Gespräche gewesen.

Das Umweltministerium dagegen will von der Wirtschaft schon in der ersten Periode eine Minderung des Kohlendioxyd-Ausstoßes um 3,4 Prozent verlangen. Der sogenannte Erfüllungsfaktor, der das Niveau des künftigen Ausstoßes bestimmt, soll nicht mehr eins, sondern 0,966 betragen. Das Ministerium geht vom Emissionsvolumen des Jahres 1998 (508 Millionen Tonnen Kohlendioxyd) aus und errechnet aus der Selbstverpflichtung der Wirtschaft um 45 Millionen Tonnen ein Emissionsbudget bis 2010 von 463 Millionen Tonnen. 10 Millionen Tonnen Einsparung sollen aus anderen Bereichen wie Verkehr kommen, weitere 7 Millionen werden zum Ausgleich möglicher Mehremissionen durch den Atomausstieg bereitgestellt. Daraus errechnet das Ministerium ein Emissionsziel von 480 Millionen Tonnen für 2008 bis 2012 und ein Zwischenziel von 488 Millionen Tonnen Kohlendioxyd für 2005 bis 2007.

Das Bundeskabinett will am 31. März über die Zuteilung der Verschmutzungsrechte auf die 2 629 Anlagen entscheiden und den NAP der EU-Kommission zur Notifizierung übermitteln. Die abschließende Entscheidung muß der Bundestag treffen. Das Gesetz, das nicht der Zustimmung des Bundesrates bedarf, soll Ende Juni 2004 in Kraft treten, damit der Emissionshandel Anfang 2005 beginnen kann. Die Anträge auf Zuteilung der Zertifikate sollen von Anfang Juli bis Mitte August gestellt und bis Ende September 2004 bearbeitet werden.

Aus: FAZ, 31.1. 2004

Informationen zu Zielkonflikten, besonders innerhalb der EU

Durch den fortschreitenden Prozess der Erweiterung der EU und das Bestreben, auch in Fragen von Wirtschaft und Währung immer mehr Entscheidungen auf europäischer Ebene zu treffen, wird die Politik der EU immer bedeutsamer für nationale und internationale Wirtschaftsfragen. An Informationsmöglichkeiten über den politischen Prozess innerhalb der EU mangelt es eigentlich nicht. Nationale Regierungen, so z.B. das Presse- und Informationsamt der Bundesregierung oder das Bundeswirtschaftsministerium, informieren in ihren Pressemitteilungen, Broschüren bzw. in ihrem Internet-Service. Das gilt auch für andere öffentliche und private Institutionen (z.B. Parteien), für Unternehmen (vor allem Banken) und nicht zuletzt die Medien. Zumindest in der überregionalen Presse ist die EU an prominenter Stelle Gegenstand der Berichterstattung – selbst wenn man noch längst nicht von einer „europäischen Öffentlichkeit" sprechen kann. Als ersten Zugriff auf aktuelle und weiterführende Informationen empfehlen wir Ihnen die Zeitschrift EUROP-NEWS und folgende Adressen:

__**Europäische Kommission**, Rue de la Loi 2000, B-1049 Brüssel, Internet: www.europa.eu.int
__Generaldirektion Wirtschaft und Finanzen: www.europa.eu.int/comm/economy_finance/index_en.htm
__Generaldirektion Wettbewerb: www.europa.eu.int/comm/dgs/competition/index_de.htm
__Generaldirektion Beschäftigung, soziale Angelegenheiten und Chancengleichheit:
www.europa.eu.int/comm/dgs/ employment_social/index_de.htm
__Generaldirektion Energie und Verkehr: www.europa.eu.int/comm/dgs/energy_transport/index_de.html
__Generaldirektion Umwelt: www.europa.eu.int/comm/dgs/environment/index_de.htm
__Generaldirektion Regionalpolitik: www.europa.eu.int/comm/dgs/regional_policy/index_de.htm
__**Europäisches Parlament**, Parlement européen, Allée du Printemps, B.P. 1024, F-67070 Strasbourg, Internet: www.europarl.eu.int
__**Europäische Umweltagentur (EUA)**, Kongens Nytorv 6, DK-1050 Kopenhagen K, Internet: local.de.eea.eu.int
Verschiedene Nichtregierungsorganisationen beobachten auf bundesdeutscher, europäischer und weltweiter Ebene die Wirtschafts- und Umweltpolitik und mischen sich ein, u.a.:

INTERNETADRESSEN

Initiative für ökonomische und ökologische Umorientierung . . . . www.germanwatch.org
Stiftung Zukunftsfähigkeit . . . . www.stiftungzukunft.de
World Watch Institute – Ökonomische und ökologische Neuorientierung weltweit . . . . www.worldwatch.org
Forum Umwelt & Entwicklung, Zusammenschluss dt. Nichtregierungsorganisationen . . . . . www.forumue.de
Weltwirtschaft, Ökologie und Entwicklung. . . . . www.weed-online.org

FRAGEN ZUR WIEDERHOLUNG

1. Erläutern Sie die modifizierte Phillips-Kurve.
2. Zeigen Sie, inwiefern Zielkonflikte notwendige Folge wirtschaftspolitischer Überlegungen nach dem Magischen Viereck sind.
3. Erläutern Sie am Beispiel des Zielkonflikts zwischen Wachstum und Umweltschutz, wie der Staat im wirtschaftspolitischen Dilemma agieren kann.
4. Erläutern Sie, wie sich die Träger der Wirtschaftspolitik beim Zielkonflikt zwischen Wachstum und Umweltschutz positionieren.
5. Nehmen Sie Stellung zu der Forderung, der Staat solle sich angesichts notwendig auftretender Zielkonflikte besonders in Zeiten der Globalisierung bei wirtschaftspolitischen Aktivitäten möglichst zurückhalten.

Weiterführende Literatur

Adam, Hermann: Wirtschaftspolitik und Regierungssystem der Bundesrepublik Deutschland, Opladen, 7. Auflage 2000

Altmann, Jörn: Wirtschaftspolitik. Eine praxisorientierte Einführung, Stuttgart/Jena, 7. Auflage 2000

Altvater, Elmar/Mahnkopf, Birgit: Grenzen der Globalisierung, Münster, 2. Auflage 1997

Arbeitsgruppe Alternative Wirtschaftspolitik: Memoranden, Köln 1978–2002

Bäcker, Gerhard u. a.: Sozialpolitik und soziale Lage in Deutschland. Bd.1: Ökonomische Grundlagen, Einkommen, Arbeit und Arbeitsmarkt, Arbeit und Gesundheitsschutz, Wiesbaden 2004

Beck, Ulrich: Risikogesellschaft, Frankfurt a. M. 1986

Beck, Ulrich: Was ist Globalisierung? Frankfurt. a. M. 1997

Bofinger, Peter u. a.: Geldpolitik, München 1996

Brodbeck, Karl-Heinz: Die fragwürdigen Grundlagen der Ökonomie. Eine philosophische Kritik der modernen Wirtschaftswissenschaften, Darmstadt 1998

Buchholz, Christine u. a.: Unsere Welt ist keine Ware. Handbuch für Globalisierungskritiker, Köln 2002

Bundeszentrale für politische Bildung (Hg.): Wirtschaft heute, Bonn, 4. Auflage 2003

Dürr, Ernst: Handwörterbuch der Wirtschaftswissenschaft, Stuttgart 1988

Eucken, Walter: Grundsätze der Wirtschaftspolitik, Reinbek bei Hamburg 1959

Forrestier, Vivienne: Der Terror der Ökonomie, Wien 1997

Friedman, Milton: Kapitalismus und Freiheit, Frankfurt a. M./Berlin/Wien 1984

Gabler Wirtschaftslexikon, Wiesbaden, 16. Auflage 2004

Hartwich, Hans-Hermann: Soziale Marktwirtschaft. Zur Neubestimmung des marktwirtschaftlichen Konzepts im wirtschaftlichen und sozialen Wandel, in: Gegenwartskunde Nr. 3/1996

Hasse, Rolf H. u. a.: Lexikon Soziale Marktwirtschaft, Paderborn 2002

Henning, Bernd: Das gesamtwirtschaftliche Zielsystem im Rahmen der Sozialen Marktwirtschaft, Bonn 1989

Jeske, Jürgen/Barbier, Hans D.: So nutzt man den Wirtschaftsteil einer Tageszeitung. Daten und Fakten der deutschen Wirtschaft, Frankfurt, 3. Auflage 1997

Kaufmann, Franz Xaver: Varianten des Wohlfahrtsstaats, Frankfurt a. M. 2003

Krol, Gerd-Jan/Schmid, Alfons: Volkswirtschaftslehre. Eine problemorientierte Einführung, Tübingen, 21. Auflage 2003

Kromphardt, Jürgen: Wachstum und Konjunktur, Göttingen 1993

Leggewie, Klaus/Münch, Richard: Politik im 21. Jahrhundert, Frankfurt a. M. 2001

Martin, Hans-Peter/Schumann, Harald: Die Globalisierungsfalle. Der Angriff auf Demokratie und Wohlstand, Reinbek bei Hamburg 1997

Meadows, Donella und Dennis/Randers, Jørgen: Die neuen Grenzen des Wachstums, Stuttgart 1992

Le Monde diplomatique (Hg.): Atlas der Globalisierung, Berlin 2003

Mühlbradt, Frank W.: Wirtschaftslexikon. Daten, Fakten und Zusammenhänge, Berlin, 7. Auflage 2003

Müller, Michael/Hennicke, Peter: Wohlstand durch Vermeiden. Mit der Ökologie aus der Krise, Darmstadt 1994

Mussel, Gerhard/Pätzold, Jürgen: Grundfragen der Wirtschaftspolitik, München 2003

OECD Wirtschaftsberichte Deutschland, Paris 2003

Sachverständigenrat zur Begutachtung der gesamtwirtschaftlichen Entwicklung, Jahresgutachten, Stuttgart/Mainz, jährlich, 1964 ff.

Stiftung Entwicklung und Frieden (Hg.): Globale Trends. Fakten, Analysen, Prognosen, Frankfurt a. M., jährlich, Band 2004/2005: 2003

Teichmann, Ulrich: Grundriss der Konjunkturpolitik, München, 3. Auflage 1997

Thieme, H. Jörg: Soziale Marktwirtschaft. Ordnungskonzeption und wirtschaftspolitische Gestaltung, München 1991

Weltbank (Hg.): Weltentwicklungsberichte, Bonn, jährlich

Abschreibung: In der Volkswirtschaftlichen Gesamtrechnung der Wert des Verschleißes an Kapitalgütern im Produktionsprozess während einer Periode, bewertet zu den Wiederbeschaffungspreisen.

Abschwung: Phase der Konjunkturentwicklung, in der die Zuwächse des Volkseinkommens eine sinkende Tendenz haben.

Abwertung: Wertverlust einer Währung im Vergleich zu einer anderen Währung.

Aktiengesellschaft: Unternehmungsform, bei der für die Verbindlichkeiten für die Gläubiger nur in Höhe des Gesellschaftsvermögens Haftung besteht. Die Gesellschafter (Aktionäre) sind mit Einlagen an dem Aktienkapital beteiligt. Das Grundkapital der AG wird meist von einer größeren Zahl von Kapitalgebern aufgebracht.

Aktienindex: Kennziffer zur Darstellung der Kursentwicklung von Aktien. Zur Berechnung werden ausgewählte Aktien herangezogen. Der Deutsche Aktienindex (DAX) und der amerikanische Dow-Jones- sowie der japanische NIKKEI-Index sind die bekanntesten Aktienindices.

Aktionär: Inhaber von Aktien einer AG. Der Aktionär hat Anspruch auf einen Anteil am Reingewinn (auf Dividende). Er hat Stimmrecht und Auskunftsrecht in der Hauptversammlung.

Akzelerator: (Beschleuniger): Beziehung zwischen der Änderung der Nachfrage und durch sie veranlasste Investitionen.

Allokation: Zuweisung von Gütern und Faktoren im Hinblick auf Personen oder Produktionsprozesse. In Marktwirtschaften wird die Allokation hauptsächlich über den Preismechanismus bestimmt.

Angebot: Menge an Gütern im weiteren Sinne, die zum Verkauf oder Tausch angeboten wird.

Angebotsorientierte Wirtschaftspolitik: Wirtschaftspolitisches Konzept als Gegenmodell zur keynesianischen makroökonomischen Nachfragesteuerung. Das Wachstum der Volkswirtschaft soll durch verbesserte Produktionsbedingungen gesteigert werden. Durch veränderte politische Rahmenbedingungen, z.B. durch Steuerentlastungen, Senkung der Staatsquote, Abbau von die wirtschaftliche Aktivität hemmenden Vorschriften, Flexibilisierung der Löhne, Senkung der Lohnzusatzkosten usw. sollen die Gewinnerwartungen der Unternehmer erhöht und damit eine gesteigerte Investitionstätigkeit angeregt werden.

Antizyklische Wirtschaftspolitik: Wirtschaftspolitische Maßnahmen, um unerwünschten Entwicklungen, wie sie im Konjunkturverlauf auftreten, entgegenzuwirken.

Arbeitslosenquote: Anteil der beim Arbeitsamt registrierten Arbeit suchenden Personen an der Zahl der Erwerbspersonen. Das Arbeitsförderungsgesetz regelt im Einzelnen, welche Personen in der amtlichen Statistik der Bundesanstalt für Arbeit als Arbeitslose erfasst werden.

Arbeitskosten: Alle Aufwendungen oder Kosten, die durch den Einsatz menschlicher Arbeitskraft im Betrieb entstehen. Außer Löhnen und Gehältern zählen dazu Sozialkosten, Zuschläge, Urlaubsgelder, Unterstützungsbeihilfen usw.

Aufschwung: Belebung der Konjunktur.

Auslastungsgrad: Auslastung des gesamtwirtschaftlichen Produktionspotenzials durch die tatsächliche Produktion (Kapazitätsauslastung). Der Auslastungsgrad wird als Konjunkturindikator verwendet.

Außenbeitrag: Überschuss der Leistungsbilanz einer Volkswirtschaft.

Außenwirtschaftliches Gleichgewicht: Eines der Ziele des Stabilitäts- und Wachstumsgesetzes. Außenwirtschaftliches Gleichgewicht bezieht sich auf den Ausgleich der Leistungsbilanz, d.h. die durch das ursprüngliche Leistungsbilanzungleichgewicht entstandene Akkumulation von Verbindlichkeiten gegenüber dem Ausland muss durch Handelsbilanzüberschüsse bedient werden.

Bilanz: Abschluss des Rechnungswesens einer Unternehmung für einen bestimmten Zeitpunkt (Bilanzstichtag) in Form einer Gegenüberstellung von Vermögen und Kapital.

Binnenmarkt: Siehe Einheitlicher Binnenmarkt.

BIP (Bruttoinlandsprodukt): Siehe Sozialprodukt.

Börse: Eine staatlich genehmigte Marktveranstaltung, auf der sich regelmäßig zu bestimmten Zeiten an bestimmten Örtlichkeiten Kaufleute treffen, um Effekten, Waren oder Devisen, die nicht im Börsenraum körperlich vorhanden sind, zu standardisierten Börsen- und Vertragsbedingungen zu handeln.

Es werden Waren-, Divisen- und Wertpapierbörsen unterschieden.

Boom: Phase der Hochkonjunktur.

Brain-drain: Emigration von Arbeitskräften, die dem Abwanderungsland Kenntnisse und Fertigkeiten entzieht. Insbesondere in Ländern der Dritten Welt wird der Brain-drain als bedrohlicher Faktor angesehen.

BSP (Bruttosozialprodukt): Siehe Sozialprodukt.

Bundesagentur für Arbeit: Sie steht unter der Rechtsaufsicht des Bundesministeriums für Arbeit und Sozialordnung. Sie ist insbesondere mit der Durchführung von Arbeitslosenversicherung, Arbeitslosengeld, Arbeitsvermittlung, Berufsberatung, Förderung der beruflichen Bildung, Gewährung von Winterausfallgeld, Kurz- → arbeitergeld, Konkursausfallgeld und berufsfördernden Leistungen zur Rehabilitation betraut. Daneben soll sie zur Beseitigung von Schwierigkeiten auf dem Arbeitsmarkt, zur Unterstützung der beruflichen Anpassung der Arbeitnehmer und zur Schaffung und Strukturierung von Arbeitsplätzen im Rahmen der Sozial- und Wirtschaftspolitik der Bundesregierung beitragen.

Ceteris-paribus-Annahme: Wirtschaftswissenschaftliche Methode zur Analyse komplexer wirtschaftlicher Zusammenhänge, nach der der Einfluss einer Größe auf eine andere Größe unter der Annahme untersucht wird, dass alle übrigen verursachenden Größen gleich bleiben.

Deficit spending: Überschuss der Ausgaben über die Einnahmen der öffentlichen Haushalte (Haushaltsfehlbetrag), um einen expansiven Effekt im Zustand der Unterbeschäftigung zu erzielen (Keynesianismus).

Deflation: Sinkendes Preisniveau in einer Volkswirtschaft.

Depression: Tiefphase der Konjunktur, Krise.

Deregulierung: Aufhebung bestehender Eingriffe in den Wettbewerb durch Vorschriften. Der Abbau von regulierenden Eingriffen soll zu höherer volkswirtschaftlicher Leistungsfähigkeit beitragen.

Deutsche Bundesbank: Siehe EZB.

Devisen: Zahlungsmittel in ausländischer Währung. Im engeren Sinne Guthaben von Inländern in ausländischer Währung.

Dienstleistungen: In Abgrenzung zur Warenproduktion (materielle Güter) spricht man bei den Dienstleistungen von immateriellen Gütern. Dienstleistungen zeichnen sich dadurch aus, dass sie in der Regel unmittelbar verbraucht werden (z. B. Haarschnitt). In der Volkswirtschaftlichen Gesamtrechnung werden Dienstleistungen als dritter Sektor erfasst. Der Theorie der drei Sektoren zufolge dehnt sich der Dienstleistungsbereich in entwickelten Industriegesellschaften immer stärker aus.

Diskont: Zinsabzug auf Wechsel, die durch Banken vor ihrer Fälligkeit gekauft werden.

Diskontsatz: Von der Zentralbank festgelegter Zinssatz zum Abzug beim Ankauf von Wechseln von den Geschäftsbanken.

Dividende: Anteil eines Gesellschafters am Reingewinn der Aktiengesellschaft, ausgedrückt in Prozent des Nennwertes der Aktie.

EG (Europäische Gemeinschaft): Supranationale Organisation von europäischen Mitgliedstaaten, heute EU (Europäische Union). Sammelbezeichnung für die Europäischen Gemeinschaften für Kohle und Stahl, die Europäische Wirtschaftsgemeinschaft und die Europäische Atomgemeinschaft.

Einheitlicher Binnenmarkt: Der mit der EEA (Einheitliche Europäische Akte) neugeschaffene Art. 8a EWG-Vertrag definiert den Einheitlichen Binnenmarkt als einen „Raum ohne Binnengrenzen", in welchem die vier sog. Grundfreiheiten (freier Verkehr von „Waren, Personen, Dienstleistungen und Kapital") gewährleistet sind. Der EG-Vertrag sieht die stufenweise Verschmelzung der Volkswirtschaften der Mitgliedsländer zu einem „Gemeinsamen Markt" vor.

Emissionshandel: Seit 2004 werden in der EU Emissionsrechte für CO_2 an Unternehmen vergeben. Nicht genutzte Emissionsrechte können verkauft werden.

Erwerbstätige: Diejenigen Erwerbspersonen, die nicht erwerbslos sind, sondern eine Tätigkeit ausüben. Erwerbstätige können abhängig Beschäftigte sein (Arbeiter, Angestellte, Auszubildende, Beamte, Soldaten) oder Selbstständige bzw. mithelfende Familienangehörige.

Externe Effekte: Wirkungen, die außerhalb von Marktbeziehungen auftreten, z. B. Nachteile durch Umweltbeeinträchtigungen, die nicht vom Verursacher ausgeglichen werden.

EU (Europäische Union): Stufe im Einigungsprozess Europas. Über die wirtschaftliche Integration im Rahmen des Binnenmarktes („erste Säule") hinaus soll schrittweise auch eine politische Union angestrebt werden. Ein erster Schritt dazu ist die sog. Gemeinsame Außen- und Sicherheitspolitik (GASP, „zweite Säule") und die „Vergemeinschaftung" der Innen- und Rechtspolitik („dritte Säule").

EZB (Europäische Zentralbank): Die EZB in Frankfurt/ M. ist die Zentralbank der europäischen Wirtschafts- und Währungsunion („Euroland"). Sie ist bei ihren geldpolitischen Entscheidungen völlig weisungsunabhängig und hat ihre Entscheidungen am Ziel der Erhaltung der Geldwertstabilität auszurichten. Eine Unterstützung der allgemeinen Wirtschaftspolitik in der Gemeinschaft ist nur dann und nur insoweit zulässig, wie dies ohne Beeinträchtigung des Ziels der Geldwertstabilität möglich ist. Aufbau und Kompetenzen der EZB sind dem Vorbild der Deutschen Bundesbank nachempfunden, der Währungs- und Notenbank der Bundesrepublik Deutschland.

Finanzpolitik: Sie verfolgt das Ziel, Struktur und Höhe des Sozialprodukts einer Volkswirtschaft mithilfe öffentlicher Einnahmen und öffentlicher Ausgaben zu beeinflussen. Sie wird als Ordnungspolitik und Prozesspolitik betrieben. Unter ordnungspolitischem Aspekt gehört zu einer Wettbewerbswirtschaft z. B. ein Steuersystem, das den Wettbewerbsmechanismus möglichst wenig verfälscht; unter prozesspolitischem Aspekt verändern staatliche Einnahmen und Ausgaben die volkswirtschaftlichen Gesamtgrößen, aber auch Entscheidungen auf Einzelmärkten.

Fiskalisten: Vertreter der Keynesschen Lehre, die davon ausgehen, dass sich konjunkturelle Schwankungen mittels Fiskalpolitik vermeiden bzw. wenigstens dämpfen lassen.

Fiskalpolitik: Alle finanzpolitischen Maßnahmen des Staates im Dienst der Konjunkturpolitik. Es geht vor allem um eine antizyklische Finanzpolitik (antizyklische Wirtschaftspolitik) zur Beeinflussung der gesamtwirtschaftlichen Nachfrage gemäß den makroökonomischen Ansätzen der keynesianischen Theorie, häufig verbunden mit einer Verschuldungspolitik (deficit spending).

GATT (General Agreement on Tariffs and Trade): Allgemeines Zoll- und Handelsabkommen. Teil der WTO (World Trade Organization).

Geldmenge: Geldvolumen: Menge des Geldes in Händen inländischer Nichtbanken; Geldmenge M1: Bargeld und Sichteinlagen inländischer Nichtbanken; M2: M1 zuzüglich Termineinlagen, M3: M2 zuzüglich Spareinlagen.

Geldpolitik: Gesamtheit der staatlichen Maßnahmen mit dem Ziel der Gestaltung des Geldwesens und der Stabilisierung des Geldwertes.

Human Development Index (HDI): Von der UNO verwendeter Index zur Messung des Wohlstands von Gesellschaften.

Inflation: dauerhafter Anstieg des gesamtwirtschaftlichen Preisniveaus.

Inflationsrate: Prozentsatz, der den Anstieg des Preisniveaus in einem bestimmten Zeitraum (meist ein Jahr) ausdrückt. Dazu werden Preisveränderungen, die ein definierter Warenkorb aus Gütern und Dienstleistungen erfährt, mit den Preisen eines Basisjahres verglichen.

Internalisierung externer Kosten: Anlastung von externen Kosten – z. B. der Umweltverschmutzung – beim Verursacher.

Investition: Zielgerichtete, meist langfristige Kapitalbindung zur Erwirtschaftung zukünftiger Erträge.

IWF (IMF): Internationaler Währungsfonds (International Monetary Fund): Internationale Organisation zur Schaffung geordneter Währungsbeziehungen.

Konjunkturzyklus: Der Verlauf eines Zyklus kann unterteilt werden in Tief (Depression, Stagnation), Aufschwung (Wiederbelebung, Expansion), Hoch (Boom) und Abschwung (Krise, Rezession).

Konjunkturpolitik: Maßnahmen der Wirtschaftspolitik, die konjunkturelle Schwankungen der gesamtwirtschaftlichen Nachfrage vermindern sollen. Konjunkturpolitik hat zum Ziel, eine möglichst stetige Produktionsentwicklung mit geringen Schwankungen im Auslastungsgrad des Produktionspotenzials herbeizuführen. Im weiteren Sinne werden alle Maßnahmen des Staates als Konjunkturpolitik bezeichnet, die zur Erreichung des Stabilitätsziels getroffen werden.

Konsolidierung: Begrenzung und Rückführung von Defiziten in öffentlichen Haushalten.

Konzern: Ein zeitlich unbefristeter, durch Kapitalverflechtung vollzogener vertraglicher Zusammenschluss von Unternehmen, die rechtlich selbstständig bleiben, aber ihre wirtschaftliche Eigenständigkeit vollständig aufgegeben haben.

Liquidität: Fähigkeit und Bereitschaft, bestehenden Zahlungsverpflichtungen termingerecht und betragsgenau nachzukommen.

Lorenzkurve: Grafische Darstellung einer Häufigkeitsverteilung, bei der kumulierte relative Häufigkeiten und kumulierte relative Gesamtmerkmalsbeträge in einem Koordinatensystem abgetragen werden. Die Werte werden mit Linien verbunden. So veranschaulicht die Lo-renzkurve eine Verteilung (z. B. Einkommens- und Vermögensverteilung). Die Abweichung von einer 45°-Linie ist ein Maß für die Ungleichheit der Verteilung.

Lohnnebenkosten (Personalnebenkosten): Kosten für die Beschäftigung von Arbeitnehmerinnen und Arbeitnehmern, die neben Lohn bzw. Gehalt anfallen, z. B. Arbeitgeberbeiträge zur Sozialversicherung, Weihnachtsgeld, Urlaubsgeld, Zuschüsse zum Kantinenessen usw.

Lohnquote: Verhältnis von Einkommen aus unselbstständiger Arbeit und Volkseinkommen. Die Lohnquote ist damit eine Messzahl für die Einkommensverteilung.

Lombard: Zins, der von Banken auf die Beleihung von Wertpapieren erhoben wird.

Lombardsatz: Zinssatz, den die Zentralbank auf die Beleihung von Wertpapieren von Geschäftsbanken erhebt.

Magisches Viereck: Ausdruck für das Zusammenspiel der vier im § 1 des Stabilitätsgesetzes genannten Ziele der Wirtschaftspolitik: Preisniveaustabilität, hoher Beschäftigungsstand, außenwirtschaftliches Gleichgewicht und angemessenes und stetiges Wirtschaftswachstum. Bei Erweiterung des Zielkatalogs spricht man dann von „magischem Sechs- oder Siebeneck".

makroökonomisch: Die gesamte Volkswirtschaft betreffend.

Marktversagen: Abweichungen des Ergebnisses marktmäßiger Koordination von einem optimalen Ergebnis. Die optimale Allokation von Gütern und Ressourcen ist nicht gewährleistet. Dies zeigt einen potenziellen wirtschaftspolitischen Handlungsbedarf an.

Marktwirtschaft: Wirtschaftssystem des freien Wettbewerbs, in dem die Wirtschaftsprozesse dezentral geplant und über die Preisbildung auf den Märkten gelenkt werden. Gewerbe- und Vertragsfreiheit sowie die freie Wahl des Berufs bzw. des Arbeitsplatzes sind Grundvoraussetzungen der Marktwirtschaft.

mikroökonomisch: Die einzelnen Unternehmen betreffend.

Mindestreservepolitik: Geldpolitisches Instrument der Zentralbank, das die Kreditschöpfungsmöglichkeit der Geschäftsbanken durch Hinterlegungsverpflichtungen begrenzt.

Monetarismus: Wirtschaftspolitische Lehre, die von der Grundannahme ausgeht, dass durch eine stabilitätsorientierte Geldpolitik unter bestimmten Rahmenbedingungen die Wirtschaft stabilisiert werden kann.

Monopol: Marktform, bei der auf der Seite der Nachfrage oder auf der Seite des Angebots nur ein Käufer oder Verkäufer vorhanden ist.

Nachfrage: Bedarf mit dem Willen und der (finanziellen) Möglichkeit zur Bedarfsdeckung.

Nachfrageorientierte Konjunkturpolitik: Der auf Keynes zurückgehende wirtschaftspolitische Ansatz, wonach mangelnde private Nachfrage die Ursache von Massenarbeitslosigkeit ist und nur durch zusätzliche staatliche Nachfrage beseitigt werden kann.

Nachhaltigkeit: Prinzip für den wirtschaftlichen Umgang mit begrenzten Ressourcen, sodass diese auch künftigen Generationen möglichst dauerhaft zur Verfügung stehen.

Nominaleinkommen: In Geld ausgedrücktes Einkommen ohne Rücksicht auf die Kaufkraft dieses Einkommens.

Ökobilanz: Systematische Berechnung der Umweltwirkungen eines Produkts oder eines Vorgangs.

Offenmarktpolitik: Mittel der Geldpolitik, bei dem durch Ankauf und Verkauf von festverzinslichen Wertpapieren die Geldmenge in der Volkswirtschaft erhöht oder gesenkt wird.

Pareto-Optimum: Das Pareto-Optimum stellt im Rahmen der paretianischen Wohlfahrtsökonomik das Kriterium für das Wohlfahrtsoptimum dar. Dabei wird unterstellt, dass die Individuen in ihren Nutzenvorstellungen voneinander unabhängig sind. Das Optimum wäre demnach eine Situation, in der es nicht möglich ist, die Wohlfahrt eines Individuums durch eine Neuverteilung der Ressourcen zu erhöhen, ohne gleichzeitig die eines anderen Individuums zu verringern.

Phillips-Kurve: Grafische Darstellung der Beziehung zwischen Arbeitslosenquote und Inflationsrate. Der zugrunde liegenden Theorie zufolge sollen niedrige Arbeitslosenquoten mit relativ hohen Inflationsraten verbunden sein.

Produktionsfaktor: Die zur Produktion verwendeten Güter materieller und immaterieller Art, deren Einsatz für das Hervorbringen anderer wirtschaftlicher Güter aus technischen oder wirtschaftlichen Gründen notwendig ist: Arbeit, Boden und Kapital.

Produktivität: Verhältnis zwischen dem Produktionsergebnis und den Mengen der eingesetzten Produktionsfaktoren.

Reallohn: Nominallohn dividiert durch einen Preisindex. Der Reallohn ist Indikator für die reale Kaufkraft des Nominallohns.

Rendite: Jahresertrag eines eingesetzten Kapitals.

Rentabilität: Das prozentuale Verhältnis zwischen dem Gewinn einer Unternehmung und dem eingesetzten Kapital.

Ressource: Alle Mittel, die in die Produktion von Gütern und Dienstleistungen eingehen (Produktionsfaktoren Arbeit, Kapital, Boden). Es werden regenerierbare (erneuerbare, nachwachsende) und nicht regenerierbare Ressourcen unterschieden.

Rezession: Konjunkturabschwung.

Soziale Marktwirtschaft: Von Alfred Müller-Armack, Walter Eucken und Ludwig Erhard konzipiertes wirtschaftspolitisches Leitbild, das ab 1948 in der Bundesrepublik Deutschland verwirklicht worden ist. Es greift die Forderung des Ordoliberalismus nach staatlicher Gewährleistung einer funktionsfähigen Wettbewerbsordnung auf, ergänzt jedoch den Katalog wirtschaftspolitischer Staatsaufgaben unter Betonung sozialpolitischer Ziele.

Sozialpolitik: Gesamtheit der staatlichen und privaten Maßnahmen zur Sicherung eines Minimums an sozialer Sicherheit. Neben einem menschenwürdigen Leben für alle Mitglieder der Gesellschaft zielt die Sozialpolitik u. a. auf gleiche Startchancen für alle. Mit dem Sozialstaatsgebot des Grundgesetzes (Art. 20 und 28 GG) ist die Sozialpolitik in der Bundesrepublik zu einem Verfassungsprinzip erhoben.

Sozialprodukt: Verkürzende Bezeichnung für die wirtschaftliche Leistung einer Volkswirtschaft. Im Bruttosozialprodukt ist die gesamte Wertschöpfung einer Volkswirtschaft in einer Periode zusammengefasst, einschließlich der Investitionen. Wird diese Größe um die Abschreibungen vermindert, so spricht man vom Nettosozialprodukt. Wird der gesamte von Inländern erwirtschaftete Produktionswert berechnet, so spricht man vom Inlandsprodukt. Das Nettoinlandsprodukt entspricht dabei dem Volkseinkommen.

Staatsquote: Verhältnis der öffentlichen Ausgaben zum Sozialprodukt.

Subsidiaritätsprinzip: Die Verantwortung für eine Aufgabe soll nur der jeweils kleinsten dafür geeigneten Einheit übertragen werden, um die Selbstverantwortung zu stärken.

Substitutionsgüter: Güter, die einander ersetzen können.

Subvention: Finanzhilfen bzw. Steuervergünstigungen zur Unterstützung privater Unternehmen.

Tarifvertrag: Vertrag zwischen Parteien mit Tariffähigkeit zur Regelung ihrer Rechte und Pflichten und zur Festsetzung von arbeitsrechtlichen Normen.

Volkswirtschaftliche Gesamtrechnung (VGR): Quantitative Darstellung des wirtschaftlichen Geschehens einer Volkswirtschaft in einer abgelaufenen Periode.

Wachstum: Zunahme des Ergebnisses des Wirtschaftens von einer Periode zur nächsten.

Wachstumspolitik: Wirtschaftspolitische Maßnahmen zur Sicherung und Förderung des wirtschaftlichen Wachstums.

Warenkorb: Zusammenfassung der für die Berechnung des Preisindex für die Lebenshaltung ausgewählten Güter.

Wettbewerbspolitik: Alle staatlichen Maßnahmen, die der Aufrechterhaltung des Wettbewerbs dienen.

Wirtschaftssubjekt: Träger wirtschaftlicher Entscheidungen, wie Haushalte und Unternehmungen.

WTO (World Trade Organization): Weltorganisation zur Regelung des Warenhandels, des Handels von Dienstleistungen und für Fragen des geistigen Eigentums.

BILDQUELLENVERZEICHNIS
Baaske/Felmy: 35.1; Baaske/Plassmann: 143.1, 155.1, 167.1; Baaske/Tomaschoff: 66.1; CCC /Haitzinger: 164.1; CCC/Borer: 203.1; CCC/Mayk: 60.1; CCC/Mester: 202.1; CCC/Tomiczek: 112.1; Detlef Beck: 57.1; FAZ: 94.1; Fritsche, Burkhard: 212.1; Mecom/ddp: 16.3; Mecom/ddp-archiv: 93.2; Mecom/Keystone: 15.2, 16.2; Mecom/vario-press: 59.1; Mecom/Waldhäusel: 59.2, 73.1; picture-alliance/dpa: 7.2, 15.1, 37.1, 101.1, 101.2, 115.1, 139.1, 169.1, 169.2, 189.1, 189.2, 219.1, 219.2, 251.1; picture-alliance/ZB: 7.1, 16.1, 115.2, 251.2; plainpicture: 37.2, 93.1, 139.2